29ᵉ Année   Nᵒˢ 1-2   10-25 Janvier 1908

BULLETIN CRITIQUE

Paraissant les 10 et 25 de chaque mois

SOUS LA DIRECTION DE MM.

A. BAUDRILLART, Recteur de l'Institut catholique de Paris,
L. DUCHESNE, Membre de l'Institut, L. LESCŒUR, F. PLESSIS, V. SCHEIL,
H. THÉDENAT, Membre de l'Institut

Secrétaire de la rédaction : M. Marcel THIBAULT

TROISIÈME SÉRIE. — TOME II

Les abonnements sont d'un an et partent du 1ᵉʳ janvier

FRANCE, ALGÉRIE ET TUNISIE.......... **10 fr.** || ÉTRANGER ET COLONIES.......... **12 fr.**

Un Numéro : Soixante-quinze centimes

ADRESSER LES COMMUNICATIONS CONCERNANT LA RÉDACTION
au secrétaire, 1, rue Le Goff, Paris,
et les livres à la Librairie Fontemoing

SOMMAIRE

1. A. Keim. Helvétius, sa vie, son œuvre ; — Fr. Roussel-Despierres. Liberté et beauté ; — G. Rageot. Les Savants et la philosophie. *H. Villassère*. — 2. J. de Maistre. Considérations sur la France. *Pierre Gilbert*. — 3. F. Plessis. Epitaphes. *A. Dupouy*. — 4. Jean Dartis. Pedis Admiranda. *André Guerre*. — 5. Dʳ Carton. Le Sanctuaire de Tanit à El-Kenissia. *F. Martin*. — 6. G. Pilastre. Vie et caractère de Madame de Maintenon ; — H. Barckhausen. Montesquieu ses idées et ses œuvres d'après les papiers de la Brède ; — Chateaubriand. Pensées, réflexions et maximes [éd. V. Giraud] ; — L. Séché. Alfred de Musset : Correspondance. *G. Michaut*. — 7. P. Rambaud. La pharmacie en Poitou jusqu'à l'an XI. *H. Gaillard*. — 8. G. Stenger. La Société française sous le Consulat. *R. G.* — 9. A. Blanchet. Les Enceintes romaines de la Gaule ; — J. Toutain. Les Cultes païens dans l'Empire romain. *H. Thédenat*. — 10. A. Largent. Les devoirs du prêtre. *L. Lescœur*. — 11. P. de Vaissière. Lettres d' « Aristocrates » (1789-1794). *E. G.* — 12. M. Legendre et J. Chevalier. Le catholicisme et la société. *J. Zeiller*. — Chronique.

PARIS

ANCIENNE LIBRAIRIE THORIN ET FILS

ALBERT FONTEMOING, ÉDITEUR

LIBRAIRE DES ÉCOLES FRANÇAISES D'ATHÈNES ET DE ROME,
DE L'INSTITUT FRANÇAIS D'ARCHÉOLOGIE ORIENTALE DU CAIRE,
DU COLLÈGE DE FRANCE ET DE L'ÉCOLE NORMALE SUPÉRIEURE

4, RUE LE GOFF, 4

La Librairie A. Fontemoing se charge de fournir aux meilleures conditions tous les ouvrages français et étrangers que pourraient désirer les abonnés du Bulletin Critique

ANCIENNE LIBRAIRIE THORIN ET FILS
ALBERT FONTEMOING, Éditeur
RUE LE GOFF, 4, A PARIS

Collection *MINERVA*

ACKER (Paul). — *Petites Confessions* (cour. par l'Académie française). 1re et 2e séries. Chaque série	3 50
ADERER (Adolphe). — *Chez les Rois*	3 50
BARRES (Maurice). — *Du Sang, de la Volupté et de la Mort* (nouvelle édition revue et augmentée)	
Un Homme libre, nouvelle édition	3 50
BERTON (Claude). — *La Marche à l'Etoile*, roman	3 50
BERTHEROY (Jean). — *Les Dieux familiers*, roman	3 50
BONNAL (Général. — *De la méthode dans les hautes études militaires en France et en Allemagne*	1 »
BORDEAUX (Henry). — *La Petite Mademoiselle*, roman	3 50
Le Lac noir, roman	3 50
L'Amour en fuite (Une honnête femme ; le Paon blanc)	3 50
La Peur de vivre, roman (couronné par l'Académie franç.)	3 50
La Voie sans retour, roman	3 50
Le Pays natal, roman	3 50
Les Ecrivains et les Mœurs (1re et 2e séries). Chaque série	3 50
Vies intimes	3 50
La Savoie peinte par ses Ecrivains	1 »
Pèlerinages littéraires	3 50
BRACCO (Roberto). — *Infidèle*, comédie en trois actes (trad. de l'italien)	2 »
CAPUANA (Luigi). — *Le Marquis de Roccaverdina*, roman (trad. de l'italien	3 50
CHUQUET (Arthur), membre de l'Institut. — *Etudes d'histoires*, 2 séries à	3 50
CROISET (Maurice). — *Aristophane et les partis à Athènes*	3 50
DAVIGNON (Henri). — *Molière et la Vie*	3 50
DESGRANGES (Charles-Marc). — *La Comédie et les Mœurs sous la Restauration et la Monarchie de Juillet (1815-1848)*. Préface de Jules Lemaitre (de l'Académie française)	3 50
DOUEL (Martial). — *Au Temps de Pétrarque*, roman	3 50
FLAT (Paul). — *L'Illusion sentimentale*, roman	3 50
Le Roman de la Comédienne, roman	3 50
FOLEY (Charles). — *Guilleri Guilloré*, roman	3 50
Feur d'Ombre, roman	3 50
FONTAINE (André). — *Matines*, poésies	3 50
Conférences inédites de l'Académie royale de Peinture et de Sculpture	4 »
FRANK (Edmond). — *Le Crime de Clodomir Busiquet*, roman	3 50
FUNCK-BRENTANO (Frantz). — *La Bastille des Comédiens (Le For-l'Evêque)* 11 gravures hors texte	3 50
— et STRYIENSKI (Casimir). — *L'Emigré de Sénac de Meilhan*, roman (nouvelle édition)	7 50
GACHONS (Jacques des). — *La Maison des Dames Renoir*, rom. (couronné par l'Académie française)	3 50
HUE (Gustave). — *Avocate*, roman	3 50
L'Utile Amie, roman	3 50
LAFENESTRE (Georges). — *Bartolomea ou l'oratorio* (nouvelle édition)	3 50
LECHARTIER (Georges). — *Où va la vie...*, roman	3 50
LE GOFFIC — *Les Métiers pittoresques*	3 50
MARROT (Paul). — *Le Charme*, poésies posthumes	3 50
MAURRAS (Charles). — *Les Amants de Venise* (avec port. de George Sand et de Musset par David d'Angers)	8 50
L'Avenir de l'Intelligence	3 50
MÉDINE (Fernand). — *La Messe de Onze heures et demie*, roman	3 50
L'éternelle attente, roman	3 50
MICHAUT (Gustave). — *La Comtesse de Bonneval* (Lettres du XVIIIe siècle)	2 »
Etudes sur Sainte-Beuve	3 50
PLESSIS (Frédéric). — *Le Chemin montant*, rom. (cour. par l'Acad. fr.)	3 50
Poésies complètes	6 »
Epitaphes latines en vers	4 »
POMMEROL (Jean). — *Islam saharien. Chez ceux qui guettent* (cour. par l'académie française)	3 50
RECOLIN (Charles). — *Le Chemin du Roi*, roman (cour. par l'Acad. fr.)	3 50
RIAT (Georges). — *Le Village endormi*, roman	3 50
ROSEGGER (Pierre). — *Gabriel Heidepeter*, scènes de la vie styrienne traduit de l'allemand)	
ROSNY (J.-H.). — *La Fugitive*, roman	3 50
Le Testament volé, roman	3 50
THOREL (Jean). — *Gillette*, roman (couronné par l'Académie française)	3 50
TESSIER (René). — *Le Mariage d'un réactionnaire*	3 50
VILLE DE MIRMONT (H. de la). — *Etudes sur l'ancienne poésie latine*	5 »
La Jeunesse d'Ovide	3 50

BULLETIN CRITIQUE

1. — **Helvétius, sa vie et son œuvre**, par A. KEIM, docteur ès lettres. (*Bibliothèque de philosophie contemporaine*). — Paris, Félix Alcan, 1907, in-8 de 700 p. (Prix: 10 fr.)

Ce n'est pas seulement l'exposition d'un système que M. K. a voulu faire. Tant d'autres l'avaient faite avant lui! Il lui a semblé qu'Helvétius étant méconnu parce qu'il était mal connu, ce ne serait pas œuvre inutile et peine perdue que d'en écrire une biographie psychologique qui fût exacte, et, autant que possible, complète. A cette œuvre de réhabilitation M. K. consacra plusieurs années de recherches scrupuleuses qui aboutissent à ce gros volume de 700 pages. — Comme l'indique le sous-titre, la documentation du livre s'appuie sur trois groupes d'écrits :

1° *Les ouvrages d'Helvétius.* — Rien de plus naturel, et c'est toujours là qu'il faut en venir. Mais cette règle si évidente est loin d'être toujours observée. Quand on veut connaître Helvétius, on va tout de suite à ses deux grands ouvrages : *l'Esprit* et *l'Homme* : On s'en tient généralement là. M. K. analyse de très près les productions du poète, ses *Épîtres* et son poème du *Bonheur* et y découvre sans peine les grandes lignes d'une philosophie naturaliste, toute pénétrée d'un optimisme robuste et candide. Ses *Notes sur l'Esprit des lois*, commentaire subtantiel et concis dans lequel il oppose son naturalisme utilitaire au « rationalisme » de Montesquieu; ses *Pensées et Réflexions*, recueil de formules brillantes et lucides qui condensent les idées maîtresses de ses grands ouvrages ou en rectifient les paradoxes, doivent aussi être lues de très près par quiconque veut connaître sa doctrine et en suivre le développement.

2° *Des écrits divers.* — M. K. a interrogé tous les contemporains qui pouvaient le renseigner sur Helvétius : Voltaire, Grimm, Diderot, Morellet, Marmontel, Collé, Garat (d'après Suard) et Saint-Lambert. Il s'est particulièrement attaché à préciser l'histoire de ses rapports avec Fontenelle, Voltaire, Buffon, Montesquieu, Rousseau et Diderot.

3° *Des documents inédits.* — Ce sont des lettres, ou des fragments de lettres communiqués par la famille ou découverts aux archives du Ministère des affaires étrangères, des pièces exhumées des Archives Nationales, enfin des *Notes de la main d'Helvétius*, antérieures certainement à *l'Esprit*, qui jettent une vive lumière sur sa véritable physionomie intellectuelle. « C'est un Helvétius en robe de chambre qu'on rencontre dans les *Notes* » (p. 131). Cet important manuscrit a été communiqué à l'auteur par M. le marquis de Mun, descendant d'Helvétius.

Muni de toutes ces indications, M. K. évoque et fait revivre le fils du bienfaisant médecin de la reine Marie Leckzinska, le séduisant fermier-général, épris des femmes, de la gloire et de la justice, le maître-d'hôtel de la reine, le sage de Lumigny et de Voré, le fastueux amphitryon de la rue Sainte-Anne, le philosophe enfin, meurtri dans la bataille de *l'Esprit*, mais dont les blessures fortifièrent la foi. L'amant et le mari, le poète et le citoyen, l'impitoyable iconoclaste et l'ami délicat, les faiblesses et les grandeurs, les amours et les haines, Helvétius, enfin, sort des limbes du passé et revit dans ce livre, écrit avec la patience d'un bénédictin, l'imagination d'un artiste, la ferveur d'un disciple et la prolixité d'un amoureux.

.·.

Hors du scepticisme : **Liberté et Beauté**, par Fr. Roussel-Despierres. (*Bibliothèque de philosophie contemporaine.*) — Paris, Félix Alcan, 1907, in-8 de 400 p. (Prix : 7 fr. 50).

Cet ouvrage est le développement de deux idées maîtresses. La première, c'est que le scepticisme est le milieu dans lequel se meut l'intelligence moderne, milieu fatal et délétère ; la seconde c'est que du scepticisme sortent deux certitudes : l'autonomie absolue de l'individu, l'incomparable valeur de l'idéal esthétique.

M. R.-D., comme jadis Jouffroy dans un article fameux, sonne le glas d'un monde; mais tandis que Jouffroy se contentait d'enterrer le catholicisme, M. R.-D. entrevoit la disparition de toute croyance religieuse et de toute croyance scientifique. Le monde moderne se détache de plus en plus de la religion de Jésus : « la croix d'un sublime incompris ne le couvre plus de son ombre. » (p. 27). La science n'est pas moins illusoire : « des hypothèses basées sur des hypothèses, voilà toute la science, voilà le trésor de l'esprit humain. A jamais le réel se dérobe à nos yeux. Nous vivons dans un songe... Tout est faux, tout ment, l'univers, la science, l'esprit ». (p. 70). « Pas plus dans l'ordre physique que dans l'ordre moral, pas plus dans l'ordre social que dans l'ordre métaphysique, l'espoir d'atteindre un jour la vérité ne nous est permis. » (p. 73). Les « doctrines d'autorité » : Religion et Science, sont en train de mourir, et c'est le scepticisme qui est leur héritier légitime. (I° Part. : *le scepticisme*.)

Détruire la religion au nom de la science, puis abolir la science dans la ruine de l'esprit, voilà « l'histoire de notre espèce et sa gloire. Si cette histoire était vaine, si cette gloire était stérile, la déception de notre néant serait le plus cruel des supplices dont l'Europe et l'Asie ont épouvanté les cercles de l'Enfer. Mais ce passé... justifie les plus fières espérances ». (p. 82). Le scepticisme aboutit logiquement à un individualisme radical. Par la disparition des doctrines d'autorité, l'individu se trouve être absolument autonome ; en effet, toute certitude étant personnelle, nulle certitude, nulle loi ne peut prétendre s'imposer du dehors à l'individu. Nous aboutissons donc logiquement à la liberté intégrale, au droit absolu, et le droit absolu, c'est « l'anarchie légale ». Mais l'anarchie pure n'est qu'une formule idéologique ; en réalité l'individu n'existe pas sans la coopération, sans la société. D'autre part, pas de société sans une limitation de l'autonomie individuelle. — Jusqu'où doivent s'étendre ces restrictions? En d'autres termes, quels seraient les caractères d'une société individualiste, tel est le problème que l'auteur aborde dans la II° Part... (*la Liberté*). A la société moderne, caractérisée par la prépondérance de l'État, formée « de mineurs, non de citoyens », il oppose le tableau d'une société véritablement libérale. Cette seconde partie, la plus considérable et la meilleure de l'ouvrage, constitue un cours complet de morale, fait d'un point de vue exclusivement individualiste.

Dans la société future, l'individu est donc libre. Quel usage va-t-il faire de sa liberté? Vers quel idéal s'orientera-t-il? Plusieurs voies lui sont ouvertes, et « le choix est de droit absolu. » Il en est une cependant où le scepticisme nous engage logiquement: c'est celle qui conduit à la Beauté. Sur ce point, il est préférable de laisser parler l'auteur lui-même: « L'idéal de l'individu libre sera un idéal esthétique. Après que le scepticisme a ruiné la religion et la science, que nous reste-t-il, hors la beauté? Il a substitué à l'ordre intellectuel un ordre sentimental, c'est-à-dire un ordre esthétique. Toute certitude se fonde sur la sensation de plaisir, et le plaisir suprême est la beauté; à la sensation, l'homme demande avant tout un moment de poésie; la sensualité n'est, au fond, qu'un besoin esthétique inconscient encore et qui se révèlera à lui-même par l'éducation; le plus haut désir, comme le plus haut plaisir, étant la beauté, la certitude morale sera une volonté de beauté, et l'idéal sera esthétique... L'individu n'existe que par la liberté, le désir, la volonté. Mais qu'est-ce donc qui fait le prix de l'individualité, du désir, de la volonté, de la liberté, si ce n'est l'immense poésie que ces mots contiennent? » (p. 337-338.) (IIIe Part.: *La Beauté.*) « Une forte et belle race de héros et de fées, vivant dans la liberté d'une morale de beauté, un rêve de beauté, voilà la société esthétique. » (p. 329.)

Ces dernières paroles pourraient servir d'épigraphe au livre de M. R.-D., car c'est bien un rêve qu'il vient de consigner en ces 400 pages.

.*.

Les savants et la philosophie, par Gaston RAGEOT. (*Bibliothèque de philosophie contemporaine*). — Paris, Félix Alcan, 1907, in-16. (Prix : 2 fr. 50).

H. Spencer et *La métaphysique des Sciences nouvelles*, H. Poincaré et *La néo-criticisme d'un géomètre*, H. Bergson et *La métaphysique de la psychologie, La psycho-physiologie et ses résultats*, tels sont les sujets traités dans ce petit volume. Les fragments considérables de ces études ont déjà paru dans les Revues destinées au grand public. Que le lecteur ne s'étonne donc pas de ne rencontrer dans cet ouvrage que des idées familières : ce n'est pas au spécialiste que l'auteur s'adresse, mais à l'homme cultivé qui souhaite avoir « des clartés de tout. » C'est une œuvre de vulgarisation que M. R. a voulu faire ; ne lui demandons pas autre chose. Sa tâche n'était déjà pas si aisée ! L'écrivain qui se propose de mettre à la portée du public les idées élaborées par le savant risque de rester superficiel s'il veut qu'on le suive, ou d'être obscur si, voulant tout dire, il se borne à des indications par crainte de tomber dans des développemeuts trop techniques. S'il sacrifie la précision à la clarté, il est vide : c'est une lumière qui n'éclaire rien. S'il sacrifie la clarté à la précision et à la rigueur, il est fastidieux et irritant : le regard s'efforce vainement de percer ces ténèbres fécondes. M. R. a évité le premier défaut, mais s'est-il toujours gardé du second ? Sa critique de l'évolutionnisme spencérien est trop concise, son exposé de la métaphysique bergsonienne trop dense pour être entièrement intelligibles.

Il est regrettable que des taches obscures apparaissent çà et là au cours de ces deux cents pages, car le livre est généralement écrit avec cette distinction et cette clarté qui caractérisaient le talent de Caro, quelquefois dans une note pittoresque et colorée qui rappelle la manière de l'auteur des *Philosophes classiques*.

H. Villassère.

---

2. — **Considérations sur la France et Essai sur le Principe générateur des constitutions politiques**, par Joseph de Maistre, réimprimés avec une préface du comte Bernard de Vesins. — Paris, Nouvelle Librairie Nationale, 1907, in-16.

La Nouvelle Librairie Nationale a inauguré la collection de *Nos Maîtres* par la réédition de deux ouvrages politiques de Joseph de Maistre : *les considérations sur la France*, et l'*Essai sur le Principe générateur des constitutions*. Cette série de publications, qui remettra dans le commerce intellectuel contemporain les plus fortes pensées politiques du XVIIIe et du XIXe siècle, ne comprend encore que deux volumes : un *Joseph de Maistre* et un *Bonald*. C'est du premier que nous parlerons.

Dans une préface courte et substantielle, le comte Bernard de

Vesins a démontré l'opportunité de cette réédition. Comparant notre temps à l'année 1796, date de l'apparition des *Considérations sur la France*, il écrit : « La France lasse de ses premiers essais de République, *aspirant au retour de l'ordre, mais ayant perdu le goût de ce qui le constitue*, avait besoin d'être éclairée sur les causes de ses malheurs pour accepter les remèdes que réclamait son état. » Ce trait de psychologie politique fait regretter la brièveté de la préface.

Ce qui frappe d'abord à la lecture de Joseph de Maistre, c'est l'abondance et la force des maximes qui arrêtent la pensée et l'obligent à creuser. Encore que la composition de ses ouvrages paraisse très nette et dégagée dans ses grandes lignes, cependant ce serait une erreur de croire qu'un sévère appareil de dialectique et un enchaînement étroit de déductions les constituent essentiellement. J. de Maistre a, dans son tour d'esprit, je ne sais quoi de nerveux, de rapide, de pressé, qui saute les échelons du syllogisme et jaillit tout de suite en formules aiguës et brillantes. C'est à quoi l'on reconnaît un esprit bien construit et qui produit la vérité par besoin. « J'aime mieux supprimer les intermédiaires et courir aux résultats » (p. 86).

Nous voudrions citer quelques-unes de ces maximes. « Toujours la multitude accepte, jamais elle ne choisit » (p. 137).

« Nulle nation ne peut se donner la liberté si elle ne l'a pas » (dans son caractère, son histoire et ses mœurs) (p. 83).

« Il y a trop de mouvement dans l'Etat, et pas assez de subordination, lorsque *tous* peuvent prétendre à *tout*. L'ordre exige qu'en général les emplois soient gradués comme l'état des citoyens » (p. 155.)

« Une assemblée quelconque d'hommes ne peut constituer une nation » (p. 85).

Voici en quels termes précis, il pose le problème constitutionnel :

« *Etant données la population, les mœurs, la religion, la situation géographique, les relations politiques, les richesses, les bonnes et les mauvaises qualités d'une certaine nation, trouver les lois qui lui conviennent* » (p. 89).

Il a donné ce portrait du Français : « Intrépide devant l'ennemi, il ne l'est pas devant l'autorité, même la plus injuste » (p. 125.)

C'est lui qui a nommé les Papes « les véritables génies constituants de l'Europe » (p. 261).

Ce prétendu fanatique, cet exalté était un prudent, un politique. Comme déjà à cette époque, on vantait, faute de mieux, les avantages d'être persécuté, il ne se défendait pas d'un discret scepticisme à cet égard (p. 76).

A propos des uniformes et des habits créés par la Révolution, il écrivait ces lignes : « *Pour celui qui examine tout*, il peut être intéressant *d'observer* que, de toutes les parures révolutionnaires, les seules qui aient une certaine consistance sont l'écharpe et le panache qui appartiennent à la chevalerie » (p. 99).

Ainsi cet homme du moyen âge, ce scolastique muni de visières fut, en son temps, comme le prototype de M. Anatole France, évoquant, avec le même grain d'ironie, le casque d'Hector, effroi du jeune Astyanax aux Portes Scées, et qui orne encore, de son éclat et de sa chevelure le chef de nos gardes municipaux. (Cf. *Jardin d'Épicure*.)

J. de M. fut surtout un observateur ; ses ouvrages abondent en digressions, en vues, en observations. Il s'est peint lui-même « étranger à tous les systèmes, à tous les partis, à toutes les haines par caractère, par réflexion, par position » (p. 217).

C'est lui qui a posé le principe de la science politique. « Tout ce que le bon sens aperçoit d'abord dans cette science comme une vérité évidente, se trouve presque toujours, lorsque l'expérience a parlé, non seulement faux, mais funeste » (p. 221).

Ses maximes n'étaient aussi que le fruit de l'expérience. En politique, il se donna toujours pour un empirique. C'est toujours à l'observation qu'il se réfère. « L'histoire qui est la politique expérimentale, démontre que… » (Cf. p. 222). Il n'a jamais posé une loi sans l'appuyer d'une justification semblable. Il enseigne de « regarder et de juger par l'événement » (p. 287). Ses paradoxes, ses théories transcendantes, qui lui ont peut-être nui auprès des esprits légers, ne sont que la traduction, en termes abstraits et absolus, de constatations, de faits d'expérience, de rapports observés entre certains phénomènes ou certaines institutions. Il était surtout occupé de noter les rapports des choses et, s'il a parfois erré, c'est seulement dans l'interprétation qu'il en a donnée. De nos jours, on l'eût appelé du nom barbare d'*intellectuel*. Il détestait « l'homme prévenu, et dont le cœur surtout a convaincu la tête » (p. 74).

Voici un bel exemple de définition réaliste, et presque sensualiste, dans le meilleur sens du terme. « Si un homme de bonne foi se demande ce que c'était que l'ancienne constitution française, on peut lui répondre hardiment : « C'est ce que vous sentiez lorsque vous étiez en France, c'est ce mélange de liberté et d'autorité, de lois et d'opinions, qui faisait croire à l'étranger, sujet d'une monarchie et voyageant en France, qu'il vivait sous un autre gouvernement que le sien » (p. 106).

« Quand on vous dit que sans la religion vous ne serez forts que pour détruire, ce n'est point une vaine théorie qu'on vous débite, c'est *une vérité pratique*, fondée sur l'expérience de tous les siècles et sur la connaissance de la nature humaine » (p. 147).

Et encore :

« Ceci n'est point une phrase d'église, une métaphore de prédicateur : c'est la vérité littérale, simple et *palpable* » (p. 229).

Aucun homme, plus que lui, n'a eu le dégoût des idées *a priori*, nul n'a plus méprisé les billevesées de la raison individuelle. « L'aveuglement des hommes » qui ne se laissent pas enseigner par l'histoire, le confond (p. 265.) A cet égard il était en pleine réaction contre son siècle.

Il est un des cerveaux envers qui la tradition contre-révolutionnaire du XIXe siècle a le plus de dettes. Il a démêlé de l'accidentel le permanent et conseillé de « ne juger les institutions politiques que par leurs effets constants » (p. 283). Principe essentiel et constitutif de tout savoir! Quant à l'action et aux conditions requises pour réussir dans la conduite des affaires humaines, il se montrait encore plus réaliste. Cet homme avait dans l'esprit de bonnes catégories, c'est-à-dire qu'il avait l'intelligence nuancée. Il connaissait la diversité des talents et des fonctions. Aussi exclut-il du gouvernement les savants eux-mêmes, et quiconque a des idées ou même un système expérimental.

Il sépare radicalement la science théorique de « la sagesse pratique » (p. 254). Il écrit : « Il y a entre la politique théorique et la législation constituante, la même différence qui existe entre la poétique et la poésie » (p. 86).

« Si vous voyez un homme ordinaire qui ait du bon sens, mais qui n'ait jamais donné, dans aucun genre, aucun signe extérieur de supériorité, cependant vous ne pouvez pas assurer qu'il ne peut être législateur. Il n'y a aucune raison de dire oui ou non ; mais s'agit-il de Bacon, de Locke, de Montesquieu, etc., dites non, sans balancer ; car le talent qu'il a, prouve qu'il n'a pas l'autre » (p. 87).

Cet amateur d'histoire censurait la pédanterie livresque de son siècle « qui ne voit même pas ce qui se passe sous ses yeux ; qui se repaît de livres, et va demander d'équivoques leçons à Thucydide ou à Tite-Live, tout en fermant les yeux à la vérité qui rayonne dans les gazettes du temps » (p. 162).

Il prisait les leçons de la réalité fort au-dessus des choses écrites. Il savait que trop de mémoire aveugle le politique sur le présent et craignait toutes les surprises que peuvent faire tous les préjugés à l'intelligence. « Une autre erreur très funeste est de s'attacher trop rigidement aux monuments anciens. Il faut sans doute, les respecter, mais il faut surtout considérer ce que les jurisconsultes appellent *le dernier état*. Toute constitution libre est de sa nature variable, et variable en proportion qu'elle est libre » (p. 115).

« Avec la même constitution, on peut donner un régime tout différent » (p. 123). Ce qu'il exigeait du politique ou du législateur, c'était donc un sentiment très subtil des réalités présentes et des réalités en voie de devenir. Il doit agir, dit-il, « par instinct et par impulsion, plus que par raisonnement » (p. 86).

Mais comment connaître l'avenir? La prévision est un nouvel art que J. de Maistre distingue très finement de la science du passé et de l'action bornée au temps présent. Cet art de conjecturer a beaucoup occupé de Maistre. Son esprit toujours curieux de toutes les réalités, instruit du passé et du présent par sa position demandait à la « théorie des probabilités » (p. 52) un supplément d'information sur le prochain avenir. Car tel était cet immobile, ce rétrograde.

« Si nos conjectures sont plausibles ; si elles ont pour elles l'analogie ; si elles s'appuient sur des idées universelles ; si surtout elles sont consolantes et propres à nous rendre meilleurs, que leur manque-t-il?... Il est doux, au milieu du renversement général, de pressentir les plans de la Divinité » (p. 49). Sans doute parce qu'il avait beaucoup observé et lu, J. de Maistre répugnait à admettre l'existence du désordre dans le monde. Pour lui, la marche des événements était réglée par des lois naturelles, ordonnées elles-mêmes par une puissance surnaturelle. Ce n'est pas à dire que l'histoire se développe suivant une ligne droite et que le monde s'avance sans secousse vers ses fins lointaines. Une telle conception de la Providence lui paraissait saugrenue, contredite par les faits, et par surcroît immorale, puisqu'elle dispense de l'effort... Seulement il pensait que le désordre lui-même est ordonné, comme une tempête, une inondation ou tout autre catastrophe physique. Ainsi le sens de l'évolution échappe aux prises de notre intelligence : c'est un mystère inaccessible. Mais dans le perpétuel écoulement des phénomènes, paraissent invariablement certaines liaisons, certains rapports constants qui sont les lois du monde naturel. C'est la connaissance de ces lois que poursuivait J. de Maistre et c'est là-dessus qu'il fondait ses prévisions. Les mêmes causes produiront toujours les mêmes effets : c'est une loi. Donc si la cause vient à paraître, nous savons qu'elle sera suivie de son effet, c'est la prévision. Et si nous voulons que l'effet se produise, nous pourrons le provoquer en disposant favorablement ses conditions déterminantes, c'est l'art humain.

« On ne peut rien deviner, il faut s'attendre à tout. Mais s'il se fait un changement heureux sur ce point (la religion) ou il n'y a plus d'analogie, plus d'induction, plus d'art de conjecturer, ou c'est la France qui est appelée à le produire » (p. 32). Et il intitule un de ses chapitres : *Comment se fera la contre-révolution si elle arrive.* Prévision relative, c'est-à-dire hypothétique.

Telle était la complexion intellectuelle de J. de M. On en imagine difficilement une plus souple et plus harmonieuse. Ce prétendu dogmatique n'a vraiment eu qu'une philosophie, celle de l'action et de l'art humain. C'est lui qui en 1796 réveillait les courages royalistes. Fort de sa connaissance du cœur humain et de l'histoire, il prônait un optimisme pratique qui semble la sagesse même. « Si nos conjectures ne sont pas vraies, elles sont bonnes, ou plutôt, puisqu'elles sont bonnes, ne sont-elles pas vraies ? » (p. 49).

Il excitait ses contemporains à une action prudemment réformatrice et les détournait du désespoir par la vue des vicissitudes politiques. Il leur rappelle (p. 209) un fait de l'histoire de la révolution d'Angleterre. En 1659 les communes signent, sans hésiter, l'engagement solennel de maintenir la forme républicaine du gouvernement. Un an après, en 1660, la restauration était faite. Il appartient à l'homme doué d'intuition et de tact d'opérer ces révolutions. Mais le savant les explique et même les prévoit. Joseph de Maistre a apporté la plus précieuse des contributions à cette science de la politique, « qui est peut-être la plus épineuse des sciences, à raison de la difficulté toujours renaissante de discerner *ce qu'il y a de stable et de mobile dans ses éléments* (p. 221).

C'est sous la figure d'un réaliste, où se mêlent les traits du curieux et du sceptique, du positif et de l'optimiste, qu'il mérite de passer à la postérité. Pierre GILBERT.

---

3. — **Épitaphes** par Frédéric PLESSIS, avec le Concours d'élèves de l'Ecole Normale Supérieure. — Paris, Fontemoing, 1907, in-8.

Il n'existait en France aucun recueil qui nous offrît le moyen facile et pratique de porter un jugement d'ensemble sur la poésie funéraire des Romains. Ce livre, inspiré par une lecture des *Carmina Epigraphica* de Büchelar, est chez nous une heureuse nouveauté. Nouveauté d'hier, à vrai dire, et dont il faut s'excuser de parler bien tard. Aussi ne m'arrêterai-je pas à la partie philologique, si considérable soit-elle, d'une œuvre dont le principal intérêt est sans contredit littéraire, historique et moral. Comme l'a indiqué M. Focillon, l'un des collaborateurs de M. Plessis, dans une excellente préface, cette poésie nous offre un curieux mélange de sincérité et de convention. Il est évident que la rhétorique des lapicides y a contribué pour une large part, et que nous avons là, dans mainte formule, le pendant de nos *Ci-Gît* et de nos *Regrets éternels*. Evident encore, et sans qu'il faille nécessairement y voir une garantie d'insincérité, que, lapicides ou non, les auteurs de ces épitaphes ont volontiers plagié les poètes classiques de la mélancolie et de la mort, Tibulle, Virgile, Properce et, plus que personne, Catulle, dont les adieux au passereau de Lesbie et l'*iter tenebricosum* se trouvent bien des fois et plus ou moins discrètement rappelés. Mais, à côté de ces plagiats ou de ces formules, et souvent même à travers eux, que d'expressions frémissantes de personnalité! Bien entendu, ce n'est pas à l'époque républicaine qu'elles abondent : la cité aborbe encore trop l'individu. Ce qu'un Scipion, un Névius, un Plaute livre au souvenir du passant, c'est l'abrégé en 4 vers de sa vie publique, ses titres de citoyen ou de lettré. Et les *matronae* dont les sépultures remontent à cette lointaine époque nous en ont assez confié de leur histoire quand elles nous ont dit qu'elles furent chastes, fidèles, qu'elles gardèrent la maison et filèrent la laine : *lanifica, domiseda*. Avec les progrès de l'individualisme, la plainte se fait de plus en plus lyrique, plus confidentielle et plus touchante. La sévérité domestique des vieux âges s'est attendrie. La plus ancienne épitaphe d'enfant que nous présente M. Plessis est encore bien sobre : « un sort cruel a enlevé Antia prématurément. Elle était gracieuse et belle ; elle faisait les délices des dieux. Son père pleure et souhaite que la terre lui soit légère. » Cent ans plus tard, le père de Magnilla ne craint plus d'insister sur les grâces de la petite morte ni sur ses larmes de vieillard. Plus émouvant encore dans sa brièveté est l'épitaphe d'Asiatica, par son grand-père. Celle de Géminie Agathe, une fillette de cinq ans, est à la fois un portrait et une courte histoire, avec des vers charmants comme celui-ci :

Dum vixi, lusi ; sum cunctis semper amata.

C'est encore à la mémoire d'un bébé qu'est consacré cet autre vers, si joliment retrouvé par Malherbe :

Rosa si mus florivit et statim periit.

Quelques gaucheries d'expression, des ignorances métriques n'altèrent pas — au contraire ! — ce charme de personnalité qu'accentue d'autre part, du moins dans le cas des femmes, la grâce des noms latins — une grâce que les contemporains étaient les premiers à sentir et à signaler : témoin l'épitaphe de Flavia Nicopolis et celle d'Argentea. Cette épitaphe d'Argentea n'est-elle pas d'ailleurs une véritable élégie en 14 vers, au sens le plus moderne du mot ? J'y relève cet aveu qui pourrait servir d'épigraphe à toute poésie élégiaque : « Le cœur aime encore les souvenirs dont il souffre. » L'inscription gravée à Arles sur le tombeau de Julia Lucina est réellement un « pur sanglot », et si « Les plus désespérés sont les chants les plus beaux », il faudrait retenir entre tous, malgré une versification incertaine, celui qui se brise — inachevé — sur ce souhait : « Oh! plût au ciel qu'elle pût recouvrer le souffle pour savoir quelle douleur elle cause! »

On peut croire que la tendresse chrétienne ne fut pas étrangère au ton de ces épitaphes. Le christianisme ne rassérène pas nécessairement : Quelque force qu'il ait donné au sens de la vie future, il a trop *humanisé* la conscience antique pour que le regret des morts n'en soit devenu plus poignant et plus triste. L'épitaphe des frères Gerontius et Constantius, relevée sur une sépulture chrétienne, n'est qu'un cri de souffrance et de désespoir. Moins douloureuse est celle d'Helpis, une jeune femme : mais quelle mélancolie douce et presque voluptueuse anime ces vers où se mêlent des souvenirs d'exil et d'amour! L'auteur des *Martyrs* les eût passionément aimés.

S'il est d'ailleurs une chose que tende à établir une pareille lecture, c'est la pérennité des sentiments humains, l'identité du cœur à travers les civilisations et les âges. On a trop répété que les anciens différaient de nous, qu'ils n'aimaient pas comme nous, ne souffraient pas comme nous : illusion spéciale a un siècle d'historiens et d'exotisme, et pire que l'autre, l'illusion des temps classiques. Devant les mêmes deuils, ce sont les mêmes explosions d'amour et de douleur. Et à travers ces commémorations funèbres, c'est la vie domestique d'il y a quinze ou vingt siècles qui se révèle à nous, la maison romaine qui renaît, âme et chair, dans son intimité toute moderne, avec ses tendresses conjugales, ses rires d'enfants, et jusqu'aux jappements d'un chien préféré. Car il se rédigea aussi des épitaphes d'animaux, et aucun des toutous qu'on enterre aujourd'hui à Asnières ne doit en avoir de plus gentille que celle d'une aïeule latine nommée *Mouche*, ou *Myia*.

Ajoutons que personne n'était mieux désigné que M. Plessis pour nous aider à reconstituer ce passé, parce que personne peut-être n'est plus fait à le retrouver en lui-même. Que ce soit dans une œuvre de haute critique comme l'*Étude sur Properce* ou dans un modeste livre scolaire comme son *Horace*, il excelle à dépouiller la momie antique de ses bandelettes, et à lui rendre le souffle que lui ont ôté les pédants. Il n'est pas mauvais d'avoir pour guide un latiniste qui ne confonde pas le moyen et le but, et à qui toute sa science de philologue ne cache pas que l'essentiel des poèmes proposés à son examen, c'en est encore la poésie.

A. Dupouy.

---

4. — **Pedis Admiranda** ou les *Merveilles du Pied*, de Jean Dartis, édition nouvelle, par M. Marcel Godet, élève de l'École des Chartres. — Paris, Champion, 1907, in-8. (Prix : 5 fr.)

Comme pour éclairer davantage notre connaissance des hommes des xvie et xviie siècles, de leur esprit, de leurs défauts, de leurs manies même, M. Marcel Godet vient de rééditer une petite bouffonuerie érudite d'un grave professeur de Droit Canon à Paris : le *Pedis Admiranda*, ou les *Merveilles du Pied*, de Jean Dartis, paru en 1619.

L'Éditeur a consacré à Dartis une notice biographique, où, à côté d'un savoir abondant et précis, se révèlent des qualités charmantes de peintre et d'écrivain. La vie de ce Jean Dartis n'est pas dépourvue d'intérêt général, et, derrière lui, on devine toute une catégorie d'autres personnages semblables, et dont il apparaît comme le représentant. Né à Cahors en 1572, élevé d'abord par les Jésuites de cette ville, nous le trouvons encore au Collège à vingt-sept ans : il y fait sa philosophie, à Rodez. M. Godet remarque, à ce propos, que l'on étudiait tard en ce temps-là. Peut-être est-ce pour cette raison que les hommes du xvie siècle gardent toujours, même dans leur maturité, un peu de la naïveté de vieux écoliers. Plus tard, il s'établit à Toulouse, où il suit encore des cours, et prend ses grades de Docteur en droit et en Théologie. Il devient ensuite le bibliothécaire de M. de Verdun, Premier Président du Parlement de Toulouse, bientôt Premier Président du Parlement de Paris, jurisconsulte renommé, ami de Voiture et de Malherbe, homme d'esprit, que Toulouse et Paris se disputent, s'il faut en croire le poète latiniste Bonnefous. C'est dans la bibliothèque de ce magistrat, d'abord à Toulouse, puis à Paris, où il le suivra, que Dartis commence à garnir sa mémoire, et à collectionner des notes et des fiches. Il ne quittera la maison de M. de Verdun qu'en 1627, à la mort de ce personnage, pour se consacrer tout entier à l'enseignement du Droit Ecclésiastique, à la faculté de Paris, où il est entré dès 1618. Il y deviendra professeur de Droit Canon en 1622, et résignera ses fonctions en 1651, quelques mois avant sa mort. Dartis, croit-on, avait reçu la Tonsure, et il bénéficia, au cours de sa vie, de plusieurs cures ou prébendes canonicales. Cela ne l'empêche pas d'écrire divers libelles satiriques sous son nom ou sous un pseudonyme, et même, en 1615, des épigrammes, que l'on n'a pas conservées, adressées à une certaine Claudie, pour laquelle il soupirait. Il publia encore des opuscules critiques en latin, des œuvres de littérature officielle, comme un *Panegyricus Ludovici XIII*, et des ouvrages de Droit Canon.

Toute sa vie, nous dit M. Marcel Godet, il se lamenta sur sa pauvreté ; il avait « la manie de quémander ». Cette manie lui fut bienfaisante ; elle l'enrichit lentement et secrètement : à sa mort, il laissa une fortune assez considérable. Il est vrai qu'il la légua d'une manière touchante. Une partie alla à la Congrégation des Bénédictins de Saint-Maur, qui venait d'être fondée, et qui semblait toute désignée pour recevoir les bienfaits de l'érudit Dartis, elle qui fournira à la France, un siècle plus tard, tant d'illustres savants. Une autre fut consacrée « à l'instruction de la jeunesse » et à « de pauvres escholiers » de plusieurs villes. Enfin Dartis légua une dernière somme, pour être partagée entre ses collègues de la Faculté, à l'exclusion de quelques-uns, ceux qui étaient mariés. Cette disposition testamentaire, soigneusement spécifiée dans un codicille, est assez curieuse, et appelle une explication. Il y eût, à partir de 1600, une vive querelle à la Faculté au sujet du mariage des régents, qui, jusque là, avaient habité la maison, et avaient vécu célibataires. Les statuts de 1600 leur permirent le mariage. Mais Dartis et plusieurs autres restèrent toujours opposés à cette autorisation. Ils estimaient que les Docteurs, appelés à enseigner à des clercs et à des religieux la beauté d'une vie austère, devaient prêcher d'exemple et ne pas se laisser amollir par les délices de la vie conjugale. Dartis était logique, mais ses adversaires répondaient « au nom des bonnes mœurs ». Et cet argument est plein d'éloquence, plein d'aperçus, un peu inquiétant aussi pour la bonne renommée des régents d'alors. Dartis nous intéresse encore par les conseils qu'il donnait aux escholiers de son temps. Dans une de ses harangues, il s'élève contre ceux qui, rebutés par la longueur des gros livres, s'en tiennent aux titres des chapitres et à la table des matières. Il fulmine contre les abrégés. C'est on ne peut mieux. Les étudiants en l'un et l'autre Droit eurent-ils cure de cette administration? ne persistèrent-ils pas dans leurs pratiques... même plus tard? qui sait?

Tel est l'auteur du *Pedis Admiranda*. Ce petit livre est assez singulier. C'est l'éloge du pied, éloge comique, ou qui doit l'être. Dartis l'écrivit, nous dit-il lui-même, pendant ses vacances, pour se distraire. Il fait songer au panégyrique de la mouche, de Lucien, et à ces étranges compositions, telles que l'éloge de la puce, où s'exerçait la subtilité vaine des rhéteurs grecs du IIe siècle. Mais Dartis s'en différencie, parce qu'il est du XVIe siècle. Il possède des classiques comme pas un; il les a réduits en fiches. Pour louer le pied, il puise ses arguments dans l'histoire de tous les temps, chez les auteurs grecs, latins et bibliques. Il prétend, par exemple, que le pied est la règle de toutes choses, parce que Pompée, en montrant son pied, a dit qu'en frappant la terre il en ferait sortir cent légions. Dartis énonce encore des aphorismes de ce genre : « Le pied a des oreilles, puisque les suppliants se jettent aux pieds de ceux qu'ils implorent. — Le pied est l'origine de toute science, puisque la fontaine d'Hélicon, chère aux muses, a jailli sous le pied de Pégase. — Le pied rend des oracles, puisque Apollon, pour vacciner, se servait du trépied. — Le pied est sacré, parce qu'à Rome, le condamné qui touchait le pied d'un flamine ne pouvait être supplicié — Les pieds ont une volonté, puisque le poète a dit : *invitis ipse redit pedibus.* » On voit le procédé. Impossible d'imaginer plus grave bouffonnerie. Cela sent son XVIe siècle, et l'on pourrait retrouver, chez Rabelais même, ce genre de plaisanterie burlesque et pédante. Il s'y ajoute chez Dartis un autre élément, plus piquant peut-être. Toutes ses réflexions sont groupées de manière à servir de démonstration à une proposition formulée avec autorité : « *Pes tota hominis anima est. — Pedem esse rem sacram. — Pedem esse valde honorandum* ». Enfin au chapitre X ; « *Objecta diluuntur* ». Son petit ouvrage y gagne comme une saveur de parodie, la parodie des démonstrations scolastiques. Que Dartis l'ait voulu ou non, elle y est.

Son latin est court, léger, souvent transparent, parfois obscur, par endroits un peu précieux, sans rien d'étoffé, ténu de fil, point cicéronien, — correct? pas toujours —, en général agréable.

Ce livre paraît en 1619. C'est l'époque où Malherbe, Balzac, Voiture ont commencé ou vont commencer à écrire. Un profond changement se prépare dans la pensée française. On va abandonner toute l'érudition minutieuse du xvi⁰ siècle. Les grands écrivains de la nouvelle période chercheront avant tout à mettre leur empreinte dans tout ce qu'ils écriront. S'il reste, il est vrai, chez presque tous une légère trace de pédantisme, elle est presque imperceptible, et constitue comme la marque qui garantit la solidité de tous ces vigoureux esprits. Le nouveau souffle d'idées ne semble pas encore, en 1619, avoir atteint Dartis. L'air vivifiant n'a pas franchi le seuil de l'antique faculté du Droit Canon. Dartis est attardé ; il garde les traditions du siècle précédent. Il est l'arrière petit-fils du moyen âge. Pourtant il a vécu jusqu'en 1651. Quels éblouissements ne dut-il pas éprouver, en lisant le *Cid* ou le *Discours de la méthode ?* mais, après tout, daigna-t-il les lire ?

Pour conclure, son petit livre est suggestif. C'est un document. A ce titre, il faut remercier M. Marcel Godet de l'avoir offert à notre curiosité.
André GUERRE.

---

5. — **Le sanctuaire de Tanit à El-Kénissia** par le docteur CARTON, médecin-major de 1ʳᵉ classe au 4ᵉ Tirailleurs algériens. (Extrait des mémoires présentés par divers savants à l'Académie des Inscriptions et Belles-Lettres, t. XII, 1ʳᵉ partie). — Paris, Imprimerie nationale, 1906, in-4 de 160 p. et 10 planches. (Prix. 9 fr. 20).

El-Kénissia, « l'Église » est le nom que donnent les Arabes aux ruines d'une ville antique, qu'on n'a pas encore identifiée, située à 6 kilomètres au sud de Sousse. Le capitaine Molins avait déjà signalé cette ville en 1894, mais il semblait en avoir pris le temple pour une nécropole. Pendant que son régiment tenait garnison à Sousse, le docteur Carton put entreprendre l'exploration méthodique de plusieurs de ses monuments, grâce aux subsides de l'Association historique de l'Afrique du Nord et de l'Académie des Inscriptions. Il reconnut bientôt que l'un d'eux était un sanctuaire punico-romain d'une importance considérable. C'est sa description qui fait l'objet du présent mémoire.

Comme celui de Baal-Saturne de Dougga, le sanctuaire d'El-Kénissia est situé à mi-côte de pentes très atténuées qui s'inclinent vers un torrent. Comme lui aussi, il est orienté est-sud-est. Son enceinte est rectangulaire et présente la forme d'un quadrilatère irrégulier, de 46^{m}60 dans sa plus grande longueur sur 28^{m}72 de largeur. La chasse à la pierre pratiquée par les Européens aussi bien que par les Arabes en a détruit tout l'angle oriental. A l'intérieur de l'enceinte, s'élèvent d'un côté un portique et de l'autre un bâtiment précédé par un escalier monumental.

Il ne reste que le soubassement du portique, qui devait compter 16 colonnes. Il encadrait une cour dans laquelle se trouvaient une série de pièces, une citerne et plusieurs massifs de maçonnerie. Quelques-uns de ces massifs étaient probablement des autels, mais on ne saisit pas bien la raison d'être des autres, d'ailleurs les plus curieux.

L'un d'eux, situé en avant de l'escalier monumental se compose de trois marches, qui aboutissent à une petite plate-forme carrée de 0^{m}85 de côté, élevée de 1 mètre au-dessus du sol et primitivement revêtue de dalles. Cette plate-forme est complètement dégagée des autres constructions : on pourrait en faire le tour. Selon M. Carton elle ne servait ni de base à une statue fixe ni d'autel ; elle permettait plutôt de placer une personne ou d'exposer un objet, peut-être un bétyle, juste en face du milieu du grand escalier, avec lequel elle se trouve dans une position tout à fait symétrique.

Au sud de la cour apparaît un autre massif beaucoup plus volumineux et plus compliqué, une espèce de *suggestus* terminé par une plate-forme de 3^{m}30 de côté, à laquelle on accédait par un petit escalier de 4 ou 5 marches, tout contourné. On avait pensé qu'on se trouvait en présence d'un tombeau ; les sondages n'ont donné aucun résultat.

L'escalier monumental, qui vient à la suite de ces massifs, compte cinq marches de près de 20 mètres de long. Il conduit à une plate forme revêtue d'une mosaïque en « cubes » noirs, blancs, rouges et bleus, non cubiques mais rectangulaires et simplement imbriqués. Sur cette plate-forme donnent une série de pièces dont plusieurs, par leur exiguïté et par les vestibules détournés qui y conduisent, ont amené M. Carton à l'hypothèse d'une initiation à quelque culte impur. Elles contenaient encore un certain nombre d'objets tels que des fragments de statues et sutout des lames de plomb de longueur variable (quelques-unes atteignent près de 1 mètre), percées de trous de dimensions inégales et dont M. Carton n'a pas pu déterminer l'emploi.

Enfin à l'extrémité nord-ouest de l'intérieur de l'enceinte, on voit une construction isolée en maçonnerie pleine, de 2^m 10 sur 2^m 15 de côté, supportant un bassin muni d'un orifice d'écoulement au niveau du fond. Autour de ce bassin, M. Carton a trouvé une quantité prodigieuse d'ex-votos (6700 environ) : lampes puniques, grecques et romaines, appartenant à des dépots d'époque différente, brûle-parfums, *unguentaria*, ossuaires, statuettes, stèles, le tout dans une couche de charbon de bois et d'innombrables ossements d'animaux calcinés.

M. Carton donne la description détaillée de chacun de ces objets. Les plus intéressants sont les stèles dont beaucoup portent comme emblème de la divinité la représentation du triangle (p. 51) ou encore celle du cône, qu'on retrouve si fréquemment chez les peuples sémitiques (voir en particulier le n° 73, p. 55). Ici les artistes paraissent avoir passé peu à peu, par une espèce d'anthropomorphisme, de la forme du cône à la forme humaine. Il faudrait donc ajouter aux symboles phéniciens, d'après M. Carton, le cône à apparence cervical ou, si l'on veut, à forme apparente de vase (p. 57-58.)

Les 191 stèles exhumées ne portent que 4 inscriptions puniques, dont une seule est lisible. Elle contient le nom du dieu adoré dans le temple : « Au Seigneur Tanit Pene-Baal », c'est-à-dire « Au Seigneur Tanit face de Baal ».

On lui immolait surtout des moutons et dans une proportion moindre des agneaux et des bœufs, dont on consommait de préférence les « abats ». (p. 113). Après le repas sacré, on incinérait probablement les restes de l'animal, puis on recueillait quelques-uns de ces ossements dans un vase, tandis qu'on déposait les autres dans une fosse. Un assez grand nombre de monnaies de bronze étaient mélangées aux ossements. Elles avaient sans doute été jetées dans le feu ou déposées dans des vases au moment du sacrifice. Vingt sur trente-cinq remontent au Ier ou au IIe siècle avan-J.-C., et appartiennent à Micipsa ou à Micipsa et ses frères. Les au-

tres, qui sont pour la plupart de Domitien, vont jusqu'à la fin du
ii⁰ siècle de notre ère. La belle époque du sanctuaire a donc duré
près de quatre siècles.

M. Carton, si précis et si minutieux dans ses descriptions, n'a
pas toujours apporté la même rigueur scientifique dans l'appareil
critique. Ainsi il cite trop souvent sans indiquer la date et le lieu
de la publication citée, voir p. 133, note 1; p. 138, note 2; p. 139,
note 2; p. 142, note 1, etc. Il a aussi le tort de ne pas adopter une
orthographe fixe pour les noms propres : il écrit le même nom
Dhugga p. 4 et *Dougga*, p. 5. En matière plus grave, dans ses théories sur la signification des cônes d'Hadrumète, il identifie trop
aisément triade et trinité et prête trop volontiers aux prêtres de ce
sanctuaire les idées qu'il doit lui-même au christianisme.

Ce ne sont là d'ailleurs que des imperfections. Le mémoire de
M. Carton, soit par la description des fouilles exécutées à El-Kénissia, soit par la comparaison très intéressante qu'il établit à la
fin du volume avec d'autres sanctuaires punico-romains, constitue
une contribution sérieuse à l'étude des religions sémitiques, surtout des religions d'origine phénicienne.

François MARTIN.

---

6. — **Vie et caractère de Madame de Maintenon**, d'après les
œuvres du Duc de Saint-Simon et des documents anciens ou
récents, avec une introduction et des notes, par E. PILASTRE.
— Paris, Alcan, 1907, in-8 de 183 p. (Prix : 5 fr.)

M. Pilastre, dans ce volume a réuni un certain nombre de renseignements sur Madame de Maintenon, tirés de Saint-Simon et
des autres auteurs qui ont étudié et jugé la « veuve Scarron. » Ce
recueil n'a aucune prétention érudite. Il sera commode à ceux
qui désireront avoir sous la main les principaux textes relatifs à
madame de Maintenon et l'indication de presque tous les témoins
qui nous en ont parlé ou des écrivains qui s'en sont occupés. Les
portraits, vues, autographes reproduits sont fort beaux.

Montesquieu, ses idées et ses œuvres d'après les papiers de la Brède, par H. Barckhausen. — Paris, Hachette, 1907, in-12 de ii-344 pp. (Prix : 3 fr. 50.)

M. Barckhausen a été pour ainsi dire le « préfacier ordinaire » des œuvres de Montesquieu. C'est lui qui a été chargé de présenter au public les écrits inconnus conservés parmi les manuscrits du château de la Brède, et aussi les ouvrages déjà connus, mais dont les mêmes manuscrits permettent d'établir un texte nouveau ou de proposer une interprétation un peu différente. La réunion de ces préfaces constitue une étude fragmentaire de l'œuvre totale de Montesquieu et les vues nouvelles y abondent. M. Barckhausen y a joint un travail plus systématique sur les théories de son grand homme. Son ambition est d'établir la parfaite cohésion des idées morales et politiques de Montesquieu. Si j'ose avouer mon impression, je trouve qu'il l'exagère un peu, de même que dans son petit résumé il exagère (p. 148) les tendances religieuses de l'auteur des *Lettres Persanes*. Mais ce sont là des impressions ; et M. Barckhausen, qui a si longtemps vécu dans l'intimité de Montesquieu, a par là même une singulière autorité dans ses interprétations. Quoiqu'il en soit, l'effort qu'il a fait pour découvrir « les liens cachés, mais solides » qui rassemblent dans une « unité profonde » les « parties de la pensée » de Montesquieu est fort intéressant et sera des plus utiles.

* *

Chateaubriand, pensées, réflexions et maximes, suivies du livre xvi des Martyrs (*Texte du manuscrit autographe*), édition nouvelle revue sur les manuscrits ou les meilleurs textes, avec une introduction et des notes, par M. Victor Giraud. — Paris, Bloud et Cie, 1907, in-16. (Prix : 0 fr. 60).

Ce petit livre contient en réalité deux ouvrages distincts. — L'édition critique de livre xvi des *Martyrs*, donnée avec le soin que M. Giraud apporte à tous ses travaux, fait attendre — et espérer la grande étude d'ensemble qu'il prépare sur Chateaubriand. — Le premier ouvrage, la réédition des *Pensées, Réflexions et Maximes,* a un caractère moins érudit. J'imagine que la plupart des lecteurs le trouveront plus curieux ; Chateaubriand moraliste est ignoré ; il mérite de ne plus l'être et l'opuscule de M. Giraud tire heureusement de l'obscurité une face inconnue de son talent.

.*.

Études d'histoire romantique : Alfred de Musset, par Léon Séché. — Paris, Mercure de France, 1907, 2 vol. in-12.

Alfred de Musset : Correspondance. — Paris, Mercure de France, in-12.

Le titre des deux volumes de M. Séché est inexact. Il est trop large, car il fait attendre une étude complète de l'écrivain et de l'œuvre, qu'on n'y trouve pas. Il est trop étroit, car on s'imagine qu'il n'y sera question que de Musset et il y est question de tout un groupe de camarades et de femmes inégalement célèbres. Mais si l'on ne demande à l'ouvrage que ce que M. Séché a voulu y mettre en réalité : une étude biographique sur Musset et sur ceux qui l'ont approché de plus ou moins près, toute objection tombe et l'on ne peut que remercier l'infatigable chercheur des renseignements qu'il fournit, des documents inédits qu'il a découverts avec sa chance coutumière — chance qui n'échoit d'ailleurs qu'à ceux qui ont son flair, son activité, son amour du curieux et de l'inédit. — Il est vrai qu'il nous introduit ici dans un monde assez fâcheux, et que les mœurs de tels ou tels de ses personnages ne sont rien moins que louables. Mais la faute n'en est pas à lui. Et sans doute il faut connaître ce milieu où a vécu Musset pour mieux comprendre les égarements du poète et ce qu'il y a de si digne à la fois de pitié et de blâme dans son malheureux sort. Tout cela on le comprendra mieux, grâce à M. Séché.

La Correspondance, éditée avec soin, incomplète sans doute, mais aussi complète que possible à l'heure actuelle, complète merveilleusement ce que les deux autres volumes nous apprennent.

G. MICHAUT.

7. — **La pharmacie en Poitou, jusqu'à l'an XI,** par P. RAMBAUD. — Mémoires de la Société des Antiquaires de l'Ouest, tome 30e, 2e série, année 1906, in-8 de 800 p. dont 97 p. de pièces justificatives, listes de noms et table analytique, 8 planches hors texte.

Un ouvrage qui présente la monographie d'une profession pendant plus de trois siècles et qui s'attache à l'étude si rarement effleurée de la pharmacie, qui apporte en outre une masse considérable de documents, de noms, de faits glanés sur la surface de trois départements actuels — un tel ouvrage constitue une importante contribution à l'histoire sociale de l'Ancien régime. On trouve d'abord dans le livre de M. Rambaud de précieuses indications sur la topographie des vieilles villes et notamment de la capitale du Poitou. La fondation et les migrations du jardin botanique de Poitiers fournissent à l'histoire de la ville un chapitre aussi instructif que distrayant. Les délibérations de la corporation des apothicaires, ses démêlés avec la municipalité ajoutent des renseignements appréciables à ce qu'on savait sur le gouvernement intérieur de la grande cité. L'auteur ne néglige aucun des anciens titres du Poitou à la célébrité : il rappella la vogue dont jouissaient en thérapeutique les vipères si abondantes dans les environs de Poitiers. Ces serpents, salutaires au xviie siècle — ils ont pour eux l'attestation de Madame de Sévigné — combattaient victorieusement l'anémie et guérissaient leurs propres morsures.

A ce propos, il convient de remarquer toute la portée scientifique que donne aux recherches de M. R. la compétence du praticien. La pharmacie a développé, trop lentement au gré de l'auteur, les connaissances chimiques indispensables à la cure des malades ; à Poitiers les pharmaciens semblent avoir particulièrement incliné vers l'étude de la botanique et négligé la chimie. M. R. ne se contente pas d'énumérer les preuves de bonne volonté données par les vieux apothicaires, il fait ressortir le succès ou l'insuccès de leurs efforts dans la voie du progrès. En Poitou, pas plus que dans la majeure partie de la France, l'évolution ne fut bien appréciable dans le sens du progrès depuis la Renaissance jusqu'à la veille de la Révolution. Le xviiie siècle, assez improductif en somme au point de vue pratique, méritait autant que le xvii° le jugement un peu dédaigneux de Voltaire :

« Siècle des grands talents plutôt que de lumières. »

Le règne de Louis XV n'était pas une époque lumineuse dans les campagnes. La misère et la maladie trouvaient les paysans de moins en moins armés contre leurs atteintes vers la fin de l'Ancien Régime. Les apothicaires qui ne pouvaient plus vivre, avaient disparu des bourgades et même des petites villes. Il semble que leur situation bourgeoise, fort considérée au xvi° siècle, eut avec le temps subi quelques déchéance. L'apothicaire, écrivain, propriétaire, Paul Contant, le poète descriptif dont M. Louis Arnould a révélé aux lettres de l'Ancien et du Nouveau Monde la Muse fille de Ronsard, jouissait sous Henri IV d'une aisance quasi seigneuriale. Il vendangeait dans ses domaines, enrichissait ses collections de curiosités venues d'Italie et mariait ses deux filles à des médecins. Sous Louis XVI l'infortuné Félix Bouriat, docteur de Montpellier, ne pouvait exercer à Poitiers, parce qu'il était fils d'un apothicaire Poitevin et que les médecins, ses compatriotes, lui refusaient le droit « de signer des ordonnances dont son père n'était accoutumé qu'à devenir l'exécuteur. »

Les apothicaires n'eurent pas seulement à compter avec les dédaigneuses exigences de la Faculté, il leur fallut défendre leurs intérêts matériels contre les charlatans qui s'installaient sur les places, munis d'autorisations complaisantes de très hautes autorités parfois. En matière de thérapeutique, la cour et la noblesse conspiraient volontiers avec le peuple des campagnes pour l'empirisme contre le savoir. Le clergé de son côté ouvrait des officines pharmaceutiques avec plus de charité que de discernement. Ses soins peu coûteux mais peu compétents étaient recherchés pour leur bon marché et en vertu d'une vieille tradition Moyenâgeuse. D'ailleurs le clergé avait au xviii° siècles d'autres moyens de nuire aux pharmaciens laïques. En vertu des garanties d'orthodoxie requises des apothicaires, les curés évinçaient, après la révocations de l'Édit de Nantes, les praticiens huguenots qui n'étaient pas les moins notables dans une province comme le Poitou.

Mais ces diverses entraves apportées à l'exercice de la pharmacie sous l'Ancien Régime contribuaient beaucoup moins à la décadence de la profession que les ordonnances rendues sous le règne de Louis XVI en faveur des chirurgiens. Les chirurgiens furent bientôt en possession d'exercer seuls dans les campagnes, outre leur art, la médecine et la pharmacie, et cela sans étude ni préparation. Les décrets novateurs du pouvoir absolu eurent le plus détestable effet sur l'hygiène publique et sur la carrière de la pharmacie. Les apothicaires de Poitiers en souffrirent moins que leurs confrères campagnards parce qu'ils s'étaient constitués en Maîtrises dans une ville où les corporations étaient rares. Aussi faut-il remercier M. R. d'avoir retracé avec un soin si judicieux les vicissitudes d'une corporation qui tenait à la fois du négoce et des professions libérales, et qui résidait dans une ville où marchands et industriels ne s'associaient pas volontiers où par contre les corps savants jouissaient d'une grande influence. H. GAILLARD.

8. — **La société française sous le Consulat**, 6ᵉ série, par Gilbert STENGER. — Paris, Perrin, 1908, in-8 de IV-438 p. (Prix : 5 fr.)

Cette sixième série comprend l'Armée, le Clergé, la Magistrature, l'Instruction publique. La méthode de composition varie un peu par rapport aux précédents volumes. Ceux-ci étaient composés principalement avec des mémoires et bourrés d'anecdotes prises de toutes mains. Ici, les mémoires faisant défaut le plus souvent, M. S. a multiplié les notices biographiques ; il y a ainsi un chapitre de « portraits militaires » qui compte cent-cinquante pages. Ces notices sont extraites telles quelles, ou a peu près, des dictionnaires ou des recueils antérieurs. M. S. ne s'est pas soucié de consulter les dossiers d'un seul des quelques trente-cinq généraux ou maréchaux qu'il nous présente. Il ignore même des travaux biographiques récemment parus, par exemple sur Bessières, Davoust, Lefebvre, Pérignon, Clarke. Il n'écrit même pas correctement le nom de Sérurier. Dans les chapitres du clergé, il y a moins de biographies, et quelques-uns des évêques les mieux connus, comme Le Coz, ne sont pas même cités. Par contre, on trouvera un long développement, tiré des *mémoires* de Consalvi surtout, et assez mal au courant de la question, sur la négociation du Concordat. La magistrature et l'Instruction publique sont traités plus sommairement et sans information personnelle. A peu près tout ce qui est dit des écoles centrales et des lycées est emprunté à Fabry, auteur suspect et superficiel. Le livre a, de tout évidence, été préparé et écrit beaucoup trop vite.

Pour finir, une conclusion sur Bonaparte, de ton oratoire, et qui est l'habituel panégyrique, appuyé sur un réquisitoire contre le régime antérieur (p. 428).

Arrivé au terme de son ouvrage. M. S. a cru devoir présenter aux lecteurs, en tête de ce dernier volume, son propre portrait. Il y a des précédents. Mais Thiers avait attendu la cinquième édition.

R. G.

---

9. — **Les enceintes romaines de la Gaule**. Origine d'un grand nombre de villes, par Adrien BLANCHET. — Paris, Leroux, 1906, in-8.

M. Adrien Blanchet a divisé son ouvrage en trois livres.

Le premier est consacré à la description des enceintes. L'auteur nous a décrit, en quatre chapitres correspondant à quatre divisions géographiques, les enceintes de près de cent villes de la Gaule. Tous les renseignements relatifs à l'existence et à la découverte des débris sont soigneusement notés. Des plans, qu'on aurait parfois désirés plus grands, permettent de suivre, au milieu des villes modernes, le tracé du mur antique.

Un chapitre supplémentaire est consacré aux *castra* et *castella* qui ne sont pas sans rapport avec les enceintes, car ils jouèrent souvent un rôle important dans la défense des villes et formèrent parfois un système de protection antérieur aux murailles continues.

Dans le deuxième livre, M. Blanchet étudie les différents modes de construction; il en relève toutes les particularités, les anomalies même; observations de détails qui échappent à l'analyse et fournissent de précieuses indications chronologiques.

Dans la troisième et dernière partie, l'auteur recherche à quelle date furent construites les enceintes de la Gaule. Aux sources archéologiques il unit les textes des auteurs et les documents numismatiques. Pendant les périodes de troubles qui hâtèrent les constructions des murailles, les enfouissements de monnaies furent en effet plus nombreux qu'aux autres époques.

Pour dater les enceintes de la Gaule, il faut distinguer très nettement entre celles qui furent bâties aux premiers temps de l'Empire et celles qui datent des troisième et quatrième siècles.

Au premier siècle, les colonies établies dans les pays encore ennemis ou mal soumis devaient être protégées contre un coup de main, une révolte possibles. Leurs remparts entourent le périmètre de villes vastes et peuplées; ils sont construits avec soin; les assises inférieures, en belle pierre, ne renferment pas de débris d'autres monuments. Tels sont ceux de Fréjus, d'Autun, de Vienne, de Cologne, d'Avenche, de Tréves.

Pendant les temps qui suivirent, avec plus ou moins d'activité, on continua à construire de nouveaux murs ou à remettre en état les anciens.

Mais c'est surtout après la crise du IIIe siècle, après l'invasion qui suivit la mort d'Aurélien qu'on comprit la nécessité de se défendre. Probus ayant reconquis un grand nombre de villes les fit fortifier à la hâte et voulut aussi protéger les autres. A cette date s'élevèrent les fortifications qui, aujourd'hui, nous restituent les débris des monuments antiques employés comme matériaux. Une particularité à noter c'est que les murailles de cette époque n'enfermèrent pas la ville en entier, soit que les malheurs du temps eussent diminué la population, soit qu'on eût la préoccupation de restreindre l'espace à défendre. Les remparts anciens mis hors de service par le temps ou par les guerres furent aussi réduits, ceux d'Autun, par exemple, ramenés de 5922 mètres à 1300; ceux de Nîmes, de 6200 mètres à 2300. Ces enceintes trop petites furent, pendant le Moyen Age, jusqu'au XIIe siècle, un obstacle au développement des villes.

Au Moyen Age, on retrouva dans ces enceintes les éléments constitutifs de la cité: l'église, qui remplaça le temple, l'évêché, la maison de ville, un donjon ou château-fort, issu peut-être du *praetorcium*. Les dimensions comparées des divers remparts peuvent donner une idée relative de l'importance des villes. Nous disons relative, car d'autres éléments ont pu intervenir dans les dimensions de ces constructions.

M. Blanchet avait entrepris une œuvre ardue et difficile. Il abordait un sujet dont la bibliographie est très dispersée; il a lu, cité et critiqué les travaux de ceux qui l'ont précédé, mais il est le premier qui ait traité le sujet dans son ensemble et sous tous ses aspects, avec une richesse de documents qui l'a renouvelé.

* *

Les cultes païens dans l'Empire romain. Première partie : *Les provinces latines*. Tome I, *Les cultes officiels; les cultes romains et gréco-romains*, par J. TOUTAIN, maître de conférences à l'École pratique des Hautes-Études, Docteur ès lettres. — Paris, Leroux, 1907, in-8 de v-473 pp.

M. Toutain expose tout d'abord, avec une grande clarté, le but qu'il se propose : La science des religions, dit-il, s'est constituée surtout pendant le xixe siècle. Elle diffère de l'histoire des religions, elle s'y oppose même nettement, à la fois par le caractère des faits qu'elle étudie et la méthode qu'elle emploie. Elle considère les phénomènes religieux en soi, indépendamment des conditions de temps et de lieu. Elle s'efforce d'atteindre la notion générale et abstraite du mythe et du sacrifice. Elle a entrepris de décrire comment est né le sentiment religieux dans le cœur de l'homme, comment il s'y est développé, quelles formes il y a prises. Sa méthode, pour arriver à ces résultats, est contraire à la méthode historique ; toutes traditions religieuses, de quelque pays, de quelque temps que ce fût, ont été l'objet de comparaisons aussi ingénieuses que téméraires; les sciences relatives au langage, à l'histoire de l'homme, aux races, aux sociétés humaines, lui ont apporté leur appoint. Elle a usé surtout de la méthode déductive.

M. Toutain ne nie pas le grand effort des hommes qui ont créé et développé cette science ni les résultats obtenus; mais ces résultats lui semblent minces. Il constate avec raison qu'il ne reste rien aujourd'hui des affirmations de Max Müller et de ses disciples. Cet échec tient à ce qu'ils ont construit un édifice sans fondations, en négligeant l'histoire de la religion qui est la base de la science des religions. Cette hâte à systématiser des faits imparfaitement connus et insuffisamment approfondis est tout à fait préjudiciable aux progrès de la science des religions, comme aux progrès de toute science. Avec un ferme bon sens, M. Toutain pense que, pendant longtemps encore sans doute, il conviendra d'étudier chaque religion dans son milieu géographique et dans son milieu social. C'est pourquoi, réagissant contre la tendance aux généralisations hardies, si en faveur aujourd'hui, il veut ne présenter qu'un essai purement historique. S'enfermant, de propos délibéré, dans les limites géographiques et chronologiques de son sujet, il n'ira pas chercher chez les peuplades préhistoriques, dans des tribus sauvages contemporaines, les chefs des temples de la Grèce, de l'Asie-Mineure ou de l'Italie.

Pour établir son étude, M. Toutain recherchera donc les renseignements précis et les documents. Il les puise chez les auteurs païens où il reste encore à glaner; chez les pères de l'Eglise et les apologistes qui ont écrit sur le paganisme. Mais les sources principales, les plus nouvelles et les plus fécondes sont l'épigraphie et l'archéologie.

C'est à l'études des cultes officiels que M. Toutain applique d'abord sa méthode d'investigation. Il en recherche les origines et, après ses prédécesseurs, spécialement l'abbé Beurlier et M. Guiraud, il montre, non sans apporter des documents nouveaux, qu'il faut chercher l'origine des cultes officiels de l'empire dans les villes grecques d'Europe et d'Asie. Ces villes, en effet, dès le commencement du IIe siècle avant J.-C., honorent d'un culte la déesse Rome, les généraux et les magistrats personnifiant à leurs yeux la puissance romaine. Imitant les Grecs, les Romains firent César dieu de son vivant et le proclamèrent *divus* après sa mort. Traité comme un dieu pendant sa vie, sans vouloir en accepter le titre, Auguste fut, à l'égal de César, proclamé *divus* après sa mort. Toutefois ces cultes n'abolirent pas le culte officiel de la République, celui de Jupiter Optimus Maximus, qui fut avec eux une des formes typiques de la religion officielle de Rome sous l'Empire.

L'auteur étudie ensuite, avec une abondance de détails et de documents que nous ne pouvons qu'indiquer, les différentes manifestations des cultes officiels : La déesse Rome, les empereurs, avant et après leur mort, les membres de la famille impériale, la triade capitoline. Il recherche leur caractère, leur diffusion dans les provinces, leurs ministres et leurs fidèles, leur répartition géographique. Particulièrement intéressant est le dernier chapitre de cette partie où M. Toutain expose dans quels rapports les cultes officiels coexistaient avec les autres cultes. Dans les diverses provinces latines de l'Empire, l'accord fut parfait entre les cultes officiels et les autres cultes païens, soit venus de l'Orient, soit particuliers aux anciennes populations. Cela se fit par l'assimilation des divinités ou par l'association, dans une seule et même formule, d'une divinité officielle et d'une divinité orientale ou locale.

La situation était moins simple en ce qui concernait les Juifs et les Chrétiens. Jéhovah et Jésus-Christ exigeaient une foi exclusive; ce monothéisme n'autorisait, avec la religion officielle, aucun compromis.

Les Juifs furent traités comme des étrangers et leur religion fut autorisée; dispensés de prendre part aux cérémonies des cultes officiels, ils ne manifestèrent contre ces cérémonies aucune hostilité; leur abstention était respectueuse. Plus tard, quand Caracalla les fit citoyens romains, ils bénéficièrent de la situation acquise.

Il n'en fut pas de même pour les Chrétiens. Etant soit citoyens romains, soit provinciaux soumis à Rome, soit affranchis ou esclaves, ils faisaient partie intégrante de la société romaine, ne pouvaient pas être considérés comme des étrangers. Ils affirmaient leur loyalisme; saint Pierre, saint Paul, saint Clément, saint Justin en rendent d'éclatants témoignages. Mais les païens qui, jamais, n'avaient séparé la religion de la cité ne pouvaient pas les comprendre; ils les accusèrent de rébellion, d'impiété, les persécutèrent, les jetèrent aux bêtes; mais, par contre, la religion persécutée fut le ferment de dissolution du vieux monde gréco-romain.

La deuxième partie de ce volume est consacrée aux cultes romain et gréco-romains non officiels.

Parmi les divinités honorées de ce culte, les unes étaient purement romaines, d'origine italiote, tels, Janus, Vesta, Saturne, la Bona Dea, le dieu Nocturnus, les divinités de la fièvre Tertiana et Quartana, les Lares privati, les Penates, la Louve, Romulus, Quirinus, Mars, Silvanus. L'auteur démontre comment et avec quelle irrégularité, avec quelles métamorphoses aussi ces cultes gagnèrent les provinces latines; les inscriptions votives lui permettent de déterminer, par la qualité des dévots, dans quelles classes de la société telle ou telle divinité avait ses adeptes. Quant aux sacerdoces officiels de Rome, les pontifes et les augures, ils furent institués dans les colonies et les municipes et leur mode de nomination, soit par le vote, soit par l'ordo des décurions, est prévu dans les constitutions municipales ; mais, sauf exceptions bien rares, les cités pérégrines n'eurent ni augures, ni pontifes. Ceux-ci d'ailleurs, même dans les colonies et municipes, n'exerçant que le culte officiel, toute la vie religieuse du peuple étrangère à ce culte échappait à leur influence.

L'auteur soumet à une étude analogue les divinités et les cultes du Panthéon gréco-romain. 1° Les divinités du ciel : Jupiter, Junon, Minerve, Mercure, Apollon, Diane et leur cycle. 2° Les divinités chthoniennes : Cérès, Proserpine, Pluton ; Liber pater et Libera. 3° Les divinités des eaux : Neptune et les nymphes. 4° Les cultes divers de Vénus, Vulcain, Némésis, les Parques. 5° Le culte des héros : Hercule, Castor et Pollux. Il passe ensuite aux abstractions divinisées, conception plus conforme à l'esprit romain qu'au génie grec : Fortuna, Fortuna redux, Victoria ; enfin, aux Genii, aux Junons, aux Tulelae, divinités essentiellement romaines ; chaque être humain, chaque groupe d'individus, chaque lieu déterminé, chaque cité avait son genius. Les Junones, divinités de tout point analognes au genii, protégeaient spécialement les femmes.

Tous les cultes énumérés dans cette seconde partie se sont répandus et ont été accueillis dans les différentes provinces latines de l'Empire avec une inégalité marquée qui ne saurait être l'effet du hasard. La répartition entre les diverses classes de la société est non moins inégale que la répartition géographique. Certains cultes recrutent leurs adeptes parmi les fonctionnaires, les officiers, les soldats, les agents de l'administration impériale, parmi les esclaves venus de Grèce ou d'Orient ; d'autres parmi les magistrats, les prêtres des cités, les membres les plus qualifiés de l'aristocratie provinciale ; d'autres enfin parmi les classes les plus infimes. Certains de ces cultes, importés par les soldats et les fonctionnaires, dûrent à cette influence leur grande diffusion. Il en est d'autres auxquels les fonctionnaires impériaux de tout ordre restèrent indifférents. Ces derniers durent leur succès à des causes locales, à un « phénomène de greffe religieuse. » Sous les noms romains de divinités latines ou gréco-romaines, devant des statues même portant les insignes et les attributs des divinités importées, les fidèles adoraient la vieille divinité locale, les dieux ou les déesses adorés dans le pays même avant la conquête romaine. L'administration romaine restait indifférente à ces formes diverses de la religion ; les prêtres, officiels ou non, conservaient entre eux la bonne harmonie; la paix religieuse régnait entre les païens des différents cultes dans tout l'Empire romain.

Il faut louer dans ce volume le bon sens et l'esprit judicieux de l'auteur, la sûreté de la méthode, la clarté de l'exposition, la grande facilité donnée au lecteur, grâce à des indications précises, de suivre, d'un bout à l'autre du livre la pensée de l'écrivain. M. Toutain a mis en œuvre tous les textes et documents et tout particulièrement les sources épigraphiques dont il a tiré un excellent parti. Des cartes marquant par régions, dans la mesure possible, le développement des différents cultes seraient un utile complément à cet ouvrage dont on peu dès maintenant apprécier la haute importance.   Henry THÉDENAT.

---

10. — **Les devoirs du prêtre**, conférences de Retraites, par A. LARGENT. — Paris, Bloud et Cie, 1907, in-12 de 233 p. (Prix : 2 fr.)

S'il m'était permis de compléter le titre de ce livre, je l'appellerais volontiers : Fleurs de vertus sacerdotales, et par là je ferais entendre qu'écrit par un prêtre, et pour des prêtres, il exhale, dans toutes les pages, la plus suave odeur de piété. Tel est bien, en effet le caractère de ces discours de retraites que le P. Largent, après les avoir prêchés à diverses époques et en divers diocèses, publie aujourd'hui pour l'édification de ses frères dans le sacerdoce.

Les sujets traités ne diffèrent pas de ceux qui font la matière ordinaire de ces saints exercices : Ce sont d'abord les grandes vérités qui s'adressent à toute âme chrétienne; la fin de l'homme, la mort etc., puis les devoirs particuliers du prêtre. La prédication, le catéchisme, la sainte messe, l'Eglise. Le caractère commun de ces discours, outre la foi profonde dont ils sont l'expression éloquente, c'est la simplicité, l'à-propos, la science psychologique et, comme tout ce qui sort de la plume du P. Largent une érudition, des citations du meilleur goût, jointes à une rare élégance de langage. Mais ce qu'il faut remarquer surtout, c'est que cette élégance est le vêtement d'une science théologique profonde, merveilleuse de précision, d'exactitude et de clarté. C'est ainsi que l'auteur expose tout ce qui concerne les devoirs professionnels du prêtre dans l'exercice pratique de son saint et redoutable ministère, notamment l'administration du sacrement de pénitence, le catéchisme, l'étude des sciences ecclésiastiques. Je n'en citerai qu'une phrase. Aux élèves du grand séminaire de Verdun il donne les conseils dont tout le monde peut apprécier l'opportunité:

« Vous ne pouvez ignorer que, contre le Dieu de la Bible, contre le Jésus de l'Evangile une critique effrénée se permet tout... Sans devenir des apologistes de profession il faut que vous connaissiez les principales réponses que l'apologétique a opposées aux doutes, aux négations de la Libre-pensée. Et, notez-le, un travail de ce genre vous engage plus loin et plus avant que la légèreté ou la paresse n'aimeraient à se le figurer. Il ne permet ni de s'arrêter ni de se reposer jamais... L'apologétique marche et, en dépit de certaines hésitations, en dépit même de quelques reculs, nous sommes en droit d'ajouter qu'elle progresse. Ce sont ces variations facilement explicables et ces progrès de l'apologétique que vous devez connaître. » (p. 123-125.)

Bornons nous là, j'en ai assez dit pour inviter ceux à qui s'adresse ce livre à se le procurer, à le méditer, à le répandre, et surtout à en pratiquer les enseignements. J'ose dire que s'ils y sont pleinement fidèles ils honoreront leur ministère et ne seront pas loin de devenir des Saints. L. LESCOEUR.

11. — **Lettres d' « Aristocrates » (1789-1794)**, par Pierre de VAISSIÈRE. — Paris, Perrin et Cie, 1907, in-8 de XXXVIII-626 pp. (Prix : 7 fr. 50).

Il y a aux Archives Nationales, dans les fonds du séquestre, de la Police Générale, des Comités des recherches et du tribunal révolutionnaire notamment, (Séries T. F. 7, DXXIX, W, etc.) un très grand nombre de lettres saisies au cours de perquisitions ou d'informations contre des émigrés et les suspects de contre-révolution. Beaucoup des pièces les plus intéressantes ont été reprises ou détruites après la Restauration. Toutefois il y a encore à glaner dans cet amas, d'où M. de V. a tiré les quelque 500 lettres qu'il publie. Leurs auteurs sont des *aristocrates* seulement au sens où l'entendaient les « patriotes » de l'époque révolutionnaire, c'est-à-dire des partisans de l'ancien régime, car il y a parmi eux, à côté de grands seigneurs ou de simples gentilshommes, d'authentiques roturiers et des bourgeois déguisés, tel ce Fougeret, receveur général des finances, qui a, comme Beaumarchais, quittance de sa noblesse, mais dont le langage et les sentiments fleurent encore singulièrement la boutique. On est donc un peu surpris de voir M. de V., dans une introduction abondante et un peu excessivement oratoire, puiser indistinctement dans toutes ces lettres de quoi peindre, et défendre autant qu'il le peut, la « noblesse française ».

Il y a de tout dans ce recueil, et pas mal de fatras. Le sous-titre du volume indiquant qu'il doit être « La Révolution racontée par des correspondances privées », il semble qu'on aurait dû résolument élaguer tout ce qui n'est pas témoignage personnel et direct, des récits faits d'après les racontars du Palais-Royal ou d'après les gazettes. Il resterait assez de détails intéressants et utilisables dans ce qui aurait été conservé, par exemple dans les correspondances des députés à la constituante, comme Maillot, Faydel, le marquis de Sillery, ou dans les récits (déjà mis à profit) des gardes du corps sur les journées des 5 et 6 octobre 1789.

Mais, en dépit du titre, ce n'est pas seulement pour les renseignements qu'elles donnent sur les faits que ces « lettres d'aristocrates » ont intéressé M. de V.; il les a trouvées curieuses et instructives par les indications qu'elles fournissent sur les sentiments intimes des adversaires de la Révolution et sur les motifs de leur conduite, et même sur la nature humaine en général (V. les lettres des officiers victimes des massacres de Versailles en septembre 1792).

C'est en effet ce que ce gros volume nous apprend de plus intéressant. Signalons à ce sujet : Les confidences des émigrés, qui s'amusent à Bruxelles et s'ennuient à Trèves, au point que madame de Saulx-Tavannes se fait envoyer pour se distraire... les *Contes* de Voltaire; la clairvoyance de certains, comme le marquis de Clermont-Gallerande, qui a émigré, comme tout le monde « par l'effet d'un préjugé répandu et accrédité » et qui le regrette ; l'aveuglement du plus grand nombre, qui croient à l'intervention prochaine et désintéressée des Autrichiens et des Anglais. Notons encore le savoir-faire du marquis de Vergennes qui feint l'enthonsiasme pour le versement de sa contribution patriotique, en la réduisant pourtant des deux tiers, et ses changements d'opinion si brusques — et si humains — que la révolution opère chez beaucoup de privilégiés naguère « philosophes », comme le chevalier de Conen de Saint-Luc. Le plus curieux et le plus « représentatif de ces « aristocrates » est certainement Fougeret, bon homme, honnête et libéral, généreux même quand cela ne contrarie pas trop son intérêt, tenant peu à tout ce qui n'est que paroles et simulacre, pourvu que ses affaires marchent. Il suit de près le cours des effets publics, et il prescrit à son intendant toutes sortes d'opérations fructueuses : achat de papier-monnaie, de blé, de fers, de numéraire, même de biens du clergé — en les choisissant réguliers et non séculiers, parce qu'ils sont plus sûrs. Il craint l'invasion, parce qu'elle fera baisser les assignats, et il accepterait de porter le bonnet rouge, quoiqu'il le trouve fort laid, » s'il ne fallait que cela pour être tranquille ». Il finit sur l'échafaud, et l'on pourrait presque dire que c'est par excès de sang-froid et de confiance en l'avenir.

M. de V. a publié ces textes avec un soin et une méthode qui ne méritent que des éloges. Ses notices biographiques et ses notes témoignent de recherches très étendues et de connaissances approfondies sur l'histoire de la Révolution. Peut-être recourt-il avec trop de confiance au recueil sans autorité qui a paru sous le titre d'*Archives parlementaires*. Il aurait pu aussi plus facilement identifier tous ceux des personnages mentionnés dans son livre qui ont servi dans l'armée, en faisant quelques recherches aux archives administratives de la guerre. L'impression a été surveillée de très pur. Je crois pourtant qu'il faut lire, p. 302, Marron et non Marion de Meillonas. Mais les fautes de ce genre sont très rares. Regrettons que M. de V. n'ait pas fait suivre son recueil d'un index ; c'est indispensable pour les publications de ce genre.

R. G.

12. — **Le catholicisme et la société,** par Maurice Legendre et Jacques Chevalier. Préface de l'abbé L. Laberthonnière. — Paris, Giard et Brière, 1907, in-16 de xliv-310 pp.

On pourra voir dans ce livre une façon d'apologie de la séparation entre l'Église et l'État, non pas certes de la séparation telle qu'a prétendu la réaliser en France la loi de 1905, mais du principe même de la séparation des deux puissances, ou plutôt des deux fonctions qu'elles représentent. Et pourtant il ne vise qu'à montrer que l'Église a une *politique*, c'est-à-dire qu'elle agit non seulement dans la société, mais sur elle. Il n'y a là nulle contradiction : car le véritable moyen pour l'Église d'agir sur la société n'est pas de s'unir à l'État par des traités toujours précaires et souvent dangereux, il est d'accomplir son œuvre propre, qui consiste à faire sentir sans cesse à la société le besoin qu'elle a de se réformer. Œuvre difficile et toujours à reprendre, qui expose l'Église au pires traitements, jusques et y compris la persécution violente, mais faute de laquelle elle cesserait d'être elle-même en manquant à la mission qui la constitue. L'hostilité d'un État d'un jour n'est rien pour elle; ce qu'elle pourrait redouter, ce n'est pas qu'on méconnaisse ses droits, c'est qu'on paraisse les lui reconnaître trop facilement et qu'on la laisse « régner comme une *puissance* » semblable aux autres. Mais ce qui ne s'est jamais réalisé dans le passé ne se réalisera sans doute pas davantage dans l'avenir.

Le volume de MM. Legendre et Chevalier insiste en effet sur cette idée que l'Église n'a pour ainsi dire jamais connu la paix et le triomphe, parce que son action sur la société suppose une lutte qui est presque de tous les instants. Elle était par son essence incompatible avec l'Empire romain tel qu'il existait lorsqu'elle commença de s'y développer ; en ce sens, et en ce sens seulement d'ailleurs, on peut dire que « la persécution fut l'état normal des rapports entre l'Église chrétienne et la puissance romaine ». Viennent le moyen âge et le nouvel Empire, qui se prétend le Saint-Empire, et ce seront de nouvelles difficultés, naissant toujours de l'opposition de l'État à l'exercice par l'Église d'une action indépendante de la sienne. M. Legendre a montré avec beaucoup de pénétration comment ces conflits ont amené l'alliance de la Papauté avec un pays collaborant à sa *politique*, et qui se trouva être la France, et la création d'une sorte de forteresse de son indépendance, qui fut l'État pontifical ; mais de cette alliance comme de la constitution de cette souveraineté temporelle il a mis en lumière le danger. Danger peut-être inévitable d'ailleurs, et dont l'acceptation a pu préserver de maux pires ; aussi bien l'alliance de la France et de la Papauté fut-elle longtemps faite de la libre coopération de la France à l'œuvre de l'Église, sans rien qui ressemblât encore aux compromis concordataires. Lorsqu'on en vient à les conclure, la période des absolutismes monarchiques est commencée, période qui semble marquer un recul de l'influence de l'Église ; mais, si l'État lui reprend l'exercice de certaines fonctions qu'elle n'avait remplies, fût-ce pendant des siècles, que par une sorte d'intérim, il se trouve la libérer et la rendre à son rôle véritable ; et les ennemis de l'Église, à l'époque moderne et de nos jours même, n'ont cessé de lui rendre ainsi d'involontaires, mais précieux services. La séparation décidée par la France en 1905, si injustes, si violents, si dignes de condamnation que soient, au nom des principes du droit ecclésiastique comme de l'idéal républicain, les procédés qui l'ont opérée, la séparation est le plus récent de ces bienfaits.

Les deux derniers chapitres du livre justifient cette vue d'une manière indirecte, mais singulièrement frappante. M. Chevalier y décrit les progrès de l'Église ou tout au moins de l'esprit catholique dans les deux sociétés les plus avancées du monde actuel, en Angleterre et aux États-Unis ; ces pays ne connaissent pas les Concordats, et cependant il n'en est pas où l'Église fasse plus librement son œuvre et manifeste plus de vigueur conquérante.

Et c'est encore la même idée que l'abbé Laberthonnière a exposée dans sa belle préface : l'Église ne saurait aspirer à l'« empire » des âmes à la façon des puissances terrestres ; elle n'a donc pas plus à souhaiter de ces puissances la protection qu'à redouter l'hostilité, car sa valeur est d'un autre ordre, et ce n'est pas comme une force, mais comme une *bonté* qu'elle doit régner. Voilà le *règne* qu'il faut aider à faire arriver, voilà le seul mode de réalisation de cette action sociale et politique de l'Église, dont les auteurs disent, en achevant leur conclusion, que « la plénitude et la grandeur » n'en « doivent pas être cherchées dans le passé, mais obtenues dans l'avenir qui commence ».

Ce simple résumé du livre en est la meilleure louange, et il est inutile d'en souligner davantage le mérite; mieux vaut conseiller de le lire. Qu'on me permette par contre une ou deux critiques: je croirais que M. Legendre a exagéré le rôle de la France dans l'histoire de la politique de l'Église; il paraît à certains moments en faire la seule nation de l'Europe où le catholicisme soit resté pur des diverses altérations qu'il pouvait subir; ce serait aller un peu loin; mais il est très vrai que la France a été la nation catholique par excellence, en un sens peut-être plus profond que ne pensent ceux qui emploient volontiers cette expression et que M. Legendre a pénétré d'une intuition exacte et profonde. On pourrait le chicaner davantage sur une phrase du premier chapitre à laquelle j'ai déjà fait allusion : « la persécution fut l'état normal des rapports entre l'Église chrétienne et la puissance romaine. » Oui, il est sûr qu'il y avait incompatibilité entre les principes de l'Église et ceux de l'Empire; mais il est certain aussi qu'en fait la persécution ne fut ni aussi continue ni aussi générale que plus d'un apologiste moderne se l'est parfois figuré. La persécution de Néron fut un accident, et celle de Domitien eut peu d'importance; c'est seulement à partir de Trajan que les chrétiens nous apparaissent comme hors la loi; ils peuvent désormais être frappés constamment, et sans cesse depuis lors il y en a qui le sont, tantôt sur un point, tantôt sur un autre; mais la persécution reste sporadique.

Les persécutions générales ne commencent qu'avec Dèce, mais alors les grandes explosions sont séparées par des périodes de paix à peu près complète. Aussi bien M. Legendre reconnaît-il lui-même que l'État romain ne s'est pas toujours défendu.

Mais, puisque je suis entré dans le détail pour y marquer des réserves, je ne résiste pas au désir de citer, pour les faire goûter, quelques passages savoureux qui détendent un instant, tout en en prolongeant les impressions fortes, la lecture de ce livre austère: ceci, par exemple, à propos du rôle du prince de Monaco dans la rupture des relations entre la République française et le Vatican: « Qui se souvenait que le tenancier de Monaco fût prince catholique, parmi ceux même qui se souvenaient de son existence (page 204) « ou encore (page 194) : « Il y a en France des congrégations qui sont impopulaires par tradition, avant tout celle des Jésuites, la bienveillance de Voltaire n'ayant pas compensé le sort que leur ont fait dans l'opinion Pascal et Eugène Sue. » C'est le cas de le redire : quel raccourci !

Jacques ZEILLER.

CHRONIQUE

1. — **Exercices spirituels de S. Ignace de Loyola à l'usage des religieux et des religieuses, pour la retraite de huit jours,** par le P. BUCCERONI, traduits de l'italien par l'abbé Ph. MAZOYER. — Paris, Lethielleux, in-12 de 499 p.

Le R. P. Bucceroni qui continue au Collège romain la lignée de tant de professeurs distingués ou illustres, était parfaitement apte à coordonner et à commenter l'œuvre de Saint Ignace; il nous l'a fait goûter une fois de plus; sans doute, les *Exercices* ne seront jamais un livre de lecture, ils provoquent, ils exigent la méditation, et une méditation vigoureuse dans laquelle l'âme se livre tout entier à l'Esprit de Dieu. Et cependant à tout esprit sérieux qui consentirait à les lires attentivement, les Exercices ne révéleraient-ils pas un merveilleux psychologue, bien digne de leur admiration? Même dans certains points des *Exercices* sur lesquelles une critique superficielle s'est exercée, quelle connaissance de l'homme, lequel n'est pas un pur esprit, et que les moyens extérieurs aident à s'élever jusqu'à l'invisible ! Saint Ignace conseille au retraitant qui médite des vérités douloureuses ou terribles de fermer presque ses fenêtres, d'arriver ainsi par une quasi obscurité à un recueillement plus profond; est-ce que Malebranche ne donne pas des conseils à peu près semblables aux personnages de ses Entretiens? « Bien donc mon cher Ariste » disait Théodore, « puisque vous le voulez, il faut que je vous entretienne de mes visions métaphysiques. Mais pour cela il est nécessaire que je quitte ces lieux enchantés qui charment nos sens, et qui par leur variété partagent trop un esprit tel que le mien... Allons nous renfermer dans votre cabinet, afin de rentrer plus facilement en nous-mêmes. » Dans les règles d'orthodoxie que trace Saint Ignace, quelle intelligence aussi des besoins et des périls des âmes ! quel souci d'écarter de la chaire et de l'enseignement quotidien les points obscurs controversés, qui ne peuvent que troubler et souvent causer un réel dommage ! Que l'on relise les règles quatorzième, quinzième et dix-septième. Tout l'histoire théologique de la Compagnie m'y semble racontée d'avance, et j'ajouterai, justifiée.

A. LARGENT.

2. — **Le Rosaire dans la Poésie.** par H. VAGANAY. Essai bibliographique. — Mâcon, Protat, 1907, in-4 de 56 p.

Voici la quatrième édition, « revue, corrigée, diminuée et augmentée » d'un mémoire publié d'abord ici même en 1900, mais qui paraît aujourd'hui pour la première fois isolément. Bijou réservé à une élite d'amateurs, il n'est tiré qu'à cent quatre-vingt exemplaires et sur « aldwich handmade paper. »

Ce n'est pas trop que toute l'érudition professionnelle du bibliothécaire de Facultés catholiques de Lyon pour reprendre ainsi à nouveaux frais cette question de la poésie et du rosaire, d'abord dans la langue de l'Église (p. 7-1º), puis en français (12-20), en allemand (20-21), en tchèque (21), en polonais (21), en poésie rétoromane (22), en anglais (22-24), en espagnol (24-30), en portugais (30-31), enfin en Italien (31-56). Ce sont, on le voit, les compatriotes de Dante et du Tasse qui ont fourni le plus riche contingent.

Sur quoi l'auteur conclut simplement, comme il sied à un vrai bibliographe : « L'étude comparée des littératures est depuis quelques années en grand honneur. Puissent ces modestes notes inspirer l'idée d'un relevé complet des pièces consacrées à la Sainte Vierge par les langues modernes, à un chercheur plus patient, plus érudit et mieux outillé ».

Un heureux hasard m'a fait apprécier toute la sagesse de ce principe : « Il conviendra d'être réservé sur le caractère, prose ou poésie, des ouvrages signalés qui n'ont pu être vus, et dont le titre n'est indiqué que de seconde main (p. 31). » En effet trois articles sur le rosaire pouvaient faire espérer quelque addition intéressante ; mais ce n'est que de la vile prose. Il figure dans un humble volume (57 m/m × 110, une vraie édition *in-pauce*, comme parlait un homme d'esprit), que je n'aurais jamais ouvert, s'il n'eût semblé à propos de le retirer du coin d'un rayon, pour le sauver des chances du séquestre [1].

A. TOUGARD.

---

[1]. *Exercitia Mardane notiver adaucta...* (suivent neuf lignes où sont cités « des Hymnes et autres pièces). Paris, Grégoire Dupuis, 1 vol. (le verso indique que l'impression n'est pas antérieure à 1679). Ce livret de 50 feuillets n'a sans doute échappé à la boite aux ordures que grâce au volume de 240 pages qui le précède dans leur commune reliure. Mais, « autre injure des ans, » cet opportun protecteur est lui-même dépouillé de son titre. On lit seulement à l'encre sur le plat intérieur : *Exercitia christiana*

BULLETIN CRITIQUE

---

14. — **Essai sur l'Atomisme et l'Occasionalisme dans la philosophie cartésienne**, par Joseph Prost, docteur ès-lettres, professeur de philosophie au collège d'Épernay. — Épernay, H. Faulin, in-8. (Prix : 5 fr.)

L'étude des intermédiaires, si féconde en biologie, ne l'est pas moins dans les sciences morales. Les différentes formes de la pensée et de la vie apparaissent-elles brusquement, par l'action d'une sorte de poussée créatrice qui réaliserait infailliblement ces combinaisons dont l'originalité nous surprend, ou, au contraire, la nature et l'esprit procèdent-ils par tâtonnements, par ébauches, par variations insensibles ? Il est impossible de répondre à cette question si l'on néglige la considération des intermédiaires. Ou si l'on considère l'Esprit, il semble bien que la théorie des mutations brusques soit inexacte. A première vue, les grands penseurs semblent ne relever que d'eux seuls ; un examen plus approfondi révèle souvent que leurs conceptions les plus originales ont été ébauchées par d'obscurs ouvriers et que le développement de la pensée humaine se fait d'une façon sensiblement continue.

C'est cette idée de la filiation des doctrines qui fait l'intérêt profond du livre de M. P. et de tous les ouvrages analogues. L'auteur étudie deux disciples immédiats de Descartes : Gérard de Cordemoy et Louis de la Forge. Gérard de Cordemoy introduisit, dans la physique cartésienne, le vide et les atomes, et, en donnant une raison métaphysique de l'unité de l'atome, il prépara, dans une certaine mesure, les voies à Leibnitz. D'autre part, dès 1665 et 1666, Louis de la Forge et Cordemoy exposaient une théorie complète des causes occasionnelles que Malebranche allait reprendre, et qui devait susciter, par réaction, le système leibnizien de l'harmonie préétablie. Enfin, ils étaient conduits à l'occasionalisme par une critique de l'idée de cause que Hume a dû connaître et qui offre de singulières ressemblances avec l'analyse célèbre qu'en fit l'auteur du *Traité de la nature humaine*.   H. VILLASSÈRE.

---

15. — **Essai sur les éléments principaux de la représentation**, par O. HAMELIN, chargé de Cours à la Sorbonne. (*Bibliothèque de philosophie contemporaine*). — Paris, Félix Alcan, 1 vol. in-8. (Prix : 7 fr. 50).

Lorsque M. H. présenta cette thèse de doctorat à l'appréciation de ses collègues, il eut la joie de s'entendre dire, par un maître éminent, qu'elle marquerait une date dans l'histoire de la philosophie française. Œuvre d'un esprit vigoureux et pénétrant qui mit vingt ans à l'élaborer, ce livre, en effet, par l'originalité, la profondeur et la richesse de la pensée, se classe à part dans la littérature philosophique contemporaine. Si la condensation de la pensée en rend la lecture difficile, la grandeur du problème avec lequel M. H. se trouve aux prises, captive l'attention : cet héroïque effort pour reconstruire la pensée et le monde est un des spectacles les plus émouvants que l'on puisse voir. Mais ses qualités même rendent cet ouvrage réfractaire à l'analyse. Nous devrons nous contenter d'en dégager le but et la méthode, et d'en indiquer les grandes lignes.

Le grand problème, pour ce disciple de Kant et de Renouvier, est de déterminer les lois de la pensée — et du monde, de découvrir « les éléments principaux de la représentation » et de la réalité. Pour résoudre ce problème, deux méthodes s'offrent à nous : la méthode analytique. et la méthode synthétique. M. H. rejette la méthode analytique. L'analyse est, sans doute, « le procédé ordinaire de la pensée », mais il est impossible de s'y tenir. Elle conduit droit, en effet, à l'éléatisme qui explique le réel par une abstraction. « Si donc l'éléatisme est une doctrine condamnée, il faut qu'il y ait une autre méthode que l'analyse »(p. 5). D'autre part, la doctrine des jugements synthétiques ne satisfait pas davantage M. H. que les synthèses soient purement empiriques ou qu'elles soient *a priori*, ce ne sont toujours que des faits dont on ne voit pas la nécessité ; elles sont donc inintelligibles, car savoir, c'est assigner des rapports nécessaires entre les choses. Puis, l'hypothèse Kantienne soulève une seconde difficulté : on ne comprend l'accord de l'esprit et des choses qu'en recourant à « une sorte de miracle ». Il faudrait donc pouvoir s'élever, d'une façon rigoureuse et nécessaire, à des synthèses véritables. Mais comment obtenir à la fois des *synthèses* vraies et une *liaison* véritable ? M. H. croit pouvoir y arriver par le moyen d'une dialectique dont il trouva quelques indications chez Kant et Renouvier. Cette dialectique, au cours de laquelle les notions sont enchaînées en triades, est analogue à celle de Hégel, mais « la méthode synthétique, bien loin de se développer à la manière hégélienne en des négations successives, devra procéder, au contraire, par des affirmations qui se compléteront et dont la dernière, totalement différente du néant de la « théologie négative » sera, comme le voulait au fond Aristote... l'être achevé et intégralement défini » (p. 36).

« ... Tout *posé* exclut un *opposé*,... toute *thèse* laisse hors d'elle une *antithèse*, et... les deux opposés n'ont de sens qu'en tant qu'ils s'excluent réciproquement » (p. 2). Mais ce fait primitif qui va servir de point de départ à la théorie de la connaissance, se complète par un autre qui ne l'est pas moins. « Puisque les deux opposés n'ont de sens que l'un par l'autre, il faut qu'ils soient donnés ensemble : ce sont les deux parties d'un tout. » (p. 2).

En possession d'un principe qui est aussi un point de départ la Relation, M. H. tente alors de construire la représentation d'une façon progressive, c'est-à-dire d'enchaîner les notions tout en gardant à chacune son caractère propre. Relation, Nombre, Temps (ch. I), Temps, Espace, Mouvement (ch. II), Mouvement, Qualité, Altération (ch. III), Altération, Spécification, Causalité (ch. IV), Causalité, Finalité, Personnalité (ch. V), telles sont les phases de ce processus dialectique qui, parti de l'abstrait pur, s'élève irrésistiblement jusqu'à l'Esprit conscient, jusqu'à Dieu.

H. Villassère.

16. — **Enseignement et religion.** Études philosophiques, par Georges Lyon, recteur de l'Académie de Lille, ancien maître de

conférences à l'École Normale Supérieure. (*Bibliothèque de philosophie contemporaine*). — Paris, Félix Alcan, in-8. (Prix : 3 fr. 75.)

Ce volume comprend sept études dont deux au moins : l'*Originalité de la philosophie de Locke* et le *Léviathan et la paix perpétuelle*, sont assez inattendues. Les cinq autres ont trait à l'enseignement et à la religion considérés soit isolément, soit dans leurs rapports. La plus importante a pour objet l'*Enseignement d'état et la pensée religieuse*. Grave problème, éminemment digne, par son importance et par sa difficulté même, d'occuper les méditations du penseur ! Cette question est liée à tant d'intérêts si divers et si puissants, qu'il est bien difficile de la discuter sans passion. Mais l'impartialité n'est-elle pas comme la vertu professionnelle du philosophe [1] ?

L'état républicain exige de l'instituteur la neutralité en matière religieuse ; il ne l'exige pas légalement, mais, à n'en pas douter, il l'attend du professeur de lycée. Qu'exige-t-il donc? Qu'attend-il donc? bref, que doit-on entendre par la neutralité? Evidemment, neutralité religieuse ne signifie pas mutisme sur les choses religieuses. Ainsi comprise, la neutralité serait absurde. Si l'on peut faire abstraction du fait religieux dans l'enseignement des mathématiques, de la physique et de la biologie, une telle ignorance est partout ailleurs inadmissible. Dès que l'on s'aventure dans le monde moral, le fait religieux s'impose à nous : fermerons-nous les yeux pour ne pas le voir? En métaphysique, la question du divin constitue le problème des problèmes : imposerons-nous silence aux voix inquiètes de la raison?

Puis donc qu'il faut parler de la Religion, comment en parler sans prendre parti? Car c'est en cela que consiste le devoir de neutralité. Dans son admirable livre sur *Les variétés de l'expérience religieuse*, W. James se trouve en face d'une difficulté analogue qu'il

---

1. De fait, dans toute cette discussion, M. G. L. montre une hauteur de vues, une loyauté et un libéralisme auxquels nous sommes heureux de rendre hommage. Mais pourquoi, à propos du médiocre souci de l'éducation que l'on a reproché à l'Université, écrit-il cette phrase : Et il faut bien en convenir, c'est ici peut-être le plus grave *desideratum* que l'on ait sans mensonge dénoncé dans les errements universitaires (p. 52). Les adversaires qui, selon lui, se sont trompés en dénonçant « les errements universitaires » sont-ils donc des menteurs?

résout par une distinction lumineuse. On peut, dit-il, lorsqu'on traite de la Religion, émettre « des jugements existentiels » ou « des propositions de valeur. Les seconds s'appuient sur un *credo* et relèvent de la foi », mais les premiers sont indépendants de toute croyance et relèvent uniquement de l'attitude agnostique. M. G. L. adopte cette distinction lorsqu'il dit que, sur la Religion, on peut porter deux espèces de jugements : des jugements de relation et des jugements de transcendance.

Les premiers portent sur la Religion comme fait social (organisations sacerdotales, leur rôle dans la vie politique, fondation et succession des dogmatiques...) et comme donnée psychologique (l'état d'âme fidéiste, sa nature, son origine, ses variétés...) ; les seconds concernent sa signification intime, sa valeur absolue. Or, si les seconds sont interdits aux maîtres, au nom du devoir de neutralité, les premiers leur sont permis car ils ne constituent pas une violation de ce devoir. Ainsi se trouvent conciliées la neutralité religieuse et la curiosité scientifique.

M. G. L. reconnaît qu' « il y aura des questions frontières où la séparation des deux ordres *relation* et *transcendance* ne sera point tout aisée. » Mais, ajoute-t-il noblement, dans les cas où notre critère « ne permettra pas un discernement immédiat, il indiquera du moins une limite idéale qu'il suffira de ne jamais quitter du regard pour être sûr de ne jamais se méprendre gravement. Vouloir l'observer, cela même est déjà l'observer » (p. 49.)

Ce critère repose sur la distinction réelle et l'accord possible de l'explication empirique et de l'explication transcendante dans le domaine religieux. Mais je doute qu'un théologien catholique, même s'il est d'esprit très libéral, puisse l'accepter. L'usage de ce critère n'assurera pas la neutralité religieuse, la neutralité vis-à-vis du catholicisme tout au moins, car il en constitue la négation radicale. Pour le croyant catholique, Dieu est, sans doute, la cause première dont l'activité créatrice s'est exercée une fois pour produire les premiers commencements ; dès lors, il est vrai de dire que l'action divine circule à travers le réseau des causes secondes et que l'explication transcendante peut toujours se superposer à l'explication empirique. Mais s'en tenir là, c'est professer le déisme ; le catholique va plus loin et affirme que l'action divine s'est insérée dans la trame des causes secondes, à tels moments déterminés du temps, pour y produire des *faits transcendants,* objet ou garantie de sa croyance. Par définition, de tels faits sont réfractaires à l'explication scientifique. Postuler l'extension universelle de l'explication scientifique, c'est donc nier l'existence de ces faits et violer le devoir de neutralité.

H. Villassère.

---

17. — **Textes élamites-anzonites**, troisième série, par V. Scheil, professeur à l'Ecole pratique des Hautes-Etudes. Figures des originaux par Jos. Et. Gautier, élève diplômé de l'Ecole pratique des Hautes-Etudes. — Paris, Leroux, 1907, in-4 de v-232 pp., avec 4 planches hors texte. (Prix : 50 fr.)

Le P. Scheil poursuit avec son activité coutumière le dépouillement des textes que les fouilles de Suze exhument tous les ans. Voici le troisième volume des textes élamites-anzonites qu'il donne depuis 1900, sans compter les trois volumes de textes élamites-sémitiques qui les ont accompagnés. Ce nouveau recueil comprend environ trois cents pièces de comptabilité et une lettre (?). Elles ont été trouvées réunies en un seul point, sous des constructions postérieures, à la profondeur de cinq mètres dans le Tell. La plupart sont datées de Suse, un petit nombre d'autres villes élamites, Bupila, Hidalu, etc. Presque toutes étaient destinées au même fonctionnaire, à Kudvaka ; elles forment donc comme une série homogène de la collection des archives de l'intendance. Elles étaient renfermées dans une gaîne d'argile qui portait l'adresse et qu'on brisait pour lire le document. Deux de ces gaînes, n° 2 et 293, sont restées intactes.

Un autre assyriologue, M. Jos. Et. Gauthier, membre lui aussi de la mission de Suze, a exécuté pour ce volume le fac-simile de la plupart de ces pièces dont quelques-unes seulement ont pu être reproduites par l'héliogravure. Le P. Scheil a transcrit et traduit les unes et les autres, et dressé à la fin de l'ouvrage une liste de noms propres, une liste d'idiogrammes et un vocabulaire de mots anzonites, mots très précieux qui permettront d'élaborer plus tard des vues d'ensemble sur les langues anzonites et sur les langues des peuples voisins.

Ces documents ne contiennent ni dates ni faits historiques proprement dits; ils traitent de livraisons de laine, étoffes, vêtements, bois, meubles, ustensiles, armes, etc. Malgré leur humble apparence, ils présentent cependant un intérêt très réel pour l'histoire et pour la philologie.

Ils appartiennent assez probablement à la dernière période de la monarchie élamite (viie siècle avant J. C.), comme le prouve le P. Scheil, en s'appuyant sur la langue et l'écriture. Plus tard, sous la domination des Babyloniens, puis sous celle des Perses on n'a guère employé la langue anzonite dans les tablettes de ce genre. Or nous n'avions jusqu'ici qu'un très petit nombre de documents anzonites de cette époque, quelques fragments de messages trouvés à Kouyoundjik, sur l'emplacement de Ninive, et aujourd'hui au British Museum. Ceux-ci plus nombreux, souvent plus complets, et d'un autre ordre, apportent un appoint considérable au vocabulaire anzonite de cette période.

Les Elamites avaient trop de points de contact avec les Assyriens et les Babyloniens d'un côté, avec les Perses de l'autre, pour pouvoir se soustraire, même dans leur langue nationale, à la double influence de l'élément sémitique et de l'élément iranien. Ils l'ont subie et dans une assez large mesure, au moins dans ces textes; le P. Scheil fait çà et là des rapprochements très ingénieux avec les langues iraniennes et les langues sémitiques.

Mais jusque dans leurs emprunts, les Elamites ont gardé une certaine originalité. Souvent leur singulière phonétique, qui confond *b* et *p*, *d*, *th* et *t*, *k*, *g* et *q*, déforme si bien les mots les plus certainement babyloniens qu'on a de la peine a les reconnaître. D'autres fois ils conservent les radicales du mot sémitique, mais en l'affublant d'un pluriel anzonite. C'est ainsi que *ziqtu*, « pointe » devient au pluriel *zigtip*.

L'emploi qu'ils font des idiogrammes babyloniens est particulièrement curieux et soulève bien des problèmes. Entre autres irrégularités, si on en juge par un certain nombre d'exemples fournis par ces textes, ils se préoccupaient moins de la forme que du son ou de la valeur phonétique du signe et ils écrivaient par exemple *é-kal*, « palais », avec un autre signe *c* que les Babyloniens.

L'onomastique est des plus riches et des plus variés. Elle révèle la coexistence à Suze et en Elam de nombreux clans indigènes et de nombreux colons étrangers, artisans ou commerçants, les Aianakkéens, les Unsakiens, les Appaléens, originaires du pays, y vivaient à côté d'Iraniens, d'individus des différentes tribus perses, de Mèdes, de Babyloniens, peut-être même de gens de la côte de Syrie et de la Lydie, des Irainstes y trouveront nombre de noms iraniens, peut-être même la mention la plus ancienne du nom de *Mitra* (n° 135, l. 4) ; les sémitisants ceux de *Bariki-el* (*ul*, n° 120, l. 4) de *Merdukka* (n° 170, *recto*, 6) etc. A propos du nom propre *Upizza* (n° 172, *verso*, l. 5) je signale au P. Scheil la lettre néo-babylonienne n° 73, l. 23, du xxii° fascicule des *Cuneiformtexts*, ce mot paraît désigner une fonction : le Babylonien *Iddin-Nagal* est un *amitu U-pi-za*.

Quoique cunéiforme, l'écriture est sensiblement différente de celle de Babylone. A quelques variantes près, elle appartient au même type, celui qu'on emploiera plus tard dans les inscriptions anzonites des Achéménides. La plupart du temps très négligée, très lâche, tracée sur des tablettes d'argile simplement séchées au soleil et par conséquent très friables, sa lecture offrait de grandes difficultés. M. Gautier en a triomphé avec un bonheur qu'expliquent seuls une longue habitude et une patience inaltérables. Les fac-simile lui font très grand honneur. Après leur exécution, il est arrivé pour quelques passages fort difficiles qu'un nouvel examen des tablettes a permis de corriger ou de compléter certaines lectures. C'était inévitable.

En dehors des cas signalés au passage par le P. Scheil, j'ai remarqué quelques divergences entre sa transcription et l'autographie de M. Gauthier: n° 122, l. 4 (sal) U-bu-nu-gas-*na*, la transcription a omis *na* ; n° 133, *recto*, l. 10 Bavag-*ba*-su, l'autographie a omis *ba* ; n° 147, *verso*, l. 13, d'après l'autographie il faudrait transcrire [kish]-*ga*-ti-um-i [r-ra] au lieu de [kish]-*kat*-ti-um-i [r-ra]; n° 169, *recto*, l. 3, l'aétographie porte *An*-da... la transcription, *Ad*-da ; n° 170, *verso*, le nom propre *Shu-suk* de la ligne 7 de l'autographie, n'est pas rendu sur la transcription ; n° 174, *recto* la ligne 7 10 *ku-uk-tum pir-pis* ne figure pas davantage sur la transcription ; n° 281, *verso*, l. 1, l'autographie porte 1 *sigl-lu bu-ur-na*, la transcription, I sig-lu tah-in.

Pour en finir avec ces menues critiques d'un fort beau travail, j'ai peine à croire que sur l'adresse des tablettes *lu-ip-ka* signifie

« parvenu ». Ce sens ne s'explique pas sur une adresse ; d'autre part il ne paraît pas que le mot ait été ajouté après coup j'y verrais plutôt un synonyme de « adressé », et je traduirais la formule de la p. 2, n° 2 : « tablette adressée, *envoyée* à l'intendant Kuddakka », au lieu de : « tablette adressée, *parvenue* à l'intendant Kuddakaka ».
François MARTIN.

---

18. — **La valeur de la science sociale**, par Pierre GILBERT. — Paris, Librairie Nationale, in-18 de 35 p.

M. Gilbert, qui a bien ordonné sa substantielle étude, commence, avant d'examiner la valeur de la Science Sociale, par établir qu'il y a une Science Sociale dont la matière est l'histoire. L'histoire nous offre la répétition des mêmes phénomènes se produisant dans les mêmes conditions ; elle nous montre qu'ils se posent en dehors de l'individu et par l'efficacité de l'institution qui provoque chez celui-ci une activité inconsciente et bonne. Cette conception large de l'institution est intéressante, et, je le crois, juste. Les leçons que M. Gilbert tire de l'histoire particulière de tel pays sont choisies exactement : par exemple, l'Allemagne et l'Italie n'arrivant à constituer leur unité que par la dynastie des Hohenzollern et la maison de Savoie. Ce qui concerne l'Angleterre est plus compliqué. « La prospérité anglaise date vraiment de l'adjonction de l'élément aristocratique à la monarchie. » Je signale les pages 32 et 33, tout le passage : « Un homme, instruit à l'école de la politique romaine, etc... Tacite fut dans l'antiquité, le dernier descripteur des faits politiques. Sa méthode, modeste et précise, l'avait conduit à une connaissance de la matière politique de son temps, qui semble avoir été divinatoire. Par ses soins, la politique avait mesuré la puissance respective des adversaires que le temps devait mettre aux prises : Romains et Germains ; elle avait estimé leurs chances de succès et leur force propre d'après des calculs qui devaient bien être exacts, puisqu'ils furent contrôlés par l'événement. Ce sont les Barbares qui arrêtèrent les progrès de la Science Sociale ou... la Renaissance, qui aurait dû la favoriser, fut trop combattue par la Réforme, nouvelle barbarie. Si le livre de M. Gilbert est sérieux, écrit dans un style d'une sobriété sévère, on y trouve pourtant ça et là quelque pointe amusante comme pour montrer que l'esprit français n'abdique jamais tout à fait ses droits : voyant la déposition du libéralisme, « ce bâtard de la ruse et de l'illusion... » l'expression est jolie. Je ne ferai à M. Gilbert qu'un reproche : c'est qu'en ces dernières pages, « Science Politique » remplace « Science Sociale », et il semble bien que l'auteur n'entende par là qu'une même chose ; mais, alors, il eût mieux valu ne pas faire naître d'équivoque ! Léger défaut qui se remarque dans une étude de pensée ferme et de style net.   Frédéric Plessis

---

19. — **Les sources de Lecomte de Lisle,** par Joseph Vianey. — Montpellier, Carlet et fils, 1907, in-8 de vi-399 pp. (Prix : 8 fr.)

M. Vianey s'est proposé de rechercher à quelles sources Leconte de Lisle a puisé sa science historique. C'était là une vaste recherche ; il fallait compulser, outre les classiques et la Bible, les poèmes indiens, égyptiens, scandinaves, finnois, celtiques, espagnols, aller même jusqu'au nouveau monde, en Amérique ou en Polynésie. Cette enquête, M. Vianey l'a faite avec le scrupule et la perspicacité qu'on lui connaît. Sauf de rares exceptions, il peut dire où Leconte de Lisle a trouvé la première idée de chacun de ses poèmes historiques ou légendaires, plus encore où il a pris tel ou tel détail curieux, telle description, telle expression même. Enfin M. Vianey signale aussi les changements que le poète a fait subir à la légende ancienne et il s'efforce de les expliquer par des raisons psychologiques ou littéraires. Ne subtilise-t-il pas un peu quelquefois? Et, à une interprétation symbolique des poèmes de Leconte de Lisle ne superpose-t-il pas une autre interprétation symbolique plus subtile... et plus douteuse ? on peut, pour certaines pièces avoir cette impression. Mais dans l'ensemble, quel guide pénétrant et sûr ! Ce savant et précieux volume fait mieux connaître et mieux apprécier le génie du poète et c'est un travail qu'il faudra avoir lu pour parler désormais de Leconte de Lisle.   G. Michaut.

20. — **Ferdinand Brunetière. L'homme, l'orateur, le critique, le catholique**, par Th. Delmont professeur aux facultés catholiques de Lyon. — Paris, in-12 de 202 p. (Prix : 3 fr. 50).

M. Delmont s'est proposé de « chercher à fixer les traits immortels de l'homme, du critique, de l'orateur, du catholique que Brunetière a été si noblement et si courageusement à la fin de sa carrière. » L'intention est excellente ; des recherches consciencieuses, une documentation étendue ont permis à l'auteur de fournir des renseignements nombreux et d'offrir une bibliographie utile. C'est malheureusement le seul éloge qu'on puisse faire de l'ouvrage. M. Delmont s'imagine que la critique littéraire consiste à analyser. Veut-il étudier les ouvrages de critique de Brunetière, il en indique le contenu : « Voilà les origines de la comédie Française, à l'occasion du *Menteur*... Puis c'est *Rodogune*... C'est ensuite l'*Ecole des Femmes*... C'est *Andromaque*... etc ». Il n'est pas difficile d'entasser ainsi les pages vaines et après cette lecture on ne saura rien — ce qui s'appelle rien — du talent de Brunetière, de sa méthode, de son système, de ses mérites enfin et des services éminents qu'il a rendus à la littérature française. M. Delmont s'imagine aussi qu'on tient à savoir quelles sont ses opinions sur la démocratie. Il se trompe fort et il a tenté des doctrines de Brunetière sur ce point une réfutation bien faible — quelque opinion qu'on ait d'ailleurs sur le fond du débat. Enfin, M. Delmont n'aime pas ceux qui ne pensent pas comme lui, et il le leur fait bien voir. Il est désobligeant de le voir affecter d'ignorer le nom de M. Fonsegrive et discuter aigrement ses opinions sous le pseudonyme de « *la Quinzaine* ». En vain, par oubli sans doute, l'a-t-il enfin nommé à la page 126, il n'en a pas moins effacé son nom du copieux index où l'on trouve cités tant de noms inutiles. Que cela est mesquin !

G. Michaut.

---

21. — **Études critiques sur l'histoire de la Littérature Française**, par Ferdinand Brunetière. — *Discours de Combat*. 8ᵉ Série. — Paris, Hachette. Série Perrin.

Depuis la disparition si prématurée et si regrettable pour les

les lettres françaises de M. Brunetière, les siens ont commencé la pieuse publication de ses articles et de ses discours non encore recueillis en volumes. Les deux ouvrages qu'on vient de voir annoncés représentent les deux formes de son infatiguable activité et complètent son œuvre admirable d'historien de la littérature et de polémiste chrétien. Il est superflu de faire l'éloge de sa science et de ses belles constructions, comme celui de son courage et de son éloquence. Je signalerai seulement dans les études le long morceau sur Bourdaloue, et plus encore l'important article sur Montaigne. C'est un de ceux dont M. Brunetière se savait le plus de gré et qu'il a signalé lui-même comme un des plus neufs et des plus importants — Quel regret qu'une telle voix se soit tue!

G. Michaut

22. — **Deux princesses d'Orient au XIIe siècle. Anne Comnène, témoin des Croisades. Agnès de France**, par Louis du Sommerard. — Paris, Perrin, 1907, in-12 de 354 p.

Je ne sais si « c'est l'avantage des personnes princières de ne jamais se laisser piper, d'abolir tout ce qui est extérieur, de n'écouter que la voix de la sympathie, d'avoir la possibilité d'établir leur jugement sur des données purement intellectuelles et morales », qui fait, au point de vue historique, la supériorité de l'*Alexiade* d'Anne Comnène. On pourrait plutôt lui reprocher certaines omissions dues à la partialité. Mais elle était bien placée pour être renseignée et assez instruite pour tirer bon parti des documents qu'elle pouvait utiliser et des informations qu'elle pouvait recueillir. M. du Sommerard a surtout cherché à montrer ce qu'était l'empire byzantin à la fin du xie siècle, d'après Anne, en faisant la part des diverses influences qui pouvaient s'exercer sur les jugements portés par la princesse. Aux érudits de profession, son livre n'apprendra sans doute pas grand chose, et il semble qu'en ce qui concerne les sonnas occidentales, l'auteur attribue à Albert d'Aix une valeur un peu exclusive. Les personnes désireuses de se former une idée de la Byzance du moyen âge sans avoir recours à des travaux d'allure trop scientifique le liront avec agrément. Mais si l'on peut chercher à connaître quelque chose de la psychologie d'Anne Comnène, il est difficile d'en faire autant pour Agnès de France, la fille de Louis VII qui épousa successivement Alexis II Comnène et Andronic, pour terminer enfin sa carrière par une sorte de mariage morganatique avec Théodore Brancos, un seigneur de Constantinople dont les descendants jouèrent ainsi un certain rôle durant les dernières Croisades. M. du Sommerard a consacré peut-être trop de pages à la manière dont les choses *ont dû* se passer, aux sentiments que la petite princesse française, transportée en Orient, *a dû* éprouver. Le roman historique est un genre littéraire qui peut être amusant. Le volume de M. du Sommerard paraît être une tentative faite pour vulgariser [1] certaines épisodes de l'histoire de Constantinople. L'auteur eût dû se borner aux trop rares renseignements que lui fournissaient ses sonnas.   R. P.

---

23. — **La France et la Prusse avant la guerre**, par Richard Cosse. — Paris, Nouvelle Librairie Nationale, 1907, 2 volumes in-8.

En deux volumes animés, clairs et richement documentés, M. Richard Cosse étudie la *politique de Sadowa*, c'est-à-dire l'orientation de la diplomatie impériale jusqu'en 1866, dans ses rapports avec la Russie, l'Autriche, l'Italie, l'Allemagne et la Prusse, la leçon perdue de Sadowa, les embarras et les incertitudes de la politique dite des compensations, enfin l'imprévoyance militaire et la *politique de Sedan* ou plus précisément les incidents de la candidature Hohenzollern, les entrevues d'Ems et les journées critiques des 12, 13, 14 et 15 juillet 1870. Il n'y a point de solution de continuité entre les 2 volumes, et, si l'on pressait un peu l'auteur,

---

1. Je ne prend pas ce terme dans un sens péjoratif. — Il faut féliciter M. du S. d'avoir joint à son volume des tableaux généalogiques qui en faciliteront la lecture. Il y aurait mauvaise grâce à lui reprocher quelques inexpériences de citation, comme p. 220, n. 1, où je ne vois pas la nécessité de défigurer sous une désignation anglaise le nom du monastère bien français du Mont-Saint-Michel. Les volumes récents de M. Cartellini sur Philippe-Auguste auraient pu être consultés plus utilement que la *Psychologie des Foules* du D^r. G. Le Bon.

j'imagine qu'il accorderait volontiers que la pression explique encore mieux que le second volume, ce qui forme la conclusion historique de celui-ci, c'est-à-dire la déclaration de guerre et Sedan. C'est que la *politique de Sedan* consiste surtout dans le récit des faits et des événements précipités, déchaînés par une volonté ferme et lucide : tandis que dans la *politique de Sadowa* sont révélées les causes lointaines, mais effectives, de nos contradictions et de nos désastres.

Le premier volume décrit tous les symptômes et les prodromes, les menus faits et les incidents apparemment sans suite et futiles, des belles années, mais qui accumulés, ont plus fait pour la déchéance d'un pays, que les fautes moins graves, moins volontaires, mais plus retentissantes et aussitôt payées, des années 1869-1870.

« La vérité, écrit M. R. C. est qu'on allait payer (juillet, août, septembre 1870) en une seule et terrible échéance, tout un long arriéré de politique détestable, antidynastique, antinationale. » (II, p. 186).

Recherchant les vraies causes de notre défaillance diplomatique et de nos défaites militaires, M. R. C. écarte les explications complaisantes et injustes qu'on en a présentées.

Pour le récit, il se rapporte aux ouvrages de MM. Darimon, Ollivier et de la Gorce, et aux documents les plus récents. Mais pour la leçon, pour la philosophie, il s'oppose vivement à ses modèles. Ceux-ci sont coupables, à ses yeux, de partialité.

Ils veulent couvrir l'empereur et le régime pour découvrir tantôt Benedetti et tantôt le duc de Gramont. Outre que la critique de fait lui permet de disculper des fautes décisives ces deux serviteurs zélés, ponctuels et même ardents à leur tâche, le procédé lui paraît peu équitable et peu raisonnable.

En diplomatie, les hommes peuvent se tromper quelquefois, mais ils réparent leurs erreurs ; s'ils se trompent toujours, si, quoiqu'ils entreprennent, ils errent constamment, si la correction de leurs fautes les entraîne malgré eux en des erreurs plus graves, il faut alors rechercher le principe supérieur qui commande leurs fautes, le régime constitutif de leurs erreurs. C'est à quoi s'emploie M. R. C. dans son analyse des causes et des effets historiques.

Aussi bien il a démontré qu'en plus d'une occasion Napoléon III fut entouré d'excellents conseillers, de ministres habiles, de guerriers instruits, de diplomates bien informés ; la France n'était pas alors moins féconde en talents ; mais il lui manquait l'utilisation sage et traditionnelle de ces talents.

« Il est trop clair, écrit-il, que l'empereur fut parfaitement informé, averti, conseillé, et qu'il y aurait injustice à faire peser sur d'autres volontés que cette volonté flottante, et pourtant opiniâtre, illogique, hystérique, oserai-je dire, la responsabilité des malheurs qui éclatèrent quatre ans plus tard. » (I, p. 145).

Pour M. R. C., il n'est pas douteux que la politique capétienne eût évité toutes les fautes, à commencer par la première qui fut l'abandon, bien mieux, la, détestation de la politique « mesquine » (Ollivier) de Choiseul et le renoncement aux avantages restreints, mais sûrs et tutélaires, des traités de 1815. Tout écart de la politique traditionnelle a diminué la France. Il n'y avait de salut que dans la voie des siècles. Il faut reconnaître que l'événement n'a pas contredit M. R. C. et c'est la plus sûre garantie de vérité.

Ainsi négligeant les questions de personnes, M. R. C. fait le procès des régimes et des institutions et compare, pour fonder son jugement, la situation et, si l'on peut dire, l'assiette politique des adversaires qu'un avenir rapproché devait mettre aux prises : Prussiens et Français ; d'un côté la suite, la tradition, l'unité de vues, de l'autre : l'indécision, la Révolution, la contradiction.

Il y a des témoignages, en effet, que le gouvernement prussien avait longuement prévu, prémédité et préparé la guerre avec la France. Avant Sadowa, avant 1866, le roi Guillaume disait à un diplomate allemand : « Si nous avons la guerre entre nous, nous nous réconcilierons plus tard en faisant *une autre guerre* ». (I, p. 67).

En août 1866, quelques temps après Sadowa, le secrétaire-confident de Bismarck, Keudell, disait à un reporter du *Siècle*, Vilbort, pour que ses paroles fussent répétées et publiées à Paris : « La Prusse ne cédera pas (à la France) un pouce du sol germanique ; nous ne le pourrions pas sans soulever contre nous l'Allemagne entière, et s'il le faut, nous la soulèverons plutôt contre la France que contre nous ». (I, p. 135).

Enfin faut-il rappeler, après M. de la Gorce, tous les signes de mauvais vouloir donnés à la France par la Prusse pendant plus de dix ans : « le traité de Prague inexécuté, la question du Luxembourg envenimée à dessein, l'affaire belge, les Etats du Sud subrepticement rattachés à ceux du Nord, etc ». (II, p. 187).

Les preuves abondent et le livre de M. R. C. en est rempli.

En France, on était prévenu, on ne fit rien, et jusqu'à la dernière minute, jusqu'au 13 juillet 1870, on crut pouvoir conjurer la guerre par un congrès. Or, c'était une nécessité pour l'Allemagne qui s'efforçait vers l'unité, que l'union germanique se réalisât d'abord dans une hostilité commune contre un autre peuple, et c'était l'intérêt de la Prusse qui prétendait à l'hégémonie, d'entretenir ces sentiments de haine et de provoquer un conflit.

Contre une politique aussi bien concertée le régime impérial se montra fort dépourvu.

Un empereur chimérique, en butte à la défiance du suffrage universel et de l'opinion publique, embarrassé dans la contradiction de ses attachés révolutionnaires et de son devoir de puissant souverain, ne pouvait fonder qu'un régime spécieux, précaire, instable et équivoque.

Napoléon III était imbu des principes des nationalités. Par un traité secret avec la Prusse et l'Italie (8 avril 1866) il avait poussé ces puissances à l'agression contre l'Autriche et contribué de ses mains à la préparation de Sadowa. Bien plus, en 1863, il disait à l'ambassadeur prussien Goltz, l'âme damnée de Bismarck : « Vous ne pouvez pas vous dissimuler que votre situation actuelle est intolérable. Vous avez autour de vous une foule de petits Etats qui vous gênent et vous paralysent à chaque pas. » Après Sadowa et Sedan, Napoléon n'avait pas renoncé au principe des nationalités. Et M. Ollivier y est encore fidèle aujourd'hui. En outre l'empereur, fils de la reine Sophie de Hollande, avait reçu, de naissance, par les Bonaparte et les Beauharnais, une double tradition anti-autrichienne. Il avait été nourri de toutes les fables qui couraient sur la trahison des deux archiduchesses Marie-Antoinette et Marie-Louise. L'Autriche était l'ennemie traditionnelle de sa famille. L'histoire de l'Aiglon formait un autre chapitre de ce roman. Tous ces préjugés inculqués dès l'âge tendre par un père et une mère passionnés ne devaient pas préparer au rôle de souverain français.

Et en effet l'Empereur cédant à ses amitiés italiennes provoqua Sadowa, contre l'Autriche, et, par son dédain dynastique, antibourbonien et anti-autrichien de la candidature Montpensier, qui, acceptée par lui, comme elle l'était par l'Espagne, eût coupé court à tout projet Hohenzollern, provoqua Sedan.

Ainsi commandé par sa philosophie internationale et ses passions de famille, l'Empereur semble avoir assis son trône sur un rêve et une légende.

Encore que son jugement fut corrompu par le principe des nationalités, l'Empereur ne pouvait s'aveugler sur les devoirs de sa charge. Souverain d'un peuple dont le gouvernement avait pendant des siècles exercé l'influence prépondérante en Europe, il devait tenir son rang : son ambition d'être l'arbitre européen peut sembler naturelle ; mais on n'aperçoit pas assez la contradiction fondamentale entre ces velléités louables et son ferme dessein de favoriser les nationalités adverses. Le haut arbitrage européen et le principe des nationalités répugnent l'un à l'autre et s'excluent finalement comme répugnent et s'excluent le principe démocratique d'égalité et le principe aristocratique d'autorité.

Il faut que l'un cède : vouloir les unir c'est joindre à une erreur certaine les chances d'un conflit violent et dangereux. Le rôle d'arbitre européen n'est possible qu'à proportion de l'influence naturelle exercée. Or, en diplomatie, l'influence se mesure à la force des armes.

Il faut s'imposer pour cette besogne de haute police européenne, qu'est le souverain arbitrage.

Imagine-t-on un seigneur féodal dont l'autorité n'eût pas été fondée sur la sécurité et la crainte qu'inspiraient son bras armé et ses murailles?

La Prusse avait vu son influence grandir dans les conseils européens, après Sadowa, que sera-ce après Sedan ? Aussi M. R. C. blâme-t-il avec mesure « la conduite de ce prince qui voulait être l'arbitre de l'Europe et qui avait commencé par distribuer ou préparer des couronnes à ses plus mortels ennemis ». (II, p. 62.)

En outre l'Empereur qui portait en lui, dans ses traditions familiales et dans ses doctrines, tant de semences d'erreurs, n'avait pas fondé un régime et des institutions capables soit de l'éclairer, soit de le corriger ou de le seconder dans l'embarras.

Sa fortune était issue du suffrage universel ; les doctrines populaires et démocratiques de sa famille et le prestige du plébiciste, source de son autorité, devaient concéder à l'opinion publique et au suffrage universel des droits sur le pouvoir. Opinion publique et suffrage universel, souvent ignorants, prévenus ou aveugles, et toujours passionnés, devaient compliquer encore les questions diplomatiques.

Ce sont les ménagements qu'on était obligé de prendre avec l'opinion publique qui engagèrent le gouvernement après Sadowa dans l'affaire des compensations, véritable pas de clerc, qui nous aliénera plus tard les bonnes dispositions de l'Allemagne non prussienne.

Joint que ces difficultés intérieures du régime n'étaient pas inconnues à l'adversaire. Dès 1870, dans une vive discussion sur les agrandissements désirés par la France, Bismarck tenait à notre ambassadeur Benedetti ce propos véritablement prophétique : « Faites observer à l'empereur précisément qu'une guerre engagée ainsi pourrait bien *être menée à coups de révolutions et que les dynasties allemandes, en ce cas, feraient preuve de plus de solidité que celle de l'empereur Napoléon* ». (I, p. 132).

Quand surviennent les affaires d'Espagne, elles ne sont pas tout d'abord suivies par l'opinion publique plus occupée de questions intérieures (élections de 1869, affaire d'Auteuil). Mais quand la gravité de la situation lui apparaît tout d'un coup, elle s'affolle et s'emporte aux derniers excès.

Le 5 juillet 1870, la veille de l'interpellation Cochery sur la candidature Hohenzollern, M. Ollivier disait dans la soirée aux diplomates étrangers : « Notre déclaration sera aussi modérée que le *permet l'esprit public* ». Tous les événements parlementaires de ces derniers jours (5-15 juillet) forcent les ministres à donner leur attention à des calculs de partis et de majorités qui n'intéressaient en rien le grave problème européen alors posé. Le vent de folie qui soufflait dans la rue, ne s'arrêtait pas à la porte des ministères et des conseils impériaux. Le régime impérial était sorti de la Révolution ; à cette heure critique il ne trouvait devant lui, à la place d'un pays qui soutient ou avertit son gouvernement, que la Révolution. « C'est alors que commencèrent sur les boulevards ces démonstrations belliqueuses qui sentaient la révolution plus que le patriotisme ». (II, p. 86).

Il est bien certain que les catastrophes qui devaient en résulter, ne sont pas, au regard du philosophe, des accidents, mais des conséquences naturelles, et sont arrivées en vertu de lois politiques. Ecoutons M. R. C., si sévère qu'il nous paraisse : « La Révolution continuait chez nous son œuvre de ruine. Après sa forme césarienne venait sa forme anarchique. Le parlementarisme renaissait, inauguré par l'empire libéral, luttait contre le césarisme finissant, représenté par les bonapartistes absolutistes prêts à tout sacrifier pour sauver le régime, fût-ce par les pires moyens ; et ce mortel conflit éclatait à l'heure où la France avait besoin de toutes ses forces, de l'unanimité des citoyens et de tous les représentants du pouvoir pour faire tête contre l'ennemi du dehors, le mieux armé, le plus uni ! » (II, p. 232).

M. R. C. a plus d'une fois rattaché les erreurs et les principes du régime impérial à ceux de la Révolution de 1848. Un livre récent de M. André Lebey sur la question, montre qu'en fait Napoléon III resta étranger à ce phénomène d'anarchie ; mais qu'il en profita largement ; il y avait convenance profonde entre le prétendant et la France bourgeoise, révolutionnaire par fidélité à ses principes et à ses origines, mais éprise d'ordre matériel et de l'appareil de l'autorité.

En droit Napoléon fut l'héritier de la Révolution de 1848. N'est-ce pas un homme de 1848, un fidèle de Lamartine. M. Ollivier, qui présida aux destinées du régime dans le moment le plus critique ? Pour ce qui est de la politique intérieure, il y avait donc une affinité secrète entre le prétendant de Ham et les gens de 48, un rapport étroit entre 1848 et 1852. Mais en politique étrangère, nous voyons qu'il y eut en fait équivalence entre les deux gouvernements et qu'en 1866 les principes révolutionnaires s'étaient perpétués et continuaient de diriger la diplomatie impériale. Le principe des nationalités, n'était-ce pas un héritage de 1789 ? La conception du sans-culottisme répandant le nom et l'influence français, la doctrine de l'affranchissement des peuples, cela ne nous fut-il pas transmis, depuis la grande Révolution, de République en régime impérial et d'Empire en régime républicain ? M. Ollivier revendique pour son compte et pour celui de la pure tradition révolutionnaire « les idées du grand poète et du grand penseur de Sainte-Hélène ». Et toutes les fautes du second Empire étaient inscrites, en effet, dans le fameux testament de Sainte-Hélène ».

Il est donc naturel et juste que nous ayons payé sous l'Empire, qui les aggrava encore, les fautes diplomatiques de 1848. La Révolution démocratique [1], que nous déchaînâmes alors un peu partout, tourna à notre détriment et au profit de monarchies jeunes et fortes qui surent s'en servir avantageusement, quittes à l'étrangler ensuite. Un petit fait le démontre.

Il se rapporte à l'histoire de la Prusse : quand à la veille de la déclaration de guerre à l'Autriche et à l'Allemagne du sud, Bismarck voulut rallier contre elles tout ce qu'il pouvait compter de sympathies en Allemagne, il utilisa les armes révolutionnaires forgées par la France. Il imita, dit M. Ollivier « le procédé qui, en 1852, avait si bien réussi au prince Louis-Napoléon. Le prince avait évoqué contre *l'Assemblée réactionnaire le suffrage universel encore saignant de sa récente mutilation.* » (I, p. 60).

Il souleva, ajoute M. R. C., contre « la Diète héraldique et fermée le sentiment national allemand (préparé par lui). Il jeta dans les masses un projet de Parlement allemand *issu du suffrage universel* et il y joignit force injures contre cette Diète, qui, en combattant le sentiment national, avait réduit l'Allemagne à l'impuissance ». (*Ibid.*)

Cette tentative faite pour embrigader sous la bannière des Hohenzollern toute la démocratie allemande de 1848 et pour transformer les ardeurs du libéralisme anarchique allemand en un chaud loyalisme à l'égard de la Prusse, pour transmuer, suivant un procédé qui était le contraire du nôtre, la Révolution en patriotisme sous les auspices d'une puissante dynastie, fut suivie de bien d'autres. Et le plus clair résultat de notre propagande soit de 1789, soit de 1848 fut la formation d'une grande Allemagne à nos dépens et à ceux de la vieille Autriche devenue, sous nos derniers rois, notre alliée naturelle. Le même incident rapporté plus haut, qui survint en juin 1866, si on le confronte avec la suite des événements, prend alors un sens profond, une signification singulière.

Mais, dira-t-on, la Révolution de 1848 est-elle coupable, en conscience, de la rouerie d'un Bismarck.

---

1. Cousin disait à Renan, au lendemain de la Révolution de 1848 (Cf. *Réforme intellectuelle et morale*) : « Mon ami, on ne comprend pas encore quel crime a été la Révolution de février ; le dernier terme de cette Révolution sera peut-être le démembrement de la France. »

De tels incidents ou accidents sont toujours imprévisibles. Si les accidents sont imprévisibles et déconcertent toute la science des hommes, il n'est pas moins vrai qu'il y a en politique des principes assurés, capables de garantir de bien des erreurs de détail. L'un d'eux notamment enseigne qu'une nation comme la France, qui occupait en Europe une situation privilégiée, n'avait aucun intérêt à changer cet état de choses et à révolutionner le monde : dans sa situation, tout changement devenait un détriment, or, nous avons fait des révolutions un peu pour le plaisir. En changeant non seulement la forme, mais le principe de son gouvernement, la France cessait d'être elle-même en Europe. En politique étrangère, le gouvernement est toute la nation. En adoptant des principes de gouvernement révolutionnaires, la France changeait sa situation et sa vraie nature par rapport aux autres peuples : la table des valeurs était renversée ; c'était fatal. D'autres alors pouvaient usurper sa place.

Les deux volumes de M. R. C. retracent des événements dont les conséquences ne se sont pas encore toutes produites, mais qui tels que nous les connaissons déjà, dominent et commandent toute l'histoire de la deuxième moitié du xixe siècle.

Les documents abondent et ajoutent en précision à la force des doctrines exposées par l'auteur : ces textes contiennent une substantifique moelle ; d'autres, si l'on songe à tout le sang versé qui y était prophétisé, sont pleins d'une sombre horreur.

La méthode de M. R. C. qui a de la sûreté, préserve son jugement d'être pris en défaut. Il écarte du débat les personnalités ; dans la complexité infinie des phénomènes politiques qu'il considère, il n'ignore pas quelle petite influence peuvent exercer les individus.

Leurs calculs sont annulés par des facteurs plus puissants, qui sont les intérêts historiques des peuples et les institutions auxquelles ils sont soumis et dans le sens desquelles ils ont été formés à réagir.

C'est donc la critique des institutions qui occupe l'esprit de M. R. C. Et il estime la bonté de celles-ci à leur conformité avec les intérêts de la nation.

Dans la nuit historique du 12 au 13 juillet 1870 (dépêche d'Ems), on sent, en quelque sorte, les institutions sous-jacentes à tout le drame. L'esprit est frappé d'admiration pour la belle ordonnance des événements à travers les siècles. Dans cette minute où le sort des deux peuples se décide, où la vie de milliers d'hommes est condamnée, le tragique, le pathétique, enfin tout ce qui peut révolter la chair émue et troublée, est bien atténué, sinon oblitéré, par les fortes et vives impressions que reçoit l'intelligence. Cette minute représente à nos yeux comme le parallélogramme de deux forces opposées, l'institution monarchique prussienne et la France destituée. La politique de tous les temps, celle de Louis XI, de Henri IV, de Richelieu, de Choiseul, de Frédéric, de la reine Louise, de Bismarck, vainc, dans la personne et le régime d'un empereur dégénéré, toutes les révolutions et toutes les anarchies.

Nous avons essayé de résumer les idées et les leçons qu'on recueille à la lecture des six cents pages de M. Richard Cosse. Sans doute les leçons de l'histoire n'ont jamais convaincu personne. Mais celles-ci donnent tout de même à penser, et elles sollicitent l'attention contemporaine sur un ordre d'idées et de faits qu'on affecte généralement de dédaigner. Si cela n'agit pas, qu'est-ce qui agira ?

Pierre GILBERT.

---

24. — **Sulla iscrizione della colonna Traiana,** par Domenico COMPARETTI (Extrait des *Rendi conti della* R. Accademia dei Lincei, 1906).

25. — **Il mons e la Colonna Traiana,** par Antonio SOGLIANO (Extrait des Atti dell' Accademia di archaeologia, lettere e belle arti di Napoli, 1907).

Tout le monde a cru, jusqu'à ce jour, que la colonne Trajane représentait la hauteur du mont enlevé pour faire place au magnifique Forum de Trajan. Dion Cassius devait le savoir et il nous le dit en termes non moins clairs que l'inscription elle-même de la colonne, élevée *ad declarandum quantae altitudinis mons et locus tan-[tis ope]ribus sit egestus.*

Les choses marchaient toutes seules ; l'opinion admise avait au soleil sa place incontestée quand M. Boni, qui a déjà donné tant de fil à retordre aux archéologues, s'est, pour un instant, détourné du Forum romain vers le Forum de Trajan. Sous le sol de la toute petite cour au milieu de laquelle se dresse la colonne, il a, sans tarder, reconnu une voie antique avec l'habituel pavé poligonal en pierre volcanique, les trottoirs, en un mot, tout ce qui constitue une rue, et même, par-dessous, un égout.

Donc la colonne n'a pas pris la place d'une montagne de sa hauteur, puisqu'elle repose sur une rue que personne ne pourra prétendre moins ancienne qu'elle.

De plus les géologues ont démontré que jamais le Quirinal n'a rejoint le Capitole; que la colonne, par conséquent, et le centre du Forum de Trajan occupent, entre ces deux montagnes, une petite vallée, qui, de tout temps, existait.

La conclusion est simple : nous tous, y compris Dion, nous nous sommes trompés et avons mal compris le texte de l'inscription qui, dans son vrai sens, est contradictoire de celui de Dion.

Or, voici, en deux mots, comment M. Comparetti explique les choses : La colonne n'indique pas la hauteur des terres enlevées. Mais, presqu'aussitôt, il s'est formé une légende en ce sens, et Dion a recueilli, au lieu de la vérité, la tradition populaire. Que signifie donc l'inscription de la colonne? — Ceci : Supposez qu'on réunisse en un seul tas bien régulier tous les blocs de marbre enlevés des carrières pour construire la colonne, on aura un grand cube dont les côtés auront une longueur égale à la hauteur de la colonne, soit 38 mètres. Ces données ont été évidemment fournies aux auteurs de l'inscription par l'architecte, Apollodore de Damas. Voilà donc ce que signifient les mots : *quantae altitudinis mons et locus sit egestus!* Comme les chateaux, il y a aussi les cubes en Espagne.

Avec un ferme bon sens servi par une solide érudition et une vieille expérience de l'archéologie pratique, M. Sogliano, dans son mémoire, a fait bonne justice de ces rêveries. Dion se serait trompé et aurait recueilli une tradition populaire! — Si la colonne avait été érigée par le bon roi Numa, on comprendrait que l'historien ait eu à choisir entre des légendes. Mais la colonne trajane est de l'année 131 après J.-C. et Dion naquit vers l'année 155. Il naquit à Nicée il est vrai; mais il rédigea son histoire à Capoue; sans aucun doute, il habita Rome puisqu'il fut sénateur et deux fois consul! Et il aurait, au lieu de la vérité d'un fait contemporain, recueilli une légende! Il n'aurait pas compris le sens véritable de l'inscription, découvert aujourd'hui seulement! Cela ne se tient pas debout. Quoi qu'écrivant en grec, Dion savait le latin, n'est-ce pas; historien, il avait, sans aucun doute, lu Tite-Live, et, aussi facilement que M. Sogliano, il y avait vu que *egestus* signifie enlever de, emporter : (il s'agit du passage des Alpes par Hannibal) « *tantum nivis fodiendum atque egerendum fuit* » (XXI, 37); Suétone (*Nero* XXXVIII), également cité par Sogliano, emploie dans le même sens le mot *egestio*; après l'incendie, Néron avait promis : « *cadaverum et ruderum gratuitam egestionem.* »

Ne disons donc plus que Dion s'est trompé; il y a eu vraiment *egestio* d'une masse haute de 38 mètres. Mais qu'enleva-t-on, puisqu'il est démontré géologiquement que, avant la création du Forum de Trajan, les deux montagnes ne se rejoignaient pas? Il faut cependant, dit avec raison Sogliano, à un fait certain trouver une explication. Voici celle qu'il propose. Ce quartier, par suite de causes inconnues, des incendies peut-être, avait été abandonné. Les éboulements, les glissements de terrain, les décharges, l'avaient peu à peu comblé. Là s'était formée, entre les deux pentes, une montagne factice, comme le Testaccio qui a cinquante mètres, douze de plus que la colonne. C'est ce *mons*, haut de trente-huit mètres, qui fut *egestus*. Cette hypothèse est admissible et l'auteur la fortifie avec de bons arguments.

On pourrait toutefois proposer une autre explication. Que nous dit Dion? « Trajan construisit des bibliothèques et plaça dans son forum une colonne très haute qui devait lui servir de sépulture et, en même temps, indiquer à la postérité ce qu'il avait fait pour son forum; car il fit déblayer, d'une hauteur égale à celle de la colonne, ce lieu qui était montueux (ὀρεινός) : et ainsi il aplanit tout cet espace. » Ce lieu montueux n'était pas partout de la même hauteur; il s'étendait des deux côtés de la voie étroite qui le traversait; du côté du Capitole et du côté du Quirinal. Il est évident que la hauteur indiquée par la colonne est celle de l'endroit le plus élevé : s'en suit-il que la colonne ait été construite en ce lieu précis? Non; et, d'ailleurs, M. Boni a démontré qu'elle repose sur une rue. Ceci admis, nous trouvons, au Forum de Trajan, un point où le terrain enlevé a pu facilement avoir la hauteur requise, soit trente huit mètres. C'est à l'extrémité nord de l'aréa du

Forum. Cette aréa se termine, de chaque côté, par un vaste hémicycle adossé à la montagne qu'il a profondément entaillée. Je croirais volontiers que le point dont la hauteur égalait celle de la colonne, est l'extrémité du Quirinal que l'on enleva pour y placer l'hémicycle. Je sais qu'on pourra me dire que *egerere* ne signifie pas entailler, mais enlever; mais ce serait vraiment un peu *undare per il sottile*; en tranchant le bout de la montagne on en a enlevé les terres et les roches, et cela s'appelle *egerere*. Quant à la colonne, on la dressa à un endroit quelconque, à celui qui parut le plus commode; et il suffisait, pour que le but fût atteint, qu'elle ne s'élevât pas en dehors des travaux dont elle est le témoin.

Peu importe d'ailleurs, que cette explication soit admise, ou, de préférence celle de Sogliano. Ce qui était utile avant tout, c'était de démontrer que le sens de l'inscription était clair, conforme à celui de Dion qui ne s'était pas trompé, qui ne pouvait pas se tromper, et c'est ce qu'a fait de main de maître le savant vétéran des fouilles de Pompéi.

Henry Thédenat.

---

26. — **Par l'espérance**. Instructions aux hommes du monde prêchées à Saint-Philippe-du-Roule et à Saint-Augustin (Carême de 1907) par l'abbé de Gibergue, supérieur des missionnaires diocésains de Paris. — Paris, Veuve Ch. Poussielgue, 1 vol. in-12 de viii-278 p.

On a publié — je le sais — bien des conférences sur la foi; la chaire chrétienne a souvent entretenu les fidèles de la charité; a-t-on aussi souvent traité de l'espérance? J'en doute fort. Et cependant, l'espérance est une vertu théologale comme la foi et la charité; une vertu dont l'Eglise a proclamé la nécessité et défendu les droits contre de subtiles et spécieuses négations; une vertu enfin qui, dans l'âpre et incessant labeur de la vie chrétienne, fournit à l'âme de précieuses, d'indispensables ressources. M. l'abbé de Gibergue a donc eu grandement raison de consacrer à cette vertu les six conférences dont je donne les titres : *L'espérance humaine; — Objet et modèle de l'Espérance chrétienne; — Motifs de l'Espérance chrétienne; — Fruits de l'Espérance chrétienne; — Qualités et défauts de l'Espérance chrétienne; — L'Eucharistie modèle et gage de l'Espérance chrétienne*. Ces conférences révèlent un apôtre qui aime les âmes, et qui aussi les connaît, avec leurs sentiments si divers, si souvent contradictoires, avec leurs aspirations élevées et leurs lamentables faiblesses. M. de Gibergue ne les flatte point, mais il les encourage toujours; à toutes, il redit sans cesse le *Sursum!* car il sait qu'une des pires misères de l'heure présente, c'est l'abattement; rester à terre est triste sans doute, mais est chose si commode! Des citations empruntées aux anciens, empruntées aussi aux modernes et aux très modernes, *agrémentent*, si je l'ose dire, des pages qui respirent d'un bout à l'autre ce que Bossuet a nommé « l'incompréhensible sérieux de la vie chrétienne. » Je signalerai un appendice où, répondant aux quiétistes d'autrefois et aux Kantistes d'aujourd'hui, l'auteur a mis en lumière le *rôle du bonheur et de l'espérance dans la morale chrétienne*. J'indiquerai aussi, à la fin du volume, un choix de psaumes très aptes à raviver l'espérance dans les âmes.

A. LARGENT.

CHRONIQUE

5. — **Le culte de la sainte Vierge en Afrique, d'après les Monuments archéologique**, par le R. P. DELATTRE, correspondant de l'Institut. — Lille et Paris, Desclée, s. d. in-8 de 240 p.

On croirait vraiment que le savant archiprêtre de Carthage veut attirer sur son beau volume les regards les plus distraits. Il en a fait un vrai musée par ses 180 gravures dont 24 à pleine page. Et chez lui plus des trois quarts des pièces sont antérieures au VIIIe siècle, temps où l'archéologie s'éveille en France.

C'est d'ailleurs une œuvre de circonstance, sur un sujet qui n'est plus absolument neuf. Il y a un demi-siècle, l'érudition de Monseigneur Pavy, évêque d'Alger, avait pu tirer de la littérature ecclésiastique tout un volume sur les honneurs rendus à Marie par les fidèles africains; mais vingt ans plus tard Rohault de Fleury, malgré ses vastes études monumentales, ne sut écrire que trois pages descriptives sur la même question.

Tel était l'état des choses, quand le Congrès Marial se tint à Rome en 1904. Il amena le P. Delattre à jeter un coup d'œil rétrospectif sur les innonbrables débris recueillis et classés par lui au jour le jour [1]. A la suite de la lecture qu'il en tira pour ce congrès, il n'a cessé de réunir de nouveaux matériaux. Il publie le tout aujourd'hui, mais comme simple début de plus importantes séries dont les éléments ne manqueront pas de se produire, si même ils ne sont déjà épais dans les musées et les collections particulières.

Si restreint que soit l'objet de ce livre, les difficultés n'y manquèrent pas plus que les obscurités. N'était-il pas arrivé plusieurs fois de rajeunir de sept ou huit siècles des statuettes païennes qui devenaient ainsi, au gré de leurs pieux possesseurs, des madones singulièrement vénérées : d'où la nécessité et d'une grande attention dans l'examen, et d'une prudente réserve dans les attributions. C'est parfois une discussion en règle où sont évoqués MM. de Rossi, de Lasteyrie, Heuzey, Bayet, Babelon, Gauckler, tour à tour avec MM. Schlumberger, Audollent, le P. Garucci, P. Monceaux, docteur Reboul, Gsell, etc. Les maîtres entendus, l'auteur essaye de préciser, grâce à l'expérience qu'il doit à plus de trente années de séjour sur le sol africain.

Dans la première partie sont étudiés, outre deux admirables bas-reliefs, les figures d'orante, les statuettes et les carreaux de terre cuite. Les statues privées de leur tête n'auraient-elles pas été mutilées à dessein, en haine de la foi ? Quarante pages fort intéressantes décrivent les plombs de bulle. Plus des neuf dixième de ces sortes de cachets (ce n'est pas d'hier que M. Schlumberger l'a noté) sont à l'effigie de la mère de Dieu.

La seconde partie est réservée à la période musulmane. L'introduction, un peu longue peut-être, abonde en faits trop peu connus ; et encore l'auteur se défend-il d'avoir épuisé ses notes. Suivent une médaille avec invocation en arabe, des monnaies mariales et trois statues. Celle en bois de N.-D.-des-Sept-Douleurs est non moins remarquable en elle-même que par sa touchante histoire.

Nombre de ces descriptions conservent une saveur d'actualité : car elles narrent avec l'entrain d'une chronique locale les circonstances des trouvailles [2].

A. TOUGARD.

---

1. Les seules ruines d'une grande basilique viennent, écrivait-il quelques semaines après, de nous livrer plus de 6,500 fragments épigraphiques.
2. P. 35. Un pélerinage à N.-D. en France aux temps apostolique semble bien problématique. — P. 98, n., lire *Clugnet*. — P. 147. S. Louis, qui vint à Rouen une dizaine de fois au moins, monta en 1255 à Blosville (nom ancien dans sa forme primitive du village aujourd'hui nommé Bonsecours). Il voulait visiter le saint ermite Adam Bacon. Là florissait un célèbre pélerinage à sainte Catherine, qu'y invoquèrent plusieurs rois de France, et où l'on venait prier même de Flandre (*Bulletin Critique*, XI, 134). Les textes au-

6. — **Œuvres complètes d'Alfred de Musset**, nouvelle édition corrigée et complétée de documents inédits, précédée d'une notice bibliographique et suivie de notes par Edmond Biré. Vol. I : Premières poésies (1829-1835). — Paris, Garnier frères, in-12 de LXXX-423 p.

Cette édition, jolie et commode, avec ses héliogravures exécutées d'après des dessins de Maillart, méritait d'être signalée, ne fût-ce que pour la notice d'Edmond Biré. Biographique et littéraire, elle offre, avec une précision érudite et sous une forme d'une élégante simplicité, des renseignements intéressants et des vues justes. La manière dont Musset, de bonne heure, tourna le dos aux Romantiques pour se rapprocher de plus en plus des classiques, de Régnier, de La Fontaine, de Racine, de Chénier, les raisons de cette « évolution », les circonstances dans lesquelles il écrivit certains de ses ouvrages, le roman avec George Sand touché d'une main délicate, l'élection à l'Académie, la fin chrétienne du poète sur laquelle ne laisse planer aucun doute le témoignage de l'abbé Truchon (voy. p. LLXVI suiv. de la notice), tout cela est à lire et forme une des études les plus sensées, les plus françaises que l'on ait écrites sur Alfred de Musset. Edmond Biré à raison de dire (p. LVII) que, si remarquable que soit son théâtre, « c'est toujours à ses poésies qu'il faut revenir », comme il a raison aussi (p. LXI) de mettre le *Souvenir* au-dessus de la *Tristesse d'Olympio* et même de montrer dans Musset à la fois, un élégiaque et satirique, par la réunion de qualités qui rarement s'associent. En tête du livre figure un beau portrait de Musset jeune ; l'exécution matérielle du volume est agréable, et elle est bien celle qui sied pour un Classique.

F. P.

thentiques n'y parlent de la sainte Vierge que plus tard, et d'abord seulement pour une confrérie.

A signaler enfin (p. 218) la correction pour l'*Histoire romaine* de Duruy (VI, 174-5).

L'Éditeur-Propriétaire-Gérant : Albert Fontemoing.

Imprimerie Générale de Châtillon-sur-Seine. — A. Pichat.

BULLETIN CRITIQUE

27. — **Les Registres des Papes du XIVᵉ siècle.**

A. COULON, archiviste aux Archives Nationales : *Lettres secrètes et curiales du pape Jean XXII se rapportant à la France*. — Tome I, 1900-1901 ; tome II, 1ᵉʳ fascicule, col. 1 à 364, août 1906.

G. MOLLAT, chapelain de Saint-Louis-des-Français, *Jean XXII : Lettres communes* ; Tomes I à IV et fascicules 1ᵉʳ et 2ᵉ du tome V, p. 1-217, années 1904-1908.

Georges DAUMET, archiviste aux Archives Nationales. *Benoît XII : Lettres closes, patentes et curiales se rapportant à la France* ; 2ᵉ fascicule, col. 249-616, septembre 1902.

J.-M. VIDAL, ancien chapelain de Saint-Louis-des-Français : *Benoît XII. Lettres communes* ; Tome I et II, années 1903-1905.

E. DÉPREZ. *Clément VI : Lettres closes, patentes et curiales se rapportant à la France.* 1ᵉʳ fascicule. col. 1 à 442, année 1901.

Paul LECACHEUX, archiviste aux Archives Nationales. *Lettres secrètes et curiales du pape Urbain V se rapportant à la France* ; 1ᵉʳ et 2ᵉ fascicules, pages 1 à 320, années 1902-1906.

A dater du pontificat de Jean XXII, dit, un excellent connaisseur des Archives Vaticanes, M. l'abbé Guérard, « les registres des Papes prennent des proportions qu'ils n'avaient pas jusqu'alors. L'administration pontificale intervient, beaucoup plus qu'autrefois, dans le gouvernement intérieur des diocèses [1]. » En outre, il est certain que le nombre des bulles enregistrées, variable au XIIIᵉ siècle suivant les époques, devient de plus en plus considé-

---

[1] *Les Recherches d'histoire provinciale dans les Archives du Vatican* (article publié en janvier 1897 dans les *Annales de Saint-Louis-des-Français*, 1ʳᵉ année, IIᵉ fascicule, et tiré à part ; voir p. 18 du tirage à part.)

rable. Pendant les dix-huit années du pontificat de Jean XXII, plus de cinquante mille bulles ont été enregistrées, soit en moyenne plus de deux mille sept cents bulles par année. Cette proportion se maintiendra sous les successeurs de ce pontife.

Ces bulles si nombreuses du xive siècle se répartissent en trois catégories. Il faut placer au premier rang, à raison de leur importance, les *Secrètes*, lettres relatives à la politique du Saint-Siège et aux affaires intéressant particulièrement le Pape. Elles sont réunies dans une série spéciale, contenant une soixantaine de volumes. « Débarrassées en général des formules de chancellerie, écrites dans un latin qui laisse percer la pensée personnelle des papes[1] », les Secrètes des papes d'Avignon renferment leur correspondance avec les légats, avec les chefs d'Etat, et avec tous les personnages influents. — Les *Communes* sont l'opposé des Secrètes ; ce sont les actes quotidiens du gouvernement ecclésiastique, concernant le plus souvent des intérêts privés, sans qu'il faille s'étonner d'y rencontrer parfois des documents d'ordre plus général et de plus haute portée. — Enfin les *Curiales* forment une catégorie mixte où figurent beaucoup de documents dont l'objet se rapproche de celui des Secrètes.

Aucune de ces bulles ne sera omise dans les volumes que l'Ecole française de Rome doit consacrer aux pontificats qui remplissent la période s'étendant de 1316 à 1378, c'est-à-dire de l'avènement de Jean XXII au début du grand schisme ; ainsi seront mis au jour ces actes innombrables qui représentent l'œuvre de la Papauté d'Avignon. Une première série, confiée aux membres de l'Ecole, est réservée aux lettres, secrètes ou curiales qui ont paru intéresser la France : elles sont, suivant les cas, publiées *in extenso* ou résumées. Pour la publication des autres lettres, on a fait appel à la bonne volonté des chapelains de Saint-Louis-des-Français, « parmi lesquels, écrit Mgr Duchesne, se sont toujours trouvés, depuis une dizaine d'années, des travailleurs bien appropriés à une tâche où la patience est tout aussi nécessaire que l'expérience paléographique ou l'érudition historique[2]. » Les volumes de cette seconde

---

1. *Ibid.*, p. 23.
2. J'emprunte ce passage au rapport adressé en 1905 par Mgr. Duchesne, directeur de l'Ecole française d'archéologie et d'histoire de Rome, à l'Académie des Inscriptions et Belles-Lettres, sur la publication des Regis-

série sont destinés à recevoir le résumé de toutes les lettres communes et curiales, qu'elles soient ou non relatives à la France. En outre, à la fin de chaque registre, les Secrètes, éliminées dans la première série parce qu'elles ne se rapportaient point à la France, seront résumées en une courte analyse. « De cette façon, ajoute Mgr. Duchesne, aucune des pièces du registre ne manquera à notre publication ». J'ai le devoir de signaler au lecteur un certain nombre de fascicules appartenant à l'une et à l'autre séries. Je m'acquitterai de ma tâche en suivant l'ordre chronologique des pontificats.

I. — *Pontificat de Jean XXII* (1316-1334.)

Première série. — La publication des lettres secrètes et curiales de Jean XXII qui se rapportent à la France est continuée par M. Coulon; il a ajouté un fascicule, le quatrième, aux trois fascicules qu'il a déjà donnés et que le *Bulletin critique* a signalés en 1902. Le nouveau fascicule comprend 464 bulles, ce qui porte à 1784 le nombre des bulles insérées *in extenso* ou analysées dans cette série; ces bulles se rapportent à la période qui s'étend de septembre 1320 à septembre 1323.

On y remarque des lettres importantes à plus d'un titre; par exemple une lettre où il est question des prétentions du roi sur Montpellier (n°ˢ 1297.) : la sentence, d'ailleurs déjà connue, prononçant la nullité du mariage de Charles-le-Bel avec Blanche de Bourgogne (n° 1419), et d'autres documents concernant ce procès; un exposé de la conduite suivie par le Pontife suprême relativement aux affaires de Gênes (n° 1407); de nombreuses lettres mettant en lumière l'action persévérante du pape qui cherche à rétablir la paix sans cesse troublée entre le comte de Savoie et le Dauphin, etc. Mais, ce qui l'emporte de beaucoup parmi les divers sujets qui attirent l'attention de Jean XXII, ce sont les affaires d'Orient et la croisade. Un document montre bien la solidarité étroite qui, dès cette époque, unit en Orient l'Eglise Romaine et le roi de France; c'est la lettre (n° 1456) par laquelle le pape encourage le

tres Pontificaux. On trouvera ce rapport au tome XXV des *Mélanges d'Archéologie et d'Histoire* publiés par l'Ecole française de Rome.

sultan de Tartarie à cultiver, comme ses prédécesseurs, l'amitié du roi, aussi bien que celle du Pontife Romain, touchante expression d'une politique que les siècles avaient consacrée,et que semble répudier une génération oublieuse des leçons du passé. Les bulles relatives aux projets de croisade et aux voies et moyens d'en assurer la réalisation sont très nombreuses. Le pape ne se lasse pas de s'en occuper ; il veut employer utilement les ressources de l'Occident et sauver les royaumes chrétiens de Chypre et d'Arménie ; voyez notamment, sous les n°s 1683 à 1711, la suite de documents relatifs aux projets de croisade formés en 1323 par Charles-le-Bel et Charles de Valois, les avis émis par chacun des cardinaux sur ses propositions, et la réponse formulée par le pape et contenue dans les instructions qu'il donne à ses ambassadeurs.

Deuxième série. — La publication des lettres communes et curiales du pape Jean XXII est due à l'initiative de M. l'abbé L. Guérard ; pendant les deux années 1899 et 1900, il y a consacré son temps et ses peines. L'œuvre a été continuée par MM. de Lesquen et Mollat, chapelains de S. Louis comme M. Guérard ; elle a d'ailleurs marché avec une louable rapidité, qui mérite d'être proposée en exemple. De 1904 à 1908, onze gros fascicules ont paru sous le nom de M. Mollat. Ces fascicules constituent les tomes I à IV et le commencement du tome V de la publication ; ils contiennent l'analyse de 20605 bulles appartenant à la première partie du pontificat, de l'origine (5 septembre 1316) au mois de septembre 1324.

Tout d'abord, l'éditeur de ces textes a dû résoudre une question grave : quel ordre convenait-il de suivre dans la publication ? Il ne pouvait être question de l'ordre des registres, puisque l'œuvre devait se faire d'après les deux séries parallèles conservées aux Archives du Saint-Siège, la série en papier dite d'Avignon, et la série en parchemin dite du Vatican ; or l'ordonnance de ces deux séries ne coïncide pas. Il fallait donc opter entre l'ordre chronologique et l'ordre méthodique. On verra plus loin que des circonstances particulières ont amené l'éditeur des lettres communes de Benoît XII à suivre l'ordre méthodique. Mais les mêmes raisons n'existaient pas pour les registres de Jean XXII ; ces registres ne présentaient d'autres divisions que la répartition par années. Les éditeurs ont fait sagement de se décider pour l'ordre chronologique ; ils donnent d'après cet ordre, pour chaque année, d'abord les lettres communes, et en second lieu les *litteræ de curia*, c'est-à-dire les Curiales. Sans doute cet ordre, à côté de sérieux avantages, présente de graves inconvénients ; mais la rédaction de bonnes tables fera disparaître la plupart de ces inconvénients. Aussi est-il à désirer que ces tables ne se fassent pas trop attendre ; l'infatigable activité déployée par M. Mollat nous donne le droit de l'espérer.

Les analyses des bulles sont extrêmement brèves ; cela était indispensable pour maintenir la publication dans des limites raisonnables. Pour le même motif les éditeurs ont cru devoir recourir à un système d'abréviations typographiques, qui d'ailleurs ne nuit pas à l'intelligence du texte. Dans l'avertissement qu'il a placé en tête du premier fascicule, M. Mollat s'excuse à l'avance de ce que bon nombre de noms de lieux et de personnes seront mal orthographiés. « Il faut, dit-il avec raison, s'en prendre aux *Scripteurs* de ces bulles qui traduisent ces noms, à leur façon, de la langue vulgaire en latin ». Ces scripteurs opèrent leurs traductions d'une façon tout à fait arbitraire ; chacun d'eux a sa manière de traduire. On ne peut reprocher à l'éditeur de n'avoir pas critiqué et rectifié, quand il y avait lieu, chacune de ces innombrables désignations. C'est un soin que doivent prendre ceux qui se servent du registre ; il était impossible de leur épargner cette peine.

Il convient d'ailleurs de faire remarquer que tous les textes mentionnés dans ces fascicules ne proviennent pas des registres des Archives. M. Mollat s'est fait un devoir d'ajouter en appendice, d'après l'inventaire de Garampi [1], les documents provenant de la série du *Miscellanea* des Archives Vaticanes et des Archives du Château Saint-Ange.

On conçoit que je ne puisse songer à donner un aperçu du contenu des sept fascicules publiés par M. Mollat. Pour la plupart, les bulles qu'il résume concernent les matières bénéficiales ; les provisions des bénéfices y sont très nombreuses. Il en résulte que

---

1. Sur l'œuvre considérable de Garampi, préfet des Archives du Vatican entre 1751 et 1772, et plus tard cardinal, on consultera utilement L. Guérard, *Petite introduction aux Inventaires des Archives du Vatican*, Rome Paris, 1901, p. 28 et s.

les registres des lettres communes sont extrêmement précieux pour l'histoire locale ; ils abondent en renseignements de premier ordre pour la biographie des membres du clergé séculier et régulier, évêques, abbés, membres et dignitaires des chapitres, curés, professeurs d'Université [1]. Mais ce serait une grave erreur de croire que les registres ne sont bons qu'à fournir des informations aux érudits qui se cantonnent dans des études locales. Il est impossible de les parcourir sans apprécier l'intérêt qu'ils présentent pour l'histoire générale des faits aussi bien que pour celle des institutions. Par exemple, l'historien relèvera à chaque pas des traces de l'influence de tel ou tel personnage sur la collation des bénéfices, ce qui lui permettra, en bien des cas, de deviner une négociation ou de mesurer la puissance d'une influence. Maints indices le mettront en mesure de mieux connaitre la politique générale du temps, par exemple les concessions de décimes accordées par le pape à tel ou tel souverain. Nombre de lettres sont d'ailleurs des documents de haute importance; ainsi celles où apparaît la politique italienne de Jean XXII (n°ˢ 3868 et s. ; 5083, 5133, 5134) ; celles par lesquelles il s'efforce de rétablir la paix entre Edouard II et Robert Bruce (n°ˢ 5160 et s., 5184) ou bien celles par lesquelles il réclame d'E-

---

1. On pourra juger de l'importance des renseignements donnés sur les professeurs de droit par les quelques mentions suivantes, empruntées au premier fascicule de M. Mollat :

Petrus de Capis, legum professor: n° 202.

Bertrandus de Montefaventio, legum professor: n° 921. Ne serait-ce pas Bertrand de Montfavels, le futur cardinal ? (Denifle Châtelain, *Chartularium Universitatis Parisiensis*, II, p. 342 et 441.)

Albertus de Roya, legum professor : n° 965. (N'est-ce pas le futur évêque de Laon ? Cf. Denifle-Châtelain, II, n° 165).

Albericus de Metis, utriusque juris professor : n° 1366.

Robertus Mariete, legum professor, officialis episcopi Agennensis: n° 1556.

Reginaldus de Sancta Arthemia, juris civilis professor: n° 1574 ; cf. n°ˢ 10.093, 10.100, etc.

Joannes de Chaleto, legum professor: n° 1964, etc., etc.

Plus loin je retrouve : Petrus Albi, legum professor : n° 5675 ; Guillelmus de Sancta Maura, legum professor : n° 5734 ; Rogerius de Ambuzon, legum professor : n° 5877 ; Symon Veyret, utriusque juris professor : n° 9203 ; Reginaldus de Vienna et Joannes de Vienna, legum professores : n° 9487 et 9488, etc. On pourrait, dresser de longues listes de professeurs de droit avec l'aide de ces registres.

douard II l'hommage dû au Saint-Siège pour l'Angleterre et l'Irlande, (n°s 5149, 5234, etc.), ou enfin de nombreuses lettres traitant de l'organisation de la croisade, de la protection des croisés, et rappelant aux chrétiens l'interdiction du commerce, (principalement du commerce des armes) avec les Sarasins [1]. L'archéologue trouvera son profit à dépouiller les registres ; c'est ainsi qu'il pourra constater, par des concessions d'indulgences ; la date où sont entrepris des travaux importants dans des cathédrales célèbres, comme il arriva à Reims (n° 2084) et à Evreux (n° 3249). Mais c'est surtout au canoniste que les lettres communes seront d'une utilité extrême. Par un coup de baguette magique, il se trouvera transporté au milieu de la chancellerie pontificale du xiv° siècle ; il y verra fonctionner les rouages compliqués du système bénéficial formé dès le siècle précédent, avec ses règles sur les bénéfices vacants en cour de Rome, les réserves et les expectatives ; il y constatera les abus, insuffisamment réprimés, auxquels donne lieu ce système, en particulier ceux qui naissent de la pluralité des bénéfices. Il se familiarisera aussi avec l'organisation fiscale du gouvernement pontifical ; il recueillera d'innombrables informations sur les levées d'argent, sur le personnel de collecteurs qui les réalisent, sur les banquiers qui font parvenir l'argent à la Chambre Apostolique. Les documents datant du pontificat de Jean XXII sont particulièrement intéressants sur ce point, puisqu'on a pu dire que la fiscalité, si souvent reprochée aux papes du xiv° siècle, est principalement son œuvre, encore que l'auteur responsable en soit pour une bonne part son prédécesseur Clément V qui avait mal administré le trésor pontifical. Là ne se bornera pas le fruit que le canoniste tirera de l'étude des lettres communes de Jean XXII ; je serais fort étonné s'il n'était pas frappé de l'extension de plus en plus considérable donnée aux dispenses, soit en

---

1. Je signale le n° 8366, contenant la copie d'actes passés à l'occasion de la vente de trois galères consentie en 1318 par un bourgeois de Marseille, Jacques de Vaquières, à Matthieu de Varennes, investi du commandement de l'escadre que Jean XXII et Philippe-le-Long formaient alors à frais communs pour combattre les infidèles. Voyez encore sur cette affaire le n° 10267, d'où il résulte que c'est à la fin d'août 1319 que l'escadre fût prêtée au roi Robert de Naples. Cf. sur cette affaire, Ch. de la Roncière, *Histoire de la Marine française*, I, p. 221 et *Une escadre franco-papale*, dans les *Mélanges* de l'Ecole de Rome, XIII (1893), p. 412 et s., où sont utilisés la plupart de ces documents.

matière de mariage, soit en d'autres matières, et aussi aux concessions d'indulgences. A plusieurs reprises, il verra les papes faire usage de leur droit de disposer du bien d'établissements religieux supprimés. A dire vrai, c'est toute la vie extérieure de l'Eglise qui se déroule. Le spectacle est intéressant ; mais il ne doit point faire oublier que la vraie vie de l'Eglise est sa vie intérieure, qui se développe à l'abri de l'édifice dont les actes du gouvernement pontifical sont destinés à constituer la charpente

II. — *Pontificat de Benoit XII* (1334-1342).

Première série. — Un second fascicule des Lettres « closes, patentes et curiales » se rapportant à la France, a été donné par M. Daumet [1]. Ce fascicule comprend 535 lettres, répondant aux années 1338 à 1342, c'est-à-dire aux dernières années du pontificat.

J'y signale au hasard des documents, importants : — d'abord l'approbation du compte du trésorier du Pape, Jean de Cojordan, pour l'année 1337 (n° 394 :), où sont consignés les chiffres des recettes et des dépenses; des lettres montrant l'activité des relations établies entre le Saint-Siège et le sultan des Tartares (n°ˢ 448 et s. ; 550 et s.) et prouvant une fois de plus combien les papes d'Avignon étaient attentifs aux affaires d'Orient : divers documents concernant Louis de Bavière ; plusieurs bulles où le pape revendique hautement la liberté d'accès à la cour d'Avignon, même pour les adversaires du roi de France [2] ; divers actes relatifs aux droits de l'Eglise Romaine sur Romans et Montélimar, et à la politique

---

1. Je constate que le titre adopté par M. Daumet n'est pas le même que celui dont se servent ses confrères. Il dit : *Lettres closes, patentes, et curiales*, et non *Lettres secrètes et curiales.* Cela correspond aux désignations employées par le registre et mentionnées par l'éditeur. Sur le premier fascicule, voir l'article antérieurement publié dans le *Bulletin critique*, 2ᵉ série — VII, année 1901, p. 161.

2. Voyez le n° 596 et les n°ˢ 713 et s. Il résulte de ces documents que, de la rive droite du Rhône, des Français trop zélés ne se gênaient pas pour passer en Avignon et pour y enlever, par la violence ou la ruse, les personnages qu'ils estimaient dangereux pour leur maître. Cette fâcheuse aventure arriva, au printemps de 1340, à divers personnages chargés d'une mission pour le roi d'Angleterre.

agressive que suit le Dauphin Humbert II à Romans [1] ; enfin, un acte du 1er février 1341 approuvant définitivement l'échange par lequel l'Eglise Romaine a acquis la résidence épiscopale d'Avignon, pour la transformer en palais des papes (n° 805). Le pontife y fait remarquer que déjà il a fait ajouter à cette résidence des constructions somptueuses, *œdificia non modicum sumptuosa*.

Les documents qui se retrouvent le plus souvent dans ce fascicule, concernent la rupture entre la France et l'Angleterre. Benoît XII voudrait éviter à tout prix la lutte fratricide qui déchirera l'Occident pendant cent ans et assurera en Orient le triomphe définitif des infidèles. Il ne ménage aucun effort pour prolonger les négociations ou pour les reprendre [2] ; il tâche, à défaut de paix, d'obtenir au moins une trêve ; il trouve des accents éloquents pour exhorter les deux adversaires à se réconcilier. Il semble d'ailleurs prévoir les désastres où cette guerre jettera son cher pays de France. Au surplus, si favorable qu'il soit à la France, il n'est pas toujours docile vis-à-vis du roi et le réprimande à l'occasion. Quand Philippe de Valois lui avoue avoir employé pour les besoins de sa politique une partie des décimes affectées à la croisade, le pape sait très bien se refuser à l'absoudre de cette conduite [3]. Citons en terminant une lettre qui conviendrait bien à la situation du midi de la France en 1907. Au mois d'avril 1338, le pape, ému de la misère qui règne dans la Narbonnaise par suite de mauvaises récoltes, sollicite du roi, pour cette province, une importante remise d'impôts [4].

1. Je remarque notamment le n° 496, lettre déjà connue, intéressante parce qu'elle marque le rôle du dauphin Humbert II, en septembre 1338 ; il a la confiance de Louis de Bavière, et est représenté comme très dévoué au roi Robert et à Philippe de Valois. Il possède d'ailleurs les bonnes grâces du pape, en dépit des actes de violence qu'il a récemment commis contre l'archevêque de Vienne (*Royaume d'Arles et de Vienne*, p. 432). Benoît XII intervient dans cette lettre auprès de Philippe de Valois pour solliciter une décision favorable au dauphin dans une question relative aux péages du Rhône.

2. Sur sa préoccupation d'éviter la guerre, voir E. Déprez, *les Préliminaires de la guerre de Cent Ans*, p. 402.

3. N° 713.

4. N° 432. On trouve en plus d'une page de ces fascicules des traces qui caractérisent la personnalité accusée de Benoît XII.

Deuxième série. — La publication des lettres communes de Benoît XII a été confiée à M. l'abbé Vidal, chapelain de Saint-Louis-des-Français. Commencée en 1902, elle a été poussée activement, puisque le registre est terminé. Nous en possédons actuellement quatre fascicules, contenant l'analyse de 9365 documents.

Le plan du recueil des lettres communes de Benoît XII n'est pas conforme au plan adopté pour la publication des lettres de Jean XXII. C'est qu'en effet, à la différence du Registre de Jean XXII, le Registre de Benoît XII présentait, pour chaque année, un classement méthodique tout fait. En vertu du principe très sagement adopté par les éditeurs, en vertu duquel ils suivent pour la publication des bulles le système qui s'adapte le mieux à l'état du Registre de chaque pontificat, M. Vidal a conservé le classement qu'il a trouvé dans les registres de Benoît XII, en introduisant, dans chaque série, l'ordre chronologique. Je ne crois pas inutile d'indiquer ici les titres de chacune de ces divisions, d'après les registres de la première année :

I. — *De provisionibus prælatorum.*

II. — *De officiis curiæ.*

III. — *De beneficiis vacantibus.*

IV. — *De dignitatibus, personatibus, seu officiis sub expectatione* (*Expectatives*).

V. — *De canonicatibus sub expectatione præbendarum* (*Expectatives*.)

VI. — *De beneficiis sæcularibus sub expectatione.* (*Expectatives*).

VII. — *De beneficiis regularibus sub expectatione.* (*Expectatives*).

VIII. — *De tabellionum litteris.*

IX. — *De judicibus conservatoribus.*

X. — *De religionis ingressu.*

XI. — *De apostatarum litteris.*

XII. — *De fructibus beneficiorum in absentia percipiendis.*

XIII. — *De licentiis testandi.*

XIV. — *De absolutione in articulo mortis.*

XV. — *De dispensationibus super defectu natalium.*

XVI. — *De absolutione censurarum et dispensatione super irregularitatibus.*

XVII. — *De dispensationibus matrimonialibus.*

XVIII. — *De indulgentiis.*

XIX. — *Indulta, dispensationes et privilegia.*

XX. — *Litteræ communes seu d. verarum formarum.*
XXI. — *Litteræ de curia.*

Viennent ensuite les documents tirés des *Miscellanea* des Archives Vaticanes ; ceux du château Saint-Ange qui ont été signalés par l'inventaire Garampi, et quelques documents placés en appendice dans les registres. — Cette division est suivie pour chaque année du pontificat. A la fin de la dernière année, M. Vidal a inséré comme annexes, un certain nombre de textes inédits. D'abord il donne, sous ce titre : *Obligationes prælatorum*, l'indication des sommes que les prélats nouvellement élus sont tenus de verser à titre de *Servitia*. Il est intéressant de comparer ces chiffres les uns avec les autres ; on se fait ainsi une idée assez exacte de l'importance des bénéfices. Un archevêque de Rouen, taxé à 12.000 florins d'or, voisine dans ces textes avec un petit abbé cistercien du Portugal qui paie 40 florins. — En outre, M. Vidal imprime un compte général et abrégé des recettes et dépenses du pontificat de Benoît XII, rendu par le trésorier du pape : ce compte est disposé par années. On y trouve ainsi un aperçu général de la situation des finances pontificales pendant toute la durée du règne de Benoît XII.

Ce qui domine dans les actes analysés, sous le pontificat de Benoît XII, comme sous celui de Jean XXII, ce sont les lettres traitant de matières bénéficiales, contenues dans les séries III à VII. Si je considère le registre de la première année, qui contient 2454 lettres, je remarque que ces séries en comprennent 1493. Parmi les lettres relatives aux bénéfices, il en est 1243 qui sont des concessions d'expectatives ; ce chiffre suffit à montrer le développement qu'avait pris ce genre de concessions. Au surplus, le contenu des lettres communes de Benoît XII ressemble beaucoup à celui de la série analogue de Jean XXII. On peut assez facilement s'en faire une idée grâce à une excellente habitude de M. Vidal, qui, en tête de chaque série, reproduit *in extenso* la première lettre ; par celle-ci il est permis de deviner le texte des autres.

Tout ce que j'ai dit de l'intérêt que présentent les lettres de Jean XXII s'applique aux bulles de son successeur. Je recommande particulièrement à l'attention du lecteur les *litteræ de curia* et les documents annexes placés à la fin de chaque année. Il y a là des documents historiques de premier ordre.

A cette publication, il ne manque plus que les tables, où seront analysées celles des Secrètes qu'a éliminées M. Daumet, parce qu'il a estimé qu'elles ne se rapportent point à la France. Quand ces tables seront imprimées, et quand de son côté, M. Daumet aura publié les tables de son recueil, le registre de Benoît XII sera complètement livré au public. J'aime à penser que nous n'attendrons pas trop longtemps ; ce sera d'un excellent exemple.

III. — *Pontificat de Clément VI* (1342-1352).

A propos de ce pontificat, Mgr. Duchesne écrivait en 1905 : « La formidable collection des Communes, qui comprend 67 volumes aux Archives Vaticanes, n'a pas encore trouvé son éditeur. » Espérons qu'elle l'a trouvé depuis lors; en tout cas, nous n'avons aucun fascicule de cette série à présenter au lecteur.

Pour l'autre série, nous en sommes réduits à l'unique fascicule, publié en 1901, par M. E. Déprez, ancien membre de l'Ecole de Rome, bien connu par ses études sur les préliminaires de la guerre de Cent Ans[1]. Ce fascicule comprend 832 lettres appartenant aux deux premières années du pontificat. M. Déprez fait remarquer au début que les lettres secrètes de la première année n'existent point aux Archives du Vatican ni ailleurs; le registre en paraît perdu. Aussi le fascicule qu'il édite ne comprend pour la première année que des Curiales tirées de la série des Communes ; les Secrètes ne commencent qu'avec la seconde année.

La grande affaire qui occupe Clément VI c'est le rétablissement de la paix en Occident. Il veut réconcilier les rois de France et d'Angleterre, ainsi que l'attestent de nombreuses lettres[2]; mais

---

1. *Les préliminaires de la guerre de Cent Ans; la Papauté, la France et l'Angleterre*, (1328-1342); fascicule LXXXVI de la Bibliothèque des Ecoles françaises d'Athènes et de Rome.

2. Il faut constater que Clément VI n'est pas, en ce qui touche la France à l'Angleterre, un simple continuateur de la politique de Benoît XII. Nous voyons (n° 157) qu'il lève, à certaines conditions, l'excommunication que les Flamands avaient encourue pour avoir violé les conventions passées par eux avec la France. Benoît XII n'y avait pas consenti (Daumet, n°s 830 et s. ; cf. E. Déprez, *les préliminaires de la guerre de Cent Ans*, p. 398).

il cherche aussi à arrêter la guerre entre d'autres personnages, par exemple entre le roi Pierre d'Aragon et le roi Jayme de Majorque [1]. Au surplus, la paix entre les princes chrétiens est la condition essentielle de la réalisation des projets de croisade, que le Saint Siège nourrit toujours; il en est souvent question dans ce fascicule [2], aussi bien que de l'union des Eglises latine et grecque [3]. D'ailleurs le pape veille aux intérêts de l'Eglise en Arménie et dans les pays soumis au Khan des Tartares [4]. L'époque d'Avignon fut une période très active de la politique orientale du siège apostolique.

On trouvera naturellement dans ce fascicule de nombreux renseignements concernant tous les personnages qui jouent un rôle sur la scène politique, notamment sur la reine Jeanne. Je note au passage divers actes intéressants qui sont relatifs au dauphin Humbert II [5].

IV. — *Pontificat d'Urbain V* (1362-1370).

M. l'abbé Dubrulle a entrepris la publication des Communes, et, écrit Mgr Duchesne, s'en occupe vivement; mais aucun fascicule n'a encore été livré au public.

Depuis 1902, M. Paul Lecacheux, archiviste aux archives Nationales, ancien membre de l'Ecole française, a donné deux fascicules des lettres secrètes et curiales se rapportant à la France; ces fascicules comprennent 1849 documents allant du début du pontificat au milieu de l'année 1365. Ils permettent d'apercevoir les idées principales qui inspirent la conduite d'Urbain V.

En premier lieu il se préoccupe du maintien de la pureté de la foi. C'est ainsi qu'il travaille à la répression des doctrines hétérodoxes qui se développent en Dauphiné, en Provence et en Languedoc (n°ˢ 497, 498, 1103, 1489); je remarque une bulle destinée à combattre l'hérésie dont étaient infectés des membres des Grandes Compagnies établies dans les environs de Carcassone (n° 1079).

1. Voir n°ˢ 94 et s., 159, 581 et s., 593, 741 et s., 751, 773 et s.
2. Cf. n°ˢ 331, 368, 433 et s., 465, 578, 708 etc.
3 N°ˢ 466, 490 et s., 523.
4. N°ˢ 266, 283, 298; ce dernier a déjà été publié par Raynaldi.
5. N°ˢ 494 et 789.

Comme ses prédécesseurs, le pape entend maintenir la paix entre les princes chrétiens et rétablir l'ordre troublé par de trop nombreux excès; c'est ainsi qu'il tâche de réconcilier Charles V de France et Charles le Mauvais (nᵒˢ 1456, 1521, 1670), d'apaiser les querelles locales en Dauphiné (nᵒˢ 1665, 1666, 1714), de mettre un terme à la tyrannie sanguinaire de Bernabo Visconti (nᵒˢ 557, 734, 736, 851, etc.) et de seconder l'œuvre d'Albornoz en Italie (n° 1613 et *passim*). En réalité l'ennemi capital de la paix de la chrétienté, ce sont les Grandes Compagnies, dont le regretté P. Denifle a si bien montré le rôle néfaste. Urbain V en a pleine conscience : il ne se contente pas, pour se protéger lui-même, de faire travailler aux fortifications d'Avignon (nᵒˢ 1387 et 1388); il ne néglige rien pour arrêter le flot dévastateur ou au moins pour le canaliser en dirigeant sur la croisade les gens de guerre si redoutés en Occident. En juin 1365, il reçoit la visite de l'empereur Charles IV, venu en Provence pour ceindre à S. Trophime, la couronne des rois d'Arles; il ne manque pas de l'entretenir de ses projets concernant les Compagnies, et résume cette conversation dans une lettre qu'il écrit à la même époque à Charles V (n° 1822 [1]). C'est que le pape n'avait nullement abandonné le dessein d'envoyer à la croisade les forces de la chrétienté unie. Dès le début de son pontificat, il avait constitué le roi Jean capitaine-général de l'armée chrétienne; nombre d'actes attestent le zèle du pontife pour assurer le recrutement de cette armée et lui fournir des subsides. Il voudrait d'ailleurs se ménager le concours des Grecs et de leur empereur Jean Paléologue qu'il s'efforce de rattacher à la cause de l'union des Eglises (nᵒˢ 1305 et 1703).

1. Voir aussi sa lettre à la reine Jeanne, à la même époque, sur les Grandes Compagnies (n° 1823). Vers la même époque, il essaie d'unir les Valois de France et les Angevins de Hongrie, en favorisant un projet de mariage entre Elisabeth, nièce du roi Louis d'Anjou (fille de son frère Etienne) et le jeune Philippe le Hardi, duc de Bourgogne, dernier fils du roi Jean (n° 1798). On sait que ce jeune prince devait épouser en 1369 l'héritière des comtes de Flandre. Ces projets de mariages destinés à consolider l'union entre les rois de France et les rois de Hongrie se reproduiront quelques années plus tard; Charles V ne les perdra pas de vue (Cf. *Le Royaume d'Arles et de Vienne*, p. 348 et s.; et Noel Valois, *le projet de mariage entre Louis de France et Catherine de Hongrie*, dans l'*Annuaire-Bulletin de la Société d'histoire de France*, année 1893.)

Telles sont les grandes lignes qu'il est permis de dégager des fascicules publiés du Registre d'Urbain V. On y trouvera en outre nombre d'actes intéressant l'histoire de la reine Jeanne, la marche de la politique française représentée dans le midi de la France par le duc Louis d'Anjou, et les affaires des provinces méridionales de la France, auxquelles Urbain V, comme tous les papes d'Avignon, ne pouvait demeurer indifférent.

En somme, l'entreprise colossale inaugurée il y a trente ans, par M. Elie Berger, grâce à l'initiative de M. Goffroy, alors directeur de l'Ecole de Rome, et continuée depuis par plusieurs générations d'érudits, sous la direction de M. Le Blant et de Mgr Duchesne, a fait des progrès considérables; mais il s'en faut de beaucoup qu'elle soit achevée. Elle est très avancée en ce qui concerne les pontificats du XIIIe siècle; mais le XIVe siècle présente des lacunes énormes. Pas une bulle d'Innocent VI et de Grégoire XI n'a encore été publiée [1]; rien non plus n'a paru des Communes de Clément VI et d'Urbain V. Cependant les résultats obtenus, d'une importance capitale pour l'histoire du moyen âge, sont un puissant encouragement pour tous ceux qui, à quelque titre que ce soit, collaborent à la publication des registres. Au surplus la France doit au monde savant l'achèvement, le plus rapide qu'il sera possible, de l'œuvre que son Ecole de Rome a entreprise. J'ajoute que cette Ecole elle-même y trouvera un de ses plus beaux titres de gloire. Par la publication des Registres, elle a montré qu'elle comprenait le rôle des grandes institutions scientifiques, qui est, pour une large part, de produire des œuvres collectives. Elle a ainsi donné un noble exemple, auquel, par ce temps d'individualisme féroce, il faut souhaiter beaucoup d'imitateurs [2].

Paul FOURNIER.

---

[1]. Nous savons que les Communes d'Urbain V sont confiés à M. Dubrulle, et les Secrètes et Curiales de Grégoire XI à M. Léon Miron, des Archives Nationales: c'est dire qu'elles sont en bonnes mains.

[2]. Il faut féliciter les éditeurs des fascicules récemment publiés de ce qu'ils ont souvent pris soin, quand ils rencontrèrent une bulle antérieurement imprimée dans un recueil ou dans le grand ouvrage de Baronius-Raynaldi, d'indiquer les références à ces publications. En ce faisant ils rendent aux travailleurs un service que ceux-ci ont le droit d'attendre de tout éditeur de documents.

28. — **Innocent III et la Question d'Orient,** par Achille Luchaire, membre de l'Institut. — Paris, Hachette, 1907, in-16 de 303 p.

Au fur et à mesure de la publication des belles études que consacre M. Luchaire, au pontificat d'Innocent III, le caractère de ce grand pape nous apparaît plus puissant, plus noble, plus dégagé des basses intrigues et des vils calculs où se complaisent la plupart des grands seigneurs ses contemporains, qu'il domine de ses généreuses aspirations et de son « impériale » politique. Après nous l'avoir montré dans ses rapports avec Rome et l'Italie, avec les hérétiques albigeois et leurs vainqueurs du Nord, avec l'Allemagne et l'Empereur, M. Luchaire s'attache, dans ce dernier volume, à dégager son attitude dans les affaires d'Orient.

De ce côté, le pape avait à poursuivre deux objectifs différents : la délivrance des lieux saints occupés par les infidèles, et par le fait même, la défense des faibles restes de l'ancien royaume latin de Jérusalem ; l'union des églises chrétiennes séparées au tronc catholique et au siège romain. A la façon dont tourna la quatrième croisade et à l'attitude politique des empereurs latins de Constantinople, on vit bien que ces deux entreprises, loin de pouvoir être facilement menées de concert et de se prêter une aide mutuelle, se nuisaient au contraire l'une à l'autre sur presque tous les points, et il fallait toute la persévérante énergie et la sainte obstination d'un Innocent III pour ne pas se laisser décourager. Mais il faut bien reconnaître que, sur toute la ligne, il subit un échec à peu près complet.

Donc les affaires d'Orient, les mêmes qualités éminentes dont on l'a vu faire preuve vis-à-vis de l'Italie, de l'Empire et des Albigeois, sont mises aux services de son double but. Les féodaux et les bourgeois du XIII° siècle commençant n'ont plus cet enthousiasme mystique qui entraînait les foules à la fin du XI° siècle. L'idée de l'indépendance politique des états vis-à-vis du Saint-Siège est déjà répandue et s'accorde mal avec les exigences de la croisade, dont le succès dépend en grande partie d'une parfaite unité d'organisation et de direction, unité bien difficile à obtenir à moins que l'on ne reconnaisse au pape la haute police au monde chrétien et le droit de réquisitionner une grande partie de ses ressources financières : or les souverains contemporains d'Innocent III ne se soucient pas de lui laisser exercer de tels pouvoirs sur leurs sujets, et c'est en dehors de lui qu'est constitué le commandement de la quatrième Croisade, c'est contre son gré que les Croisés s'emparent de Zora et de Constantine, c'est un échec qu'infligent les Vénitiens à son autorité, quand ils dénient à son légat Pierre Captons le droit de prendre part à l'expédition en qualité de représentant du Saint-Siège. Dans l'orient chrétien, il n'est personne sur qui le pontife puisse compter : avec Byzance, les relations sont bonnes apparemment, mais l'empereur Alexis III se montre peu sensible aux avances d'Innocent ; les chrétienté de Cilicie ont avec Rome des liens très serrés, mais leur roi Léon III entend en tirer profit à son avantage et au détriment du patriarchat d'Antioche ; quant au royaume latin de Jérusalem, il est en proie aux plus vives discordes entre les marchands des diverses nations, vénitiens, génois, pisons, entre les princes et leur clergé. Quand les Occidentaux établis à Constantinople, ce sont les mêmes velléités d'indépendance qui se manifestent à l'égard du Saint-Siège, et cela jusque dans le domaine des choses spirituelles et la nomination du patriarche et de l'épiscopat : c'est la même tendance féodale au particularisme qui entrave toute action d'ensemble, toute organisation générale ; ce sont les mêmes rivalités des seigneurs avec leur clergé, des clercs entre eux, et ces rivalités se compliquent encore de l'opposition des races et de la haine que les indigènes, dépossédés ne manquent pas de vouer à l'envahisseur.

Pour mettre ces éléments disparates au service de ses desseins grandioses, pour le faire concourir à la délivrance de Jérusalem, à la défaite des Sarrazins, au rétablissement de l'unité catholique en Orient, le pape doit déployer une vigoureuse énergie et faire preuve d'une fermeté qui va jusqu'à la sévérité. Il voit que, si l'Église n'exige pas des croisés avec la dernière rigueur l'accomplissement de leurs vœux, c'en est fait de la croisade, parce que tout le monde voudra jouir des avantages que procure l'état de croisé sans en subir les inconvénients. S'il est obligé de s'incliner devant le fait accompli de la prise de Constantinople, il condamne à la face du monde la sauvagerie et les pillages dont les vainqueurs se sont rendus coupables. S'il accède à la nomination par les croisés du vénitien Marosini comme patriarche, il contraint le nouvel élu à venir à Rome prendre ses instructions, et à n'agir en rien que sous la direction des légats, ou, leur absence, à titre de délégué du Saint-Siège. Il poursuit aussi l'union des âmes avec une persévérance tenace, mais exempte de tout moyen violent et ce n'est pas le trait le moins admirable de sa physionomie que cet esprit de modération et de tolérance dont il ne se départit jamais. Au clergé grec, il est disposé à laisser toute la liberté rituelle compatible avec l'unité dogmatique et il lui arrive plus d'une fois de donner au clergé indigène aide et protection contre les abus de pouvoir des évêques émigrés, il répond très loyalement aux avances d'un parti modéré qui, chez les Byzantins, semble très disposé à entrer en composition avec Rome. Dans les luttes entre clercs et féodaux, il fait tout ce qu'il peut pour calmer les passions et rendre son patronage acceptable, et il n'hésite pas à donner ouvertement raison au laïque contre le clerc, toutes les fois que la justice lui semble être du côté du premier. Innocent III agit le plus souvent avec impartialité, s'élève au dessus des passions et des intrigues locales, ne se laisse pas embarrasser par les manœuvres dont on cherche à le circonvenir jusque dans son entourage ; aussi son autorité est-elle presque toujours respective. Jamais il ne songe à tirer parti des événements au profit de son pouvoir personnel ou de son avantage matériel, et son désintéressement est au-dessus de tout soupçon ; rien ne peut le détourner du but qu'il poursuit, la délivrance des lieux saints et la suppression du schisme d'Orient, et c'est le triomphe de l'Église qu'il envisage par dessus toutes choses.

Tel nous apparaît Innocent III dans le livre de M. Luchaire, mais il faut lire ces pages, où l'on trouve, avec les meilleures qualités de style qui conviennent au récit historique, cette érudition aussi profonde que discrète, et cette haute impartialité de jugement auxquelles nous ont habitués les précédents travaux de l'auteur.

André Lesort.

---

29. — Kant. **Les Fondements de la Métaphysique des Mœurs.** Traduction nouvelle avec introduction et notes, par V. Delbos, maître de conférences à la Faculté des lettres de l'Université de Paris. — Paris, Ch. Delagrave,

Les Fondements de la Métaphysique des Mœurs qui parurent pour la première fois à Riga en 1785, eurent du vivant de Kant, trois autres éditions ; c'est sur la seconde, estimée la meilleure, que M. D. a établi sa traduction. Elle est précédée d'une brève notice sur la vie et les œuvres de Kant et d'une substantielle et pénétrante étude sur sa morale.

Ce n'est pas d'un seul coup, mais par des étapes successives que Kant s'est élevé à sa conception de la morale, et c'est la lente éclosion d'un système que M. D. s'est efforcé de reconstituer, c'est le mouvement d'une pensée qu'il a voulu saisir.

Kant subit d'abord l'influence de Leibnitz et commença par adhérer à la morale de la perfection telle que l'exposait Wolff. Mais, après 1760, la lecture des moralistes anglais et de Rousseau fit germer, sur le fond du piétisme que le milieu social et domestique avait déposé en lui, une idée nouvelle et même contraire : ce n'est pas dans le savoir spéculatif, mais dans le sentiment qu'il faut chercher la source de la moralité. — A partir de 1770 Kant est donc en possession de l'idée maîtresse de son système. Elle va s'affirmer et se développer en s'appuyant sur deux doctrines fondamentales : la doctrine de l'idéalité de l'espace et du temps, exposée dès 1770, reprise et modifiée en 1781, et la doctrine de la liberté, liées toutes deux à la distinction du monde phénoménal et du monde nouménal, et, si l'on considère le sujet, du caractère empirique et du caractère intelligible. La *Dialectique transcendentale* ne prouve pas que la liberté soit réelle ; elle démontre seulement qu'elle est possible et qu'elle peut s'exercer sans briser le déterminisme de la nature. Il n'est pas douteux que, dans la pensée de Kant, elle ne se réalise par la loi morale ; mais la *Critique de la raison pure* n'explique qu'imparfaitement les rapports de la liberté et de la loi : par le dualisme qu'il maintient entre la liberté transcendentale, posée par la raison pure, et la liberté pratique, démontrable par l'expérience : par l'influence qu'il reconnaît à la foi en l'immortalité et en lieu sur la détermination de notre conduite et presque sur la définition du devoir, Kant montre bien qu'il n'a pas encore une conception nette de l'identité de la liberté transcendentale et de la loi pratique, bref, de l'autonomie de la volonté.

Ses méditations sur la philosophie de l'histoire, exposées dans son *Idée d'une histoire universelle au point du vue cosmopolitique*

(1784) lui révélèrent que la liberté réglée par la loi, par cette « volonté générale » dont parle Rousseau était la fin vers laquelle tendait le mouvement historique. Ainsi achève de se préciser l'idée de l'autonomie de la volonté. Transportons, en effet, cette « volonté générale » de l'ordre social dans l'ordre moral et nous fournirons ainsi au concept de causalité inconditionnée un contenu qui nous permettra de rattacher l'une à l'autre la liberté pure et la loi pratique. « Montrer comment le principe moral se résout dans l'idée d'autonomie, et comment celle-ci apporte la définition positive de la liberté, va être en conséquence le dessein capital de Kant dans ses *Fondements de la Métaphysique des Mœurs.* » dont les ouvrages postérieurs ne feront que développer les idées essentielles.

H. Villassère.

30. — **La Psychologie de la force,** par Auguste Brasseur. — Paris, Félix Alcan, in-8. (Prix : 3 fr. 75).

« De même que Copernic a donné le coup de mort au dogme géocentrique fondé sur la Bible, et Dawin le coup de mort au dogme anthropocentrique intimement lié au premier, ainsi que le remarque Ernest Haeckel, les cartésiens ont attaqué le dogme de l'existence réelle de la force, soutenu principalement par la théocratie et la métaphysique.

Si les cartésiens ont échoué dans leur entreprise, c'est que des obstacles nombreux... ont entravé le travail d'épuration philosophique qu'ils poursuivaient.

Aujourd'hui, les sciences et les idées ont fait du chemin ; la physique, la chimie et la physiologie ont déjà élagué du domaine scientifique qui la plupart des concepts scientifiques l'encombraient. Il est donc permis de reprendre et de poursuivre la thèse des cartésiens avec des appuis nouveaux et des chances sérieuses de succès. »

C'est par cette déclaration que s'ouvre le livre de M. B. ingénieur honoraire des mines. Contrairement à ce que l'on pourrait croire sur la foi du titre, cet ouvrage est moins une étude psychologique de la force qu'une critique de ce concept et de l'usage qu'on en fait « dans quelques cantons du monde physique et de la philosophie », M. B. examine successivement la loi physique, la résistance, la loi de continuité, la loi de causalité, enfin la force elle-même.

La loi physique (Liv. I) n'est qu'un énoncé provisoire et imparfait, indéfiniment sujet à révision, et dont on ne pourra jamais démontrer qu'il révèle l'ordre naturel des choses. C'est, d'autre part, une connaissance positive, non mystérieuse et mystique. — Cette étude de la loi physique est très intéressante et s'inspire largement des idées de M. Poincaré.

La résistance (Liv. II) est la qualité primaire des corps, mais « il n'y a pas de *force* cachée sous la résistance. La résistance est un fait qu'il faut accepter tel quel et qui nous est fourni d'ailleurs par l'expérience » (p. 54).

La loi de continuité (Liv. III. 1re Part.) se déduit de la *loi de l'ordre*, car « toute interruption partielle ou tout saut brusque dans les mouvements entraverait la marche des autres éléments et serait contraire, par conséquent, à la *loi de l'ordre* » (p. 60).

Le *principe de causalité*, se déduit de la loi de continuité. La cause n'est pas un pouvoir, une force. S'agit-il, en effet, de l'effort intérieur, de cet « entre-deux », dont parle M. Fonsegrive, qui relierait la cause à l'effet ? C'est là une conception absolument incompréhensible : si cet « entre-deux » existait, « on aurait pendant un certain temps, si court fût-il, une cause sans effet » (p. 88). Consulte-t-on l'expérience externe ? Elle nous révèle des successions de diverses sortes, mais la force, « nous ne [la] rencontrons nulle part ». Le rapport causal est donc un rapport de succession nécessaire. Or, nous nous élevons à cette conception « uniquement au moyen de la loi de continuité qui ne permet ni *saut* ni *arrêt* dans le développement des mouvements » (p. 103) (Liv. III, 2e Part.)

Dans le livre IV, M. B. étudie le rôle du *mouvement* dans la nature et tâche d'élucider les obscurités que ce concept soulève, obscurités qu'épaissit, loin de les dissiper, la considération de la force. — Enfin, dans le livre V, l'auteur étudie la force elle-même et montre que, loin d'expliquer le mouvement, elle en est l'effet. « La force n'est... que le mouvement synthétisé « (p. 223).

M. B. défend avec beaucoup de science et d'érudition ces thèses du positivisme mécaniste. Mais son livre eût gagné, croyons-nous, à être moins historique et moins sommaire M. B. expose presque toujours la pensée en fonction de la pensée d'autrui : c'est un procédé qui devient très vite fatigant. Et lorsqu'il parle pour son propre compte, il est vraiment trop bref. Deux lignes lui suffisent pour s'expliquer, par exemple, sur la loi de continuité et sur le principe de causalité. La concision est une belle chose, mais la clarté n'est pas méprisable.

H. V.

---

31. — **Le Modernisme dans la Religion**. Étude sur le roman. « *Il Santo* » de Fogazzaro, par I. A. Chollet, professeur aux Facultés catholiques de Lille. — Paris, Lethielleux, in-16 de 109 p.

M. I. A. Chollet s'est attaché à dégager du roman de M. Fogazzaro les idées qui en font la substance, et à montrer leur opposition à la doctrine catholique. Avant M. Fogazzaro, dans des œuvres d'inégale renommée, bien des conseils réformistes avaient été donnés à l'Église. On se rappelle Lamenais et l'*Avenir*. Presque à la date où retentissait en France la voix impétueuse du prêtre breton, Rosmini écrivait ces *Cinque piage della Chiesa*, œuvre d'un archéologue qui regarde l'état présent de l'Église avec les yeux de l'abbé Fleury, et qui le juge avec une sévérité chagrine. Dans la hardiesse de ses critiques, de ses conseils, de ses espérances, M. Fogazzaro dépasse de beaucoup le Lamennais d'avant l'Encyclique *Mirari vos*, et plus encore le pieux et docile philosophe de Roveredo ; aussi, nul ne s'étonnera que l'autorité qui n'a épargné ni Lamennais ni Rosmini, ait atteint M. Fogazzaro dans son ouvrage. Et cependant cet ouvrage où abondent des erreurs si menaçantes pour la discipline et pour le dogme, « il a de très belles pages, des aspirations très louables et des aspirations heureuses », c'est M. Chollet qui parle. J'en donnerai un exemple. Le *Saint*, Benedetto, souffre en mourant, et est heureux de souffrir, « acceptant de l'A- » mour divin toute la douleur que cet amour lui avait destinée » sans lui en dire le pourquoi. » Ces sentiments-là sont d'un vrai chrétien, d'un chrétien de l'ancienne marque, qui accepte tout le vieil ascétisme, si démodé que le jugent les modernistes. Nous n'en regrettons que plus l'idée mère, — l'idée *moderniste*, — qui vicie tout le livre, et qui rend dangereuse même les vérités et les beautés que ce livre contient.

A. Largent.

32. — **Sternkunde und Sterndienstin Babel**, von Fr. X. Kugler S. J. I. Buch : Entwicklung der babylonischen Hanctenkunde von ihren Anfängen bis auf Christus. — Munster en Westphalie, Aschendorffsche Verlagsbachhandlung, 1907, in-8 de xvi-292 pp. et 24 planches de textes cunéiformes autographiés. (Prix : 40 fr).

Favorisés par la pureté exceptionnelle de l'atmosphère de la Chaldée, les astronomes ou plutôt les astrologues de Babylone ont observé tous les phénomènes planétaires et stellaires de quelque importance et les ont consignés dans leurs tablettes, parfois même dans de véritables ouvrages sur briques. Tel ce grand ouvrage d'astrologie, certainement antérieur au vii° siècle avant J.-C. qu'Assurbanipal avait fait copier pour sa bibliothèque et qu'on a retrouvé à Mnive [1].

L'intelligence de leurs travaux est de toute nécessité pour une connaissance approfondie de la religion babylonienne. A Babylone les spéculations religieuses reposaient sur les systèmes astronomiques, et les divinités étaient pour la plupart des divinités solaires, planétaires ou stellaires. Les astrologues n'observaient pas dans un but scientifique. Ils étaient prêtres avant tout. Ce qu'ils cherchaient dans la position, le mouvement, la direction, la forme, la couleur, la grandeur, l'intensité d'éclat des astres, c'étaient des présages astrologiques.

C'est même là ce qui a enlevé une partie de sa valeur à leur énorme travail. Ils ont dressé de bonne heure des listes d'étoiles fixes, et enregistré nombre d'observations sur les phases de la lune, les éclipses, les planètes, les comètes, les météores, les hâles solaire et lunaire, etc. Mais dans les premiers temps, surtout avant le vii° siècle, absorbés par le but religieux qu'ils poursuivaient, ils n'ont guère songé à systématiser ces observations.

C'est seulement vers 700 avant J.-C. qu'ils jetèrent les premières bases. Une astronomie scientifique. Ils commencèrent alors à étudier plus scientifiquement les monuments des étoiles, l'équinoxe du printemps, la nouvelle lune, les éclipses, la position des planètes et leurs héliaques. Plus tard ils s'appliquèrent à amasser

---

1. Il a édité par Ranlinson, *Cuneiform inscriptions of westom Asia*, t. III, planches 51-64.

des matériaux d'observations avec lesquels ils purent établir la durée de l'année sidérale, les périodes de la lune, le cours synodique et sidéral des planètes, la grandeur croissante de leur vitesse. Enfin ils utilisèrent tous ces résultats pour calculer d'avance les phases de la lune, les éclipses solaires et lunaires, et les phénomènes caractéristiques des cinq planètes.

Les assyriologues et les astronomes ont compris depuis longtemps déjà l'intérêt que présente l'intelligence de ces premiers essais scientifiques soit pour l'étude de la religion babylonienne, soit pour l'histoire de l'astronomie et pour la chronologie. Mais lorsqu'ils ont voulu en découvrir la clef, ils se sont heurtés à des difficultés sans nombre, les premiers faute de formation technique, les seconds faute de connaissances philologiques.

Instruit par l'expérience de ses prédécesseurs, le P. Kugler a compris qu'il n'y avait pas ici grand chose à espérer de la collaboration, que le même esprit devait réunir les diverses connaissances pour expliquer les tablettes astronomiques. Et il a eu le courage de s'adonner à la fois à l'étude de l'assyriologie et à celle de l'astronomie pour acquérir une formation scientifique dans les deux domaines.

Le succès n'a pas tardé à récompenser ses efforts. Son premier ouvrage [1], sur le comput lunaire des Babyloniens, a reçu dans le monde un savant accueil des plus flatteurs.

Aujourd'hui il aborde une entreprise plus considérable, l'étude de la science et du culte des astres à Babylone. L'ouvrage entier comprendra quatre livres. Le premier seul a paru. Il traite du développement de la science des planètes de Babylone depuis ses débuts jusqu'au Christ.

Les inscriptions utilisées par P. Kugler s'échelonnant sur une période de six cents ans environ. Les plus anciennes remontent au vii siècle [2], la plus récente est de l'an 8 avant J.-C. Elles sont en général fort difficiles à lire, surtout celles de l'époque arsacide, qui contiennent les calculs relatifs à la position des planètes.

---

[1]. *De babylonische Mondrechnung. Zwei Systeme der Chaldaïr über den Lauf des Mondes und der Sonne*, Fribourg, Herder, 1900, in-8 de xvi-214 pp. et 13 planches de textes cunéiformes autographiés.

[2]. La p. 2 contient à ce sujet un *erratum* : à la 2º ligne du 5º alinéa, lire *Cambyse* au lieu de Nabonide.

Ce premier livre se divise lui-même en trois parties suivies de cinq appendices.

La première traite des principes fondamentaux, buts et moyens de la science babylonienne des planètes. Le P. Kugler y étudie le nom et l'ordre des planètes, leurs « phénomènes caractéristiques » et leur désignation en babylonien, les déterminations des *points astronomiques*, les étoiles normales des Babyloniens, les grandes périodes des planètes.

Cette partie est celle que la plupart des lecteurs liront avec le plus d'intérêt. En particulier, à la suite des si utiles tableaux des noms babyloniens d'étoiles et des signes du zodiaque (pp. 29 et 30) mis en regard des noms actuels, ils trouveront un excellent commentaire où le P. Kugler, après avoir résumé avec clarté les opinions de ses prédécesseurs, donne à son tour ses conclusions souvent neuves et toujours intéressantes, par exemple sur le *Kruarikku*, « un animal aquatique semblable au bélier » probablement l'*orca gladiator*, de la famille des dauphins.

Une remarque seulement. A propos de l'idéogramme de planète, LU-BAT, le P. Kugler adopte avec raison, je crois, l'opinion qui attribue à LU dans cet idéogramme le sens de « mouton ». Mais pour le prouver il s'appuie à tort (p. 7) sur le passage de la création, VII, 110-111.

« Des étoiles des cieux que (Marduck) fixe la voie.
« Comme un troupeau qui paisse tous les dieux ».

Ces deux vers sont indépendants. Dans le second, le seul que pouvait être indiqué, le poète compare les dieux à un troupeau de montons dont Marduk est le berger. Cette comparaison était très familière aux Babyloniens. Leurs rois s'intitulaient volontiers « pasteurs fidèles ». On ne pourrait pas en conclure que l'idée primitive des idéogrammes de « Dieu » ou « d'homme » était l'idée de « mouton ». Mais en tout cas il n'est pas question des planètes, qui sont dites ailleurs l'image ou la demeure des dieux.

La lecture de la deuxième partie demande des connaissances philologiques et astronomiques plus techniques. Le P. Kugler y étudie les tablettes d'observations et les calendriers astronomiques des Babyloniens, d'après leurs propres tablettes, dont il donne la transcription, la traduction et le commentaire. Ces textes sont très importants pour l'établissement de la date des éclipses solaires et lunaires et en général de la chronologie, surtout quand ils contiennent le nombre exact des jours de chaque mois. Mais ils sont extrêmement ardus et ce n'est pas un des moindres mérites du P. Kugler que de les avoir si brillamment interprétés.

Je pourrais en dire autant de ceux de la troisième partie. Les Babyloniens avait cherché à dresser pour les cinq planètes Jupiter, Saturne, Vénus, Mercure et Mars, des tableaux qui permettent de prévoir pour de nombreuses années « la date et les longitudes des diverses planètes à l'époque de leurs principaux phénomènes ». Ces tableaux sont des plus précieux pour l'établissement de la chronologie de l'époque arsacide. Leur clef une fois trouvée, ils permettent aux initiés de déterminer sans peine toutes les années intercalaires de cette époque, ceux qui concernent la planète Jupiter sont les plus nombreux et les mieux conservés. Pour Saturne, Vénus et Mercure, il ne reste que des fragments. Rien ne nous est encore parvenu sur Mars. Le P. Kugler les a tous soumis à une analyse des plus détaillées, suivie pour chacun d'eux de conclusions chronologiques.

Les appendices renferment des dissertations fort intéressantes sur les étoiles « patronnes des mois » dans lesquels a lieu leur lever héliaque, sur les identifications de quelques étoiles et entre autres du fameux groupe KAK-SI-DI, deux des étoiles de la constellation d'Orion, sur la terminologie des parties de l'écliptique et de ses constellations.

Un vocabulaire des idéogrammes et des mots assyriens expliqués dans l'ouvrage, suivi d'une liste de noms (mois, étoiles fixes, planètes, divinités, rois, noms de lieux et de personnes), et d'un index astronomique complète ce beau travail. Pourquoi ce vocabulaire n'est-il pas encore plus détaillé et ne contient-il pas par exemple *gish-da* et *pidnu*, expliqués à la page 34, *aphênu* page 36, *Azkaru* et *enzu* ne sont signalés que sans leurs idéogrammes respectifs UD-SAR et SUHUR. Le P. Kugler n'a pas prévu sans doute que son ouvrage serait désormais le manuel indispensable pour l'étude de l'astrologie et de l'astronomie babyloniennes et que de ce chef il ne pouvait être trop complet. François Martin.

33. — **Anthologie de l'amour asiatique**, par Adolphe Thalasso. — Paris, Mercure de France, 1907, in-18 de 377 p. (Prix : 3 fr. 50).

Un peu de l'Asie mystérieuse et troublante, encore si mal connue et si peu comprise en Occident, se découvre à nous grâce au beau livre que vient de publier M. Thalasso. Avant lui, et dans la même collection, nous avions déjà une *Anthologie de l'amour turc* et une *Anthologie de l'amour arabe* ; le recueil de M. T. où l'érudition la plus solide se mêle au sens littéraire le plus fin, est à la fois plus général et plus riche puisqu'il nous offre en une seule gerbe de fleurs capiteuses les chants d'amour de tous les peuples asiatiques. Vingt-neuf pays différents sont représentés dans cette anthologie. M. T. les a rangés, pour la commodité des recherches, dans l'ordre alphabétique, de l'Afghanistan au Turkestan. Dans une introduction générale, il démêle avec beaucoup de clarté les trois grands courants d'inspiration qui ont pénétré ces poésies diverses en se modifiant suivant le tempérament particulier de la race : l'inspiration hébraïque, l'inspiration chinoise et l'inspiration sanscrite. Pour chaque pays, et à l'occasion pour chaque poète, une notice spéciale indique avec précisions le caractère propre ou l'évolution historique de cette poésie érotique, ou encore rappelle la vie des plus grands chantres dont l'œuvre maîtresse est proposée à notre admiration. M. T., qui a consacré presque toute sa vie à étudier l'art et la littérature d'Orient, qui pendant vingt-deux ans, depuis le temps où il fondait et dirigeait à Constantinople cette *Revue d'Orient*, éphémère, mais si courageuse et si littéraire, a préparé, avec des scrupules de savant, la matière du livre qu'il nous offre aujourd'hui, est aussi un poète personnel et délicat. Il y paraît au charme de ses traductions que les Orientaux disent fidèles et que nous trouvons exquises. M. T. n'a pas à craindre d'avoir trahi ses modèles : le parfum particulier, la saveur originale de chacune de ces poésies si différentes les unes des autres, sont une garantie de leur sincérité. Comme Madame Juditts Gauthier, dont le *Livre de Jade* lui semblait un idéal difficile à atteindre, M. T. nous a rendu par ses proses cadencées et rythmiques tout l'art et toute la beauté des poèmes primitifs.

Le trait commun à presque tous, c'est une sensualité hardie qui déconcerte un peu même notre verve gauloise : ces fleurs écloses dans un air plus lourd, sous un ciel plus ardent, exhalent un parfum inquiétant. Certaines chansons afghanes (*Jalousie d'amant — les Tresses noires*), ou Khurdes sont surtout caractéristiques dans ce genre. Mais il y a en revanche dans la plupart des poésies persanes une délicatesse un peu mièvre qui n'est pas sans analogie avec notre sensibilité occidentale. Ce distique de Rhoudagni, un poète du xe siècle, n'est-il pas comme un écho lointain de Ronsard :

Lorsque je ne serai plus, que mortes seront mes lèvres et mortes mes paupières, que mon corps froid et sans désir sera vide de ton âme,

Viens veiller près du corps qui t'aimait et dis tout doucement : O toi que mes dédains ont tué et que mon cœur à jamais regrette?

Et quoi de plus charmant que cet autre distique d'Oumara qui semble dérobé à l'anthologie grecque :

J'aurais voulu pouvoir me cacher dans mes vers
Pour baiser tes lèvres toutes les fois que tu les chantes ?

Plus philosophique, la poésie hindoustanie exprime, à propos de l'amour, de tristes vérités ou des espérances d'un mysticisme étrangement voluptueux. Les Japonais, dont la poésie nous est peut-être un peu plus familière, témoignent d'une galanterie cérémonieuse qui ne va pas sans préciosité, mais dont l'expression est souvent très heureuse : « Très loin de tes yeux, soupire une poétesse, mes yeux amoureux contemplent le ciel étoilé... Ah ! si la lune pouvait se transformer en miroir ! » Et Yori-Kito, poète du xixe siècle, traduit sous cette forme concise et ingénieuse son admiration pour la femme aimée :

J'ai vu qu'il neigeait
Des fleurs. Non. C'était l'aimée
Qui venait vers moi.

Il faut admirer enfin la composition régulière et la valeur descriptive des poésies chinoises : *la fleur de pêcher*, (p. 168) *l'ombre des feuilles d'oranger*, (p. 169) *Au fil de l'eau* (p. 164) sont de rapides tableaux d'une netteté et d'une puissance suggestive incomparables. Mais tout serait à citer dans cet aimable recueil dont la lecture est vraiment une révélation.   E. MAYNIAL.

---

34. — **Ferdinand Brunetière,** par Georges FONSEGRIVE : Bloud et Cie, 1908.

M. Fonsegrive vient d'écrire une étude très attachante sur la vie privée et l'œuvre publique de M. Brunetière. Le critique qui, dans son volume intitulé « les livres et les idées, 1894-1895 », consacrait quelques pages très pénétrantes à l'œuvre scientifique et littéraire du maître disparu, était, à tout point de vue, bien qualifié pour faire revivre un instant devant nous cette grande figure, pour caractériser ce puissant esprit.

Naturellement, ce qui domine le sujet, c'est la situation de M. Brunetière à la *Revue des Deux Mondes* : la Revue était devenue si bien sa chose, qu'elle a évolué avec lui. Ses débuts y furent non pas éclatants, mais rapides : bien vite on en arriva, entre lettrés, à échanger cette formule qui est la consécration du succès : — avez-vous lu le dernier Brunetière ? — Ce serait même une question assez curieuse à se poser chacun à soi-même : quand, pour la première fois, cette nouvelle signature m'a-t-elle frappé ? Pour moi, ce fut un de ces premiers articles où, dans sa vénération pour le XVIIe siècle, le successeur de Blanche se montrait un peu intolérant pour le XIXe. Chaque mois, on attendait son article avec impatience ; on le lisait, quelquefois avec un léger agacement, quand on constatait que, ayant très raison dans le fond, il voulait avoir trop raison dans la forme. Ce furent ses théories sur l'évolution des genres qui rompirent le charme. A un moment où la science semblait abandonner une hypothèse téméraire, était-il bien opportun que la critique esthétique s'en emparât? M. Fonsegrive ne pense pas qu'il y ait beaucoup de sérieux dans cette application de l'histoire naturelle à l'histoire littéraire, et je suis tout à fait de son avis.

Du reste ce paradoxe, qui a été longtemps la grande idée du maître de conférence à l'École Normale, a singulièrement perdu de sa valeur relative dans l'ensemble de son œuvre, depuis que l'influence intellectuelle et morale de M. Brunetière a été renouvelée, agrandie, par sa conversion. C'est à partir de la page 31 que M. Fonsegrive aborde la réponse à la question que tout le monde s'est posée : comment M. Brunetière est-il venu au catholicisme ? S'il fallait en croire les dates indiquées par M. Fonsegrive, M. Brunetière aurait fait, en 1898, plus de la moitié de la route qui devait l'amener, le 18 novembre 1900, à l'affirmation publique de sa foi. Je crois utile de verser au débat un renseignement assez peu connu, je crois : le 26 avril 1896, Monseigneur d'Hulst, qui, nous dit M. Fonsegrive, avait été écarté en 1892 de la Revue par son tout puissant secrétaire, et qui ne lui en avait vraisemblablement pas gardé rancune, Monseigneur d'Hulst faisait à Caen un sermon, une conférence plutôt, sur l'état actuel de l'Église : la comparant à une garnison assiégée dans une forteresse, le prélat annonçait la formation de deux armées de secours : d'un côté, le bon sens populaire, qui se ressaisirait ; de l'autre, sans nommer expressément M. Brunetière, mais en le désignant d'une façon certaine, Monseigneur d'Hulst montrait un lettré renonçant aux déceptions de la science qui faisait faillite, sinon à ses promesses, du moins aux engagements de ceux qui prétendaient parler en son nom, et ce lettré venait lui aussi au secours de l'Église attaquée.

Depuis M. Brunetière devait multiplier, sous des formes diverses, les preuves de son adhésion au catholicisme. La huitième série de ses *Études critiques*, qui vient de paraître, est intéressante à ce point de vue, comme étant non seulement une nouvelle manifestation de son éloquente et forte précision littéraire, mais encore comme une ultime profession de foi. A plusieurs reprises l'ancien positiviste dit nettement, fortement, son *credo* ; et il a parfaitement raison de mêler ainsi, de temps en temps, à ses études les plus objectives, une affirmation purement personnelle : car, pourquoi les croyants, sans faire étalage de leurs convictions, ne les rapelleraient-ils pas à l'occasion d'un mot, alors que, de l'autre côté, les critiques libre-penseurs éprouvent le besoin d'agiter souvent leur drapeau ? J'aime à cause de cela le dernier chapitre de cette huitième série : Joseph de Maistre et son livre *du Pape* ; j'aime cette conclusion, pleine d'un mélancolique retour sur sa propre destinée : «... nous ne demanderons plus après cela qu'une chose, qui sera que l'on reconnaisse que, s'il a jeté en effet ces idées dans la circulation intellectuelle, ce « laïque » a peut-être rendu quelques services à l'Église. »

Il m'a semblé que M. Fonsegrive ferait volontiers à Brunetière lui-même l'application de ce *nunc dimittis* attristé. Et peut-être l'auteur de la biographie que nous venons de signaler admettrait-il qu'on déposât sur le souvenir de son héros ces strophes que Louis Veuillot destinait à sa propre tombe : elles conviennent à un apologiste de l'envergure de M. Brunetière, et à son dernier ouvrage :

> Placez à mon côté ma plume :
> Sur mon front le Christ, mon orgueil ;
> Sous mes pieds mettez ce volume :
> Et clouez en paix le cercueil.
> Après la dernière prière,
> Sur ma fosse plantez la croix ;
> Et, si l'on me donne une pierre,
> Gravez dessus : *J'ai cru, je vois.*

Maurice SOURIAU.

---

35. — **Le deuil du Clocher**, par J. AGEORGES, récits berrichons et promenades autour de La Chatre. — Paris, Librairie nationale, in-8 de 179 p. (Prix :   ).

Ce volume fait partie de la collection des *Ecrivains régionaux, Les pays de France*, très heureusement entreprise par la Librairie nationale. Il est vivant et varié ; on y trouve des nouvelles, des souvenirs, des études de mœurs, et presque de l'histoire littéraire, tout au moins de l'histoire du théâtre dans les pages, particulièrement captivantes, sur le théâtre de marionnettes organisé par Maurice Sand à Nohant, qui donna de 1863 à 1886 « toute une série d'éblouissantes premières ». Ces pages-là plairont aux artistes, ainsi que celles sur le sculpteur Nicolet ; voici pour vous, messieurs les terriens, agriculteurs, propriétaires de campagne : *Le rôle du cochon dans la vie du paysan Berrichon !* Touristes ! vous suivrez M. Ageorges dans ses promenades autour de la Chatre. Le Deuil du Clocher n'en demeure pas moins le morceau principal du volume par son étendue et son intérêt ; je ne lui ferai qu'un reproche :

il y avait là la matière d'un roman, d'un roman qui s'annonce bien, avec des caractères et des situations, et l'on est un peu déconcerté de le voir tourner court. Le portrait du député Pinoson, soigneusement et bien tracé, laisse croire qu'il va jouer un rôle, et surtout l'avocat Béchet y semble tout à fait destiné; mais ces deux personnages n'apparaissent que pour disparaître. On voyait déjà se dessiner une intrigue, lorsque, sur une vision (bien optimiste!) de l'avenir, Hortense de Seignière clot toute l'histoire... Et le lecteur, qui suivait avec tant de plaisir M. Ageorges et qui déjà s'attachait à ses personnages, demeure un peu déçu. Heureux auteur de n'être blâmé que pour sa brièveté et sa discrétion : Tant d'autres sont trop longs et nous forcent a tourner les pages, la main impatiente et l'œil distrait! M. Ageorges, dans l'Avant-propos, indique bien que le Deuil du Clocher aurait eu des proportions plus harmonieuses et son entier développement sans les évènements politiques et religieux de ces derniers temps; dans le moment, il lui paraît impossible de conclure, faute sans doute de prévoir. N'y aurait-il pas là comme une promesse de reprendre un jour le sujet et de le traiter à fond? Les lecteurs de M. Ageorges s'en réjouiraient.

F. Plessis.

---

36. — **L'embardée**, par M. André Pavie. — Paris, Nouvelle Librairie Nationale, 1907.

Le livre dont il va être question se compose d'un roman et de trois nouvelles. Il n'a qu'un lointain rapport avec les matières traitées ici d'ordinaire. Le critique pourrait bien se montrer gauche et malhabile à ne pas dessécher la fleur bleue du rêve, il s'en excuse d'avance.

Les aventures diverses des héros imaginés par M. André Pavie, illustrent cette vérité que tout être humain se trouble et s'égare quand il déserte le sol natal : là au contraire, l'air nourricier et la voix des aïeux étaient ses fidèles inspirateurs.

La première de ces erreurs est celle de Pierre Delval qui, venu à Paris par amour des lettres et dans l'espoir de contenter cet amour, doit bientôt, faute de pécune, entrer dans une administration : la vie de bureau l'écœure, essouffle son inspiration, emprisonne son esprit. Puis, il s'éprend de madame du Tremblay, jeune femme divorcée, qu'il ne pourra donc jamais épouser, (car il est catholique et appartient à une famille de principes très assurés.) Il n'ose même faire l'aveu de son amour. Et cette double souffrance, cette double tristesse de sa vie matérielle et morale, le force à quitter Paris pour retrouver la paix de son mol et doux Anjou.

C'est une heureuse idée qu'a eue M. Pavie de situer son action dans le monde administratif. Les gens y mènent une vie tranquille et comme assoupie ; mais les passions et toutes les choses de l'âme, lorsqu'elles viennent à y être ressenties, y peuvent avoir tout leur retentissement. Comme les gens s'écoutent vivre, ils s'écoutent aussi, d'aventure, aimer et souffrir.

Signalons une pittoresque description du salon d'un ancien chef de bureau. Cela est vieillot sans être ancien. Les meubles font deux ou trois générations, tout comme les emplois. Car on ignore généralement que les charges administratives sont soumises à une hérédité de fait. Il y a des familles de chefs de bureau, de petits employés. C'est une classe de notre société, ou plutôt un ordre, et même assez retranché. Il y aurait un livre curieux à écrire sur *les Provinces de Paris*.

L'auteur s'est montré sévère pour les Administrations. Il ne faut pas en médire. Sans doute on y emploie un style barbare et on y professe un excessif orgueil des tranquillités qu'elles procurent. Mais ce ne sont que de petits travers.

Le style administratif est impersonnel et sans élégance. — Mais il ne gâte pas l'intelligence. Je sais un jeune scribe de ministère qui goûte fort ce parler au contraire. L'habitude de choisir les mots qui trahissent le moins sa personne, la nécessité de se renoncer quotidiennement lui semblent de salutaires contraintes. Il a même découvert un cliché administratif, cliché-modèle, qu'il redit mentalement plusieurs fois par jour, en guise d'exercice spirituel, s'endurcir dans une sorte d'ascétisme de l'intelligence et atteindre ainsi le complet détachement du sage. Voici cette phrase : « J'ai l'honneur de vous prier de porter à la connaissance de qui de droit les dispositions contenues dans la présente instruction et d'assurer en ce qui vous concerne l'exécution des mesures qu'elle comporte. » Je prie M. Pavie d'imaginer le lent travail des siècles qui a dû présider à l'accouchement de cette phrase. Des générations de chefs, de sous-chefs de bureau, de rédacteurs, l'ont d'abord esquissée, ébauchée, corrigée sans cesse ; puis un beau jour, quelque petit employé, promis par là aux plus hautes places, a découvert, par une illumination soudaine, la forme achevée et pure comme le marbre, dans laquelle elle passera à d'autres générations fidèlement serviles. Et si vous vous étonnez qu'on dise en tant de mots ce qui vous semble si peu de chose, c'est que vous ne considérez pas la multitude des rapports qu'expriment tous ces termes bien combinés. Aussi est-ce avec justice que cette phrase, un peu longue, se montre fière de son organique et pesante syntaxe.

C'est avec un grand sens que M. Pavie a prêté à son héros des sentiments catholiques. On semble oublier de nos jours l'intérêt psychologique de la délicatesse et du scrupule. On méconnaît l'extrême richesse de la sensibilité catholique. Une passion doit en effet provoquer une réaction supérieure dans l'individu discipliné. L'ombre de la princesse de Clèves préside aux adieux étouffés des deux amants.

Peut-être, il est vrai, le héros de M. Pavie échappe-t-il plus à sa passion qu'il ne la combat : et il y échappe parce que son caractère est une perpétuelle évasion dans la littérature. Les poètes, la peinture, la sculpture, la musique alimentent son esprit et par surcroît bercent son cœur ; voilà le véritable objet de son amour. C'est un cérébral. Et le roman nous paraît plutôt l'œuvre d'un critique d'ailleurs fin, voire voluptueux, que d'un pur sentimental.

M. Pavie possède un sens exquis des insinuités. Mais il se quitte avec peine. C'est le défaut d'une qualité. Il semble surtout occupé à saisir tous les frémissements de son être, et craindre de se répandre au dehors, de se disperser, de se dissiper. Aussi bien ce doit-être une bonne discipline pour un écrivain qui veut se développer d'abord en profondeur.

Cette disposition paraît dans ses œuvres, où l'action manque un peu. Jugeons-en mieux. Ce sont plutôt des méditations, des complaintes, des rêveries, des notes subtiles de sentiments. Aussi les nouvelles sont-elles plus émouvantes que le roman, un peu ralenti par les épisodes.

La nouvelle qui a pour titre *la Corbeille d'immortelles*, est d'une justesse de ton, d'une nuance discrète de sentiment à n'y rien souhaiter. Cela plaira à lire.

Pierre GILBERT.

---

37. — **Die ersten Vanderprediger Frankreiches.** Johannes von WALTER. Studien zur geschichte des Mönchtumes. New Folge : Banhard von Thiron, Vitalis von Savigny, Girald von Salles, Bemerkungen zu Norbert von Konten und Heinrich von Lausanne. — Leipzig, Deichert, in-8 de x-179 p.

Le volume de M. Johannes von Walter se recommande à la fois par l'étude très approfondie des sources — biographies et textes diplomatiques. — et par la netteté avec laquelle l'auteur a déterminé ce que nous pouvons savoir de la vie des personnages qu'il étudie et du caractère de l'œuvre entreprise par eux, à la suite particulièrement de Robert d'Arbrissel, le principal représentant de ce mouvement réforiste dans l'Ouest de la France au début du xiie siècle. C'est à un ami et à un disciple de Robert, à Bernard, le fondateur de Pison, qu'est consacrée la première et peut-être la plus importante des études contenues dans ce volume. Après une carrière assez agitée, qui s'écoula successivement à Saint-Savin, à Saint-Cyprien, à Poitiers, aux Iles Chanssery, Bernard entreprit de prêcher aux moines et aux clercs la pureté des mœurs et le retour à la primitive simplicité. Le monastère qu'il fonda pour réaliser cet Idéal dans les solitudes de la forêt du Perche eut très vite un grand nombre de moines, mais très vite aussi, grâce à la faveur de Louis VI et de certains grands personnages, il s'enrichit de donations de terres et de revenus, et dès la mort du fondateur, les abus contre lesquels celui-ci avait cherché à lutter commençaient à s'y introduire. — Parmi les autres chapitres je signalerai spécialement ceux qui sont relatifs au bienheureux Vital, abbé de Savigny, pour lequel M. von Walter a su tirer quelques renseignements précis de certaines expressions employées dans le célèbre rouleau mortuaire de l'abbé, malgré la banalité ordinaire des *tituli*, — et à Henri dit de Lansanne, l'un des plus violents en paroles parmi les prédicateurs de la Réforme, et le premier que l'église ait considéré comme hérétique et traité comme tel.

Dans un dernier chapitre, M. von Walter a cherché à dégager le caractère général du mouvement dont il a successivement étudié les différents représentants. Pour lui, ce mouvement n'est ni d'origine italienne ou pontificale, ni d'origine cathare. Sans doute il est dirigé contre des abus qui ont attiré l'attention des papes réformistes, la luxure et l'ivrognerie des moines, inconvénients qui résultent du trop d'importance attaché à la richesse temporelle, etc..., vices qui ont été signalés par les représentants de l'Église, par Ive de Chartres, Geoffroi de Vendôme et bien d'autres. Mais ce n'est pas au nom de la discipline ecclésiastisque que les prédicateurs, disciples de Saint Robert, ont prétendu agir. C'est au nom de la morale et de la simplicité évangélique. L'exemple de Bernard de Tiron, réunissant autour de lui des pauvres et des infirmes, de Henri de Lausanne, prêchant la pauvreté et la « vie simple » même aux laïques, est très instructif à cet égard. L'Église, à la suite de Saint Bernard, finit par s'opposer au mouvement. Il sera repris un peu plus tard par les Vandois, et avec bien plus d'éclat, au début du xiiie siècle, par François d'Assise. R. P.

---

38. — **Jeanne d'Arc guerrière**, étude militaire par le général Frédéric CANONGE. — Librairie nationale 85, Rue de Rennes, Paris.

Dans son livre « *Jeanne d'Arc guerrière* ». M. le général Canonge s'est proposé d'examiner, et au point de vue strictement militaire la vie de l'héroïne et de procéder à une enquête « ayant pour but de rapprocher de l'art de la guerre les actes militaires de Jeanne d'Arc. »

Sous la plume d'un écrivain aussi autorisé par son expérience que par ses travaux antérieurs, cette étude ne pouvait manquer de présenter un intérêt exceptionnel en dégageant de la légende le rôle vraiment militaire de la bonne Lorraine, et il est consolant, par par ce temps de scepticisme, de voir un général français conclure, après une enquête impartiale, à la mission surnaturelle Jeanne d'Arc, rendant ainsi un patriotique hommage à la mémoire de « la patronne de la France ».

Avec une grande méthode et une précieuse concision, l'auteur nous mène à la suite de Jeanne à Blois, à Orléans sur la Loire, à Reims dans l'Isle de France, dans la Loire et devant Compiègne. Il ne retient de cette épopée que les actions militaires, les expliquant, les commentant, les appuyant des documents les plus autorisés, et la mission divine se précise à chacune de ces étapes glorieuses ou douloureuses.

C'est d'abord à Blois, Charles VII forcé de se soumettre à l'évidence de ce secours divin, la nommant « chef de guerre » et lui donnant la direction des opérations, puis, après Orléans, cherchant à se soustraire à son influence, enfin l'abandonnant.

Cette merveilleuse chevauchée qui a duré un peu plus d'un an finit sur un bûcher. Dès le premier jour, et c'est là tout le secret de la victoire, la *force morale* du chef s'affirme et explique les succès prodigieux de la Pucelle bien mieux que les talents du capitaine. C'est bien là une des plus éclatantes preuves de la mission divine, qu'une bergère ait su, avant le premier combat, imposer sa volonté à des guerriers comme la Hire, Dunois, etc..., et les attirer à elle par une invincible confiance. C'est par le moral et par l'exemple, ces deux qualités des conducteurs d'hommes, que Jeanne gagne les batailles. L'entrée à Orléans s'explique alors. « Je vous amène, sa-
» chez le bien, dit-elle à Dunois, le meilleur secours qui vint jamais
» à chevalier en cité, car c'est le secours du Roi des cieux ». Et le même Dunois devait en témoigner plus tard en disant : « Avec Jeanne
» au milieu d'eux, quelques centaines de français eussent affronté
» et battu une armée entière. » Ces seuls mots résument la campagne de la Loire.

Mais, cette *force morale* du chef ne fait remporter la victoire que si le commandement s'exerce d'une façon complète et indiscutable. C'est ce qui explique les hésitations, les découragements et les revers de la même armée lorsque des intrigues nouées autour du roi sont parvenues à placer Jeanne en sous ordre et que l'on se passe de ses conseils. A Patay, l'armée anglaise frappée d'effroi s'enfuit en laissant près de 4.000 hommes hors de combat. Tandis que, selon la promesse de Jeanne, les pertes des Français sont nulles. « Les Anglais seront déconfits sans guère de pertes de nos
» gens. Il nous faudra de bons éperons pour les poursuivre. » Mais plus tard, l'armée hésite et force est de revenir à Jeanne devant Troyes qui ouvre ses portes. Le roi arrive enfin à Reims, où son

couronnement assure le salut de la monarchie française prête à sombrer ; la partie glorieuse de la mission de Jeanne d'Arc est accomplie.

Puis, maintenant que la cause est gagnée, que la patrie se ressaisit et se reforme derrrière son roi, Jeanne passe au second plan. Elle n'a plus sa liberté d'action ; mise en sous ordre, elle combat sans pouvoir vaincre, car on ne la croit plus. Dieu ne fait pas de miracle sans la foi ; l'attaque de Paris échoue, elle est blessée, sans être soutenue. Le roi la rappelle, puis l'abandonne et peut-être la trahit. La campagne de Compiègne se termine par la défaite. Jeanne abandonnée tombe aux mains des archers picards et est vendue aux Anglais. Son martyre commence.

En examinant tous ces actes militaires, l'auteur se plaît à reconnaître que leur conception marche de pair avec leur exécution : offensive audacieuse, puissante influence morale, telles sont les qualités de cette tactique, mais il se refuse avec raison à considérer Jeanne d'Arc comme un stratège non plus que comme pacifiste. N'était-il pas naturel qu'elle ait horreur du sang répandu ? Mais la vit-on jamais hésiter à attaquer ? Peut-on traiter de pacifiste celle qui disait en parlant de la paix : « Vous ne la trouverez qu'au bout de la lance. »

Il montre ensuite la continuité de la mission divine affirmée par Jeanne elle-même, dans toutes ses paroles, depuis son arrivée à Chinon où elle s'annonce « de par Dieu », jusqu'à sa mort. Toujours elle a invoqué le secours de Dieu, et c'est là pour l'auteur la seule explication possible d'un rôle militaire aussi inexpliqué. On ne saurait d'ailleurs rechercher comment s'est formé son génie, comme on a voulu rechercher comment s'était formé le génie de Napoléon par l'étude de Guibert ou de Folard. Force est de reconnaître avec bonne foi l'intervention divine. L'enthousiasme, le patriotisme peuvent faire des miracles mais : « Il ne saurait » suffire à donner des talents militaires à une jeune fille ignorante, » agée de moins de 18 ans. Aussi, toutes les objections que des militaires ont pu formuler contre cette mission divine se trouvent facilement réfutées, si on considère les faits avec impartialité. L'auteur les passe en revue et termine en exprimant son opinion personnelle qui est bien le résumé de son étude : oui, Jeanne était bien *inspirée* et *envoyée*, Dieu lui donne des moyens *humains* pour remplir sa double mission : le relèvement moral de la France et la délivrance des Anglais.

C'est pour avoir rempli la première que la Patrie doit l'honorer de même que l'Église la compter par son martyre au nombre de ses saints.

« Après quatre siècles et demi d'indifférence, écrit M. le général
» Canonge, même de dédain, sous l'impression de nos malheurs
» de 1870-71, nous sommes revenus à Jeanne... qu'il lui plaise d'in-
» tercéder en voyant la grande pitié du généreux pays de France...
» qu'elle prenne aussi en pitié cette Église indignement atta-
» quée... »

Souhaitons que cette invocation d'un soldat soit entendue et que ce livre de bonne foi serve à faire admirer davantage la bonne Lorraine, celle qui a dit : « Il faut besogner quand Dieu veut. Besognez
» et Dieu besognera ».   ***.

---

39. — **Les martyrs de Gorcum**, par Hubert MEUFFELS. C. M., prêtre de Hollande. Collection des Saints. — Paris, V. Lecoffre, 1908, in-12 de 200 p.

L'auteur aborde respectueusement un noble sujet. Il est légitime que les chrétiens glorifient les martyrs d'arrière saison, selon la touchante métaphore de d'Aubigné :

> Une rose d'automne est plus qu'une autre exquise,
> Vous avez esjoui l'automne de l'Église.

Mais l'automne ne s'est pas seulement empourpré des roses produites par la jeune et vigoureuse tige calviniste, le vieil arbre de l'Église Romaine a refleuri pendant les guerres de religion. Des catholiques avaient, au Sud comme au Nord, donné leur vie pour leur foi avant que le flot de sang huguenot, largement épandu par le massacre de la Saint-Barthélemy, ne vint effacer du souvenir populaire en France, la Michelade de Nîmes, aux Pays-Bas les cruels exploits des gueux. En juillet 1572, un mois environ avant la Saint-Barthélemy, les Gueux dans Brielle, leur récente et presque unique conquête, pendirent dix-neuf prêtres dont le crime était de n'avoir pas abjuré l'*idolâtrie papiste*.

L'auteur du présent récit hagiographique est Hollandais de naissance : il ne dissimule pas la tristesse patriotique qu'il éprouve « à stigmatiser dans les meilleurs ouvriers de l'indépendance Nationale, des bourreaux inhumains ». Ce n'est pas sans un étonnement douloureux qu'il constate l'emportement de la foule hollandaise. La mieux pondérée des foules, eût-on pu croire, se montre impatiente de sceller par l'immolation d'innocentes victimes sa récente adhésion au calvinisme.

Cette partie psychologique de l'œuvre n'est pas la moins intéressante ; elle est d'ailleurs sobrement traitée. Bien qu'elle comporte quelque abus des procédés habituels des prédicateurs, procédés d'ailleurs plus appropriés aux considérations qu'aux récits, elle fait honneur à M. Meuffels qui pendant neuf années de séjour et d'enseignements en France a acquis une véritable maîtrise dans le maniement difficile de la langue française.

Le livre est digne de la collection des Saints par son information critique. Les écrits d'opinions contradictoires, les documents d'archives ont été soigneusement consultés. L'histoire du xvie siècle hollandais est familière à notre auteur. Peut-être eussions-nous désiré qu'il le montrât davantage en amplifiant quelques développements au détriment, s'il le fallait, de certains autres. Dans le chapitre II intitulé « la Patrie » nous trouvons insuffisantes dix pages consacrées à retracer les travaux des vieux missionnaires et du clergé médiéval sur le sol Néerlandais. Ne valait-il pas mieux sacrifier tous ces vénérables souvenirs pour insister sur les effets religieux de la Renaissance aux Pays-Bas, sur « ses décevants mirages » La page 30 signale en termes trop généraux le relâchement de la discipline monastique. N'y a-t-il point là un élément psychologique important du récit ? Car si la plupart des prêtres et religieux de Gorcum tombés aux mains des gueux se montrèrent héroïques, quelques-uns faiblirent et apostasièrent. Le chapitre des « Confesseurs de la Foi » ne revient pas sur les côtés généraux de cette importante question ; l'auteur se contente d'y dépeindre individuellement les personnages du drame.

Ils sont d'ailleurs assez attachants ces héros très humbles d'une tragédie à la fois grandiose et repoussante, comme il s'en passe

40. — **Sulpice Sévère à Primuliac**, par Félix Mouret, illustré de plans, de cartes, et de nombreuses gravures, accompagné de documents inédits tirés des archives. — Paris, Picard, 1907, in-8 de 235 p. (Prix : 7 fr. 50).

On a beaucoup discuté sur l'emplacement de Primuliacum, où se retira Sulpice Sévère après sa conversion. Plusieurs veulent que le fameux monastère ait été situé dans la région biterroise. M. Mouret non seulement soutient la même opinion, mais il croit avoir retrouvé l'emplacement du monastère et de la chapelle privée de Sévère sous le tumulus de Saint-Bauzille-d'Esclatian, près de Vendres, celui des deux églises publiques, que réunissait une tour servant de baptistère, dans les vestiges Gallo-romains du tumulus de Saint-Martial, proche du précédent, enfin la riche villa qu'habitait Sévère avant sa conversion.

L'auteur établit sa thèse sur deux ordres d'arguments, les uns tirés des faits archéologiques, topographiques, historiques, les autres des textes.

Les traditions et surtout les coutumes des pays permettent d'attribuer une origine religieuse au tumulus de Saint-Bauzille, il est d'époque Gallo-romaine, les traces d'incendie que portent les constructions témoignent du mode de destruction employé par les Vandales. Enfin le voisinage de la villa et des monuments religieux convient à ce que l'on sait de Sévère. Tout cela est bien général et peu probant. L'étymologie prêtée au mot Primuliac, *primus lacus* (*cf.* en languedocien *bio* de *bos*, *fioc* des *focus*, *lioc* de *locus*) est ingénieuse, mais incertaine, étant donné le grand nombre de noms propres celtiques terminés en *iac*.

Les arguments tirés des textes ont plus de force. 1° Sévère appelle Gavridius *episcopum nostrum*. D'où ce Gavridius était-il évêque ? De Narbonne ou de Béziers, car, remarque l'auteur, les arguments que l'on a fait valoir en faveur du premier ne s'appliquent pas moins au second ; 2° Dans une de ses lettres, Paulin de Nole prie Sévère de lui faire expédier quelques barriques de vin vieux qu'il a laissées à Narbonne, une pareille demande implique la proximité, or les relations entre Vendres, tout proche du Primuliacum proposé, et Narbonne, devaient être constantes par le *lacus Rubresus*; 3° Paulin sollicite également un envoi d'huile de Nielle, qui était surtout employée pour combattre les fièvres, or le paludisme était à l'état endémique aux environs de Vendres ; 4° En 402, le messager Victor parti de Primuliac pour s'embarquer à Narbonne, rencontra dans cette ville le moine Porthumianus et revint, sur sa demande, avec ou sans lui (ce serait à examiner) à Primuliac ; il n'est pas vraisemblable qu'il s'agisse d'une distance très considérable ; 5° Au début d'un de ses dialogues, Sulpice Sévère met en scène le moine Porthumianus qui en dix jours est venu de Marseille à Primuliac ; il a dû poursuivre par mer jusqu'à Narbonne, comme cela ressort facilement du texte, et, de là, venir à pied à Primuliac ; les dix jours mentionnés sont inexplicables, si Primuliac était situé près de Tarbes, d'Agen, de Périgueux, même de Toulouse ; 6° L'auteur établit à l'aide de pièces d'archives, qu'il publie, que dès le x° siècle la terre d'Esclatian est désignée comme bien d'Eglise et que dès le ix° il est fait mention d'édifices religieux, églises, chapelles, cimetières sur le territoire de Vendres. Or, l'on sait que Sulpice Sévère avait légué tous ses biens à l'Eglise. D'autres documents mentionnent des terres voisines appartenant dès l'époque la plus reculée au grand hôpital de Béziers. Or, Sévère avait, de son vivant, réservé aux pauvres une partie de ses domaines. Les mêmes biens appartiennent encore aujourd'hui à l'hospice de Béziers. L'auteur en conclut que les donations de Sévère sont toujours en vigueur.

Ces conclusions nous semblent plus affirmatives que ne le comportent l'argumentation et les preuves fournies. Il nous paraît : 1° Que l'auteur a sinon démontré du moins très fortement consolidé l'opinion d'après laquelle les domaines de Sévère et ses établissements religieux auraient été situés dans la région de Béziers ; 2° Que les attributions locales proposées avec tant de confiance, bien que très ingénieuses et dignes d'attention demeurent à l'état d'hypothèse.

M. Mouret examine aussi ce que devint Sulpice Sévère après

406. Ici encore il se laisse entraîner trop loin en affirmant, ou presque, la retraite finale du biographe de saint Martin dans la cellule de Saint-Beauzille-d'Esclatian.

Pourquoi M. Mouret s'en réfère-t-il exclusivement, en ce qui concerne Paulin de Nole, à l'ouvrage si peu méthodique et si bizarrement composé de l'abbé Sinirz? Quant au texte, à défaut de l'édition de Hartel, il n'était pas difficile de recourir à celui de Migne qu'on trouve partout. Pages 48 et 54, il est dit que Paulin fut *élu évêque* à Barcelone, c'est *ordonné prêtre* qu'il faut lire. Page 54, l'auteur place Nole près de Rome, c'est de Naples qu'il faudrait dire.

Malgré les réserves que nous avons indiquées, l'ouvrage de M. Mouret sera d'une utile contribution à l'histoire de Sulpice Sévère et aussi à l'intelligence de quelques passages de lettres de saint Paulin.
André BAUDRILLART.

---

41. — **L'expression du rythme mental dans la mélodie et dans la parole,** par Henri GOUJON. — Paris, H. Paulin et Cie, 1907, in-8 de 315 p. (Prix : 5 fr.)

Pour peu que continuent à se multiplier les *études sur le rythme*, si en faveur aujourd'hui, et qu'on en tire profit, il ne sera bientôt plus vrai de dire du rythme qu'il est « *l'élément musical le plus ignoré des musiciens* ». Après tant d'autres, M. H. Goujon vient de se livrer à cette étude. Le rythme, dit-il est un effet de l'ordre que notre esprit cherche à mettre et désire trouver partout, dans nos sentiments, dans nos pensées, comme dans leur expression.

La pensée se réalisant d'après un ordre logique et avec la succession régulière d'éléments d'une valeur diverse, il en résulte un rythme, le *rythme mental*. Mais la pensée se présente sous deux formes : la forme synthétique ou affective, c'est le *sentiment*, l'*émotion*, et la forme analytique ou perceptive, c'est l'*idée*, le *jugement*, la *pensée proprement dite*. La voix est l'instrument qui convient le mieux à l'extériorisation de ces deux genres de pensées. Suivant donc qu'elle traduira ou nos sentiments ou nos idées, nous aurons le rythme musical (*la mélodie*) ou le rythme verbal (*le langage*).

Tels sont les principes émis par l'auteur et qu'il développe avec une méthode rigoureuse, en ami de la philosophie et des mathématiques. Suivant leur nature, les thèses se trouvent éclairées à l'aide de schémas, de déductions, de figures nombreuses et même de formules algébriques. La lecture d'un tel volume, on le conçoit, est plutôt difficile, mais il y règne une grande clarté. Tout ce qui a trait au rythme verbal, au nombre et à ses éléments offrira un réel intérêt.

Est-il bien vrai que le *sentiment et la pensée* soient seulement deux espèces d'un même genre? — Pourquoi pas deux genres différents? Dès lors, la Raison ne serait pas, comme le veut l'auteur, l'unique source du Beau. Le Sentiment et la pensée, comme le cœur et l'esprit, ne semblant pourtant pas devoir se confondre.

Est-il toujours vrai, en outre, que, dans le sentiment, se trouve l'alternance régulière d'un élément fort, suivi d'un élément faible et d'un élément de moyenne valeur, figuré par la série numérique 3. 1. 2? C'est l'ordre logique, soit; mais n'est-ce pas le propre du sentiment et la passion de n'obéir à aucun ordre et de s'affranchir souvent de toute règle?

L'auteur, pour quelques-unes de ses idées, échappera t-il aux sévérités de la critique? — J'en doute. Il l'a prévu, du reste. On lui rendra, du moins, cette justice, qu'il les a exposées avec conscience et sincérité. La lecture du travail de M. H. Goujon s'impose à qui voudra revenir sur ce sujet, il projette en effet, sa bonne part de lumière sur le problème du rythme, le plus passionnant peut-être, parce que le plus mystérieux qui soit en musicologie... et même en musique. H. VILLETARD.

---

42. — **La foi et la morale chrétiennes.** Exposé apologétique, par l'abbé E. BLANC, professeur aux facultés catholiques de Lyon. — Paris, Lethielleux, in-18 de 256 p. (Prix : 1 fr.)

M. l'abbé Blanc a été bien inspiré, — je ne dirai pas de couronner, — mais de décorer, en écrivant ce petit livre, sa carrière de philosophe chrétien. Ne trouve-t-on pas en effet dans la foi et la morale chrétiennes l'achèvement surnaturel de la vraie philosophie? Ces deux parties de la religion, le dogme et la morale, se pénètrent l'une l'autre et se prêtent un mutuel appui. Il fallait donc les réunir pour donner de nos croyances et de nos pratiques religieuses un exposé lumineux et complet.

L'auteur l'a fait, avec une brièveté pleine de doctrine, renfermant sous un petit volume la quintessence de toute une bibliothèque. Son exposé, calme et simple comme une leçon de catéchisme, n'en est pas moins au courant des discussions du jour auxquelles il répond en passant, sans rien perdre de la sérénité de sa doctrine. Il fallait bien faire de ces allusions, puisque l'ouvrage s'adresse aux hommes de notre temps ; il aurait risqué d'être inopérant pour son but, si l'exposé n'avait été apologétique. Il fait ressouvenir d'une autre *Exposition de la doctrine catholique* signée d'un grand nom qui n'avait pas cru s'abaisser en signalant au passage l'état de la controverse avec le protestantisme. Les historiens de Bossuet attestent que, de tous ses livres, ce fut, à n'en pas douter, celui qui fit le plus de bien. Souhaitons que le petit volume à bon marché que nous recommandons soit beaucoup lu, pour être aussi efficace.

On ne prétend point, en faisant de la réclame à ce petit ouvrage, soutenir qu'il est parfait. Ce serait contraire à l'esprit du *Bulletin critique*. L'auteur a voulu faire une œuvre utile plutôt qu'une œuvre d'art. Il a dû lui-même se rendre compte que, pour préciser les points notables et bourrer de faits son exposé, il en a parfois interrompu la trame ou brisé l'enchaînement, de sorte que l'on trouve parfois le tissu irrégulier, avec des nœuds apparents et des reprises artificielles. Quoiqu'il en soit, c'est une bonne œuvre. J'ignore si elle a été pour quelque chose dans la prélature décernée à Mgr Blanc, mais elle mérite que cette dignité nouvelle lui attire l'attention et contribue à la propager.

En notre temps, où l'abaissement et la débilité des âmes provient trop souvent de l'ignorance des choses divines, il faut les aider à faire une étude approfondie de la doctrine chrétienne et, pour beaucoup, ce livre pourra être une révélation. Combien d'esprits, même cultivés, pâtissent de ne pas savoir et de méconnaître les choses de la religion ! Je me fais un devoir de leur dire, en leur présentant ce petit livre : *Tolle, lege.* A. Boué.

CHRONIQUE

7 — G. Lecarpentier, diplômé des sciences politiques. — **La vente des Biens Ecclésiastiques pendant la Révolution Française.** Paris, Alcan, 1908, in-8 de 200 p.

« Recherches sur la propriété du clergé ; 2° Législation des confiscations et des ventes des biens ecclésiastiques ; 3° Répartitions des biens ecclésiastiques vendus. — Les recherches sont effectuées dans un certain nombre de régions diversement situées et bien choisies. » Ce sont les expressions mêmes dont s'est servi M. Stourm pour présenter l'ouvrage à l'Académie des sciences Morales et Politiques, qui l'a honoré d'une récompense.

Les principaux renseignements recueillis dans cinquante départements (une bibliographie pour vingt-huit d'entre eux) sont en outre résumés dans dix-neuf tableaux statistiques.

« Financièrement, conclut M. Lecarpentier (p. 118), la vente des biens du clergé fut pour l'Etat une opération désastreuse, pour les paysans une opération médiocre, et pour quelques spéculateurs un coup de fortune. Elle n'empêcha pas la banqueroute de l'Etat, contribua peu directement à l'extension de la petite propriété rurale, mais enrichit quelques amis de la Constitution. »

A. T.

SOCIÉTÉ NATIONALE DES ANTIQUAIRES DE FRANCE

Séance du 18 septembre. — M. Ph. Lauer, associé correspondant national étudie une pyxide d'ivoire de la cathédrale de Pesaro, puis une peinture d'un manuscrit du Musée épiscopal de Vich. — M. Héron de Villefosse, membre honoraire, signale successivement une monnaie gauloise en or trouvée à Brie-Comte Robert, une statuette en bronze découverte près de Die et une inscription latine conservée à Simiane.

Séance du 6 novembre. — M. P. Gauckler, a. c. n., commente un poids romain provenant de Téboursouk, et présente la photographie d'une mosaïque de El-Haouria. — M. O. Vauvillé, a. c. n., entretient la Société de l'enceinte gauloise de Muret. — M. le Docteur A. Guebhard, a. c. n., communique un bas-relief découvert à Evenos. — M. Ch. E. Ruelle, membre résidant, signale les fouilles du passage Dauphine. — M. P. Monceaux, m. r., au nom du R. P. Delattre, a. c. n., présente des plombs byzantins de Carthage. — M. H. de Villefosse, m. h., communique une inscription chrétienne de Carthage. — M. H. Bourbon, a. c. n., signale diverses antiquités trouvées à Carthage.

Séance du 13 novembre. — M. E. Rodocanachi, a. c. n., entretient la Société de la conversion de Boccace. — M. J. Roman. a. c. n., communique un disque en cuivre aux armes d'un vicomte de Tallard. — M. le baron F. de Baye, m. r., décrit des pièces d'argenterie conservées à Saint-Pétersbourg. — M. O. Vauvillé, a. c. n., étudie l'enceinte de Chavigny. — M. A. Vidier, a. c. n., commente un manuscrit de la *Chronique de Saint-Victor de Marseille*.

Séance du 20 novembre. — M. J. Roman, a. c. n., étudie un sceau de la commune de Meulan. — M. P. Monceaux, m. r., au nom du R. P. Delattre, a. c. n., présenta des plombs byzantins de Carthage. — M. Pallu de Lessert, m. r., communique deux inscriptions de Carthage et de Mdaourouch. — M. H. Stein, m. r., signale une peinture murale de l'ancien palais d'Etampes. — M. H. de Villefosse, m. h., lit une note de M. A. Merlin, a. c. n., sur des inscriptions de Medjez-el-Bad, et communique une lettre du R. P. Delattre, a. c. n., sur les fouilles de la *basilica majorum* de Carthage. — M. E. Marente, a. c. n., présente un petit Christ trouvé à Senlis.

Séance du 27 novembre. — M. A. Blanchet, m. r., signale une stale gallo-romaine trouvée près de Nuits. — M. Pallu de Lessert, m. r., de la part de M. P. Gauckler, a. c. n., communique une inscription d'Ain-Djal. — M. le comte A. de Loisne, m. r., commente des actes du xiiie siècle en Artois où le changement de millésime se faisait au 1er janvier. — M. M. Prou, m. r., lit une note de M. L. Germain de Maidy, a. c. n., sur l'autel d'Avenas. — M. le comte P. Durrieu, m. r., signale un manuscrit de Munich ayant appartenu au duc de Berry.

Séance du 4 décembre. — M. Ph. Lauer est élu membre résidant en remplacement de M. l'abbé Beurlier. — M. R. Mowat, m. h., étudie ce qui advint des légions romaines à la chute de l'empire.

Séance du 11 décembre. — M. L. Coutil, a. c. n., signale un coffret en terre cuite blanche conservé à Clermont-Ferrand et une console de l'église d'Etretat. — M. E. A. Durand-Gréville, a. c. n., compare les techniques du Pérugin et de Raphaël. — M. R. Fage, a. c. n., lit un mémoire sur des broderies du Musée de Tulle. — M. P. Monceaux, m. r., au nom de M. A. Merlin, a. c. n., communique des inscriptions du Kef.

Séance du 18 décembre. — M. L Dumuys, a. c. n., fait connaître une fresque de Casalmaggiore que l'on a cru représenter Jeanne d'Arc. — M. A. Dieudonné, a. c. n., étudie des petits bronzes d'Antioche et de Nicomédie. — M. Héron de Villefosse, m. h., communique une note de M. Ed. Cuq sur divers objets Antiques ayant servi à l'exploitation des usines d'Aljustrel, puis signale une jambe en bronze trouvée à l'Escale. — M. F. de Mély, m. r., identifie certains artistes français et flamands mentionnés par Vasari. — M. Ch. E. Ruelle, m. r., présente un crucifix en bronze orné de dessins en émail.

L'Éditeur-Propriétaire-Gérant : Albert Fontemoing.

Imprimerie Générale de Châtillon-sur-Seine. — A. Pichat.

BULLETIN CRITIQUE

43. — **Etudes sur le style des Discours de Cicéron**, avec une exquisse de l'histoire du « Cursus », par LAURAND. — Paris, Hachette et Cie, 1907 ; un vol. in-8°, LX-388 pages.

« Les théories oratoires des anciens et en particulier de Cicéron portent un nom fort impopulaire en France aujourd'hui : elles sont la rhétorique... Son influence dans l'antiquité est un fait que l'étude des littératures anciennes met chaque jour plus en évidence. On ne peut pas l'ignorer. » (*Préface*, p. VIII). Cette remarque de M. Laurand était utile au début d'une étude qui ne prétend pas en imposer par l'agrément de la forme, mais qui présente aux chercheurs une mine inépuisable de faits solides et d'observations suggestives. Aussi bien, malgré l'apparence contraire, ne sommes-nous pas un peu envahis en France par la « rhétorique? » Les études substantielles et purement *objectives* y sont-elles tellement en honneur que nous ne devions pas savoir à M. L. un très grand gré d'avoir consacré une somme énorme de travail à composer son livre? Ce livre sera pour les latinistes un complément très appréciable des excellentes *Etudes sur la langue et la grammaire de Cicéron*, publiées il y a sept ans par M. J. Lebreton.

La question que se pose l'auteur est fort simple. Oui ou non, Cicéron a-t-il appliqué dans ces Discours les théories oratoires qu'il expose dans le *De Oratore* et dans l'*Orator!* Pour quiconque suit avec attention les raisonnements, appuyés sur une immense quantité d'exemples, que développe M. L., la réponse n'est pas douteuse. Si peu logique et si peu cohérent que soit dans son ensemble le système contenu dans ses traités de rhétorique, Cicéron n'en a pas moins toujours cherché à réaliser et en fait a presque toujours réalisé l'idéal du style oratoire qu'il avait en vue.

M. L. nous fait connaître cet idéal dans une série de chapitres aussi richement documentés que judicieusement agencés. La lecture seule de la Table des Matières peut montrer avec quel art est construite la thèse.

M. L. tire ses conclusions de l'étude à peu près exclusive du texte même de Cicéron et des sources anciennes; ceci est d'une excellente méthode. Il ne donne aux travaux modernes qu'une place secondaire. Cela ne veut pas dire qu'il les néglige ou les ignore, tant s'en faut. L'Index bibliographique des pages xi-lx et les références innombrables qui se lisent au bas des pages, d'un bout à l'autre du volume, témoignent du contraire. Je crains même que l'Index ne soit trop complet, sinon mal composé. A citer trop d'ouvrages qui n'ont avec la présente étude qu'un rapport lointain, parfois discutable, on risque d'en oublier d'autres au moins aussi intéressants; voir par ex. J. Girard, *Etudes sur l'éloquence attique*, où il est à diverses reprises question de Cicéron; F. Müller, *Brutus, eine Selbstverdeidgiung des Cic.*, Cölberg, 1874; Clavel, *de M. T. Cicerone Græcorum interprete*, Paris, 1868, etc. Mais surtout, il eût fallu, dans une pareille bibliographie, adopter un ordre autre que l'ordre alphabétique. Le lecteur est quelque peu surpris de voir cités côte à côte le Tacite de G. Boissier et un programme de R. Bolzenthal, les œuvres de Barzizzà et une étude sommaire de Bauermeister, les *Latins* de Goumy et une dissertation sur la Métrique grecque de Goodell; le Dictionnaire de H. Gœtzer, la Métrique de F. Plessis, l'article de L. Havet sur la *Prose métrique* dans la *Grande Encyclopédie* voisinent pêle-mêle, suivant les hasards de l'alphabet, avec de vieilles compilations comme celles de Ramus ou de Rapicius. Il eût été bon aussi de faire un tri plus sévère dans la liste des éditions. A côté d'éditions scolaires fort recommandables, celles de J. A. Hild, De la Ville de Mirmont, E. Momas par ex., j'en relève d'autres qui ne sont guère que des entreprises de librairie et ne peuvent fournir ni un texte sûr, ni des renseignements sérieux. Mais il serait malséant de se plaindre d'une trop grande abondance de biens.

Une *Introduction* de 17 pages (pages 1-17) examine, mais sans la résoudre, une question toujours pendante : les discours que nous avons de Cicéron ressemblent-ils à ceux qu'il a prononcés? Il est de fait qu'aucun, sauf peut-être le *Post reditum in senatu*, ne nous a été conservé sous sa forme première ; presque tous furent réunis et publiés plus tard par Tiron, sans doute d'après des brouillons et des notes. Dès lors, comment faire le départ entre les discours *prononcés* et la *rédaction* que nous en avons aujourd'hui ? Et cependant, dans une étude du genre de celle-ci, les différences seraient utiles à connaître. M. L. se borne sur ce point à des conjectures, mais il aboutit à cette conclusion fort acceptable que dans la rédaction définitive l'auteur a *certainement* omis des développements, que *certainement* le *Pro Milone* a été refait, (chose que nous savions depuis longtemps), et que pour les autres on peut admettre *avec vraisemblance* des changements de détail ou même des additions (par ex. dans les *Catilinaires*). Mais dans l'ensemble les changements sont moins importants qu'on ne l'a prétendu ; le *Pro Murena* en particulier n'a pas subi les modifications importantes que prétend y trouver M. Rosenberg.

Comme l'Introduction ne fait pas partie intégrante du livre, on ne peut lui reprocher d'être superficielle ; mais M. L. y effleure avec autant de savoir que de bon sens beaucoup de points qui mériteraient de faire un jour l'objet d'une étude d'ensemble approfondie.

Les trois livres qui suivent forment la partie fondamentale de l'ouvrage. Il faut y louer à la fois la méthode rigoureuse avec laquelle M. L. a réussi et classé les mille observations de détail qui servent de fond à la thèse, et l'étendue d'une érudition qui lui permet de trouver dans l'œuvre de Cicéron des textes répondant à toutes les objections. Les exemples et les citations sont accumulés de manière à amener la conviction dans l'esprit du lecteur ; la division en chapitres et en paragraphes donne l'impression d'une œuvre solidement charpentée et agréable à parcourir.

Le Livre I est consacré à la *Pureté de la Langue* (pages 24-107). Aux yeux de Cicéron, la première condition pour bien écrire est d'écrire correctement ; à l'orateur plus qu'à tout autre il faut une langue d'une pureté irréprochable et cette opinion est fondée non seulement sur les déclarations de Cicéron lui-même, mais aussi sur celles de ses contemporains qui, sans aucun doute, devaient s'y connaître. Quel souci le grand orateur apportait dans le choix de son vocabulaire, dans des préoccupations de pure forme : conjugaisons, déclinaisons, orthographe, correction syntaxique, etc., bref, dans tout ce qui constituait l'art de *latine loqui*, M. L. nous l'expose en divers chapitres, surtout en ceux où il compare successivement le vocabulaire des discours avec le vocabulaire beaucoup moins restreint des citations, des poésies, des lettres et des traités philosophiques et oratoires. Ce premier livre de M. L. est des plus pénétrants ; dans des questions de ce genre il n'y a pas de petits faits il n'est pas indifférent de savoir que Cicéron dit toujours *senectus* et non *senecta*, *cupiditas* et non *cupido*, *somnus* et non *sopor*, etc. (voir pages 25 et suiv.). Je signale tout particulièrement la liste fort précieuse (pages 26-57) des mots qui se rencontrent dans les citations faites par Cicéron, mais qui sont constamment évités par lui partout ailleurs, et celle des mots grecs (pages 73-76) qui se lisent dans les traités de rhéthorique. Cette dernière liste est donnée pour la première fois par M. L., mais on en pouvait déjà trouver les éléments dans l'ouvrage de Clavel cité plus haut (pages 313 et suiv.).

Le livre II (pages 107-218) traite de la question si complexe et si difficile à étudier pour un moderne, du *Nombre oratoire*. Qu'était-ce en somme que ce *numerus*, si important au dire de Cicéron ? M. L. en étudie tous les éléments avec infiniment de clarté. Il n'y a qu'à louer dans les chapitres consacrés au choix des mots, à la place qu'ils occupent dans la phrase, aux coupes, à la symétrie de l'expression et à une foule de questions analogues (allitérations, hiatus, assonances, constructions symétriques et antithétiques, etc.). La partie consacrée à l'examen des clausules et de la *responsio* (ep. 143-218) en général, et à « l'étude des clausules depuis la Renaissance » en particulier (pages 213-219) est extrêmement documentée ; il est d'ailleurs impossible d'en donner une analyse ici. Mais elle est présentée avec une rare netteté ; de plus M. L. ne craint pas de jeter par-dessus bord les théories contradictoires et inconciliables de ses devanciers. Aux travaux de Wüst, Müller, Wolff, Hay, Norden, Zielinski, Blan, Havet, Bornuque et autres, qu'il connaît à fond, aux théories récentes et si discutées sur la « Prose métrique », il n'emprunte que ce qui est hors de doute. Pour le reste il ne s'en rapporte qu'à ses recherches personnelles ; il faut l'en louer grandement. Il réunit à l'appui de ses propres théories, des collections d'exemples probants : pages 147-152, les clausules de la sixième Philippique; pages 172-174, les clausules finales de tous les discours; pages 174-184, les preuves montrant que la recherche de certaines clausules était un effet de style voulu, réfléchi, non un fait de hasard. L'intérêt de ces recherches est indubitable; elles permettent d'écarter définitivement bon nombre de conjectures d'éditeurs, de choisir entre plusieurs variantes et même de suggérer des corrections. En cela, M. L. rend un grand service à la critique des textes.

Dans le Livre III. (*Variété du style*,) pages 219-341) nous sentons combien était souple le talent de Cicéron et avec quelle habileté il savait manier les *tria genera dicendi* tour à tour. Malgré l'opinion contraire qui pourrait résulter d'une lecture superficielle de ses discours, nul n'a su mieux que lui éviter la monotonie et la solennité continue. Les preuves en sont nombreuses; voir sur ce point en particulier le chapitre consacré au style simple et aux « plaisanteries » (pages 225-241), avec exemples tirés de « Quelques dialogues » (pages 240-245). Une preuve moins évidente, mais non moins sûre, nous est fournie par l'étude minutieuse des traces de la langue familière, *cotidianem genus sermonis* : diminutifs, composés de *sub* et de *per*; sur ces derniers, M. L. oublie de renvoyer à l'article de J.-B. Dutilleul : *Remarques sur les superlatifs formés par « per »* (*Rev. de Philol.*, t. XIII, 1889, pages 233 et suiv.). Dans ces expressions familières, on ne doit point voir des négligences, mais une façon de parler voulue, très variable d'ailleurs suivant les discours, les époques et les circonstances. De toutes ces traces, M. L. nous donne des textes établis avec soin, les unes nouvelles, les autres empruntées et complétées. A les parcourir, on se rend compte du service qu'elles rendent à tous ceux qui désirent saisir les nuances de style les plus fines de l'aimable ironiste qu'était à l'occasion Cicéron. M. L. examine à ce point de vue spécial trois discours appartenant à des genres différents : le *Pro Cæcina*, le *De Imperio Cn. Pompeii* et le *Pro Rabirio*, et son examen est décisif. Non moins décisive est l'étude de la « Variété du style dans un même discours », avec les exemples tirés particulièrement des *Verrines* (pages 303-314). En appliquant les observations qui précèdent à la lecture des *Philippiques* (chap. VII, pages 324 et suiv.). M. L. combat la théorie de O. Hauschield (*De sermonis proprietatibus quæ in*

Philippicis Ciceronibus orationibus inveniuntur, Halle, 1886) sur le
« prétendu style spécial des Philippiques; » la langue de ces harangues ne diffère pas sensiblement de celle des autres discours.

L'éclectisme de Cicéron qui n'a voulu être ni complétement attique, ni complétement asiatique, mais qui cherchait à réunir en lui les qualités des deux écoles rivales, fait l'objet des six pages, beaucoup trop brèves et peu originales, du chap. VIII (*Atticisme et Asianisme*).

Il se dégage de la lecture du livre de M. L. une impression très nette. Cicéron ne fut pas un styliste, mais un grand et véritable orateur, poursuivant toujours une idée fixe, l'idée que doit poursuivre tout orateur digne de ce nom : parler de manière à produire la persuasion. Sans jamais cesser d'être clair et correct, il a recours à toutes les ressources qui lui permettent d'agir sur un auditoire romain, et en particulier à l'instrument le plus puissant de la persuasion, au nombre oratoire. Cette opinion de M. L. n'est pas pour plaire à tout le monde; il est difficile, après avoir lu et pesé ses arguments, de ne pas être de son avis et de ne pas le féliciter d'avoir su mettre aussi habilement en œuvre une pareille masse de documents.

Trois *Appendices* nous donnent les listes, établies d'après les lexiques de Merguet, mais corrigées et complétées, des mots qui se trouvent dans les discours et ne se trouvent pas dans les traités philosophiques (pages 344-352) et inversement (pages 353-362), — et une *Esquisse de l'Histoire du « Cursus » jusqu'au* XVe *siècle* (pages 363-376). Ce dernier appendice est amené par la discussion des théories modernes sur le rythme de la prose antique et précédé d'une bonne bibliographie des ouvrages récents relatifs à la question. Il est à souhaiter que M. L. reprenne un jour cet appendice et en fasse l'objet d'une étude originale et détaillée. S'il s'y décidait, la valeur du présent travail nous garantirait le succès du second.

J. Vessereau.

---

44. — **Légendes Coptes,** par N. Giron. — Paris, 1907, 1 vol. in-8, 80 pages.

M. Giron vient de publier un petit livre très intéressant sur quelques légendes coptes du moyen âge. Son introduction offre d'abord, pour celui qui n'est pas au courant, quelque chose de bizarre. Entre autres, nous y trouvons à chaque pas le nom de G. Pâris à côté de ceux de MM. Révillout ou Amélineau. Or, nul ne contestera que ces grands savants n'ont guère de commun qu'un même amour pour la science : et, comme ce lien est très fragile, on se demande tout de suite ce que l'auteur « de la littérature française au moyen âge » vient faire à côté d'égyptologues et de coptisants très illustres.

Rendons justice à M. Giron : il nous le dit tout de suite. Il nous fait remarquer que nous sommes en plein moyen âge et que pour l'étude des légendes de cette époque, nul ne peut mieux que G. Pâris nous en expliquer l'évolution et l'origine. Il a raison ; et grâce à d'ingénieux rapprochements nous finissons par nous convaincre que ce qui se passait en France se passait également en Egypte : les hommes sont partout de grands enfants qui cherchent à s'amuser. C'est bien là la conclusion à tirer de la préface de M. Giron.

Arrivons à ces légendes : à vrai dire, elles ne présentent guère d'intérêt : ce sont soit des paraphrases de la Bible, soit des espèces de sermons plus ou moins édifiants. Il y en a de très scabreux. L'histoire de la fille de Basilique, par exemple, est bien dite ; et fait montre d'un côté ironique, — inconscient peut-être, — mais le dirai-je ? — très amusant.

Malgré tout l'intérêt avec lequel j'ai lu le volume, je ne peux m'empêcher pourtant de faire quelques légères critiques. Les voici. D'abord je trouve que le travail de M. Giron — s'il s'adresse à des coptisants, ce qui semble être — n'est pas assez complet au point de vue philologique. Quelques remarques grammaticales de plus, un petit lexique n'auraient pas nui à l'ouvrage ; au contraire il aurait facilité la lecture même du texte. Enfin pourquoi M. Giron s'étend-il à nous raconter, par exemple, ce qu'étaient Arius Théodoret, etc. Nous le savons tous, comme les jeunes gens de 13 ans qui suivent les cathéchismes de persévérance. — Aussi terminerons-nous en disant que si M. Giron avait fait une part plus considérable à ses connaissances philologiques — qui sont très solides — nous l'aurions remercié davantage de l'intéressant ouvrage qu'il nous a donné. P. MARESTAING.

45. — **Le sentiment de la nature en France de J.-J. Rousseau à Bernardin de Saint-Pierre,** par Daniel Mornet. — Paris, Hachette, 1907. in-8 de 572 p. (Prix : 7 50.)

« Tout principe général de l'histoire n'a quelque chance de certitude que s'il résume un grand nombre de certitudes partielles. » Cette phrase, que nous empruntons à la conclusion du livre, exprime fort exactement la méthode rigoureuse et sévère qui a dirigé M. Daniel Mornet, tout au long de la remarquable enquête qu'il vient de consacrer au sentiment de la nature en France dans la seconde moitié du xviii° siècle.

Certes le temps est passé où l'humeur inégale et arbitraire d'un critique prétendait asservir le goût aux caprices de sa sensibilité individuelle. L'histoire littéraire se construit aujourd'hui avec la même méthode impersonnelle que l'autre histoire. « Ce sont les faits qui louent... » Ce sont les faits aussi qui prouvent, et la manière de les raconter n'importe que par l'érudition, l'impartialité et la sûreté critique du narrateur.

Le sentiment de la nature, dont M. Mornet a entrepris l'étude pendant une période limitée et décisive de son évolution, est un des aspects les plus curieux et les moins connus de notre histoire littéraire. Aujourd'hui on l'éprouve avec tant de simplicité et il s'exprime si couramment chez les moins expérimentés de nos romanciers et de nos poètes, qu'on a peine à comprendre que tant de siècles aient pu vivre, goûter des émotions profondes ou délicates et rester pourtant insensibles au charme des forêts et des eaux vives, à la majesté sereine des montagnes, à la puissance tourmentée de la mer. Il faut bien que cela soit, puisque les plus grands poètes de l'antiquité et des âges classiques n'ont jamais chanté, dans les plus beaux décors du monde, qu'eux-mêmes, leurs inquiétudes ou leurs espoirs, les réactions diverses de leur âme devant les grands problèmes de la morale ou les petits débats de la société.

Par quelle insensible transformation des mœurs et du goût littéraire peut-on passer de cette complète méconnaissance de la nature aux somptueuses descriptions d'un Châteaubriand, d'un Hugo ou d'un Lamartine, c'est ce que M. M. nous montrera en faisant parallèlement l'analyse des faits et l'histoire des âmes pendant cinquante ans.

Pour conduire à bonne fin cette enquête, M. M. n'a pas dépouillé moins de 887 documents, plusieurs inédits: manuscrits, journaux, mémoires, correspondances, œuvres originales ou livres de seconde main. Encore la bibliographie indiquée à la fin de son étude ne représente-t-elle qu'une partie de l'énorme dossier qu'il a dû lire ou consulter. Et je tiens à signaler ici, comme une innovation intéressante qui mérite d'être suivie, le procédé que l'auteur a adopté pour présenter sa documentation : l'index bibliographique est divisé en chapitres méthodiques ; à chaque document est attribué un numéro d'ordre : dans le cours de l'ouvrage, les notes abondantes au lieu de charger le bas des pages de références longues et détaillées, renvoient simplement au numéro de la bibliographie.

L'ouvrage se divise en deux parties fort inégales d'importance : dans la première qu'il intitule *les Faits*, M. M. passe en revue tous les symptômes qui marquent à n'en pas douter, chez les Français du xviii° siècle, un retour à la nature, la connaissance et le goût des choses de la campagne. Ce sont d'abord les multiples villégiatures où nobles de Paris et de province, bourgeois ou gens de lettres fuient le tumulte et les obligations de la vie mondaine, cherchent le calme et s'exercent à la rêverie. Avec plus de loisirs, d'initiative et de ressources, des voyageurs découvrent de plus lointains horizons ; la montagne, longtemps méprisée, a de zélés partisans, et la Suisse, après la *Nouvelle Héloïse* devient une sorte de pèlerinage sentimental.

Mais ce ne sont là que des indices avant-coureurs d'un mouvement plus général et plus décisif. Après avoir sobrement analysé les faits, M. M. consacre la seconde partie de son livre, la plus riche et la plus vivante, à l'étude des *Ames* : celles-ci sont l'expression de ceux-là ; villégiatures, promenades et voyages nous ont averti qu'une génération nouvelle est née, riche d'une sensibilité toute fraîche.

Certes, il ne faut pas demander tout de suite à ces néophytes de la nature une intelligence parfaite des plaisirs et des agréments qu'ils se sont avisés de découvrir à la campagne. La première forme que prend le passion nouvelle est celle d'une pastorale artificielle, très littéraire, un peu sentimentale, volontiers galante et trop souvent naïve. C'est fort justement que M. M. a étudié à part ce premier état d'esprit sous le titre : l'*Idylle champêtre*. L'enthousiasme sans bornes qu'excitent les *Idylles* de Gessner, le succès d'un Berquin et d'un Léonard, la vogue que connut la pastorale théâtrale, dont le *Devin* du village est un des meilleurs spécimens, tous ces témoignages s'accordent pour prouver l'intérêt que porte le public du xviii° siècle en général aux expressions littéraires de la nature rustique.

Enfin J.-J. Rousseau vint. Et avec lui un sentiment plus profond et plus sincère, fait d'émotion réelle et de rêve, va se substituer peu à peu aux fantaisies trop fades de l'époque. Rousseau *aima* vraiment la nature ; « il y avait pour lui dans les choses non des formes agréables et indifférentes, mais une âme unie à la sienne pour solliciter et comprendre tout ce qui frémissait obscurément en lui. » (P. 185). La *Nouvelle Héloïse* qui peint, à travers les complications sentimentales de l'intrigue, tous les lieux chers à l'auteur, eut un succès retentissant : aujourd'hui les descriptions du roman nous semblent un peu factices, disposées comme autant de symboles des sentiments des personnages ; mais il y a pourtant un progrès réel dans ce que M. M. appelle ce « sentiment sentimental de la nature, » que Rousseau mit à la mode et qu'exprimèrent autour de lui ou après lui des écrivains comme Diderot, Mercier et Saint-Lambert.

C'est dans les jardins de la fin du xviii° siècle que s'exprime le mieux la façon nouvelle dont on comprend et dont on aime la nature. La meilleure façon de la comprendre et de l'aimer n'est-ce pas encore de la respecter ? Perpétuellement contrariée ou violentée dans le jardin français à la manière de Le Nôtre, la nature reprend ses droits dans ce qu'on appelle d'abord le « jardin chinois, » c'est-à-dire le jardin libre, et surtout dans le jardin anglais. Un pittoresque désordre, un fouillis d'arbres, de rochers et de tertres animés d'eaux vives, donne au seuil des maisons l'illusion de la nature libre.

En même temps, ceux qui aiment vraiment les grands espaces et les beaux horizons n'hésitent plus à chercher loin de chez eux des émotions plus sincères et plus pures. La montagne prend avant la mer la place qui lui appartient, — la première, — dans l'amour de la nature : la *Nouvelle Héloïse* détermine vers la Suisse un exode de touristes et Rousseau se trouve fort, inopinément avoir donné le signal des grandes ascensions. Mais ici encore, le sentiment l'emporte en intensité et en franchise sur l'expression littéraire. En parcourant, à la suite de M. M., les poètes et les prosateurs de la fin du xviiie siècle qui eurent tous les meilleures raisons de connaître, de comprendre et de décrire sincèrement la nature, on reste déconcerté par la gaucherie, la timidité et la pauvreté de leur talent descriptif. Le procédé règne en maître dans les *Jardins* de Delille comme dans les *Saisons* de Saint-Lambert, comme dans les *Mois* de Roucher. Avec Dorat, de Tréogate, Léonard et D'Arnaud, qui tous trahissent et confessent l'influence profonde de Rousseau, la prose est un peu plus heureuse : nous y retrouvons du moins ces « langueurs amoureuses, solitudes, rêveries, ces tragiques harmonies des choses et des âmes désespérées » qui, entre la *Nouvelle Héloïse* et Bernardin de Saint-Pierre, sont tout ce que l'on peut attendre du sentiment de la nature.

Nous arrivons ainsi à la partie capitale du sujet, la dernière division du livre, à laquelle M. M. a donné pour titre : *la Nature pittoresque*. Comment le sentiment du pittoresque s'est-il peu à peu imposé aux âmes, après l'amour de la campagne et du plein air, comment s'est-il exprimé dans la peinture, dans la poésie et dans la prose du temps ?

Dans la seconde moitié du xviiie siècle, les peintres sont d'excellents témoins de ce goût tout nouveau, encore timide, pour les beautés champêtres. Avant même les jardins anglais, Boucher et Watteau nous peignent de libres ombrages, des vallons incultes, des eaux vives, et Vernet, des montagnes, des cascades et des marines, avant la connaissance parfaite de la Suisse et les chefs-d'œuvre de Bernardin de Saint-Pierre.

Embarrassé dans les formes discrètes et les règles didactiques, l'art de peindre à l'esprit, — poésie ou prose descriptive, — ne réussit pas à contenter le goût sincère et délicat du public, que les peintres ont achevé d'éclairer. Le mot *descriptif* est inventé et la *poésie descriptive* devient un genre à part : mais le mot et le genre restent impuissants à inspirer les poètes et à produire autre chose que des œuvres médiocres. Les poèmes sur la nature, les saisons ou les jours plus abondants qu'intéressants : attendus avec impatience, lus avec fièvre, ils sont commentés ou critiqués avec une sévérité qui atteste la déception du public. La prose, malheureusement, subit la contagion de la poésie; encouragé par le succès du *Télémaque* et la vogue de Gessner, le poème en prose se constitue comme genre. Rousseau lui-même, malgré son génie, ne trouve pour rendre les plus beaux paysages que des épithètes vagues et des images conventionnelles : ses meilleures descriptions, compromises par la préoccupation dominante du sentiment, de l'émotion ou du souvenir, souffrent d'une transposition maladroite des détails précis et caractéristiques qui les rend indécises. Dorat et Léonard, avec de sérieuses qualités, sont aussi gâtés par le poème en prose. C'est dans Loaisel de Tréogate que M. M. relève avec raison les premières traces de franchise, ce sentiment simple et net de la nature toute une qui fait prévoir le vrai créateur de la description pittoresque, Bernardin de Saint-Pierre.

Au terme de cette remarquable étude, dont notre analyse trop rapide et trop sèche ne peut donner qu'une idée insuffisante, M. M. se défend d'avoir voulu faire autre chose qu'une « narration historique. » La méthode rigoureuse, toute scientifique, qui a dirigé ses recherches ne lui permet de proposer au lecteur, après les faits et les témoignages, que de « prudentes conclusions; » c'est avec raison que M. M. se défie de ces vastes synthèses et de ces constructions philosophiques qui ont été trop longtemps le triomphe des thèses de doctorat, et dont l'arbitraire n'a d'égale que la vanité. Mais il nous paraît cependant qu'il y a mieux que des faits dans ce livre, et que, grâce à l'exactitude et à l'étendue de l'enquête, quelques vérités nouvelles restent acquises à l'histoire littéraire. Il est juste d'ajouter que, malgré la méthode rigoureuse qui domine la personnalité de l'auteur, le charme d'un style élégant et précis enlève toute sécheresse à ses pages d'excellente critique et que, sans être un spécialiste de la question, on y peut prendre le plus légitime plaisir.

E. MAYNIAL.

46. — **Le protestantisme en Saintonge sous le régime de la Révocation** (1685-1789), par L.-J. NAZELLE. — Paris, Fischbacher, 1907, in-8 de 329 p.

L'étude que M. Nazelle vient de consacrer au protestantisme en Saintonge de la Révocation de l'édit de Nantes à la Révolution, fait penser à ces tableaux du Moyen Age où un peintre naïf représentait le jugement dernier en plaçant d'un côté les bons, et de l'autre, les méchants. Les bons, pour M. N., ce sont les protestants martyrs ; les méchants, ce sont les catholiques bourreaux. La méthode est simple et facile. Malheureusement, que M. N. nous permette de lui dire, l'histoire est plus exigeante : il ne s'agit pas avec elle de blâmer ou de louer, il s'agit avant tout d'expliquer ; et, pour cela, il faut oublier que les siècles ont coulé, modifiant les sentiments et les idées ; il faut, sous peine de ne pas comprendre et d'être injuste, se mettre pour un instant dans la peau, dans l'âme des hommes que l'on évoque.

Prenons un exemple : la Révocation de l'édit de Nantes. Avec non moins de vigueur que M. N., nous réprouvons cet acte détestable dont nous dirions volontiers, lui appliquant un mot célèbre, qu'il fut plus qu'un crime : une faute. Mais est-ce que ce jugement sommaire suffit? Non pas. La plus élémentaire équité veut que, avant de prononcer sur le fait, nous le replacions dans l'atmosphère morale où il se produisit. Or, si Louis XIV se trompa, ce ne devrait pas être aux protestants à le lui reprocher trop amèrement. Son erreur, en effet, fut de les imiter ; son erreur fut de faire rétrograder la France tolérante et généreuse au régime où, dans la plupart de leurs états, ils tenaient les dissidents. Souverain catholique, il se comporta vis-à-vis de ses sujets protestants, comme les souverains protestants se comportaient vis à-vis de leurs sujets catholiques. Il ne fit pas mieux pour cela... On doit ajouter pour l'honneur de la France, que son système de violences, qui ne cessa jamais d'avoir des contradicteurs, y passa assez vite de mode. Moins d'un siècle après la Révocation, les prescriptions vexatoires, sans être abrogées, n'étaient plus appliquées dans leur rigueur. « En 1762, reconnaît M. N. lui-même..., les Eglises de Saintonge avaient repris conscience d'elles-même ; elles avaient des temples, à peine déguisés par leur aspect extérieur, des pasteurs, des anciens, les colloques s'assemblaient, les synodes délibéraient » (p. 171). Et vers la même date, le pasteur Gilbert ayant tenté d'organiser parmi les protestants saintongeais un mouvement d'émigration en Angleterre, ses collègues le blâmèrent, nous raconte encore M. N., « vu l'heureuse tolérance que notre bien-aimé monarque daigne nous accorder depuis quelques années, au sujet de la profession extérieure de notre Sainte religion, et l'espérance où nous sommes qu'il continuera les mêmes bontés » (p. 197). M. N., qui est très sincère, cite ces faits et ces documents, et cela ne l'empêche pas d'écrire quelques pages plus loin : « Loin de reconnaître son erreur, le pouvoir royal semblait s'y complaire toujours plus » (p. 269). Le gouvernement, d'ailleurs, ne fut pas à ses yeux seul coupable : plus criminel encore fut le clergé romain, « sans pitié, dit-il, sans remords, sans scrupule, haineux et trompeur » (p. 273). Voyons, M. N., de bonne foi, cette tolérance dont les pasteurs et les anciens de l'Eglise réformée de Saintonge se félicitaient en 1762, les curés et les catholiques de l'Eglise romaine d'Irlande n'en étaient-ils pas encore à l'attendre, à cette époque, de la protestante Angleterre? Depuis longtemps, les dragonnades n'étaient plus chez nous qu'un souvenir et qu'un argument à l'usage des déclamateurs, que la maîtresse de « l'Ile verte » torturait toujours son esclave dépouillée et affamée pour cause de religion. Lorsque, à la fin du règne de Louis XV, le duc de Choiseul proposa, sur une demande présentée par le duc de Bedford et l'archevêque de Cantorbéry, de mettre en liberté quelques protestants détenus en faveur des lois qui, depuis la Révocation de l'édit de Nantes, interdisaient leur culte, — un de ses collègues au ministère, le comte de Saint-Florentin, eut le tort de s'y opposer. Mais il avait le droit de répondre comme il le fit[1] : « Je doute fort que les Anglais nous écoutassent si nous leur demandions quelque chose capable d'ébranler les lois que leur inimitié pour le catholicisme leur a dictées... ils ne souffriraient certainement pas chez eux des assemblées de catholiques au nombre de 2000 ou 3000 hommes comme nous en avons eu ici un grand nombre de protestantes ». — Quinze ans plus tard, Louis XVI allait faire mieux que de tolérer les assemblées protestantes ; ouvrant, n'en déplaise à M. N., une ère nouvelle en matière de liberté de conscience, il rendait aux réformés, par l'édit de 1787, le droit d'avoir un état civil et,

---

1. Il est fâcheux que M. N., qui rapporte cet incident (p. 214), n'ait pas reproduit les arguments que fit valoir Saint-Florentin pour motiver son attitude : cela n'est pas de l'impartialité.

par conséquent, d'exister légalement. La révolution ne fit qu'achever son œuvre.

A propos de la Révolution, M. N. commet et une inexactitude quand il écrit (p. 226) : « Lors de la réunion des Etats Généraux, nombre de cahiers du Tiers Etat demandaient la liberté complète des cultes. Il y avait encore bien des opposants : la Noblesse, en majorité, le Clergé, presque unanime ». M. Edme Champion, dont il ne saurait récuser l'autorité, a en effet démontré que les cahiers du Tiers témoignent d'autant d'attachement à la religion catholique que ceux du Clergé et de la Noblesse, et que souvent même ils consentent, en faveur des non catholiques, à moins de concessions que ceux de la Noblesse [1]. Cela soit dit en passant, et seulement pour rétablir un fait.

Malgré son manque d'objectivité, l'étude de M. N. a quelques sérieux mérites. Nous n'avons aucune peine à le reconnaître. Il a vu beaucoup de documents, et ses chapitres relatifs à la restauration du culte protestant en Saintonge, à l'organisation intérieure des Eglises de la région, au rétablissement de la discipline, etc., sont d'intéressantes pages d'histoire provinciale.

B. DE LACOMBE.

---

47. — **Les communs en Bretagne à la fin de l'Ancien régime**, par Pierre LEFEUVRE. — Rennes, imp. Oberthür, 1907, in-8 de XI-179 p.

Sauf dans un nombre infime de localités, il n'y eut pas en Bretagne, avant la Révolution, de biens communaux proprement dits [2], et la grande majorité des vastes territoires incultes qui occupaient

---

1. *La France d'après les cahiers de 1789*, p. 178-179, et la *Séparation de l'Eglise et de l'Etat en 1794*, p. 54 et suiv.

2. Lorsqu'il énumère (p. 43) les paroisses propriétaires de communs, M. Lefeuvre cite sous réserve les frairies de celle de Bains (Ille-et-Vilaine, arr. et cant. de Redon). Or il est au moins en Bains une frairie dont les habitants étaient réellement propriétaires de leurs communs, c'est celle de Germignac puisque nous les voyons vendre en 1788, 600 terres de pré, moyennant 300 l., aux Etats de Bretagne pour la rectification du cours de la Vilaine. (Archives d'Ille-et-Vilaine, C. 4998).

à peu près la moitié de la province était la propriété des seigneurs, en vertu de la Coutume, suivant laquelle il n'y avait nulle terre sans seigneur. Les communautés rurales jouissaient donc seulement, suivant les cas, soit d'une servitude perpétuelle de communer soit d'un simple assensement à durée indéterminée, dont le bénéfice pouvait être enlevé aux vassaux par la clôture, le défrichement, la plantation en bois ou l'afféagement, et qui, concédé seulement à ces vassaux en raison des terres qu'ils cultivaient, était exclusivement réservé aux possesseurs de ces terres et se transmettait avec elles. D'ailleurs, d'une façon générale, les droits de servitude et d'assensement appartenaient aux seuls vassaux du seigneur, et la division territoriale avait pour base non pas la circonscription paroissiale ou frairiale, mais le fief : à ces errements furent la source d'une foule de procès que ne tarit pas, il s'en faut de beaucoup, la loi du 28 août 1792 et qui, nombreux au cours du XIXe siècle, se produisent encore quelquefois à l'aurore du XXe.

Les populations rurales tenaient beaucoup à ces communs, seul lieu de pâturage en ces temps où les prairies artificielles étaient inconnues et où l'imperfection des procédés de culture contraignait les laboureurs à laisser annuellement en friches une notable partie de leurs terres; en outre, ils permettaient à de pauvres journaliers qui n'étaient pas propriétaire fonciers, de posséder et de nourrir quelques têtes de bétail. Aussi quand, vers le milieu du XVIIIe siècle, sous l'influence des doctrines des physiocrates, propagées et mises en pratique par la Société d'agriculture, les seigneurs, poussés aussi par la nécessité d'accroître leurs revenus, multiplièrent les afféagements de ces terres incultes en faveur d'agriculteurs, généralement fort aisés, qui se proposaient de les défricher, ce fut de la part des paysans une indignation, parfois poussée jusqu'à la révolte et à la sédition, dont les cahiers de 1789 nous ont conservé un vibrant écho.

A maintes reprises le pouvoir royal, ses intendants et les Etats de Bretagne tentèrent d'établir une réglementation capable de sauvegarder les droits des seigneurs et ceux des paysans, tout en stimulant les progrès de l'agriculture, mais quand vint la Révolution, ces essais n'avaient pas encore abouti.

Présenté comme thèse de doctorat à la Faculté de droit de Rennes, le livre de M. Lefeuvre envisage principalement l'histoire des communs en Bretagne au point de vue juridique, mais le côté économique y occupe aussi une large place. On peut regretter seulement que l'auteur ait borné ses recherches, d'ailleurs minutieuses et approfondies, aux archives de l'Intendance, des Etats et du Parlement de Bretagne, et qu'il ne les ait pas étendues aux papiers seigneuriaux, si nombreux dans les dépôts des départements de Bretagne ; il est très certain que ses conclusions n'en auraient nullement été modifiées, mais peut-être y aurait-il glané de plus abondants renseignements sur l'usage que faisaient des communs les paysans et sur l'importance relative du produit de cet usage par rapport au produit général d'une exploitation agricole. Le travail de M. Lefeuvre aurait aussi gagné en intérêt si des comparaisons plus nombreuses avaient été faites par lui entre la condition juridique et économique des communs de Bretagne et celle des communs des autres provinces et même des pays étrangers à la même époque. Néanmoins, il faut louer l'auteur de sa méthode rigoureuse, de l'emploi très judicieux qu'il fait de ses sources, de l'abondance de sa documentation et de la clarté parfaite de son exposition ; son livre apporte une importante contribution à l'histoire des classes rurales et de l'agriculture aux XVIIe et XVIIIe siècles.

André Lesort.

44. — **Le clergé et le culte catholique en Bretagne, pendant la Révolution.** District de Dol. Documents inédits, recueillis, mis en ordre et publiés par P. Delarue, membre de plusieurs sociétés savantes. Quatrième partie. Cent : n de Traus. Rennes.

Plihou et Hommay, 1908, in-8, 152 p.

Cette nouvelle publication de l'infatigable et toujours bien informé M. Delarue comprend les communes de Cendres, Traus, Pleine-Fougères, Sougeal, Vicurviel et la Boussac.

La commune et la paroisse de Cendres ont été réunies à celles de Pleine-Fougères.

Comme dans les volumes précédents, M. Delarue suit la destinée du clergé insermenté et assermenté, durant cette époque lugubre de notre histoire. Il cite les délibérations des municipalités au sujet des prêtres, doublement coupables à leurs yeux, et de... rester fidèles à la loi éternelle de Dieu et de refuser de se soumettre aux prescriptions contraires des tyrans du jour. Tel est l'unique thème développé avec peu de variantes dans ces procès-verbaux.

Avant de recourir à des moyens plus expéditifs, la fusillade et la guillotine, on commença par supprimer aux prétendus rebelles les minces allocutions qui leur avaient été attribuées. M. Egault, vicaire à Pleine-Fougères, l'un d'eux, pouvait écrire au nom de tous : « Si l'on s'imagine nous affamer, on ne se trompe pas, mais la faim ne nous fera jamais agir contre notre conscience. »

Parler de « conscience » à des hommes qui se sentaient prêts à toutes les bassesses, au nom de ce qu'ils appelaient la liberté, c'était parler un langage inintelligible, celui d'un « forcené, » suivant l'expression des directeurs du district.

Parmi les prêtres insermentés de ce pays, je relève le nom de Frédéric-Augustin Fertigné, mort recteur de Sougeal, en 1835, ou, suivant Guillotin de Corson, 1836[1]. Ce fut celui d'un homme de bien, dans toute l'acception du mot. Très renommé comme médecin, surtout pour son diagnostic, on venait le consulter de tous les côtés. Il passait alors pour un mauvais citoyen, et défense lui était notifiée, ainsi qu'à sa sœur Marie, « de tenir des écoles ; » son crime était clair : il refusait de jurer.

Tout n'était pas rose, non plus, au métier de jureur, témoin la fin tragique d'Yves Meslier, curé constitutionnel de la commune de Sougeal, à qui, dans la nuit du 2 nov. 1795, dans son presbytère même, « on porta un coup de hache à la tête, à lui fendre le crâne et la cervelle, » comme l'écrivaient le lendemain (12 brumaire, an IV) « les citoyens de la commune de Traus aux citoyens administrateurs du district de Dol. »

Je relève aussi, en passant, le nom de l'un des prêtres les plus distingués du clergé dolois, à cette époque celui de François-Etienne Symon qui fut député aux Etats généraux. Il avait prêté le serment, le 3 janvier 1791, mais il rétracta bientôt et il s'exila. De retour, après avoir exercé quelque temps le culte à La Bous-

---

1. **Pouillé historique de Rennes** vi[e] vol. 344.

sac, il devint principal du collège de Dol où il mourut le 20 décembre 1807.

Guillotin [1] tait soigneusement le serment prêté par Symon qu'il fait mourir en 1806. J'ai tout lieu de croire M. Delarue mieux informé que lui.

Une pièce bien curieuse, c'est le discours prononcé par Délipine, curé assermenté de La Boussac, le dimanche 29 juillet 1792. Après avoir poussé le cri d'alarme : « Citoyens, la Patrie est en dangers, » l'orateur mettait sous les yeux de son auditoire ahuri le spectacle, « l'effrayant spectacle » de l'invasion possible du pays dolois : « Déjà, il me semble les voir, ces tyrans féroces, venir, le glaive à la main, désoler, ravager nos campagnes, déshonorer, violer nos vierges, égorger notre jeunesse, fouler aux pieds nos vieillards, poignarder vos chères épouses, percer le cœur de vos tendres enfants, serrés, collés entre les bras de leurs mères expirantes; déjà, j'aperçois le sang français couler à grands flots et la France, notre chère patrie, jonchée de cadavres épars, tristes victimes de l'orgueilleuse fureur d'une caste à jamais avilie et du fanatisme jugulateur des prêtres réfractaires. »

Il demandait à ses « chers concitoyens », s'ils ne consentiraient pas à « ouvrir leurs bourses », à les vider « s'il le fallait », pour contribuer à la défense de la patrie. Puis il leur posait cette alternative inattendue : « Répondez ou *fondez.* »

L'auditoire répondit en se *fendant*, de peur de fondre, sans doute. Il le fit avec tant de générosité que le pasteur se crut obligé de modérer son zèle. Pour prêcher d'exemple et ne pas se laisser distancer, il déclara qu'il donnait 300 livres pour l'entretien des volontaires, alléguant cette raison péremptoire : « Je suce le lait de la patrie bienfaisante et prodigue, à mon égard; la voir en danger et ne pas voler à son secours, ce serait la payer de la plus noire ingratitude. »

Ce qui sauve cette scène du ridicule, « fut le résultat obtenu » : 53 volontaires s'enrôlèrent pour la défense de la patrie. La population de La Boussac devait être sensiblement la même qu'aujourd'hui qu'elle compte deux mille habitants environ.

Ce qui est moins beau, c'est la déclaration du même Délipine,

1. Op. cit. IV. 211.

en date du 1ᵉʳ mars 1794, par laquelle « il abdiquait les fonctions ecclésiastiques pour rendre hommage à la Raison, dont il veut être désormais le fidèle adorateur »; ainsi s'exprime le procès-verbal.

Délipine mourut à La Boussac, le 17 mars 1828, à l'âge de 82 ans. On ne dit pas qu'il ce soit repenti de son apostasie, mais c'est assez probable, la peur, toujours mauvaise conseillère, ayant été l'un des mobiles habituels de ces défections, le péril passé, la voix de la conscience était écoutée. Je me suis permis cette citation pour donner au lecteur quelque idée de l'intérêt qu'offrent ces pages. Puisse M. Delarue les multiplier et nous permettre ainsi de mieux connaître l'histoire de notre pays. Puisse, de même, le passé éclairer le présent, en attendant d'éclairer l'avenir !

*
* *

Andegaviana (6ᵉ série) par M. Uzureau. — Paris, Picard. Angers Girandeau. 1907, in-8. 556 p.

Cette sixième série n'est pas moins intéressante que les précédentes. Il faut savoir gré à l'infatigable érudit qu'est l'abbé Uzureau d'avoir exhumé de la poussière des archives des documents qui pour un bon nombre fussent probablement restés ignorés longtemps encore, sinon même toujours.

Tous ne sont pas de la même valeur, mais il n'en est aucun qui ne se recommande à l'attention de quelque façon. Les plus intéressants ont trait à la Révolution et parmi eux je citerai : Les comptes décadaires du comité révolutionnaire d'Angers, les fêtes nationales à Angers sous le Directoire, l'esprit public à Angers (1799-1801), l'abjuration d'un grand vicaire constitutionnel d'Angers (Joseph Bouguereau), Napoléon Iᵉʳ et les Angevins, etc.

Les pages consacrées aux abbesses de Fontevrault, Gabrielle de Rochechouart et femme Baptiste de Bourbon, fille naturelle de Henri IV sont bien curieuses aussi. La réplique du président Molé à cette dernière est typique.

Souvent le plus vrai de l'histoire gît dans ces anecdotes, dans ces détails caractéristiques, ainsi consignés dans des papiers plus ou moins destinés à la publicité, écrits, en tout cas, sans la moindre préoccupation littéraire, et racontant les faits, Dieu merci, sans le moindre arrangement. Le plus fréquemment l'art y perd d'autant moins qu'il n'a rien à y voir, tandis que la vérité y gagne beaucoup.

On a dit : c'est avec de tels documents que l'on fait l'histoire. Il me semble qu'on pourrait dire avec plus de raison : de tels documents, c'est de l'histoire. En effet l'histoire est encore plus une science qu'elle n'est un art; me semble-t-il, et le souci de dire vrai doit passer avant la préoccupation de bien dire.

Plus que jamais je souhaite que l'abbé Uzureau fasse école et non pas une école, comme me le faisait dire précédemment une coquille plus ou moins amusante.   A. ROUSSEL.

---

49. — **Anecdotes historiques**, par Honoré DUVEYRIER. Publiées par Maurice TOURNEUX, pour la société d'histoire contemporaine. — Paris, Picard, 1907, in-8, xxvii-358 p., Prix : 8 fr.

M. Maurice Tourneux a eu parfaitement raison de réimprimer ce recueil, paru en 1837 à cent exemplaires seulement et presque introuvable. Duveyrier, né en 1753 et fils d'un officier d'invalides, pensa d'abord à entrer aussi dans l'armée, puis devint avocat, pamphlétaire, et plus tard directeur du sceau au ministère de la justice en 1790. Il fut chargé d'une mission en Hollande en 1793; entré en 1796, il alla représenter à l'armée d'Italie la compagnie première des hôpitaux militaires, devint membre au Tribunat en l'an VIII, enfin premier président de la Cour d'appel de Montpellier jusqu'en 1815. Il est mort en 1839.

Ses *anecdotes* ont été écrites sous la Restauration et au commencement de la monarchie en juillet. Elles sont fragmentaires et sans prétention à la continuité chronologique. Il y a trois récits plus développés et plus importants. Le premier, intitulé *Préambule*, retrace l'enfance de Duveyrier, au fort de Saint-Vincent, près de Barcelonnette, dont son père avait le commandement, à Paris, où il suit — très distraitement — les cours du collège de Navarre et du Plesois, après avoir passé quelque temps à Saint-

Germain-en-Laye, dans une de ces « pensions » étranges comme il y en avait tant à la fin du xviiie siècle. Cette partie de son récit est pleine d'anecdotes savoureuses, qui pour beaucoup seront des révélations, sur le régime intérieur de ces vieux et bénins collèges, où surveillants et élèves se réunissent pour faire bombance, dans les greniers et sur les toits, pendant les heures destinées à l'étude. Il y a aussi une amusante histoire de frais de route, abusivement perçus par l'officier de quinze ans qu'était Duveyrier, par où se laisse voir un des côtés de la fameuse « douceur de vivre » de l'ancien régime.

Le fragment suivant est relatif aux journées du 5 et 6 octobre 1789 et au rôle qu'y joua du duc d'Orléans. Duveyrier fut le conseil du prince lors du procès sur cette émeute, et il entre à ce sujet dans de longues explications, moins divertissantes que le *Préambule*, mais où il y a à glaner pour l'historien.

Enfin le troisième des développements étendus est un récit de la conduite de Duveyrier comme agent financier en Italie en l'an VI. Il y raconte d'édifiantes anecdotes sur la façon dont la fameuse mentées et surveillées par les premiers médecins du roi, mais cela seulement au xviie siècle, les jurandes restent limitées aux villes, et n'essaiment guère dans les campagnes, cela confirme, en somme, à peu près ce que l'on savait déjà par des travaux antérieures. J'ajoute que la confusion perpétuelle établie par M. R. entre les mots de *jurande, maîtrise, corporations, communauté*, etc., ne me permet pas d'affirmer que cette indication géniale soit conforme à tous les faits qu'il cite.

En résumé, travail énorme et consciencieux jusqu'aux scrupules, malheureusement presque inutilisable faute de mise en œuvre.

R. G.

---

50. — **Fondation Eugène Piot.** *Monuments et Mémoires publiés par l'Académie des Inscriptions et Belles-Lettres.* T. XIII, 2e fascicule. — Paris, E. Leroux, 1907, in-4, 136 p. et 12 planches.

Le premier fascicule du t. XIII des *Monuments Piot* n'avait fait de place à l'antiquité que pour deux sculptures égyptiennes dont le magnifique buste d'Aménothès IV, l'un des plus purs chefs-d'œuvre du Louvre. Le fascicule second, par compensation, lui est entièrement consacré à l'exception d'un seul article sur deux têtes décoratives du xiii⁰ siècle.

Il s'agit dans cet article signé de M. P. Vitry, de deux têtes qui ont été recueillies par M. P. Neveux lors de la démolition d'une maison de la rue du Tambour à Reims qui, moins heureuse que la célèbre Maison des Musiciens n'a pu être conservée dans son intégrité. Elles devaient autrefois faire saillie de la paroi verticale du mur, constituant de ces « congés » qui viennent souvent amortir dans l'architecture gothique civile les moulures horizontales ou celles qui encadrent des baies. M. V. en prend texte pour résumer le développement logique de ce mode de décoration. Il en profite également pour reproduire une troisième tête, probablement un peu antérieure, une petite tête de femme, celle-ci passant pour provenir de la cathédrale, qui appartient aussi à M. Neveux.

Une tête d'Athéna en marbre, qui est la propriété de M. le marquis de Vogüé, représente l'art du milieu du vᵉ siècle. Son histoire est curieuse. Jadis dans la collection Pourtalès, elle figure dans le catalogue de 1865 avec la mention « trouvée à Egine ». Des lettres de J.-J. Dubois permettent d'être plus précis et d'affirmer avec une presque entière certitude que la tête était antérieurement entre les mains de l'amiral baron Alquier, qui s'était formé une collection au cours de ses croisières dans le Levant, et qu'elle fut acquise en 1842 par le comte de Pourtalès. M. de Pourtalès lui trouvait « de la ressemblance avec celle de la Minerve des statues d'Egine ». Les scupltures des frontons d'Egine offrent en effet pour la technique des termes de comparaison. Signalons seulement un des détails les plus curieux de la tête de M. de Vogüé, le bord des paupières garni d'une petite lame de bronze qui était certainement barbelée pour imiter la frange des cils. Le souvenir des statues éginètes de Munich, toutefois ne doit pas induire en erreur. M. M. Collignon avoue qu'une lointaine parenté l'avait lui-même frappé au premier coup d'œil, mais il ne pourrait manquer de se rendre vite compte de ce qu'une telle impression avait de superficiel. La nouvelle tête est à coup sûr notablement plus récente que les frontons. Elle est aussi beaucoup plus attique, et rien de plus naturel qu' « une école éginète qui atticite » à partir de 456, au temps où l'île d'Egine a perdu son indépendance politique et paie tribut à Athènes.

Du vᵉ siècle aussi date un joli petit vase attique de la collection J. Peytel que M. E. Pottier publie sous ce titre : « Une clinique grecque au vᵉ siècle ». Sur le corps du vase se déroule une scène à sept personnages où l'on voit un jeune médecin en train de panser le bras d'un malade qu'il a saigné, tandis que d'autres malades, qu'il a saignés de même et à qui il a posé des ventouses, se reposent où parlent au domestique de la maison, un nain difforme. L'interprétation très ingénieuse de M. P. rend compte de tous les détails des figures en même temps que sa science inégalée de tout ce qui touche à la céramique antique, par le rapprochement d'un certain nombre d'exemplaires de la même forme d'aryballes fort rare dans la série des vases à figures rouges, lui permet de dater le vase de la collection Peytel de l'époque qui a vu la fin de la carrière de Douris et la maturité de Brygos, après la seconde guerre Médique, entre 480 et 460 av. J.-C. ».

M. M. Collignon, de nouveau, a écrit le commentaire archéologique d'une admirable tête d'Eros de la collection d'Harcourt, appartenant à M. de Bioncourt, qui, parmi les répliques de l'Eros tendant l'arc attribué plus souvent à Lysippe, témoigne d'un charme et d'une franchise d'exécution que bien peu pourraient offrir au même degré et est de celles qui nous aident le mieux à prendre une idée exacte de l'original perdu. Jadis exhumée en 1872, par M. le baron des Michels, alors secrétaire d'ambassade auprès du vatican, dans des fouilles entreprises aux environs de Rome sur la voie Appienne, dans une prétendue villa de Quintilius Varus, la tête d'Eros a été pour ainsi dire redécouverte par le zèle toujours en éveil de M. F. de Mély, dont les heureuses trouvailles ne se comptent plus et à qui les *Monuments Piot* doivent déjà d'avoir pu faire connaître le monument capital qu'est le coffret d'argent de Saint Nazaire de Milan.

Je m'étendrai moins, toute charmante qu'elle soit, sur une statuette de la Cyrénaïque, trouvée près de Bengazé et acquise en 1902, par M. le Dʳ J. Perrod de Turin, à propos de laquelle M. G. Perrot a étudié à nouveau l'Aphrodite anadyomène d'Apelle que le sculpteur de l'époque hellénistique a voulu rappeler.

Il faut ensuite sauter bon nombre de siècles pour arriver aux mosaïques tombales d'une chapelle de martyrs à Thabraca dont M. P. Gauckler nous donne la description détaillée et savante. Il y a là un ensemble de haute importance, qui n'était pas entièrement inconnu et auquel l'auteur même des fouilles, M. le capitaine Benet, avait déjà consacré un rapport, mais on ne peut qu'approuver M. G. tant d'avoir fait transporter les mosaïques elles-mêmes au Musée du Bardo, où elles ont trouvé place à côté des séries analogues de même provenance que d'avoir voulu en présenter au public une étude complète et définitive. 14 figures dans le texte et 1 planche en couleur nous mettent sous les yeux la série des mosaïques, cette dernière reproduisant la vue même de la basilique de Thabraca l'*Ecclesia mater*, qui décorait la tombe de Valentia, vue où se développe sur un même plan le monument tout entier de face et de profil, en coupe et en élévation. Nous pouvons ainsi suivre pendant deux siècles environ les produits de l'atelier local de Thabraca, produit dont le style sans doute est incorrect, mais dont la laideur caractéristique a pour nous plus de prix qu'une médiocrité banale parce qu'ils reflètent, tous le chrétien romanisé, le tempérament immuable de l'Africain.

L'étude de M. P. Lauer, enfin qui complète le fascicule est consacrée à la *capsella* de Brivio d'abord attribuée au XIe siècle, puis reconnue comme un de ces précieux monuments de l'art chrétien du Ve siècle dont nous ne possédons que trop peu de specimens. Sur les parois, entre les portes fortifiées de Jérusalem et de Bethléem, des reliefs autrefois dorés nous montrent l'adoration des Mages et les trois jeunes hébreux dans la fournaise; sur le couvercle la Résurrection de Lazare. M. L. ne s'est pas borné à décrire la *capsella*; il l'a rapprochée d'autres *capsellæ* analogues, ainsi que du vase d'Emèce conservé aussi au Louvre et de cette comparaison lui paraît ressortir une confirmation au moins partielle des vues de M. Strzygoweski. La *capsella* de Brivio est pour lui, « sinon un produit direct, au moins un dérivé très voisin d'un modèle probablement syrien ».

Il est impossible, en terminant ce compte-rendu, qui ne prétend pas dispenser de lire le volume mais voudrait suffire à en montrer l'intérêt, de ne pas louer une fois de plus l'impeccable exécution des *Monuments Piot* qui en font la plus belle des publications archéologiques et de ne pas rendre justice au mérite qui en revient au dévoué secrétaire de la rédaction, M. G. Jamot.

Etienne MICHON.

---

47. — **La colonne torse et le décor en Hélice dans l'art antique,** par Victor CHAPOT. — Paris, Leroux, 1906, 1 vol. in-8 de 176 pp.

Sous ce titre l'auteur publie une utile contribution à l'histoire de l'architecture et de la décoration. Son étude est large, car elle s'étend tout à fait où l'hélice entre à un titre quelconque, et à tous les objets et ustensiles qui offrent avec la colonne quelque analogie de forme.

Successivement M. V. C. passe en revue les influences orientales, puis cherche des objets de comparaison dans les civilisations anciennes d'Afrique, d'Amérique et de l'Europe extra classique.

Dans les pays classiques, il recherche les diverses origines de la forme hélicoïdale, troncs de palmier, cordages, serpents, coquillages, vigne, végétaux volubiles, vis, etc. Enfin il suit l'évolution de cette forme dans ses différents emplois, achitecture, ivoire, céramique, etc. En somme comme partout et de tout temps, la colonne torse a été peu employée dans la véritable achitecture classique, même gréco-romaine, mais beaucoup plus dans la simili-architecture, sarcophages, peintures murales, mosaïque, etc.

A. B.

---

52. — **Die Nuntiatur von Giovani Francesco Bonhomini,** 1579-1581. — *Dokumente,* I. Band... 1579, par MM. Franz STEFFENS et Heinrich REINHARDT. (Solothurn, 1906, pp. xxx-762.

Depuis l'ouverture des *Archives du Vatican,* toutes les nations qui s'intéressent aux recherches historiques ont utilisé ce précieux dépôt. Celles où le protestantisme a supplanté le catholicisme au commencement du xvi⁰ siècle y ont recherché avec un soin particulier des documents sur cette période de leur histoire. Et comme c'est aussi vers cette époque que commencèrent les nonciatures permanentes, l'Allemagne et l'Autriche se sont appliquées avec un soin particulier à éditer les dépêches qu'échangèrent alors avec la Curie romaine les nonces accrédités dans les diverses parties de l'Empire.

La Suisse a suivi cet exemple. Déjà on y a publié des recueils d' « *Actes sur les relations diplomatiques de la Curie avec la Suisse* » (1512-1552), et des « *Bulles et Brefs tirés des archives italiennes* » (1116-1623).

Dans le présent volume, MM. Steffens et Reinhardt donnent des documents sur le début de la nonciature de Suisse après le Concile de Trente.

Le premier nonce en Suisse pendant cette période fut Giovanni Francesco Bonhomini. Mais c'est le cardinal Charles Borromée qui est le véritable fondateur de cette nonciature. En 1570, il était allé en Suisse ; à son retour à Rome il avait écrit un rapport sur la situation de la Suisse catholique. Ce rapport est imprimé en tête de la présente publication avec d'autres pièces ayant trait au même voyage (P. 3-54). Sans doute, il fallut attendre neuf ans pour qu'un nonce fût envoyé en Suisse. Pourtant, c'est ce rapport qui marque le point de départ des tentatives qui devaient aboutir à la mission de Bonhomini.

Nous trouvons ensuite comme de nouvelles approches de cette nonciature : l'envoi de Bartolommeo Portia comme nonce dans le sud de l'Allemagne, et l'envoi, auprès des évêques suisses, de Francesco Sporeno comme commissaire apostolique (Années 1575-1576 ; p. 55-106) ; puis de 1577 à 1579, diverses négociations pour l'envoi d'un vrai nonce en Suisse, et particulièrement une mission de Bonhomini dans l'évêché de Côme, dont une partie s'étendait dans le Tessin et la Valteline (P. 107-322.)

Enfin le reste du volume nous donne les premiers mois de la nonciature même de Bonhomini (2 mai-31 décembre 1579 ; p. 325-723). Bonhomini correspondait non seulement avec le cardinal secrétaire d'Etat à Rome, mais avec le cardinal Borromée à Milan. Ses lettres à St Charles Borromée ont même un caractère d'abandon qui les rendent plus précieuses que les dépêches officielles. C'est pourquoi les éditeurs les ont intercalées parmi les pièces de cette nonciature. Cette correspondance jette une nouvelle lumière sur l'activité de Charles Borromée.

Un erratum termine l'ouvrage. Il est un peu long, et achève de nous faire comprendre, non seulement tout le soin que les éditeurs ont apporté à leur publication, mais encore ce que, deux ou trois fois, il nous ont laissé entendre dans leur préface : à savoir que les bienfaiteurs de l'œuvre, les bailleurs de fonds, désiraient voir à leurs largesses un prompt résultat. Hélas! trop de gens s'imaginent qu'en quelques trimestres l'on a le temps d'écrire des bibliothèques, de là trop d'ouvrages d'une vulgarisation hâtive. Ce n'est pas ainsi que MM. Steffens et Reinhardt ont compris leur œuvre, mais il faut savoir se reposer sur eux du soin de la conduire à bonne fin.

Pour éditer ce volume, les éditeurs ont fouillé non seulement les archives et la bibliothèque du Vatican, mais en général tous les dépôts d'archives de Suisse et d'Italie. Ils ne se sont pas bornés à ces recherches considérables : les documents sont harmonieusement ordonnés et tout l'ensemble de l'ouvrage est d'une consultation facile.

Après avoir fait œuvre de savants éditeurs, MM. Steffens et Reinhardt se proposent de faire œuvre d'historiens : en tête du présent volume, ils avaient pensé d'abord mettre une *introduction* à la période des nonciatures dont ils veulent publier les documents. Ils ont réservé cette introduction pour un volume spécial. Nous souhaitons que ce travail voie le jour le plus tôt possible et qu'il soit digne de son devancier. J. PAQUIER.

L'Éditeur-Propriétaire-Gérant : ALBERT FONTEMOING.

Imprimerie Générale de Châtillon-sur-Seine. — A. PICHAT.

BULLETIN CRITIQUE

---

53. — **La théologie de Saint Paul.** Première partie. (*Bibliothèque de Théologie historique*), par F. PRAT. S. J. Paris, Beauchesne, 1908, in-8°, 604 p.

Ce volume ne représente que la moitié de la tâche que s'est tracée le distingué membre de la Commission Biblique. Parcourir avec soin le domaine de l'activité littéraire de l'Apôtre, inventorier ses renseignements à l'aide de toutes les ressources de la critique, de la philosophie et de l'histoire ; dans cette recherche analytique, suivre d'abord l'ordre chronologique des révélations, afin de constater la marche ascendante de la pensée paulinienne ; s'attacher à montrer que l'expression de cette pensée est conditionnée par les circonstances historiques ; éviter ainsi l'inconvénient d'un inventaire exclusivement logique, où l'on s'exposerait à fondre ensemble des plans doctrinaux que des nuances séparent, et à séparer de leur milieu naturel des traits qui n'ont leur vraie physionomie que considérés dans ce milieu, tel est l'objet de ce premier panneau du diptyque. L'auteur nous annonce ce que contiendra le second. Ce sera une reprise de la même matière (comment l'auteur évitera-t-il les redites), dans un dessein de coordination logique et de synthèse raisonnée. Les faits et les doctrines y apparaîtront dans leur enchaînement naturel, dans l'équilibre proportionné de leur valeur, et avec leur signification réelle. Le relief que tels enseignements spéciaux empruntaient aux controverses et aux problèmes du moment s'atténuera lorsque l'historien, voyant de haut et de loin, aura mis en lumière les éléments vraiment importants, les idées maîtresses de cette théologie. Les doctrines et décisions de circonstance, qui, dans le panneau voisin, absorbaient très souvent l'attention, apparaîtront, ici, dans un rang secondaire, et le reste prendra la place prépondérante qu'il mérite. Par le moyen de cette double esquisse, l'auteur se flatte de rendre un compte exact de la pensée paulinienne, et de montrer que, quoique l'évolution en soit subordonnée aux influences extérieures — c'est la grande idée qui domine ce premier volume, — elle mit toujours un développement logique, — c'est ce que nous verrons dans le second.

Pour apprécier la valeur et la légitimité de cette méthode dualiste, il est indispensable d'attendre l'apparition de la deuxième partie, la plus délicate, la plus importante, et celle où il faudra que les qualités maîtresses du critique et de l'historien : sagacité et réserve prudente en matière de rapprochements et de reconstructions théologiques, s'exercent dans une plus large mesure.

Mais les mérites très sérieux du présent volume nous sont un garant du succès définitif de son auteur.

Le plan, n'est pas autre que la suite chronologique des actes et discours doctrinaux (contenus ou racontés dans les *Actes des Apôtres* et des lettres. A leur tour, les actes, les discours et, surtout les épîtres se trouvent en relation directe avec le cours des événements et des polémiques, avec l'éclosion des doutes et des cas de conscience, avec l'apparition et la propagande des hérésies et des schismes, avec tous les incidents de l'apostolat de Paul. En fonction des difficultés principales auxquelles l'apôtre se trouve aux prises et qui nécessitent et conditionnent ses interventions, le groupe des épîtres se divise en quatre sections, — sans compter l'Epître aux *Hébreux* que le P. Prat attribue à un disciple de Paul. D'abord, la correspondance avec les *Thessaloniciens*, où le problème des fins dernières paraît être au premier plan des préoccupations de l'auteur et de ses correspondants ; puis les quatre grandes épîtres (*Corinthiens I-II, Galates, Romains*, dans lesquelles l'apôtre se montre aux prises, d'un côté avec de nombreux cas de conscience et de doutes théoriques surgis surtout parmi les fidèles de Corinthe, de l'autre, avec l'opposition et la propagande acharnée des judaïsants réactionnaires, détracteurs de son apostolat. Paul est amené à exposer sa doctrine sur la grâce et le péché, la justification et la valeur de la foi, l'impuissance de la nature, et des œuvres légales, la nécessité de la rédemption et le salut par l'Évangile, la réprobation des Juifs et les destinées du vrai Israël. Si ce riche exposé se rattache, somme toute, à la querelle judaïsante, les épîtres de la captivité supposent l'existence de dangers nouveaux. La science profane entre en contact avec la foi et prétend la discuter. C'est surtout la personne, l'origine, le rôle du Christ qui la préoccupent. L'apôtre en prend occasion pour esquisser un portrait théologique du Christ et un tableau de sa mission, qui sont le principal point de départ de la Christologie. Enfin le groupe des Pastorales trahit chez Paul le dessein d'organiser les communautés créées par lui, afin de les défendre contre les nouveautés doctrinales et les fantaisies disciplinaires. C'est le couronnement naturel de son œuvre : sa révélation est à son terme, et il la clôt par ce mot : « Gardez le dépôt » de la foi et de la tradition.

Cette révélation a été progressivement reçue par Paul, comme il l'a progressivement transmise. On relève les notes éparses sur les illuminations et les visions dont il a été l'objet, et qui font de lui un témoin direct du Christ. Pourtant le P. Prat ne rapporte pas qu'à cette seule source tout ce que l'apôtre a enseigné ; il admet que, pour la catéchèse ordinaire, pour les dogmes élémentaires, pour le récit de la vie du Christ, Paul a été tributaire de la tradition orale.

Il y a aussi à tenir grand compte de l'apport personnel du juif de Tarse dans l'élaboration de sa théologie, et de ce que les pensées et les sentiments, la tournure d'esprit et d'imagination, le tempérament et l'éducation, la situation sociale et le milieu historique de l'apôtre ont ajouté de nuances à la lumière révélatrice qui entrait en lui. Nature complexe, faite de contrastes, « hébreu, fils d'hébreux, mais né dans une ville grecque, grec de langue mais juif d'éducation, pharisien par tradition, mais antiformaliste par tempérament, tel est cet homme. « Tarse est la patrie de son corps, sa patrie civile, où il reçoit avec le titre envié de citoyen romain, cette langue hellénique, qui le fait, en quelque sorte, citoyen de l'univers; mais Jérusalem est la patrie de son âme, la patrie de son intelligence autant ou plus que celle de son cœur. » (p. 28). Si Tarse lui a appris le grec, il ne doit son style qu'à lui-même, et le style de cet homme unique est unique. Quant aux formes de sa pensée, à quelques-unes de ses méthodes d'exégèse, à son éducation religieuse et morale, elles sont rabbiniques. Il a appris chez Gamalial, la théologie traditionnelle des Juifs, dont l'apôtre des gentils n'aura que peu de traits à désavouer, il a pratiqué les procédés sabliniques dans l'usage des Ecritures, et l'auteur des Epîtres n'oubliera pas la méthode des citations composites et les pots-pourris de hortes. Enfin, il n'est pas jusqu'au pharisaïsme du temps de sa jeunesse, qui n'ait eu une heureuse influence, en excitant son zèle religieux, et surtout en éveillant en lui par ses excès mêmes, le cuisant remords qui le disposait, à son insu, à la crise foudroyante du chemin de Damas.

Relevons maintenant les positions de l'auteur dans quelques questions importantes. — Sur l'époque de la *paroisse*, si Paul n'enseigne rien de formel, mais il ne semble pas envisager devant lui de longs siècles. En principe rien ne s'oppose à ce qu'il ait partagé l'illusion de ses contemporains ; « car l'inspiration ne donne pas toute science. » (p. 108-109). — L'obstacle qui s'oppose à l'irruption de l'Antéchrist (II Thess. 2 $^{6\text{-}7}$) est peut-être Michel, générarallissime des armées célestes (cf. livre de *Daniel*), que l'*Apocalypse* nous montre comme l'adversaire de Satan, (p. 117). — Le *quasi perignem* de I Cor. 3 ^{15}, n'est ni le jeu du purgatoire, ni celui de la complogration finale, mais celui du jugement que Dieu fera subir aux ouvriers évangéliques et à leurs œuvres. Néanmoins « le dogme catholique des péchés véniels et celui du Purgatoire » trouvent « dans notre texte un très solide appui. » (p. 133-134). — Dans I Cor. 11 $^{11\text{-}22}$, il est bien question d'*agapes*; mais le P. Prat consent à abandonner le mot, dont le sens est douteux, à condition que l'on admette l'existence des repas distincts de l'Eucharistie, (p. 166.) — Au sujet des événements qui se sont produits à Corinthe, entre le I^e et la I^e épître écrites par Paul aux fidèles de cette ville, le P. Prat prend nettement position contre les partisans d'un voyage de l'apôtre, dans l'intervalle. Ce voyage (le 2e) aurait, d'après lui, précédé et non suivi la première aux Corinthiens. Il écarte de même l'hypothèse d'une lettre intermédiaire (perdue), destinée à relever vertement une injure qui aurait été faite à l'autorité de Paul ; et il pense que le personnage dont l'apôtre parle dans II Cor. 2 $^{3\text{-}11}$, 7^{12}, comme lui ayant causé de l'affliction, n'est autre que l'incestueux. C'est affaire d'impression; mais il me semble que l'examen des textes qui se rapportent à ces deux dernières questions, laisse moins de probabilités à la théorie du P. Prat qu'à celle de ses adversaires. Quant au voyage de S. Paul, s'il est plus hypothétique que la lettre intermédiaire, je n'irais pas jusqu'à proclamer qu'il est un « roman », ou une « ingénieuse fantaisie. » (p. 196). — Le R. P. pense qu'il faut se garder d'interpréter le fameux texte de II Cor. 12^2 : *scio hominem... raptum usque ad tertium cœlum*, ou fonction des théories rabbiniques sur les sept cieux, et que cette formule n'est pas autre chose qu'une locution reçue signifiant ici le ravissement jusqu'au sommet le plus sublime de la contemplation divine. Nous aurions moins de décision à exclure l'emprunt aux conceptions astronomiques et cosmologiques des anciens. Les destinataires de la lettre de S. Paul étaient grecs, la plupart païens d'origine et d'éducation ; or, pour des grecs du 1er siècle, les cieux étaient au nombre de sept, dont le troisième, le ciel de l'amour, devait, dans l'opinion commune, passer pour le plus parfait. On s'explique que, pour frapper l'imagination de ses lecteurs corinthiens, l'apôtre ait pris ce troisième ciel comme synonyme de Paradis. — Dans Rom. 5^{12}, la traduction *in pro omnes peccaverunt*, « *ou qui* tous ont péché, » ne rend pas exactement la pensée de l'orignal, qui doit se lire : « *parce que* tous ont péché. » (p. 296-297).

Le P. Prat a le soin de faire suivre le commentaire des passages les plus importants, des précieuses notes philologiques et historiques destinées, soit à préciser le sens de certains mots ou expressions difficiles, soit à rendre compte de l'exégèse patriotique. Signalons les notes sur *les Chasismes* (p. 180-184), sur le sens des mots *Propitiation, expiation, rédemption* (p. 287-289), et des *termes relatifs à la prédestination* (p. 342-352) dans l'Epître aux Romains ; sur l'*exégèse du texte christologique* de l'épître aux Philippiens (p. 447-451) [1], Sur l'*authenticité des Pastorales* (p. 465-469), sur la *Hiérarchie dans S. Paul* (p. 488-494), sur l'*origine de l'épître aux Hébreux*

---

1. A propos de ce texte Philip. 2, $^{3-14}$, *Qui cum informa Dei esset...* citons la remarque du P. Prat : « on est stupéfait de rencontrer cette doctrine sublime jetée comme en passant, dans un morceau paxénétique, sans arrière pensée de controverse, comme s'il s'agissait d'un dogme vulgaire, depuis longtemps connu et cru de tous, qu'il suffit de rappeler pour en faire la base d'une exhortation morale ; fait déconcertant, en vérité, et tout à fait inexplicable, si l'on ne suppose que la préexistence du Christ et l'union en sa personne de la divinité et de l'humanité faisaient partie de la catéchèse apostolique et appartenaient à ces articles élémentaires que nul chrétien ne devait ignorer. » (p. 439).

(p. 511-516), etc. Disons enfin que l'auteur a été bien inspiré de mettre à la suite de son exposé doctrinal, une analyse assez détaillée des Epîtres, qui permettra de replacer, s'il y a lieu, les textes commentés, dans leur cadre naturel, de dégager l'idée maîtresse de chaque écrit, et d'en voir le développement.

S'il fallait faire l'éloge de l'œuvre que je viens d'analyser, on pourrait se borner à remarquer qu'elle est la première monographie un peu étendue et scientifiquement conduite qui ait été publiée, dans le domaine de la Théologie biblique, chez les catholiques. Par ce premier volume, le P. Prat a commencé de combler, en ce qui concerne Saint Paul, la regrettable lacune dont il parle dans son avant-propos (p. II). Il n'est pas besoin d'attendre l'apparition de la deuxième partie pour reconnaître que son travail est plus qu'une « ébauche ». Il est un livre de critique sûre et avisée, d'une érudition large et discrète, et, ce qui ne gâte rien, d'une tenue littéraire fort distinguée. Souhaitons que cet exemple soit suivi, et que le P. Prat lui-même, après nous avoir enseigné la théologie de S. Paul, exploite de la même manière, d'autres parties du champ de la Révolution écrite.

J. M. Vidal.

---

54. — **Madame de la Suze et la Société précieuse**, par Emile Magne. Paris. Société du Mercure de France. 1908, in-18, 331 p. Prix : 3 fr. 50.

Un nouveau livre de M. Emile Magne sur la société française du xvıı° siècle n'est jamais indifférent. Cet historien averti, à qui nous devons déjà un Cyrano véridique et un authentique Scarron, nous donne aujourd'hui, comme pendant à madame de Villedieu, dans sa galerie des femmes galantes, Henriette de Coligny, comtesse de la Suze. Cette précieuse charmante, trop charmante peut-être, et pas du tout ridicule, qui fut l'idole de plusieurs salons et la reine de quelques alcôves, mérite d'occuper la place que M. M. lui restitue dans la société de son temps. On savait peu de choses, jusqu'à présent, sur cette héritière d'un illustre nom, fille de Gaspard III de Coligny, mariée successivement à l'Ecossais Thomas Hamilton comte d'Hadington et au gentilhomme manceau Gaspard de Champagne comte de la Suze ; sa bruyante conversion au catholicisme qui scandalisa longuement le parti huguenot, sa beauté, sa galanterie et son esprit qui régnèrent sans conteste sur les plus fameuses ruelles, ses vers souvent réimprimés, toute l'histoire de sa vie mouvementée et brillante se défendaient mal contre l'oubli

M. M. nous conte vivement, sans lourdeur pédante comme sans complaisance fantaisiste, la naissance, l'éducation, les deux mariages, les multiples aventures galantes, les coquetteries, les prétentions, les divertissements littéraires, la conversion, le divorce, les mille intrigues de son héroïne. Il y a comme deux parties dans son livre et chaque lecteur y pourra prendre ce qui convient le mieux à ses goûts personnels : des notes très abondantes, très détaillées, presque aussi développées que le texte, de copieux appendices s'adressent aux érudits et montrent l'imposant échafaudage de preuves et de documents sur lequel s'appuie le récit de l'auteur. Mais ce récit lui-même se présente sous la forme d'un très agréable roman, où revit non seulement Henriette de la Suze, mais toute la société précieuse de son temps qui a été le cadre naturel de sa vie. C'est plus qu'une biographie, c'est un important chapitre de l'histoire des mœurs, et c'est aussi une excellente contribution à l'étude psychologique de ce curieux échantillon de l'espèce humaine, dont le type n'est pas perdu, heureusement, la femme de lettres.

Grande dame, belle, coquette et adulée, madame de la Suze, nous dit son biographe, *condescendit* à ruiner. *Condescendit* ; le terme ne nous paraît pas excessif du tout. Nous n'oublions pas « que les Coligny descendent l'échelle des temps le casque en tête et l'épée en main ». Mais nous savons aussi que dans tous les siècles, — et au XIXe comme au XVIIe, — les plus authentiques princesses condescendent à ruiner, comme elles condescendent à sourire et à plaire, parce que leurs pensées, leurs émotions ou leurs sentiments, habilement reflétés dans l'harmonie des vers ou dans le souple coloris d'une prose savoureuse, sont des moyens de séduction qu'elles ne peuvent négliger, et que livrer au public sa pensée à nu, pour provoquer la curiosité, l'admiration ou l'amour, c'est une coquetterie qui en vaut bien d'autres.

« Puisque la littérature française, écrivait récemment un critique notoire, est une des plus charmantes formes de la sociabilité humaine, n'est-il pas naturel que le génie féminin, adorablement sociable, s'y plaise, y excelle, y triomphe? » Très naturel. Et les précieuses du xvii⁰ siècle, les vraies, celles dont Molière n'a pas osé se moquer franchement, ont montré depuis longtemps la voie à leurs descendantes légitimes dans l'art de mêler les jeux de la lyre à ceux de l'amour. Madame de la Suze est de celles-là. Evidemment, je ne jurerais pas qu'il faille regarder de trop près certaines fantaisies de cette galante poétesse. Sa gloire n'était pas ternie, en son siècle, par de semblables faiblesses; au contraire. Nous sommes devenus sur ce point plus discrets, sinon plus délicats. Mais si l'on veut comprendre tout l'agrément, l'intérêt et la valeur réelle de cette société précieuse, tant de fois étudiée et encore si imparfaitement connue, il faut lire le livre de M. M. On y saluera au passage plus d'une figure familière, mais on y apprendra aussi beaucoup de petits faits ignorés, de ces petits faits qui font la grande histoire.

L'ouvrage est précédé d'un portrait inédit où Daniel du Moustier a fixé les traits un peu épais et les formes déjà épanouies de Henriette de Coligny, encore jeune fille : les sourcils forts, le nez gros, les lèvres charnues ont plus de sensualité que de charme ; ce portrait explique et commente exactement la vie que l'on s'apprête à lire. Des documents précis sont accumulés en appendice : le premier contrat de mariage de Henriette de Coligny, le jugement prononcé sur l'officialité de Paris sur son divorce, une bibliographie des pièces relatives à sa famille, un curieux portrait à la mode du temps, où la comtesse est peinte par mademoiselle Petit sous le pseudonyme d'Elisène, enfin une table des poésies de madame de la Suze et des recueils la Suze-Pellison. Un index alphabétique des noms propres favorise les recherches. — Il est juste d'ajouter que ce livre est écrit dans une langue colorée et amusante, malgré un peu de préciosité[1] : sujet oblige. Edouard MAYNIAL.

---

1. Certains tours déconcertent et sentent un peu trop le dernier fin du fin : « il multiplia l'étincellement de ses réparties » (p. 186). « L'affaire entre dans une phase de colère » (p. 251). « Comploteur et aventureux, il réfugiait sa duplicité et sa cantèle » (p. 21). Pourquoi écrire : l'*exquisité* (p. 48) ; *innumérable* (p. 19) au lieu d'*innombrable*, et *tréusulant* (p. 20) quand il y a *tremblant*? — Nous relevons aussi quelques fautes d'impression : p. 68, *honneté*; p. 75, *résisigna*; p. 89, *dendelles*; p. 189, *sermonaire*

Les plus belles pages de Saint-Amant et de Théophile. — Paris. Société du Mercure de France. 1907, 2 vol., in-16. xx-298 p. et 270 p. Prix : 3 fr. chacun.

C'est fort à propos que l'on nous offre une édition résumée, claire et commode, de ces deux poètes du xvii° siècle, victimes notoires de Boileau, très supérieurs l'un et l'autre à leur réputation, qui fut médiocre jusqu'au début du siècle dernier. Le romantisme les a remis en honneur, un peu par bravade et pour protester contre le censeur du Parnasse ; depuis Th. Gauthier, l'on répète assez au hasard qu'il y a plus de véritable poésie dans la *Solitude*, dans la *Nuit*, dans la *Maison de Sylvie*, et même dans le *Moïse sauvé* que dans toutes les odes de Malherbe et les satires de Despréaux. Il est temps d'y regarder de plus près et de lire enfin Saint-Amant et Théophile.

Les deux petits volumes que nous donne le Mercure de France, dans sa collection des plus belles pages, sont tous les deux compris de la même façon : un portrait du poète, une brève et curieuse notice de M. Rémy de Gourmont, quelques documents (biographie, anecdotes, jugements littéraires, bibliographie) en appendice et un lexique sommaire encadrent les œuvres choisies.

Ou lire ou relire avec plaisir dans les poésies de Saint-Amant la *Solitude*, le *Contemplateur*, la *Pluie*, la *Nuit*, le *Soleil levant*, et bien d'autres pièces où parmi quelques longueurs éclatent de jolis traits descriptifs, par exemple ces beaux vers sur le silence :

> J'écoute, à demi transporté,
> Le bruit des ailes du silence,
> Qui vole dans l'obscurité.

ou ceux-ci sur le pavillon.

> Là, dans nos jardins embellis
>   De mainte rare chose,
> Il porte de la part du lys
>   Un baiser à la rose,
> Et semble, en messager discret,
>   Lui dire un amoureux secret.

(pour *sermonnaire*;) p. 222, *gigembrés*; p. 94, *je vous veux vous baiser*; p. 185, *s'entreharpaient* (sans doute pour *s'entrécharpaient*).

Biberon sympathique, débraillé, irrégulier, ce poëte de cabaret, qui s'exalte au souvenir des cordiales lippées et des homériques beuveries, qui célèbre en strophes vraiment lyriques les mérites d'un bon melon, cachait sous une apparence un peu fruste une âme délicate, sensible aux plus intimes beautés de la nature. Il est à remarquer que, presque seul parmi les poètes ou les écrivains du xvii⁰ siècle, il a su voir, aimer, comprendre et décrire la mer[1].

Théophile, qui eut en son temps une vogue immense, en dépit de Boileau, apporte une note un peu différente : ce n'est pas un lyrisme descriptif, comme celui de Saint-Amant, mais sentimental ; il est au xvii⁰ siècle le meilleur et presque le seul représen-

---

1. Il est à regretter que, dans cette édition, le texte ne soit pas toujours d'une irréprochable pureté. Nous relevons ici quelques corrections : P. 13, 6° strophe de la *Solitude*, il faut lire *le consume*, au lieu de *se consume* ; p. 18, 18° strophe de la *Solitude*, pourquoi avoir remplacé *Alcidon* par *Besnières* ? p. 21 *les monts*, et non *tes monts* ; p. 22 *de philosophe*, et non *du philosophe* ; p. 36 *Métamorphose* : les quatre premiers vers sont mal ponctués, ce qui en change le sens ; il faut lire :

> Cruel et beau sujet des peines obstinées,
> A quoi m'ont réservé les noires destinées,
> Pour me faire souffrir en l'empire amoureux
> Tout ce que les enfers ont de plus rigoureux,...

p. 38, lire *quoi qu'il pût souffrir*, et non *quoi qu'il peut* (puisqu'on rétablit l'orthographe moderne ;) p. 39 *il lui tint ce discours*, et non *elle lui tint* ; p. 45, *les Visions*, les vers 30 et 31 sont intervertis ; p. 46, *la tourne en moins de rien*, et non *la tourne moins* ; p. 45, *Soudain, tout en sueur* et non *Souvent* ; p. 48, *le réduire à néant*, et non *au néant* ; p. 50 *n'est à mes sens troublés*, et non *qu'à mes yeux* ; p. 55, *paisible et détestable nuit*, et non *paisible et solitaire* ; p. 56, *couvrent leurs têtes des linceuls*, et non *de linceuls* ; p. 72, *jusques à celui des Mars*, et non *jusqu'à* ; p. 75, *sur qui nous le voyons*, et non *les voyons* ; p. 76, *du veneur*, et non *de veneur* ; p. 83, dans la pièce *les cabarets*, seize vers sont omis sans que des points de suspension indiquent la coupure ; p. 88, *quoiqu'il n'entre*, et non *quoiqu'il n'entra* ; p. 61, *je m'écrie*, et non *je m'écris* ; p. 92, *béni*, et non *benit* ; p. 93, *dans ces prairies*, et non *dans ses* ; p. 76, *en ardeur s'exhalant*, et non *s'exaltant* ; p. 101, *pour ton plus cher Amant* (jeu de mots), et non *amant* ; p. 101, *ta foi sera de diamant*, et non *le diamant* ; p. 113, *la princesse des fols*, et non *des flots* ; p. 114, *des orgueilleux géants*, et non *des orgueilleuses gens* ; p. 124, supprimer la virgule entre *du froid du temps* ; p. 125, lire *lucarne* au lieu de *lanterne* ; p. 251, *en mots de Pathelin* et non *de patelin*, etc.

tant d'un genre que le romantisme retrouvera après deux cents ans d'oubli, la poésie personnelle. Les descriptions de Théophile sont souvent bien conventionnelles, selon la mode du temps, (cf. la *Maison de Sylvie* et même la célèbre ode intitulée le *Matin*) mais il a su donner une grâce charmante, un peu sensuelle, à l'expression de la tendresse amoureuse, du désir et du regret. (Cf. ses *Elégies* et ses *Stances*).

Edouard MAYNIAL.

---

55. — **Sainte Mélanie**, (383-439), par Georges GOYAU. Paris, Lecoffre, 1908, in-12, x-211 pages (Collection *Les Saints*).

Au milieu du spectacle grandiose que nous offre, à la fin du ive et au début du ve siècle, la chute du vieux monde romain, l'Eglise brille d'un puissant éclat avec des saints à la personnalité vigoureusement accentuée, les Augustin, les Jérôme, les Rufin, les Paule, les Paulin de Nole. Parente ou amie de ces illustres personnages, Mélanie semble avoir été quelque peu oubliée des générations chrétiennes, surtout en Occident. Cependant, issue de l'antique, puissante et riche famille des *Valerii*, pourvue d'une belle intelligence heureusement développée par une éducation raffinée, mariée à un de ses parents dont le train de fortune pouvait égaler le sien, elle renonce bientôt à cette fortune, à cet éclat, à cette vie de famille, pour se donner toute entière au Christ et à ses pauvres. Sa conversion — en prenant ce mot au sens que lui donnait notre xviie siècle — fut une véritable révolution dans le monde romain : pour pouvoir dilapider ces immenses liens de famille, répandus sur toute la surface de l'Empire, pour pouvoir briser cet esclavage légal qui enchaînait à leur patrimoine les familles sénatoriales, il ne fallut rien moins que la complicité de la puissante reine Serena, femme de Stilicon, et tout à la fois cousine, sœur adoptive et belle-mère de l'empereur Honorius. Il ne s'agit donc pas seulement ici de la personne singulièrement attachante de Mélanie, mais aussi de la lutte entre deux droits opposés, ceux du Christ et ceux du monde, lutte qui, jusque dans les familles les plus chrétiennes, suscitait alors d'ardentes discussions, entretenues par les écrits de Saint Ambroise, de Saint Jérôme, d'Helvide, de Jovinien.

Encouragée dans la voie de la perfection par les exemples qu'elle pouvait trouver au sein même de sa famille, notamment par celui de sa grand'mère Antonia Mélania qui vivait dans la pauvreté à Bethléem, par la conversation des évêques et des clercs orientaux chassés par la persécution de l'empereur Areadius et auxquels elle offrit en 404 l'hospitalité de sa villa du Cœlius, elle renonce bientôt à tout luxe de vêtement et ne tarde pas à émanciper ses esclaves et à semer ses trésors aux quatre vents du ciel; puis, fuyant Rome, elle s'établit d'abord en Sicile, dans un de ses domaines, passe en Afrique, où son mari manque d'être ordonné prêtre malgré lui sur les injonctions de la foule, et, après une visite aux ermites d'Egypte, elle s'enferme douze années durant à Jérusalem dans la réclusion la plus complète. Mais, comme « la mortification lui était un moyen plutôt qu'un but », les austérités par lesquelles elle s'immolait elle-même devaient, dans son esprit, aboutir à la formation d'une sorte « d'atmosphère où devait se dérouler, ensuite, sa vie d'action pratique et d'énergique apostolat ». Aussi, non contente de fonder et de diriger à Jérusalem un monastère d'hommes et un monastère de religieuses, elle n'hésite pas à partir, en 436, pour Constantinople, dans le dessein de convertir au christianisme son oncle Volusien, et elle marque son séjour dans la capitale par de brillantes et victorieuses controverses contre l'hérésie nestorienne. Somme toute, cette existence, qui pourait paraître assez peu cohérente aux yeux de l'observateur superficiel, est véritablement *une* par la passion avec laquelle elle ne cesse de poursuivre la réalisation de l'idéal ascétique.

Elle nous était assez bien connue tant par l'*Historia Lausiaca*, dont l'auteur, Palladius, avait personnellement connu Mélanie, que par une biographie écrite en grec et quelques extraits d'une vie latine, mais nous possédons depuis quelques mois le texte complet de cette vie latine, retrouvé naguère à l'Escurial par le cardinal Rampolla et publiée par lui avec une grande érudition et une rare sagacité critique. M. Goyau, qui connaît admirablement la littérature de son sujet et de ses alentours, en a tiré les éléments d'un livre qu'il a sû rendre singulièrement attachant. A. LESORT.

56. — **Saint Jean Chrysostome et ses œuvres dans l'histoire littéraire,** par Dom Chr. Baur. Paris, Fontemoing, 1907. xii-312 p. Prix : 5 fr.

C'est un admirable répertoire bibliographique et critique qu'a dressé Dom Baur à l'occasion du quinzième centenaire de Saint Jean Chrysostome. L'auteur y étudie tout d'abord la place qu'occupent les écrits du Grand Docteur dans l'Eglise grecque d'autrefois et d'aujourd'hui, puis dans l'église latine. Chaque point est étudié séparément au point de la vie, des doctrines, de l'influence. Nous voyons la personnalité de Saint Jean grandissant, d'un culte de plus en plus accepté, ses écrits et ses discours de plus en plus étudiés, copiés, admirés et imités. L'auteur n'a rien négligé pour rendre son travail utile et permettre une sûre orientation aux études futures. Toutes les éditions sont soigneusement indiquées après un état de la tradition manuscrite, puis vint le tour des traductions dans toutes les langues connues, enfin une bibliographie très sérieuse et établie. Chaque livre, chaque article est signalé avec une appréciation peut-être parfois sévère, mais juste et toujours prouvée. Grâce à ce répertoire qu'il ne sera plus possible de négliger dès qu'on voudra aborder Saint Jean Chrysostome, chacun, suivant ses études, pourra se faire une idée exacte du point où en est la question qui l'intéresse, des ouvrages qu'il devra consulter, de leur valeur respective et des fautes qu'il devra éviter. Le jour où nous aurions point travail pour tous les principaux Pères de l'Eglise, les études patriotiques seraient bien avancées et la théologie positive pourrait marcher d'un pas plus sûr. C'est donc un grand service qu'a rendu D. Baur en offrant son travail à la mémoire de Saint Jean Chrysostome. Le labeur qu'il s'est imposé et qui est énorme sera profitable à tous, aux savants qui s'occupent de Chrysostome, aux théologiens qui font de la théologie positive, à Saint Jean lui-même qui reçoit de ce travail comme une gloire nouvelle d'un témoignage de sa prodigieuse influence dans l'Eglise malgré les persécutions dont, sauf de la part de la Papauté, il eut à souffrir durant toute sa vie.   A. V.

57. — **La Faculté de Théologie de Paris et ses Docteurs les plus célèbres.** Epoque moderne, par l'Abbé P. Feret. T. V, xviie siècle. *Revue littéraire*, Paris, Picard, 1907.

M. l'abbé Feret continue, avec une régularité admirable, la série de ses études sur la Faculté de théologie. Ce cinquième volume de « l'Epoque moderne » comprend la seconde partie de la « Revue littéraire ». On sait que l'auteur a divisé son travail en deux. Une première partie étudie l'histoire de la Faculté de théologie au cours de chaque siècle ; une seconde, l'histoire littéraire des Docteurs qui ont illustré la vieille maison. Le xviie siècle offrait à l'auteur une si abondante matière qu'il a été obligé de donner deux volumes à cette histoire littéraire. Le cinquième volume traite des Docteurs de Navarre et des ordres religieux. Tout, évidemment, n'est pas nouveau dans ce volume. Il était, par exemple, assez difficile à M. Feret d'être bien original dans ses deux chapitres sur Bossuet. Par contre, il raconte la vie et l'activité littéraire d'un certain nombre de Docteurs d'assez mince importance, chose qui n'est pas sans intérêt. Le xviie siècle ne nous est encore guère connu que par les sommets. Or c'est là une fâcheuse façon de connaître une époque. Il faut descendre dans la plaine pour se rendre compte de la vie et de l'histoire d'un temps. Au point de vue religieux, les notices de M. Feret, écrites souvent d'après des manuscrits, rendront donc service et permettront de reconstituer pour une part le milieu religieux au sein duquel évoluent grands et petits savants. Mais, chose curieuse, au xviie siècle, la Faculté de théologie semble avoir perdu de son renom passé. La raison en est-elle aux luttes dogmatiques du moment, à l'influence des Jésuites, à la jalousie de certains ordres religieux : je ne sais. Un fait est certain toutefois, c'est que plusieurs des plus grands noms du xviie siècle ne passèrent pas par la Sorbonne. Thomassin, Malebranche, Massillon se formèrent dans leurs scolasticats. On dirait même qu'à part quelques exceptions, les supérieurs n'envoyaient à la Faculté de théologie que leurs sujets de second ordre.

Comme dans ses précédents volumes, M. Feret se montre historien consciencieux et bien informé. Malheureusement le même défaut de composition se laisse toujours deviner. L'auteur verse dans chaque notice tout ce qu'il a recueilli, souvent sans beaucoup de suite, il se laisse entraîner à des dépressions qui n'ont qu'un très lointain rapport avec son sujet, mêlant les allusions aux événements présents aux choses passées, et c'est regrettable. Son travail n'y gagne pas et son appréciation court le risque de paraître trop subjective. Mais ce sont là leurs défauts qui n'enlèvent rien à la solide valeur de l'œuvre. Pourquoi, puisque M. Feret a cru bon de rappeler l'absurde légende du mariage de Bossuet et même de citer un passage de Le Gendre à ce propos, ne pas signaler après la brochure de l'abbé Urbain, l'excellente réfutation qui semble définitive de M. Gaignet ? A. V.

---

58. — **Histoire de Mgr E.-G. de Théollar, premier évêque d'Annecy (1752-1832) et du rétablissement de ce siège épiscopal (1814-1824)**, par Mitor ALBERT, chanoine d'Annecy. 2 vol., Paris, Champion et Annecy Abry, 1907, 2 vol. in-8, 516-641, Prix : 15 fr.

Voici deux volumes bourrés de documents, la plupart inédits, qu'intéresseront vivement les lecteurs savoyards et même les autres.

Le premier volume se compose de deux livres qui nous conduisent le premier, de la naissance de Mgr de Théollaz à la fin de son exil, c'est-à-dire depuis le 8 avril 1752 au 25 janvier 1803. Le second depuis cette dernière époque jusqu'au 22 décembre 1822, où M. de Théollaz fut nommé à l'évêché d'Annecy que l'on venait de rétablir.

Les documents familiaux abondent et se mêlent à une infinité d'autres qui rendent un peu touffu ce premier volume, j'allais dire ce premier recueil, le (second lui ressemble assez) mais je crois qu'on aurait mauvaise grâce à s'en plaindre, car ici, comme souvent ailleurs « Abondance de biens ne nuit pas. » Il est vrai qu'il y a parfois surabondance. Les premières pages sont consacrées à l'histoire de la citadelle de Chaumont, et aussi à celle de Théollaz ou « tuella », berceau de la famille de notre héros.

Après avoir terminé ses humanités au collège Chappuisien d'Annecy et suivi un premier cours de théologie au grand séminaire de cette ville, le jeune de Théollaz se rendit à Paris, où il étudia de nouveau les sciences sacrées à la Sorbonne, durant dix années, au bout desquelles il obtint sa licence, après un stage comme professeur de philosophie à Saint-Nicolas-du-Chardonnet. De retour dans ses montagnes, l'abbé de Théollaz, devenu prêtre, eut « un avancement rapide dans la hiérarchie ecclésiastique », suivant la remarque de l'auteur. En effet, il ne mit que cinq ans à conquérir le titre de vicaire-général de Genève, distinction due, sans doute, à son rare mérite, mais un peu aussi peut-être à la situation de sa famille qui ne comptait pas moins de seize quartiers de noblesse, ce qui, à cette époque, n'était nullement un obstacle à la « rapidité de l'avancement. »

A la mort de Mgr Biorot, il fut question de M. de Théollaz, nommé vicaire capitulaire, pour le remplacer, mais en attendant il fut promu à la prévôté de Genève. Le nouvel évêque, Mgr Payet, lui donna comme son prédécesseur toute sa confiance, et le prit, lui aussi, pour vicaire-général.

Vint la crise formidable de la Révolution française. Genève ne pouvait manquer de s'en ressentir. La Constituante confisque les droits du chapitre de cette ville sur laquelle s'étendait sa domination. M. de Théollaz se rendit à Paris défendre une cause perdue d'avance, puisqu'on s'y appliquait, non pas à juger, mais à condamner, et cela sans appel. Dépouillé de ses privilèges, le chapitre genèvois, signalé comme incivique, surtout après un refus de célébrer un service funèbre en l'honneur de Le Pelletier de Saint-Fargeau, régicide tué à coups de sabre par le garde Pâris, dut bientôt se disperser et le schisme constitutionnel fut installé dans la ville de Calvin où il dut se sentir un peu comme chez lui.

M. de Théollaz, dont la noble conduite, dans cette tourmente, fut au-dessus de tout éloge, se vit condamné au pilori, puis incarcéré à Bordeaux d'où il s'évada, au bout de quatre mois, déguisé en matelot. Il s'enfuit en Angleterre, regagna plus tard le continent, traversa les Pays-Bas, l'Allemagne, la Suisse, affrontant de nombreux périls avec une intrépidité qui ne se démentit jamais. Robespierre tomba et l'on put enfin respirer, bien que l'on fût loin d'être au bout de la persécution. En 1795, M. de Théollaz rencontra pour la première fois l'abbé Vuarin, le futur restaurateur du culte catholique à Genève : ces deux grandes âmes étaient bien faites pour s'entendre. Il s'employa à relever, de ses ruines l'église de Savoie par sa direction donnée au clergé revenu de l'exil et ses « Décisions pour les Missionnaires. » Il séjourna longtemps, à diverses reprises, à Lausanne et ne put, par suite de diverses circonstances, rentrer qu'en 1803 dans son pays.

Mgr de Mérinville, nommé évêque de Chambéry et Genève, prit pour son premier vicaire-général M. de Théollaz qui redevint prévôt du Chapitre et réorganisa les 331 paroisses du Léman au milieu de difficultés dont il se tira toujours heureusement. Lorsqu'en 1805 l'empereur passa par Chambéry, il se fit présenter M. de Théollaz qu'il déclarait un peu auparavant l'un des deux premiers vicaires-généraux de son empire, le second était son collègue, M. Bigex, plus tard archevêque de Chambéry. Dans cette circonstance mémorable, M. de Théollaz prouva au jeune et redoutable souverain qu'il ne serait jamais un flatteur et qu'il n'augmenterait jamais le nombre, trop grand déjà, des courtisans de sa fortune. Il fut exilé à Lyon, en mars 1814, sous prétexte que ses sympathies étaient pour l'Autriche. Son exil dura peu. Lors de la première Restauration, à laquelle il dut sa mise en liberté, nous le retrouvons membre du Conseil de Victor-Emmanuel, et parvenait de rentrer dans ses états d'où l'avaient chassé les armées françaises.

Ce fut le 15 février 1822 qu'après de longues négociations entre la cour de Rome et celle de Turin, Pie VII promulgua la bulle *Sollicita catholici gregis*, par laquelle il établit l'évêché d'Annecy, dans le royaume de Sardaigne, et le 27 septembre de la même année, M. de Théollaz était nommé titulaire du nouveau siège.

L'auteur suit pas à pas toutes les démarches faites en ces circonstances et cite une foule de documents, qui n'ont plus qu'une valeur rétrospective il est vrai, mais dont chacun eut son importance.

Le second volume est loin d'avoir l'intérêt du premier, bien qu'il n'en soit pas dépourvu. Il comprend également deux livres ; le 1ᵉʳ va de la nomination épiscopale de Mgr de Théollaz aux préparatifs des fêtes de 1826, c'est-à-dire du 27 septembre 1822 au 27 mai 1826; et le second de cette dernière date à celle de la mort même du vénéré prélat, arrivée le 14 mars 1832.

Les fêtes dont il s'agit et que l'auteur semble donner ici comme le point culminant de l'épiscopat, d'ailleurs fécond et glorieux, de son pieux héros, sont celles de la translation très solennelle, de la chapelle de la visitation d'Annecy, des reliques de Saint François de Sales et de sainte Chantal, soustraites au vandalisme révolutionnaire et reconnues canoniquement, une première fois, par Mgr de Mérinvilles le 29 septembre 1804. L'auteur les décrit dans tous leurs détails, mais on comprend qu'à une pareille distance leur perspective ait notablement diminué.

Une particularité de la vie de Mgr de Théollaz qui, peut-être, a gardé encore quelque intérêt, c'est sa lutte contre Lamennais et l'école mennaisienne, malheureusement, l'auteur, si peu ménager d'amplifications pour le reste, ne lui consacre qu'un paragraphe de quelques pages ; le distingué prélat d'Annecy aurait vu du premier coup ce que son voisin et ami, M. Vaurin, n'aperçut, semble-t-il, que beaucoup plus tard ; le péril des doctrines du solitaire de La Chesnaie. C'est d'autant plus regrettable que ces quelques pages me paraissent être d'un homme bien informé.

Le premier évêque d'Annecy avait trouvé tout à organiser où à réorganiser. Il put suffire à cette tâche laborieuse que son historien nous raconte par le menu et journellement, pour ainsi dire. Un simple compte-rendu ne pouvait entrer dans ces détails, pas même pour les envisager, dans leur ensemble.

Un dernier chapitre (il y en a quatre-vingt) nous apprend ce qu'est devenu depuis 1832, époque de sa mort, jusqu'à nos jours la famille de Mgr de Théollaz, ainsi que les familles alliées d'Arcine et de Magny.

Un Index bibliographique des principaux ouvrages, consultés ou cités par l'auteur, termine son travail. On est assez surpris d'y voir figurer par ordre alphabétique, Dante, Horace, Josèphe, Juvénal, La Fontaine, Platon, Quinte-Curce, Stace et Virgile. C'est assez dire que cet index est plus que complet. Je serais presque tenté d'en dire autant de cette consciencieuse biographie ; c'est même le principal, sinon le seul reproche qu'on pourrait adresser à son auteur, dont la maxime semble être, non pas rien de trop, mais rien n'est trop.
A. Toussel.

59. — **Essai sur les rapports de Pascal II et de Philippe Ier** (**1099-1108**, par Bernard MONOD. Paris, Champion; 1907; 1 vol. in-8°, 163 p.

L'esprit de conciliation dont Pascal II a fait preuve dans ses rapports avec Philippe Ier et l'église de France n'a pas été, jusqu'à présent, apprécié comme il aurait dû l'être par ceux qui étudient l'histoire du douzième siècle; on a trop facilement cédé à la tentation d'opposer la politique de ce pape prévoyant et modéré à celle de son fougueux prédécesseur, Urbain II; or rien n'est plus dangereux que d'établir entre des caractères très différents une comparaison superficielle ; Pascal II a généralement été considéré comme un homme assez faible, et l'approbation des historiens est allée sans réserve à celui qui a lancé l'Europe à la conquête de Jérusalem, sévi avec une infatigable rigueur contre Philippe Ier et poursuivi sans ménagements la réforme ecclésiastique entreprise par Grégoire VII. Il ne s'agit ici, ni de méconnaître les gloires de la première croisade, ni de prétendre qu'à cette époque les mœurs du clergé n'avaient pas besoin d'être épurées, mais on doit remettre les choses au point, et rendre à chacun ce qui lui appartient. C'est ce qu'à fait, en ce qui concerne Pascal II, un jeune homme dont le monde savant déplore la fin prématurée. M. Bernard Monod; dans son *Essai sur les rapports de Pascal II et de Philippe Ier* il a mis une profonde connaissance des textes au service d'un sens historique bien rare chez ceux qui débutent dans ces sortes d'études.

Certes la réforme du clergé, dont Grégoire VII fut l'initiateur, est une grande œuvre, et nul ne peut blâmer Urbain II d'avoir voulu la poursuivre; mais il semble l'avoir compromise par la dureté de ses procédés, et en se mettant en lutte ouverte avec le roi de France, il a failli la faire avorter ; du même coup s'est produit, entre la France et le Saint-Siège, un état d'hostilité qui risquait fort d'aboutir à un cataclysme. Il suffira de se rappeler ce qu'était alors, en face de la Papauté, l'Allemagne d'Henri IV, pour se rendre compte des périls au devant desquels marchait le gouvernement pontifical, quand l'habileté de Pascal II a mis fin à un grave conflit, en rendant acceptable cette discipline qu'il fallait faire admettre au clergé français au lieu de l'imposer par la violence.

Les torts de Philippe Ier, surtout dans sa vie privée, n'étaient pas contestables; son mariage avec Bertrade de Montfort, la trop célèbre comtesse d'Anjou, ne pouvait être reconnu par l'Église, mais qu'avait gagné Urbain II en multipliant contre lui les sentences d'excommunication ? L'épiscopat français et le clergé séculier avaient, en majorité, pris le parti du roi, et comme la réforme, telle qu'on cherchait à l'accomplir, lésait beaucoup d'intérêts et de sentiments, l'hostilité de la France à l'égard du Saint-Siège menaçait de devenir générale.

Pour éviter ce danger, Pascal II montre, dès la première année de son pontificat, une circonspection qui contraste avec la rudesse de son prédécesseur. En attendant d'en arriver aux concessions, il évite tout ce qui peut éveiller les défiances et envenimer les querelles. Tout d'abord il se garde d'envoyer en France, comme légat, l'archevêque de Lyon, Hugues de Die, qui avait été l'instrument d'Urbain II contre Philippe Ier. Les deux cardinaux qu'il charge de cette légation, Jean de Gubbio et Benoît, cardinal prêtre de Sainte-Eudoxie, sont des Italiens, qui n'ont pas d'ennemis dans le clergé français et ne se sont jamais posés en adversaires du roi. Sans doute, ils n'ont guère de succès au concile de Valence, et en novembre 1100, au concile de Poitiers, ils sont obligés de renouveler contre Philippe et Bertrade la sentence d'excommunication plusieurs fois prononcée par Urbain II, mais ce premier échec ne décourage pas le pape ; un nouveau légat, Richard, cardinal évêque d'Albano, reprend en 1104, l'œuvre d'apaisement. Au concile de Beaugency, le roi de France et sa maîtresse comparaissent devant lui, et jurent de ne plus s'adresser la parole que devant des témoins non suspects, jusqu'à ce qu'ils aient obtenu du pape la permission de vivre ensemble. La bonne volonté s'accentue de part et d'autre, et à la fin de l'année au concile de Paris, Lambert, évêque d'Arras, prononce au nom du pape l'absolution de ce prince tant de fois atteint par l'anathème.

A partir de ce moment, Pascal II fermera les yeux sur les rapports de Philippe Ier et de Bertrade ; en revanche, il pourra demander au roi de France son appui contre l'empereur ; tout au moins ne craindra-t-il plus de voir la France s'unir à l'Empire pour le combattre. De son côté, Philippe Ier mettra moins d'âpreté dans le négoce des bénéfices ecclésiastiques, dont il a jusqu'alors tiré profit avec trop peu de scrupules, et surtout le Saint-Siège ne l'aura plus contre lui dans ses efforts pour faire aboutir la réforme du clergé! On peut juger comme on le voudra cette politique, elle a eu de bons résultats; après de longues et stériles querelles, il fallait une détente, et c'est à Pascal II qu'on la due.

Pour consacrer le rétablissement des bons rapports avec le roi et mettre la dernière main à son œuvre de réorganisation, Pascal II se rend en France (1106); il s'arrête en Bourgogne, gagne la Touraine, se rencontre à Saint-Denis avec Philippe Ier et son fils le prince Louis. L'accueil respectueux et confiant qu'il trouve auprès de ses nouveaux alliés fait un singulier contraste avec l'hostilité menaçante des envoyés impériaux, qui, à Châlons, lui disent en face : « Ce n'est pas ici, mais à Rome et par le glaive, que se » terminera notre querelle ». Au sortir de cette orageuse entrevue, Pascal II, au concile de Troyes, consolide encore la hiérarchie et la discipline ecclésiastiques, règle par un compromis tacite plutôt que par un arrangement formel la question des investitures, puis, après avoir visité l'Auxerrois et l'Auvergne, il traverse la Savoie et rentre en Italie, où l'attendent les armées impériales, laissant derrière lui le royaume de France auquel il vient d'assurer la paix et dont il s'est fait un allié ! Les pages consacrées par M. Bernard Monod à ce voyage de Pascal II en France sont vivantes ; on y voit le pape passant à son gré d'un monastère à l'autre, aplanissant toutes les difficultés, faisant comparaître en sa présence ceux qui ont à lui soumettre leurs procès. Nous retrouvons à son tribunal la séduisante et honnête figure de ce Guibert de Nogent, dont Bernard Monod nous a naguère raconté la vie; Guibert, entraîné presque malgré lui à la suite de l'évêque de Laon, Gaudry, dont il désapprouve l'élection, est tellement intimidé d'avoir à parler devant le pape, qu'il fait en balbutiant une déposition favorable à l'indigne évêque contre lequel sa conscience lui ordonnait de porter plainte.

Après les rapports directs entre le roi de France et le pape, M. Bernard Monod examine successivement les relations de Pascal II avec l'épiscopat Français et le clergé régulier. Réfutant l'opinion émise par Guillaume de Malmesbary, il prouve par les faits les mieux établis qu'au temps de Philippe Ier les évêques français ont été, en masse, dévoués à la couronne, même lorsqu'ils ne partageaient pas, en ce qui concerne la réforme du clergé, la manière de voir de leur souverain. Il traite à fond la question des élections épiscopales et celle des investitures, montrant que dans l'un et l'autre cas l'autorité royale et le pouvoir pontifical sont arrivés à s'entendre; mais en même temps il rappelle que le roi tenait à maintenir son droit, malgré la déférence qu'il a montrée au Saint-Siège depuis que les intentions bienveillantes de Pascal II lui ont été prouvées. Il démontre que ce nouvel accord entre deux pouvoirs autrefois rivaux est l'œuvre d'un tiers-parti, composé des évêques les plus modérés et dont Ives de Chartres est le principal représentant.

En face du clergé séculier. Attaché à ses princes, c'est dans les ordres religieux que la cour de Rome cherche son point d'appui; mais ici encore Pascal II se garde de rien pousser à l'extrême. Au lieu d'accorder une protection exclusive aux monastères exempts, qui dépendent directement du Saint-Siège, il favorise les abbayes de chanoines réguliers, restées dans une certaine mesure sous l'autorité des évêques. On doit recommander sans réserve à ceux qu'intéresse la vie religieuse du Moyen Age, les chapitres consacrés, à la fin de ce livre sincère et profond, aux privilèges des monastères exempts, à l'institution des chanoines réguliers et à leurs relations avec l'épiscopat. Dans cet ordre d'idées comme en toutes choses, Pascal II demeure fidèle à son tempérament bienveillant, à ses idées de large et intelligente conciliation. Par son intervention entre le clergé séculier et le monde monastique, comme dans sa politique générale, il reste l'homme des transactions, évitant qu'elles sont compatibles avec les droits et la dignité de l'Église romaine; aussi ne pouvons-nous que souscrire à la conclusion de M. Bernard Monod; elle mérite d'être citée:
« C'est un assez grand titre de gloire pour Pascal II, que d'avoir
» compris la difficulté de la situation que lui laissait Urbain II, et
» d'avoir tenté, avec succès, de la résoudre pacifiquement. Il eut
» le courage de se contenter d'un rôle modeste, mais utile, de ré-
» tablir l'harmonie là où la politique violente de ses illustres
» prédécesseurs avait mis le trouble, afin de permettre à ses suc-
» cesseurs de reprendre leur œuvre, et aux principes de réforme
» religieuse de triompher quand même ». Elie BERGER.

60. — **Le système politique d'Auguste Comte**, par le Comte Léon de Montesquiou. — Paris, 1907, Nouvelle librairie Nationale, in-16.

Sur les questions purement naturelles, l'accord est-il possible entre les catholiques et les positivistes? En politique, leur alliance doit-elle être recommandée? M. de Montesquiou, dans son livre, tâche de résoudre ce problème par l'exposé du système politique d'Auguste Comte. Et il en donne la solution proposée par Comte lui-même, qui est une entente pratique fondée sur l'identité des préceptes sociaux enseignés par les deux doctrines.

Une alliance politique des catholiques et des positivistes ne serait pas artificieuse et elle pourrait ramener un peu d'union entre nos esprits si profondément divisés.

Considérons en effet que la base du positivisme est l'étude des faits, l'observation des phénomènes : n'est-ce pas cette constatation des réalités qui nous offre les meilleures chances de nous accorder ? Au moins l'amour-propre n'y est pas intéressé et la raison individuelle est récusée.

D'ailleurs cette alliance semblera parfaitement logique, si l'on veut bien se rappeler qu'Auguste Comte s'était mis, pour apprendre la politique, à l'école de Joseph de Maistre.

Le livre de M. de Montesquiou est celui d'un catholique qui a de la sympathie pour le Comtisme. Le sujet traité, *système politique d'Auguste Comte*, a d'abord fait la matière de leçons professées à l'*Institut d'Action Française* (chaire Auguste Comte) : ce volume n'en est que le recueil. On doit le tenir pour le résumé le plus complet, le plus sincère, le plus adéquat de la doctrine politique d'A. Comte.

On ne peut pas songer à réduire en quelques pages la substance d'un livre qui n'est lui-même qu'un résumé. Ce ne serait ni facile, ni très profitable. Il faut se contenter de toucher quelques points importants [1].

---

1. Toutefois, si l'on veut connaître la contexture du volume, voici la suite des matières qui y sont traitées : I. *Catholiques et positivistes : l'accord*; II. *La foi positive; les lois naturelles*; III. *La hiérarchie des sciences*; IV. *Le grand Etre ou l'Humanité*; V. *La famille*; VI. *La patrie et l'évolution*

Ainsi nous tâcherons de définir les positions Comtistes au regard du catholicisme et de la métaphysique révolutionnaire et, en fait de politique proprement dite, la conception positive de l'Humanité et la théorie du pouvoir temporel.

I. Il n'entre pas évidemment dans notre dessein d'accorder ou de confronter dans toutes leurs parties le dogme catholique et la doctrine positiviste. Nous rappelons qu'A. Comte opposait à toute explication théologique du monde une fin de non-recevoir. Toute recherche de la cause première lui paraissait oiseuse et sujette à d'infinies disputes. Le seul moyen de terminer de tels débats était, à son sens, de reconnaître le champ d'expérience sur lequel un esprit même douteux peut se prononcer, et de n'en pas sortir. Négligeant toute métaphysique comme toute théologie, il recommandait exclusivement l'observation des causes secondes. Les réalités l'occupent donc ; il n'en recherche pas le principe ; il tâche de fonder la science des apparences, sans vouloir songer à leur support. Il ne dépasse pas le naturel. L'étude des phénomènes, de leurs liaisons, de leurs rapports, de leurs répétitions, enfin de leurs lois, voilà l'objet où Comte borne son étude. Et justement c'est dans ces matières que l'accord doit régner entre catholiques et positivistes. Le point d'alliance, c'est la conception de l'ordre du monde, la notion de loi naturelle.

C'est un fait, en tout cas, qu'Auguste Comte invitait les catholiques à faire leur profit de ses observations d'ordre naturel. Ils lui paraissaient les plus aptes à en pénétrer le sens: les notions d'ordre et d'obéissance à la loi divine immuable sont inscrites dans tous les cerveaux catholiques. Des esprits ainsi façonnés lui semblaient instruits d'avance à révérer l'ordre naturel constaté et à se soumettre aux lois des phénomènes. M. de Montesquiou porte témoignage qu'il ne se trompait pas tout à fait.

Mais la doctrine d'ordre et de soumission à des lois supérieures, qu'est le positivisme, devait rencontrer une furieuse opposition de la part du *libéralisme* révolutionnaire. Et il est intéressant de noter que ce libéralisme contredisait le positivisme justement sur le

de l'activité; VII. *La séparation des pouvoirs. Le gouvernement spirituel*; VIII. *Le gouvernement temporel*; IX. *Les rapports de l'intelligence et de la sensibilité.* — *La synthèse subjective*; X. *Les diverses phases de la sentimentalité.*

point où celui-ci faisait son accord avec la doctrine catholique. Ce point, c'est la notion de loi naturelle. Un exemple fera comprendre le dissentiment qui sépare les deux écoles.

Un bon critérium pour classer les esprits contemporains si divers, c'est le genre et le degré de considération qu'ils accordent à la Révolution et à ses principes. Entendons là-dessus le sentiment de Comte et puis celui des libéraux.

Comte écrit : « On ne saurait terminer la Révolution avec les doctrines qui l'ont commencée. Ce qui servait alors à détruire, ne peut servir aujourd'hui à construire. » Donc quelque jugement qu'on doive porter sur l'opportunité des destructions *accomplies*, Comte recommande, *pour l'avenir*, une attitude franchement contre-révolutionnaire. Les libéraux prennent le contre-pied de cette thèse. Ils critiquent et réprouvent les attentats révolutionnaires ou plus généralement les *faits* de la révolution, (critique d'ailleurs vaine,) mais ils veulent, *pour les temps prochains*, ordonner la révolution et la faire concourir à la restauration des mœurs et de la société.

De quels différents principes dérive cette contrariété des doctrines, voici : Comte, esprit positif et précis, analysait les idées révolutionnaires et notamment celle de liberté, définissait les termes du débat et la connaissance qu'il prenait de l'objet par cette méthode réaliste, ne lui laissait aucun doute sur la façon dont il devait toujours se comporter, suivant sa loi propre : ce qui a servi à détruire, ne peut rien fonder ; car ce n'est pas par hasard que cela a détruit, mais la destruction était et sera toujours dans sa nature.

A cela, les libéraux ne répondent proprement rien. Mais s'ils rejettent la dialectique de Comte, c'est donc qu'à leur avis, l'homme peut faire ce qu'il veut et que les lois positives ne peuvent contraindre la liberté humaine, d'où dépend surtout la marche des événements : il faut cette croyance, pour vouloir fonder un ordre quelconque sur la liberté, sur cette liberté idéale et mystique, qui leur semble le dernier mot de la politique.

Il n'est au pouvoir de personne de forcer un contradicteur à entendre raison ; mais ce qu'on doit reconnaître, si l'on a des idées claires, c'est que, du seul point de vue de l'intelligence, ce sont les positivistes qui ont *raison* contre leurs adversaires, lesquels ont simplement confiance, et une confiance qui ne cherche pas à s'éclairer. Le positiviste observe les événements et les phénomènes, voit comment tout se passe, découvre des répétitions, des constances, des séquences, en induit des lois et déduit de ces lois des prévisions, conditionnelles; si on lui propose une idée, il en fait la critique logique : toutes ces opérations sont intellectuelles et il est impossible qu'on n'ait pas raison, si l'on a bien appliqué les règles de la méthode. — Au contraire, un philosophe libéral, qui ne croit à rien de décidé en politique, est insaisissable. Il a la foi, en des matières purement naturelles : cela jure, c'est tout ce qu'on peut en dire. Comte dénommait une telle disposition d'esprit métaphysique ou protestante.

Entre une certitude scientifiquement obtenue et une simple opinion, il semble qu'il n'y ait pas de commune mesure. Mais contre le témoignage des événements, l'opinion d'un homme ne vaut. Ce que fonde la science, la métaphysique est impuissante à le renverser.

Aux lois des sociétés recherchées et découvertes par Comte, opposer la liberté d'opinion, qu'est-ce que cela veut dire? Cela revient à dire que dans les délibérations politiques il ne s'agit pas de savoir ce qui convient à la société, mais ce qui plaît aux particuliers ; et, à cet égard, tous ont un droit égal à exprimer leur opinion. Si l'on objecte que les incompétents n'ont pas de droit contre les savants et les habiles, on répond qu'il n'est pas question de science, mais de conscience, qu'il n'est pas question des rapports de convenance qui peuvent exister entre certaines dispositions politiques et l'intérêt d'un peuple, mais des préférences absolues des citoyens : on s'enquiert donc des volontés individuelles, on ne s'informe pas des lois naturelles.

Or, Comte écrivait expressément: « Il n'y a point de liberté de conscience en astronomie, en physique, en chimie, en physiologie, dans ce sens que chacun trouverait absurde de ne pas croire de confiance aux principes établis dans ces sciences par les hommes. » C'est à tort, pensait-il, qu'on traite autrement les questions sociales. La science politique existe et le même respect est dû aux lois découvertes par les sociologues qu'aux lois astronomiques, physiques ou chimiques.

Mais tandis qu'Auguste Comte observe en effet les phénomènes en ce qu'ils ont de général, de constant, étudie leurs lois et fonde là-dessus la science, le métaphysicien ne considère que les personnes : soit par habitude d'esprit, soit par nécessité logique, étant occupé de la recherche des causes premières, il poursuit, en quelque sorte, dans les individus ce qu'il y a de plus individuel, l'élément premier qui est cause et non causé, et ainsi il a rencontré cette idée de la volonté libre, de la volonté pure et abstraite, qui, transportée dans la politique, dans un ordre d'idées intéressant au plus haut point l'action, n'a vraiment pas la consistance d'un nuage de fumée. En effet, pour poser la liberté, cette forme politique de la volonté, à la base d'un système et l'instituer arbitre suprême en matière sociale, force est bien de revêtir le monde entier, le monde des phénomènes, d'un caractère emprunté à un être particulier : or, il y a contradiction dans les termes et la métaphysique en court la double condamnation des faits et de la logique.

Mais la sience a le droit de procéder du général au particulier ; elle donne l'intelligence des formes individuelles en tant qu'elles sont déterminées et des êtres concrets en tant que soumis aux lois abstraites. Et par là elle échappe à une autre critique, que voici. On a dit : le positivisme prétend découvrir de l'ordre dans les phénomènes politiques ; or, le hasard y règne. La preuve, c'est que nul n'a jamais pu formuler une prévision raisonnable de l'avenir ; nous ignorons le sens de l'évolution humaine et il y a bien chances pour qu'elle soit ce que les hommes la feront être d'aventure. Quel observateur politique pouvait prévoir César ou Napoléon ; qui aurait prédit, avec une certitude scientifique, la suite des révolutions politiques du XIXe siècle ?

Ici, M. de Montesquiou répond, suivant Comte : l'étude des phénomènes se divise en deux grandes parties. On peut ou bien étudier d'une manière concrète les groupes de phénomènes par lesquels se manifestent les êtres ou les corps ou les événements que nous percevons, ou bien isoler par l'abstraction un phénomène quelconque et étudier les caractères généraux qu'il représente dans tous les êtres, corps, événements, où il se produit.

« De là deux sortes de lois naturelles : les unes simples ou abstraites, se rapportant aux diverses classes de phénomènes, les autres composées ou concrètes, régissant les différents êtres. » (p. 72.) Les premières sont simples et fondamentales, les secondes rendent compte des combinaisons, variées à l'infini, des premières. « Si bien que nous pourrions même déduire entièrement les secondes des premières, si d'une part tous les éléments qui composent l'être soumis à notre étude nous étaient assez connus, et si d'autre part notre puissance logique était assez considérable. » (p. 72.) Les lois concrètes, comme celles régissant les événements météorologiques, défient donc la prévision : pourtant elles sont.

Ainsi se forme la notion positive du hasard qui doit cesser, suivant les propres termes de Comte, « d'indiquer l'empire du caprice et désigner seulement l'ensemble des lois inconnues, tandis que le dessin résume celui des lois connues. » Ajoutons que la connaissance des lois abstraites suffit à l'homme dont le savoir théorique écrit Comte, fournit « une base rationnelle à l'ensemble de la sagesse humaine, toujours asssurée dès lors, de posséder d'exactes notions systématiques sur les lois élémentaires qui coopèrent à chaque résultat. »

Ainsi sont bannis de l'histoire et le fatalisme et le désordre, au bénéfice d'un déterminisme rigoureux et prudent.

II. C'est un beau chapitre qu'a écrit M. de M. sur l'*Humanité*. On y trouve une théorie positive de la tradition qui résout les oppositions sophistiques des préjugés et de la raison, de la tradition et de la science. Comte établit le principe de la survivance des morts dans les vivants qu'il appelle leur vie subjective : c'est la masse de ces vies subjectives qui forme le fonds, toujours liquide et disponible, où puisent les mortels dans l'embarras ; c'est elle qui assure la continuité des intelligences, cette « coopération successive, » qui est un des plus nobles privilèges de l'homme.

III. Toute question de politique pure concerne toujours, en définitive, la détermination du ressort du gouvernement et de ses prérogatives. Sur ce sujet, il ne peut y avoir que deux écoles : on favorise l'individu ou bien la société. Or, en politique, la société, la collectivité, *est*; l'individu n'existe pas : celui-ci est une unité physiologique ou morale ; il n'est qu'une partie politique. « Dans l'être collectif qu'est la société, l'organisme est composé. Il est formé d'éléments séparables qui sont eux-mêmes des êtres individuels ou collectifs. » (p. 246.) C'est donc toujours la société, ses lois et son intérêt qu'il faut considérer positivement.

De ce que « le consensus entre les éléments de la société n'est pas, comme dans les autres êtres, spontané, » (p. 247.) découle toute une série de conséquences qui sont consignées brièvement dans le chapitre intitulé *le gouvernement temporel*. Rappelons ces conséquences. La composition caractéristique de toute société en fractions séparées permet la division du travail, source du progrès.

Mais cette division risque d'engendrer l'incohérence. « De là, écrit Comte, pour prévenir et contenir cette tendance à la dispersion, la nécessité d'un gouvernement, c'est-à-dire d'un organe social, qui, placé toujours par sa situation au point de vue le plus général, soit susceptible d'intervenir pour rappeler sans cesse la pensée d'ensemble. » Et cette nécessité est plus impérieuse à mesure que la division du travail augmente avec le progrès.

Cette notion du pouvoir central, conciliateur des intérêts particuliers et juge de l'intérêt général, est radicalement contraire à la doctrine de la souveraineté du peuple et du droit individuel à l'insurrection. Car tout individu, tout être particulier ne peut-être un organe politique général : son intérêt diffère de l'intérêt général ; son autorité ne s'exerce pas sur la collectivité ; sa compétence est restreinte ; et comme l'étendue des dommages dont il est susceptible, ne dépasse pas sa propre personne, il n'a pas qualité pour engager la responsabilité collective. Le choix des organes de gouvernement est donc infiniment délicat et, en ce qui concerne la souveraineté et la déclaration insurrectionnelle, ce sont des pouvoirs qui n'appartiennent qu'à des organes appropriés.

Par exemple, au Moyen Age, « le pouvoir spirituel avait conquis le droit de délier, au moyen de l'excommunication, les sujets du serment de fidélité. Par suite de son caractère, de sa position, de la responsabilité qui était attachée à ses décisions, il devait d'ailleurs user de ce droit avec toute la modération convenable. » (p. 254.)

Quant à la souveraineté, elle appartient sans restriction au pouvoir central. Ce fut le vice de la Révolution de l'individualiser en principe, de la fractionner et finalement de la commettre au pouvoir local, en l'espèce le parlementarisme.

Si les mots ont leur sens, et c'est-à-dire si on les conforme aux choses, il est évident qu'au-dessus du pouvoir central ou général, il ne peut rien y avoir, non pas même un contrôle, qui serait, par force, non seulement incompétent, mais surtout malveillant. Or, Comte a beaucoup insisté sur cette défiance à l'égard du pouvoir souverain, qui semble le mal politique le plus répandu aujourd'hui et le plus dangereux. C'est elle qui a produit la distinction de l'exécutif et du législatif et l'abus des constitutions, systèmes d'équilibre entre des pouvoirs qui s'annulent pratiquement. Cette défiance, qu'on croit être l'état normal des sociétés, institue la dissension en permanence et entretient la révolution secrète : elle opère le divorce entre les actes et les sentiments de l'individu et, dans la société, entre le chef et les membres. Il importe au contraire de reconstituer le pouvoir central ou Etat et de réduire le pouvoir local à ses attributions indispensables. Dans la pensée de Comte, le pouvoir temporel ne devait être limité que par le pouvoir spirituel, quand celui-ci aurait été aussi rétabli, et il le sera, disait-il, après la libre discussion des doctrines qui aspirent à la prépondérance, par la victoire de la plus apte, qui aura spontanément opéré l'accord unanime des esprits et des cœurs. D'où la formule : dictateur temporel, liberté spirituelle, c'est-à-dire pouvoir temporel restauré et pouvoir spirituel élaboré.

Nous ne nous flattons pas d'avoir reproduit l'exacte économie du livre de M. de M. Il est peut-être plus utile de provoquer la réflexion sur certains points. Quoi qu'il en soit, M. de Montesquiou a traité son sujet en philosophe soucieux de garder à chaque idée et à chaque partie de son ouvrage une importance relative. Il a montré une fidélité, un scrupule d'objectivité, un sérieux d'intelligence tout à fait dignes de louange. Peut-être même y a-t-il dans son livre moins de système que dans l'œuvre de Comte : pour une analyse forcément brève, il a usé autant de l'esprit de finesse que de l'esprit de géométrie, déliant un peu le faisceau des arguments pour découvrir les trésors de la pensée. Par surcroît, l'abondance des textes cités donne directement l'impression de la pensée de Comte.

Encore une fois, cela est d'un philosophe et cet *Exposé* est à relire.

Pierre GILBERT.

61. — **Molière**, par Eugène RIGAL, 2 vol. in-12 de vii-308 et 333 pages. (3 fr. 50) Paris, Hachette.

M. Rigal, dont on connaît les beaux travaux sur le théâtre français avant la période classique, a publié à la librairie Hachette deux volumes sur Molière. Cet ouvrage est né d'un cours public, professé à l'Université de Montpellier ; de là peut-être viennent quelques-uns de ses défauts, mais de là aussi quelques-unes de ses qualités. Les auditeurs de M. Rigal — et ses auditrices, car il est visible qu'il a songé à elles — y ont dû beaucoup apprendre, en s'amusant beaucoup. C'est une étude d'ensemble, très claire, très vivante, où les travaux antérieurs sont adroitement utilisés et dans laquelle cependant les vues personnelles ne manquent point.

Plusieurs idées générales dominent cette longue étude. M. Rigal — ce que je ne saurais trop approuver — s'est proposé de réagir contre la tendance que l'on a eue longtemps, que l'on a encore, de chercher Molière lui-même, sa vie, ses sentiments, son caractère, dans ses comédies. Il a écrit là-dessus une excellente introduction. Pourquoi cependant fait-il lui-même des concessions inutiles à ses adversaires? Pourquoi (I, 304, II, 44 sqq) paraît-il chercher Molière dans Alceste ? Il a fort bien vu (II, 82) qu'Alceste « paraissait fort comique » : pourquoi ne s'est-il pas plus énergiquement attaché à « apporter à la lecture de ce chef-d'œuvre les dispositions qu'y apportaient les contemporains et que *le poète lui-même voulait qu'on y apportât* » ? Pourquoi (II, 112) prête-t-il à Molière lui-même des paroles de Sosie? Sans doute, « l'esclave Sosie » n'a pas pu dire sérieusement :

Vers la retraite en vain la raison nous appelle.

On peut en conclure peut-être que Molière oublie sa condition d'esclave et en fait, au sens du xviie siècle, un « domestique » des grands; mais de là à conclure qu'il s'identifie, même un instant, avec lui, il y a un abîme. Pourquoi (II, 145) M. Rigal admet-il que Molière ait peint son propre père sous les traits d'Harpagon? Pourquoi (II, 176) imagine-t-il qu'il ait « éprouvé le besoin, au moment... où sa fin approche de se rappeler ce qu'il a vu de plaisant au temps de ses courses dans les provinces »? Pourquoi (II, 235) lui suppose-t-il le désir de « rendre hommage à la comédie italienne », de « rédiger son testament littéraire », pour cette raison qu'il appelle un valet de comédie « Scapin »? Ce sont là des hypothèses qui conviennent aux partisans du « subjectivisme » de Molière et non à leur adversaire.

La seconde idée directrice de M. Rigal est celle de « l'origine populaire, de la *genèse par la farce* de la grande comédie de Molière ». Elle aussi me semble extrêmement juste et je crois que M. Rigal en a tiré un excellent parti. Néanmoins, je trouve quelquefois qu'il l'exagère et quelquefois qu'il l'oublie. Il l'exagère par exemple à propos de *Tartuffe*. Assurément, dans cette comédie, on trouve des traces de farce : est-ce une raison pour dire (I, 252) que « la farce est la base même de l'œuvre », pour s'arrêter devant « les perdrix et le gigot *qu'on n'osait manger que dans les farces* »? Il l'oublie à propos de l'*Ecole des Femmes* (I, 166), à propos du *Misanthrope* (II, 44 sqq), à propos du *Bourgeois gentilhomme* (II, 200), des *Fourberies de Scapin* (II, 239), à propos des *Femmes savantes* (II, 269), à propos du *Malade imaginaire* (II, 291); il voit là en effet des « duretés », des « amertumes », des « tristesses des choses », des « symboles », qui y sont, sans aucun doute, si nous voulons les y mettre, mais que Molière n'y a pas mises. La gaieté de Molière est rude comme celle de son temps; et s'apitoyer sur ceux qu'elle raille, c'est précisément oublier qu'elle a la farce pour base : Qui songe à plaindre la femme de Guignol ou le Commissaire, quand ils sont rossés? On rit, sans chercher là les motifs de compassion, qu'on y trouverait sans peine — en prenant les choses à rebours.

Il y aurait encore bien des observations à faire : le génie de Molière est si grand que ses personnages, comme des êtres vivants, prêtent aux interprétations les plus opposées. Je n'entreprendrai pas cette œuvre infinie de discuter toutes celles que M. Rigal propose et qui me paraissent discutables. Je me bornerai à quelques points.

Comment faut-il comprendre le titre de l'*Ecole des femmes*? M. Rigal admet (I, 171) que ce titre est faux et que la pièce devrait s'appeler *Ecole des maris, seconde partie*. Ne peut-on pas comprendre (voir la scène IV de l'acte V) que c'est l'amour qui est l' « Ecole » des Femmes, puisque c'est lui qui inspire Agnès, lui fait sentir son ignorance, lui donne le désir de s'instruire, lui apprend enfin à duper son tyran et à se réserver pour son ami?

M. Rigal s'étonne que Michelet ait pu croire le premier *Tartuffe* terminé au troisième acte et s'écrie « Quand Michelet a hasardé cette affirmation, il avait sans doute « négligé de relire l'œuvre dont il parlait » (I, 221). — C'est être bien sévère. Michelet a pour lui le fait que la pièce a été représentée en trois actes. Or jamais Molière n'a joué une pièce inachevée ; faute de temps, il la terminait plutôt en prose : voir *la Princesse d'Élide*. Il a pour lui le fait que la fin du troisième acte peut parfaitement être regardée comme une fin de pièce : qu'on la relise attentivement et l'on en sera frappé. Quant aux objections qu'on peut lui présenter, elles tombent toutes devant ce fait que Molière, pour ajouter deux actes, a dû les préparer dans les trois premiers et par conséquent remanier ces trois actes. — M. Rigal admet que Molière a visé la Congrégation du Saint-Sacrement. Mais toute son argumentation est un paralogisme. Il identifie gratuitement « cabale des dévots » et « Congrégation du Saint-Sacrement » ; alors, en effet, sa démonstration est facile ; mais il faudrait trouver chez les contemporains un texte où la « Congrégation », comme telle, ait été appelée « cabale des dévots » et je n'en ai point vu. Il signale les rapports de certains mots du *Tartuffe* avec les statuts secrets de la Congrégation ; mais, pour en conclure que Molière vise ces statuts *secrets*, il faudrait un commencement de preuve qu'il les a connus, et je n'en ai point vu. Les ressemblances qu'on relève s'expliquent tout naturellement par ce fait que la congrégation s'occupait d'œuvres dévotes et que Tartuffe feint de s'occuper d'œuvres dévotes. — M. Rigal enfin admet que Tartuffe était *croyant*. J'avoue, en regrettant de ne pouvoir discuter aussi longuement qu'il le faudrait, que rien ne me paraît plus invraisemblable.

J'ai déjà indiqué l'objection fondamentale que je ferais au chapitre de M. Rigal sur le *Misanthrope* : on comprend donc comment je ne puis voir en Alceste un Samson, ni en Célimène une Dalila (II, 52). — Je ne sais pas pourquoi M. Rigal déclare que le procès d'Alceste « pour tout bon esprit est imperdable » (II, 54). C'est lui, le plaideur, qui le dit ; mais les autres, plus impartiaux, semblent tel et bien le croire « perdable ». Si Alceste est, non pas le héros, mais le ridicule de la pièce, si dès lors on ne le croit plus sur parole dans sa propre cause, rien ne nous dit qu'il ait si pleinement raison. — M. Rigal admire la « politesse » d'une société où « les Maréchaux de France ne dédaignent pas de ménager entre deux adversaires une réconciliation. » (II, 54). Mais notre époque est aussi « polie » : Un président de cour d'appel « ne dédaigne pas » de s'occuper des affaires d'un paysan ou d'un charcutier en conflit avec leurs adversaires. Les Maréchaux de France, chargés officiellement de juger les affaires d'honneur, ont rempli leurs fonctions et il n'y a point de « politesse » à cela. — M. Rigal trouve « absurde » la question : Molière tient-il pour Alceste, ou tient-il pour Philinte » (II, 77). S'il est vrai qu'Alceste soit « comique » (p. 82) et que Philinte ne le soit pas, la question n'est ni absurde ni douteuse : Philinte aux yeux de Molière est le seul homme raisonnable. Philinte et Eliante sont des sages, tenant le juste milieu entre la rigueur différemment insociable d'Alceste et d'Arsinoé et la complaisance excessive aux mœurs et aux hommes, de Célimène et d'Oronte.

Enfin, pour en finir — car il faut bien finir — y a-t-il vraiment lieu de supposer que Pourceaugnac soit un faux gentilhomme (II, 183)? de refuser à Ariste et à Clitandre, ces « sages » si évidents, le rôle de porte-paroles de Molière (II, 261)? etc.

On voit combien le livre de M. Rigal excite à la discussion : il me semble que c'est le meilleur éloge qu'on en puisse faire.

G. Michaut.

---

62. — **La marquise de Lage de Volude (1764-1842)**, d'après des documents inédits, par la comtesse H. de Reinach-Foussemagne. — Paris, Perrin, 1908, in-8 de xvii-448 p.

La vie de Stéphanie d'Amblimont, marquise de Lage de Volude, est assez représentative d'une époque et d'une société. A la Cour du Versailles de Louis XVI et de Marie-Antoinette, sur les routes rudes et incertaines de l'émigration, dans la retraite d'une ville de province pendant l'Empire ou dans l'éclat d'un salon de Paris sous la Restauration, dans son exil volontaire après 1830, cette fidèle de la monarchie légitime, qui ne tint de rôle dans aucun grand événement, se comporta comme beaucoup de gens de son monde et de son parti. En la peignant, c'est eux qu'on peint ; elle avait les mêmes qualités et les mêmes défauts. Elle était passionnée et spirituelle, brave fière et insouciante ; en religion, point austère, peu dévote, mais croyante ; en politique, mélange singulier de nobles élans et d'inflexibles préjugés. Son attachement à la royauté fit l'unité de sa vie. Elle s'était donnée à la cause des Bourbons de toute son âme, avec une sincérité et un désintéressement qui ne peuvent pas ne pas inspirer le respect. Quel contraste entre une madame de Lage et une madame de Boigne ! entre la noble femme qui ne demanda rien pour elle-même à ses princes, au temps de leur fortune, et qui ne les abandonna pas dans le malheur, et la basse créature qui, jamais satisfaite des faveurs dont elle fut comblée, s'acharna contre les vaincus pour les persifler et les calomnier ! — Ajoutez que madame de Lage avait l'intelligence ouverte, l'esprit cultivé, et que, réserve faite pour les idées de son temps, elle était capable de tout comprendre.

Le livre de madame la comtesse de Reinach-Foussemagne est agréable à lire. Peut-être cependant aurait-il gagné à être plus court. Ce qui devait, en effet, constituer l'intérêt d'une étude sur madame de Lage, c'était de tracer son portrait moral plus que de raconter ses actions, et l'auteur, qui a fort bien fait revivre la physionomie de son héroïne, n'a pas su résister à la tentation de narrer par le menu son existence romanesque mais effacée, tout comme s'il se fût agi d'un personnage historique de premier plan.

Parmi les nombreux documents qu'a utilisés madame de Reinach, il faut mettre hors rang les lettres de madame de Lage. Ecrites avec une verve élégante, elles sont le miroir fidèle d'un petit coin du monde légitimiste : des silhouettes amusantes et qu'on sent ressemblantes, y défilent, des détails pittoresques y abondent, des scènes vues y sont reproduites avec une émouvante exactitude. Nous citerons comme exemples, au hasard, la peinture des milieux royalistes sous le Consulat, qui prouve que l'intransigeance de madame de Lage ne l'empêchait pas d'être clairvoyante ; le récit du passage de Pie VII à Orléans en 1814 ou le tableau de l'entrée de Louis XVIII aux Tuileries ; ce sont là de vraies pages d'histoire.   B. DE LACOMBE.

63. — **Critique de la doctrine de Kant**, par Charles Renouvier (publié par Louis Prat). — Paris, Alcan, 1906, in-8 de iv-440 p. (Prix : 7 fr. 50.)

M. Prat s'est fait, à la prière de Renouvier, l'éditeur de cet ouvrage posthume du grand philosophe. Lui-même nous avertit qu'il s'est borné à revoir le manuscrit et à rédiger les conclusions (en s'aidant des notes de son maître). — L'ouvrage est une *critique* de la *Critique de la Raison Pure*. Renouvier accepte les six thèses fondamentales de Kant : nécessité d'une analyse préliminaire de la raison, caractère *a priori* de l'espace et du temps, caractère *a priori* des concepts catégoriques, distinction des jugements *enclytiques* et *synthétiques*, principe de l'obligation morale, théorie des postulats moraux. Mais il combat les doctrines que Kant mêle à ces thèses du cinticisme, et qui pèchent, soit par l'admission du substantilisme, soit par le rejet amplicite du principe de contradiction. C'est ainsi qu'il dénonce dans la discussion Kantienne des *antinomies* la démonstration contradictoire et sophistique des antithèses relatives à l'infinité du temps et de l'espace. C'est ainsi encore qu'il montre dans la réfutation Kantienne des preuves de l'existence de Dieu le postulat illusoire de l'argumentation *apudictique*. La grande erreur de Kant est, aux yeux de Renouvier, l'idée de l'*Inconditionné* et de l'*Inconnaissable*. Il rétablit, à cet égard, le *dogmatique* Kantienne dans le grand courant métaphysique issu de l'école d'Hu ; il affirme la parenté du *transcendantalisme* Kantien avec le panthéisme de Spinoza, l'universalisme de Hegel, l'évolutionnisme agnostique de Spencer. Il rejette la théorie de la *raison* distincte de l'entendement, l'idée d'une intuition suprasensible et contradictoire. A cet *universalisme*, à cette doctrine de l'Absolu, il oppose le *personnalisme* relativiste.

J. Segond.

---

64. — **Liber traditionum Sancti Petri Blandiniensis**, publié par Arnold Fayen. — Gand, F. Meyer-Van Loo, 1906, in-8° de xii-314 p.

On désigne sous le nom de *Liber traditionum* un recueil de notices, de chartes, de donations et de documents divers concernant l'abbaye de Saint-Pierre au Mont-Blandin à Gand. On y distingue trois parties principales : la première est l'œuvre d'un scribe du milieu du XI° siècle, probablement moine de Saint-Pierre qui, non sans toutefois lui avoir fait subir de nombreuses modifications telles que la modernisation de l'orthographe et des noms de lieux et de personnes, s'est contenté de reproduire une notice du X° siècle encore existante et copiée, elle-même, sur un texte du IX° siècle dont on possède également l'original. En dehors de la notice du X° siècle, le scribe du XI° siècle s'est servi de documents originaux qu'il maltraite sans scrupule. A cette première partie, de beaucoup la plus importante, est annexée une continuation due à plusieurs scribes du XII° siècle. Quant à la troisième partie, elle consiste en un recueil de chartes et de documents divers du XII° et du XIII° siècle. M. Fayen a édité avec tout le soin désirable ces textes de dates fort différentes ; avec raison il n'a pas cru devoir se conformer à l'ordre dans lequel ils étaient rangés dans le *liber traditionum* et il les a classés dans l'ordre chronologique. Son édition peut être considérée comme définitive et annule tous les travaux de ses devanciers.   G. MOLLAT.

---

65. — **La liberté individuelle du travail et les menaces du législateur,** par E. D'EICHTAL. 1 vol. Paris. Alcan, 1908. 202 p.

Le titre seul du volume en indique bien l'esprit et les tendances. M. d'Eichtal estime que la liberté individuelle du travail est gravement en danger par les divers projets législatifs actuellement à l'étude : il s'agit tout à la fois du projet d'abrogation des articles 414-415 du Code Pénal, du projet de loi sur la grève et l'arbitrage obligatoires, (projet Millerand) du projet de loi sur le contrat de travail dans la partie qui traite des Conventions collectives et enfin du projet nouveau sur la journée de travail des adultes déposé par M. Vaillant et d'autres députés Socialistes. Naturellement tous ces projets sont pour l'auteur critiquables et mauvais : la liberté du travail en recevrait un coup mortel.

Resterait cependant à s'étendre sur la fameuse liberté du travail toujours invoquée par les libéraux : depuis le temps qu'on la supprime, elle a vraiment la vie dure : c'est peut-être bien que la notion qu'ils en ont ne correspond pas à la réalité des choses. Sans en faire d'ailleurs une étude séparée, l'auteur la voit dans le droit de l'ouvrier de disposer directement de son travail s'il entend rester isolé, ou de s'unir à des groupes collectifs s'il désire participer au concert des offres de travail. Mais n'est-ce pas préjuger la question. Il y aurait lieu à notre sens de distinguer la liberté du travail en elle-même qui est le droit de disposer de son activité, de passer le contrat de travail et celui de travailler à certaines conditions déterminées. Ce sont là deux problèmes bien dictincts et de nos jours on admet de plus, sauf M. d'Eichtal et les libéraux, que l'intérêt professionnel est assez puissant pour rendre impossible la vieille thèse révolutionnaire d'une liberté de travail absolue, sans reconnaître que des conditions communes s'imposent à tous de par les nécessités même du travail moderne.

On pouvait prendre sucessivement non pas les projets de loi actuels mais toutes les lois sociales récentes et répondre à M. d'Eichtal qu'elles n'ont vraiment pas atteint la liberté du travail entendue en son sens vrai et restreint. Comme l'a si bien dit Lacordaire : « Entre le fort et le faible, c'est la liberté qui opprime et la loi qui affranchit ».

Mais devant les dogmes aussi intangibles que ceux de l'Economie Politique libérale, la critique prend ses droits. Malgré les sinistres prophéties, le mouvement de protection légale des travailleurs poursuit sa marche victorieuse et la liberté du travail, une fois de plus frappée à mort, renaîtra au grand étonnement de ses fossoyeurs : la vérité est qu'on ne l'a vraiment pas supprimée. Les difficultés auxquelles se heurte le projet sur les Conventions collectives en sont d'ailleurs la preuve la plus manifeste.

Il n'y a rien de dangereux comme ces mots fantômes que l'on donne devant les réformes sociales les mieux préparées. Mais l'opinion commence heureusement à ne plus s'arrêter à ces épouvantails.

B. R.

---

66. — **Neuvaine sacerdotale au bienheureux curé d'Ars**, par l'abbé J. L. Monestès, chanoine de la cathédrale d'Agen. —

Paris, Haton, in-12 de 322 p. Deuxième édition. (Prix : 2 fr. 50.)

Il faut enfin signaler la deuxième édition de cet ouvrage. Comme il est de nature à faire du bien, nous aurions quelques remords de le laisser oublier.

Les méditations de cette neuvaine sacerdotale se divisent chacune en trois parties : 1° ce que pensait du sujet énoncé le bienheureux curé d'Ars, 2° ce que ses pensées doivent suggérer au clergé, 3° l'application particulière de ces vérités aux besoins spirituels du lecteur ; le tout suivi d'une prière pieuse et pénétrante. On voit combien une telle conception peut prêter matière aux réflexions même sur nos préoccupations actuelles, qui ne sont pourtant relevées que dans un but d'apostolat. Les prêtres à qui s'adresse l'auteur apprécieront cette intention évidente, ils liront d'un trait son éloquent livre et, après avoir lu, ils méditeront.

Si nous avons pris le temps de relire et attendu, depuis la deuxième édition, que la troisième soit peut-être sur le point de paraître, ne nous en excusons pas trop. On ne nous en saura pas mauvais gré, puisqu'il est manifeste que le clergé français a réfléchi que l'on n'écrirait plus maintenant, comme il y a quelques années : « Par la force des choses autant que par la faiblesse des hommes, la hiérarchie catholique n'a plus aucune action sur la vie sociale contemporaine. » A. Boué.

---

67. — **Les origines de la nonciature de Flandre**, *Etude sur la diplomatie pontificale dans les Pays-Bas à la fin du XVIe siècle*, par R. MAERE. — (Louvain, 1906. 47 p.)

Cet opuscule est un tirage à part d'un article paru dans la *Revue d'Histoire ecclésiastique*, qui se publie à Louvain.

C'est de l'histoire documentaire. Ce mot résume, me semble-t-il, les grandes qualités de cette étude, et les défectuosités qu'on y trouve.

C'est un travail très consciencieux. Outre les sources imprimées, l'auteur en connaît un grand nombre de manuscrites, qu'il a étudiées aux Archives du Vatican.

Mais, plutôt par la faute du sujet que par celle de l'auteur, ces pages n'ont pas d'unité. L'on va à droite et à gauche, de Cologne à Bruxelles, de Bruxelles à Liège, au hasard des voyages des envoyés pontificaux. Les transitions elles-mêmes montrent combien peu serrés sont les liens qui unissent ces récits : *entretemps, cependant, pendant ce temps* sont les particules ordinaires qui, d'un train un peu monotone, nous font passer d'un alinéa à l'autre.

L'on serait heureux aussi me semble-t-il, de sentir davantage dans cette étude la personnalité de l'auteur. — Mais « la prudence est la mère de la sûreté », et en n'émettant aucune appréciation, un auteur est sûr de ne déplaire à personne.

J. Paquier.

---

68. — **Lorenzo-Michelangelo Billia** — **L'idéalisme n'est-il pas chrétien ?** Extrait de la Revue de philosophie. Montligeon, 1907, 29 p.

Critique d'une philosophie de l'action qui réduirait tout à la volonté.

A cette théorie on oppose la doctrine chrétienne et l'analyse de la volonté elle-même. Pères et docteurs « depuis Clément d'Alexandrie jusqu'à Fénelon, Bossuet, Buroni » ont eu conscience que « la conception de la religion chrétienne n'est possible que dans la théorie de l'idée ». Jésus et ses apôtres ont prêché la vérité et la connaissance du Salut et non pas seulement l'action.

Puis vouloir c'est vouloir quelque chose : la volonté se subordonne donc à l'être. Bien vouloir c'est se conformer à un idéal, par conséquent l'Idée suprême de Platon transcende notre activité.

Il reste cependant que le christianisme est plus qu'un système d'abstractions et en ce sens constitue un réalisme. On reconnaît aussi qu'un intellectualisme outré aboutit au mécanisme déterministe et que « l'homme est ce qu'il est par la volonté » (p. 19).

E. Magnin.

69. — **Études d'économie et de liquidation rurales,** par René Worms. — Paris, Giard et Brière, 1906, in-16 de viii-304 p.

M. René Worms réunit sous ce titre plusieurs études d'Economie rurale, communication à la société naturelle d'agriculture de France ou à la société d'économie politique de Paris, de ces articles déjà parus. L'ensemble constitue un aperçu des principales questions d'Economie et de Liquidation morales contemporaines.

L'auteur dans sa Préface se montre personnellement très partisan du développement des études d'économie rurale, qui depuis 1895 font partie du programme du Doctorat en Droit (Sciences Politiques et Economiques). Son petit volume est fait pour contribuer encore à accroître le goût de ces intéressantes questions.

Après une vue d'ensemble sur l'économie rurale, M. Worms étudie successivement la production agricole, en insistant surtout sur le travail agricole, la propriété et notamment les restes de la co-propriété villageoise (vaine-pature, affouage, communaux), puis brièvement quelques questions touchant la circulation, la politique douarière et le crédit, enfin le reste du volume est consacré aux enseignements et recherches concernant l'agriculture.

Toutes ces questions sont présentées avec une très remarquable clarté, parfois les développements sont quelque peu insuffisants, mais l'auteur nous explique lui-même que cela tient au caractère même de l'ouvrage et que par différence pour les sociétés savantes, il n'a pas voulu remanier certaines études déjà publiées. On pourrait à cet égard regretter qu'un système de notes ne vienne pas compléter utilement les indications du texte.

Tel qu'il est, ce petit volume sera lu avec intérêt par tous ceux que préoccupent les questions agraires et peut utilement servir de point de départ à ceux nombreux aujourd'hui qui voudraient approfondir ces questions. B. R.

CHRONIQUE

7. — **Un pélerinage au IVe siècle. — Sainte Lucie à Catane (5 février 304),** par Augustin Beaugrand, ancien magistrat; préface de Dom du Bourg,

bénédictin ; illustré de 8 gravures hors texte; Paris, librairie des Saints-Pères, 83 rue, des Saints-Pères, 1907, 1 vol. in-8.

M. Beaugrand est du nombre de ces chrétiens héroïques, qui ont mieux aimé jadis descendre d'un siège de magistrat qu'ils illustraient par leur science et par la dignité de leur vie, que de s'exposer à rendre des jugements contraires à leurs principes; désormais libre de son temps, il s'est consacré à étudier et à retracer l'histoire des saints, apportant à cette tâche la connaissance du cœur humain, les habitudes d'analyse, le soin dans l'examen des faits, la rigueur dans l'admission des preuves, la perspicacité dans les conclusions, qui caractérisent les esprits d'élite du corps auquel il appartenait; la vraie méthode scientifique était chez lui une seconde nature : il n'a eu qu'à l'appliquer pour réussir dans la voie nouvelle qu'il s'était tracée. La vie de Sainte Lucie, qu'il a publiée, il y a quelques années, est un monument achevé d'érudition et de style ; les exemplaires de cet ouvrage se sont vendus si rapidement, qu'on en chercherait vainement à l'heure présente, et que l'auteur, depuis longtemps déjà, est sollicité de faire paraître une seconde édition. Avant de déférer à ce vœu, il s'est plu à détacher de son livre un épisode curieux de la carrière si courte de son héroïne, le pélerinage de Sainte Lucie au tombeau de Sainte Agathe, à Catane, et il en a fait l'objet d'un aimable et charmant petit volume, d'une sûreté entière de doctrine et de récit, d'un intérêt très vif, et qui jette des lumières toutes nouvelles sur la vie chrétienne à l'époque de Dioclétien.

Les pratiques et les dévotions religieuses de ces temps primitifs ne différaient pas sensiblement de ce qu'elles sont de nos jours ; les pélerinages notamment étaient en honneur et contribuaient puissamment à entretenir, à exalter l'esprit de foi : c'est ce que M. Beaugrand a voulu rendre manifeste, et l'on ne saurait lui faire grief d'avoir soutenu une thèse, dont la démonstration s'était offerte à lui d'elle-même au cours de ses investigations, sans qu'il se la fût d'avance aucunement proposée comme but ; « vous suivez pas à pas votre sainte dans son pieux voyage ; vous restituez les paysages qu'elle a contemplées, les villes qu'elle a traversées, les milieux où elle a vécu » : ainsi parle à l'auteur Dom du Bourg dans une lettre qui sert de préface à l'ouvrage et qui exprime un suffrage approbatif d'une haute autorité.

Lucie, au cours de son pélerinage, fit connaître à sa mère l'abandon total qu'elle avait fait de sa personne entre les mains de Dieu ; de retour à Syracuse, sa ville natale, elle vendit ses biens et en distribua le prix aux pauvres ; dénoncée comme chrétienne par un jeune homme à qui elle avait refusé sa main, il ne lui restait qu'à subir le martyre ; son propre tombeau n'allait pas tarder à devenir et à demeurer l'objet d'un pélerinage non moins célèbre non moins fréquenté que celui de Sainte Agathe.

Nous faisions allusion tout à l'heure aux coutumes anciennes et toujours en vigueur de la vie chrétienne : à tous les âges du christianisme, écrire l'histoire des saints a été regardé comme une inspiration pieuse et féconde; notre temps a rajeuni cet usage et lui a donné un nouveau lustre, en comprenant tout ce qu'une pareille entreprise demande d'application, d'étude et de science; il lui sera sans doute beaucoup pardonné, à cause de son amour pour la vérité, et l'œuvre de M. Beaugrand, si exacte et si vivante, pourra être invoquée parmi celles qui contribueront le plus à le justifier.   I. LAURENTIE.

8. — **Heures Lyriques et Chrétiennes**, par Charles DANIÉLON. — Paris, Fontemoing, 1906 ; in-16 de 112 p.

On ne peut mieux faire, pour recommander ce livre aux bons français, que de reproduire les lignes qui lui servent de courte préface : « A l'aube d'un siècle où les ennemis de l'Eglise lui donnent un suprême assaut, il a paru bon à l'auteur de ce petit livre d'unir son témoignage de foi à celui des millions de catholiques français qui souffrent d'être traités en parias dans leur patrie. Tout poète appartient à son époque pour en interpréter les émotions. Les *Heures lyriques et chrétiennes* ne prétendent qu'être un faible écho de l'émotion religieuse du temps présent. » Voilà un fier langage, qui n'étonnera ou ne fera sourire que ceux qui ne regardent pas au fond des choses et se laissent prendre à l'apparence et au succès. Le poète, qui s'exprime ainsi en prose concise, s'élève et s'épanche encore mieux dans ses strophes au large souffle, plus vivantes encore que ses *Armoricaines*, qui lui avaient cependant acquis déjà l'estime des lettres et lui avaient assuré tout de suite une place très honorable dans la pléiade contemporaine.   F. P.

9. — Comme suite aux fascicules antérieurement consacrés à la situation actuelle du catholicisme dans les pays de l'Extrême-Orient, la collection *Science et Religion* vient de publier un opuscule relatif à l'*Eglise catholique en Indo-Chine* (n° 375. Paris, librairie Bloud et Cie, in-12 de 64 p.) Œuvre, — comme cette brève étude sur la *Religion catholique en Chine*, dont nous avons déjà rendu compte, — de MM. J.-B. Piolet et Ch. Vadot ; cet opuscule résume en un certain nombre de ses paragraphes les chapitres consacrés à l'Indo Chine dans le bel ouvrage des *Missions Catholiques françaises au XIXe siècle*, et il y ajoute d'utiles renseignements sur les travaux évangéliques des Dominicains espagnols au Tonkin et sur ceux des Missions Etrangères de Milan dans la Birmanie orientale. L'histoire tient, à juste titre, une large place dans ce bref, mais très clair exposé, que compléterait utilement une carte, — si schismatique, fût-elle, de la grande presqu'île indo-chinoise.   H. F.

10 — **Journal politique de Charles de Lacombe, député à l'Assemblée Nationale**, publié pour la Société d'histoire contemporaine, par A. HÉLOT, tome I, Paris, Alphonse Picard et fils, 1907, un vol. in-8°.

La Société d'histoire contemporaine a été très heureusement inspirée en publiant le Journal politique de M. Charles de Lacombe : le caractère de cet homme de bien s'y montre dans toute son honnêteté confiante, et la délicatesse chrétienne de son âme s'y reflète à chaque page. Quoique écrites à l'issue de séances agitées ou de discussions brûlantes, ces feuilles sont exemptes de passion et empreintes, au contraire, d'une sérénité qui se rencontre rarement, même dans les mémoires dictés, au déclin de la vie, par des hommes comblés d'ans et d'honneurs.

Les amateurs de vivacités posthumes n'y trouveront pas, on le voit, de quoi satisfaire leur penchant ; les collectionneurs de scandales inédits n'y glaneront pas davantage le moindre détail de mauvais aloi ; mais ceux qui demandent à l'histoire des leçons sérieuses en même temps que des accents sincères, s'attarderont avec complaisance à la lecture de ce livre de bonne foi, qui retrace de jour en jour l'œuvre, mieux encore l'esprit public d'un groupe d'hommes, aujourd'hui presque disparu, dans le temps où il tenait en mains les destinées du pays. Sans doute, M. de Lacombe ne cherche pas à pénétrer le secret des consciences ; il est un témoin et non un juge d'instruction ; mais loin de lui en faire un reproche, on doit noter cette réserve comme le plus beau trait de sa probité politique : il croit, il veut croire à la loyauté de chacun. Les nobles âmes seules prêtent ainsi généreusement à autrui les vertus dont elles sont douées.

Epris de liberté politique dès sa jeunesse, c'est-à-dire dès une époque où les jeunes gens eux-mêmes étaient, pour la plupart, césariens, M. de Lacombe avait hâté de ses vœux la restauration du régime parlementaire ; il lui demeura toujours fidèle, *optimi corruptio pessima*, répétait-il d'ailleurs volontiers, et sa crainte était qu'une réaction contre les excès de ce régime n'aboutît à la dictature. Son Journal n'est pas seulement le journal d'un député, c'est celui d'un parlementaire, et d'un parlementaire convaincu ; la génération présente, trop prompte peut-être à condamner le principe, parce qu'elle le voit faussé chaque jour par l'égoïsme et la cupidité, ne lira ni sans surprise ni sans intérêt cet involontaire et d'autant meilleur plaidoyer   J. LAURENTIE.

L'Editeur-Propriétaire-Gérant : ALBERT FONTEMOING.

Imprimerie Générale de Châtillon-sur-Seine. — A. PICHAT.

BULLETIN CRITIQUE

C'est pour nous un bien douloureux devoir de venir ici rendre hommage à la mémoire de Marcel Thibault, enlevé si rapidement, le 2 Mai dernier, après une courte maladie. Pendant près de trois années, il avait rempli les fonctions de secrétaire du *Bulletin Critique* avec le dévouement et la conscience qu'il apportait à tout, et la haute compétence qu'il avait acquise. La distinction de son esprit autant que son affabilité et la délicatesse de ses sentiments lui attiraient toutes les sympathies.

Après de brillantes études au collège Stanislas où son nom figura souvent, parmi les récompenses des concours généraux, Marcel Thibault se sentit attiré de bonne heure vers les études historiques.

Aussi après avoir obtenu le grade de licencié ès lettres, se présentait-il au concours de l'Ecole des Chartes où, pendant les années qu'il y passa, ses succès ne se démentirent point. Il en sortit avec une thèse, très remarquée, sur la reine Isabeau de Bavière. Mais son intelligence si curieuse et si vive ne devait pas se cantonner dans l'érudition : tout problème l'attirait, toute question d'art ou de littérature le passionnait. Il rêvait d'écrire l'histoire en joignant à la documentation scrupuleuse, le souci de l'artiste et de l'écrivain, le pittoresque et la couleur. Et ce furent ces préoccupations qui le guidèrent lorsqu'il publia sa thèse remaniée et qu'il prépara en vue du diplôme d'études supérieures, une étude sur la jeunesse du dauphin Louis, le futur Louis XI. Nous avons parlé ici-même de ses deux remarquables volumes : « Isabeau de Bavière, reine de France » et « La Jeunesse de Louis XI, » lorsqu'ils parurent en 1903 et en 1907.

Mais s'il faut rendre hommage à la distinction et à l'élévation de son esprit, il faut le faire encore plus à la bonté de son cœur. Toujours prêt à rendre service, il avait su se créer de chaudes et précieuses amitiés parmi ses camarades et aussi parmi les élèves dont il avait su s'entourer et auxquels il sacrifiait de longues heures. Ce fut au milieu d'occupations multiples qu'il accepta les fonctions de secrétaire du *Bulletin Critique*. Nous n'oublierons pas que sans compter, il nous donna une part des forces qu'il prodiguait à tout et à tous et qui hélas! ne se réparaient pas. Il est mort à la tâche, fauché en pleine jeunesse, mais sans que le temps lui eût manqué cependant pour manifester les riches qualités de cœur et d'esprit qu'il portait en lui.

LA RÉDACTION.

70. — **Les deux camps de la légion IIIe Auguste à Lambèse**, d'après les fouilles récentes par M. R. Cagnat, membre de l'Académie des inscriptions et belles lettres (extrait des mémoires de l'A. d. i. et b. l., t. XXXVIII, 1re partie), 63 p., quatre plans et cinq planches, Paris, Klincksieck, 1908, in-4°. Prix : 4 fr.

Quand M. R. Cagnat écrivit son beau livre sur *l'Armée romaine d'Afrique*, il eut le regret de ne pouvoir donner du camp de Lambèse, si connu, où résidait la *legio tertia Augusta*, qu'une description incomplète. Les fouilles très superficielles, alors, quelquefois destructives, ne lui permirent pas, malgré un examen personnel du terrain, de se rendre compte de l'organisation du camp de manière à en tracer un tableau exact et documenté. Mais il prit dès ce moment la résolution très ferme de faire complètement déblayer le grand espace qui recouvre les restes de ce camp célèbre, et, avec une louable ténacité, il poursuivit, pendant de longues années, son projet. C'est en grande partie à son initiative et à ses efforts que l'on doit les fouilles si instructives et si fructueuses de M. Besnier en 1897 et 1898, de M. Courmontagne, de M. Cavalier, de M. l'abbé Montagnon, curé de Lambèse. Ces fouilles ont amené à la lumière des inscriptions d'un grand intérêt, servant à déterminer la destination de plusieurs des édifices élevés dans le camp. Les fragments du discours de l'empereur Hadrien, retrouvés par M. l'abbé Montagnon, ont permis à M. Héron de Villefosse de fixer au 1er juillet de l'année 128 l'inspection, passée par cet empereur, du camp et des troupes de Lambèse. Les résultats de ces fouilles et les rapports sont dispersés dans diverses revues ou recueils. Avec raison, M. Cagnat a pensé qu'il était temps de réunir ces documents épars et d'en déduire les faits et les conclusions qu'ils comportent.

Au début de l'empire, la legio tertia Augusta avait son camp à Tébessa. De là, probablement à l'époque des Flaviens, elle fut transférée à un endroit qui n'est pas encore bien déterminé. Enfin, à la fin du règne de Trajan ou au commencement de celui d'Hadrien, elle vint s'établir à Lambèse qu'elle n'abandonna qu'au troisième siècle. Là on a retrouvé deux camps. L'un, entouré de fortifications hâtives, l'autre plus vaste et soigneusement construit. Des fouilles de l'abbé Montagnon, il résulte que le premier de ces camps fut un camp provisoire, occupé seulement pendant une douzaine d'années, temps nécessaire à la construction du camp définitif. Le résultat le plus intéressant qu'ait donnée l'exploration de ce camp, c'est que sa partie centrale était occupée par une plate-forme sur laquelle reposait le monument, où était gravée la célèbre allocution adressée par l'empereur Hadrien aux soldats de l'armée campée à Lambèze. Ce fait explique aussi que l'on ait, par respect pour le monument impérial, conservé le petit camp après que les troupes l'eurent abandonné pour s'installer dans le grand.

La partie la plus intéressante du mémoire de M. R. Cagnat est celle où il nous décrit, à l'aide des nouveaux documents apportés par les fouilles, le grand camp de la légion et surtout son *praetorium*. Nous n'insisterons pas sur les portes, ni sur les voies, ne pouvant suivre l'auteur dans tous les détails.

On pénétrait au prétoire par un immense arc triomphal à quatre faces. Les façades nord et sud étaient percées de trois grandes baies, comme les arcs de triomphes de Lambèse même et de Timgad ; mais les faces latérales avaient quatre ouvertures au lieu de trois. Les deux grandes artères du camp pénétraient sous cet arc qui, par ses quatre côtés, était relié aux édifices construits en bordure sur la voie principale. L'arc franchi, on entrait dans une vaste cour dallée, terminée par une terrasse surélevée de quelques marches et entourée, sur trois de ses côtés, d'une série de pièces qui servaient de magasins d'armes et de munitions.

A la terrasse, faisait suite une seconde cour entourée d'édifices de grandeurs variées. Ceux du fond étaient abrités par un portique que soutenaient douze colonnes devant chacune desquelles se dressait une base portant une inscription gravée et surmontée d'une statue. La pièce centrale, construite sur une chambre souterraine et ornée d'une abside ajoutée après coup, servait vraisemblablement à abriter l'aigle, les enseignes, les images des empereurs. Dans la chambre souterraine, qui servait de trésor, étaient déposées, sous la protection de l'aigle, des enseignes et des empereurs, et aussi d'un poste de garde permanent, les épargnes des soldats. C'est aux primipiles qu'était confiée la garde de l'aigle ; aussi il n'est pas surprenant que près de cette chapelle vouée au culte de l'aigle et des enseignes on ait découvert un certain nombre de dédicaces érigées aux empereurs par les primipiles.

Il est difficile de déterminer d'une manière certaine quelle était la destination spéciale des pièces qui, à droite et à gauche de la chapelle centrale, entouraient la seconde cour. Ce qui est certain, et les inscriptions qui, malheureusement n'étaient pas en place, le prouvent, c'est qu'elles servaient de lieux de réunion (scholae) aux différentes associations militaires de la légion et de bureaux aux *principales*.

En face du prétoire, dont il était séparé par la *Via principalis*, s'élevaient les campements des officiers supérieurs, légats, tribuns, préfet du camp, qui se trouvaient ainsi, comme il est juste, dans le voisinage du commandant en chef. Ce point spécial s'appelait *scamnum*.

Nous ne suivrons pas M. Cagnat dans la description minutieuse de la *praetentura*; on nommait ainsi la partie antérieure du camp. Elle contenait les habitations des centurions avec des dédicaces au *Genius Centuriae*, celles des soldats composées de chambres entourant une cour, des écuries, des remises, des magasins en sous-sol, etc.

Quatre plans permettent de suivre les descriptions et ajoutent encore à leur clarté; des rapprochements avec d'autres camps connus et avec les études que leur ont consacrés divers auteurs donnent au mémoire de M. Cagnat une ampleur qui dépasse les bornes d'une simple monographie. C'est vraiment un travail d'ensemble sur le camp romain où se montrent, à côté des règles immuables, les particularités par lesquelles un camp peut différer d'un autre. Cinq planches en phototypie fixent l'état actuel de ruines qui disparaîtront peu à peu ou dont, tout au moins, le temps modifiera l'aspect.

M. Cagnat a donné là un excellent chapitre complémentaire à son livre sur l'*Armée d'Afrique* et aussi une importante contribution à l'étude générale de l'armée romaine dont il s'est fait une spécialité.

H. Thédenat.

71. — **Prome et Samara.** Voyage archéologique en Birmanie et en Mésopotamie, par le général de Beylié. Paris, Leroux, 1907, gr. in-8, 146 p., 100 fig. et 13 planches.

Cet ouvrage est divisé en trois parties. La première est un journal de voyage. Si l'on se met en route à la suite du général de Beylié, on ne perdra pas son temps : le 19 décembre, on s'embarque à Marseille ; le 3 janvier on est à Bombay, le 6 à Calcutta, le 11 à Rangoon, en Birmanie, tout près de Prome, le lieu des fouilles. Le 13, à 6 heures du matin, 25 jours après le départ de Paris, cinquante coolies attaquent le terrain à coups de pioche et de pelle ; et un peu vivement ! Le 22, les fouilles sont terminées ; le 23 on est de retour à Rangoon et le 29 à Calcutta. Si on ne perd pas son temps, on ne s'ennuie pas non plus à la suite du général de Beylié : les anecdotes amusantes abondent, et elles sont racontées avec tant de charme et d'entrain ! « M. Taw-sein-Ko (chef du service archéologique) vient me trouver et me déclare, avec sa placidité habituelle, que les indigènes endimanchés demandent à pénétrer dans le camp pour contempler l'éléphant en or que j'ai trouvé dans les fouilles. — Le bruit s'est répandu dans le pays, dit-il, que vous avez trouvé un éléphant en or et que vous avez arrêté le tonnerre d'un coup de fusil. Déjà, hier, des indigènes se sont présentés au camp pour voir ; aujourd'hui les visiteurs sont venus plus nombreux et paraissent disposés à déposer des offrandes si on les laisse entrer.

« J'eus un moment d'ahurissement. En plein xxe siècle, à 800 mètres d'une gare de chemin de fer, être pris pour un Dieu !!!

« Raisonnablement j'aurais dû prêcher quelque chose à ces gens-là ; mais il fallait compter avec mon retour en France, les lois sur les congrégations, la séparation de l'Eglise et de l'Etat, etc... Ce n'était vraiment pas le moment de m'installer prophète ! »

On fait bien, de temps à autre, quelques rencontres inquiétantes. On passe là où d'autres voyageurs viennent d'être ou seront détroussés. Mais on a de la chance ; toujours on échappe au danger. Et ces dangers inhérents aux voyages dans ces contrées sont pris avec une telle bonne humeur que c'est presqu'un attrait de plus.

On s'instruit beaucoup aussi à la suite du général. Il connaît, pour les avoir déjà parcourus, les pays où il nous conduit et c'est, pour nous montrer les monuments antiques, le guide le plus expérimenté et le mieux informé qu'on puisse imaginer.

Les fouilles de Prome, décrites dans la deuxième partie de l'ouvrage, ont donné de très bons résultats. Prome est une ancienne colonie hindoue, fondée, d'après la légende, en l'an 454 avant J.-C. par les rois indiens de Tagoung, et, au IIe siècle après J.-C., abandonnée pour la ville de Pagan. C'est une légende destinée à donner aux rois de Birmanie des origines augustes. Le plus probable est que, au Ier siècle après J.-C., les villes cotières de Birmanie étaient occupées par des colonies hindoues et l'hinterland par les Piu ou Piao et autres tribus d'origine thibétaine. Du IXe au XIe siècle, des guerres sans cesse renaissantes ravagèrent le pays. Elles prirent fin au XIe siècle, à l'avénement de Anorata qui constitua définitivement la nation Birmane. Prome avait été abandonné au IXe siècle pour Pagan.

Nous ne pouvons suivre ici le général dans la description des monuments qu'il a explorés et des antiquités qu'il a ramenées à la lumière. Ses fouilles ont prouvé que Prome n'a jamais été la splendide cité que l'on a cru. C'était une agglomération de bourgades, construites, ainsi que leurs temples petits et pas antérieurs au VIe siècle, en matériaux légers. Le bouddhisme du nord et celui du sud régnaient à Prome en même temps que le brahmanisme. Les fouilles n'ont fourni aucune inscription sanscrite, pali ou birmane, mais deux textes en caractères inconnus. Toutefois cette écriture se trouvant dans une inscription quadrilingue qu'on a traduite, on pourra la déchiffrer et, par elle, les autres sans doute.

Pour continuer ses recherches sur les origines de l'art arabe, le général de Beylié devait visiter la Mésopotamie. Il revint donc en France par un itinéraire différent. Le journal de voyage nous en raconte les rapides étapes, parfois contrariées par l'incurie du service des chemins de fer hindous et par une quarantaine. Fâcheux contre temps pour un explorateur si pressé! Mais tout cela est accepté en belle humeur : « Le soir nous jetons l'ancre devant Bassorah. On nous met en quarantaine sous prétexte que la peste règne aux Indes. Elle y règne en effet depuis bien des années; mais elle règne aussi en Mésopotamie et l'on s'explique difficilement pourquoi les autorités locales prennent tant de précautions contre la peste indienne lorsqu'ils sont déjà en possession de la peste mésopotamienne. Affaire de goût ».

L'attendrissement n'est pas loin de l'impatience et du sourire : à Bassorah même, un batelier indigène « probablement ancien élève de nos missionnaires, chante en français un vieux cantique de mon enfance :

« C'est le mois de Marie,
« C'est le mois le plus beau...

« Cela me fait penser à mon pays et à mes chères montagnes du Dauphiné ».

A Babylone l'auteur est bien reçu par la mission archéologique allemande qui dispose d'un crédit annuel de 200.000 francs ; elle emploie 200 ouvriers par jour, hiver comme été. « Sur les murs en briques cuites de l'une des portes déjà dégagées, on aperçoit des files superposées et alternées de taureaux et de dragons non émaillés, en demi-relief, de grandeur nature, qui sont d'un art superbe ».

Après le chemin de fer et le bateau, la caravane ; on va prendre, à Bagdad, la route de Samara, but principal de cette partie du voyage : « je fais mes adieux aux bonnes sœurs de l'orphelinat, elles ont 800 élèves qui apprennent le français ; elles sont fières de leur œuvre : répétez bien en France, disent-elles, que nous sommes de bonnes Françaises. C'est partout le même cri, à Mossoul, à Diarbékir, à Alep, à Beyrouth ! L'Alliance israélite a aussi de nombreuses écoles avec 1800 élèves qui apprennent tous le français. Ce sont les descendants des 50000 juifs emmenés en captivité par Nabuchodonosor et qui n'ont pas voulu retourner à Jérusalem en l'an 539 lorsque Cyrus leur en donna l'autorisation. Grâce à ces écoles, la langue française est devenue la langue commerciale de Bagdad ».

« Quatorze mars. — *Samara*. Mon cœur bat. C'est ici que je dois trouver le secret de l'architecture des Abbassides. Je passe immédiatement le fleuve pour visiter les ruines ».

Comment il a trouvé ce secret, le général de Beylié nous l'explique dans la troisième partie de son volume intitulée : *L'architecture des Abbasides au IX*[e] *siècle. Exploration de Samara dans le bassin du Tigre* : Ancienne mosquée de Samara, mosquée d'Aboudolaf, Dar el Khalif le Ctésiphon des Arabes, château d'el Gouer, château d'el Aschik, tour d'el Gaïm, tels sont les monuments qui ont livré à l'auteur le secret qu'il était venu demander à Samara, dont je n'ai pas trouvé le nom sur la carte placée en tête du volume, accident très fréquent sur les cartes qui accompagnent les récits de voyage. Comme conclusion à cette troisième partie je ne puis mieux faire que de citer les paroles prononcées par M. Dieulafoy à l'Académie des inscriptions et belles lettres, après la lecture du mémoire dans lequel le général rendait compte de son exploration de Samara, (séance du 15 juin 1907).

« On sait quels liens étroits unissent aux monuments perses préislamiques les monuments construits après l'hégire sous l'inspiration ou par les ordres des chefs arabes et le rôle prépondérant joué par la Perse dans l'élaboration de l'architecture orientale. Or, aux deux tronçons de la chaîne dont l'un part du règne des Achéménides et l'autre conduit jusqu'à nos jours, il manquait un maillon; c'est ce maillon que le général de Beylié a découvert ».

Bon Français comme de juste et voyageant en Orient, le général n'a pas rapporté que des impressions archéologiques : « Il me reste de ce long et singulier voyage, en plus de mes précieux souvenirs archéologiques, l'impression douce et réconfortante que le prestige moral de la France est resté entier dans tout l'Orient. Riches et pauvres considèrent toujours la France comme le pays de la civilisation, de la justice et de la liberté. Ces mots m'ont été dits bien souvent en cours de route et toujours ils m'ont été droit au cœur ».

Bravo, général; mais ne croyez-vous pas aussi que le jour où ces populations ne verront plus dans la France la puissance chrétienne, protectrice des chrétiens, peu à peu son prestige s'effacera ?

H. Thédenat.

---

72. — **Congrès archéologique de France**, LXXIIIe session, tenue à Carcassonne et Perpignan en 1906, par la société française d'archéologie, A. Picard, Paris, H. Delesques, Caen, 1907, in-8°, LXIV-723 pages, 13 fig. dans le texte et 174 planches hors texte.

En 1906, la Société française d'archéologie a tenu sa soixante-treizième session à Carcassonne et à Perpignan. Depuis 1834, chaque année, elle a été fidèle à son programme. C'est un bel exemple de vitalité et de persévérance. Ce volume est le LXXI° des Congrès. La société a un autre organe, le *Bulletin monumental*, aujourd'hui dirigé par le président de la société, monsieur Eug. Lefèvre Pontalis; la collection se compose de soixante-et-onze volumes et de quatre volumes de tables. Sous une impulsion de plus en plus active, chaque année deviennent plus épais les volumes du congrès, plus épais aussi les fascicules du Bulletin et de plus en plus riche l'illustration des deux recueils. En même temps grandit la valeur scientifique des travaux.

Le présent volume, comme il est d'usage, commence par un Guide archéologique des régions que visitera le Congrès; guide qui formerait à lui seul un beau volume de 159 pages avec 89 planches. Chacune des cités et chacun des monuments sont l'objet d'une notice rédigée par un auteur très compétent et très bien informé, suivie d'une bibliographie très abondante et très sagement choisie. MM. Serbat, Lahondès et Thiers pour la partie romaine, nous donnent d'excellentes études sur Carcassonne, la cité, avec son enceinte, son château, son église Saint-Nazaire; Narbonne, avec ses monuments romains, ses deux musées, sa cathédrale et son cloître, son palais archiépiscopal, les églises Saint-Paul et de Lamourguier, la curieuse maison des trois nourrices; les églises de Cannes et de Rieux-Minervois, les abbayes de Saint-Hilaire et de Fontfroide, l'église ruinée d'Alat. M. J.-A. Brutails a rédigé tout le guide du Roussillon : Perpignan d'abord, avec sa cathédrale, Saint-Jean-le-Vieux et l'antique cimetière, les églises Saint-Dominique, des Carmes, de la Réal, Saint-Jacques, le château des rois de Majorque, le Castillet Notre-Dame, la loge ou bourse de commerce (1397 et 1540), les vieilles maisons; le château de Salces, le pont de Céret. l'église et le cloître d'Arles-sur-Tich, la cathédrale et le cloître d'Elne, les deux églises et le cloître de Saint-Michel-de-Cuna, les églises d'Espéra de l'Agly, de Prades, de Villefranche de Conflent, de Corneilla, de Conflent, l'abbaye de Saint-Martin-de Canigou. Ces notices ont suffi pour que les congressistes aient pu visiter autrement qu'en simples curieux ces beaux et antiques monuments; en même temps la bibliographie jointe à chaque notice permet à ceux qui en auraient le désir d'en pousser plus avant l'étude.

Les comptes-rendus des séances, (p. 186-232), démontrent l'activité qui n'a pas cessé de présider aux travaux du congrès. Les vingt-sept mémoires publiés dans le volume le prouvent avec non moins d'évidence.

La préhistoire est représentée par divers mémoires : M. G. Sicard recherche les sépultures préhistoriques du département de l'Aude et poursuit son étude jusqu'aux époques historiques. M. A. Fager étudie la station préhistorique des Aurioles, près Cavanac. MM. A. Dennegan et Pratse ont publié des mémoires, le premier sur *Les fouilles des cavernes et les monuments mégalithiques du Roussillon*, le second sur *les mégalithes et bornes frontières entre les pays-bas de Fenouillet et le Roussillon*. Les bornes frontières appartiennent, cela va de soi, à l'époque historique.

Six mémoires se rapportent à l'époque romaine : M. Héron de Villefosse lit une note sur un soldat de la légion IIe Augusta, natif de Carcassonne, et mort en Germanie Supérieure. Il s'appelait C. Julius Niger ; son épitaphe métrique est conservée au Musée de Mayence. Du même auteur nous avons une note sur un milliaire de Tétricus, trouvé sur la voie de Narbonne à Carcassonne, et un mémoire sur le beau silène en marbre de Narbonne, à rapprocher de la statuette en bronze d'un silène trouvé à Alise-Sainte-Reine. M. Sicard décrit un tombeau romain dont il subsiste de beaux restes, près de Laure. M. E. P. Thiers recherche tous les documents propres à enrichir l'histoire de Montlaurès et Malvézy. M. J. Freisce reconstitue le tracé de la voie romaine du Roussillon et de ses embranchements.

M. G. Amardel cherche la solution des énigmes de la numismatique de Narbonne à toutes les époques et trois auteurs MM. J. Massot, L. Durand et J. Puig, apportent une nouvelle contribution à la numismatique du Roussillon.

Une large part des travaux est relative à l'archéologie religieuse du Moyen âge: Eug. Lefèvre Pontalis, Etude architecturale de l'église Saint Paul à Narbonne, édifice remanié, difficile à expliquer, et réclamant la compétence de l'auteur. — E. Bonnet: Eglise abbatiale de Saint-Guilhem-le-désert, fin du XIIe siècle. — J.-A. Brutails, Eglise de Serrabonne, construite au XIe siècle, remaniée au xiie. — Albert Mayeux : Disposition particulière de la toiture de la cathédrale de Perpignan, construite en plusieurs fois et présentant deux types différents. — Puy y Cadafalch : Les influences lombardes en Catalogne ; étude s'appliquant à un grand nombre de monuments.

De nombreux mémoires aussi sont consacrés aux petits monuments : L. Bégule : Fontaine d'ablution de la fin du xiie siècle, *lavatorium* d'un cloître ; conservation merveilleuse. Musée de Carcassonne. — J. Poux : Châsse de Saint-Gémer ; xive siècle. — Bernard Palustre : Document d'archives faisant connaître un maître argentier des débuts du xive siècle et un maître d'œuvre de la cathédrale Saint-Just de Narbonne. — J. Régné : reliure en maroquin ciselé et modelé, de l'an 1402. — J. A. Brutails : Linteau de Saint-Génis-des-Fontaines, de 1020-1021. — H. d'Allemagne : Les pentures de portes au Moyen âge ; aperçu historique sur les pentures de portes ; description de beaux modèles. — A. Boinet : notice sur un évangéliaire de la bibliothèque de Perpignan, du xiie siècle avec peintures et dessins. — Paul Perdrizet : La vierge des Escaldas en Cerdagne, panneau de bois peint du xve siècle ; art médiocre. — Albert Sabras : Monuments figurés de l'art héraldique du Roussillon. Catalogue descriptif et raisonné de blasons de tous les temps sur toutes espèces de monuments. — Bernard Palustre : Quelques noms de fondeurs de cloches Roussillonnais, xive-xviiie siècle. — Article nécrologique de M. Eug. Lefèvre Pontalis, sur Bernard Palustre, archiviste des Pyrénées-Orientales, enlevé par une mort prématurée. Il avait prêté au Congrès un concours très actif. Bibliographie de ses œuvres.

Cette analyse suffira pour faire comprendre l'utilité de ses Congrès. Dans les pays où ils se tiennent, ils réveillent les travailleurs endormis, font sortir des musées, des collections, des tiroirs, des objets ignorés qui souvent, peu à peu, entraient dans l'oubli ; par un programme savamment rédigé et des questions à traiter indiquées à l'avance, ils suscitent des travaux sur l'histoire du pays, sur ses monuments, sur ses antiquités ; ils provoquent à l'union, au travail en commun, à l'oubli des discordes ; ils passent en faisant le bien et, longtemps, leur heureuse influence survit à leur passage.

H. Thédenat.

73. — **Rutilii Claudii Namatiani de reditu suo libri duo**, edited, with introduction and notes critical and explanatory, by Charles Haines Keene, and translated into english verse by G. F. Savage-Armstrong [1]; 1 vol., 236 p., cart., Londres, 1907, George Bell and sons.

Ici même, dans le n° du 25 octobre 1905, j'écrivais que l'édition de J. Vessereau [2] marquerait une nouvelle étape dans les études concernant Rutilius Namationus, et qu'elle serait un instrument essentiel à qui s'occuperait de quelque question que ce soit relative à l'homme et à l'œuvre. La publication de M. Ch. Haines Keene vient me donner raison dès aujourd'hui; cependant l'auteur n'a connu le livre de J. Vessereau qu'au moment où le sien allait être remis à l'imprimeur; mais il s'est empressé de le lire, de remanier d'après lui certains passages de son étude et de ses notes, et il le cite très fréquemment; voyez, par exemple, p. 11 (sur les noms de Rutilius); p 21 (sur Lachanius); p. 27 (sur les amis du poète); p. 28 (sur Palladius); p. 30 (sur Exuperantius); surtout p. 69 suiv. sur les manuscrits et les éditions; voyez encore ça et là dans les notes soit critiques (par ex. I, 421), soit explicatives (I, 1; 216; 381; 595, etc.).

Il est fâcheux pourtant que M. Keene n'ait pas eu plus tôt entre les mains le *Rutilius* de Vessereau : sans doute il ne se fût pas borné à reproduire ou à résumer, comme il le fait trop souvent, des opinions antérieures de Wernsdorf, Zumpt ou de Reumont, parfois discutables et toutes discutées par Vessereau qui en a réfuté plusieurs ou a montré, pour d'autres, qu'elles ne devaient être admises qu'après modifications : sur le christianisme, et le monachisme, sur Stilicon, sur les Livres Sibyllins et les sentiments des Barbares, dans le détail des recherches sur les amis du poète, et enfin au sujet de l'histoire du texte. M. Keene n'a pas pris connaissance d'un article paru un an avant son édition dans la *Revue de philologie*. Janvier 1906, t. XXX, p. 61 suiv., signé sous le titre

---

1. G. F. Savage-Armstrong est mort pendant que l'on imprimait le livre auquel il avait apporté sa collaboration poétique.
2. *Cl. Rutilius Namatianus*, édit. critique, traduction, étude historique et littéraire; Fontemoing, Paris, 1904.

de *Rutiliana* à la fois par MM. Dimoff et Vassereau : il y eût trouvé des vues nouvelles et intéressantes sur la patrie probable des Rutilius, Narbonne, et sur l'année exacte de son voyage, 417 ap. J.-C. [1] (M. K. la place en 416).

D'une manière générale, M. Keene s'est trop abstenu de recherches personnelles ; par modestie ou indécision, il n'ose que rarement prendre parti ; on est frappé, en regardant les notes critiques placées au-dessous du texte du nombre de *perhaps* qui s'y rencontrent : p. 108, 118, 125, 127, 135, 137, 140, 144, 145, 149, etc. Et je ne dis rien de *possibly* ou autres formules analogues ; sans doute il y a là conscience et prudence, mais en tout il faut observer la mesure, et le devoir d'un éditeur est de savoir habituellement se décider et choisir

Les pages 71 à 76 sont consacrées à une description intéressante du manuscrit de Vienne, que M. Keene a vu et collationné lui-même. Le texte est sage et conservateur; M. K. propose vingt-six corrections, mais il n'en introduit dans le texte même qu'une seule, d'ailleurs acceptable, *latere* à I, 528, bien que l'ellipse de *est*, qu'elle suppose, ne soit pas ici très bien justifiée par le renvoi aux V. 389 et 390 (voyez *Explanatory notes* p. 217) où elle apparaît dans des conditions plus naturelles. Parmi les autres corrections, qui sont proposées dans les notes critiques, quelques-unes sont ingénieuses (I, 322 *curva-carent*; 394 *et anus*; 632 *continuo-diem*; — II, 48 *illatam cladem*); d'autres sont inutiles (I, 76 *strenuitate* ou *sedulitate*; 319 *flexus*; 382 *acrior*; 603 *laedente*; 612 *volunt*); d'autres, peu vraisemblables (I, 206 *funderet*; 300 *concussit*; 373 *Sagi*).

En principe, M. K. accepte la leçon du ms. de Vienne, V, surtout si elle est confirmée par le Romanus, R, et l'édition princeps de Bologne, B, due à Pio. Que le principe souffre des exceptions, cela est fort naturel; mais encore voudrait-on que ces exceptions fussent justifiées; or, dans bien des cas, elles ne le sont guère ou le sont mal. Ainsi, I, 5, pourquoi rejeter *possum* donné par V et par R, alors que, p. 172 *Explanatory notes*, M. Keene reconnaît que ce texte est *very fairly satisfactory*, et adopter la conjecture de Heinsius (*non est*) « non sans hésitation »? — I, 84, la correction de

---

1. M. Keene ne connaît pas non plus l'édition anglaise de Rutilius publiée en 1713 dans le *Corpus* de Maittaire.

L. Müller, *condomuere* ne s'impose pas du tout ; V, R et B donnent *cum* (R *quum*) *domuere* ; — 112, *ludat* V R B ; M. Keene préfère, sans qu'on en voie la raison, *ludit* qui vient de Pauvinio ; — 375, *revocatus* V. R ; *renovatus* dans B seulement, leçon préférée par M. Keene ; — 522 *agit* V R B ; pourquoi aller chercher la conjective de Burmanu, *adit* ? — En revanche, M. K. a bien fait de garder I, 109 *aeternus* (R et Vessereau, à tort : *externus*).

Parmi les notes explicatives, il y en a de claires et d'excellentes, par exemple, I, 11 sur *felices* et *beatos* ; — 18 sur *concilium* ; — 179, sur *naves* ; — 248, sur *sinu* (d'ailleurs *sono*, donné par V R B, ne serait pas inexplicable) ; — 311-12, *Lepidum*, etc. Mais d'autres notes sont insignifiantes ou incomplètes, ou renferment des erreurs : I, 6 sur *meruere*, rapprochements sans intérêt, — 40 à *Geticas* ; on ne lit jamais *Gothi* chez les poètes qui imitent les classiques ; — 75 M. K. signale comme fausse la quantité de *Paeoniam*, avec *o* bref, et il a raison d'après l'étymologie, Παιώνιος ; mais il devrait dire que, en fait, les poètes, même de l'époque classique, abrègent cet *o*, voy. Virgile *Aen.* VII, 769 *Paeoniis* ; Ovide *Metam.* XV, 535 *Atque ope Paeonia*, Silius Italicus *Pun.* XIV, 25 *Hic et Paeonios*.

Dans la note à I, 595, M. K., pour la quantité de Lacharius (avec le premier *a* long) opposée à λάχανον premier et bref), ne tient pas compte de l'observation de J. Vessereau, dans son *Rutilius*, p. 195, n. 2.

M. K. signale à mesure, dans certaines notes (I, 13, 19, 90, etc.) l'emploi de l'abstrait pour le concret ; il eût mieux valu donner, à l'occasion de I, 13, une liste complète de ces passages à laquelle il eût pu renvoyer pour tous les autres. — Voici encore quelques observations de détail : I, 16, pourquoi n'y aurait-il pas eu un *genius* du Bénat ? ; — 541, *navigii* est-il vraiment la leçon de V ? ; — 259, M. K. n'explique pas pourquoi il rejette *arma*, de V et de R, accepté par Zumpt, Hosius, Vessereau.

L'Index « aux notes » eût été avantageusement remplacé par un index général à cause des nombreuses questions que soulève ce court poème ; des quatre illustrations qui ornent le volume, une au moins, *Gulf of Porto*, n'a guère de rapport avec Rutilius.

Malgré ces critiques et ces réserves, l'édition Haines Keene mérite un accueil favorable ; elle est la première édition accompagnée d'un commentaire explicatif sérieux depuis celle de Collombet,

qui remonte à 1842; l'introduction, de 94 pages, se lit avec intérêt, et partout, dans ce travail, il y a de la conscience, du savoir et de la distinction.
Frédéric Plessis.

---

74. — Fernand Boulenger. — **Grégoire de Nazianze, discours funèbres en l'honneur de son frère Césaire et de Basile de Césarée**. Texte grec, traduction française. Introduction et Index (Textes et documents ; Ed. Lejay et Hemmer). — Paris, A. Picard, 1908. In-8°, cxv-252 p.

Les deux discours que nous présente M. B. sont assez célèbres pour qu'il soit inutile d'en justifier le choix. Leur importance est plutôt historique et littéraire que théologique. Dans une bonne introduction (i-lii), M. B. établit, d'après les rhéteurs contemporains de Grégoire ou un peu antérieurs, une sorte de plan schématique et ordonné des lieux communs alors obligatoires dans les exercices d'Ecole. Il est intéressant de voir comment l'ancien étudiant d'Athènes a su, en transportant ces procédés dans la chair chrétienne' produire deux œuvres que les rhéteurs de Byzance citeront longtemps comme deux modèles achevés d'éloquence.

Les notes critiques et explicatives (lv-cxv) sont assez copieuses. L'auteur avertit lui-même qu'il n'avait pas pour but « de renouveler le texte ». Il a suivi en général l'édition des Bénédictins, reproduite par Migne, en relevant toutefois, dans les manuscrits de la bibliothèque nationale, un assez grand nombre de variantes.

Dans la note xxi [3] de l'Eloge de Césaire, M. B. se demande en passant si « saint Grégoire ne trempe point dans l'erreur millénariste »? Cela nous paraît au moins très douteux. La raison alléguée par M. B. est loin d'être concluante et, par contre, la suite du contexte nous semble montrer clairement qu'il s'agit ici de la résurrection finale. Du reste, ce que nous savons des attaches origénistes de Grégoire et du discrédit que les excès montanistes avaient jeté, dans les provinces d'Asie Mineure, sur l'eschatologie millénariste, exigerait, pour que soit justifiée l'hypothèse de M. B, une plus forte preuve.

La traduction est claire, et surtout exacte, l'auteur n'ayant pas cherché à voiler ce qui, dans l'éloquence de Grégoire, pourrait nous choquer un peu.

On nous promet dans la même collection un volume de Discours et de lettres du même Père. Si nous pouvions exprimer un vœu, nous demanderions, puisque ces travaux ont pour but de fournir des documents aux travailleurs, que l'on fît la part large aux discours, surtout à ceux que prononça Grégoire dans sa campagne de Constantinople, contre les Eunomiens et les Macédoniens. Cela permettrait, en y joignant quelques passages de l'Eloge de Basile, de se faire une idée assez exacte de la contribution si grande apportée par saint Grégoire à la formation de la théologie chrétienne du mystère de la Trinité.   M. Andrieu.

75. — **Poimandres. Studien zur griechisch ägyptischen und frühchristlichen Literatur,** von R. Reitzenstein. Leipzig, B. G. Teubner, 1904, in-8°, viii-382 pages.

Par la remarquable introduction dont Louis Mérard a fait précéder sa traduction complète d'Hermès Trismégiste, et où il traite de l'origine des livres hermétiques, on pouvait croire et nous avons écrit nous-même [1] que la question était épuisée. Mais depuis 1866, bien des documents égyptiens, grecs, assyriens, persans ont été publiés, qui renouvellent complètement cette étude. M. Reitzenstein vient de les mettre en œuvre, entre autres les textes alchimiques grecs et syriaques publiés par M. Berthelot avec le concours d'un hellénisant et d'un orientaliste, des inscriptions hiéroglyphiques remontant au règne d'Aménophis IV et des hymnes déchiffrés par les assyriologues sur les briques de Mésopotamie. Citons encore certains apocryphes, tels que les λόγια Ἰησοῦ, 'Evangile d'Eve, le martyre de Pierre, etc. M. R. disserte en philologue plutôt qu'en théologien, tout en reconnaissant que le sujet confine à la théologie païenne et gnostique. A vrai dire, son livre est l'histoire littéraire des idées hermétiques dans leurs rapports avec la philosophie religieuse des temps préhelléniques, transfor-

1. *Revue archéologique*, mars 1867, p. 230.

mée et formulée définitivement à l'époque hellénistique dans les livres connus sous le nom d'Hermès Trismégiste. L'analyse d'un tel ouvrage demanderait plusieurs pages. Bornons-nous à donner le titre des chapitres. I. Date du Poimandrès. II. Analyse. III. Idées fondamentales. IV. Le Poimandrès et la littérature égyptienne de la Révélation. V. Propagation de la littérature hermétique. VI. Le corpus hermétique. VII. La nouvelle réduction du Poimandrès (consécration des prophètes). Une des plus importantes nouveautés que révèle cette étude, c'est l'existence de communautés hermétiques, pour lesquelles Hermès était un prophète. Ces chapitres sont suivis de cinq appendices intitulés, 1º Sénèque et Posidonius. 2º Mystique des lettres et l'alphabet; théorie des Eons. 3º Les amulettes. 4º Emprunts à Platon. 5º Le Roman d'Alexandre. Viennent ensuite, comme supplément, le texte du Poimandrès revu sur des manuscrits non encore consultés, quelques-uns des autres textes publiés par Parthey (chap. xiii, xvi, xvii). Puis le chap. xviii (πρὸς βασιλέας), non admis, on ne sait pourquoi, dans l'édition de Parthey. M. R. critique vivement cette édition. On se demande étant donnée cette critique, s'il en eût coûté beaucoup à notre auteur, pour publier le corpus hermétique dans son intégralité. En tous cas la lecture de son livre me laisse l'impression qu'il gagnerait à être remanié et soumis à une adaptation française dans une forme plus méthodique et mieux en rapport avec les usages de notre philologie.

C. E. R.

76. — **La Fontaine**, par Jean-Paul Nayrac. 1 vol. in-8º. — Paris. Henry Paulin. — Prix : 5 francs.

Je me suis toujours défié de la critique littéraire *scientifique* · j'ai toujours craint qu'à l'abri de théories ambitieuses, elle se contente de parsemer de termes scientifiques des études simplement littéraires et je me suis demandé avec inquiétude, si en confondant leurs méthodes, elle ne méconnaissait pas autant la science que la littérature. Le livre de M. J.-P. Nayrac n'est pas fait pour diminuer ni mes inquiétudes ni mes craintes.

M. N. reprend, en le poussant à l'extrême, la théorie du milieu et du moment de Taine, dont on a si souvent montré l'insuffisance et, d'après une méthode rigoureusement scientifique, il étudie la « personnalité » de la Fontaine. Qu'est-ce que la personnalité ? c'est, nous dit-il, « l'agrégat, la résultante, le terme provisoire d'un nombre incalculable d'influences exogènes et endogènes. » Ce n'est peut-être pas très précis, malgré le luxe de termes techniques ! Il distingue, ce qui n'a rien de bien nouveau, d'une part, les influences que nous recevons du monde extérieur et sur lesquelles réagissent nos facultés intérieures et d'autre part, ce qu'il appelle le courant auto-intérieur. Par exemple, « si je me dis, un jour, *sans la moindre raison*, que le « bien » n'est pas, il y a des chances pour que je voie, dès lors, tout différemment mes amis les plus vertueux, pour que je les interprète toujours d'une façon désobligeante ». Étrange raisonnement et bien peu scientifique ! Comme si vraiment une idée pouvait naître en nous *sans la moindre raison* et avoir néanmoins une influence déterminante sur nos actes !

M. N. nous annonce, dans son introduction, que, grâce à sa méthode, « un nouveau « bonhomme » s'est dressé devant lui et c'est cette physionomie nouvelle qu'il voudrait faire connaître au public ». Je crains qu'il n'y ait là une illusion : nous savions depuis longtemps, depuis très longtemps, presque tout ce que nous expose M. N. ! Il a découvert, par exemple, que La Fontaine « ne garde un souvenir précis et circonstancié que des événements qui flattent ses tendances propres ou ses préférences personnelles et qu'en cela il agit comme tout le monde. » (p. 39.) Il nous apprend que le fabuliste n'a pas l'imagination puissante de Racine, qu'il attachait une grande importance à la « bagatelle amoureuse » et autres révélations aussi imprévues. Il n'était peut-être pas nécessaire de recourir à une analyse scientifique pour s'apercevoir « que l'action des petits drames du fabuliste se déroule toujours prestement » ni que, dans la fable du *Héron* « le participe « emmanché » est employé d'une manière originale, neuve et inattendue ». (p. 53.) Le chapitre où M. N. étudie la langue de La Fontaine est tout entier bien étrange : il confond sous le nom de néologismes de vieux mots français tels qu'*alléjeance, enfançon pauvret*; l'emploi figuré de mots usuels comme « *accebler* un mari de caresses », « une femme court au lieu qu'elle a *achalandé* » ou même des mots d'usage courant, comme *abondant*, amorcer. M. N. donne vraiment aux mots un sens singulièrement vague, d'où résultent des développements quelque peu confus [1]. Voici un enchaînement d'idées : « La Fontaine possède à un degré éminent le sens du mot juste. Il est naturellement lyrique, émouvant, c'est sans effort qu'il crée des métaphores. Exemple : a-t-il à dépeindre un adolescent qui sera un adulte d'ici peu de temps, il emploie une image touchante (?) :

« A peine son menton d'un mol duvet s'ombrage. » Lorsqu'il décrit la somptueuse campagne de Vaux, tout est « sublime et merveilleux, etc. »

M. N. a pourtant trouvé du nouveau dans La Fontaine. Il déclare que le fabuliste est « surtout un penseur » (p. 15); la société a été pour lui « un vaste laboratoire » (p. 29); il a « l'esprit profondément scientifique » (p. 114); enfin c'est « un précurseur *immédiat* des encyclopédistes, car il a des tendances rationalistes » (p. 127) et s'il avait pu vivre assez longtemps, il serait devenu assurément au xviiie siècle un apologiste *acharné* de la raison et un disciple convaincu de la vérité expérimentale. » (p. 114). Et voilà ce que devient ce délicieux rêveur, « chose légère qui vole à tout sujet. » Pauvre papillon du Parnasse ! de quelle épingle veulent le transpercer les critiques soi-disant scientifiques ! Passons aux preuves de ces affirmations : La Fontaine est d'abord l'inventeur de la fameuse théorie de M. Taine qui fait de la perception une hallucination vraie (p. 116). Ensuite il a du monde une conception atomistique, inspirée de Plotin et son atome est semblable à la « monade » de Leibniz (p. 105). Enfin, quand il écrit, en parlant de la Providence : « Comment lire en son sein ? » Il est évident « qu'il s'éloigne de l'orthodoxie catholique »; s'il raille le prêtre et le moine, ne croyez pas que ce soit à la façon naïve de nos vieux con-

---

1. Certains vers donnent lieu à d'étonnantes interprétations : par exemple, dans les vers mélancoliques :

. Qui de nous des clartés de la voûte azurée
Doit jouir le dernier ?

M. N. découvre un sens aussi profond et aussi saisissant que dans Pascal.
Le vers : « Il connaît l'univers et ne se connaît pas » l'entraîne à un véritable contre sens. Cf. aussi l'explication psychologique de *Perrette et le pot au lait.* (p. 148.)

teurs du moyen-âge, cela « décèle son mépris de la religion » et annonce les philosophes du xviiie siècle. (p 212) [1].

La Fontaine est, nous assure M. N., un des écrivains « les plus incompris qu'ait possédés le génie français, pour ne pas dire l'humanité tout entière ». Fortement que M. N. l'étudie « à la lumière des méthodes psychologiques ». Voici sa conclusion : « Au total donc, notre Bonhomme aurait un caractère composite, c'est-à-dire qu'il serait un « amorphe » (sensitif, plastique, méditatif) accru d'un « partiel » avec prédominance notoire des passions sexuelles et sensuelles » (p. 222). Si nous ne sommes pas satisfaits de cette explication, c'est que nous sommes vraiment bien difficiles !

A. PRAT.

---

77. — **Œuvres complètes de André Chénier,** publiées d'après les manuscrits par Paul DIMOFF, ancien élève de l'École normale supérieure, agrégé des lettres. — [Tome premier] Bucoliques. Paris, Ch. Delagrave, s. d. [1908] in-12. xxxiv-322 pp.

Cette nouvelle édition, dit M. Dimoff, veut-être « à la fois un instrument commode pour les érudits et un livre agréable pour les nombreux amis du poète ». Il semble aujourd'hui qu'on ne puisse être *ami* d'André Chénier, ou même simplement le frère qu'à condition d'apporter quelque érudition dans cette lecture ; à moins que

---

1. Le commentaire psychologique est parfois bien amusant ; La Fontaine écrit :

Le pauvre homme
Honteux, surpris, confus, non sans quelque raison
Pensa tomber en pâmoison.

M. N. interprète : « L'émotion forte (d'origine joyeuse ou triste) se caractérise souvent par le relâchement général de notre volonté, par des phénomènes organiques, comme la paralysie pharyngienne, la perte du sens de l'équilibre et de l'orientation qui ont souvent pour résultat de nous coucher immédiatement à terre. » (p. 139) « C'est entendre là dessous un million de mots » ! !

Autre exemple : un jour la femme de La Fontaine le surprend en flagrant délit avec l'abbesse de Mouzon. « Le fabuliste prend au plus vite son chapeau, tire une grande révérence à son épouse et sort, laissant là les deux femmes »... et cela prouve son extrême « émotivité » ! (p. 84.)

l'on ne se borne à chercher, au hasard du livre ouvert, quelque harmonieuse alliance de mots en quelque exquise image, il faut bien, si l'on veut connaître et goûter le poète, rapprocher les fragments incomplets, les éclairer les uns par les autres, préciser les procédés d'invention... etc. Là-dessus on doit s'en remettre beaucoup à l'éditeur ; sa méthode de classement, la manière dont il présente et groupe les fragments pèsent, sans qu'on s'en aperçoive toujours, sur la formation de notre goût et la direction de nos recherches. A ce point de vue, l'édition critique dont M. Dimoff publie cette année le premier volume va être d'un grand prix ; elle donne à l'œuvre dispersée d'André Chénier un aspect assez nouveau.

Jusqu'à aujourd'hui il était difficile de le lire convenablement et de l'étudier, car toutes les éditions qu'on en avait étaient incomplètes ou défaillantes en quelque détail d'exécution ; incomplètes et erronées l'édition de Latouche et toutes celles qui en procédèrent ; il ne leur reste qu'un intérêt de curiosité ; — incomplète, l'édition si diligemment préparée et annotée de Becq de Fouquières ; M. Dimoff ne manque pas d'en vanter le très haut mérite, elle reste indispensable à toute étude de Chénier, ne fût-ce que pour la connaissance des sources antiques ; elle est malheureusement épuisée ; — confuse et souvent inexacte, l'édition où Gabriel de Chénier a publié l'intégralité presque des manuscrits conservés ; — à peine commencée l'édition qu'avait entreprise José Maria de Heredia, trop luxueuse d'ailleurs pour qu'elle pût être utilement répandue. L'histoire de ces éditions successives (que M. Dimoff retrace très complètement dans sa Préface) suffirait déjà à prouver l'intérêt et même la nécessité d'une édition définitive. Non pas d'ailleurs qu'on doive s'attendre à y voir paraître beaucoup d'inédit : Gabriel de Chénier a presque tout publié ; des fragments négligés par lui ont paru ces dernières années dans diverses revues ; et il est vraisemblable que les manuscrits de la Bibliothèque nationale ne renferment que quelques bribes vraiment nouvelles. Le besoin important c'était d'avoir un texte bien établi, et un classement rationnel ; on aura toute satisfaction avec l'édition de M. Dimoff.

Un simple coup d'œil sur ce premier volume dira avec quel soin minutieux le texte a été établi et présenté : grâce à l'apparat critique dont chaque page est pourvue, cette nouvelle édition rend presque les services que rendrait une édition photographique des manuscrits de Chénier ; l'auteur a tenu même à nous avertir toutes les fois que la ponctuation qu'il avait adoptée, conformément à nos habitudes modernes, différait de celle du poète. Quant aux œuvres, dont le manuscrit n'a point été conservé, M. Dimoff améliore le texte traditionnel en admettant les corrections de Gabriel de Chénier et de Becq de Fonquières ou bien en en proposant de personnelles. La patience acharnée et la méthode avec lesquelles il a établi le texte de ce premier volume ne sauraient qu'être loués ; quelques erreurs matérielles ont bien pu s'y glisser, qui, presque toujours, sont des accidents typographiques : elles ont été signalées à M. Dimoff, ou il s'en est lui-même avisé ; elles disparaîtront avec les errata du deuxième volume.

Mais la grande nouveauté de cette édition, c'est la méthode ingénieuse de classement que l'auteur a adoptée, et qu'il a très habilement appliquée. La plupart des éditeurs n'avaient pu prendre leur parti du désordre des manuscrits de Chénier, et surtout de l'aspect fragmentaire de son œuvre ; sur des ressemblances tout à fait extérieures, ils ont rapproché des fragments divers de manière à donner l'illusion de morceaux composés et à augmenter ainsi le nombre des grandes pièces achevées ; ils ont groupé trop facilement l'œuvre du poète sous un petit nombre de rubriques : Bucoliques, Poèmes, Elégies, Odes, Iambes... etc. Des indications marginales de Chénier, lui-même, aidaient d'ailleurs à ce classement général, et les anciens éditeurs ne les avaient pas tout à fait suivies ; M. Dimoff les a scrupuleusement suivies, et là où elles n'existaient point, il a tâché de les restituer aussi exactement ou aussi logiquement que possible. Il a été ainsi amené à introduire dans la division traditionnelle quantité de subdivisions : les *Bucoliques* qu'il nous présente comprennent : *Invocations poétiques* ; *les Dieux* ; *les Héros et les Fables* ; *les Chanteurs* ; *Enfants, jeunes garçons et jeunes filles* ; *l'Amour et les Amants* ; *Idylles marines* ; *Les esclaves et les mendiants* : *Détails et Choses de la vie rustique* : *Festins, danses, jeux et sacrifices* ; *la Mort et les Tombeaux, mœurs, usages, sentiments divers* ; *Dédicaces, débuts et fins d'Idylles* ; *Epilogue*. Dans chacune de ces subdivisions, M. Dimoff a rassemblé toutes les pièces, achevées ou inachevées, les ébauches, les notes, les projets, les vers isolés, qui avaient même sujet ou même destination ; dans le contenu de toutes ces parties, il a introduit un certain ordre. Ainsi la division *L'Amour et les Amants*, comprend quelques morceaux en des esquisses (*Damalis, Mnazete et Chloé, l'oaristys, La grotte, le malade, les jeunes époux, la belle de Scio, l'amant insensé, le groupe de marbre*) et une trentaine de fragments groupés sous trois rubriques : *Aveux, propos et plaintes de jeunes gens amoureux*; *aveux, propos et plainte de jeunes femmes amoureuses*; *fragments divers relatifs aux amants.*

Veut-on voir, en un exemple caractéristique, les effets de cette méthode de classement, à la fois très rigoureuse et très souple, puisqu'elle substitue à l'unité factice des anciennes éditions et à la dispersion incohérente des manuscrits, une dispersion harmonieuse et logique de tous les fragments? La pièce de *Lydé* avait été formée par Becq de Fouquières [édition de 1872, p. 95] de trois fragments parus en 1819 et en 1833 : Gabriel de Chénier avait à peu près respecté ce groupement, M. Dimoff rompt en huit tronçons, tout à fait séparés, cette pièce arbitrairement composée, où des propos de jeunes hommes se mélangeaient singulièrement avec des propos de femmes. Deux fragments (*Laisse, ô blanche Lydé...* et *ne me regarde point...*) rentrent dans la catégorie : Aveux, propos et plaintes de jeunes gens amoureux ; cinq fragments sont versés dans la catégorie : Aveux, propos et plaintes de jeunes femmes amoureuses. (*O jeune adolescent... — O, je voudrais qu'ici... — Mon visage est flétri... — La nymphe l'aperçoit... — Viens là sur des joncs frais...*) Deux vers (*La pierre de ma tombe...*) vont rejoindre la subdivision : détails relatifs à la mort. On n'est plus en présence d'une pièce bizarre et incohérente, mais on peut lire de beaux fragments, quelques-uns presque achevés, dont on voit clairement l'intention et la destination. Cette dissociation est particulièrement heureuse pour le fragment connu sous le nom de *Chanson des yeux* (paru en 1833). Becq de Fonquières le rattache tout à fait arbitrairement *à Lydé*, sans s'apercevoir au surplus qu'il se composait en réalité de deux fragments, dont l'un devait être attribué à une femme, l'autre à un jeune homme ; cela l'avait entraîné à accepter, sans correction, un texte erroné :

Viens, viens. Quoique *vivant* et dans ta fleur première
Je veux avec ma main te fermer la paupière,

> Ou, malgré tes efforts, je prendrai *ces* cheveux
> Pour en faire un bandeau qui te cache les yeux.

ce qui, malgré deux erreurs de texte, restait assez bizarre, puisqu'il fallait y voir les propos d'une jeune femme à un jeune homme. M. Dimoff restitue le texte authentique, et, du coup, le sens vrai du fragment.

> Viens, viens. Quoique *vivante* et dans ta fleur première,
> Je veux avec ma main te fermer la paupière,
> Ou, malgré tes efforts, je prendrai *tes* cheveux
> Pour en faire un bandeau qui te cache les yeux.

On pourra faire bien des reproches à cette méthode de classement, la dire arbitraire, en critiquer telle ou telle application, mais il est indéniable qu'elle a le plus grand intérêt pour l'étude des procédés d'invention de Chénier ; elle nous montre les principaux de ses thèmes d'inspiration, les suggestions qu'il a reçues des auteurs anciens, la manière fragmentaire dont se sont formées ses grandes pièces; les notes en prose rapprochées des morceaux qu'elles ont inspirées, ou de morceaux analogues prennent une valeur tout à fait significative ; on discerne les éléments de l'imagination du poète, les visions qui lui sont les plus familières, les spectacles qu'il aime décrire ou qu'il croit nécessaires à la bucolique, son goût du précis et du pittoresque, sa recherche des épithètes colorées et brillantes... etc. Bref, l'édition de M. Dimoff explique et commente à merveille les vers célèbres où Chénier a lui-même esquissé ses habitudes de travail :

> Mes regards vont errant sur mille et mille objets :
> Sans renoncer aux vieux, plein de nouveaux projets,
> Je les tiens : dans mon camp partout je les rassemble,
> Les enrôle, les suis, les pousse tous ensemble,
> S'égarant à son gré, mon ciseau vagabond
> Achève à ce poème ou les yeux ou le front,
> Creuse à l'autre les flancs, puis l'abandonne et vole
> Travailler à cet autre ou la jambe ou l'épaule.
> . . . .
> . . . . De mes écrits en foule
> Je prépare longtemps et la forme et le moule,
> Puis surtout à la fois je fais couler l'airain.
> Rien n'est fait aujourd'hui, tout sera fait demain.

Ce premier volume sera suivi de quatre ou cinq autres qui doivent nous donner l'œuvre entière d'André Chénier — vers et prose ; M. Dimoff annonce aussi une étude biographique et littéraire ; il réalisera donc en quelques années son dessein qui est d'écrire « *une véritable encyclopédie de tout ce qui touche à Chénier* ». C'est à lui maintenant qu'il faut s'adresser pour tout ce qui concerne ce poète : et cela justifie les désirs qu'on lui exprime ici ; d'abord de ne pas trop faire attendre les prochains volumes, ensuite d'améliorer par quelques dispositions matérielles son édition déjà si commode. Ne pourrait-il pas compléter les indications insuffisantes de la table de Becq de Fouquières et dire, pour chaque morceau de Chénier, la date de la première publication? Il importe peu que ces renseignements soient inscrits en marge de chaque pièce, ou rassemblés dans une table de concordance des éditions et des manuscrits. Ne pourrait-il pas modifier typographiquement la table des matières? La forme de renvois qu'il a adoptée oblige à y recourir sans cesse, et les titres des grandes divisions ne sont pas assez apparents. On souhaiterait que les titres de pièces imaginés par M. Dimoff ou par les anciens éditeurs fussent mis entre crochets ; on souhaiterait aussi que dans l'apparat critique les indications relatives à la ponctuation fussent imprimées en caractères différents, on formassent un paragraphe spécial, car elles noient les remarques relatives au texte. Ces désirs s'adressent plus à l'imprimeur qu'à l'éditeur ; et il est juste que la librairie Delagrave s'emploie à mettre tout à fait en valeur un travail aussi consciencieux, aussi élégant, et aussi utile.

Pierre Martino.

---

78. — **La Philosophie de Newton**, par Léon Block, Docteur ès lettres, 1 vol. in-8 de la Bibliothèque de philosophie contemporaine. Félix Alcan, éditeur. Prix : 10 fr.

Cet ouvrage remarquable, consacré à un savant doué d'un haut esprit philosophique, s'adresse à la fois aux hommes de science et aux philosophes. Dans une série de chapitres du plus grand intérêt sur l'arithmétique et l'algèbre, les origines et la portée du calcul des fluxions, les notions fondamentales et les principes de la mécanique, la gravitation universelle et la mécanique céleste, la physique mathématique et le mécanisme, la physique expérimentale et l'hypothèse, M. B. expose les idées principales que la science moderne doit à Newton, en montre l'origine, la signification et la portée. C'est là une étude éminemment instructive, non seulement pour le physicien, mais surtout pour l'historien des idées et pour le philosophe. Si nous connaissons assez bien l'histoire des idées philosophiques dans les trois derniers siècles, celle des idées scientifiques nous est à peu près inconnue. Entre la conception cartésienne et la conception moderne de la science, il y a une différence profonde. Pour Descartes, la géométrie est le type de la science : des principes évidents comme point de départ, la démonstration comme méthode, l'évidence rationnelle comme résultat, tel est l'idéal scientifique. Toute différente est l'idée que s'en font les modernes ; des faits transformés autant que possible en données numériques, comme point de départ, l'induction comme méthode, des lois quantitatives, relatives, provisoires et obscures comme résultat, voilà ce que nous devons faire et ce que nous pouvons espérer. Descartes, par exemple, « déduit » notre système solaire de la théorie des tourbillons : « l'existence des révolutions planétaires, le fait de la rotation du monde autour du soleil, la moindre vitesse des astres les plus éloignés », d'autres faits analogues, en très grand nombre, « résultent assez clairement de son système. » Mais cette longue chaîne de déduction ne nous impressionne plus : «... quel est le temps *exact* de la révolution de chaque planète, comment ce temps dépend-il *numériquement* de la distance moyenne du soleil, suivant quelle *jonction* la vitesse décroît-elle avec la distance, voilà ce que Descartes néglige de rechercher » (p. 321) et ce qui nous intéresse. Les lois isolées, mais précises, nous paraissent infiniment préférables à un système grandiose, mais vague.

Or, dans cette évolution au cours de laquelle l'idéal inductif s'est substitué à l'idéal déductif, le besoin de précision à l'esprit systématique, dans ce mouvement des idées qui va de Descartes à Laplace, Newton a joué un rôle prépondérant : il « représente, dans l'histoire de la science, le moment où le souci de la précision l'emporte définitivement sur l'esprit de système. » (p. 352). Le plus intelligent des Cartésiens, Fontenelle, s'était déjà rendu compte de ce changement et l'avait décrit, avec une exactitude supérieure, dans une page de son *Éloge de Newton* que cite M. B. et que l'on nous permettra de transcrire : « L'un (Descartes) prenant un mot hardi, a voulu se placer à la source de tout, se rendre maître des premiers principes par quelques idées *claires et fondamentales*, pour n'avoir plus qu'à descendre aux phénomènes de la nature comme à des conséquences nécessaires. L'autre, plus timide ou plus modeste, a commencé sa marche par s'appuyer sur les phénomènes pour remonter aux principes inconnus, résolu de les admettre *quel que les pût donner* l'enchaînement des conséquences. L'un part de ce qu'il entend nettement pour trouver la cause de ce qu'il voit, l'autre part de ce qu'il voit pour en trouver la cause, *soit claire, soit obscure*. Les principes évidents de l'un ne le conduisent pas toujours aux phénomènes tels qu'ils sont. Les phénomènes ne conduisent pas toujours l'autre *à des principes assez évidents*. »

H. VILLASSÈRE

---

79. — **La fiscalité pontificale en France au XIVᵉ siècle**, par Ch. SAMARAN et G. MOLLAT. (96ᵉ fascicule de la Bibliothèque des Écoles françaises d'Athènes et de Rome). Paris, Fontemoing, in-8.

Il suffit de lire la bibliographie placée par MM. Samaran et Mollat à la suite de leur introduction pour se rendre compte à quel point ont été nombreux, durant les derniers temps, les travaux sur l'histoire des finances pontificales à la fin du moyen-âge. Rendues possibles depuis une vingtaine d'années par l'ouverture de jour en jour plus libérale et le classement de jour en jour plus parfait des Archives du Vatican, les recherches de ce genre viennent combler une des lacunes les plus graves de nos connaissances. Trop longtemps sur ce sujet on n'a fait que déclamer.

Parmi ces nombreuses publications, le livre de MM. Samaran et Mollat occupera une place de choix. Il est pour la France à peu près le pendant de ceux de Mgr Kirsch, *Die päpstlichen Kollektorien in Deutschland, während des XIV Jahrhunderts*, et *Die päpstli-*

chen Annaten; avec cette différence que l'exposition historique y tient plus de place que la reproduction des documents.

Il se compose de six chapitres. Le premier renferme un exposé sommaire de l'organisation centrale de la Chambre Apostolique

Le second étudie les taxes diverses perçues en France. Là nous exprimerons le léger regret que les auteurs aient cru devoir, sous prétexte qu'elles ne rentraient pas dans le cadre qu'ils s'étaient proposé de remplir, se borner à énumérer brièvement celles de ces taxes qui étaient payées directement par les contribuables au siège de la curie, à savoir les communs services, les droits de chancellerie, les *visitationes ad limina apostolica*, et les droits de pallium. Il est peut-être fâcheux qu'il n'aient pas saisi l'occasion de donner un tableau complet des charges de l'Église de France. Les taxes qu'ils définissent, dont ils expliquent l'assiette, et dont ils font l'histoire (que nous ne pouvons songer à résumer), sont les décimes, les annates, les procurations, le droit de dépouiller, les subsides caritatifs, les cens, les vacants (trop souvent confondus avec les annates). « Elles sont plus nombreuses et plus variées qu'à toutes les autres époques. Au xiiie siècle, beaucoup d'entres elles n'étaient pas connues; au xve, tombées dans le plus grand discrédit, plusieurs seront totalement supprimées ou reparaîtront mais sous une forme mitigée ».

Elles offraient ce caractère commun d'être levées sur place par des agents pontificaux. Dès le xiiie siècle on trouve de ces agents; mais c'est au cours du xive que leurs fonctions tendent à devenir permanentes, que le titre de collecteur apostolique leur est attribué régulièrement, et qu'il leur est attribué une circonscription déterminée dans les limites de laquelle ils sont chargés de faire rentrer tous les impôts. Dans cette organisation, décrite au chapitre troisième, le rôle de Clément VI paraît avoir été très important. D'ailleurs le nombre et les limites des collections ont beaucoup varié, et, circonstance remarquable, elles ne se sont nullement modelées sur les circonscriptions ecclésiastiques. Elles ont toujours été beaucoup plus nombreuses qu'en Allemagne, comme le prouve la comparaison avec le résultat des recherches de Mgr Kirsch. Cela tient sans doute à ce que le produit des taxes était plus important : la levée de sommes plus considérables exigeait un nombre plus grand de fonctionnaires.

Le collecteur dans sa collectorie (c'est le titre du chapitre IV) n'occupait pas une sinécure. Agent d'une administration à la fois très paperassière et souvent mal renseignée, il était exposé à toutes les difficultés résultant de la résistance ouverte ou de la ruse des contribuables, de la lenteur des communications, de l'insécurité générale et des guerres. Il se trouvait parfois, non seulement percepteur, mais liquidateur, quand il s'agissait de recueillir les *dépouilles* des prélats décédés. Pour qu'il pût satisfaire à sa tâche, il était armé des pouvoirs les plus étendus; d'une part, il pouvait déléguer des sous-collecteurs; d'autre part, il avait le droit d'employer contre les retardataires l'excommunication, avec aggrave et réaggrave, et toutes les censures ecclésiastiques. D'ailleurs — le curieux dossier de Jean Bernier, collecteur dans les provinces de Lyon, Vienne, Besançon et Tarentaise suffirait à en faire foi, — l'honnêteté des collecteurs laissait parfois à désirer. Légaux ou illégaux, leurs agissements aggravaient encore le poids de taxes.

Le collecteur était naturellement astreint à rendre des comptes à la Chambre apostolique. Le chapitre V étudie cette procédure. Il devait tenir des registres en double exemplaire; l'un restait sa propriété, l'autre était versé à la Chambre. Aucun modèle uniforme n'était imposé; mais les très nombreuses mentions inscrites, sur ceux de ces registres qui sont venus jusqu'à nous, montrent qu'ils étaient vérifiés avec un soin extrême, non seulement quant à leur exactitude matérielle, mais encore quant au bien fondé des dépenses qui y étaient portées. Les dépenses injustifiées ou exagérées dont les collecteurs réclamaient le remboursement leur étaient laissées pour compte. Quant aux constestations qui pouvaient s'élever entre les bénéficiers et les collecteurs, ou entre les collecteurs et la Chambre, elles relevaient d'un tribunal spécial, présidé par l'auditeur de la Chambre, et auprès duquel le procureur fiscal et les avocats fiscaux défendaient les intérêts du trésor apostolique; mais au-dessus de ce tribunal le camérier et le trésorier, et après Innocent VI, le camérier seul, avaient la haute main sur toutes les causes financières et pouvaient les évoquer et les juger en forme sommaire.

Une des principales difficultés que les collecteurs avaient à surmonter était la transmission de l'argent en cour de Rome. Au xiv⁰ siècle comme au xiii⁰, ils recouraient généralement aux services de maisons de banque italiennes.

Dans leur conclusion, MM. Samaran et Mollat essaient de porter un jugement d'ensemble sur ce système fiscal. Nul doute qu'il ne fût très lourd en lui-même. Il avait en outre le défaut de frapper tout particulièrement un pays dont l'établissement de la papauté à Avignon, faisait le grand fournisseur des caisses pontificales; pays très riche au début du xiv⁰ siècle, mais bientôt ruiné par la guerre. Enfin une dernière circonstance faisait paraître ces taxes encore plus intolérables. Beaucoup d'entre elles étaient nouvelles et presque toutes, si fréquemment qu'elles aient été perçues, avaient un caractère exceptionnel. Etablies le plus souvent, au moins au début, en vue d'un but précis et à raison de circonstances particulières, pour un délai fixé et d'ordinaire assez court ; souvent prorogées, sans doute, mais avec des interruptions, des aggravations ou atténuations de taux, elles ne frappaient pas également toutes les provinces et tous les pays. On n'en prenait pas assez l'habitude pour s'y résigner comme à l'inévitable; à chaque fois, on en ressentait l'établissement comme une nouveauté contre laquelle on protestait. De là le mécontentement dont le gallicanisme fut l'expression, et qui profita du grand schisme pour se manifester avec tant de force.

J. Jordan.

CHRONIQUE

Fouilles d'Egypte.

L'œuvre principale qui s'accomplit cette année dans le domaine du Service des Antiquités de l'Egypte est motivée par la décision du Gouvernement égyptien de surélever considérablement le grand barrage d'Assouan. L'exécution de cette décision ne serait pas redoutable seulement pour les monuments de Philæ, déjà mis en danger par les travaux antérieurement exécutés, et difficilement préservés jusqu'à présent. Mais la surélévation prévue agrandira tellement l'étendue du territoire nubien qui se trouvera submergée au sud de Philæ [1], qu'un certain nombre d'autres monuments sont à leur tour menacés. Le Gouvernement égyptien a donc consacré une somme considérable à la consolidation

---

1. M. Weigall indiquait que le territoire submergé s'étendrait au sud jusqu'à peu de distance de Lorosko.

des monuments nubiens; et le travail, entrepris sans retard, a marché rapidement [1]; le Dr Reisner s'est chargé de l'examen archéologique des monuments.

L'activité du Service des Antiquités ne s'est pas pour cela sensiblement ralentie au nord d'Assouan. La restauration du temple d'Edfou était achevée en 1907; et l'on s'était mis au déblaiement des propylées et à la clôture du téménos. A Esneh, M. Maspero faisait travailler au dégagement du temple, après avoir réussi à exproprier une partie des maisons qui l'encombraient. Les difficultés causées par cette question des expropriations ne permettent pas que le travail avance très rapidement. M. Maspero espérait cependant aboutir vers la fin de l'année au dégagement du pronaos, pour commencer ensuite le dégagement du temple même; mais de ce temple il craignait de ne retrouver que des restes peu considérables.

La troisième édition du *Guide du Musée du Caire*, par M. Maspero, traduit en anglais par M. Quibell, a paru l'année dernière. Les notices sont pleines d'intérêt; l'insertion d'un certain nombre d'illustrations rend le livre encore plus attrayant.

A Karnak M. Legrain a continué la réédification de la grande salle hypostyle. Toutes les colonnes tombées en 1899 sont maintenant relevées et reliées par de fausses architraves, qui en assurent la cohésion et la stabilité. M. Legrain a cessé l'exploitation de la fameuse *favissa* découverte en 1904 dans la cour du VIIe pylône, et qui a rendu près de 800 statues ou stèles, et environ 17.000 statuettes et objets divers. L'énorme trou creusé jusqu'à quatorze mètres de profondeur a été remblayé, par crainte d'affaissements du sol qui porte tant de précieux édifices.

Un mur anciennement construit par la reine Latshepsitou, masqué peu de temps après sa construction par le mur des Annales de Thoutonès III, et dégagé en 1905-1906, a été reconstruit, en 1906-1907, dans la salle au nord du sanctuaire de granit.

Du côté de la nécropole thébaine, l'accès des tombes de la colline de Sheik-abd-el-Gournah est de plus en plus facilité par un système de sentiers et de montées conduisant à toutes les tombes. M. Davis, si heureux dans ses fouilles antérieures [2], a découvert en 1907, dans la Vallée des Rois, une sépulture avec un cercueil portant le nom du roi Khounaten, et des vases canopes au nom de la reine Tii. M. Weigall pense que la momie serait bien celle du roi Khounaten, bien que le corps soit celui d'un jeune homme de vingt six ans au plus, d'après le Dr Elliot Smith. On nous annonce aussi que M. Davis a récemment découvert encore à Thèbes un trésor composé de très beaux bijoux de la XIXe dynastie; mais nous n'avons pas reçu jusqu'à présent de renseignements précis sur cette découverte.

---

1. Lettre de M. Maspero, du 27 février 1908.
2. Le volume *The Tomb of Iouiya and Touiyou*, récemment publié, expose les résultats d'une des plus fructueuses de ces fouilles.

A Eléphantine, M. Rubensohn a trouvé une précieuse série de manuscrits araméens, où il est question d'une colonie juive établie à Eléphantine antérieurement à la conquête persane, et d'une pétition des descendants de cette colonie pour le rétablissement de leur culte dans le temple qu'ils possédaient à Eléphantine, et dont ils avaient été chassés par les indigènes, lors d'un soulèvement contre les Perses. Les recherches de M. Clermont-Ganneau ont bien prouvé que le quartier des Juifs était dans l'île même d'Eléphantine, et non à Assouan. On sait que ces recherches avaient donné l'année dernière une centaine d'ostraca avec inscriptions araméennes, deux belles statues de Thoutmès III, etc... Elles ont été reprises depuis le mois de novembre 1907 ; nous ne connaissons pas encore les résultats de cette dernière campagne. Les fonds nécessaires à ces fouilles ont été fournis par l'Académie des Inscriptions et Belles-Lettres, par le baron Ed de Rothschild, et par l'agent consulaire de France à Assouan.

Nous savons que M. Gayet a poursuivi ses fouilles pendant les premiers mois de 1908 ; mais nous n'en connaissons pas encore les résultats. Il a publié en 1907 un livre sur *La civilisation pharaonique*, qui se lit avec intérêt et n'est pas sans mérite comme ouvrage destiné au grand public ; toutefois les critiques dirigées contre Hérodote nous ont paru un peu excessives. La mission officielle allemande, qui a pris le nom d'Institut allemand d'archéologie égyptienne, sous la direction de M. Borchard, a commencé des recherches à Telle-el-Amarn. A Abousir le temple de Sahure (Sahurà), fouillé par MM. Borchardt et Möller, a donné de belles sculptures, semblables à celles du temple de Neuserre (Usorennà).

L'Ecole anglaise d'archéologie, qui avait utilement employé le temps de la précédente campagne à travailler dans la partie orientale du Delta, a fait à Gizeh et à Rifeh des fouilles qui ont donné de bons résultats. Elle devait fouiller ensuite à Memphis, d'après les indications de son directeur M. Petrie.

M. Breasted a exposé dans un rapport préliminaire les résultats de ses recherches dans les temples de la Basse-Nubie en 1905-1906. On nous a dit aussi qu'une mission américaine a dû fouiller cette année dans le voisinage d'Edfou.

M. Daressy s'est efforcé de reconnaître où sont actuellement les cercueils de la collection des prêtres d'Ammon dispersés en 1893 entre les différents musées d'Europe et d'Amérique. Nous ne sommes pas sûr qu'il ait entièrement réussi dans l'accomplissement de la tâche qu'il s'était imposée ; mais telles qu'elles sont, les listes qu'il a dressées seront certainement fort utiles.

Nous apprenons la mort de M. Lefébure, professeur d'égyptologie à l'Ecole supérieure des lettres d'Alger. Disciple de Chabas dès l'année 1866, M. Lefébure était admirablement doué pour les études égyptologiques, et spécialement pour les études relatives à la religion égyptienne. Sa remarquable sagacité, son érudition et sa conscience scientifique lui avaient conquis parmi les égyptologues une autorité bien justifiée ; ses beaux travaux *Le mythe osirien*, — *Traduction comparée des hymnes au soleil, composant le XVe chapitre du Rituel funéraire égyptien*, — *le Per-m-Hrou, étude sur la vie future chez les Égyptiens*, etc., le désignaient comme un des chefs de l'école égyptologique française. Aussi, lors de la création à Lyon d'un cours d'égyptologie, il fut le premier titulaire de ce cours. Puis, lorsque M. Maspero fut appelé à la direction du Musée de Boulay après la mort de Mariette-Pacha, M. Lefébure le remplaça à la tête de la jeune mission archéologique française au Caire. Nous devons à son trop court passage en Egypte les belles publications de la Mission archéologique française intitulées *Les hypogées royaux de Thèbes*. Revenu à Paris, M. Lefébure fut chargé pendant quelque temps du cours d'égyptologie au Collège de France, comme suppléant de M. Maspero et enseigna la religion égyptienne à l'Ecole pratique des Hautes. Etudes. Bientôt il demanda et obtint d'être envoyé à Alger, où il enseigna pendant vingt ans l'égyptologie, mais en élargissant le champ de ses études, et en portant son attention non seulement sur l'Egypte, mais sur toute l'Afrique du Nord, et même sur l'intérieur de l'Afrique. Il fut ainsi un des initiateurs du mouvement qui nous porte maintenant à chercher dans l'étude générale de l'Afrique l'explication au moins partielle des origines de la civilisation et des croyances égyptiennes. Ses relations avec son confrère M. Flamand, le savant explorateur du sud de l'Algérie, furent profitables aux études sur l'Egypte, en même temps qu'aux études africaines en général. Il poursuivit d'ailleurs avec persévérance les recherches par lesquelles il avait débuté dans la science, et fit paraître, principalement dans le *Sphinx* sur différents problèmes de la religion égyptienne, une série de mémoires excellents, fort admirés de tous ceux qui s'appliquent à ces difficiles études. Ses disciples l'aimaient, autant qu'ils le respectaient ; mais son influence s'étendait beaucoup plus loin. Un assez grand nombre d'égyptologues étaient heureux de correspondre avec lui, et de lui faire part non seulement de leurs travaux déjà accomplis, mais encore de leurs travaux en préparation ; on savait qu'on pouvait toujours avec sécurité, et souvent avec profit, lui confier une idée nouvelle, une trouvaille encore inédite. L'influence qu'il exerçait ainsi, pendant ses dernières années, peut-être comparée à celle qu'avait exercé son illustre maître Chabas. Le récent congrès international des Orientalistes, tenu à Alger en 1905, nous avait procuré l'occasion de venir assez nombreux lui rendre visite, et nous grouper autour de lui.

Une chaire de langue copte et de langue égyptienne a été récemment créée à l'Institut Catholique de Paris. M. Revillout, jusqu'à présent professeur et conservateur au Louvre, mais admis cette année à prendre sa retraite, a été nommé titulaire de cette nouvelle chaire. L'institut Catholique de Paris ne pouvait choisir, en ce qui concerne le copte, un maître plus autorisé que M. Revillout.

M. Guimet a formé le projet d'établir à Chalon-sur-Saône un musée égyptien qui porterait le nom de Musée Chabas, et a constitué un comité de patronage composé d'égyptologues français et étrangers. De leur côté les habitants de Chalon-sur-Saône ont, sous les auspices de leur municipalité et de leur Société d'histoire et d'archéologie, constitué un comité d'organisation.

Philippe Virey.

L'Editeur-Propriétaire-Gérant : Albert Fontemoing.

Imprimerie Générale de Châtillon-sur-Seine. — A. Pichat.

BULLETIN CRITIQUE

―――――•◊•―――――

80. — **Poitiers et Angoulême**, par H. LABBÉ DE LA MAUVINIÈRE. — Collection des villes d'art célèbres. H. Laurens, Paris, 1908. 140 pages, index bibliographique, table des illustrations. (113 reproductions photographiques).

Très digne de la place qu'elle occupe dans la belle collection des *villes d'art célèbres*, la double monographie de Poitiers et d'Angoulême constitue un album monumental, érudit et séduisant. L'illustration bien choisie, bien exécutée, est fournie surtout par des artistes Poitevins et l'auteur ne semble pas avoir à se louer d'utiliser d'autres clichés à moins qu'il ne puise dans l'impeccable fonds des monuments historiques. Si abondante et variée que soit cette illustration, chacun de ses éléments a en quelque sorte son encadrement littéraire et chaque figure rapprochée de la notice qui lui convient forme un tout avec elle, sans altérer la suite méthodique du texte ni ralentir son allure agréable.

Pour présenter les divers monuments de Poitiers, M. L. de L. M. se range au plan didactique. Il divise son exposé par périodes historiques ou archéologiques, attribuant un chapitre à chacun des groupes de vestiges ou de monuments suivants : 1° Gallo-Romains et Mérovingiens ; 2° Romans ; 3° Gothiques, pour finir 4° et 5° par l'art de la Renaissance et par les aménagements modernes de la ville. Sans doute ce classement est plus instructif qu'un itinéraire de guide même ingénieusement combiné ; il a toutefois ses inconvénients : Descriptions morcelées des monuments auxquels plusieurs périodes archéologiques ont contribué par parties égales (Sainte Radegonde), attributions un peu forcées des œuvres de transition à un style dont elles ne portent pas nettement l'empreinte (Cathédrale). Enfin cette méthode force à disjoindre les pièces de véritables ensembles monumentaux qui donnent un cachet original à diverses régions de la ville. L'auteur s'est préoccupé très à propos de camper sur sa colline la silhouette un peu sombre et fermée de Poitiers. Il a insisté sur le caractère très personnel de la cité pour convaincre d'injustice ceux qui l'ont « Calomniée » et surtout délaissée. Etait-il nécessaire de protester contre la légèreté de Sandeau, même contre la rancune que M. Taine gardait à l'une des trois villes où il avait tenté l'expérience de l'enseignement secondaire, où la réalité avait froissé ses illusions savantes de normalien novice ? L'auteur veut rendre son témoignage en faveur de l'activité peu tapageuse mais réel du centre intellectuel de Poitiers. Mais il pourrait s'il n'était pressé de révéler et de suivre sa méthode, introduire le lecteur dans l'intimité de quelques quartiers choisis. Sur le penchant de la rive du Clain, la Cathédrale voisine du baptistère, environnée en quelque sorte de souvenirs de Sainte Radegonde, maintient dans un recueillement mélancolique le quartier de la ville qui fut le berceau du christianisme en pays Poitevin. Au sommet de Poitiers le palais de justice garde l'empreinte de toutes les dominations, romaine, féodale ou royale. Quel contraste aux deux extrémités de la ville, entre l'abbaye de Saint-Hilaire planant sur son coteau abrupt et l'abbaye de Montierneuf, jadis tapie au bord de ses marais, aujourd'hui sorte de paroisse rurale au milieu de quartiers populaires.

Mais sans insister sur les grandes lignes un peu sacrifiées du tableau qu'à composé M. L. de L. M., abordons les points de détail sur lesquels nous lui soumettrons et souvent aussi nous lui transmettrons des remarques relatives à de légères inexactitudes, à quelques omissions. Quelques notes d'histoire générale relevées çà et là ne semblent pas être d'une justesse absolue. Ainsi p. 4 et 5 l'auteur ne peut se détacher de l'opinion surannée qui voit dans un dolmen l'autel sur lequel les Druides procédaient aux sacrifices humains. Aucun dolmen au contraire n'est mieux situé que la *Pierre Levée* poitevine pour montrer la pérennité des champs de sépultures, puisqu'autour de la table mégalithique se pressent des tombes romaines, mérovingiennes, puis à faible distance, un cimetière contemporain. M. L. de L. M. a voulu sans doute employer simplement une périphrase d'un usage encore trop commun. Est-ce aussi d'un simple emprunt qu'il faut lui demander compte (p. 28) lorsqu'il décrit le chœur de Montierneuf surmonté d'une élégante *lanterne* ajourée au xiiie siècle? Ch. de Chergé, dans son guide de Poitiers, a déjà désigné par le mot de *lanterne* cette partie du monument qui est l'étage supérieur du chœur même. Une lanterne nous ferait penser à quelque clocher ajouré, éclairant le carré du transept qui est aveugle à Montierneuf. Voici maintenant une erreur de date, imputable sans doute aux typographes. L'auteur rappelle que dans la chapelle du lycée eut lieu le rassemblement général des trois ordres pour la nomination des députés du Poitou aux États Généraux, *le 7 mars 1789*. La date soulignée accuse les Poitevins de trop de lenteur : le 5 mai 1789, Versailles fut le théâtre de la solennité de l'inauguration des États Généraux. En conséquence les prévoyants délégués des trois ordres du Poitou réunis dans la chapelle, avaient procédé aux élections de députés entre *le 17 et le 26 mars*. Le 27 mars à 8 heures du matin, le Tiers État se faisait apporter son cahier de doléances dont les articles avaient été discutés et arrêtés en divers comités. Le mois de mars est déjà nettement indiqué au chapitre XIV de l'*Histoire sommaire de la ville de Poitiers, par Bélisaire Ledain*, les quantièmes du jour doivent être rectifiés à l'aide d'une correspondance intéressante d'un délégué du Tiers de la Sénéchaussée de Fontenay-le-Comte, correspondance trouvée aux archives de Rochefort-sur-Mer, puis communiquée par l'aumônier du lycée de cette ville à M. le chanoine Bleau, aumônier du Lycée de Poitiers et insérée par les soins de ce dernier ecclésiastique au Bulletin de la Société des Antiquaires de l'Ouest (3e trimestre de 1906).

M. le chanoine Bleau a bien voulu nous faire part de quelques autres objections auxquelles prêtent certains passages du texte Une des plus inquiétantes assurément vise l'iconographie du portail de Notre-Dame-la-Grande, l'œuvre la plus achevée de l'art roman à Poitiers. M. L. de L. M. interprète une des scènes sculptées sur la façade comme une représentation de la Nativité du Christ, « la Vierge dans un lit, amplement drapé, deux sages-femmes levant l'enfant Jésus ». Les Évangiles ne donnent pas à croire que la crèche de Noël fournit un tel luxe de mobilier et de secours médicaux. Il est par contre admissible que sainte Anne, lors de la *naissance de la Vierge*, ait joui d'un pareil confortable. S'il y a doute entre les deux interprétations, les lecteurs de M. L. de L. M. ne pourront pas décider, car la façade de Notre-Dame-la-Grande est représentée par un cliché sombre — les collections poitevines en eussent fourni de meilleurs — et surtout trop petit. Pourquoi n'avoir pas consacré la page entière à une représentation suffisante de ce chef-d'œuvre comme l'auteur et l'éditeur l'ont fait pour la Cathédrale d'Angoulême ?

On peut contester encore quelques détails de l'iconographie de la Cathédrale : description incomplète du tympan central du grand portail. Aux pieds du Christ et à sa droite le bas-relief figure en effet les bienheureux, mais à sa gauche aussi les damnés. Il y a là une gueule infernale tout à fait conforme au traditionnel décor des mystères. Dans le vitrail si précieux, si bien reproduit d'ailleurs, du chevet de la cathédrale, un trait semble mal interprété. Longin n'est pas le soldat qui a tendu au Christ l'éponge pleine de fiel et de vinaigre, mais celui qui de sa lance a percé le cœur de Jésus. Nous renouvellerions volontiers nos réserves au sujet de l'attribution de la cathédrale au style gothique. En dépit de ses voûtes sur ogives et de ses arcs brisés, la cathédrale de Poitiers apparaît comme un édifice roman clos à ses deux extrémités par un travail gothique anglais. Cette triple nef de hauteur à peu près égale ne rentre-t-elle pas dans la catégorie des églises romanes du Poitou telles que Notre-Dame-la-Grande et Saint-Savin ? Inutile d'insister sur les tendances romanes, M. L. de L. M. n'a pas eu de moins bonnes raisons pour faire prévaloir les éléments gothiques dans sa description ; nous lui exprimerions plutôt notre regret de le voir sacrifier toute la question des origines mérovingiennes et même romaines de la Cathédrale. Mentionnée déjà très nettement par Ch. de Chergé la métropole romaine et mérovingienne a été en dernier lieu révélée par le R. P. C. de la Croix dans son opuscule sur *les origines des plus anciens monuments de Poitiers* et dans sa récente étude sur *la chapelle de Saint-Sixte et les cathédrales de Poitiers* — deux titres à insérer dans l'index bibliographique un peu bref de M. L. de L. M.

Dans la chapelle Saint-Sixte sous saint Pierre l'auteur aurait pris plaisir à saluer des reliques très soigneusement authentiquées. Il n'en est pas ainsi de toutes celles que signalent les guides. Ne serait-il pas plus prudent de présenter le pupitre conservé à Sainte-

Radegonde avec cette légende dubitative « pupitre dit de sainte Radegonde » car l'œuvre paraît remonter un peu moins loin que l'époque mérovingienne. Quel service aurait rendu le livre nouveau s'il avait décidé le musée de la ville à se débarrasser d'une des pierres qui l'encombrent en démontrant qu'une borne trouvée à l'angle de la Grande Rue et de la rue Rifault ne peut pas être le *montoir de Jeanne-d'Arc* d'où la Pucelle s'est élancée à cheval pour mener les hommes d'armes à Orléans. Le *montoir* en question aurait dû se trouver rue de la Cathédrale au pied de la maison que la Société des Antiquaires de l'Ouest a reconnue, après mûr examen, comme l'hôtel momentanément mis à la disposition de Jeanne ainsi qu'une inscription dont parle M. L. de L, M. en fait foi.

Quelques renseignements complémentaires seraient, semble-t-il, désirables concernant l'œuvre monumentale du duc Jean de Berry à Poitiers. Les substructions anciennes découvertes par le R. P. de la Croix, sous la tour de Maubergeon, l'incendie qui, sous Henri IV, découronna l'œuvre de Guy de Dammartin devraient figurer dans la notice sur le palais, un peu courte à notre gré et trop optimiste en ce qui concerne les progrès du dégagement de la tour.

En somme nous demanderions à M. L. de L. M. pour les éditions postérieures que nous souhaitons à son œuvre, moins de modifications que d'additions. Tous les lecteurs ayant visité le département de la Vienne applaudiront à l'excellente initiative que l'auteur a prise de compléter la visite de Poitiers par l'excursion de Saint-Savin, et de Chauvigny. Ligugé, Lusignan même à l'intéressante église, ne font-ils pas de ce bel ensemble historique des environs de Poitiers? Dix pages, quinze pages mêmes consacrées à ces localités illustres et à Civray dont la belle église est l'étape obligée entre Poitiers et Angoulême, ne grossiraient pas outre mesure le mince volume, qui sert de catalogue raisonné aux trésors d'art de deux départements, et si pour rétablir les proportions il fallait chercher dans la Charente un encadrement monumental à la ville d'Angoulême nous y souscririons volontiers. La collection des villes d'art célèbres n'impose pas à ses élégantes plaquettes des dimensions trop uniformes. D'ailleurs il y a loin encore des 140 pages de *Poitiers-Angoulême* aux 200 pages de *Versailles* par exemple.

Telle qu'elle est, l'attrayante et substantielle brochure de M. L. de L. M. est le meilleur opuscule à consulter pour préparer une excursion profitable à Poitiers, pour revoir et classer ses souvenirs après une visite studieuse ou un court séjour dans cette ville. C'est en même temps sous un petit volume le souvenir matériel le plus gracieux et dans l'ensemble le plus instructif qu'on en puisse garder. H. GAILLARD.

---

81. — **Les statues de terre cuite dans l'antiquité; Sicile, Grande Grèce, Etrurie et Rome,** par M. DÉONNA, in-8°, 250 p. Paris, Fontemoing, 1908.

M. Déonna, dont nous avons naguère fait connaître à nos lecteurs l'intéressante étude sur les *Statues de terre cuite en Grèce* et qui a publié depuis lors, un travail sur la *Statuaire Céramique à Chypre* (in-8, de 17 p. Genève 1907), nous donne avec la Grande Grèce, la Sicile, l'Etrurie et Rome, la suite de ses recherches.

Ici, encore, l'auteur se limite à la statuaire proprement dite, c'est-à-dire aux œuvres de grandeur nature ou environ, et non purement décoratives ou industrielles. Il en analyse la technique, les usages, les types et donne pour chaque région le catalogue des monuments. Il arrive ainsi à fixer l'extension de cet art et ses limites chronologiques. Puis avec beaucoup de soin, il induit l'influence que la statuaire en terre cuite a exercée sur l'art du bronze et celui de la pierre.

La statuaire céramique s'est peu développée en Grèce et n'a guère dépassé l'âge archaïque. Le motif en est que l'artiste grec, original, créateur, exigeant, ne pouvait se contenter d'une matière trop facile à traiter, plus propre à permettre des effets brillants et superficiels qu'à déployer une science solide.

Il n'en était pas de même à Chypre ou en Etrurie, et par suite à Rome. Peu originaux, peu exigeants, les artistes de ces régions se tenaient pour satisfaits des avantages d'ailleurs réels qu'offre l'argile. Ils en tirèrent d'ailleurs un fort bon parti, comme le prouvent entre autres les belles statues provenant de Faléries. Il faut ajouter que les conditions architecturales du temple étrusque ne permettaient pas dans la décoration des frontons l'emploi de matières aussi lourdes que le bronze, le marbre ou la pierre. L'Etrurie fut donc la patrie d'élection de la statuaire en terre cuite, et Rome suivit naturellement l'exemple de cette voisine plus avancée.

Nous avons signalé précédemment ce qu'avait d'hasardeux l'hypothèse de M. D., supposant que les premières statues furent en argile. Il reconnaît n'avoir pas été suivi, mais s'y tient cependant, du moins en ce qui concerne les régions grecques et surtout la sculpture ionienne.

Une autre hypothèse était que l'origine de la statuaire d'argile n'est pas dans l'art des figurines mais dans la fabrication des vases. La statue serait sortie du vase à forme humaine. Il maintient également cette hypothèse en dépit des critiques, en faisant observer que si la statue n'était qu'une figurine plus grande, elle eût été pleine comme celle-ci, ce qui, vu les dimensions, est à peu près inconciliable avec les risques de la cuisson. La technique du vase s'adapte au contraire à la statue.

André BAUDRILLART.

82. — **Causeries d'Égypte**, par G. MASPERO, membre de l'Institut, professeur au Collège de France, Directeur général du Service des Antiquités du Caire, 360 pages, in-8; Paris, E. Guilmoto, éditeur.

Sous ce titre *Causeries d'Égypte*, M. Maspero a rassemblé en un volume les feuilletons sur l'Égypte qu'il avait donnés au *Journal des Débats* depuis l'année 1893 jusqu'à l'année 1907. Le grand nombre et la variété de ces articles montrent que l'ancienne Égypte peut fournir les sujets d'une infinité de causeries, et de causeries fort attrayantes avec un causeur comme M. Maspero. En dépit du préjugé qui a fait si longtemps considérer l'Égypte ancienne comme immobile, uniforme et monotone, intelligible seulement pour un petit nombre d'initiés, il n'y a guère eu de peuple plus vivant, plus remuant, plus entreprenant que le peuple égyptien, ni doué d'une imagination plus riche : ce qui ne veut pas dire qu'il faille prendre pour fabuleuse son histoire même la plus ancienne. M. Maspero expose clairement comment les monuments archaïques découverts depuis quelques années, comment les annales conservées par des monuments tels que la pierre de Palerme nous obligent à reconnaître la réalité historique des premières dynasties égyptiennes, et l'authenticité de faits considérés dernièrement comme plutôt légendaires. On voit, plus de trente-cinq siècles avant notre ère, des explorateurs égyptiens, précurseurs du Dr Schweinfurth, s'avancer vers l'intérieur de l'Afrique, et ramener des Pygmées pour l'amusements des Pharaons et de leur cour ; tandis que d'autres allaient, bravant les périls de la mer, chercher sur les côtes orientales de l'Afrique les parfums, l'or, et les bois précieux ; et l'Égypte lançait des navires non seulement sur la mer Rouge, mais aussi sur la Méditerranée.

Puis M. Maspero fait revivre des villes de province, telles que Coptos et Dendera, depuis les temps anciens jusque sous la domination romaine, il fait ressortir l'originalité de ces cités, et montre comment avec de menus faits bien groupés on peut constituer les éléments d'une intéressante histoire régionale. L'intérêt n'est pas moindre quand il parle des capitales où l'on a depuis peu d'années dégagé les ruines de palais pharaoniques, tels que celui d'Aménothès III à Thèbes, avec ses salles curieusement décorées de peintures variées. Des appartements d'apparat évoquent le souvenir des réceptions royales ; des salles plus modestes étaient les ateliers où des artisans d'élite exécutaient pour Pharaon des chefs-d'œuvre d'orfèvrerie, d'émaillerie, de broderie, etc. El-Amarna, capitale éphémère construite par le successeur d'Aménothès III, nous a rendu aussi les restes d'un palais non moins remarquable que le précédent ; et des habitations privées, plus curieuses encore que le palais. C'est dans cette capitale qu'on a retrouvé des archives diplomatiques, correspondance avec Pharaon des puissances asiatiques, princes cananéens, rois de Babylone ou de Ninive. En parlant de l'Asie à propos de cette correspondance, M. Maspero est amené à comparer l'acropole de Suse avec les citadelles égyptiennes. Il expose ailleurs l'état de la Syrie, du xviiie au xive siècles aavnt notre ère, d'après les monuments égyptiens ; il discute le texte qui nous a rendu le nom d'Israël dans les annales pharaoniques. De même qu'Israël, l'Égypte a ses prophètes ; mais leur inspiration est moins élevée que celle des grands prophètes hébreux. Elle a ses magiciens fameux, ses médecins dont les remèdes, suivant M. Maspero, guérissaient plus efficacement qu'on n'est ordinairement disposé à le croire ; ses littérateurs, conteurs parfois divertissants d'aventures merveilleuses ; ses poètes dont les œuvres ne sont pas sans mérite et seraient sans doute encore plus intéressantes pour nous, si nous savions prononcer leurs vers comme ils le faisaient eux-mêmes. Et tout de suite M. Maspero examine s'il est possible de retrouver la prononciation des textes hiéroglyphiques, et montre que jusqu'à certain point il n'en faut pas désespérer. Ailleurs il parle des croyances religieuses des Égyptiens, de l'influence de leurs idées sur d'autres peuples ; il apprécie les résultats des recherches de M. Foucart sur l'origine égyptienne des mystères d'Eleusis et du culte de Dionysos en Attique. L'inscription trilingue de Philæ, composée en l'honneur de Cornelius Gallus, ami de Virgile, évoque d'intéressants souvenirs classiques. Mais il serait trop long d'analyser en détail tous les sujets traités dans ces *Causeries d'Égypte*. L'auteur écrit lui-même : « Fouilles, » religions, voyages, coutumes populaires, littérature, histoire, » j'ai parlé de tout ce qui pouvait être dit devant des lettrés sans » rien exiger d'eux qu'un peu d'attention ». Et il en a parlé avec tant de clarté et tant d'esprit que ceux qui l'ont déjà lu peuvent à leur tour prédire à ceux qui voudront le lire beaucoup de profit et d'agrément pour prix de l'attention qu'on leur demande.

Philippe VIREY.

83. — **Roman sculpture from Augustus to Constantine**, par Mrs. Arthur STRONG. — Londres, Duckworth and C°, New-York, Charles Scribner's Sous, 1907, in-8°, XVI-408 pages et 130 planches.

Le livre consacré par Mme Arthur Strong, née Eugénie Sellers, à la sculpture romaine d'Auguste à Constantin est, parmi les ouvrages d'archéologie publiés dans ces dernières années, l'un de ceux dont l'apparition me semble tout particulièrement bienvenue.

L'art romain a été longtemps négligé. Le blâmer, pourtant, de n'être pas l'art grec, remarque l'auteur, est aussi injuste que le serait de reprocher à l'art moderne de manquer des qualités antiques, et n'est-ce pas ce que font, dans une certaine mesure, le plus grand nombre des archéologues qui, étudiant l'art antique à Rome, y cherchent avant tout des copies des œuvres grecques fameuses, qu'ils s'empressent de proclamer inférieures aux originaux. L'histoire des découvertes archéologiques peut expliquer ce dédain de l'art romain : elle ne le justifie pas. Les théories opposées de Wickhoff et de Riegl d'une part, de l'autre de Strzygowski, ont heureusement été le signal d'un retour de faveur. Sans les discuter à fond ni prendre parti, alors que les uns et les autres sont peut-être excessifs, Mme S. réclame son droit d'étudier l'art romain en lui-même et pour lui-même. La route est de celles que plusieurs de ses compatriotes ont déjà jalonnée ; il m'est agréable de saisir l'occasion de proclamer ici tout ce dont ont enrichi notre connaissance les études de M. M. Stuart Jones et Wace et les *Papers* de la jeune Ecole anglaise de Rome.

Trois chapitres se réfèrent au siècle d'Auguste entendu au sens large. Des deux premiers la majeure partie est consacrée à l' « *Ara Pacis* », monument hors de pair, qui a déjà été l'objet de toute une bibliographie, et dont on suivra avec fruit la description détaillée et savante et toujours bien informée. Les recherches, toutefois, sont loin d'être terminées et, parmi les bas-reliefs qu'on avait pendant quelques années paru d'accord pour réunir, il semble aujourd'hui que quelques-uns doivent-être écartés : souhaitons de grand cœur que la reconstitution de l' « *Ara Pacis* », qu'un comité prépare actuellement à Rome pour des solennités prochaines, tranche les difficultés et fasse la pleine lumière. L' « *Aras Pacis*, d'ailleurs, ne fait pas oublier à Mme S. ni l'autel de Domitius Ahenobarbus — dont on peut voir au Louvre la reconstitution suggérée par les *Intermezzi* de Furtwängler et qui s'appuie sur des preuves matérielles — ni les cippes et autels où se retrouve le décor augustéen qui s'épanouit au-dessous de la procession sur l'« *Ara Pacis* ». Un troisième chapitre conduit d'Auguste à Néron et est surtout illustre par les deux magnifiques vases d'argent du trésor de Boscoreale de la collection E. de Rothschild et les deux grands camées de Vienne et de Paris.

Vient ensuite la période Flavienne. Il y a peu de temps encore l'arc de Titus l'eût représentée tout entière. De récents travaux ont prétendu, on le sait, y assigner, non seulement tout — ce qui sans doute est erroné — ou partie des médaillons circulaires, mais encore les grands bas-reliefs de l'arche centrale et des faces latérales de l'attique de l'arc de Constantin. Mme S., ne pouvant de toute évidence, à propos de chaque cas, rouvrir les procès en cours s'en est tenue d'ordinaire à la dernière opinion émise avec probabilité. Il n'est pas douteux que plus d'un de ses classements subira quelques modifications, mais c'est là le sort commun. La remarque se peut aussi étendre au règne d'Hadrien, où, à côté de monuments bien datés, comme les portraits d'Antinoüs, certains sarcophages, les bas-reliefs du Palais des Conservateurs, tel autre comme le prétendu Hadrien devant le temple de Vénus et de Rome est moins assuré.

Trajan, au contraire, offre les points de repère assurés de la colonne Trajane et de l'arc de Bénévent, et de même nous avons pour la période des Antonins la base de la colonne d'Antonin le Pieux, la colonne de Marc-Aurèle, les panneaux du palais des Conservateurs et de l'Attique de l'arc de Constantin. Mme S. sur tous ces points dit excellemment ce qui était à dire.

L'arc de Septime-Sévère, un bas-relief du palais Sacchetti, un autre offert par M. Hartwig au Musée national des Thermes, un curieux chapiteau avec l'image de la pierre conique du dieu d'Émèse et toute une série de sarcophages nous conduisent ensuite de Septime-Sévère à Constantin. A Constantin lui-même n'appartiennent en réalité, parmi les sculptures de son arc de triomphe, comme on a déjà pu le voir, que deux médaillons des bas-côtés représentant le char de la Lune descendant dans les flots et le quadrige du Soleil s'élevant dans les airs et les étroites frises qui, sur les quatre faces, sont placées au-dessous des médaillons.

Un quinzième et dernier chapitre enfin, est consacré à la sculpture de portraits, à ses différentes caractéristiques, à la forme des bustes aux diverses époques, au traitement des yeux, à la disposition de la chevelure.

Il suffira de cette brève énumération pour indiquer quelle suite de monuments le livre de Mme S., illustré avec discernement d'après des reproductions photographiques, fait défiler sous nos yeux, sur quels exemples portent ses commentaires et ses jugements. Mais ce livre est plus et mieux. Il constitue vraiment un manuel d'art romain et c'est toute la vie de cet art qu'il nous fait comprendre. Sous Auguste la rencontre des formes grecques et du génie latin a son expression dans l' « *Ara Pacis* ». Les reliefs de l'arc de Titus nous montrent la sculpture s'efforçant de rivaliser avec la peinture dans la poursuite de la perspective. Mais l'art du règne de Domitien doit renoncer à pousser cette conquête de la troisième dimension. A cet effort la période de Trajan substitue la superposition naïve de files de personnages, sans scènes séparées, sans considération pour ainsi dire de temps ni d'espace, créant ce style « continu » qui deviendra un modèle de ce qu'on peut appeler la narration monumentale. Sous Hadrien, Antonin et Marc-Aurèle, réaction vers les modèles classiques. De là pourtant à conclure que, après eux, commence la décadence, on aurait grand tort. Mme S. tient à rendre justice à l'époque de Septime Sévère et de ses successeurs. Le style continu s'y transforme en se combinant avec des recherches nouvelles qui, par le recul des fonds, enveloppent les figures d'une « ombre complémentaire ». Ombres et lumières vont désormais jouer le premier rôle, faisant la part de plus en plus grande dans la sculpture au côté décoratif ; la composition se rompt, les figures s'isolent, et ce n'est ni d'inhabilité ni de négligence, mais d'une esthétique nouvelle que témoignent les frises de l'arc de Constantin : du monde antique elles marquent le passage au monde médiéval. L'art ne s'endort pas, comme on le répète souvent, d'un sommeil de longs siècles : « parler d'extinction, dit Mme S., c'est obscurcir la vérité de l'histoire et méconnaître la véritable compréhension de l'art et de son développement. »

Etienne MICHON.

---

84. — **Morale des idées-forces**, par Alfred FOUILLÉE. 1 vol. in-8 de la *Bibliothèque de Philosophie contemporaine* (Félix Alcan, éditeur). Prix : 7 fr. 50

Le but que c'est proposé M. F. est de « chercher un domaine où la moralité ne pût être atteinte ». La méthode consiste dans un constant appel à l' « expérience la plus radicale comme la plus complète ». Intellectualisme, hédonisme sous toutes ses formes, volontarisme sont des doctrines fausses, parce qu'elles sont exclusives : la vraie doctrine morale sera celle qui, synthétisant toutes ces vérités partielles, proposera à l'homme un idéal que sa raison puisse légitimer, son cœur aimer, sa volonté réaliser. *Éléments intellectuels de la moralité, éléments sensitifs, éléments volitifs*, telles sont les grandes divisions de l'ouvrage.

Les éléments intellectuels de la moralité sont à la fois psychologiques, cosmologiques, sociologiques et épistémologiques.

L'analyse psychologique du *Cogito* peut produire, dans la phylosophie pratique, une révolution analogue à celle que Descartes détermina dans la philosophie théorique. Dans le *Cogito*, on peut distinguer un sujet, un objet, un verbe et un attribut. Le sujet s'apparaît comme un *individu*, cause possible et fin possible de ses actes. Là est le fondement de la morale individualiste. — Mais le sujet a un complément nécessaire, trop négligé par Descartes : l'objet. Or, l'objet n'est pas le *non-moi* de Kant et de Fichte, mais un autre moi, *d'autres moi*. — D'autre part, l'attribut et le verbe ont un caractère universel. La conscience est donc sociable, altruiste par nature ; le solipsisme est une doctrine insoutenable. « Il y a un *désintéressement nécessaire à l'intelligence et à la science*, qui fait que *nous ne pouvons pas* ne pas concevoir les autres, nous *mettre à leur place*, nous mettre *en eux* par la pensée [1] (p. 29) ». « L'homme, étant un animal scientifique, est, *ipso facto*, un animal *moral* (p. 30). ». L'altruisme intellectuel fonde l'altruisme moral (chap. I). Or, à la conscience appartient la *primauté historique* : « elle est le réel subjectif et interne qui rend possible, par abstraction ou par extension de soi, toute conception de phénomène, toute représentation d'objet et aussi de sujet » (p. 32), (chap. II). D'autre part, la loi des idées-forces pose que les idées sont actives. « Dès lors, le point de vue pratique des *biens* est inséparable du point de vue spéculatif des *faits* et des *lois* (p. 52) ». La conscience a la *primauté pratique* par là même qu'elle a la primauté théorique (ch. III). — La conscience ne nous introduit pas seulement dans le monde moral, qui est le monde des consciences ; elle nous permet aussi de dresser une table des valeurs. Grâce à elle, nous pouvons fixer des degrés : 1° entre les êtres, 2° entre les actions. La conscience constitue une *supériorité de nature* et fonde la dignité humaine. « Pascal a eu raison de dire : « Toute notre dignité relève de la pensée. . Pratiquement, nous ne pouvons

---

[1]. C'est l'auteur qui souligne.

pas ne pas nous estimer et nous évaluer en raison du degré de conscience que nous avons de notre moi, d'autrui et de l'univers » (p. 38). Quant aux actions, il faut, pour qu'elles soient *qualifiables* moralement, qu'elles aient pour terme une conscience, et leur *valeur* se mesure à la clarté plus ou moins grande avec laquelle je me représente la conscience d'autrui. L'égoïsme naît de l'aveuglement, de l'inconscience. De là, cette formule du véritable altruisme : « *Agis envers les autres comme si tu avais conscience des autres en même temps que de toi, car ils sont des consciences comme ta propre conscience* » (p. 76). « *Agis comme si tu étais la conscience universelle* » (p. 79), c'est-à-dire une conscience qui assigne à chacun « son rang véritable dans l'ensemble ». « Sois intégralement *conscient* et universellement *conscient*; conscient des autres, de la société et du tout, comme de toi-même; que les *forces* directrices de tes sentiments et actes soient des idées, subordonnées à l'idée du tout, bien plus, à l'idéale conscience du tout » (p. 83) (chap. IV). Ainsi comprise, la Conscience est identique à la Raison, la raison n'étant pas autre chose que « la conscience imposant ses conditions à toute expérience ». Une morale de la conscience est donc une morale de la raison : fondé sur la conscience, le devoir est plus qu'un simple *fait*; il est une *vérité* (chap. V). Mais n'oublions pas que toute connaissance est relative, que notre conscience « étant nôtre et n'étant pas le tout, voit nécessairement les choses en relation avec elle-même, selon les conditions de sa propre nature et de son milieu physique ou social » (p. 91). Nous éviterons ainsi le dogmatisme intempérant des morales métaphysiques aussi bien que des morales matérialistes (chap. VI). (Liv. I. *Le sujet moral et la conscience du moi. Idées forces du moi et d'autrui*).

La morale doit reposer sur l'expérience intégrale. Il faut donc, après le sujet conscient, considérer la nature et la société; alors seulement, l'idéal moral sera entièrement déterminé. Tel est l'objet des Liv. II et IV.

Dans le Livre II, M. F. expose une théorie scientifique du Bien ou « théorie des valeurs objectives ». Peut-on déterminer des rapports de *perfection* entre les êtres, entre les fonctions d'un être, et, par exemple, entre les fonctions psychologiques, indépendamment de tout plaisir et de toute moralité ? C'est la question que s'étaient déjà posés Platon et Malebranche, et M. F. y fait une réponse analogue. Il est aisé de démontrer, dit-il, qu' « un homme est supérieur à un porc », car il y a, chez le premier, « un *plus grand nombre* de puissances, facultés, états et actions de toutes sortes que chez le pourceau, et de plus *intenses*, et de plus *complexes*, et de plus *unifiées*, et de plus *puissantes*, et de plus *effectives* » (p. 126). Sur cette classification hiérarchique doivent se régler nos jugements et nos actes, car « une morale des idées-forces a le droit de chercher partout des éléments d'appréciation scientifique et pratique » (p. 119). (chap. I). — Le *plaisir* lui-même peut s'évaluer scientifiquement, car il renferme des éléments objectifs. On peut comparer, par exemple, « le plaisir de remplir son intelligence et celui de vider sa vessie » (p. 124) (chap. II). — Une mesure essentiellement objective des valeurs, c'est le *normal* et le *typique*, c'est-à-dire ce qui est conforme à la définition d'un être vu d'une fonction. (chap. III). Cette morale, on le voit, a de grandes analogies avec la morale platonicienne ; mais elle est positive et critique, et échappe aux objections que Kant adresse à la morale des idéaux (chap. IV). — Enfin, l'idée du *monde infini*, idée suprême de la morale objective, a pour effet de nous déprendre de nous-mêmes, et, en même temps, de nous grandir infiniment : « Se figure-t-on un Képler ou un Laplace comme *équivalent* à un ciron ? » (p. 173) (chap. V). (Livre II. *L'objet moral. Idée-force scientifique du Bien. Théorie des valeurs objectives*).

« Le principal *objet* de la morale, ce sont les autres *sujets* ; ils forment un petit monde, plus important que le monde matériel ; qui est la société des êtres pensants (p. 209) ». De là ce problème : l'idéal moral est-il social ou individuel ? Il est indissolublement social et individuel, répond M. F. Le bien d'autrui est *une de mes fins*. « La réalisation de la plus haute vie pour l'individu renferme, au nombre de ses *conditions* internes, la réalisation des autres vies morales » (p. 211). Disons plus : le bien d'autrui est *ma fin même* ; « le caractère d'un monde vraiment moral est... que les autres volontés entrent dans la mienne, non plus à titre d'instruments, mais à titre de buts » (p. 212). Dans la société morale, c'est l'*essence* même du *bien individuel* que d'être *universel*, c'est l'essence même du *bien universel* que d'être *individuel* » (p. 213). La fin morale est la perfection de la personnalité individuelle ; mais cette perfection implique l'identification de l'individu avec la société universelle

(Liv. IV. chap. I). De cette doctrine synthétique découle une conception nouvelle et vraiment compréhensive de la *nature* humaine, de la *perfection* humaine, de la *valeur* humaine, de la *dignité* humaine, du *progrès* humain dont on pourrait donner cette formule : « l'homme complètement développé dans la Société complètement développée » (p. 224) (chap. II). Dès lors, le devoir est à la fois social et individuel. « Le devoir social est un devoir personnel, le devoir personnel est un devoir social ou, pour mieux dire, universel » (p. 230) (chap. III). (Liv. IV. *Rapport des sujets entre eux. Idée-force de la société universelle*).

Comment faut-il concevoir la relation entre l'agent moral et le Bien ? En d'autres termes, quels sont les « fondements épistémologiques » de la morale ? L'idéal moral plonge ses racines dans la vie affective. Il répond à un triple besoin : pratique, esthétique et spéculatif. Il y a une joie inhérente à l'exercice des opérations intellectuelles : « il est donc inévitable que toute idée de la raison soit une idée-joie » (p. 181). D'autre part, toutes les idées morales : bien, obligation, mérite, sanction, renferment des éléments esthétiques ; l'intérêt pris au bien s'explique en grande partie par l'intérêt pris au beau. Enfin, il y a un intérêt « architectonique et spéculatif » à chercher, une joie profonde à découvrir un idéal de perfection suprême qui donne satisfaction à notre besoin d'existé. Pour la morale des idées-forces, l'instinct moral est donc « un besoin à la fois spéculatif et pratique de tout notre être intérieur » (p. 187). (Liv. III. chap. I). — Dès lors, il faut concevoir la loi morale tout autrement que ne faisait Kant. L'impératif est une notion dérivée : il apparaît lorsqu'un obstacle se dresse entre l'idéal et notre volonté intelligible. Supprimez l'obstacle, et le *devoir* devient le *persuasif suprême*, car ce que nous devons, « c'est ce que nous *voulons déjà au fond même de notre être et de notre conscience*, par cela même que nous avons en nous un *vouloir qui va à l'universel comme notre pensée*, non pas seulement un vouloir concentré dans le moi égoïste (p. 193) ». La pensée, d'ailleurs, pourra toujours élever un doute sur sa propre objectivité. Nous ne savons donc pas, nous ne saurons donc jamais « de science certaine, si la *loi* morale est vraiment une loi objective, fondée dans la réalité absolue » (p. 197). Pour cette raison encore, le devoir doit être conçu comme un *persuasif*, non comme un impératif *catégorique* et *apodictique* (chap. II). (Liv. III. *Rapport du sujet à l'objet. Théorie du suprême persuasif*).

Dans la II⁰ Part. M. F. détermine les « *éléments sensitifs et positifs de la moralité* ». La morale des idées-forces est une morale du *bonheur*. Bien compris, l'eudémonisme n'est ni une morale égoïste, car le vrai bonheur de l'individu est fait du bonheur d'autrui, ni une morale subjective, car on peut évaluer les joies. « Le *bonheur* est la *perfection ayant la conscience et la jouissance de soi* (p. 249) ». La morale des idées-forces est aussi une morale du *respect*, comme le voulait Kant ; elle est surtout une morale de l'*amour*, comme le veut le Christianisme. (Liv. I, chap. I et II).

Pour réaliser l'idéal moral, il n'est pas besoin d'une liberté inconditionnelle ; la puissance de l'idée, de l'idée de liberté en particulier, suffit. (Liv. II. chap. I). Mais l'individu isolé n'est qu'une abstraction ; la Société est son milieu naturel. Or, c'est là un milieu éminemment plastique ; l'opinion, les mœurs, les lois, l'éducation doivent donc être des auxiliaires de l'idéal moral (chap. III). Enfin, s'il y a réaction incessante entre l'individu et la société, la responsabilité est à la fois personnelle et sociale (chap. II).

La doctrine morale de M. F. est bien telle qu'on la devait attendre de cet esprit si sociable et si personnel, chez lequel la sympathie pour les idées d'autrui s'allie à une si vigoureuse originalité. La morale des idées-forces concilie, dans une synthèse supérieure, la doctrine du Bien et celle de la Loi, l'individualisme et l'universalisme, le bonheur et le désintéressement, le naturalisme et l'idéalisme. Quand M. F. écrit, il s'efforce toujours d'être cette « Conscience universelle », qui n'est la règle du bien que parce qu'elle est la source de la vérité. — Mais nous n'avons pas, au même degré que M. F., confiance en la solidité de sa doctrine. M. F. a voulu établir la moralité sur le roc, c'est-à-dire sur la conscience. Le *Cogito*, dit-il, peut produire, dans la philosophie pratique, une révolution analogue à celle qu'il détermina dans la philosophie théorique. Descartes, en effet, avait fait un beau rêve. Avec quel succès relatif il le réalisa, nous le savons aujourd'hui. Ce n'est pas avec l'expérience seule, fût-ce celle de la conscience, que l'on construit une philosophie, ni une morale. De fait, pour M. F., Conscience est synonyme de Raison. Mais alors il faut abandonner l'espoir de démonstrations décisives, de théories définitives.

H. Villassère

85. — **La théorie platonicienne de l'Amour**, par Léon Robin, agrégé de philosophie, professeur au Lycée d'Angers, Docteur ès lettres. 1 vol. in-8 de la *Collection historique des grands philosophes*, (Félix Alcan, éditeur). Prix : 3 fr. 75.

L'exposition pure et simple de la théorie platonicienne de l'Amour, tel est le but que s'est proposé M. R. L'ouvrage comprend trois chapitres. Le premier est une traduction des passages du *Lysis*, du *Banquet* et du *Phèdre*, relatifs à l'Amour. Le second a pour objet d'établir le rapport chronologique des trois dialogues. La conclusion à laquelle arrive M. R. est que le *Banquet* est une continuation du *Lysis*, et le *Phèdre* un approfondissement du *Banquet*. Le *Phèdre* serait donc postérieur au *Banquet*. A cette opinion, on fait une seule objection, mais spécieuse : le *Phèdre* renferme un éloge d'Isocrate ; ce dialogue serait donc antérieur à la brouille, donc antérieur au *Banquet*. A cela, M. R. répond que cet éloge est purement ironique. — Le troisième chapitre est consacré à une interprétation de la théorie de l'Amour. L'auteur y voit une des manifestations de l'esprit synthétique de Platon, déjà révélé dans sa théorie de l'âme du monde et (d'après Aristote) des choses mathémathiques intermédiaires. « Une synthèse incessamment renouvelée des contraires, réglée intellectuellement et même mathématiquement en vue du Beau, du Vrai et du Bien, voilà ce qui serait l'Amour platonique ». (p. 229).   H. V.

---

86. — **La théorie platonicienne des Idées et des Nombres d'après Aristote**. — *Étude historique et critique*, par Léon Robin, docteur ès lettres, agrégé de philosophie, professeur au Lycée d'Angers, 1 vol. in-8 de la *Collection historique des grands philosophes*, (Félix Alcan, éditeur). Prix : 12 fr. 50.

Déterminer la signification de la philosophie de Platon au moyen d'une étude préliminaire de la philosophie antique, telle est l'œuvre considérable qu'a conçue M. R. L'ouvrage que nous analysons aujourd'hui n'est donc qu'un commencement. A la vérité, de Platon, M. R. n'étudie que les théories centrales : la théorie des Idées et la théorie des Nombres. Or, sur ces théories et principalement sur la première, les commentateurs ont engagé des discussions interminables et sont parvenus à des conclusions d'une déconcertante diversité. Les Idées sont-elles de simples concepts de notre esprit? des réalités transcendantes? des pensées d'un Dieu personnel? Autant de conceptions différentes, et qui ont chacune, trouvé des savants défenseurs. Comment s'orienter au milieu de ce Labyrinthe? En recourant aux textes? Mais c'est justement ce qu'ont fait les commentateurs.

M. R. estime qu'il faut changer de méthode, et que, pour comprendre Platon, c'est aux penseurs grecs, et à eux seuls, qu'il faut s'adresser. Sans doute, ils interprètent, eux aussi, mais leurs opinions s'écartent moins des idées de Platon que celles d'un moderne. Etudier Platon chez Aristote et les Péripatéticiens, dans l'Académie et chez les Néo-platoniciens ; puis, une fois ce travail fait, et seulement alors, se mettre en face des textes platoniciens pour les comparer aux résultats de l'étude historique, telle est selon M. R., la seule méthode capable de nous révéler la véritable pensée de Platon.

Cet ouvrage est donc une exposition de la philosophie platonicienne uniquement basée sur la connaissance des ouvrages d'Aristote. Exposition historique de Platon par Aristote — exposé de la critique d'Aristote, — valeur des critiques d'Aristote : sont-elles justifiées par l'exposition qu'il a faite de la doctrine? par ses propres conceptions ? — tel est le plan uniformément suivi par l'auteur dans les différentes parties de son étude. — L'auteur a adopté la méthode d'exposition de Zeller : il donne dans le texte les résultats de l'analyse et de la discussion des témoignages, lesquelles sont rejetées dans des notes. Deux tables complètent ce travail : 1° une table de références aux textes aristotéliques et à quelques auteurs anciens ; 2° une table alphabétique des matières. La première permet d'aller d'une assertion d'Aristote aux discussions qui lui sont consacrées, la seconde de retrouver les textes en se reportant à ces discussions.

Voici, brièvement résumés, les résultats auxquels l'auteur est arrivé. — Aristote expose une théorie des nombres idéaux, parfaitement cohérente, que l'on ne trouve pas dans les dialogues et qui se rattacherait à l'enseignement oral de Platon. Les nombres idéaux auraient, comme les Idées, une existence séparée. — Il nous renseigne aussi sur le rapport des nombres et des Idées. Nombres et Idées ne seraient pas sur le même plan. Les Nombres seraient antérieurs aux Idées : ils en seraient les modèles, c'est-à-dire leur loi interne d'organisation. Les Nombres seraient donc les formes fondamentales de la Relation. — Aristote, enfin, nous, amènerait à ce résultat imprévu : une interprétation néo-platonicienne de Platon.

Par l'ampleur et l'originalité de la conception, par la richesse de l'érudition et la pénétration de la pensée, cet ouvrage fait le plus grand honneur à M. R. et à la philosophie française.

H. Villassère.

87. — **Das Erkenntnisproblem in der Philosophie und Wissenschaft der neueren Zeit**, par Ernst Cassirer. — Zweiter Band. Verlag von Bruno Cassirer. Berlin, 1907. 732 Seiten.

Dans un précédent volume M. C. avait étudié les théories de la connaissance chez les philosophes et les savants de la Renaissance, puis dans l'école cartésienne. Ce second volume embrasse une période de deux siècles : le dix-septième et le dix-huitième. L'auteur voit deux grands courants traverser le dix-septième siècle : le rationalisme, représenté par Spinoza, Leibniz et leur disciple Eschienhaus, l'empirisme, défendu surtout par des Anglais : Bacon et Hobbes, Locke, Berkeley et Hume. Il ne faudrait pas croire cependant que l'empirisme fût le fruit naturel du génie anglais. Le dix-septième siècle, en particulier, présente une riche floraison de systèmes. Le rationalisme de Herbert et de Cherbury le platonisme de Cadworth, l'idéalisme de John Norris et d'Arthur Collier, le relativisme de Joseph Glanvill, tous ces noms, pour ne citer que les principaux, montrent assez qu'il serait téméraire d'enfermer dans une formule le génie d'un peuple, ce peuple fût-il anglais. — Avec raison, M. C. s'étend longuement sur la période qui va de Newton à Kant. Les méthodes (Newton, d'Alembert, Maupertuis, Hume) l'espace et le temps dans les sciences de la nature, en métaphysique et dans la théologie spéculative, la nature et la valeur du principe de contradiction et du principe de raison suffisante (Rüdiger, Crusius, Lambert) la conscience, le fondement subjectif et objectif de la connaissance (Peter Brown, Hartley et Priestley, Condillac, Baumgarten...) tels sont les principaux problèmes auxquels s'attacha la pensée philosophique au dix-huitième siècle, et que M. C. expose d'une façon large et précise. — Le septième livre, qui comprend deux chapitres, est consacré à la philosophie critique. H. V.

---

88. — **Les Inclinations**, par G. REVAULT D'ALONNES. Paris, Alcar, 1908.

Jusqu'ici, dit M. Revault d'Alonnes, les inclinations ont été étudiées, soit d'après des conceptions à priori religieuses ou métaphysiques, soit dans de simples monographies. L'auteur a voulu, utilisant ces monographies et ses propres expériences écrire la psychologie générale des inclinations.

En réalité l'ouvrage consiste à mettre en lumière les observations faites sur une malade, à dégager de ces observations une certaine théorie sur le mécanisme des inclinations et, de ce point de vue à chercher à solutionner les différentes questions qui se sont posées à propos des inclinations.

La malade est Alexandrine, qui se plaint de ne plus avoir la capacité de faire que les gestes de la souffrance, et qui est venue spontanément à Sainte Anne demander un traitement qui lui rendit ses sentiments perdus.

La théorie c'est que « inclination », c'est-à-dire tendance à faire certains actes même consciente, est chose absolument distincte et séparable de « émotion ». La mimique de la peur fait croire au vulgaire que l'émotion peur est intervenue soit comme cause soit comme concomitance, soit comme conséquence nécessaire : il n'en est rien : mimique et émotion cheminent indépendamment l'une de l'autre et l'un peut-être arrêté dans son cours par des obstacles qui n'arrêtent pas l'autre. Voici donc en somme la genèse des sentiments. Une impression extérieure ou une idée communique un ébranlement dans des centres à action efférente : ceux-ci, grâce aux nerfs centrifuges, aboutissent à des modifications périphériques lesquels sont cause d'un double résultat : d'une part réaction mimique qui constitue l'expression ; d'autre part réaction viscérale : ce sont ces réactions viscérales qui, parvenues dans des centres récepteurs, donnent naissance au choc émotionnel subjectif.

Quant aux problèmes que cette conception et les expériences faites sur Alexandrine contribueraient à solutionner, ce sont celui de la théorie périphérique ou cérébrale des sentiments et le débat entre James Longe, Serge Sollier ; puis celui de la psychologie du temps qu'il faudrait distinguer en temps sensoriel, la très courte durée où une sensation quoique disparue est encore assez vivante pour se comparer avec la sensation suivante, en temps affectif, le rhythme régulier et conscient de certaines fonctions physiologiques capable d'introduire des divisions dans notre vie, enfin en temps intellectuel qui complète le temps perçu par un temps conçu. Ces trois espèces sont séparables puisque Alexandrine privée du temps affectif conserve cependant les deux autres.

Enfin le problème de la personnalité s'éclaire aussi. Il faut distinguer le moi sensoriel, c'est-à-dire la simple perception de notre corps et du son de notre voix ; le moi intellectuel, c'est-à-dire le système stable de nos souvenirs et le moi affectif, c'est-à-dire cette tonalité qui rend plus chaude pour ainsi dire l'instant présent que les instants passés ou futurs. Ce serait précisément la suppression de l'émotion correspondante à la mimique extérieure qui produirait l'abolition du moi affectif et ce serait l'abolition du moi affectif qui produirait le phénomène de dépersonnalisation.

Expériences et théories sont intéressantes, mais les débats ne sont pas encore assez apaisés pour permettre une étude générale et classique des inclinations comme semble l'avoir voulu faire l'auteur.

J. LEGENDRE.

89. — **La Théorie de l'histoire**, par A. D. XENOPOL, professeur à l'Université de Iassy, correspondant de l'Institut de France, 2ᵉ édition, Paris, E. Leroux, 1908, un vol. grand in-8, VIII-484 p.

La jeune science a toutes les audaces. Seule l'Université d'un pays neuf ose aborder les questions les plus abruptes par les sommets. M. Xenopol, professeur à Jassy, qui a contribué plus qu'aucun autre historien par la sûreté de son érudition et de sa critique, à fonder en quelque sorte l'histoire de sa patrie, la Roumanie, veut poser aujourd'hui les bases de la Science historique. L'histoire tout d'abord est-elle bien une Science? Oui, répond avec intrépidité le savant Roumain, c'est la Science des phénomènes de succession, ou plutôt c'est une partie de cette science qui commence aux origines nébuleuses du monde. A deux reprises, M. Xenopol insiste sur le point de vue quelque peu matérialiste, du moins franchement évolutionniste qu'il a emprunté aux penseurs allemands Rickert et Hermann Paul, proclamant que la « distinction entre la nature et l'esprit est arbitraire et illogique ». L'histoire apparaît à M. X. comme la suite de la paléontologie : « le développement des formes matérielles s'est arrêté à l'apparition de la race blanche humaine sur la terre. Depuis, son développement s'est transporté aux formes de l'esprit » (note p. 9). On voit avec quel dogmatisme ces pontifes de la nature prononcent sur les destinées de la terre et de l'homme. Plus de transformations géologiques, rien que des évolutions politiques et sociales. La scène est aménagée une fois pour toutes, le livret seul de la pièce peut varier désormais.

Le langage de l'auteur est en rapport avec la profondeur de ses conceptions. Ce n'est pas lui qui citerait les aphorismes de la philosophie triviale que Flaubert prête à Bouvard et Pécuchet. S'il suffisait au jugement de certains maîtres que l'histoire s'enrichît d'un langage technique pour devenir une science, M. X. donnerait satisfaction à cet égard aux plus exigeants, aux plus pédantesques. Son œuvre considérable est scientifique d'allure et de ton. Philosophie, physique, sciences naturelles ont fourni une bonne part du vocabulaire que l'auteur a employé pour exprimer sa théorie de l'histoire.

Néanmoins le livre est écrit dans une langue saine et française. Il faut en féliciter l'écrivain étranger, d'autant plus que son clair génie latin ne s'est pas altéré au pernicieux contact de très obscures élucubrations germaniques. On ne sait ce qu'il faut admirer davantage dans le gros volume de M. Xenopol, de la facilité avec laquelle il semble l'avoir écrit ou de la quantité prodigieuse de lectures qu'il a faites sans en être accablé. Tous les penseurs des pays civilisés ont donné leur opinion, aucune doctrine n'a passé inaperçue ; peut-être même l'auteur a-t-il attribué trop généreusement son attention à de prétentieuses divagations rédigées en allemand ou en tout autre idiome. Le lecteur n'en demeurera pas moins confondu devant tant de connaissances acquises, de souvenirs soigneusement conservés et d'efforts ingénieux faits pour tirer parti d'idées souvent fuyantes. Peut-être regrettera-t-il comme nous qu'avec son talent ingénieux et brillant, M. Xenopol ait dépensé un labeur considérable à rechercher tantôt la *double forme de la causalité*, tantôt les *auxiliaires de l'évolution* ou bien encore les *lois de développement*, tandis qu'il a resserré dans une courte conclusion ses observations et conseils sur la *Méthode en histoire*. L'exposé des principes de la méthode historique, dans l'ouvrage de M. Xenopol, tirerait une valeur particulière de l'expérience personnelle de l'écrivain roumain, et de l'autorité légitime dont jouissent ses importants travaux.   H. G.

---

90. — **La Louisiane sous la compagnie des Indes,** par Pierre Heinrich. (1717-1731). Paris. Guilmodo, 1907, in-8° de LXXX-298 pages, 1 carte.

Cet ouvrage a valu à son auteur le titre de docteur ès lettres et, plus récemment, une récompense de l'Académie française. Il constitue une intéressante contribution à cette histoire coloniale, si longtemps négligée par nos historiens. La Louisiane en particulier ne paraît pas les avoir jusqu'à présent fort attirés. Le Canada, dont la perte fut plus vivement ressentie, a accaparé l'attention des écrivains français qui se sont occupés de nos anciens établissements d'Amérique.

Moins riche en événements importants, l'histoire de la Louisiane, n'en présente pas moins, un grand intérêt à un autre titre. Nulle part ailleurs les qualités et les défauts de nos méthodes coloniales d'autrefois ne sont plus visibles; là bien mieux qu'au Canada, il faut chercher la cause de nos échecs en Amérique au XVIIIe siècle et de notre expulsion définitive.

M. Heinrich n'a pas d'ailleurs étudié toute la période française de la Louisiane, comme le titre l'indique, il n'a exploré qu'une courte période, de 1717 à 1731, pendant laquelle la Louisiane fut placée sous l'autorité de la célèbre compagnie des Indes. En réalité cependant, il nous a donné dans son introduction une étude fort complète des commencements de la colonie, depuis 1684, date de la mort de Cavalier de la Salle, jusqu'en 1717 date de la concession de la colonie à la compagnie d'Occident.

C'est à Cavalier de la Salle, qu'il faut, en effet, faire remonter l'idée de créer un établissement, à l'embouchure du Mississipi, mais il fut assassiné par ses propres soldats, avant d'avoir pu réaliser son œuvre. C'est le Canadien Le Moyne d'Iberville, envoyé, dans le même but, par Louis XIV, qui fonda notre premier poste le Bilosoi, destiné à prévenir les empiétements des Anglais, maîtres de la Caroline et des Espagnols, maîtres de Pensacola et de la Nouvelle-Espagne.

Les débuts de la colonie furent très pénibles, le choix de l'emplacement du Bilosoi était déplorable. Les colons manquaient, ceux qu'on avait pu réunir craignant un abandon, d'ailleurs assez probable de la Louisiane, se refusaient à tenter aucun effort sérieux pour mettre le territoire en valeur. Obligée de tirer tous ses moyens d'existence de la Métropole, elle attendait, parfois de longs mois, les vaisseaux que le gouvernement royal oubliait souvent d'envoyer à temps. Aussi la famine était-elle fréquente. Les marins et les commis chargés d'approvisionner la Louisiane spéculaient sur les denrées les plus indispensables aux colons, qui n'avaient d'autre perspective que la famine ou la ruine. Encore les marchandises, qu'on leur vendait avec des bénéfices fantastiques, étaient-elles le rebut de celles des ports de France. Quelques soi-disant soldats, sans armes ni équipements, privés de solde et mal nourris, toujours prêts à déserter où à passer à l'ennemi, plus redoutables encore aux colons que les Indiens, les Anglais ou les Espagnols la défendaient. La colonie ne comptait, 30 ans après notre apparution dans le pays, que quatre cents habitants, alors que la Caroline du sud seule avait près de 10.000 habitants, de race blanche. Seules les missions de l'Illinois, ou les jésuites groupaient et 1000 sauvages, étaient dans un état de prospérité relative et fournissaient à la Louisiane ses blés. Loin de rencontrer un appui au Canada, la colonie n'y trouvait que mauvaise volonté. L'idée fixe des différents gouverneurs de la Nouvelle France, était de lui arracher l'Illinois. Les coureurs des bois Canadiens n'hésitaient pas à fournir des armes et à soulever les Indiens contre la nouvelle colonie. Sans l'habileté du commandant en chef Bienville qui sut, malgré le manque de marchandises, se concilier les Indiens, la colonie aurait vite disparu. Les Espagnols et les Caroliniens surveillaient, avec jalousie, les progrès de la Louisiane ; les premiers craignaient notre voisinage pour le Mexique et les seconds s'appuyant sur la charte de la Caroline, qui en fixait les limites au Pacifique, craignaient d'être arrêtés, pour toujours, au pied des Apalaches, dans leur développement. Les Caroliniens infiniment plus nombreux seraient vite restés les maîtres, s'ils avaient mieux su se concilier les Indiens, écartés, heureusement pour nous, par leur hauteur, leur rapacité et leur brutalité.

Le gouvernement royal, désespérant de réussir à diriger la Louisiane, la céda au célèbre financier Crozat, mais celui-ci, dont le but était de nouer des relations commerciales avec le Mexique, dut y renoncer, ses envoyés furent repoussés ou emprisonnés par les Espagnols; et il résigna un privilège ruineux en 1717.

Le roi investit alors la compagnie d'Occident de tous les droits abandonnés par Crozat. Mais ses ressources étaient insuffisantes pour le grand nombre d'entreprises dont elle avait la charge, son champ d'action s'étendait, en effet, de la Louisiane au Sénégal. Aussi en 1719, elle se fondit dans la compagnie des Indes. Cette création de Law avait reçu des droits plus étendus encore, elle détenait un véritable monopole du commerce, entre la France et ses colonies. Destinée, avant tout, à soutenir le système et la banque du fameux Ecossais, elle en dépendait étroitement.

La Louisiane n'avait, semble-t-il, qu'à se féliciter du nouveau maître, qu'elle venait de recevoir. Seule, en effet, elle paraissait devoir bénéficier des efforts et des capitaux de la nouvelle compagnie. L'intention de Law était d'y introduire de nombreux colons, d'y amener les esclaves, qui lui avaient fait, jusque-là, défaut. On devait fonder de nombreux postes et exploiter enfin les richesses agricoles et minières de la vallée du Mississipi. Le public, habilement stimulé par une réclame incessante, partageait l'enthousiasme de Law. Aussi les demandes de concession affluaientelles de tout côté. Mais les colons manquaient toujours et l'on dut bientôt recourir aux moyens les plus extraordinaires pour en recruter. On ordonna la déportation en masse des vagabonds, mendiants et contrebandiers du royaume, les lettres de cachet de cette époque ordonnèrent souvent l'envoi à la Louisiane. Les condamnés à la prison ou aux galères obtinrent de nombreuses commutations, tant et si bien, qu'en peu de temps sept mille personnes avaient été transportées à l'embouchure du Mississipi. Mais la plupart de ces étranges colons étaient plutôt une charge et un danger pour la colonie. De plus, comme rien n'avait été organisé, pour le voyage et l'installation à la Louisiane, un grand nombre périrent, le reste entassé dans des cabanes élevées à la hâte, chercha, par tous les moyens, à revenir en France. On dut interdire le départ à tous les habitants, sans distinction. Toutes les lettres, à destination de la France, furent confisquées, pour empêcher la vérité d'y arriver. Mais l'opinion publique, bientôt informée, se prononça contre le nouvel établissement et l'on dut renoncer à tout espoir de trouver des colons pour une colonie aussi décriée.

La compagnie dut également faire les frais de la guerre franco-espagnole en Amérique; pendant de longs mois tous les efforts de la colonie s'employèrent contre Pensacolo, qu'on voulait arracher aux Espagnols. Cette place fut prise mais dut être restituée à la paix, sans aucune indemnité. A toutes ces catastrophes, vint s'ajouter la ruine du système de Law. En 1721, la compagnie des Indes fut placée sous séquestre et administrée par quatre commissaires du conseil, qui s'efforcèrent de mettre un peu d'ordre et de probité, dans l'administration de la Louisiane. Malgré leurs efforts, la population diminua des deux tiers. Ils durent d'ailleurs, en 1723, céder de nouveau la place à la compagnie des Indes reconstituée.

Celle-ci commença par réduire nos forces, déjà bien insuffisantes, à quatre cents hommes, espérant que les missionnaires sauraient, mieux qu'eux, maintenir les Indiens dans le devoir. L'anarchie administrative s'aggrava de jour en jour; le conseil entra en lutte ouverte avec le gouverneur et refusa d'obéir à ses ordres et aux ordonnances des directeurs de la compagnie. On dut prononcer de nombreuses destitutions.

Le gouverneur Bienville, qui seul pouvait nous assurer l'appui indispensable des Indiens fut rappelé et remplacé par Perrier, dont l'administration d'abord heureuse ne tarda pas à faire autant de mécontents que celle de son prédécesseur. Sans soldats, il ne pouvait, ni prévenir les empiètements incessants des Anglais, ni parvenir à se défaire des Indiens rebelles. Une conjuration générale des sauvages, due en partie aux intrigues anglaises, éclata en 1729, et la compagnie des Indes désespérant d'en venir à bout, remit, elle aussi, la Louisiane, entre les mains du roi, qui cette fois la conserva et y renvoya Bienville. N'y a-t-il pas quelque injustice dans ces reproches ? M. Heinrich paraît opposé, en principe, au régime des compagnies à charte. Il ne faut pas oublier que la plupart des fautes de la compagnie doivent retomber sur le gouvernement royal, sur l'état de l'opinion publique et enfin que l'exploitation de la Louisiane présentait des difficultés particulières.

L'accusation de n'avoir pas assez fait pour la Louisiane est injustifiée; elle n'a pas dépensé moins de vingt millions, qui en vaudraient soixante aujourd'hui, en quinze ans. Beaucoup de nos colonies, non des moindres, n'ont pas un budget aussi élevé. A la vérité la compagnie a restreint ses dépenses dans de grandes proportions après 1723, mais il ne faut pas oublier qu'elle venait de passer par une crise qui avait failli la faire disparaître; ses ressources étaient devenues trop faibles pour ses immenses domaines; cela explique, en même temps, qu'elle ait refusé de se lancer dans des entreprises à longue échéance. Comme les causes de notre échec à la Louisiane sont à peu près les mêmes, qu'au Canada, manque de colons et de soldats, indifférence du gouvernement royal, éloignement de l'opinion publique pour tout ce qui a trait aux colonies, déplorable organisation administrative et économique, rivalités de l'Angleterre et des colons américains, toutes ces choses sont trop connues, pour qu'il soit nécessaire de beaucoup insister.

Mais il est permis de ne pas adopter complètement les conclusions de M. Heinrich sur le rôle de la compagnie des Indes. Pour lui, elle a presque été aussi néfaste à la colonie, que les intrigues anglaises; il l'accuse d'avoir surtout employé ses capitaux, dans les colonies les plus riches de son domaine et dans celles où les bénéfices devaient être recueillis le plus promptement. Il lui reproche d'avoir cherché surtout à grossir les dividendes de ses actionnaires et enfin d'avoir entravé le développement économique de la Louisiane.

L'anarchie administrative même, d'après M. Heinrich, lui serait imputable. C'était la colonisation de la Louisiane. On ne peut guère non plus faire un grief à une compagnie de commerce de rechercher les dividendes ; il ne semble pas que la compagnie des Indes se soit montrée trop avide, ni qu'elle ait compromis les intérêts dont elle avait la garde, en Louisiane, par son avarice.

Elle n'a pas su assurer des débouchés aux produits de la Louisiane, mais il semble que le mauvais esprit d'organisation et l'incapacité d'un trop grand nombre d'habitants de la Louisiane ont été, pour beaucoup, dans son indifférence. L'anarchie administrative provenait, en grande partie, du peu de liberté qui lui était laissé en réalité, par le gouvernement royal. A côté du commandant en chef, homme d'épée, plutôt représentant du roi, que de la compagnie, il était nécessaire de placer des hommes, plus au courant des choses commerciales, et surtout plus dépendants de la compagnie; c'était une source presque inévitable de conflits.

La grande responsabilité de notre échec doit retomber surtout sur le gouvernement royal, qui a eu le grand tort de confier à une compagnie commerciale, c'est-à-dire de soumettre à un régime, bon seulement dans les régions où les opérations militaires sont rares et faciles, une colonie exposée à des guerres perpétuelles. Il ne réussit qu'à ruiner la compagnie en lui imposant des charges hors de proportion, avec les bénéfices, que pouvait lui procurer la Louisiane.

Ces quelques réserves faites, reconnaissons que nous devons à M. Heinrich un livre qui contient la substance de beaucoup de documents originaux ou d'ouvrages peu connus en France et qui renouvelle sur plus d'un point la question. Nous souhaitons vivement que l'auteur nous donne maintenant l'histoire des dernières années de la Louisiane française.   Pierre THIRION

---

91. — **La bourgeoisie française au XVIIe siècle**, par Ch. NORMAND, professeur au lycée Condorcet. — Félix Alcan, éditeur. 1 vol. in-8. Prix : 12 fr.

S'il est un reproche que nul ne songera à faire à M. Normand, c'est d'écrire l'histoire de façon froide et ennuyeuse. Le passé — hommes et faits — ressuscite vraiment sous sa plume : il semble vivre lui-même au milieu de nos ancêtres du xviie siècle, il se promène parmi eux, prend part à leurs querelles, raille avec une verve mordante leurs ridicules ou leurs travers, arrache avec un ricanement de victoire le masque hypocrite, flagelle les fautes, renverse d'un coup de pouce irrévérencieux le piédestal d'une puissance établie et c'est la force même de la vie qui se dégage de ces récits alertes et vibrants.

Le lecteur, parvenu au terme de son livre, ne peut se défendre d'un sentiment d'étonnement et presque de mélancolie : « Eh quoi ! est-ce donc là cet Ancien régime, dont l'auréole pâlie nous éblouit encore ? est-ce là cette magistrature d'autrefois, ce parlement si hautain, si dédaigneux des contingences mesquines ? Eh quoi ! tout comme nous ils se laissaient guider par des calculs intéressés, ils étaient avides, vaniteux, injustes ! » c'est bien ce qu'a voulu M. N. et il ne s'en cache pas : il a pris à tâche de dégoûter à jamais les administrateurs du bon vieux temps, s'il y en a encore. (p. 393). — Il étudie « toute la gamme de la bourgoisie en partant de la grande robe pour aboutir à la boutique », de 1604 à 1661. Le cadre est vaste ; il était à craindre que le peintre ne se perdît dans la multiplicité des détails : M. N. a su donner à son tableau une puissante unité.

Toute cette société bourgeoise, si diverse dans ses aspects, est sous le joug d'un pouvoir unique qui la domine souverainement : l'argent, ce « métal maudit ». Voilà le principe de corruption et de mort qui circule à travers toute cette période : c'est l'argent « qui déshonore et salit, bien avant le xxe siècle, en France les institutions les plus respectables et les sentiments les plus nobles ». Partout, dans les faits importants, dans la conduite des affaires, dans les actes et dans les cœurs, M. N. retrouve l'argent fatal, il le poursuit avec acharnement, le débusque avec une joie farouche et le traîne au grand jour avec une indignation vengeresse. L'histoire prend ainsi ses allures d'épopée. Dans cette première partie du xviie siècle, la force avilissante de l'argent s'exerce par l'entremise de « l'odieuse, l'infernale, l'exécrable Paulette » (p. 358). C'est elle qui va créer une magistrature avide et ignorante, dégrader la justice, amener enfin « la création d'une aristocratie d'argent, » véritable fléau du peuple.

Avant la Paulette, les Parlementaires étaient travailleurs et instruits, dignes sans orgueil, économes sans avarice, justes sans rigueur, loyaux et bons. Mais depuis ; les meilleurs, les plus renommés n'ont pas échappé à la tare inévitable et les figures se succèdent d'ignorants, de balourds, de grotesques, d'avares. A la longue on s'inquiète un peu et l'on se demande si le tableau n'a pas été noirci à plaisir.

M. N. écoute peut-être trop volontiers les racontars de cette mauvaise langue de Tallemant et il a un faible pour les caricatures de Sorel. On pourrait l'appeler le Tacite goguenard de la bourgeoisie sous l'Ancien régime.

Il est vrai que par scrupule d'historien et souci d'impartialité, il signale les avantages de l'argent et même les mérites de la Paulette ! l'argent a été dans cette société à castes fermées du xviie siècle un élément démocratique ; ces « parvenus sortis du fumier » vont transformer la société. La Paulette a aussi « élargi les cadres de la vieille aristocratie parlementaire ». M. N. avoue tout cela, mais comme malgré lui et à contre cœur. Il reconnaît même que la vénalité des charges pouvait avoir du bon : l'esprit de corps qu'elle entretenait était « une puissante garantie de l'indépendance des compagnies contre la royauté ». Mais qu'importe ? puisque cet esprit de corps est comme tout le reste, vicié par l'argent, « il devient profondément haïssable ». p. 78. On ne peut s'empêcher de trouver que la conclusion est dépourvue de modération !

Une autre idée générale — très piquante — contribue à donner à ce livre une attirante originalité. M. N. se plaît à retrouver les grands courants de l'opinion publique qui ont circulé à travers toute notre histoire et dans les sentiments et les séditions de la bourgeoisie et du peuple pendant la première moitié du xviie siècle, il sent poindre déjà le mécontentement et les révoltes de 1789.

Les haines s'amassaient en effet contre cette bâtarde aristocratie d'argent ; le bourgeois aisé s'unissait au peuple contre les financiers, les partisans abhorrés et « quand une sédition éclate, une poussée irrésistible porte à la maison du riche ».

Quant au bourgeois français, il a toujours eu à peu près mêmes qualités et mêmes travers : il est déjà au xviie siècle égoïste, préoccupé de petits intérêts, il a le goût de l'opposition sans en avoir le maniement, il est à la fois frondeur et timide. Mais il est aussi intelligent, avisé, laborieux et ceci M. N. ne l'indique que très brièvement. Ce médecin travailleur spirituel et un peu vaniteux, crédule et anticlérical, n'est-ce pas un de nos contemporains ? c'est Guy Patin (p. 215).

Après avoir passé la revue de tous les ordres de la bourgeoisie, après avoir vu défiler la grande robe avide et dure, la moyenne robe oppressive et injuste, la tourbe de la petite robe, les avocats justement décriés, les juges de village « maquignons d'affaires, » la vermine des procureurs, huissiers et sergents, M. N. nous montre cette bourgeoisie à l'œuvre. Mais là encore il se heurte à son éternel ennemi, à l'argent qui a entravé toute action politique de la bourgeoisie et du Parlement. « Le complot va quelquefois jusqu'à la prison, mais il s'arrête devant la bourse » (p. 249). Le parlement, chef de l'opposition bourgeoise, a manqué d'une forte discipline morale et d'une ligne de conduite politique. De là l'insuccès de la Fronde qui n'eut « ni hommes, ni idées, ni désintéressement ». C'est une des parties maîtresses du livre, à la fois analyse pénétrante et tableau coloré. Rien d'amusant comme les manèges de Gondi pour maintenir son influence sur la bourgeoisie ; il jouait vingt rôles à la fois et « apparaissait un jour en capitan espagnol, le visage barré d'une large moustache noire, le chapeau relevé à l'espagnole, au-dessus de son odieuse petite figure où il n'y avait de beau que les dents » (p. 367). Et comme contraste, ce portrait de Broussel, où perce l'émotion, « ayant entre les sourcils le pli de l'obstination, entêté sur les droits de sa compagnie, plus entêté encore sur ceux du public dont il était seul à s'occuper sans arrière-pensée ». Ces quelques citations donnent une idée du style de M. N., puissant et vif, malicieux et turbulent, haut en couleurs, fort et vivant. Même sans les qualités très solides et originale du fond, son charme savoureux suffirait à donner à ce livre une haute valeur. Écoutez cette comparaison amusante : les Parlementaires « ont sans cesse avec le pouvoir l'attitude désagréable des enfants gâtés qui regardent du coin de l'œil jusqu'où peut aller leur désobéissance, sans risquer la gifle finale et fatale » (p. 262) ; ou ce résumé du caractère de Gondi : « quel malheur qu'il ait été si chatoyant, si varié, si versipelle et si profondément babouin » (p. 360).

Voici encore les gens du peuple combattant sous le même drapeau que les bourgeois, « francs, rudes et grossiers bouledogues accouplés à des chats de bonne société, ayant horreur de la boue pour leurs pattes et du bruit pour leurs oreilles » (p. 361). Je recommande comme un modèle de verve arlerte et cinglante ce qu'on pourrait appeler la « pensée d'un financier » (p. 167).

L'impression finale de cette étude est puissante et triste. Voici le tableau d'ensemble de la France sous Henri IV (le meilleur de nos rois) et Louis XIII :

En haut, un roi égrillard ou maladif, toujours égoïste et dur, riant de bon cœur de naïfs enthousiasmes bourgeois, parfaitement indifférent aux misères de ses sujets. Au-dessus une noblesse prétentieuse et hautaine, agaçante et fade, insupportable au premier chef. Plus bas encore la morgue dédaigneuse d'une bourgeoisie « solidement enveloppée dans ses manteaux noirs et dans ses préjugés ». En bas et au fond le peuple en proie « à la peste, à la famine, aux mangeries des huissiers, aux exactions sournoises et féroces des traitants, aux brutalités des gens de guerre » (p. 250).

Quelle vision ! Si l'on peut reprocher à l'historien quelque parti-pris et quelque exagération, il n'y a qu'à admirer l'œuvre d'art.

A. PRAT.

---

92. — **Louis XI en pélerinage**, par Marcel NAVARRE. Dans la *Nouvelle bibliothèque historique*, Paris, Bloud et Cie. 1908, 1 vol. in-8°, 252 pages.

Un critique beaucoup plus autorisé devait apprécier ici *Louis XI en pélerinage*. Les lecteurs du *Bulletin* sentiront une fois de plus la perte irréparable que leur périodique vient de faire en la personne de son jeune et dévoué secrétaire dont la disparition émeut profondément les amis éclairés de la véritable érudition. Marcel Thibault aurait immédiatement reconnu avec une sûreté de jugement à laquelle, depuis sa mort et depuis le décès du regretté Vaesen, nul ne saurait plus prétendre, les traits vraiment historiques de la physionomie de Louis XI dans le portrait qu'en a tracé M. Navarre. Ce portrait nous semble incomplet et flatté. Pour montrer la piété de Louis XI sous son véritable jour, rien n'est plus à propos que de citer quelques lignes du si remarquable et brillant ouvrage de M. Thibault « *la jeunesse de Louis XI* », un livre définitif que M. Navarre n'a malheureusement pas connu. Le chapitre intitulé l'homme privé » est particulièrement instructif, nous en extrayons les lignes suivantes :

« Il semble bien que dès l'enfance, Louis ait étouffé volontairement toute aspiration désintéressée et réprimé tout élan vers ce qui n'était pas l'utile... Il est certain que Louis partageait plusieurs des croyances du populaire, mais comme il n'avait pas l'âme simple, il n'était pas tout uniment superstitieux et dans ses pratiques dévotieuses même, ses tendances naturelles apparaissent encore... Il s'était imaginé d'entrer en commerce avec eux (les Saints du Paradis) et ces relations rassemblaient beaucoup à celles qu'un riche particulier entretient avec ses fournisseurs. L'idée de ce pieux commerce lui avait été suggérée par une singulière interprétation de la Légende et de la vie des Saints ; il les avait en effet étudiées profondément à un point de vue tout spécial, cherchant à y découvrir quelle était exactement la vertu spécifique de chacun des grands saints, son crédit dans le ciel, son rôle dans les choses humaines... (Louis XI) est-il sur le point de traiter avec une province ou une ville, il s'enquiert quel saint y est le plus honoré et dans son église ou dans sa chapelle, il fait dire des prières solennelles afin de gagner à la fois la protection du saint et les sympathies de ses zélateurs. — De l'homme vraiment pieux, il n'avait que les dehors et parfois même il ne sauvait pas les apparences ; ainsi pendant un séjour qu'il fit à Meaux en septembre 1443 « là fut aucuns jour que oncques n'alla à l'Église[1] ».

Cette révélation obtenue du Bourgeois de Paris, comble une lacune que M. Navarre signale dans la suite des pélerinages de Louis XI : « Je n'ai trouvé, dit l'auteur, aucune trace d'autres pélerinages faits par le prince durant l'année 1443 et même en 1444. » Que M. Navarre veuille bien consulter encore le beau livre de Marcel Thibault, il y verra comment Louis a employé ces deux années perdues pour les œuvres du salut. Il y relèvera la mention

---

1. *La Jeunesse de Louis XI* (1423-1445), par Marcel Thibault, 1 vol. in-8°, 554 pages avec gravures. Paris, librairie académique, Perrin, 1907. 4e Partie, Chap. Ier, pages 464, 479, 482, 483...

du pèlerinage que le dauphin Louis fit à Saint Maimbœuf, patron de Montbéliard, non pas sous l'humble costume du pèlerin qu'il aimait à porter dans ses déplacements politiques, mais le bassinet en tête avec 20.000 écorcheurs pour compagnons. Et quel aspect effroyable avait cette horde d'envahisseurs qui visant la Suisse, puis se rabattant sur l'Alsace et la Lorraine devait semer dans ces pays la terreur et la haine du nom français, M. Navarre pourra se le figurer s'il lit le chapitre pittoresque consacré par l'auteur de la *Jeunesse de Louis XI* au départ des écorcheurs[1], à leur passage dans Montbéliard, à leur rencontre avec les Suisses près de Bâle. L'histoire revit véritablement et palpite dans ce récit épique tout plein de la vision lamentable des atrocités du xve siècle. M. Navarre subira bien volontiers la puissante impression de ces pages, il en goûtera le style pittoresque si bien adapté à la traduction et à la mise en valeur des documents.

M. Navarre nous paraît donc avoir tracé de Louis XI un portrait incomplet et flatté parce qu'il ne s'enquiert pas de la façon dont ce prince agit dans l'intervalle de ses pèlerinages ; par suite l'auteur ne nous convainc pas de la nécessité de renouveler l'histoire d'un règne en prenant pour criterium les manifestations d'une pitié intermittente. Que Louis XI ait invoqué la Vierge et les Saints avec une foi sincère, nul ne le conteste, mais que ses prières aient eu un mobile égoïste, c'est une vérité historique tout aussi bien établie. Nous doutons que Louis XI ait proposé au ciel les pactes hautement condamnables dont un dramaturge comme Casimir Delavigne pénètre audacieusement le secret, mais nous supposons sans peine que le roi a cru effacer beaucoup de mauvaises actions par des pèlerinages. Les élèves qui soupçonnent Louis XI d'avoir été « cruel et sournois » ne sont déjà pas si ignorants, ne troublons pas sans raison bien valable leur science incertaine. Il est tant d'autres élèves, M. Navarre le sait comme nous, qui autorisés d'ailleurs par les programmes du baccalauréat — ignorent tous les rois de France jusqu'à Louis XIV inclusivement.

M. Navarre a beaucoup lu : il semble avoir apprécié particulièrement *l'histoire des ducs de Bourgogne* de Barante. C'est un ouvrage agréable encore qu'un peu long et d'une érudition défraîchie.

---

1. Marcel Thibault. *La Jeunesse de Louis XI,* 3e partie, chap. V. *L'Exode des Écorcheurs, Louis chef d'armée.*

Mais M. Navarre n'a pas négligé d'approfondir sa connaissance du sujet par d'autres lectures. Il a même exploité les sources, il a pratiqué le recueil des *Lettres de Louis XI* composé par Vaesen ; il a suivi des pistes intéressantes dans les archives aussi bien du Calvados que de la Haute-Vienne. Un très grand nombre de publications d'histoire provinciale ont été dépouillées par l'auteur, elles lui ont fourni de séduisantes traditions locales, trop facilement admises peut-être, mais agréablement rapportées. Que l'auteur nous permette en passant de lui rappeler que poésie n'est pas critique et qu'en abritant sa foi au pèlerinage de la Sainte Baume derrière l'autorité d'un poète, il semble ignorer quelles controverses a soulevées la légende du débarquement des saintes Maries en Gaule. Dans l'ensemble, les notices consacrées aux nombreux sanctuaires que Louis XI honora de sa vénération intéressent et édifient. Elles atteignent par conséquent le but qu'ont visé l'auteur et les éditeurs. Les pièces justificatives imprimées en appendice méritaient en partie d'être publiées ; avec quelques autres citations un peu amples faites dans le texte, ces documents constituent un apport historique digne d'être pris en considération.

H. Gaillard.

93. — **Un Girondin : François Buzot (1760-1794)**, par Jacques Hérissay, Paris, Perrin, 1907, in-8°, xiii-456 pages, (grav.). Prix : 5 fr.

Ce livre, écrit pour la « Société libre d'agriculture, sciences, arts et belles-lettres de l'Eure » et couronné par elle en 1905, est avant tout une étude d'histoire locale. Sur les origines de Buzot, sa famille, ses débuts politiques, son rôle à Évreux comme président du tribunal criminel pendant la Législative. M. H. apporte des documents nouveaux, tirés des Archives de l'Eure ou des papiers de famille, et retrace en détail cette partie peu connue de la carrière de son personnage. Pour le reste, rôle de Buzot à la Constituante, relations avec les Roland, histoire du parti girondin et de la proscription des vingt-deux, il suit presque constamment les recueils connus de Buchez et Roux et du *Moniteur*, ou les travaux de Dauban et M. Perroud. Pour la fin de Buzot, son récit ne diffère pas sensiblement de celui de Vatel. D'une manière générale, il n'a pas fait suffisamment usage des documents de première main pour tout ce qui concerne la vie politique de son personnage, et le cadre de l'étude reste trop local et trop personnel. Comme beaucoup d'auteurs de travaux « départementaux », M. H. n'est pas assez au courant de l'histoire d'ensemble de la Révolution et ne profite pas de son travail biographique pour étudier surtout ce qui y est d'intérêt général. A ce point de vue, le récit des origines de l'insurrection fédéraliste est particulièrement sommaire et peu approfondi. Je ne vois pas non plus que M. H. ait suffisamment utilisé des recueils connus et remplis d'indications pour son sujet, comme les *Actes du Comité de Salut public* ou la *Société des Jacobins* de M. Aulard. Il commet parfois des erreurs ; par exemple il confond sous le nom des droits féodaux (p. 28) les aides, le don gratuit, la marque des cuirs, même les lettres de cachet, de répi (*sic*) et de surcéance (*sic*); il parle du « conseil municipal » d'Evreux en 1792 (p. 180) ; d'un haut juré de la cour martiale » (p. 202); il fait de Julien « un membre de la commission exécutive de l'Instruction publique et du Comité de Salut publique » (p. 366). Il utilise, comme un document contemporain, le premier volume du *Moniteur*, qui est, comme on sait, une compilation faite après coup, en l'an 4. Enfin, il cite trop rarement des sources et pas toujours avec exactitude (par ex., aux Arch. nat., AF 11 pour AF II).

Ce travail est néanmoins consciencieux, nouveau par endroits, clair de forme et correct de ton. Il sera utile à consulter, surtout parce qu'on y trouve réunis des renseignements biographiques épars jusqu'ici.
R. Guyot.

94. — **Le protectorat français sur la Côte des Esclaves : la Campagne du Sané (1889-1890)**, par P. A. de Salinis, d'après des documents inédits. — Préface du Vice-Amiral de Cuverville. Paris, librairie académique, Perrin et Cie, 1908, 1 vol. format anglais, vii-374 pages.

Le livre de M. P. de Salinis aura, nous le souhaitons, beaucoup de lecteurs. Il est animé d'un patriotisme sincère et réconfortant, des sentiments humanitaires et chrétiens inspirent un récit dont le style trop tendu serait vite fatiguant si l'ardeur des convictions n'en soutenait l'intérêt. Malheureusement le style de l'œuvre n'offre pas seul prise à la critique ; la documentation est présentée de la façon la moins méthodique. Point de bibliographie pour renseigner sur le travail préparatoire auquel s'est livré l'auteur ; les références sont indiquées dans des notes d'une brièveté déconcertante. Comment faire la part des renseignements dûs aux journaux, aux publications des missions, aux lettres privées, aux archives des administrations compétentes ? Point de carte non plus pour suivre les allées et venues de nos troupes et de nos navires aux bords d'une lagune que nos atlas ne détaillent pas d'ordinaire sur carton à grande échelle.

Un livre aussi dépourvu de l'appareil habituel de l'érudition doit-être envisagé comme un ouvrage d'actualité et de polémique. Notre premier soin doit être d'en dégager la thèse ou mieux les thèses adoptées par l'auteur. La principale thèse et la plus justifiée est qu'aux entreprises coloniales françaises les missionnaires catholiques doivent apporter leur coopération aussi précieuse que dévouée et qu'un gouvernement accumule volontairement les difficultés quand il prétend se passer dans un pays neuf des missions qui sont toujours le premier, souvent l'unique lien entre barbares et civilisés.

Mieux que les phrases sonores et vagues de Veuillot citées dans l'avant-propos dû à l'amiral de Cuverville, le passage emprunté à M. Lamy et placé presque en conclusion par M. P. de S. accuse le grand défaut de la politique française au Dahomey avant la conquête : « Le Parlement français n'aurait pu approuver une œuvre de missionnaires sans se désavouer lui-même... » Il y a donc excès de sévérité de la part de l'auteur à vouloir faire peser la responsabilité de la politique parlementaire sur l'administration des Colonies, sur M. Etienne, alors chef de cette administration, sur le Dʳ Bayol, lieutenant-gouverneur des *Rivières du Sud*. M. P. de S. témoigne quelque ingratitude en maltraitant si fort M. Bayol. La prose du « bon docteur », comme l'appelle l'auteur, ne fait pas mauvaise figure dans les nombreuses citations dont M. P. de S. émaille son ouvrage. Le roman de Nausica conté par le lieutenant-gouverneur ne manque pas de sauvages attraits et le chant des Amazones atteint à la poésie par sa mâle allure.

Impossible d'ailleurs de ne pas reconnaître le bien fondé de certaines critiques contre la politique ou la stratégie du Dr Bayol. Il n'est que juste aussi de s'associer aux éloges que M. P. de S. décerne à M. Ballot. D'ailleurs le livre de M. P. de S. justifierait son utilité, s'il en était besoin, rien que par le chapitre consacré à l'héroïque fait d'armes d'Atchoupa, 25 avril 1890. L'exemple de trois cent cinquante français qui bravèrent toute l'armée du Dahomey est salutaire à rappeler. Le sang-froid du chef, le colonel Terrillon mérite d'être célébré, comme le courage avisé du P. Missionnaire Dorgère.

M. P. de S. a voulu faire plus que de rendre un hommage mérité aux bons français qui ont défendu l'honneur du drapeau contre la sauvagerie, il a prétendu aussi, croyons-nous, établir la supériorité de l'action de la Marine sur celle de l'administration civile aux colonies. Il serait trop long d'entrer en discussion avec l'auteur pour savoir s'il a prouvé sa thèse et si le très habile commandant de la Marine au Dahomey. M. Fournier (aujourd'hui l'amiral Fournier), a été pour les autres autorités, soit un auxiliaire dévoué, soit un supérieur secourable. Mais ce que prouve surabondamment la « Campagne du Sané » c'est le défaut d'une base solide sur laquelle puisse s'appuyer la Marine aux Colonies. Ni Dakar ni le Gabon n'avaient en 1890 les arsenaux rudimentaires indispensables. Les ont-ils davantage à présent et l'anecdote édifiante du pénible armement du navire affrété l'*Éclaireur* ne se reproduirait-elle pas encore dans les mêmes parages? Le *Sané*, la *Naïade*, le *Kerguélen*, le *Roland*, l'*Ardent*, vieux croiseurs, vieux avisos, ne nous paraissent guère moins démodés aujourd'hui que les frégates et les corvettes de l'antique flotte en bois. Mais ces modestes navires n'avaient du moins pas de grandes exigences pour leur mouillage ; ils s'approchaient aisément des côtes, si leurs canons ne portaient pas très loin, leurs vigies voyaient au moins dans les premiers fourrés de la brousse dahoméenne. Cependant entrer en relation avec la terre était pour eux une dure épreuve ; la nécessité d'accomplir quelques travaux à bord entraînait presque l'obligation de retourner en Europe. La côte d'Afrique conquise par la France ne présente guère moins de dangers et guère plus d'abris ou de ressources actuellement qu'au temps où croisait le *Sané*. La nouvelle flotte aux navires-forteresses est devenue plus exclusivement métropolitaine. Voilà le péril que vise M. P. de S. tout en narrant les manœuvres et les batailles. Aussi n'hésite-t-il pas à évoquer d'anciens et fastidieux débats parlementaires sur la question, toujours actuelle et épineuse, de l'appui que la Marine est en devoir ou en état de prêter à l'administration et surtout aux troupes coloniales. H. GAILLARD.

---

95. — **La Corse dans l'antiquité et dans le haut moyen âge.** — *Des origines à l'expulsion des Sarrasins*, par M. Xavier POLI. — Paris, Albert Fontemoing, in-8°.

L'histoire de la Corse depuis la plus haute antiquité jusqu'à l'expulsion des Sarrasins est peu connue. M. Xavier Poli, dans une étude aussi documentée que possible, comble cette lacune, et il faut lui savoir gré d'avoir amené a bien cette tâche ardue.

La présence de l'homme en Corse n'est absolument certaine qu'à partir des temps néolithiques. Les monuments retrouvés dans l'île le prouve. Puis vinrent les Libyens, les Ibères et les Ligures. Il est assez difficile de préciser l'époque exacte de ces différentes migrations ; on en est réduit aux hypothèses. La même incertitude existe au sujet de la fondation d'Alalia (Aleria) par les Phocéens. Hérodote indique la date de l'an 557 avant J.-C. qui ne concorde pas rigoureusement avec celle portée par Antiochus, l'historien syracusain.

L'auteur retrace, d'une façon intéressante, les divers épisodes de la conquête romaine. Il nous montre comment l'annexion de la Corse était une nécessité militaire, et il décrit la première organisation de la colonie.

Sous les empereurs romains, différents changements furent apportés dans l'administration de la Corse qui atteignit vers la fin du IVe siècle l'apogée de sa prospérité.

M. Poli fait ensuite une description géographique de la Corse d'après Ptolémée. Il se livre à ce sujet à un savant travail d'identification.

La décadence de l'empire d'occident amena les invasions des barbares. L'île fut tour à tour visitée par les Vandales, les Goths et les Lombards. La domination de ces derniers qui fut de courte durée, ne paraît avoir exercée aucune influence sur les mœurs et la civilisation des insulaires.

Au vi° siècle, l'Eglise était sérieusement organisée dans l'île. La correspondance de Saint Grégoire-le-Grand est riche en détails sur l'histoire ecclésiastique de la Corse. Plusieurs monuments destinés au culte s'élevèrent; des couvents furent édifiés à cette époque. L'influence spirituelle et temporelle de la Papauté prit bientôt une grande extension. La promesse de donation de la Corse faite par Pépin au pape Etienne III, fut, en 774, confirmée par Charlemagne.

Les incursions des Sarrasins arrêtèrent tous les progrès de l'île. Les corses commencèrent à s'expatrier et lorsque les barbares furent définitivement chassés, la Corse souffrit pendant longtemps des ruines morales et économiques infligées par les Arabes.

A. L. G.

---

63. — **Mémoriaux du Conseil de 1661**, par Jean de Boislisle, publication de la *Société de l'histoire de France*, tome III°, Paris, Renouard, 1907, 1 vol. in-8° de 314 pages.

Le troisième tome des Mémoriaux du Conseil des dépêches de Louis XIV pour l'année 1661, termine cette importante publication, sans mettre fin encore aux obligations que l'éditeur a prises envers ses lecteurs. Le soin érudit qui a présidé à la publication du texte et des appendices nous est garant de la compétence avec laquelle M. J. de B. abordera l'introduction promise par lui. Et cet opuscule sera sans doute une contribution fort appréciable à l'histoire du grand règne, si l'on en juge par la quantité d'affaires grandes ou menues qui furent au jour le jour réglées par le conseil des dépêches de 1661.

On relève au III° tome quelques affaires célèbres délibérées au conseil, éclaircies d'ailleurs par d'abondantes pièces publiées en appendice. Notons surtout l'arrestation de Fouquet racontée dans une lettre du jeune Brienne à son père, puis la querelle de préséance des ambassadeurs de France et d'Angleterre, objet d'une importante correspondance. Parmi les sujets de délibération du conseil moins connus, on étudiera, croyons-nous, avec intérêt les pièces d'une enquête sur des *émotions* de huguenots à la Rochelle. A propos d'émeutes ou plutôt des tentatives de résistance des huguenots rochellois, la question de la persécution contre les protestants est nettement posée. « Si le conseil du roi a résolu de pousser les huguenots et de leur donner des mortifications, l'occasion est favorable, » écrit Colbert de Terron (p. 100). Pour trouver nombre d'autres questions intéressantes, il suffira de feuilleter l'excellente table générale qui s'étend aux trois volumes.

Le conseil des dépêches à la réputation d'avoir été un conseil mystérieux et expéditif. Mystérieux, il ne l'est qu'en raison de la dispersion de ses archives, chaque ministre s'attribuant un droit de propriété sur les procès verbaux qu'il rédigeait ou seulement qu'il consultait pour le service de son ministère. C'est d'ailleurs le cas en ce qui concerne les mémoriaux de 1661. M. J. de B. les a publiés en juxtaposant en quelque sorte deux manuscrits. Le manuscrit qu'il a tiré du dépôt des affaires étrangères était un procès-verbal sommaire fait pour Brienne père et gardé par lui dans son ministère. L'autre manuscrit un peu plus complet, avait été probablement conservé au cabinet du roi avant d'échoir au musée Condé à Chantilly.

Parce que le conseil des dépêches a été expéditif, ses décisions ne sont intelligibles que si on les entoure de beaucoup d'actes afférents aux questions traitées, lettres, rapports, ordonnances. Le grand mérite de l'éditeur est d'avoir complètement rempli sa mission à cet égard. M. J. de B. a puisé largement dans l'admirable répertoire historique que mettait à sa disposition l'inépuisable érudition de son père, le savant si regretté. A juger par le début de M. Jean de Boislisle, l'héritage paternel, ce fonds de connaissances infiniment sûres et variées concernant le xviie siècle, est encore en bonnes mains. Aussi convient-il de saluer ce jeune succès, non seulement avec une satisfaction sympathique mais encore avec un souvenir respectueux pour le grand érudit récemment disparu.   H. GAILLARD.

97. — Mémoires du comte de Souvigny, lieutenant général des armées du roi, publiés d'après le manuscrit original pour la *Société de l'histoire de France*, par le baron Ludovic de Contenson. Paris, Renouard, 1906. T. II, 360 p.

Quel excellent serviteur du roi et du pays fut Jean de Gangnières promu à la noblesse par Mazarin et devenu du nom d'une de ses terres, débaptisée elle-même, Comte de Souvigny ! Comme son autobiographie fait dignement ressortir les mérites d'une classe moyenne qui n'a pas été moins nécessaire à la monarchie absolue qu'aux régimes plus libéraux survenus depuis ! Dix ans de guerre dans les montagnes pour prendre des places à l'ennemi ou défendre les citadelles protectrices de nos frontières des Alpes et des Pyrénées, des fatigues incessantes, des séparations fréquentes d'avec une famille bien-aimée, une inquiétude continuelle au sujet d'une épouse frêle et trop souvent abandonnée ; pour salaire des dettes contractées de tous côtés au nom de la France et presque toujours laissées à la charge du loyal guerrier, voilà le bilan d'une existence militaire pendant la minorité de Louis XIV. Les honneurs sont strictement mesurés à notre capitaine. Il se voit presque toujours subordonné à des chefs de grande naissance qu'il est parfois chargé de concilier, d'inspirer ; il s'excuse en quelque sorte d'avoir accepté malgré ses longs services des fonctions subalternes. Mais le vaillant officier oublie ses peines quand il est appelé auprès du roi pour « servir un quartier de maître d'hôtel ». Il finit par être de la cour si bien que le cardinal l'emploie, lui et M. de Chouppes, pour partager le terrain de l'île des faisans et élever les bâtiments de la conférence en vue de la paix des Pyrénées.

Les principaux renseignements historiques que l'on peut retirer de la lecture de ces mémoires, concernent les relations de la France et des ducs de Savoie pendant la durée du ministère de Mazarin. Il faut surtout y chercher des détails militaires sur les guerres faites en Piémont, sur l'état des passages des Alpes Gangnières fut successivement commandant de Cherasco et de Turin ; sa terre de Souvigny ou Grézien, était près de Lyon, il avait épousé la nièce de l'archevêque de Vienne. On juge par là que la région du Dauphiné et de la Savoie devait lui être familière. Enfin, le comte de

Souvigny a gravé dans sa mémoire quelques détails de la vie de cour dont il a été le témoin; il a servi comme maître d'hôtel avec Voiture, « qui mourut avant la fin du quartier, regretté pour son bel esprit ». Il a vu l'humiliation des magistrats malmenés par Anne d'Autriche au Palais royal; il a entendu à Bordeaux Louis XIV dire à un vaillant Frondeur, qui avait fait 15 campagnes avant de terminer par la guerre civile, « c'est cette campagne-là qui a effacé le service des autres ».

Toutefois qu'on ne cherche pas dans ce récit simple et loyal, aux préoccupations personnelles et terre à terre, ni passage saillant, ni trait de vivacité ou de passion. Quelques braves du premier Empire ont écrit leurs cahiers avec la même ouverture d'esprit, mais non pas avec la même résignation chrétienne qui donne au style comme à l'humeur de Souvigny une égalité voisine de l'effacement. De loin en loin cependant nous sentons vibrer le cœur de l'imperturbable soldat, lorsqu'il parle de sa femme. Une seule page dramatique ressort des mémoires de Souvigny, elle est consacrée à la mort de la Comtesse. Souvigny avait quitté non sans quelque pressentiment, sa femme à Lyon, il est rappelé dans cette ville pour retrouver morte celle qu'il aimait d'une affection unique. Madame de Souvigny n'avait pu supporter le chagrin d'être privée d'enfants; on l'avait vu se confesser et communier avec plus de dévotion qu'à l'ordinaire, puis absorber un breuvage qu'une vieille femme lui avait présenté comme un remède infaillible contre la stérilité. En quelques jours le prétendu remède emportait la trop confiante comtesse. Quel chapitre provincial à ajouter à l'affaire des poisons!

Victime de sa crédulité, madame de Souvigny nous émeut, car nous ne pouvons sans effroi constater combien les classes les plus utiles de la société française ont été décimées tout le long du grand siècle. Les *mémoires* ne nous montrent pas seulement Souvigny veuf sans postérité, ils nous racontent aussi comment le frère du comte, Champfort, périt à la guerre au moment où il lui naît un fils que le chagrin de la mère entraîne dans la tombe. Champfort a été frappé pendant qu'il dressait une batterie contre Stenay, ville frondeuse. Science pratique et modeste dévouement sont l'apanage de cette élite qui ne s'est pas perpétuée autant qu'il l'aurait fallu dans l'intérêt du pays. Ce n'est pas une raison, bien au contraire, de laisser perdre le souvenir et le bon exemple d'excellents français. La société de l'histoire de France a été comme toujours bien inspirée en accueillant la publication si soigneusement préparée par M. le baron de Contenson.

H. GAILLARD.

---

98. — **Mémoires du baron Fain**, publiés avec une introduction et des notes par P. FAIN. — Paris, Plon. 1908, in-8 de xvi-372 pp., avec un portrait et des plans. (Prix : 7 fr. 50).

On ne peut que savoir gré aux arrières-petits-fils du « premier secrétaire du cabinet de l'empereur » d'avoir publié ces mémoires, qui complètent si bien ceux de Bourrienne et Méneval, ses prédécesseurs dans l'emploi, et sont dignes de l'auteur des célèbres et précieux « Manuscrits ».

Dans un chapitre, Fain insiste sur l'intérêt que présentent les mémoires sur Napoléon et donne son avis sur plusieurs de ceux qui étaient alors déjà parus. Les siens, qui utilisent ces témoignages antérieurs et sont composés, pour le public, après la mort de Napoléon, sont une œuvre historique en même temps qu'un document. Traitant d'un aspect déjà plusieurs fois dépeint de la vie de Napoléon, il n'est pas surprenant qu'ils ne soient pas absolument nouveaux, mais le caractère probe, avisé, consciencieux de l'auteur donne à son récit, soit qu'il complète, précise ou rectifie, une valeur particulière.

Le cabinet de l'empereur, sous ses formes diverses est décrit, avec plans à l'appui, plus complètement que dans Méneval ; l'éditeur aurait bien fait, croyons-nous de rappeler aussi les descriptions qu'offrent, parmi des données assurément moins sûres, les Mémoires de Marco Saint-Hilaire, qui parle avec assez de détails précisément du cabinet des Tuileries, du cabinet en campagne, de la méthode de travail suivie par l'auteur et ses collaborateurs. Ce Napoléon au travail est montré par Fain avec toute la vie de son incessante activité, son mouvement perpétuel et cette volubilité non exempte de lapsus, qui mettait ses secrétaires à de rudes épreuves. Nous voyons s'amonceler les correspondances de toute espèce, y compris les relations d'écrivains ou de gens du monde subventionnés et le secret de la poste, auquel, paraît-il, l'empereur n'attachait que peu d'importance, l'effrayante armée des « livrets », qu'il compulsait assidûment.

Puis ce sont les conseils, notamment, mais surtout d'après Las Cases, le conseil d'Etat ; on précise son rôle et celui de ce rouage si important qu'était le ministre secrétaire d'Etat, « un major-général pour l'empire ». Les voyages nous présentent la vie du quartier-général, si ordonné et si discipliné malgré la multitude qu'il comprenait.

Le caractère de Napoléon est analysé, sans traits bien nouveaux et avec quelques citations un peu surannées, avec une franche sympathie : naturellement bon, « ami sûr et le meilleur des maîtres », libéral tant que les salons thermidoriens ne l'eurent pas détaché de la République, il resta du moins inébranlable sur le principe de l'égalité.

Les soixante dernières pages contiennent, outre les plans indiqués, une liste des conseillers d'Etat de naissance étrangère et un livret itinéraire et chronologique du cabinet » de 1806 à 1815, qui ne saurait évidemment porter ombrage à l'itinéraire publié par M. Schuermans, mais qui permet d'en attendre l'achèvement et, en tout cas, est commode.

On relève fort peu de ces fautes de détail inévitables (la Bande de la Forêt Noire, pour le Barde, est la plus grave).

Jacques RAMBAUD.

---

99. — **Un oublié du XIX° siècle : Auguste Callet, notes et souvenirs**, par Charles CALLET, avec une préface de M. Marc-Legrand. Paris, 1908, Daragon, 1 vol. in-12. Prix : 1 fr. 50.

M. Charles Callet, l'auteur de cet opuscule, est surtout connu comme graveur : il est pourtant un écrivain des plus distingués [1]. Son père, Auguste Callet, n'est plus connu du tout, sinon de quelques érudits spécialisés : il fut pourtant un journaliste, un criti-

---

[1]. Voir ses ouvrages : *Contes anciens* (1904, Lemerre) et *Myrrhine, roman grec* (1906, Flammarion).

que et un romancier de grande valeur. Son rôle politique a été considérable, tant à l'Assemblée Nationale de 1848 qu'à celle de 1871. Il a eu, comme talent et comme activité, bien plus qu'il n'en faut pour conquérir la gloire... Mais enfin on l'a oublié (peut-être, comme nous le verrons, parce qu'il avait le double et impardonnable tort d'être pauvre et d'être modeste), et sans la piété de son fils, il est bien probable que personne cette année n'aurait parlé de lui.

Ce n'est pas, du reste, une *vie* de son père que donne aujourd'hui M. Charles Callet. On dit qu'il la prépare, mais il s'est contenté pour le moment de grouper des « notes et souvenirs ». Toujours est-il que ce bref aperçu de la carrière et de l'œuvre d'Auguste Callet est singulièrement attachant, et pourrait bien être pour l'injuste oubli dont il est victime le commencement de la fin.

On sait de reste que l'admiration de toute famille pour la noble existence, trop ignorée, de l'un des siens, n'a pas accoutumé de s'exprimer avec des réserves excessives. Aussi ne sommes-nous pas étonné de retrouver ici, à quelque degré, dans le panégyrique, cette sorte d'âpreté bien connue. Encore M. Callet fils sait-il éviter le ton amer, qui aurait moins servi que nui à sa tâche pieuse, et si sa tendresse jalouse le disposait peu à atténuer les éloges, si ce tableau, pour lui, devait comme fatalement être sans ombres, du moins a-t-il su apporter comme justification à son culte une argumentation constamment forte et des faits probants. Il n'est pas jusqu'au style qui ne soit d'une limpidité honnête, d'une admirable tenue et du talent le plus simple et le plus pur.

Auguste Callet, né en 1812 et accouru de bonne heure à Paris, après de brillantes études à Saint-Étienne, y connut, malgré ses rapports avec Victor Hugo, toute l'horreur des lents débuts littéraires. M. de Genoude le prit bien comme rédacteur à la *Gazette de France,* car il savait écrire et tournait même agréablement les vers. Mais, comme il était fier, tout en restant humble, un jour vint où, froissé dans son indépendance, il crut devoir quitter ce journal.

Dès lors, on le trouve en proie à mille difficultés, sans que jamais fléchisse son culte farouche de l'honneur, sans non plus qu'il sacrifie rien de son idéal artistique aux obligations de la vie matérielle. « Contenter un éditeur, disait-il, contenter le public, c'est peu ; me contenter, voilà l'essentiel. L'échafaud serait là, je ne changerais pas ». Avec le concours d'un ami, Javelin Pagnon, il écrit une vie de Chatterton, qu'Alfred de Vigny a louée, puis deux romans — *Allan Cameron* et *Aymé Verd*, signé du pseudonyme de Walter Scott[1], et si peu indignes de cette signature que les meilleurs critiques s'y trompèrent... Mais la fortune ne venait pas.

Ensuite, Auguste Callet collabora sept ou huit ans à l'*Encyclopédie du XIXe siècle*, et fit paraître en 1851 des *Etudes de Morale*. Entre temps, il avait fondé un journal à Saint-Etienne et s'était fait élire député.

En 1851, il est un des résistants les plus inflexibles à la mairie du Xe arrondissement, et après une incarcération momentanée, il s'exile volontairement. De Bruxelles, où il voit Montalembert, Bedeau, Changarnier, Lamoricière, il lance trois brochures violentes : *la Voix Mystérieuse*, *la Veille du Sacre*, *la Magistrature Impériale*, dont le succès est très grand. Mais l'auteur, qui n'est ni de son temps ni de l'école de Victor Hugo, — en dépit des éloges sonores que celui-ci lui assène, — et qui se refuse à voir en de retentissants pamphlets un bon placement ou une bonne affaire, a oublié d'y mettre son nom : et toute sa vie est ainsi effacée ; son action reste noblement anonyme.

Cependant, il meurt de faim. Expulsé de Belgique, il tâte de la Hollande et de l'Angleterre. « Plus de ressources, écrit-il, la vie bohème, la vie errante, le sac et le bâton. O mon Dieu, c'est dans cette alternative que je vis, ou plutôt que je meurs depuis dix-huit mois, toujours à la veille de la famine, toujours un pied dans le gouffre, l'œil sur le gouffre, le bruit du gouffre dans l'oreille et dans l'esprit et dans le fond du cœur, et cependant, j'ose le dire, le cœur résigné et le front calme ».

Muni d'un passeport régulier, il rentre enfin en France (1855), où on le poursuit, selon la formule admise, « pour excitation à la haine et au mépris du gouvernement ». — Ses brochures, imprimées pourtant à l'étranger, et qu'il n'avait pas colportées en France, lui valaient indûment cette aubaine. — Il fut condamné à un an de prison, qu'il passa dans une maison de santé, assailli de pro-

---

1. Les libraires n'éditaient que les ouvrages d'auteurs déjà connus, — il fallait donc employer cette ruse un peu grosse.

messes libérales et magnifiques (siège de sénateur, consulat et le reste), pour le cas où il ferait amende honorable. Il ne fit rien du tout, que purger sa peine.

C'est un peu plus tard qu'il eut à soutenir un procès resté célèbre, dans lequel une grave question de propriété littéraire était débattue. Auguste Callet avait composé pour la famille de la Marquise de Montagu, née Noailles, une vie de cette grande dame, et on lui avait remis 4.000 francs. Or, en 1864, une édition anonyme de cet ouvrage, retouchée par le duc de Noailles, était mise en vente au profit des pauvres. Les « retouches » étaient des massacres. D'autre part, le duc de Noailles se laissait, avec une indolence *grand seigneur*, attribuer la paternité de l'œuvre. Auguste Callet, mécontent, se crut lésé dans ses droits, plaida et perdit « J'avais travaillé et produit, dit-il dans une brochure publiée à l'occasion de cette affaire, et je reparus les mains vides, plus pauvre, plus ignoré, plus enfoui, plus entouré d'obstacles, plus triste qu'au jour de mon départ pour l'exil. Et l'on viendra dire que c'est pour me rendre service qu'on m'avait chargé de ce travail ! C'est aussi pour me rendre service que M. de Noailles a défiguré mon ouvrage et sous ce prétexte se l'est laissé attribuer ; c'est encore pour me rendre service qu'on le vend au public comme si on en était propriétaire !... Deux ans de ma vie, mon nom, mon œuvre, pour 4.000 francs, ils m'ont tout pris ».

Jusqu'à la fin de sa vie, il éprouva de semblables misères : tout ce qu'il écrivait ne servait qu'aux autres.

Lorsqu'il eut été élu député à l'Assemblée de 1871 et nommé membre de la Commission d'enquête sur les actes du gouvernement de la Défense Nationale, « il fut chargé par ses collègues d'un Rapport sur les actes de la Délégation du gouvernement de Tours et de Bordeaux ». Le rapport était digne de tous les éloges : les dissensions de la Commission empêchèrent sa publication et son achèvement. — Sa politique même resta souvent incomprise, et quand on sait un peu quel foyer d'intrigues fut, du début à la fin, cette fameuse Assemblée Nationale, on comprend, — quelle que soit, d'ailleurs, l'opinion que l'on professe, et si même elle est différente de celle d'Auguste Callet [1], — que les hommes simples

[1]. Il était monarchiste, teinté d'orléanisme. Il fit partie du Comité des Neuf.

et nets, habiles surtout à se compromettre, y soient demeurés inintelligibles.

C'est en 1883 que Callet s'est éteint, à Châtenay. Maladie et détresse, rien ne manqua à ses dernières années. Mais sans doute trouvait-il, dans cette foi chrétienne dont il a parlé comme de la sienne, un aliment à sa sérénité[1].

Telle a été la vie d'Auguste Callet. Dans la brièveté de cette analyse, on a pu en faire sentir ou deviner la dignité, le stoïcisme, la noblesse. Elle mérite, certes, d'être connue. C'est sur le talent de l'écrivain qu'il eût été bon d'insister aussi. On trouvera dans la bibliographie écrite par son fils des citations en nombre suffisant pour donner une idée exacte de ses grands dons littéraires.

François LAURENTIE.

---

100. — **The Papes and Science**, par J. WALSH, in-8, 430 p., New-York. 1908.

M. J. Walsh, professeur à l'Université de Fordham, New-York, s'était persuadé au cours de ses études médicales que l'Eglise pendant le Moyen âge avait été hostile aux progrès de la science. Plus tard, chargé d'un cours d'histoire de la médecine, il fut obligé d'étudier les documents sur la question et ces études l'amenèrent à des conclusions toutes opposées. Le livre qu'il vient de publier a été écrit sous l'influence de ces idées.

L'auteur traite surtout de l'histoire de la médecine au Moyen âge et pendant la Renaissance. Il a un chapitre qui paraît nouveau sur les médecins des papes. L'auteur semble ignorer cependant qu'Arnaud de Villeneuve, qui fut médecin du pape Clément V, fut aussi médecin de son prédécesseur, comme l'a montré M. Digard par la publication du registre de Boniface VIII.

Il y eut à Rome, à partir du xive siècle, une école de médecine qui rivalisa avec celles de Padoue et de Bologne et sur laquelle

---

[1]. Il a écrit, en 1861, sur l'*Enfer*, un ouvrage qui n'est pas orthodoxe. Mais, si je comprends bien M. Callet fils, qui, d'ailleurs, s'arrête assez peu à ces matières et non sans un scepticisme au moins apparent, cette attitude d'insoumission n'aurait été que passagère.

M. Walsh donne d'intéressants détails. Les leçons de dissection de Columbus y suscitèrent un véritable engouement parmi les ecclésiastiques et l'on vit même des cardinaux assister à son cours.

L'auteur étudie assez longuement l'histoire de l'anatomie et de la chirurgie pendant la Renaissance. Il consacre un chapitre à la coutume bizarre qui s'était introduite à l'époque des croisades, de démembrer les cadavres et de les traiter par le feu, afin de les transporter plus facilement. Le pape Boniface VIII défendit cette pratique sous peine d'excommunication.

M. Walsh a été amené à traiter de l'histoire de l'alchimie pour répondre à certains écrivains des Etats-Unis d'après lesquels le pape Jean XXII aurait interdit la pratique de l'alchimie. L'auteur cite loyalement le texte latin du décret en question et n'a pas de peine à montrer qu'il a été mal compris.

Malgré son titre, le livre de M. Walsh n'est donc pas une histoire complète des rapports entre les papes et les savants. C'est une étude sérieuse et impartiale sur divers points de l'histoire des sciences. L'auteur n'abuse pas de l'érudition. On voit cependant qu'il est au courant des principaux travaux parus récemment en France et en Allemagne. Quelques lecteurs souhaiteraient des références plus précises et surtout une bibliographie du sujet. Cette étude fait grand honneur au professeur Walsh.

J. Cavalié.

---

101. — **Boccace, Poète conteur, Moraliste, homme politique**, par E. Rodocanachi, Paris, Hachette, 1908, in-8°, 252 p., 6 planches hors texte.

Type intéressant du lettré vaniteux, sensuel et besogneux, Boccace est moralement comme intellectuellement un précurseur des humanistes de la Renaissance. Toutefois il y a chez lui moins de *métier* que chez ses successeurs ; l'homme est plus accessible en dépit des conventions littéraires, du moins il l'est devenu grâce à l'attachante autobiographie que M. Rodocanachi a tirée des œuvres de Boccace. Il y a chez cet homme égoïste, mais épris avec plus de sincérité que de succès de l'art de poésie, des accès d'épanchements vrais qui le rendent profondément sympathique. S'étant soigneusement affranchi de tout lien de famille, quelque peu enclin au parasitisme comme il l'a prouvé à Naples et à Venise, il est souvent absent de sa résidence, Certaldo et de sa patrie, Florence. Mais il recueille dans ses pérégrinations des souvenirs gracieux ou brillants. Jeune homme il a aimé à Baïes, « Baïes qui par son charme incita Celle qui emporta ma tranquillité. » Il a été aimé par une fille de roi. Homme mûr ou vieillard, il a promené sur les canaux de Venise ses doctes entretiens avec des partenaires de choix. Il a été l'ami de Pétrarque, ami d'ailleurs plein de délicatesse et d'égards. Hôte peut-être importun de Nicola Acciajuoli, il a été en relations avec nombre d'hommes célèbres du *Trecento* : la fortune semble l'avoir favorisé. Cependant cet amant de la beauté féminine a médit des femmes. Non seulement il les a quelque peu avilies dans ses *Contes*, mais il les a invectivées dans le *Corbaccio*. Cet écrivain qui s'était complu à tirer vanité de la médiocrité de ses ressources et de la simplicité de sa vie, a douloureusement gémi en proie à la gêne, pendant les années de misère et de souffrance qui ont précédé sa mort. Et c'est le charme particulier du talent de Boccace que se mélange de couplets et de développements convenus imités de l'antique et de brusques échappées des sentiments personnels de l'auteur.

Entre autres questions doctement éclaircies par M. Rodocanachi, signalons ce qui a trait à la naissance de Boccace. Paris fut la ville natale du grand humaniste italien et sa mère fut française. Ainsi l'union apparaît étroite sur le terrain littéraire entre la France et l'Italie. Dante réfugié parmi nous, Pétrarque redevable de ses meilleures inspirations à Laure la Provençale et à la Fontaine de Vaucluse, Boccace né dans quelque échoppe de Lombard au voisinage du pont au change : telle est la part de la France dans les glorieux souvenirs de la première Renaissance.

Le livre de M. Rodocanachi, considéré comme livre d'étude est appelé à rendre les plus grands services par les nombreux passages traduits des œuvres de Boccace, par l'abondance des détails historiques et topographiques qui encadrent l'analyse de chaque ouvrage ; sans compter les discussions savantes sur la chronologie et les indications abondantes sur les entours des sujets traités par l'humaniste italien. Un index alphabétique permet aisément de se rendre compte des richesses d'érudition accumulées dans ces 240 pages.

Le volume est orné de six belles planches, il est imprimé avec une élégante recherche archaïque. Il ne manque à sa remarquable exécution que d'avoir évité toutes les fautes typographiques.

H. Gaillard.

ACADÉMIE DES INSCRIPTIONS ET BELLES-LETTRES

Séance du 2 août 1907. — M. Cagnat fait connaître des bornes limites trouvées par M. Pouissot en Tunisie et marquant la limite entre la cité de Dougga et un domaine impérial. Cette limite est aussi marquée par un mur en pierre sèche qui, dans une partie de son parcours, suit l'ancienne frontière qui séparait le territoire de Carthage de celui des rois Numides. — M. l'abbé L. Martin lit un mémoire sur l'inscription cunéiforme d'un bilingue d'Artaxerxès II, fils de Darius (405-362) trouvée par la Délégation scientifique de Perse et transportée au Musée du Louvre. Il présente des rectifications de lecture qui mettent en lumière la similitude de la langue cunéiforme des rois perses et de la langue sanscrite. — M. Salomon Reinach établit la similitude d'une image de l'Athéna de bronze exécutée en 470 par Hégias, le maître de Phidias, avec une peinture d'un vase de la collection Rome à Londres, un marbre trouvé sur l'Acropole d'Athènes, un bronze conservé à Cologne, enfin une statue en bronze mentionnée par l'historien Nicétas et détruite à Constantinople en 1203. — M. Clermont-Ganneau lit une note sur la désignation des *Optiones* dans le Talmud. Le texte où il en est parlé a trait à *l'optio carceris* des Romains.

Séance du 9 août 1907. — M. S. Reinach pense qu'un monument découvert à l'Hôtel-Dieu de Paris en 1871, et où l'on voit encore Mercure et Mars est la représentation symbolique et *loyaliste* du désarmement général de la Gaule ordonné par Tibère, vers l'an 15, et auquel Strabon fait allusion. — M. Clermont-Ganneau fait une communication sur le livre des *Neuf sphères* attribué par le *Fihrist* à l'auteur arabe d'origine persane, *Fadhl ben Naubakht.* — M. Clermont-Ganneau communique ensuite une inscription trouvée par le P. Delattre à la basilique de Meidfa et portant le nom Pancharius, transcrit du grec Παγχάριος.

Séance du 16 août 1907. — M. Cagnat commence la lecture d'un mémoire sur l'état des fouilles poursuivies depuis plusieurs années par le service des monuments historiques. — M. Reinach recherche quels sentiments et scrupules religieux défendant l'usage pratique des dépouilles prises à l'ennemi, amenèrent les anciens à ériger ces dépouilles en trophées.

Séance du 23 août. — M. le duc Loubat fait don à l'Académie d'une somme de 5.000 francs, destinée à contribuer à la formation d'un fonds de roulement permettant à l'Académie d'ouvrir à nos missionnaires des crédits à l'aide desquels ils pourraient, sur place, faire des acquisitions destinées à nos musées nationaux. — M. Choisy fait une communication sur certaines particularités, intentionnelles ou non, de l'architecture gothique.

Séance du 3 août 1907. — M. Hamy lit une étude sur le *Livre de la description des pays*, sorte de géographie générale rédigée vers 1451 ou 1452 par Gelles le Bouvier, dit Berry, premier héraut d'armes du roi de France Charles VII. — M. J. Capart explique pourquoi il regarde comme étant des objets magiques des palettes en schiste, trouvées dans les nécropoles d'Egypte et que l'on croit avoir servi à broyer le fard vert pour peindre les yeux.

Séance du 6 septembre. — M. S. Reinach trouve l'origine de la légende de la mort de Tarpeia dans l'usage antique d'accumuler en monceau les dépouilles prises à l'ennemi. — M. Antoine Thomas lit une notice sur la vie et les travaux d'Anatole de Barthélemy.

Séance du 13 septembre 1907. — M. Haussoullier, explique la signification d'un chiffre grec relevé sur un papyrus d'Egypte et qui figure fréquemment dans les inscriptions milésiennes. — M. Héron de Villefosse lit un rapport du P. Delattre sur les fouilles de la *Basilica Majorum* à Carthage. Le sol de cette basilique à neuf nefs renfermait de nombreuses sépultures, entre autres, dans une absidiole, celle des saintes Perpétue et Félicité. On a trouvé dans cette église, ravagée à une époque ancienne, des inscriptions, des fragments d'architecture et de textes mutilés par milliers. — Le comte A. de Laborde. Le comte Alexis Delaborde trouve dans la devise *Va hativeté m'a brûlé* le nom de Mathieu Beauvarlet dont les lettres ont été interverties de manière à faire une phrase qui ait à peu près un sens. M. Delaborde donne des renseignements historiques sur ce personnage qui fut au service des rois Charles VII et Louis XII. La devise a été relevée sur un manuscrit de la *Cité de Dieu* peint par Raoul de Praelles, conservé à la Bibliothèque Sainte-Geneviève. — M. Omont commence la lecture d'un mémoire du P. Delehaye sur les légendes grecques des saints militaires.

Séance du 27 septembre. — M. M. Croiset lit une scène empruntée à l'une des comédies de Ménandre, *L'arbitrage,* retrouvées par M. G. Lefèbvre à Kom-Ishkaou. — M. le président communique, de la part du duc de Loubat, une lettre de M. G. Leroux mentionnant la découverte, à Délos, d'un édifice à colonne qui semble avoir été le prototype hellénistique de la basilique romaine. — M. Cagnat lit, en seconde lecture, son mémoire sur les fouilles du camp de Lambèse. — M. Omont continue la lecture du mémoire du P. Delehaye sur les légendes grecques des saints militaires.

Séance du 27 septembre. — M. Sénart lit une lettre de M. Chavanne qui a visité les grottes du défilé de Ho-Nan-Fou ornées de statues, de bas-reliefs et de dédicaces. — M. A. Merlin communique une note sur les fouilles du capitaine Gondouin dans les ruines d'Uchi Majus près de Teboursouk. Il y a trouvé l'inscription d'un arc de triomphe élevé par la cité érigée en colonie en 230 et un autre texte relatif à la répartition d'un *Castellum* entre les Coloni et les Uchitani.

SOCIÉTÉ NATIONALE DES ANTIQUAIRES DE FRANCE

Séance du 8 janvier 1908. — M. le comte F. Delaborde, président sortant, prononce le discours d'usage. — M. J.-J. Marquet de Vasselot, membre résidant, entretient la société de deux fragments d'un vitrail du XIIIe siècle récemment entrés au Louvre. — M. le comte A. Bertrand de Broussillon, associé correspondant national, adresse quelques notes sur Pierre Lescot.

Séance du 15 janvier. — M. le comte A. de Loisne, m. r., fait connaître une lampe chrétienne trouvée à Noyelle-Godault (Pas-de-Calais, ornée du Chrisme et des têtes des douze Apôtres. — M. E.-A. Durand-Gréville, a. c. n., différencie l'exécution propre aux peintures de Raphaël de celle du Pérugin. — M. E. MÂLE, m. r., signale les gravures qui ont servi de modèles aux vitraux français du xiiie siècle. — M. F. DESHOULIÈRES, a. c. n., présente une Vierge et une Sainte Anne, provenant du prieuré d'Orsan (Cher).

Séance du 22 janvier. — M. A. MAYEUX, a. c. n., étudie le portail de Saint-Jean-le-Vieux à Perpignan. — M. A. VIDIER, a. c. n., commente un rapport présenté ou conseil du Roi entre 1391 et 1410 touchant la fonction de garde du Trésor.

Séance du 29 janvier. — M. P. MONCEAUX, m. r., communique trois inscriptions chrétiennes découvertes en Tunisie. — M. PH. LAUER, m. r., refait l'histoire du béryl carolingien de Waulsort. — M. F. DE MÉLY, m. r., présente un collier de verroterie et un éperon lui appartenant. — M. L. DUMUYS, a. c. n., soumet la photographie d'une fresque récemment découverte à Fontana en Italie et où on a voulu voir le portrait de Jeanne d'Arc. — M. DUMUYS signale ensuite la pierre tombale de Claude Sain, maire d'Orléans, bisaïeul de Descartes.

Séance du 5 février. — M. J. MARTHA, président, donne lecture du discours qu'il a prononcé aux obsèques de M. A. HAUVETTE. m. r. — M. le comte P. DURRIEU, m. r., mentionne le paiement fait à Jean Bourdichon d'une miniature qui pourrait être l'adoration des Mages du ms. lat. 1173 de la Bibliothèque nationale, ayant appartenu à Charles d'Angoulême. — M. M. PROU, m. r., communique, de la part de M. l'abbé P. LUCOT, a. c. n., la photographie d'une statuette de Saint Jean Baptiste, conservée à Vancau-le-Châtel (Marne).

Séance du 12 février. — M. C. EULART, m. r., au nom de M. L. DUMUYS, a. c. n., présente une Sainte Anne, du xvie siècle, acquise par le Musée d'Orléans. — M. A. BOINET, a. c. n., communique une plaque d'ivoire carolingienne du Musée de Lyon représentant les Rois Mages et une statuette de même matière, représentant Sainte Anne. — M. G. ESPINAS, a. c. n., donne lecture d'un mémoire sur les tissus fabriqués dans les Flandres et en Artois du xiiie au xve siècle. — M. P. MONCEAUX, m. r., communique, de la part du R. P. DELATTRE, a. c. n., des plombs de bulles trouvés à Carthage.

L'Éditeur-Propriétaire-Gérant : ALBERT FONTEMOING.

Imprimerie Générale de Châtillon-sur-Seine. — A. PICHAT.

BULLETIN CRITIQUE

———————•◦•———————

102. — **Scriptorum classicorum bibliotheca oxoniensis.** *M. Tulli Ciceronis orationes. Divinatio in Q. Cæcilium. In C. Verrem.* Recognovit brevique adnotatione critica instruxit Gulielmus PETERSON, rector Universitatis Macgillianæ. Oxovisi e typographeo Clarendoniano. [1907].

Depuis 1901, M. Peterson a publié dans les *Anecdota Oxonensia*, le *Journal of Philology*, l'*American Journal of Philology* et la *Classical Review* de nombreux travaux relatifs aux manuscrits et au texte des *Verrines*. La présente édition, qui en est le résumé, sera désormais indispensable à quiconque voudra étudier sérieusement les discours ou la langue de Cicéron.

Un des grands mérites de M. P. a été d'attirer l'attention sur un manuscrit du IXe siècle, découvert à Holkham par M. Léon Dorez mais encore peu connu. M. P. prouve qu'il avait appartenu à l'abbaye de Cluny, et que c'est la meilleure source du texte pour les quelques parties de *Verrines* qu'il contient. Ce manuscrit est le même dont s'étaient servis au XVIe siècle les savants Nannius, Fabricius et Metellus ; le célèbre *Lagomarsinianus* 42 en est une copie. Là où le *Cluniacensis* manque, on peut retrouver ses leçons à l'aide de ces diverses ressources.

D'ailleurs plusieurs autres collections importantes enrichissent cette édition. Parmi les améliorations incontestables qu'elle offre, je citerai *Ver.* 1, 50, 130, où les mots *sic abusus est*, rétablis d'après trois manuscrits, rendent enfin un sens à une phrase inintelligible. Les éditeurs soupçonnaient une lacune, mais n'étaient pas d'accord sur sa place. Les manuscrits donnent raison à C. F. W. Müller contre Orelli-Baiter-Halm.

M. P. a cru devoir tenir compte des clausules dans l'établissement du texte. Je ne l'en blâme pas ; mais il semble avoir suivi avec trop de confiance les conclusions de M. Zielinski. Ce savant a rendu un grand service en dressant une statistique des principales clausules contenues dans les discours de Cicéron ; mais il s'est laissé quelquefois égarer par des conceptions à priori et a supposé trop facilement une uniformité que rien ne prouve, contraire même à la théorie de Cicéron dans l'*Orator*. M Peterson, en le suivant, admet quelques corrections qui ne semblent pas justifiées. Voici quelques exemples :

Ver. 2, 49, 120 et 3, 87, 200. M. P. écrit *gratiis* au lieu de *gratis*, leçon de tous les manuscrits, et renvoie à Zielinski, p. 186. Or, à la page indiquée, M. Zielinski propose bien de corriger toujours *gratis* en *gratiis*, mais il se fonde sur *un seul* passage de Cicéron (*Ver.* 3, 87, 200), dans lequel cette correction rendrait, d'après lui, la clausule meilleure ; or, même pour cet unique passage, la conclusion est plus que contestable.

Ver. 2, 73, 180. Sur l'autorité de M Zielinski, M. P. abandonne la leçon du *cluniacensis, absolvi potuit?* pour celle des manuscrits inférieurs, *absolvi potest?* La raison tirée de la clausule n'a ici aucune valeur : car les phrases interrogatives présentent un grand nombre d'exceptions aux règles ordinaires.

Ver. 5, 10, 26. A la suite de M. Zielinski. M. P. corrige *videret* (leçon des manuscrits) en *viderit*. Au point de vue grammatical, rien ne nécessite ce changement (voir la note de M. Thomas sur ce passage) ; au point de vue rythmique, la correction n'a pas plus de vraisemblance que la leçon des manuscrits : *quisquam videret* (dichorée) est conforme à la théorie et à la pratique de Cicéron ; *viderit* n'est préférable qu'au point de vue de la théorie a priori posée par M. Zielinski.

D'ailleurs, ces critiques ne s'appliquent qu'à un petit nombre de passages : d'ordinaire, M. P. montre peu d'empressement à admettre les conjectures ; s'il a tenu à signaler les principales dans les notes, il en a reçu fort peu dans le texte, et celles-ci sont d'ordinaire justifiées.

Parmi les passages où la conjecture est nécessaire, se trouve assurément *Ver.* 5, 38, 100 ; mais le mot *omnium* suggéré par M. P. ne paraît pas convenir aussi bien que plusieurs de ceux qui ont été proposés par d'autres savants : *tot* (Zielinski) *tantum* (C. F. W. Müller).

Le volume est imprimé avec l'élégance et la correction habituelles aux publications d'Oxford. Signalons cependant deux fautes d'impressions *postestate* (Ver. 1, 50, 130) et *putarent* (pour *putarunt* Ver. 2, 67, 161) On regrette surtout l'absence de pagination qui rend les références difficiles ou compliquées.

L. LAURAND

103. — **Geschichte der Inszenierung im Geistlichen Schauspiele des Mittelalters in Frankreich,** von Dr Gustav COHEN, ins Deutsche übertragen von Dr Constantin BAUER. — Leipzig, Werner Klinkhardt, 1907, in-8°, 256 p.

Nous avons, ici même (*Bulletin Critique*, 1907, p. 102), rendu compte du livre de M. G. Cohen sur l'*Histoire de la mise en scène dans le théâtre religieux français du moyen-âge*, publié à petit nombre en 1906, par la librairie Champion et extrait des *Mémoires couronnés* par l'Académie royale de Belgique. La traduction allemande que nous donne aujourd'hui de cet ouvrage M. le Dr C. Bauer, est destinée à obtenir de l'autre côté du Rhin le même succès qu'a remporté la première édition dans les pays de langue française. Ce n'est d'ailleurs pas une simple traduction, car l'auteur, profitant des critiques adressées à son œuvre et des résultats acquis par ses nouvelles recherches, a retouché son travail sur quelques points et l'a augmenté sur d'autres. Sa bibliographie s'est notablement étendue et, aux six planches qu'il avait déjà données et qu'il reproduit, il en ajoute deux autres, notamment un plan fort curieux des dispositions adoptées pour le mystère de Pâques, représenté à Lucerne en 1583. Le livre se termine par une table des noms de personnes et des noms de lieux, qui faisait bien défaut dans l'édition française, mais qui est encore très incomplète ; on peut aussi regretter quelques fautes d'impression dans les citations françaises, mais ce sont là de petits défauts auxquels il ne convient pas d'attacher une importance exagérée.

André LESORT.

104. — **Les plus belles pages de Stendhal**. — Paris. Société du Mercure de France. 1908, in-18, viii-538 p. (Prix : 3.50).

Stendhal a eu toute sa vie la préoccupation constante, peut-être un peu ingénue, de la postérité. La postérité le lui a rendu avec usure. Il est aujourd'hui au nombre des écrivains qu'on n'ose pas n'avoir pas lus ; et c'est énorme, c'est même toute la gloire. D'abord, son orgueil démesuré, très sincère, ne peut que le rendre sympathique à la génération présente. Un homme qui écrit sérieusement, à vingt ans « : Mon but est d'acquérir la réputation du plus grand poète français, non point par intrigue, mais en la méritant véritablement » ; ou encore : « Je veux que dans trois cents ans on me croie contemporain de Corneille et de Racine » ; ou bien : « Quand je lis Pascal il me semble que je me relis… » ; ou même : « Je tombai avec Napoléon en avril 1814 », mérite d'être pris en considération.

Je ne sais si c'est un vrai service que les dévots stendhaliens rendent à leur idole en publiant en cinq cents pages ce qu'il faut connaître de son œuvre, ou si c'est un tour qu'ils lui jouent. Le culte très digne d'admiration, très éclairé et bien sincère qu'ils ont voué à leur dieu, (il y a un Stendhal-club, des chroniques stendhaliennes, etc.) m'interdit d'adopter cette dernière hypothèse et de poser l'irrévérencieuse question : « Tout ne mérite donc pas d'être lu dans Stendhal ? »

Toujours est-il que ce *compendium* rendra de grands services à ceux qui connaissent insuffisamment l'auteur de la *Chartreuse de Parme*, — il y en a encore, — et qui manquent de bonne volonté ou de loisir pour se renseigner plus complètement. On trouvera dans ce livre, avec la reproduction d'un bon portrait de Södermark, une excellente et pieuse notice de M. Paul Léautaud, l'un des membres les plus notoires de la grande famille stendhalienne, des extraits suivis du *Journal*, de la *Vie de Henry Brulard*, des *Souvenirs d'égotisme*, de *le Rouge et le Noir*, de la *Chartreuse de Parme*, de *l'Amour*, de la *Correspondance*, des différentes préfaces de Stendhal, de *Rome, Naples et Florence* et des *Promenades dans Rome* (sous le titre *Anecdotes italiennes*), des *Mémoires d'un touriste*, (sous le titre *Anecdotes Françaises*;) enfin, en appendice, de précieux documents sur l'écrivain : sa biographie par R. Colomb, des jugements littéraires de divers critiques français ou étrangers sur son œuvre, des anecdotes, une savante étude de M. Léautaud sur les pseudonymes de Stendhal et sur ses itinéraires, une bonne bibliographie.

C'est plus qu'il n'en faut, — pardon ! c'est le moins qu'il faille pour connaître un peu Stendhal et se familiariser avec le grand homme dont l'abord est un peu rude pour les non initiés. On doit remercier le Mercure de France d'avoir ajouté cet intéressant volume à sa bonne *Collection des plus belles pages*.

Edouard MAYNIAL.

---

105. — **Alfred de Musset im Urteile George Sand's**, par le Dr Konrad WOLTER. — Berlin, Weidmann, 1907, in-8° de xii-80 p. (Prix : 4 mark 40).

Voici une nouvelle étude à ajouter aux innombrables documents que nous possédons sur la question Sand-Musset. Dans toute l'histoire littéraire du siècle dernier il n'y a guère de sujets dont la bibliographie soit plus riche. Précisément, M. Wolter qui, en bon philologue allemand, entoure sa publication de toutes les meilleures cautions d'une parfaite étude critique, met en tête de son livre une bibliographie : malgré ses deux cents numéros, cette bibliographie reste encore très incomplète ; nous n'y voyons figurer ni le beau livre de Henry Amic et de l'auteur d'*Amitié amoureuse*, *En regardant passer la vie* [1], ni les travaux du baron A. Lumbroso (*Les Amants de Venise*, Rome, 1902. — *Gli amanti di Venezia*, *Rivista d'Italia*, février 1903), ni enfin le livre d'E. Faguet, *Amours d'hommes de lettres*. Et sans doute ne sont-ce pas là les seules omissions importantes.

Il semble vraiment que depuis la publication définitive de la *Correspondance de G. Sand et d'A. de Musset*, faite à Bruxelles, en 1904, par les soins de M. Decori, il n'y ait plus rien à dire dans le

---

1. Toute une partie du livre (p. 244 et suiv.) est consacrée à la double correspondance Sand-Musset ; Henri Amic y exprime avec précision la noble vérité qu'il connaît mieux que personne.

débat qui a fait couler tant d'encre, après bien des larmes et pas mal de fiel. Aujourd'hui, seuls ceux qui ne veulent rien entendre persistent à crier très haut pour s'étourdir et tâcher d'étourdir les autres. Généralement, on a compris et on se tait.

On a compris ; car, depuis la publication des lettres, aucune histoire n'est plus claire que cette douloureuse tragédie. Même la mauvaise foi, même le parti-pris ne peuvent plus empêcher la vérité de s'imposer. Comme l'a dit George Sand elle-même : « Il n'y a de fâcheux que les choses mal sues et les vérités altérées ; » (c'est précisément l'épigraphe du livre de M. Wolter) et tout l'échafaudage patiemment élevé par les partisans maladroits de Musset s'écroule devant la simplicité éloquente des faits. Dès l'arrivée à Venise, Musset, brutalement, mais loyalement, déclare à G. Sand qu'il s'est trompé et qu'il ne peut pas l'aimer. G. Sand souffre et se résigne. Les portes des deux amants se ferment, sans autre séparation, tous les deux se figurant que de leur ancien amour doit naître une franche amitié. Chacun vit à sa guise. G. Sand travaille : elle écrit les *Lettres d'un voyageur*, *André*, *Jacques*, *Leone Leoni* ; Musset retourne au jeu, au vin, aux filles. Un accès de *delirium tremens* le terrasse ; G. Sand le soigne avec un dévouement admirable. Pagello apparaît : il aime G. Sand, il se fait aimer d'elle. Après la brutale déclaration de Musset, G. Sand se croit libre et se donne. Musset guéri veut la reprendre. Elle déclare qu'elle n'y peut consentir. — Voilà les faits ; et nous n'avons pas cru inutile de les résumer ici, une fois de plus, d'après deux des meilleurs juges qui soient dans la question, H. Amic et le Vicomte de Spœlberch de Lovenjoul, — puisque la correspondance, le seul document irréfutable, est restée lettre close pour une grande partie du public, égarée par une calomnie opiniâtre. — Où peut-on trouver dans la franchise douloureuse de ces faits la moindre trace de trahison ?

Le point de vue de M. Wolter, dans son étude, est assez neuf. Il ne veut pas rouvrir un débat désormais inutile. Il se propose, en se servant de la double correspondance, d'examiner la valeur historique du roman de G. Sand, *Elle et Lui*. Intéressante, précise et loyale, cette étude critique nous paraît pourtant inspirée d'une idée fausse. Le roman de G. Sand n'est pas de l'histoire ; l'auteur elle-même l'a déclaré dans la fameuse lettre à Sainte-Beuve (20 janvier 1861) citée par M. Spœlberch de Lovenjoul[1] et qui est un document de premier ordre en même temps qu'un admirable morceau littéraire : « ce n'étaient pas des mémoires qu'elle rédigeait, *c'était un roman, c'était de l'émotion rétrospective et sa propre émotion* ». En écrivant ce roman, elle n'a fait ni œuvre de rancune, ni œuvre de mensonge ; *Elle et Lui* n'est pas un pamphlet comme *Lui et Elle*, ce n'est même pas une réponse à la *Confession d'un enfant du siècle*. Dans la première partie de son étude, M. Wolter reconnaît que dans le roman de G. Sand l'intérêt historique et autobiographique est tout à fait secondaire, quoiqu'il soit en général le seul auquel on s'attache, et qu'on a trop négligé jusqu'à présent la valeur psychologique et littéraire de l'œuvre. G. Sand a voulu revivre un épisode de sa vie dans la fiction du roman : « en 1858, lorsqu'elle écrit *Elle et Lui*, elle était déjà bien loin de ce qui s'était passé vingt-cinq ans auparavant : elle était à même de traiter avec calme cet épisode *comme un simple thème pris au hasard pour une étude psychologique* ». Dans ces conditions, à quoi bon se donner tout ce mal pour confronter la fiction du roman avec la certitude de la réalité ? Si le récit de *Elle et Lui* déforme les faits, les scènes, même les sentiments qui nous sont connus aujourd'hui par la correspondance, pourquoi en faire un grief à George Sand, puisqu'elle avait pris soin de nous avertir ? La vérité ne l'effrayait pas : elle l'a voulue lumineuse, éclatante, tout entière, en sauvant de la destruction les lettres qui l'établissaient ; mais cette vérité elle ne se reconnaît pas le droit de la publier elle-même dans le cadre artificiel d'un roman, et il ne faut pas la chercher dans *Elle et Lui*, pas plus que dans la *Confession* ou dans les *Nuits*.

C'est la seule réserve que nous ferons sur l'étude méthodique et curieuse de M. W. Il est bon pour notre littérature, il est juste, dans l'intérêt de la vérité historique, que de pareilles questions soient traitées ailleurs que chez nous, et présentées à un public étranger avec toute la conscience et la minutie d'une bonne critique scientifique.

Edouard MAYNIAL.

---

[1]. La véritable histoire de *Elle et Lui*, p. 209.

106. — **Les procédés de rédaction des trois premiers Evangélistes**, par Firmin Nicolardot, in-8° de xxi-316 pp. Paris, Fischbacher, 1908.

Dans son ouvrage sur « *les procédés de rédaction des trois premiers Evangélistes* », M. F. Nicolardot essaye de résoudre une question bien spéciale, et qu'il a le mérite de poser nettement dès le début. Son travail, nous dit-il, consistera à chercher comment le dernier rédacteur de chacun des Evangiles synoptiques, a fait passer la tradition du stade où il la rencontrait, au stade où nous la trouvons. Quelle est sa part dans l'adaptation, et l'évolution progressives des données transmises ? A quel travail s'est-il livré sur ses documents ? D'après quels procédés, en un mot, les a-t-il traités? (Introduction, p. XI). « L'intérêt du problème n'échappera à personne : quels que soient les auteurs de nos Evangiles synoptiques, on ne saurait nier qu'ils ont rédigé leurs ouvrages selon leurs mentalités particulières, les besoins des communautés auxquelles ils s'adressaient, etc.; et qu'ils ont laissé transparaître, dans les récits de la vie de Jésus, quelque chose de leur physionomie propre. Les traditions orales ou les documents écrits, qui forment le point de départ de leurs rédactions, n'ont pas été transmis par eux dans l'état où ils les avaient trouvés, et sans qu'ils y introduisent leurs conceptions personnelles du salut prêché par le Christ. Et il n'est pas inutile de se demander précisément selon quelle méthode, quel procédé, chaque évangéliste a rédigé son livre, si l'on veut ensuite formuler des conclusions solides sur les détails de la vie de Jésus-Christ.

A l'examen de cette question, M. N. a apporté une science informée des derniers travaux de l'exégèse ; on en a pour garant la bibliographie minutieuse qui suit son introduction et les références multipliées qui garnissent le bas de chacune de ses pages. On s'étonnera pourtant de quelques négligences ou de quelques omissions dans cette bibliographie. Pourquoi par exemple les commentaires de P. Rose sur Luc et Marc sont-ils mentionnés (p. XX), en titre d'ailleurs inexact, sans que le commentaire sur Matthieu (3ᵉ éd., Paris, 1904), et surtout les Etudes Evangéliques du même auteur soient citées? Pourquoi *das Kindheitsevangelium* de A. Resch,

(d. ü. X, 5) ne figure-t-il pas à côté des *Aussercanonische Parallel-texte zu den Evangelien* du même auteur? (p. XIX. Ou mentionne J. Hastings : *A Dictionary of the Bible*, sans rien dire de *A Dictionary of Christ and the Gospels*, dont le premier volume a paru en 1907 et le second en 1908. Dans la liste des ouvrages de M. Loisy on est un peu surpris de voir *L'Evangile et l'Eglise* (cité en 3ᵉ édition) apparaître après *Autour d'un petit livre*, alors qu'il aurait été facile de respecter l'ordre chronologique. Que signifient enfin des indications vagues comme celles ci : *Contemporary Review*, London (un article de Ramsay) octobre 1907; Etudes religieuses, Revue, Paris ; Exposition, Revue, London (p. XVIII) ; et de quelle utilité peuvent-elles être au lecteur ! Ce sont là des vétilles ; mais on aimerait ne pas avoir à les signaler dans un ouvrage d'érudition dont les premiers mérites doivent être la précision et l'exactitude.

Si ample que soit l'information de M. N., elle n'exclut cependant pas l'originalité. M. N. croit devoir nous en avertir : « Si grande que soit l'autorité de ces savants (A. Jülicher, H. Holtzmann; A. Loisy), c'est aux raisons données et non au poids du nom que j'ai cru si souvent bien faire que de céder. Il ne sera pas difficile de reconnaître sur combien de points, fût-ce importants, j'ai estimé devoir m'écarter d'eux (introduction, p. XIV) ». De fait, ce qui frappe d'abord dans l'ouvrage de M. N. c'est la liberté avec laquelle il se comporte vis-à-vis des positions traditionnelles ; il admet sans conteste, et presque sans discussion, sur les points les plus délicats et l'on peut dire les plus controversés, les conclusions de la critique la plus avancée. C'est ainsi qu'il dit à propos de la finale de la généalogie dans le premier Evangile : « Le rédacteur prématthéen de la généalogie ne paraît pas avoir connu ces scrupules (touchant l'oracle d'Isaïe 7, 14 et la naissance virginale). Il donnait la descendance du Christ par Joseph, et finissait probablement ainsi : « Et Joseph engendra Jésus » ; et en note : « C'est à cette leçon primitive qu'a grand chance de se référer la formule du manuscrit syriaque sinaïtique ; elle est intermédiaire entre la leçon du généalogiste et celle du Matthieu canonique (p. 21, note 3). « Touchant la formule trinitaire qui termine aujourd'hui l'Evangile de Matthieu, il est plus affirmatif encore : « On sait que la formule trinitaire (Matth. 28, 19) n'appartenait pas originairement au premier Evangile (p. 74, note 1) ». Et c'est tout. On aurait pu du moins remarquer que cette conclusion de F. C. Conybeare (Zs. f. N. d. W. 1901, p. 275-288) n'a en sa faveur que bien peu de témoignages anciens, et reste loin d'avoir rallié tous les suffrages (cf. E. Riggenbach : *Der Trinitarische Taufbefehl* (Matth. 28, 19) Gütersloh, 1903; F. H. Bhase : *The Lord's command to baptize*, Matth. 28, 19, J. d. S. 1905, p. 481-522.)

Même liberté lorsqu'il s'agit de l'Evangile de Saint Luc. « On n'ira pas jusqu'à penser avec Loisy, écrit M. N. (p. 126. note 2) que Luc professe déjà la virginité perpétuelle de Marie », et l'on trouve un peu plus loin l'explication attendue sur la conception miraculeuse. « Le passage, (Luc, I, 34-35) est donc soudé, — par I, 36-37 qui en est inséparable, — à la fois à ce qui précède (I, 5-26), et à ce qui suit I, 39-57). Il semble raisonnable d'y voir un développement apporté par Luc à la tradition primitive d'après une tradition postérieure, celle de la virginale conception. Le point de suture est visible : c'est la question bizarre de Marie, utile seulement pour l'introduction de la donnée secondaire (p. 166 ; cf. p. 153, note 4). « Le *Benedictus* paraît sortir de la même plume que le cantique, également artificiel, placé dans la bouche d'Elisabeth (p. 165) ; et l'on note en effet que « Harnack (S. B. A. 1900. 538-556 a rendu probable que le *Magnificat* était donné par Luc pour un cantique d'Elisabeth (p. 165, note 5). »

La discussion est beaucoup plus attentive à propos d'un récit de la Cène Pascale. On sait comment se pose le problème de la double coupe mentionnée par Saint Luc, 22, 17-20. Les versets 19^b et 20 manquent dans un certain nombre de témoins de la famille syrolatine D. a, ff², v, l. Les manuscrits latins b, e, ne les contiennent pas davantage, mais transposent les versets 17 et 18 après le verset 19^a, de façon que la bénédiction de la coupe, suive, au lieu de la précéder, la bénédiction du pain. La version syriaque de Cureton omet le verset 20 et le mot διδόμενον en 19^b ; elle transpose elle aussi 17-18 après 19. Dans un tel état de choses, on peut se demander si 19^b-20 appartiennent bien au texte primitif de l'Evangile. M. N. examine en deux pages (196-198) ce problème, et conclut qu' « on a tout lieu de ne pas estimer primitifs les versets 19^b et 20. » D'après cette conclusion probable, Luc, tout en désirant insister sur la solennité du dernier repas, s'en serait tenu néanmoins, en ce qui touche à l'Eucharistie, à une version plus ancienne et théologiquement plus discrète que celle de Paul ou de Marc (p. 198). « On se rend compte d'ailleurs que la question du dernier repas de Jésus intéresse particulièrement M. N., car il y revient longuement à propos du récit de Marc. S'appuyant sur l'inauthenticité primitive de Luc, 22, 19b-20, il ajoute : « Il est alors tout à fait remarquable que Luc ne mentionne en aucune façon ni l'allusion au sang du Christ à propos de la coupe, ni l'alliance nouvelle symbolisée par cette coupe, ni la valeur rédemptrice de la mort de Jésus. Le silence lucanien sur ce triple point d'importance est d'autant plus extraordinaire qu'il trouvait, en Marc, une référence explicite à ces trois idées, rien que dans un seul et même verset (Mc. 14, 24). Comme Luc a, d'autre part, une tendance accusée à insister sur la solennité de ce dernier repas, on n'expliquerait pas son silence sur les points ci-dessus marqués à moins de supposer qu'il a connu une version du récit plus ancienne que celle de Marc et de Paul, une version où manquait comme dans Luc toute référence de la coupe au sang, de la coupe à l'alliance, et de la mort à l'expiation. Or, ces trois idées qui se trouvent rattachées par Marc à l'Eucharistie, et dont Luc ne fait pas mention, on les trouvait déjà dans Paul (I Cor. 11, 24 sqq). D'autre part, elles sont rassemblées, en Marc, dans l'espace d'un unique verset 14, 24 qui, justement, paraît troubler le contexte dans lequel il est inséré... 14, 24 se laisse donc soupçonner à bon droit d'être, — dans un récit plus ancien et substantiellement comparable à la vieille tradition représentée par Luc — une insertion du rédacteur. C'est un complément que reflète la conception paulinienne (p. 292-293) ».

On n'a pas à insister ici sur tous ces détails, qui ont été à maintes reprises, discutés ailleurs [1]. On ne les a mentionnés que pour donner une idée de la direction générale suivant laquelle M. N. applique la méthode critique aux Évangiles synoptiques. Peut-être sera-t-il permis de trouver cette direction un peu incertaine, et réglée selon des principes trop subjectifs; et dès lors concevra-

---

[1]. Cf. par exemple, pour ce qui a trait aux récits de l'enfance : A. Durand S. J. : *L'enfance de Jésus-Christ, d'après les Évangiles canoniques, suivie d'une étude sur les frères du Seigneur*. In-16 : Paris, Beauchesne, 1908. Et pour ce qui concerne l'Eucharistie ; P. Batiffol : *Études d'histoire et de théologie positive*, 2e série, Paris. Lecoffre; J. Lebreton : *De Sanctissima Eucharistia*, comolithographie de l'Institut catholique de Paris, 1906-1907, p. 1, sqq.

t-on quelque méfiance vis-à-vis d'elle lorsqu'il s'agira de suivre l'auteur dans les multiples applications de détail par lesquelles il essaye d'établir les caractéristiques de chaque évangéliste. En vain, M. N. écrit dans sa conclusion : « Les constatations ont porté sur un trop grand nombre de faits, sur des procédés d'une nature trop manifeste et d'un emploi trop répété, pour que les conclusions générales puissent craindre d'être infirmées par le caractère simplement conjectural de mainte observation de détail. On doit se le rappeler du reste. Isolés, bien des cas resteraient obscurs, que leur rapprochement éclaire » (p. 307). L'impression est faite, et l'on regrette franchement que M. N. n'ait pas essayé de tenir un compte plus large des interprétations traditionnelles, sans sacrifier toujours aux exigences de ce qu'il croit être la critique.

Après ces remarques générales, nous pouvons maintenant aborder l'examen de la thèse, même étudiée pas M. N. Il s'agit, on s'en souvient, de déterminer les procédés de rédaction des trois premiers évangélistes. Le problème est naturellement indépendant de la question des auteurs des évangiles synoptiques; il est indépendant aussi de ce qu'on appelle maintenant la question des sources; mais il est assez voisin de l'une et de l'autre pour qu'on soit en droit de demander à M. N. ce qu'il en pense. La réponse, d'ailleurs, nous est donnée dès les premières pages. Pour ce qui est des auteurs des Synoptiques : « Dans tout le cours de ce travail, dit assez cavalièrement M. N., sous le nom de Matthieu, Marc ou Luc, on entend seulement désigner les rédacteurs définitifs des trois synoptiques, sans songer aucunement à les identifier avec les personnages historiques auxquels ces ouvrages ont été attribués. Il en va de même quand on désigne sous le nom de Luc l'auteur inconnu des Actes » (p. VIII, n. 1; cf. p. 1, n. 1; p. 118, n. 2). Pour ce qui est des sources évangéliques, M. N. admet que Matthieu et Luc rédigés aux alentours de la fin du premier siècle » (p. VIII, n. 2) se sont servis du manuscrit actuel, et du recueil des Discours du Seigneur ; peut être encore d'autres sources écrites qu'il nous est impossible d'atteindre aujourd'hui sous leur forme originale (par exemple pour les Evangiles de l'enfance) ; quant à Marc, écrit peu après 70, il aurait utilisé directement le recueil des Discours, complété sans doute par des fragments antérieurs (p. VIII-X).

C'est sur ces écrits perdus, sur des traditions orales qui étaient parvenues jusqu'à eux, qu'ont travaillé vers la fin du premier siècle, les rédacteurs de nos synoptiques, chacun y apportant la marque de sa personnalité et le reflet du milieu dans lequel il vivait. Et il y a bien des heureuses trouvailles parmi les minutieuses recherches dans lesquelles M. N. essaye de retrouver la physionomie propre de nos Evangélistes. La connaissance approfondie et le contact durable qu'il a pris avec les textes lui permettent ici d'apporter souvent des solutions intéressantes, et de mettre en relief les caractéristiques de chaque évangéliste. On a remarqué depuis longtemps le soin avec lequel Matthieu, prouvait que Jésus avait accompli les prophéties messianiques ; la tendance qu'il avait à grouper des paroles ou des faits, d'abord séparés dans la réalité historique, mais réunis pour les besoins de l'argumentation (par exemple le discours sur la montagne, Matthieu, 5-7, cf. Luc, 6, 20-26 ; 14, 34, 35 ; 11, 33, 6, 27-49 et pass. [1] ; les dix miracles, Matthieu, 8, 1-9, 34, le discours aux apôtres, Matthieu, 10, 5-42 ; cf. Luc, 9, 1-6 ; 6, 40 ; 12, 2-9, 51-53 ; les paraboles sur le royaume des cieux, Matthieu, 13 ; le discours de Jésus contre les Pharisiens, Matthieu, 23, 1-39) ; l'attention qu'il apportait à grandir l'œuvre et la personne du Christ. M. N. revient sur toutes ces particularités et les étudie avec soin. Il est permis de ne pas se trouver toujours d'accord avec lui, par exemple lorsqu'il suppose que Matthieu a fait un très large emploi des nombres symboliques (p. 102-104), et qu'il a d'ordinaire allégorisé les paraboles prononcées par Jésus (p. 37-45) [2]. Mais si l'on met à part les problèmes théologiques, on peut souscrire à ces quelques lignes qui résument l'impression d'ensemble donnée par le premier Evangéliste : « A ne regarder que le procédé constant de Matthieu, sa préoccupation monotone et pour ainsi dire, exclusive, c'est un infatigable ajusteur de matériaux hétérogènes qu'il force bien à s'adapter ensemble pour former un tout cohérent.

---

1. Cf. E Jacquier, *Histoire des Livres du nouveau Testament*, tome II, p. 265 sqq.

2. Cette théorie de l'allégorisation des paraboles par les rédacteurs évangélistes avait déjà été proposée et défendue par M. Jülicher : *Die Gleichnissreden Jesu*, Tübingen, 1899 ; puis reprise par A. Loisy : *Études Évangéliques*, Paris, 1902. On aurait eu quelque plaisir à voir M. N. la discuter à fond au lieu de la supposer comme base de ses argumentations. Et l'on regrette de voir reposer sur ce postulat critique toute une série de conclusions théologiquement inacceptables, et historiquement bien douteuses.

Il faut que les mille éléments de son histoire cadrent entre eux, et avec le passé d'Israël, et avec l'avenir des communautés et avec la leçon messianique qu'ils ont par-dessus tout mission d'inculquer. Il n'y a pas d'homme comme lui pour insérer et enchaîner les données les plus disparates dans un système, apparemment homogène et lié. Il est passé maître en l'art de sérier les faits d'après les idées cadres. C'est un rabbin (p. 112)[1].

On peut accepter également les conclusions générales de M. N. sur l'Evangile de Luc. Le chapitre Ier surtout est à noter : on sent en le lisant que M. N. doit avoir une particulière prédilection pour l'œuvre du troisième Evangéliste, et qu'il n'a pu rester insensible au charme d'exquise douceur qui s'en échappe. Il en fait d'ailleurs l'aveu : « On s'insurge assez naturellement contre la férule de Matthieu. Marc peut escompter l'impression convaincante de son apparent réalisme : il reste aisé de s'en défendre. Plus habile qui se dérobe à l'émotion communicative de l'Evangile lucanien ». (p. 130) Et il met tous ses soins à noter les caractéristiques de cette œuvre : la largeur du cadre dans lequel est introduite l'histoire de la prédication Evangélique (cf. Luc, 3, 1-2 ; 3, 1-2 ; 3, 23-38), l'ordre géographique selon lequel sont racontés les différents épisodes du ministère de Jésus, qui commence à Nazareth (Luc, 4, 14, sqq) et en Galilée, se poursuit en Samarie, et s'achève par l'interminable récit du voyage à Jérusalem (9, 51), avec la perspective toujours présente des souffrances et de la croix, la progression de la manifestation messianique, qui s'achève après la résurrection dans le triomphe et la joie parfaite (24, 50 sqq)[2]. Et dans tout cela une odeur de bénédiction qui parfume l'œuvre entière. C'est comme une émanation subtile de l'onction lucanienne qui imprègne le récit de tendresse et de grâce sainte. L'Evangile du pardon est celui du détachement; à la miséricorde céleste répond une piété allègre, qui fait, pour Dieu, joyeux marché de tout. Il

---

1. On remarquera surtout dans les pages consacrées au premier Evangile les chapitres III et IV qui sont très riches en informations de détail, et contiennent des indications précieuses sur la manière dont Matthieu relie entre eux les détails de la narration et groupe ces divers récits ou discours en une forte unité logique.

2. Déjà le P. Rose : *Evangile selon Saint Luc*[3], Paris, 1904, pp. XI-XVII, 102-103, avait mis en relief le caractère géographique du développement dans le troisième Evangile.

flotte, dans cette atmosphère, je ne sais quelle séduction diffuse, où se prend l'imagination, et qui sait envelopper le cœur. Il y circule un souffle de pureté. Des silhouettes de femmes s'y espacent, nombreuses, semant sur leur passage la grâce des souffrances discrètes et des affections à demi-tues » (p. 126).

Il est dommage qu'un grand nombre de détails de l'analyse de M. N. nous demeurent inacceptables. Ce qu'il dit de l'Evangile de l'enfance par exemple, nous en avons dit un mot tout à l'heure. Le récit de la vocation des apôtres. (Luc, 1-12) lui paraît « introduire dans un nouveau cadre, au début de la prédication de Jésus, une histoire racontée ailleurs dans une de ces sources et rapportée d'abord à la période des apparitions du Christ après sa mort ». (p. 177-178). Ne pouvait-on pas faire l'hypothèse inverse et dire que la pêche miraculeuse appartenait bien originairement au récit de la première vocation des apôtres? La résurrection du fils de la veuve de Naïn. (Luc, 11-18) est une composition lucanienne, tracée sur le modèle « du miracle d'Elie en faveur de la veuve de Sarepta » (p. 183), de même l'histoire de dix lépreux guéris, à l'égard de laquelle on ne saurait montrer trop de défiance » (p. 190). La dernière Cène n'a probablement pas été un repas pascal (p. 196) et les versets qui parlent de la coupe eucharistique ont grande chance de n'être pas primitifs (p. 198). Quant au récit des apparitions du Christ ressuscité on ne peut pas hésiter a reconnaître que Luc les a délibérément enfermées dans un cadre hierosolomytain tout artificiel (p. 207). Resterait comme donnée possible de quelque tradition, dans l'histoire des disciples d'Emmaüs, outre le nom de Cléophas (24, 18) et la mention d'une apparition à Pierre (24, 34), la substance des versets 13 à 17 et 28 à 32. Encore est-ce faire la part bien large aux éléments transmis » (p. 209). Tous ces traits dont la critique détaillée est impossible ici, relèvent en définitive de la méthode même admise par M. N. Nous avons dit plus haut ce que nous croyions devoir en penser.

Si les Evangiles de Matthieu et de Luc nous paraissent avoir été caractérisés avec assez de bonheur par M. N., nous ne saurions en dire autant de l'Evangile de Marc. On est ordinairement d'accord pour reconnaître dans le second des synoptiques, non seulement l'œuvre la plus ancienne qui nous renseigne en détail sur l'activité de Jésus, mais aussi une source historique de premier ordre, malgré sa forme catéchétique ; et l'on insiste sur la couleur et la vie que Marc a su donner à ses récits, sur le caractère primitif de certains récits de miracles, (guérison du sourd-muet 7, 31-37 ; guérison d'un aveugle 8, 22-26), ou de certaines paroles (3, 21-22 ; 7, 15, 19), pour voir dans son évangile une œuvre écrite d'après des souvenirs immédiats et précis, souvenirs qui, selon l'ancienne tradition, seraient ceux de l'apôtre Pierre. M. N. s'attache à détruire cette conviction. Au lieu de procéder, comme pour les deux autres évangiles d'une manière synthétique, il prend l'un après l'autre, les différents récits de l'Evangile de Marc, les dissèque, pour y montrer l'introduction des éléments rédactionnels ; et finalement conclut en faisant bon marché des jugements portés par la plupart sur le second évangile. Non seulement Marc n'est pas un disciple de Pierre, ni d'aucun des premiers apôtres de Jésus, et l'influence de Paul est-elle chez lui, prédominante (p. 299) ; mais encore les traits qui d'ordinaire servent à le faire reconnaître pour un témoin fidèle, sont de son invention : « Si Marc à conservé des tableaux réalistes comme les guérisons du sourd-muet et de l'aveugle de Bethsaïda, c'est qu'il n'était pas encore choqué de ce qui devait déplaire bientôt au sens chrétien plus affiné. Ce n'est pas une raison pour avoir, en les traits hardis qu'il rapporte, une confiance illimitée. Cela nous avertit seulement qu'il traitait le Christ avec une psychologie moins scrupuleuse, moins facilement scandalisée, que ne pourront faire les générations suivantes. Rien ne prouve, par exemple, qu'il n'ait pu de lui-même, prêter à Jésus, certains mouvements de passion, comme l'irritation ou la colère, traits généralement éliminés par les Evangiles postérieurs. En tout cas, il ne se fait pas scrupule d'attribuer au maître maint autre jeu de scène anodin » (p. 301).

Il sera permis sans doute de ne pas souscrire à ce jugement sévère : s'il est vraisemblable que Marc, lui aussi, a laissé dans son Evangile, des traces non équivoques de sa personnalité, il ne semble pas qu'il y ait des raisons suffisantes pour faire retomber sur lui la responsabilité de tant de traits vécus, de tant de paroles simples et frappantes, et pour lui refuser la gloire d'avoir mieux que tout autre, conservé l'impression simple et naïve produite sur les premiers apôtres par le Seigneur Jésus. Le paulinisme de Marc est au moins contestable. Comme Jean et comme les autres synoptiques, Marc prêche l'universalité du salut ; mais ne semble-t-il pas que dès l'origine l'Evangile se soit répandu bien au delà des bornes du judaïsme, sans qu'on puisse attribuer au seul Paul l'invention de la prédication aux païens (cf. Act. 10, 1 sqq). De la même manière, Marc enseigne la valeur rédemptrice de la mort de Jésus ; mais Matthieu et Luc font de même ; et il est peu vraisemblable de supposer que tous les passages où il est question du rachat des âmes soient inspirés de la tradition paulinienne, en particulier, les récits de la Cène doivent avoir contenu dès l'origine la mention du sang de l'alliance répandu pour les multitudes ; ce n'est pas sans raison que Paul dans la narration du dernier repas, fait expressément appel à une tradition qu'il a reçue du Seigneur (cf. 1 Act. 11, 23), et il est bien imprudent de se référer, pour supprimer, dans les sources primitives, l'indication de la coupe de l'alliance, aux récits des Actes qui concernent la fraction du pain (Act. 2, 42, 46) ; récits qui ont toutes chances de se rapporter à toute autre chose qu'à la célébration de l'Eucharistie (cf. p. 293, n. 1). Ce qu'on peut concéder à M. N. c'est que Marc a eu à sa disposition des sources écrites, au nombre desquelles ont quelque chance de se trouver les Discours du Seigneur ; cette concession, importante d'ailleurs, ne doit pas diminuer la valeur du second Evangile, et n'empêche en aucune manière d'attacher une particulière attention aux récits et aux discours qu'il nous a conservés.

M. N. nous avertit à plusieurs reprises que la finale actuelle de Marc n'est pas authentique (p. 62 ; p. 296, n. 1) ; nous nous en doutions depuis longtemps déjà, mais nous n'en concluons pas pour cela, avec lui, que l'Evangile pouvait s'arrêter d'abord sur le silence des femmes (16, 8), et que le récit de la découverte du tombeau vide fait l'impression d'un récit tout nouvellement introduit dans la circulation (p. 296). Il est au contraire probable, que dès l'origine, le second Evangile se terminait par le récit d'apparitions galiléennes (cf. Mc. 16, 7). La perte de cette finale, qui put disparaître de bonne heure, amena la rédaction de la finale actuelle, composée en grande partie d'après le troisième Evangile, et dont les derniers versets présentent dans quelques manuscrits des divergences sensibles (cf. R. B. Juillet 1908, p. 450). On a même supposé, non sans quelque vraisemblance, que le récit qui occupe le chapitre 21, du quatrième évangile, nous conserve le souvenir des apparitions d'abord racontées par Marc.

On ne peut s'empêcher, après ce long examen, de se demander quelle impression M. N. nous donne de Jésus et de son œuvre. Je sais que c'est là une question téméraire. M. N. nous renverrait à la théologie, et nous apprendrait dédaigneusement qu'il n'a pas entendu faire autre chose qu'œuvre d'historien impartial et soigneusement informé. Il est cependant bien difficile de lire un ouvrage sur les Evangiles et les Evangélistes, sans se trouver naturellement ramené au Christ lui-même. Et il faut bien reconnaître que M. N. paraît avoir fait bien des efforts pour ramener le Christ aux conditions normales de l'humanité, et avoir attribué aux Evangélistes et à la foi des communautés chrétiennes tout ce qui est de nature à le grandir. Ce sont les fidèles qui ont imaginé les prophéties messianiques, qui ont allégorisé les paraboles, qui ont reculé indéfiniment la perspective de la parousie que Jésus croyait imminente et qu'il attendait encore le soir de la Cène ; qui ont spiritualisé la notion du royaume et imaginé l'universalisme de la prédication Evangélique ; ce sont encore les fidèles qui ont appliqué à Jésus les titres de Fils de David, de Fils de Dieu, de Fils de l'homme ; ce sont eux qui ont faussé la perspective de l'histoire, au point d'introduire la reconnaissance messianique du Christ avant les derniers jours du ministère galiléen, et de faire prophétiser à l'avance les souffrances du Calvaire et la résurrection glorieuse, pour exalter le maître et atténuer le scandale de l'œuvre ininterrompue. Si le lecteur est souvent averti de toutes ces altérations rédactionnelles apportées à l'histoire ; s'il est soigneusement informé à l'occasion que traditionnel et historique ne sont pas synonymes, il l'est par contre bien rarement de ce qui revient à Jésus lui-même. M. N. nous dit par exemple que la déclaration de Jésus, Marc 7, 15ᵃ, sur ce qui entre dans l'homme, est sans doute traditionnelle. Il est probable qu'elle était suivie d'une brève explication, 7, 19, hardie et simple, lucide et péremptoire, comme les vrais mots de Jésus » ; et il ajoute : « Aurait-on prêté au maître, s'il ne les avait employées, des expressions d'une si franche et si saine vulgarité ? » (p. 265). Il nous apprend encore, à propos du figuier desséché, que « l'attitude de Jésus, qui cherche des fruits hors de saison, Mc. 11, 13, s'explique par l'application erronée d'une expérience acquise. Hors de Judée, en Galilée, dix mois sur douze, c'était le temps des figues. Le rédacteur est peu suspect d'avoir attribué de lui-même pareille méprise à Jésus » (p. 282). Et ainsi de suite. Si bien que ce qui reste au maître, c'est uniquement ce qui est vulgaire, et bas, et humain, et que toute la grandeur de l'Evangile est reportée à la foi des communautés.

Voilà pourquoi on quitte M. N. avec un sentiment de tristesse. On se demande comment la foi a pu, sans raison, idéaliser Jésus ; et l'on ne trouve pas chez lui, de réponse à cet important problème. Son livre est sérieux ; il est utile, et contient de nombreux éléments exacts pour l'intéressant problème qu'il a abordé de front ; il sera profitable à tous ceux qui s'attachent à l'étude de la rédaction des Evangiles. Il est malheureusement trop unilatéral, trop attaché aux conclusions d'une seule école ; et les questions qu'il laisse sans solution sont trop graves pour qu'on ait le droit de voir dans cet ouvrage quelque chose de définitif ou même de durable.

Gustave BARDY.

---

107. — **La composition du livre d'Habacuc**, par Firmin NICOLARDOT, in-8 de 99 p. Paris Fischbacher, 1908.

S'il faut se rapporter à la longue bibliographie que M. N. place en tête de son étude sur la composition du livre d'Habacuc, et qui ne comprend pas moins de dix pages (p. 9-18), il ne doit plus rester grande nouveauté à dire sur cet ouvrage énigmatique ; et c'est tout au plus s'il faut espérer tirer des conclusions d'ensemble, et mettre en relief les points acquis par la critique de ces dernières années. M. N. est modeste et n'a pas la prétention de renouveler profondément l'étude d'une question si complexe (introduction p. 6). Aussi ne sera-ce pas lui faire injure de lui dire que son travail paraît surtout un bon et consciencieux résumé des ouvrages allemands, et un essai de synthèse des solutions proposées par d'autres. Peut-être aurait-on été en droit de désirer un peu plus d'originalité, de demander aussi à l'auteur une connaissance plus approfondie de langues sémitiques, et une théorie plus précise de la strophique hébraïque sur laquelle il essaye parfois de s'appuyer, sans paraître avoir des idées très arrêtées en des points importants (cf. pp. 49 sqq., 85 sqq.)

La critique littéraire de M. N. a pour bases un certain nombre de principes, qui sont mis en relief d'une manière très nette. « On ne peut pas affirmer, a priori, l'unité d'un livret prophétique, pour minuscule qu'il soit. C'est aux colères internes qu'on pourra reconnaître s'il est vraiment d'une seule venue. L'homogénéité littéraire est ici l'exception (p. 62) ». « Ce n'est pas dans les théories unitaires... qu'on aura chance de rencontrer la vérité. C'est plutôt du côté des solutions complexes, qu'il reste à rendre plus souples et plus complexes encore. Jusqu'alors,... ce sont les découvertes faites dans ce sens qui se sont révélées précieuses et utilisables. De larges aperçus systématiques ont bientôt semblé n'être que mirages. N'est-ce pas un indice de la route à suivre ? (p. 98) ». A ces déclarations, on a plaisir à opposer les paroles si sages que M. van Hoonacker écrivait récemment en tête de son commentaire des Douze Petits Prophètes : « Nous nous sommes montré très réservé touchant l'attribution que de nombreux critiques croient devoir faire de certaines parties du texte à des auteurs distincts de ceux dont nos livres portent les noms... nous craignons fort qu'en bien des cas, il ne se commette à cet égard des abus. Il ne faut pas oublier que la constitution même de notre livre des Douze Petits Prophètes suggère de son côté une présomption contre la supposition que des écrits originairement indépendants y avaient été, de propos délibéré, réunis sous un seul nom d'auteur... Dans tous les cas, en l'absence d'arguments précis, nous préférons nous exposer à nous tromper avec la tradition littéraire, si sujette à caution fût-elle, que nous exposer à nous tromper contre elle [1] ».

Il semble bien d'ailleurs que les principes de critique littéraire de M. N. se fondent, en dernière analyse, sur des théories métaphysiques relatives à la nature de la prophétie, à son impossibilité philosophique, et à son manque absolu de contrôle historique (p. 35-36). Il n'y a pas à insister ici sur ces théories ; on aura pourtant la permission de se demander ce qu'elles viennent faire dans

---

[1]. Van Hoonacker : *Les douze petits prophètes* (Paris, 1908). Notice préliminaire, p. x-xi, M. N. mentionne, p. 12, le commentaire de V. H. avec l'indication : « Traduction critique, textuelle, soignée, unitaire, vers 600 » mais il ne paraît pas avoir eu le temps d'en faire usage pour composer son travail. On peut le regretter en passant.

un travail de pure critique. Il ne s'agit pas de déclarer, à priori que le livre d'Habacuc ne peut contenir aucune prédiction d'avenir ; mais seulement d'étudier avec soin les données certaines qu'il renferme, et de déterminer, à l'aide de ces données, l'époque approximative de sa composition.

M. N. commence son ouvrage par la traduction du livre d'Habacuc (p. 19 32). Cette traduction est imprimée en caractères de types différents, afin de mettre en lumière les résultats de la critique de M. N., et elle comporte un certain nombre de notes qui doivent justifier telle ou telle hypothèse textuelle. Cet appareil un peu compliqué ne trompera personne ; il est facile de se rendre compte que M. N. est ici tributaire de ses prédécesseurs ; et la comparaison de sa traduction avec celle de M. Van Hoonacher achèvera d'édifier sur le caractère assez peu personnel de son travail.

Vient ensuite l'examen des questions de critique littéraire. Voici les conclusions de M. N. « Au viie siècle appartient la prophétie la plus ancienne du recueil, sur la venue des Chaldéens (*1*, 5 10; *1*, 14-17). Vers le milieu du sixième se place la prédiction de leur ruine, *2*, 15-17). Le psaume *1*, 2-4, 13. *2*, 4, qui a été combiné par parties avec les fragments de la première prophétie, ne peut-être situé que vaguement entre le ve et le iiie siècles. C'est au ive peut-être à l'époque de la persécution d'Artaxerxès III Ochus, que nous reporterait la date de composition du cantique. Il semble avoir fait partie, au iiie siècle, d'un Psautier du maître de chœur. Il est devenu peu après le morceau final de notre livre. La rédaction d'ensemble doit pouvoir se dater environ de la seconde moitié du même siècle (p. 96). M. N. paraît attacher grande importance à ses conclusions sur les deux psaumes. Ce qu'il dit du cantique (pp. 63-67) ne paraît pas suffisant pour entraîner la conviction. On admet volontiers que ce cantique est « un véritable psaume » (p. 63) ; mais on sera moins affirmatif pour déclarer que « l'ensemble des psaumes est, dans la rédaction actuelle, de date postexilique (p. 64) », et surtout on ne fera pas un argument contre l'inauthenticité de Hab. III des indications liturgiques qu'il renferme, et qui peuvent aussi bien avoir été ajustées postérieurement, lors de l'utilisation de ce cantique pour l'office synagogal ou le culte du temple (cf. p. 65). Il n'est par sûr non plus que ce soit Israël qui soit désigné Hab. *3*,

13, comme l'oint de Jahvé, et il y a certaines vraisemblances pour que ce mot s'applique au roi lui-même (cf. Van Hoonacker, op. cit. p. 493). On peut d'ailleurs admettre dans ce psaume des retouches postérieures, parmi lesquelles l'addition des versets 17-19. Quant aux versets 2-4 du chapitre premier, il semble en effet, qu'ils ne soient plus à leur place primitive et dérangent l'ordre des idées. Van Hoonacker les transpose après le verset 11 du chapitre premier, et justifie son hypothèse par de longues explications. M. N. reconnaît lui aussi que *1*, 12 ; *1*, 13 — *1*, 13 surtout, — forme la suite naturelle de *1, 4* (p. 81). On ne se séparera de lui sur ce point que sur le caractère de psaume qu'il reconnaît à ce morceau (p. 83), afin de pouvoir l'isoler de la prophétie primitive et d'en faire un fragment postérieur.

On se rend compte ainsi des réserves que peut mériter l'étude de M. N. Si elle forme un travail sérieux, elle a cependant, semble-t-il, trop peu d'originalité vraie, pour être bien utile ; et ses conclusions reposent sur des postulats trop mal établis pour qu'on puisse les considérer comme très solides.   Gustave Bardy.

---

108. — **Etudes sur Daniel et l'Apocalypse**, par Charles Bruston. Edition nouvelle complétée, in-8° de 88 p. Paris, Fischbacher, 1908.

M. le doyen Charles Bruston publie une « édition nouvelle complétée » de ses *Etudes sur Daniel et l'Apocalypse*. La mention complétée « si souvent trompeuse », est ici admirablement juste : la première édition n'avait que 40 pages ; celle-ci en comprend 88, et afin que le lecteur puisse se rendre compte des chargements introduits, M. B. s'est contenté de juxtaposer les pages nouvelles aux anciennes, conservant, sans aucune modification, sa brochure primitive. Il en résulte un certain déséquilibre, et des répétitions désagréables, les additions traitant en partie les mêmes questions que le début de l'ouvrage. On est tout de même frappé de ce manque de proportion, et l'on se permettrait volontiers de souhaiter une troisième édition encore complétée, mais plus harmonieusement ordonnée.

Comme le marque le titre, l'étude de M. Bruston comprend deux parties, et tente de résoudre un certain nombre de problèmes relatifs à Daniel et à l'Apocalypse. Il s'agit précisément des quatre empires de Daniel, et de l'Empire romain dans l'Apocalypse. A propos de Daniel, l'interprétation proposée par M. B. des dix cornes de la bête est à noter; il s'agissait, selon lui, des dix successeurs d'Alexandre qui se sont partagé son empire (p. 11-12); et la onzième corne serait le roi de Syrie, Séleucus Nicator et ses successeurs (p. 12-14). Les autres empires, symbolisés par les trois animaux, seraient ceux des Perses, des Mèdes et des Babyloniens (p. 28).

Dans ses études sur l'Apocalypse, M. B. tient à faire, dès le début, cette constatation rassurante: « Il est à peine nécessaire de dire que la bête représente l'empire romain. Les anciens théologiens protestants y voyaient la papauté, et l'on ne peut méconnaître les analogies frappantes qui existent entre la Grande Babylone, ivre du sang des saints (17, 5-6), et la puissance redoutable qui pendant tant de siècles a persécuté et mis à mort les vrais disciples de l'Evangile, mais l'empire romain aussi a persécuté et mis à mort les premiers chrétiens. Il n'y a donc aucune raison de supposer que l'auteur de l'Apocalypse a parlé de la future Rome chrétienne, et non de la Rome païenne de son temps (p. 26), et il revient à la même idée dans sa conclusion (p. 87). Il nous faut bien remercier M. B. de ne pas vouloir faire de l'Eglise catholique la Grande Babylone; mais on peut se demander tout de même si vraiment de telles déclarations étaient bien nécessaires.

Fort de ce principe, sur lequel d'ailleurs on ne saurait trop insister, que les auteurs sacrés « n'ont pas stigmatisé des crimes futurs mais des crimes actuels dont ils avaient à souffrir cruellement, eux et leurs frères en la foi » (p. 87). M. B. applique à l'empire romain les principales visions de l'Apocalypse. La tête égorgée (Ap. 13, 1 sqq) est Jules César (Ap. 29); et le sixième empereur (p. 17, 10) est Néron (p. 29, p. 49 sqq); aussi faut-il rejeter la thèse devenue classique du *Nero redivivus*, et placer sous le règne de Néron la composition de cette partie de l'Apocalypse qui rapporte ces visions. Le chiffre de la bête, qui sert à désigner Jules César, signifie Nemrod fils de Rouseb, le fondateur de l'empire babylonien (p. 30-31): solution élégante et ingénieuse, mais bien problématique.

Les dernières études de M. B. sont consacrées à l'origine littéraire de l'Apocalypse. Il distingue dans ce livre deux œuvres fondamentales, ; la première, datant du règne de Néron ; la seconde, celle de Jean, écrite plus tard, et comprenant outre les neufs premiers chapitres *10*, 1, 2ᵇ-7 ; *11*, 14-19 ; *14*, 2-5, 12-13 ; *19*, 4-10 ; *21*, 1-8 ; *22*, 6-13, 16-17, 20-21). Cette seconde Apocalypse aurait été composée « après la mort de Jean l'Apôtre, par un de ses disciples, peut-être sur la recommandation que le vieillard lui en avait faite avant sa mort, et d'après le récit qu'il lui avait fait également de la révélation et des visions qu'il avait eues à Patmos » (p. 55). »

En terminant son livre, M. B. s'adresse à lui, non sans une certaine tristesse : « Va, petit livre, va rejoindre les aînés dans le magasin du libraire, et ne t'attends pas à en sortir bientôt, car la plupart de nos contemporains ne se soucient guère de ce que peuvent avoir voulu dire les écrivains sacrés » (p. 86). J'ai bien peur que ce jugement sévère porté sur « nos contemporains » ne soit pas absolument mérité : jamais peut-être on n'a appliqué autant de science à l'étude de la Bible qu'à notre époque. Si M. B., au lieu de vouloir faire une œuvre de prédication en même temps qu'un travail d'exégèse scientifique, s'était borné à cette dernière ambition, il n'aurait sans doute été ni aussi sévère, ni aussi pessimiste.

Gustave BARDY.

---

109. — MM. VIGOUROUX, BACUEZ et BRASSAC. **Manuel biblique** ; t. III, **Nouveau Testament**, par A. BRASSAC ; douzième édition totalement refondue du *Manuel* de M. BACUEZ. *Jésus-Christ. Les Saint Evangiles*. Paris, Roger et Chernoviz, 1908, in-12, 768 pages, 4 cartes et un plan hors texte.

Le *Manuel* de M. Bacuez n'avait jamais été bien au point. Même à l'époque déjà lointaine où il parut, son insuffisance était notoire, et le voisinage fraternel de l'*Ancien Testament* de M. Vigouroux la mettait en plus frappant relief. Voici que la refonte totale de l'ouvrage entreprise et déjà à moitié réalisée par M. Brassac va placer le *Manuel* néotestamentaire au-dessus de celui de M. Vigouroux.

C'est le phénix qui renaît de ses cendres... mais ce n'est pas encore le phénix rêvé par les professeurs et les élèves d'Ecriture sainte.

Il renaît à un instant troublé, en plein champ de bataille, au milieu de la mêlée exégétique, et il prétend être une manière d'arbitre, au moins pour le gros des troupes engagées, et un guide pour les recrues qui se préparent à entrer en lice. Par vocation il est du robuste et imposant parti conservateur; par devoir de conscience, et parce qu'il ne doit point laisser perdre une seule miette de vérité, d'où qu'elle vienne, il a, comme l'Eglise elle-même, dont ils veut être un des porte-voix officieux (et non « officiel », p. VI), des tendances sagement progressives. Il est très sage et très timide et bien des savants catholiques, même parmi les moins suspects de modernisme, lui eussent sans doute, comme l'Eglise elle-même, octroyé un peu plus de liberté. Pour mon compte, j'estime qu'il n'y a pas à insister beaucoup sur ce reproche, persuadé que l'auteur, qui paraît posséder la topographie du champ de bataille, et qui, déjà, sait se garder de positions impraticables, saura, à mesure que les autres se préciseront, s'établir s'il y a lieu, sur celles, fussent-elles nouvelles, dont la solidité aura été éprouvée.

Nous relèverons quelques inexactitudes et ferons quelques critiques de détail. — P. 13, la phrase suivante, mal construite, trahit évidemment la pensée de l'auteur : « Il est douteux qu'il y eût, avant St Jérôme, plusieurs versions latines de la Bible, ou une seule traduction dont on avait fait plusieurs recensions. » M. B. sait bien que nous possédons en entier, et en manuscrits, tout le Nouveau Testament selon la bible ou les bibles préhiéronymiennes. — P. 20-35. M. B. est un chef d'armée qui expédie sommairement (au moins à cet endroit), l'œuvre d'exploration des positions ennemies, et non moins sommairement prétend exquisser la défense des siennes propres. Il expose et réfute le principe fondamental du rationalisme en une page; puis il nous mène visiter les vieilles redoutes déclassées du Pétrinisme et du Paulinisme, où, la caravane étant en sûreté, peut se reposer un peu plus longuement, avant de franchir à toute allure la redoutable position du criticisme contemporain. M. B. ayant déclaré, (p. 19), que « depuis Paulus, Strauss et Baur, il n'a paru aucun chef d'école dans le domaine de la critique biblique », nous sommes ramenés rapidement chez nous.

Suit la réplique (? !) en quelques phrases si saccadées, si étouffées que je doute que les étudiants en tirant le moindre profit, s'ils ne recourent au préalable aux réfutations partielles disséminées dans le volume. Ce raccourci est vraiment trop sommaire. — P. 48-49, Papias, dont le témoignage est taxé d'obscurité par M. B. lui-même, figure néanmoins parmi les auteurs qui affirment explicitement l'authenticité du premier Evangile. — P. 87. Dater le Canon de Murasori des années 160-170, et donner ce renseignement comme s'il n'était pas qu'une hypothèse, c'est, peut-être, manquer un peu de nuances. — P. 123, note 2, et p. 415, M. B. explique pourquoi il n'y a point de contradiction entre Marc, XI, 12-19, où nous lisons que le figuier maudit par Jésus-Christ ne fut trouvé desséché que le lendemain, et Matthieu, XXI, 18-22, où l'on voit que le même arbre se desséca à l'instant. C'est que, « dès que le figuier fut maudit, la sève cessa de couler dans ses branches, mais la mort instantanée à l'intérieur (Matth.), ne fut visible au dehors que le lendemain (Marc). » Cela est commode, mais ne résout pas la difficulté, car S. Matthieu dit bien que les apôtres aperçurent à l'instant le phénomène dont S. Marc prétend qu'il ne s'avisèrent que le lendemain : « Et à l'instant le figuier sécha. *A cette vue*, les disciples dirent avec étonnement... » (Matth. 19-20). M. B. eût pu appliquer à ce cas le principe de solution qu'il formule quelques pages plus loin (p. 128) : « On reconnaîtra que l'histoire demande simplement à l'auteur de reproduire exactement la *substance* des paroles et des faits, sans les nuances et les minutieux détails. » Ou bien il eût pu reconnaître ici une de ces « divergences habituelles aux chroniqueurs qui, d'une manière indépendante, rapportent le même fait, le même discours. » (p. 127).

Ce que M. B. nous dit là, paraît être admis de tous. Ce qui ne l'est pas, c'est que cette explication soit valable dans tous les cas de contradictions bien constatées. Ce qui ne l'est pas, et ne peut l'être, c'est la théorie du *relativisme* de la Bible en matière d'histoire, que M. B. rejette avec raison, (p. 128-130). Encore est-il que les partisans de cette théorie pourraient lui faire remarquer qu'ils ont coutume, pour l'établir, de se réclamer des passages de S. Jérôme plus explicites que celui qu'il transcrit. Si ces passages ne visent pas directement des antilogies évangéliques, ils servent à faire comprendre la méthode du grand docteur dans l'exégèse des passages historiques difficiles, — c'est bien de quoi il s'agit au n° 90 du *manuel*. A propos du roi Hérode, dont S. Matthieu dit qu'il fut attristé par la mort de Jean-Baptiste, S. Jérôme déclare (*In Matth.* XIV, 8) que *les historiens sacrés ont coutume de se faire les échos de l'opinion générale et de rapporter les faits tels que tout le monde les croyait*. La même idée est répétée, en termes presque identiques, dans le commentaire sur Jérémie (XXVIII, 10, 15). Il y a surtout le passage de l'Epitre LVII (7, 9) qui se rapporte à une difficulté fort semblable à celle dont M. B. nous entretient : l'attribution à Jérémie d'un texte de Zacharie (Matth. XXVII, 9-10). S. Jérôme reconnaît que l'évangéliste s'est préoccupé, non de reproduire les mots et les syllabes, mais de traduire les idées : *cui curæ fuit non verba et syllabas aucupari, sed sententias dogmatum ponere*.

M. B. reproduit, p. 130, note 2, la décision de la Commission biblique touchant le caractère de vraie histoire qu'il faut reconnaître jusqu'à preuve du contraire, aux livres et fragments scripturaires tenus vulgairement pour historiques. Les minuscules fragments sur lesquels porte toute la discussion, dans les p. 125 et suivantes du *Manuel*, rentrent-ils vraiment dans les catégories visées par la Commission pontificale ? Si je ne m'abuse, il s'agit, dans la réponse donnée, des livres qui, comme ceux de Tobie, de Judith et d'Esther, par exemple et des parties de livres, qui, comme les XI premiers chapitres de la Genèse, ont été récemment en discussion. L'expression *pro parte* employée par les rédacteurs du *Dubium* ne doit-elle pas un peu s'entendre comme la plupart des théologiens entendant celle du Concile de Trente, dans le décret canonisant les Livres saints *cum omnibus suis partibus*, c'est-à-dire dans le sens de portions importantes (matériellement ou par leur contenu) appartenant à l'intégrité morale de la Bible ? Les parcelles dont il s'agit n'échappent-elles pas à la règle formulée par l'autorité ecclésiastique ?

Une simple remarque touchant la méthode. Un *Manuel* classique doit traiter un peu de tout, tenir lieu de bien des ouvrages spéciaux, je l'accorde. Il y faut, par exemple, à propos des principaux textes bibliques, des explications exégétiques suffisantes. M. B. l'a compris ; mais il exagère un peu par endroits. Ainsi son exposé de la vie cachée du Sauveur pourrait, à cet égard, tenir lieu de commentaire littéral et théologique. Le malheur est que, pour le reste, l'étudiant demeurera tributaire des Commentateurs spéciaux. Et c'est au mieux. Un *Manuel Biblique* ne doit pas dispenser de recourir à ces ouvrages. — M. B. a compris aussi qu'il fallait introduire un chapitre de théologie biblique. Il faut le féliciter de son essai de *Synthèse des principaux enseignements de Jésus*, d'après les synoptiques d'abord, d'après S¹ Jean, ensuite (p. 573-609). Mais j'estime que l'exposé analytique des mêmes enseignements (*Paraboles et Discours*), gagnerait à être condensé pour autant. — On pourrait aussi abréger des chapitres entiers : par exemple les 4°, 5° et 6° de la 3° section (*Procès religieux, Procès civil, supplice*), certains paragraphes, par exemple, p. 281 : le *recensement de Cyrinus*; p. 294 *la Purification de Marie*; p. 641 642 : *Judas a-t-il communié ?* etc. — Il faudrait compléter la bibliographie, supposé que l'auteur tienne à la donner scrupuleusement. Mais il devrait, à mon sens, simplifier cet appareil, aux trois quarts inutile, étant donné le but de l'ouvrage, et se borner à des indications choisies pour chaque paragraphe. Il n'est pas nécessaire que les étudiants assistent à la « cuisine » de leur *Manuel*. — Une nouvelle édition corrigerait certaines références. P. 69, note 4, lire *Funk*, au lieu de Funck ; p. 582, note 7 ; *Van Combrugghe*, au lieu de Von Combrugge ; p. 720, note 7 : *Chevalier*, au lieu de Chevallier, etc. P.226, note 5, on écrirait plus absolument : *Peregrinatio Silviæ*. On pourrait aussi expulser certaines gravures intruses : p. 280, *Auguste sur son trône*; p. 333, *la barque de pêche*; p. 365, les *ruines* qui prétendent être celles *de Capharnaüm*, etc. Dans la carte de *Jérusalem aux temps de J.-C.*, on aurait moins d'assurance à identifier le Mont Sion avec la colline de Jérusalem. Enfin l'auteur ferait d'autres corrections, qui rendraient son œuvre digne des éloges que nous sommes heureux, malgré toutes nos critiques, de lui décerner, dès aujourd'hui, — car il faut louer tout progrès sérieux et rendre justice à tout effort loyal.

J.-M. Vidal.

110. — **Mariä Verkündigung**. — Ein Kommentar zur Lukas I. 26. 38. Von Otto Bardenhewer, doktor der Theologie und der Philosophie, Professor der Theologie an der Universität. — München.

Cette étude du récit évangélique de l'annonciation de saint Luc est un petit chef-d'œuvre d'exégèse. L'auteur donne d'abord l'original grec de la péricope de Luc (I, 26-38) avec les variantes des diverses éditions, et en regard, le texte de la Vulgate. Il signale l'opinion qui retranche de l'Evangile primitif et authentique de saint Luc les deux premiers chapitres que nous y lisons actuellement, mais ne s'arrête pas à la discuter, car elle ne repose que sur le caprice de ses partisans qui n'en ont jamais pu fournir de preuves. En revanche, il étudie longuement les arguments d'Harnack, qui voit dans le récit de la naissance surnaturelle du Christ une interprétation postérieure. Puis d'une façon qui paraît irréfutable et définitive, il démontre qu'il est impossible de prendre au sérieux l'hypothèse de la Table ou du Mythe de la naissance surnaturelle du Christ. Enfin, il nous offre une étude de critique historique sur les sources de la Péricope. Ses conclusions peuvent être admises en partie. Luc aurait puisé ses renseignements sur la naissance et l'enfance de Jésus à une source écrite (araméenne-judéo-chrétienne) qu'il a fait passer dans son texte en la soumettant à une révision de style. Ce document doit avoir pour origine la Palestine et aurait été rédigé par un inconnu, qui tenait son récit de la bouche même de Marie. Il est tout entier contenu dans le cadre des chapitres 1 et 2 et, dès le chapitre 3e, il ne sert plus à l'auteur.

Le commentaire est tout à fait digne d'éloges ; l'explication du texte est détaillée, approfondie, émaillée de citations pleines d'à-propos, le tout dans un style clair et précis. Le Dr B. fait preuve d'une grande connaissance de la littérature patristique, de l'exégèse, de l'histoire de l'art. On peut citer comme remarquable l'interprétation des V. 34-35, ch. 1er ; à signaler aussi les explications sur le jour de la naissance du Christ, sur l'origine de la fête de Noël au 25 décembre (p. 40), sur les classes des anges (p. 51), sur le nom de Gabriel (p. 55), l'ancienne forme et la signification de Nazareth (p. 64), les frères et sœurs de Jésus (p. 77), les tableaux de l'annonciation de Marie (p. 89), l'histoire du texte (p. 103), sur le nom de Jésus (p. 109), sur le mariage de Joseph et de Marie (p. 130), sur la parenté de Marie avec Elisabeth (p. 156), sur la conception de Marie par l'oreille (p. 169).

Il y a très peu de choses à critiquer. On peut se demander si Luc était en mesure de lire un texte araméen : ne vaut-il pas mieux admettre qu'il se soit servi d'une traduction grecque du document primitif araméen? A la page 98, on aurait pu mentionner la conception immaculée de Marie, à la page 100 les mots, « εὐλογημένη συ εν γυναιξιν » ne doivent pas être considérés comme authentiques, malgré leur présence dans l'Itala; à la page 108, ligne 2, il faudrait lire ἐναντίον au lieu de ἐναντι. Que la fête de Noël ait été reçue et célébrée à Rome le 25 décembre 336, c'est une opinion discutée et rien n'est définitivement fixé sur ce point.

P. BUGNICOURT.

---

111. — **Atlas Biblicus**, editore Martino Hagen. S J, Parisiis. Sumptibus P. Lethielleux, editoris.

Cet atlas est destiné à compléter le *cursus scriptum sacræ* des Jésuites allemands. Il comprend un index topographique et 22 cartes bien dessinées, sobres et précises, à signaler les cartes de la Syrie, du Liban austral, de la Galilée, de la Samarie, de la Judée, de Bosan, de Jérusalem, etc. L'auteur a mis à profit les découvertes archéologiques et topographiques les plus récentes. Son œuvre est au point. Les lecteurs de l'Ecriture y trouveront condensés tous les renseignements utiles ; vu la modicité du prix, la bonne impression, et de valeur scientifique, l'atlas du P. Hagen est appelé à rendre de grands services; avec ce guide, on s'intéresse à l'ancien Testament dont la lecture exige une connaissance au moins sommaire de la géographie palestinienne. Pourquoi le P. H. persiste-t-il, contre les conclusions des archéologues les plus compétents, à situer sur la colline occidentale de Jérusalem la citadelle de Sion et la cité de David? Il semble pourtant que l'identité du Sion et de l'ophel soit un fait acquis. P. BUGNICOURT.

---

112. — **Les XXVI Martyrs des Missions Dominicaines du Tonkin** béatifiés par SS. Léon XIII le 7 mai 1900, par R. P. B.

Cothonay. Paris, L. Lethielleux, s. d. (1906), in-12 de xii-404 p.

Le R. P. B. Cothonay a bien fait de raconter, d'abord dans le *Bulletin paroissial de Haïphong*, puis dans le livre dont on vient de lire le titre, la biographie et surtout les *actes* d'une partie des catholiques tonkinois qui moururent pour leur foi de 1838 à 1840, victimes de la persécution de l'empereur Minh-Mang ou Minh-Manh. Rien de plus beau, en effet, que la manière dont les vingt-six martyrs dont il a parlé (ceux des missions Dominicaines du Tonkin, ceux dont en sa qualité de Frère Prêcheur, le R. P. Cothonay pouvait le mieux connaître l'histoire) résistèrent aux sollicitations, aux embûches et aux supplices ; c'est ce qu'a très bien montré l'auteur en utilisant les documents les plus dignes de foi : les lettres de divers missionnaires, surtout de Mgr. Hermosilla et de Mgr. Marti, les dépositions des témoins dans les procès de béatification, et l'ouvrage espagnol du R. P. Joachin Recoder. A l'aide de ces multiples sources, le R. P. Cothonay a composé un livre intéressant, instructif, attachant et édifiant à la fois.

Avant d'aborder le sujet même de son travail, il a pris soin de donner, dans une série de courts chapitres préliminaires, un certain nombre de notions générales sur l'histoire du Tonkin, sur ses populations, sur les origines du christianisme dans ce pays, etc. Peut-être le R. P. Cothonay eût-il pu s'y montrer ici moins affirmatif et là plus précis. Suffit-il, par exemple, de dire à la p. 17, — sans même donner la moindre preuve ni la moindre référence, — qu' « il est prouvé aujourd'hui que le christianisme fut prêché *aux Indes et en Chine* dès les premiers siècles de l'Eglise » (p. 17) ? et n'eût-il pas été opportun d'indiquer en quelques mots ce qu'on sait du nestorianisme chinois ? — N'eût-il pas été équitable d'autre part de rappeler le rôle joué par la célèbre Compagnie du Saint-Sacrement dans la création des missions du Tonkin (p. 21) ? Rien de plus caractéristique à ce sujet que le passage suivant des *Annales de la Compagnie du Saint-Sacrement* de René de Voyer d'Argenson (page 185 de l'édition de D. Beauchet-Filleau) : « Le 17ᵉ d'avril (1659), M. François Pallu, évêque d'Héliopolis, donna part à la Compagnie de la résolution qu'il avait prise de partir incessamment pour les Indes, en qualité de vicaire apostolique, suivant l'ordre qu'il en avait du Pape, et les nouvelles qu'il avait reçues de ces missions si éloignées. L'assemblée loua son zèle et *en prit elle-même pour soutenir ce grand ouvrage* par l'établissement d'un séminaire, comme il se verra dans la suite ». Différents autres passages des mêmes *Annales* corroborent ce témoignage, et jusqu'à un « advis pour les missions du Tonquin et de la Cochinchine » qui fut alors ou un peu plus tard (il n'est]pas daté), affiché dans les Eglises, et qui nous semble avoir été rédigé par les soins de la Compagnie. — Du moins le R. P. Cothonay a-t-il fourni, sur la perpétuité de souvenirs et de traditions catholiques dans certains villages (cf. la note 1 de la p. 72) et sur l'organisation de cette « Maison de Dieu » de laquelle sortirent plusieurs des héros de la persécution de 1838-1840, tels que François Chiêu, des renseignements précis et intéressants à plus d'un titre.

Aussi son livre est-il, à tous égards, un ouvrage à signaler, et qui mérite de tenir sa place dans toute bibliothèque consacrée à l'histoire des missions catholiques en pays païen.

Henri FROIDEVAUX.

113. — SALVIOLI. **Le Capitalisme dans le Monde Antique**, *Etude sur l'histoire de l'économie romaine*, traduction française par Alfred BONNET. 1 vol. Paris, Giard, 1906. *Bibliothèque internationale d'Economie Politique*. 320 pages. — Prix : 7 fr.

Les études d'histoire économique du genre de celle-ci sont trop rares aujourd'hui pour qu'on les laisse passer dans l'ensemble de la littérature contemporaine si abondante sans les signaler et les présenter à l'attention de ceux qui travaillent et qui pensent. Quelle est l'essence, quelle est l'histoire du capitalisme antique, et plus spécialement du capitalisme romain, de Rome où pendant quelques siècles s'est concentré toute le richesse du monde ancien connu, tel est le problème que s'est posé M. Salvioli, professeur à l'université de Naples.

Les économistes avaient jusqu'alors tendance à opposer le monde moderne en ne trouvant que de nos jours le développement du régime capitaliste. Les historiens au contraire seraient assez disposés à ne pas faire de différence entre l'antiquité et les temps modernes au point de vue de l'organisation économique.

Après une longue et minutieuse étude du Capitalisme dans le monde antique, M. Salvioli conclut que l'ensemble de l'économie ancienne a différé tout au moins par l'absence du capitalisme qui est, lui, essentiellement moderne et qui constitue « l'épine dorsale des états modernes ».

Le livre est du plus grand intérêt et mériterait une analyse approfondie que malheureusement faute de place nous ne pouvons lui consacrer ici.

Peut-être l'histoire économique est-elle un peu trop enveloppée dans les considérations doctrinales et la préoccupation de répondre au problème ainsi posé.   B. R.

---

114. — **Les systèmes Socialistes d'échange**, par Marc Ancuy. 1 vol., Paris, Alcan, 1908, vii-372 p.

Les études contemporaines sur le Socialisme ne se comptent plus et depuis le très remarquable ouvrage de M. Bourguin, *Les Systèmes Socialistes et l'Evolution économique*, l'illusion fondamentale du Socialisme semble à jamais percée à jour : le régime de production socialisée serait au dire des critiques les plus avisés d'une impossibilité pratique absolue.

M. Marc Ancuy se rattache à cet ensemble si remarquable de travaux mais a le mérite d'en renouveler en quelque sorte l'aspect : c'est par le rôle de l'échange plus encore que celui de la production que l'auteur aborde le problème. L'objet propre de son livre est de démontrer que les différents systèmes socialistes qui veulent supprimer l'usage de la monnaie sont acculés à une modification plus radicale du régime de la production. « Le socialisme d'échange ne se tient pas, faute d'un socialisme de production ». D'autre part le collectivisme comme système socialiste de la production est lui-même impraticable et ce dilemme enferme les systèmes socialistes dans un cercle d'où ils ne peuvent échapper.

L'auteur renouvelle sa démonstration successivement à propos d'Owen, de Proudhon, de Karl Marx, de Vidal et de Haeck. Le comptabilisme social de M. Solvay se résout pour l'auteur en une conception analogue et serait en son sens également impraticable. Une excellente introduction oppose à ces rêves une vue synthétique et critique du mécanisme de l'échange dans les sociétés contemporaines.

Un excellent avant-propos de M. A. Deschamps, professeur à la Faculté de droit de l'Université de Paris, présente le volume au public et insiste sur l'utilité d'une pareille œuvre. « *Les socialistes malgré eux* » ou encore « *Histoire et fin d'une illusion.* » tel est le sous-titre que M. Deschamps donne au volume.

Cette étude critique est remarquablement menée et l'on ne sait ce qu'il faut apprécier davantage de l'impartial exposé des idées des auteurs examinés ou du talent d'analyste subtil et avisé qui éclaire chaque page de l'ouvrage.

Le nouveau volume prendra dans la littérature économique la place qu'il mérite et son originalité le signalera sans nul doute à tous ceux que préoccupent aujourd'hui ces importants problèmes.

B. R.

ACADÉMIE DES INSCRIPTIONS ET BELLES-LETTRES

Séance du 4 octobre 1907. — M. Frazer de Cambridge fait une communication sur la prohibition biblique de faire cuire un chevreau dans le lait de sa mère. — M. Henri Omont démontre que les portraits des rois de France du Recueil historique de Jean du Tillet, conservé à la Bibliothèque nationale, ont été exécutés d'après des monuments iconographiques anciens. — Le P. Jalabert présente, au nom du P. Ronseval un monument épigraphique phénicien récemment découvert à Beyrouth et une inscription grecque de l'époque arsacide (175 = 6 ap. J.-C.), trouvée sur les bords de l'Euphrate, dédiée à un Lysias qui porte des titres honorifiques curieux à une époque aussi basse.

Séance du 11 octobre 1907. — On annonce la mort de M. Furtwaengler, professeur à l'Université de Munich. — M. Clermont-Ganneau pense que l'inscription phénicienne communiquée par le P. Ronseval est la dédicace d'un trône divin offert à la déesse Astarté. —

M. Pognon communique une inscription importante pour les études bibliques. Il y est question du Bar-Hadad, fils de Hazaël, roi d'Aram, appelé Ben-Hadad dans le livre des rois. — M. Maspero donne des renseignements sur les fouilles et les restaurations de monuments faites cette année à Karnak, Edfou, au Ramesséum, à Sakkarah, dans la Vallée des rois. Il entretient ensuite l'Académie des travaux par lesquels on s'efforcera de protéger Philae et les temples de Nubie que va mettre en péril la surélévation de sept mètres du barrage du Nil. La somme de 1.600.000 francs a été allouée pour ces travaux au service des Antiquités. — Membres élus de la commission chargée de proposer le sujet du prix Ordinaire (Moyen Age) : M. M. Delisle, Meyer, Thomas, Valois. — M. Babelon continue la lecture de son mémoire sur la théorie féodale de la monnaie.

Séance du 18 octobre 1907. — Sur le rapport de la commission le sujet suivant est proposé pour le prix Ordinaire (Moyen-Age) : « Etudier la miniature carolingienne et dresser un catalogue de ses monuments ». — M. S. Reinach commentant le récit de Tite-Live racontant que des matrones romaines accusées de fabriquer des poisons, furent contraintes d'en boire et moururent et que leurs complices furent condamnées, croit que ces femmes, soupçonnées d'avoir provoqué une épidémie, ont été soumises à l'ordalie du poison. Il croit aussi que le Sénat proscrivant les Bacchanales pour une cause politique calomnia ses victimes afin de justifier ses rigueurs. — M. Leroux décrit une salle hypostyle dont la superficie dépasse 1840 mètres carrés, découverte à Délos. Elle est de l'an 111 av. J.-C. ; c'est un précurseur de la basilique romaine marquant l'acheminement vers l'Italie d'un type architectural inconnu à la Grèce classique et d'origine orientale. — M. Babelon continue la lecture de son mémoire sur la théorie féodale de la monnaie.

Séance du 23 octobre 1907. — Au nom de la Société de Semur le commandant Espérandieu communique deux monuments antiques trouvés dans les fouilles d'Alise qu'il dirige : Un type nouveau d'Epona ; un bas-relief sur lequel paraît Mercure associé à une déesse drapée, tenant la corne d'abondance et une patère. — M. E. Chatelain lit sa notice sur M. Müntz qu'il a remplacé à l'Académie.

Séance du 30 octobre (1er novembre) 1907. — Nomination d'une commission chargée de dresser une liste de candidats aux places vacantes de correspondants étrangers ; M. M. Delisle, Boissier, A. Croiset, Héron de Villefosse, Barbier de Meynard, Leger. —

M. Dorez établis que le psautier de Paul III, exécuté à Rome, aujourd'hui à la Bibliothèque nationale, est l'œuvre de François-Vincent Raymond de Lodève, qui travailla pour la chapelle et la sacristie pontificale de Léon X à Jules III. M. Dorez fera connaître d'autres œuvres de cet artiste et lui consacrera une note biographique. — M. Héron de Villefosse signale la découverte d'un hypogée païen, exploré par l'abbé Legnaud, au camp Sabatier à Sousse et en fait la description. — M. Babelon continue son mémoire sur la théorie féodale de la monnaie.

Séance du 8 novembre 1907. — M. Seymour de Ricci écrit pour signaler une petite collection de rondeaux qui, sortie autrefois de la Bibliothèque nationale, y est rentrée incorporée dans un volume du fonds Barrois. — M. Dieulafoy étudie les monuments latino-byzantins des Asturies, spécialement les monuments construits par les premiers chrétiens à mesure qu'ils refoulaient les Musulmans, et l'influence musulmane qui s'affirma plus tard sous les formes mudejar et mozarabe. Il recherche aussi l'influence directe de la Perse Sassanide aux dépens de laquelle la civilisation musulmane elle-même s'était formée. — Le comte Durrieu lit une note sur le manuscrit des statuts de l'ordre de Saint-Michel, dérobé à la bibliothèque de Saint-Germain en-Laye. Exécuté entre 1548 et 1550, pour le cardinal Charles de Lorraine, ce manuscrit est orné de deux belles miniatures. L'une représente le saint Michel de Raphaël ayant pour fond une vue du mont Saint-Michel, siège de l'ordre ; l'autre représente un chapitre tenu par les chevaliers de l'ordre sous la présidence de Henri II ; souvenir d'une sorte de restauration de l'ordre, opérée en 1548, avec le concours du cardinal de Lorraine. Les figures sont des portraits, et M. Durrieu a pu identifier la plupart des personnages.

Séance publique annuelle du 15 novembre 1907. — Discours d'usage de M. Salomon Reinach, président. — Notice de M. G. Perrot sur la vie et les travaux de Jules Lair. — Lecture de M. Pottier sur *Les origines populaires de l'art*.

Séance du 22 novembre. — Le secrétaire perpétuel lit une lettre de M. Chavanne datée du 27 septembre, sur la route de S'ingnan Fou à Péking. — M. Heuzey présente une statue Chaldéenne très ancienne qu'il a reconstituée en rapprochant des fragments trouvés à diverses époques. Elle porte une inscription très antique relative à un certain Lou-pad qui exerçait une fonction indéterminée à Gish-Khou, la ville voisine et rivale de Tello. — M. Ph. Berger présente : 1° quatre ex votos communiqués au P. Delattre par le consul d'Autriche à Tunis. Ils représentent une scène de sacrifice : un adorant debout devant un autel sur lequel repose une tête de veau ; 2° une stèle trouvée par le P. Delattre représentant un vase analogue à ceux dans lesquels on offrait des parfums et dédiée par un « fabricant de parfums ».

Séance du 29 novembre 1907. — L'Académie élit M. le duc de LOUBAT, associé étranger, en remplacement de M. Sophus Bugge, décédé.

Séance du 6 décembre 1907. — Au nom de l'Académie, M. S. REINACH, président, offre à M. L. DELISLE, à l'occasion du cinquantième anniversaire de son élection à l'Académie, une médaille d'argent, à son efûgie, gravée par Chapelain. M. L. DELISLE remercie ses confrères.

Séance du 13 décembre 1907. — M. S. REINACH, président, annonce la mort de M. A. F. M. von Mehren, de Copenhague, correspondant étranger de l'Académie. — M. Durrieu est élu membre libre de l'Académie, au quatrième tour de scrutin, par 25 suffrages, contre 21 à M. Théodore Reinach. — M. BOUCHÉ-LECLERCQ fait une communication sur l'ingénieur Cléon, contemporain de Ptolémée Philadelphe.

Séance du 20 décembre 1907. — M. PHILIPPE BERGER donne des renseignements sur les fouilles exécutées par M. Scheurer dans le cimetière mérovingien, inviolé, de Bourogne (Belfort). On y a trouvé des bijoux intéressants : boucle de ceinture, colliers, bijoux d'or incrustés de pierres précieuses, les armes habituelles. Ces objets seront déposés au musée de la Société Bellefortaine d'émulation. — M. CAGNAT lit une note de M. Merlin sur une mosaïque africaine représentant le jugement entre Minerve et Neptune. — M. CAGNAT communique encore, de la part de M. Merlin, la tombe en mosaïque de Alogiosa décorée avec un soin inusité. — M. DE MÉLY lit une note sur le chronogramme de l'autel d'Avenas. L'inscription, datée du 12 juillet 1180, fournit des renseignements nouveaux sur la fin du règne de Louis VI. — M. PERROT communique une note de M. Gaukler sur une inscription métrique de l'époque Vandale, reconstituée à l'aide de deux fragments trouvés à des époques diverses, à Tunis. Ce petit poème de trois distiques, relatif à des Thermes construits par le prince Vandale Gebannaud au commencement du VII° siècle après J.-C., paraît être l'œuvre de Flavius Felix.

Séance du 27 décembre 1907. — Madame Lair offre à l'Académie un médaillon en bronze de son mari, Jules Lair, membre de l'Académie, récemment décédé. — M. Philippe BERGER communique de la part de M. MERLIN une dédicace punique à la déesse inconnue Sakaroua, ce texte donne les noms du beau-père et de l'aïeul de la prêtresse : Kartjaton et Kartmasal. — M. DELISLE offre, au nom du P. dom Besse et de ses confrères de l'abbaye de Ligugé un médaillon de Mabillon. — L'Académie élit trois correspondants étrangers : M. M. Van Berchem de Genève, le P. Franz Ehrle, préfet de la bibliothèque Vaticane, Conze de Berlin. — M. Holleaux, directeur de l'Ecole d'Athènes, expose le résultat des fouilles de Délos, poursuivies grâce à la libéralité du duc de Loubat. — L'Académie procède à l'élection des membres des commissions permanentes. Travaux littéraires, Antiquités de la France, Ecoles d'Athènes et de Rome, Ecole d'extrême-Orient, Fondation Garnier, Fondation Piot, Commission administrative, Prix Gobert.

SOCIÉTÉ NATIONALE DES ANTIQUAIRES DE FRANCE

Séance du 19 février. — M. H. OMONT, m. r., signale des illustrations du Primatice pour un traité grec de chirurgie. — M. HÉRON DE VILLEFOSSE, membre honoraire, restitue une inscription relative au préfet d'Egypte T. Furius Victorinus. — M. F. DE MÉLY, m. r., présente la reproduction de la fresque de San Petronio de Boulogne où l'on a cru reconnaitre Jeanne d'Arc. — M. A. BLANCHET, m. r., entretient la Société des armoiries de la ville de Milan. — M. J. TOUTAIN, m. r., commente une inscription de Carthage dédiée au dieu oriental Héron.

Séance du 26 février. — M. J.-J. MARQUET DE VASSELOT, m. r., soumet à la Société un plat aragonais acquis par le Louvre. — M. P. MONCEAUX, m. r., signale deux inscriptions chrétiennes du vi° siècle trouvées en Tunisie. — M. R. FAGE, a. c. n., discute le sens du mot « bardèche » en Limousin au xvi° siècle. — M. H. CLOUZOT, a. c. n., présente la photographie d'un portrait de Rabelais conservé au Musée de Châteauroux. — M. HÉRON DE VILLEFOSSE, m. h., communique un médaillon de terre cuite représentant le génie de la colonie de Lyon, provenant de Vienne. — M. le Dr A. GUEBHARD, a. c. n., présente des débris provenant d'une verrerie antique à Sigues (Var).

Séance du 4 mars. — M. E. MICHON, m. r., étudie la statue connue sous le nom d'Aphrodite de Clazomène. — M. E. DE MÉLY, m. r., indique les résultats de fouilles exécutées par lui sur l'emplacement d'une fonderie antique au Mesnil-Germain (Calvados). — M. le baron J. DU TEIL, a. c. n., entretient la Société du portrait de Michel-Ange de la collection Chaix-d'Est-Ange. — M. HÉRON DE VILLEFOSSE, m. h., signale les fouilles entreprises par le R. P. Delattre, a. c. n., dans une nécropole punique de Carthage.

Séance du 11 mars. — M. A. BLANCHET, m. r., présente deux statuettes de bronze lui appartenant, dont un pygmée à la cangue. — M. C. EULART, m. r., fait connaître une croix processionnelle du XVIe siècle conservée à Aulignac (Ariège). — M. P. MONCEAUX, m. r., signale un bouchon d'amphore avec inscription trouvé à Bou-Grara (Tunisie). — M. CH. RAVAISSON-MOLLIEN, m. r., étudie les répliques du type de l'Eros à l'arc.

Séance du 18 mars. — M. HÉRON DE VILLEFOSSE, m. h., communique de la part de M. A. MERLIN, a. c. n., un ornement en bronze, ayant appartenu à un char, trouvé à Kasrin, et étudie les exemplaires connus d'ornements analogues. — M. J.-J. MARQUET DE VASSELOT, m. r., signale une coupe limousine en émail peint de la collection Dutuit. — M. le comte LEFEBVRE DES NOETTES, a. c. n., recherche les modèles du cheval de la statue du Colleone. — M. CH. RAVAISSON-MOLLIEN, m. r., complète sa communication sur les répliques de l'Eros à l'arc.

Séance du 25 mars. — M. J. MARTHA, président, prononce l'oraison funèbre de M. A. DE BOISLISLE, m. r. — M. le comte A. DE LOISUE, m. r., retrace l'histoire de l'Hôtel d'Artois à Paris. — M. A. BOINET, a. c. n., présente quatre miniatures d'un Evangéliaire du XIe siècle de l'école de Cologne. — M. J. ROMAN, a. c. n., signale divers sceaux du Dauphiné conservés aux Archives nationales. — M. F. DE MÉLY, m. r., présente la photographie du serpent d'Airain de l'église Saint-Ambroise à Milan. — M. HÉRON DE VILLEFOSSE, m. h., communique, de la part du R. P. Delattre, a. c. n., une bulle en plomb trouvée à Carthage.

Séance du 1er avril. — M. H. D'ALLEMAGNE est élu membre résidant en remplacement de M. A. HAUVELLES. — M. P. MONCEAUX, m. r., communique divers plombs byzantins trouvés à Carthage par le R. P. Delattre. — M. le comte LEFEBVRE DES NOETTES, a. c. n., commente, d'après des monuments antiques, l'usage de certaines pièces de harnachement signalées à une précédente séance. — M. Héron de Villefosse, m. h., fait savoir que le Torse d'Arles a été envoyé par le Louvre au Musée de cette ville pour y être réuni à la tête d'Auguste qui s'y adapte.

Séance du 8 avril. — M. A. Blanchot, m. r., signale, au nom de M. A. de Vesly, a. c. n., un trésor de monnaies romaines découvert au Bosc-Normand (Eure). — M. E. Michon, m. r., décrit quatre bas-reliefs romains existant en Corse. — M. le comte O. Costa de Beauregard, a. c. n., présente des petits bronzes du XVIe siècle ayant appartenu à des chaînes-ceintures.

Séance du 15 avril. — M. M. Besnier, a. c. n., lit une notice sur les ruines romaines de Corseul (Côtes-du-Nord). — M. G. Espinas, a. c. n., étudie les marques de drapiers du XIIIe au XVe siècle en Flandre. — M. F. de Mély, m. r., signale une croix de pierre de Bologne portant la signature « Petrus Alberici » et la date de 1125. — M. P. Monceaux, m. r., fait connaître une chapelle, d'un plan particulier, à Henchir-el-Rhigia (Tunisie). — M. J. Roman, a. c. n., présente une statuette de bronze présumée antique. — M. Héron de Villefosse, m. h, communique des plombs de bulles récemment découverts à Carthage par le R. P. Delattre.

Séance du 22 avril 1908. — M. Ch. Bruston, associé correspondant national, étudie les papyrus judéo-araméens récemment découverts en Egypte. — M. D. Roche, a. c. n., fait connaître les statues d'un Saint-Sépulcre conservées à Verteuil (Charente) — M. V. de Gouloubew propose une interprétation d'un tableau de Giorgione du palais Giovanelli à Venise. — M. Pilloy, a. c. n., communique un petit bronze représentant un jeune esclave avec sa lanterne. M. L. Demaison, a. c. n., rapproche une épitaphe métrique de l'église Saint-Rémi de Reims de l'épitaphe d'Adson.

L'Éditeur-Propriétaire-Gérant: Albert Fontemoing.

Imprimerie Générale de Châtillon-sur-Seine. — A. Pichat.

BULLETIN CRITIQUE

---

115. — **L'art décoratif de Rome** de la fin de la République au IVe siècle, par Pierre Gusman, fascicule I ; Ch. Eggimann, Paris, 1908, in-fol. 20 planches.

La sculpture décorative occupa dans l'art Romain une place considérable. Elle fut inspirée par l'art étrusque et, en même temps, par les mêmes influences orientales, égyptiennes, grecques qu'avaient subies les Étrusques. Pendant des siècles dont on ne peut fixer le nombre, l'esprit romain fut ainsi préparé, formé, façonné, inspiré. Quand enfin apparut cet art décoratif de la république et du commencement de l'Empire que l'on appelle gréco-romain, on y retrouva des inspirations et des éléments remontant aux plus antiques origines. Notre art lui-même, soit par souvenir et par tradition, soit, plus tard, par l'étude directe des modèles, n'a jamais complétement cessé de s'en inspirer. De telle sorte que, étudier l'art décoratif des Romains, c'est bien étudier, dans une large mesure, les éléments constitutifs du nôtre. Depuis qu'on s'est repris à l'étude de l'antiquité, cette partie de l'art ancien n'a pas été dédaignée. La Renaissance a fait des fouilles, a détruit des monuments antiques pour chercher de beaux modèles à copier. Les recueils des époques qui ont suivi en reproduisent des séries ; mais, suivant l'esprit du temps, se préoccupant plus de l'impression à recueillir ou à produire que de la scrupuleuse exactitude du dessin. Il était à désirer que les artistes et les archéologues eussent entre les mains un recueil des bas reliefs décoratifs de l'époque romaine, dans lequel les reproductions des monuments exécutées d'après les procédés aujourd'hui en usage, échapperaient à l'inévitable déformation, à l'involontaire interprétation du dessinateur et du graveur. J'ai récemment entretenu les lecteurs du *Bulletin critique* du *Recueil des bas reliefs gallo-romains* de M. Esperandieu [1]. Ce que le savant officier a fait et continue pour les bas reliefs à sujets figurés de la gaule, M. P. Guzman l'a entrepris pour les bas reliefs décoratifs de Rome, de la fin de la République au IVe siècle. A la fois artiste, — graveur et peintre — et archéologue, M. P. Guzman est dans les meilleures conditions pour mener à bonne fin cette œuvre qu'inaugure si heureusement le premier fascicule qui vient de paraître.

L'ouvrage, dans son ensemble, sera ainsi divisé :

I. *Eléments architectoniques* (fragments d'architecture, entablements, corniches, frises, chapiteaux, pilastres, colonnes, consoles, antéfixes, etc).

II. *L'ornementation sculptée* (panneaux, frises, motifs divers).

III. *Le bas relief historique* [2] (sculptures des arcs de triomphe, des colonnes monumentales, des autels).

IV. *Les monuments funéraires* (tombeaux, sarcophages, cippes, urnes cinéraires, etc).

V. *Le mobilier sculptural* (vases, candélabres, sièges, fantaisies, vasques, figures et animaux décoratifs, socles, stèles, termes, etc).

VI-IX. *L'orfèvrerie, les bronzes, la terre cuite, le stuc.*

Les mosaïques, généralement trop dégradées pour qu'on en donne en noir des reproductions satisfaisantes ne sont pas admises dans ce recueil. Il en est de même des peintures. Je comprends que l'ensemble des peintures ait été omis; elles forment d'ailleurs une classe à part et demanderaient un recueil spécial. Je

---

[1]. C. *Bulletin Critique*, année 1907, p. 550.

[2]. Que sont, dans l'art décoratif, les bas reliefs historiques? La planche XVI (première des bas reliefs historiques) représente une partie de la base de la colonne Trajane, ce sont des trophées artistement composés avec les armes des peuples vaincus. Nous avons là un sujet à la fois historique et décoratif, et, à ce dernier titre, il peut figurer dans ce recueil. Mais les soldats Prétoriens de la planche XVIII (2e des bas reliefs historiques) relèvent-ils de l'art décoratif? Je ne crois pas, pas plus que n'appartiendraient à cet art les bas reliefs de l'arc de Septime Sévère représentant des faits de guere et des sièges de villes, et les bas reliefs des colonnes Trajane et Antonine, et des scènes de la vie privée ou publique. Il faudrait autrement rattacher à l'art décoratif tous les bas reliefs, quels qu'il soient. Cela dit, si l'auteur nous donne plus encore qu'il ne nous a promis, nous aurions mauvaise grâce à nous en plaindre.

regrette cependant que l'auteur n'ait pas admis dans le recueil, même en noir, quelques-uns des motifs purement décoratifs des peintures d'Herculanum et de Pompéi, quelques spécimens, peu nombreux, mais très caractéristiques des quatre styles entre lesquels on est convenu de répartir les peintures antiques. Sept ou huit planches de plus n'auraient pas été une grosse affaire, dans un ouvrage si considérable et auraient eu, pour l'étude de l'art décoratif ancien, une réelle importance.

L'ouvrage comprendra au moins quatre séries de soixante planches chacune, divisées elles-mêmes en trois fascicules de vingt planches. Chacune des planches est hors texte et en phototypie. A chaque planche est jointe une feuille du texte explicatif, très court et très sobre, donnant les explications nécessaires : provenance, date, quand c'est possible, lieu de dépôt, renseignements historiques, artistiques et techniques, bibliographie essentielle.

Nous voyons par le fascicule que nous annonçons que l'exécution des planches est irréprochable; elles sont de toute beauté. Elles ne sont pas présentées dans l'ordre chronologique ni dans l'ordre des neuf divisions indiquées plus haut. Au point de vue scientifique on doit le regretter. Toutefois, les fascicules se présentent avec plus de variété et chacun d'eux forme un ensemble plus agréable. A-t-on eu tort ou raison de repousser une classification plus méthodique? C'est discutable; on peut à des points de vue divers, plaider le pour et le contre ; je plaiderais le contre. L'auteur a d'ailleurs remédié autant que possible à cet inconvénient en mettant sur chaque planche un numérotage double : d'abord un numérotage continu, suivant l'ordre de la publication; ensuite une classification et un numérotage se rapportant aux neuf divisions. La première planche, par exemple, qui représente deux très beaux rinceaux de l'*Ara pacis* à Rome, porte cette double indication : *L'art décoratif de Rome*, pl. I et, de l'autre côté de la planche : *L'ornementation sculptée*, I. Chacun aura donc les indications nécessaires pour classer, l'ouvrage terminé, ses planches comme il l'entendra.

Les planches du premier fascicule (I-XX) se répartissent ainsi dans la classification par genres : *Ornementation sculptée*, (planches I-IV) : fragments de l'*Ara Pacis*, frise, aigle du Forum de Trajan, fragments de la Basilique Aemilia, du Forum, des Jardins de

Salluste, console en marbre. — *Mobilier sculptural* (pl. I-IV) : vases, coupes, cratères, candélabres en marbre. — *Eléments architectoniques* (pl. I-IV) : Fragments des thermes d'Agrippa, chapiteaux dont un historié. — *Terre cuite* (pl. I-II) : Frises archaïsantes du temps de la République; frise à l'époque d'Auguste. — *Bronze* (pl. I-II) : Paon de la Pigna du Vatican ; tête de lit; pendeloque. — *Monuments funéraires* (I-II) : Sarcophage des travaux d'Hercule; pilastres du tombeau des Haterii. — *Bas reliefs historiques* : (I-II) : base de la colonne trajane ; groupe de Prétoriens [1].

J'ai tenu à donner au compte rendu de ce premier fascicule un peu d'étendue dans l'espérance que, en le lisant, on pourra se rendre compte de la nature de cet important ouvrage, de son but, de ses grandes qualités et des services incontestables qu'il est appelé à rendre aux artistes et aux archéologues.

Henry Thédenat.

---

116. — **Pouzzoles antique.** (*Histoire et topographie*), par Charles Dubois, ancien membre de l'École française de Rome. — Paris, Fontemoing, 1907, in-8° de xi-448 p. avec 56 illustrations et une carte.

Il serait à souhaiter que chaque ville d'Italie qui a eu une importance historique et laissé des vestiges archéologiques suffisants inspirât une monographie aussi détaillée et aussi attentive que celle dont Pouzzoles vient d'être l'objet. Sous forme de thèse pour le doctorat, M. Charles Dubois nous donne le résultat de six années d'études, de recherches historiques et topographiques, le plus souvent poursuivies sur le terrain même avec un souci de l'information exacte et personnelle qui lui a permis d'épuiser le sujet.

Comme l'indique le titre, l'ouvrage se divise en deux parties : l'*Histoire* et la *Topographie* de la ville. Les origines de Pouzzoles,

---

1. L'aigle qui tient le foudre entre ses serres, dans ce bas relief, n'a aucun rapport avec la *legio fulminata*. Le foudre ne figure ici que comme l'attribut habituel de Jupiter et de son oiseau et non comme l'emblème éponyme de la XII° légion. Les soldats représentés dans ce groupe sont d'ailleurs, comme le dit l'auteur lui-même, des Prétoriens et non des Légionnaires.

avant la conquête romaine, font l'objet d'un premier chapitre : fondée par des Samiens, sous le nom de *Dicaearchia*, au viᵉ siècle avant J.-C., la ville nouvelle fut d'abord une station navale de Cumes dont elle dépendait. Au siècle suivant, sous la domination Samnite, elle suivit les destinées de Cumes; elle devint pour les Samnites la défense la plus avancée de leur puissance contre Naples. Reprenant un problème numismatique souvent controversé, M. D. croit avec Mommsen que les monnaies de Fistelia ont été frappées à Pouzzoles et que le nom romain *Puteoli* n'est que la traduction du nom pris par la ville sous la domination samnite, *Fistlus*, en grec *Fistelia*. La discussion de ce problème est très serrée et la conclusion modérée à laquelle s'arrête l'auteur nous paraît vraisemblable. — Le second chapitre retrace l'histoire municipale de Pouzzoles à l'époque romaine, l'attitude de la ville pendant les guerres puniques, la première colonisation de 194, la loi municipale de Sylla. Jusqu'à l'époque impériale, un municipe et une colonie subsistèrent concurremment à Pouzzoles, qui reçut plus tard de Néron le *jus coloniae* et qui devint sous Vespasien *colonia Flavia*; à partir de ce moment, sa constitution municipale ne changea plus. Mais si la ville resta riche et peuplée jusqu'au règne de Théodose, son importance cependant diminua peu à peu au profit de Naples. — M. D. a pu établir, au moyen des documents épigraphiques, une liste copieuse des décurions et des grandes familles de la cité.

Les chapitres suivants exposent l'histoire commerciale et religieuse de Pouzzoles. Au début du iiᵉ siècle, Rome, victorieuse d'Hannibal, maîtresse de l'Italie, trouva dans cette ville un centre commercial et un port d'approvisionnement plus docile que Naples et plus directement en rapport avec les marchés orientaux. Le *portorium* y fut établi en 199 et affermé au profit de l'Etat. Les marchands d'Orient s'y organisent en corporations commerciales et religieuses à la fois, dont la *statio* des Tyriens est la mieux connue. La fameuse base des cités asiatiques, aujourd'hui au Musée de Naples, atteste la présence à Pouzzoles de nombreux marchands d'Asie Mineure et leur association en vue du culte de l'Empereur. M. D. étudie aussi l'organisation de l'annone et les diverses industries de la région, — soufre, alun, pouzzolane, céramique, verreries, couleurs et parfums, — auxquelles la ville devait une grande part de sa prospérité.

Au point de vue religieux, Pouzzoles était à cause de ses origines et de sa population flottante de marchands de toute provenance un centre important où se mêlaient les cultes les plus divers ; religion grecque, cultes romains du Génie de la colonie et de l'empereur, cultes égyptiens, asiatiques, syriens, arabes et carthaginois. Les conditions commerciales aidèrent aussi au développement du christianisme et l'Eglise de Pouzzoles fut avec celle de Rome, la plus ancienne de l'Italie. Saint Paul venant pour la première fois en Italie débarqua à Pouzzoles en 61 et y trouva une communauté chrétienne, dont la création était l'œuvre de Juifs obscurs et pauvres. M. D. a dressé une liste des évêques connus et des martyrs de Pouzzoles.

Nous ne pouvons suivre M. D. dans le détail des exposés et des discussions critiques auxquels l'étude de la topographie de Pouzzoles l'a entraîné. C'est la partie la plus importante de sa thèse. Soit qu'il examine les documents topographiques antiques, vases de verre gravés, fresques ou dessins, qui représentent une vue schématique ou des monuments particuliers de la ville, soit qu'il reconstitue par ses propres observations les limites du territoire de Pouzzoles ; le plan de la cité aux différentes époques de son histoire, le tracé des quartiers et des voies, l'auteur fait preuve dans l'énoncé et l'examen des faits d'une information très étendue et dans ses conjectures d'une méthode très rigoureuse. On trouvera en particulier, dans la discussion des diverses hypothèses relatives à l'attribution du dessin de Bellori, des pages d'excellente critique.

Par l'importance des ruines qui ont échappé au ravage des siècles, quatre monuments ou groupes de monuments fixent surtout notre attention dans la moderne Pouzzoles : le port, les aqueducs, le *macellum* et l'amphithéâtre. — La jetée moderne du port de Pouzzoles recouvre exactement l'ancien *opus pilarum* dont M. D. a étudié soigneusement, d'après ses investigations personnelles ou d'après des documents antiques, la disposition : avec ses quinze piliers encadrant des baies régulières, la jetée de Pouzzoles est le type de ces jetées discontinues destinées à empêcher les ports de se combler en maintenant la circulation des courants et des sables à travers les ouvertures des arches. Une étude des bassins, des quais et de l'*emporium* complète cette histoire du port antique. — Deux aqueducs assuraient à Pouzzoles l'alimentation de l'eau : l'aqueduc campanien, antérieur à l'empire, qui a son origine dans le voisinage immédiat de la ville ; un prolongement de l'aqueduc de Sorino, construit sous Auguste, qui va chercher l'eau jusqu'au cœur des Abruzzes. — Connu encore aujourd'hui sous le nom fantaisiste de *temple de Sérapis*, le *macellum*, avec les restes importants de sa colonnade, est le monument le plus frappant de Pouzzoles : M. D. fait l'histoire des fouilles, trace, d'après des restaurations déjà anciennes et d'après ses propres observations, un plan complet de l'édifice, et n'a pas de peine à lui rendre sa destination primitive, en dépit des fausses attributions qui ont voulu en faire successivement un temple et un établissement de bains d'eaux chaudes. Une comparaison méthodique avec les autres marchés du monde romain ne laisse subsister aucun doute sur la vraisemblance de ses conclusions. — L'amphithéâtre de Pouzzoles, très bien conservé, offre un intérêt particulier à cause de ses souterrains, qui sont intacts, et dont l'étude complète heureusement celle que l'on peut faire des souterrains de l'amphithéâtre de Capone et du Colisée. — L'examen des ruines moins importantes et moins faciles à identifier : thermes, sources d'eaux chaudes, temples, cirques et tombeaux, termine ce chapitre.

Enfin M. D. a eu l'heureuse idée d'ajouter en appendices à la fin de son livre trois études : 1° sur les différentes villas de la région de Pouzzoles ; 2° sur les eaux minérales et les thermes de Pouzzoles et de Baïa ; 3° sur les phénomènes géologiques du rivage de Pouzzoles ; — et un catalogue méthodique des objets (sculptures, céramique, stucs, fresques, verreries, camées), provenant de Pouzzoles.

Des photographies prises par l'auteur, des reproductions d'anciens dessins qui ont pour l'histoire archéologique de la ville un grand intérêt documentaire, des plans très clairs et une bonne carte hors texte des ruines de Pouzzoles, illustrent cet ouvrage et concourent à en faire une monographie définitive, facile à consulter et agréable à lire.

E. MAYNIAL.

117. — **Mosaïque orientale,** par Frédéric Macler. — Paris, Geuthner, 1907, IV, 93 p. in-8°, 1 pl. et 8 figures (prix : 5 fr.).

M. Frédéric Macler a réuni sous le nom de *Mosaïque orientale* une série de monographies sur les sujets les plus divers. Une d'entre elles n'appartient même pas au domaine de l'orientalisme, elle a pour titre : Note sur quelques écussons relevés à Münster dans le Haut-Valais. Les autres numéros de la série épigraphique sont : une inscription punique du musée de Genève, une inscription syriaque du musée Sainte-Anne de Jérusalem, l'inscription arabe du brancard funéraire de Sahwet-el-Khidr, une note sur l'inscription arménienne de la cathédrale de Bourges. M. Macler n'est pas seulement épigraphiste, il est aussi paléographe, et publie dans cette même brochure une notice syriaque d'un manuscrit arménien et divers documents pour l'histoire des Arméniens en France.

M. Léon Marchal, actuellement à Jérusalem, a eu la complaisance de m'envoyer un estampage et une copie de l'inscription de Sainte-Anne; voici quelques réflexions, inspirées par son examen de la pierre elle-même, que je soumets à M. Macler : à la première ligne, la première lettre paraît être certainement un *M* ; à la troisième ligne, il faut peut-être lire au début *DI*, puis il y a certainement un *aleph* suivi d'une lettre qui se lirait *schin* ou *heth*. A la fin de la dernière ligne, un *aïn* suivi de *B* ferait songer au mot *œuvre* mis en abrégé. Ce ne sont que quelques suggestions, peut-être quelqu'un en tirera-t-il parti pour une lecture définitive de l'inscription dont M. Macler garde le mérite d'avoir commencé le déchiffrement.   Eug. Tisserant.

---

118. — **Introduction à la Paléographie musicale byzantine**; *Catalogue des manuscrits de musique byzantine de la Bibliothèque nationale de Paris et des Bibliothèques publiques de France*, par Amédée Gastoué, in-4°, de x-100 pages, avec tableaux, transcriptions et 7 fac-similés ; 20 fr. (Publications de la *Société In-*

ternationale de musique, section de Paris, chez Paul Geuthner, rue Mazarine, 68, Paris.

S'il fallait dresser la liste des manuscrits liturgiques latins notés de tel ou tel dépôt public, on pourrait presque s'abstenir désormais de toute dissertation sur l'origine, le développement et les variétés de la notation, tant, depuis cinquante ans, la science sous ce rapport a fait de progrès : mais il n'en va pas de même quand il s'agit des écritures musicales de l'Orient. Aussi, M. A. Gastoué a-t-il dû, pour initier le lecteur à ce genre de notation, faire précéder son catalogue proprement dit, d'une sérieuse étude qu'il appelle justement : *Introduction à la Paléographie musicale byzantine*.

Cette première partie de l'ouvrage va jusqu'à la page 56. Vient ensuite le classement et le catalogue des manuscrits, suivi, en appendice, de 7 fac-similés.

Assurément, c'est dans cette introduction que réside le principal intérêt du livre. Là, en effet, se trouve résumé, synthétisé l'état actuel de nos connaissances sur l'évolution des notations musicales byzantines. Le sujet est ardu. Personne n'ignore de quelle obscurité reste enveloppé tout ce qui a trait au chant et aux anciennes liturgies d'Orient. Raison de plus de s'y adonner avec passion, car sur ce point, comme sur beaucoup d'autres, — des découvertes récentes rendent du moins cette hypothèse de plus en plus plausible, — l'Orient a plus donné qu'il n'a reçu du monde romain.

Je n'indique que les divisions. Elles suffiront pour démontrer la haute valeur du travail.

Après une excellente bibliographie, se présente une vue d'ensemble sur l'histoire de la musique byzantine. A la notation *exphonétique* est consacré tout un article. C'est la plus archaïque; celle du fameux codex *Ephraemi* (VIe siècle) de la B. N. (Planche I). La notation diastématique se divise en notation *paléo-byzantine*, *hagiopolite* et celle dite de *Koukouzèles*.

L'auteur traite ensuite des principes de lecture, du rythme et de la tonalité. Le tout est éclairé à l'aide de tableaux. En appendice à cette première partie et comme exemples, on trouve en notation originale et en transcription des *tropaires* et des *hirmi* de différente tonalité.

Au début de la seconde partie, c'est-à-dire avant le catalogue, l'auteur a eu raison de placer quelques notes explicatives, d'abord sur les différents genres de livres : *Sticheration*, *Hirmologion*, *Koudakarion*, *Menaca*, et *Triodion*, ensuite sur les fêtes anciennes de la liturgie grecque et sur les mélurges dont il dresse la liste.

Quant au catalogue ou à la description des manuscrits, elle est rédigée avec soin et avec toute la précision qui convient.

On voit donc que rien ne manque et que c'est vraiment là un travail d'ensemble sur l'histoire, la liturgie et le chant byzantin. Il répond à un réel besoin. Je regrette, pour ma part, que l'auteur n'ait pas jugé à propos de placer, en regard des tableaux, la traduction des signes, sur portée, par conséquent en écriture musicale ; mais, je le sais, ce n'est pas un ouvrage didactique qu'a voulu nous offrir l'auteur. De même, il y aurait eu avantage à juxtaposer les tropaires et leurs transcriptions en écriture moderne.

Après tant d'autres, ce nouveau livre fait honneur à M. A. Gastoué, comme il va rendre les plus grands services à la musicologie comparée. Qu'à son exemple et dans d'autres contrées, on fasse des recherches analogues et les études du chant byzantin ancien auront fait un grand pas. L'abbé H. Villetard.

---

119. — **Un égyptologue du XVIIᵉ siècle, le Père Kircher,** par P. Marestaing, in-4°, 15 pages ; tirage à part du *Recueil de travaux relatifs à la philologie et à l'archéologie égyptiennes et assyriennes*; Paris, Champion, 1908.

M. P. Marestaing parle équitablement d'un homme qui fut un des plus savants du XVIIᵉ siècle, qui se distingua dans presque toutes les sciences connues de ses contemporains, mais qui doit surtout sa célébrité à ses efforts pour doter son époque d'une science de plus, l'égyptologie, et à l'échec retentissant auquel ses efforts aboutirent. On n'a pas lu longtemps les ouvrages égyptologiques de Kircher. Son nom pourtant ne sera pas oublié dans l'histoire de l'égyptologie ; car si l'on ne peut pas dire exactement qu'il ait mis Champollion sur la voie, ayant lui-même fait fausse route dès le commencement, il fut du moins le premier qui s'efforça de retrouver le secret des hiéroglyphes. Mais son parti pris de les considérer comme purement symboliques le condamnait d'avance à l'insuccès.

Il est juste d'ailleurs de reconnaître que s'il n'eût pas le génie de Champollion, il ne disposait pas non plus des instruments de recherches dont celui-ci tira si bon parti. L'illustre Leibnitz, qui s'occupa du même problème et sut fort bien critiquer Kircher, n'aboutit pas plus que lui, bien qu'il ne soit pas tombé dans d'aussi profondes erreurs.

M. Marestaing sait nous intéresser à son personnage, en faisant valoir comme il convient le vaste savoir de Kircher, sa loyauté et sa simplicité, son enthousiasme sincère, son ardeur au travail, sa foi touchante et même naïve et irréfléchie, qui ne le défendit pas de l'erreur en matière scientifique, mais qui du moins lui donna la patience et la douceur nécessaires pour supporter les épreuves qui attristèrent ses dernières années. L'homme paraît donc plutôt sympathique, comme M. Marestaing le dit et le prouve fort bien. Il est plus difficile de faire valoir quelque chose de bon dans l'œuvre égyptologique de Kircher que de faire apprécier ses qualités morales. L'auteur s'y applique cependant, tout en constatant, comme la vérité l'exige, l'inanité de cette œuvre. Sans se noyer dans les détails, il montre par quelques exemples le vice fondamental de la méthode de Kircher, mais fait bien ressortir les quelques notions justes, comme l'affirmation de l'identité de la langue copte et de l'antique langue égyptienne, qui émergent çà et là du milieu d'un océan d'erreurs. Il dit ainsi ce qu'il était possible de dire en faveur des travaux égyptologiques de Kircher. Sa notice nous paraît donc aussi juste qu'elle est intéressante, et fait bien espérer des autres chapitres qu'il nous promet sur d'autres précurseurs de Champollion.

Philippe Virey.

---

120. — **Les origines du schisme anglican (1509-1571)**, par J. Trésal. Un vol. in-12 de xxiii-460 p. de la *Bibliothèque de l'enseignement de l'histoire ecclésiastique*. Paris, Lecoffre-Gabalda, 1908. Prix : 3 fr. 50.

M. Trésal indique très nettement ses intentions et le caractère de son ouvrage dans l'avertissement : « Les événements qui ont amené la ruine du catholicisme en Angleterre et la formation si lente et si laborieuse de l'Eglise anglicane, ne sont pas très connus particulièrement en France. C'est pourquoi, il eut été prématuré d'orienter mon travail dans le sens, soit d'une apologétique en faveur de l'Eglise catholique, soit d'une dissertation approfondie sur les origines doctrinales du schisme, avant que les faits eux-mêmes, qui se sont déroulés entre les années 1509 et 1571, eussent été mis en lumière. J'ai simplement cherché à donner un récit impartial, clair et puisé aux bonnes sources d'une période de l'histoire religieuse qui est très attachante. » (p. X).

Une telle attitude — que d'ailleurs sa seule probité scientifique eût suffisamment recommandée à notre auteur — s'imposait d'autant plus que le schisme anglican a pour cause principale non pas un mouvement religieux mais le caprice d'un souverain et que par suite les faits d'ordre politique y comptent beaucoup plus que les doctrines. Le présent ouvrage prouve en effet par le récit même des événements que, comme il est affirmé dans sa conclusion, l'Eglise anglicane « ne sort pas des entrailles de la nation » et que « Henri VIII et Elisabeth ont fondé le schisme contre la volonté de la majorité » de leur peuple. (p. 426).

Sans doute depuis le conflit de Henri II avec le pape Alexandre III et Saint Thomas Becket une sourde hostilité contre Rome avait été entretenue par le triomphe « trop complet » (p. 4) d'Innocent III sur Jean-sans-Terre, les doctrines d'Occam, des pamphlets populaires comme la vision de Pierre le laboureur ; l'hérésie de Wycliff et des Lollards, les projets de réforme bien intentionnés mais imprudents des trois amis d'Oxford, Erasme, John Colet et Thomas More. Sans doute encore l'aristocratie créée par les Tudors — de même d'ailleurs que la petite noblesse de province, la gentry — avait un idéal religieux très peu mystique qui l'éloignait du catholicisme. M. Trésal en fait très finement la remarque : « Cette nouvelle aristocratie, commerciale et financière, comprenait le sentiment religieux à sa manière. Elle voulait un christianisme moral, raisonnable et utilitaire, accommodé aux besoins d'hommes très occupés par les affaires. Tout ce qui dans l'Eglise romaine est émotion, sentiment et imagination était au-dessus de sa portée; elle ne comprenait rien à l'enthousiasme religieux, aux splendides cérémonies de l'Eglise ; les monastères lui semblaient inutiles. » (p. 25).

Mais, en fin de compte, au début du règne de Henri VIII le séparatisme était encore assez indistinct et inconscient chez le peuple anglais qui, s'il s'éloignait de Rome, ne voulait certes pas s'en séparer complètement. Comme tendance nationale l'anglicanisme était peut-être bien au commencement du XVIe siècle moins accusé que le gallicanisme. Si un schisme doit avoir lieu il faudra donc qu'on l'impose.

Et il fut imposé de force malgré la résistance du clergé et de la population qui, si elle ne fut pas héroïque, n'en témoigne pas moins d'un attachement sincère au catholicisme. Anne Boleyn fut très impopulaire ; la nation était évidemment pour Catherine d'Aragon et pour le pape dans l'affaire du divorce. (cfr. p. 112). Trente ans après, les évêques nommés par Elisabeth trouvent parmi le peuple en visitant leurs diocèses beaucoup « d'opiniâtreté et d'obstination à conserver les habitudes religieuses papistes. » (p. 388).

Aussi bien les princes schismatiques ne réussirent-ils dans leur entreprise que grâce à des complicités intéressées. Ils avaient pour eux l'aristocratie et la bourgeoisie avec lesquelles ils avaient partagé les immenses dépouilles de l'Eglise et des monastères pour les acquérir au maintien du schisme en le leur rendant très profitable. Leur œuvre fut également facilitée par l'égoïsme des princes du continent qui « nécessairement mêlés aux conflits religieux dont souffre l'Angleterre, adoptent tous vis-à-vis de leur voisine, qu'ils s'appellent Charles-Quint, Philippe II, François Ier ou Henri II, une politique exclusivement guidée par leur intérêts personnels. » (p. 425). Dans l'affaire du divorce de Henri VIII et de Catherine d'Aragon en particulier la responsabilité de la France est très gravement engagée, et c'est un des principaux mérites et des plus neufs de la présente étude de l'avoir mis fortement en relief. Voici comment M. Trésal s'exprime sur cette question qu'il paraît bien avoir définitivement élucidée. « Jusqu'au jour où la divulgation du mariage secret d'Henri avec Anne [Boleyn] et le couronnement de la nouvelle reine produisirent en Europe un scandale criant, le gouvernement français avait appuyé le roi d'Angleterre dans sa lutte contre Rome de tout le poids de son influence morale. Il avait mis à son service toutes les ressources de sa diplomatie qui, à plusieurs reprises, fit entendre à Clément [VII] des menaces non déguisées et promis, par un traité d'alliance offensive et défensive, l'appui de ses armées contre le pape et l'empereur si Henri était attaqué à cause de l'affaire du divorce. En forçant le pape à différer la sentence de plusieurs années, la France a donné à son allié le temps d'organiser peu à peu le schisme, qui aurait été impossible sans cet appui moral et matériel, parce que l'Angleterre de 1530 n'avait ni armée, ni marine. » (p. 111). M. Trésal ajoute à la décharge de notre pays qu'il fut contraint à ces complaisances par les nécessités de la lutte contre Charles-Quint. D'ailleurs l'alliance de Philippe II avec Elisabeth fut l'exact pendant de celle de Henri VIII avec François Ier ; pas plus que le roi très chrétien Sa Majesté très catholique ne se fit scrupule de favoriser le schisme en retardant de tout son pouvoir les excommunications romaines.

Au milieu de toutes ces intrigues politiques les questions de doctrine n'eurent, on le comprend facilement, qu'un rôle secondaire et subordonné. Suivant que Henri VIII craint ou ne craint pas de voir le pape grouper contre lui le roi de France et l'empereur, il envoie au bûcher luthériens et calvinistes ou favorise leurs prédications. Les nombreux formulaires de foi que le gouvernement anglais fit publier au xvie siècle y compris le plus célèbre et le dernier, les 39 articles (1563. La date de 1562 donné p. 429 doit être une erreur. La liste chronologique, p. 446 donne 1563), sont des compromis, soit entre le catholicisme et le protestantisme, soit entre les diverses tendances de ce dernier, et ces compromis de la doctrine sont une fidèle image de ceux de la politique.

Le schisme anglican n'a donc pas été une scission spontanée mais l'œuvre arbitraire et artificielle de l'absolutisme royal. Ce jugement est sévère mais il n'est pas injuste, car il découle du récit même des événements et ce récit M. Trésal nous l'a donné, comme il a cherché à le faire « impartial, clair et puisé aux bonnes sources ». (Avertissement, p. XIII).

Une des preuves de la documentation très consciencieuse de notre auteur est le soin qu'il a apporté à la bibliographie. Il y a des bibliographies trompe-l'œil, tout en façade, où documents et ouvrages se suivent au hasard de l'ordre, ou plutôt du désordre alphabétique ou chronologique, listes qu'on peut dresser en moins d'une heure à l'aide d'un catalogue de bibliothèque et qui n'en imposent qu'à ceux qui ne les lisent pas. Celle du « Schisme anglican » est tout autre, elle est critique et raisonnée, documents et ouvrages y sont classés suivant le sujet qu'ils traitent et appréciés en des notices succintes mais précises, en un mot c'est un instrument de travail pour les chercheurs et non pas une parade pour le bon et naïf public.

A parcourir cette bibliographie on s'aperçoit que les sources consultées sont principalement ces admirables Calendars où le gouvernement anglais à fait publier en des éditions très scientifiques les actes publics, les archives du ministère de l'intérieur et la correspondance confidentielle des ambassadeurs pour de notables périodes du XVIe siècle. Ils ont permis à M. Trésal de suivre au jour le jour les fluctuations de la politique anglaise et d'en démêler l'écheveau parfois assez embrouillé.

Quant à l'impartialité, elle se manifeste par des appréciations judicieusement nuancées, exactement équilibrées dont quelques exemples feront mieux ressortir le mérite que le plus vif éloge. On sait avec quelle passion les historiens anglais ont parlé de la réaction catholique entreprise par la reine Marie. Or, voici en quels termes mesurés il est question de cette princesse dont on reconnaît cependant que la politique a été « maladroite autant que sanglante » (p. 350). « Ces documents (les papiers d'Etat) nous montrent la reine gouvernant son royaume, pendant une année et demie, sans verser une goutte de sang. Quand les réformés, mêlant la politique et la religion, eurent provoqué des révoltes dont le but réel était de la détrôner pour installer de nouveau la religion d'Edouard VI, elle se résigna à regret et après avoir épuisé tous les autres moyens, à adopter une politique de rigueur envers les hérétiques. Son éducation et l'exemple de son père (Henri VIII) l'avaient portée à croire à l'efficacité de ces mesures. La plupart de ses victimes ne se plaignirent pas de leur sort, parce que si elles avaient disposé du pouvoir, elles l'auraient fait servir à écraser les catholiques. C'est-ce que fera Elisabeth ». (p. 346-347).

Même mesure dans le jugement porté sur les Anglais qui prêtèrent le serment de fidélité à Henri VIII comme au chef suprême de l'Eglise d'Angleterre. On fait remarquer que le dogme de l'infaillibilité pontificale s'impose beaucoup plus clairement aux consciences catholiques de nos jours qu'au xvi*e* siècle ; que la papauté après le schisme d'occident, le scandaleux Alexandre VI, le mondain Léon X avait beaucoup perdu de son prestige ; que depuis Luther la juridiction du Saint-Siège était passionément discutée. Qu'enfin des âmes « d'ailleurs droites et sincères » ont pu se laisser prendre aux habiletés des formules présentées par les commissaires royaux et être rassurées par la présence des évêques qui assistaient aux serments. (p. 116). Justice est rendue à la fermeté d'âme de tels et tels hérétiques, comme l'évêque Hooper, le fondateur des sectes dissidentes (p. 269), James Hales, un « homme de haute valeur » qui fit opposition à la reine Marie (p. 345), de l'évêque Latimer qui fut brûlé pour sa foi calviniste. (p. 329).

Quant à « nos frères séparés » dans leur ensemble ils sont traités avec la plus grande courtoisie, et pour conclure l'espoir est exprimé qu'ils reviendront à l'église catholique qui a besoin de l'esprit raisonnable et pratique, des fortes qualités de la race anglaise ». (p. 427).

Grâce à toutes ces qualités l'ouvrage de M. Trésal a cette heureuse fortune de se recommander en même temps au grand public et aux spécialistes.

Ces derniers y trouveront un cadre fort commode, des indications précieuses et sûres pour des monographies détaillées sur la période qu'il couvre. Le commun des lecteurs y goûtera l'intérêt d'un récit clair, bien ordonné, que n'encombre pas une documentation aussi discrète que consciencieuse et où se trouve juste assez d'idées générales pour qu'on s'élève de la pure érudition à l'histoire véritable ; il gardera le souvenir de quelques portraits bien réussis, tels ceux des souverains anglais et de leurs principaux conseillers, Wolsey, Cronwell, Cranmer, Gardiner ; il sera même ému, par le récit, d'une simplicité si délicate, des derniers jours des victimes de Henri VIII, l'évêque Fisher et Thomas More. « Les origines du schisme anglican » sont donc tout à la fois un très sérieux travail d'archives et un livre de lecture facile et parfois captivante : le mérite n'est pas banal.

Etienne MAGNIN.

121. — **La vente des biens nationaux pendant la Révolution française**, par Am. VIALAY; Paris, Perrin, 1908, in-8°, xi-350 p. Prix : 5 fr.

Cette étude est un mémoire présenté à l'Académie des Sciences morales et politiques pour le Concours Rossi et récompensé par elle. M. V. l'a divisé en deux parties. Les trois premiers chapitres exposent la législation : nationalisation des biens de première et deuxième origine, mise en vente, réglementation de l'aliénation. Les Chapitres IV à VIII étudient les ventes elles-mêmes; le Chapitre IX contient les conclusions « économiques et sociales ».

La première partie est la meilleure. C'est aussi la plus facile à traiter. M. V. a analysé les décrets des assemblées révolutionnaires, les discussions qui les ont précédés, les mesures réglementaires qui les accompagnent. De quels textes se sert-il ? Il ne le dit pas, et renvoie seulement aux séances des assemblées, avec la date, sans plus. Il est probable qu'il se sert du *Moniteur*, ou peut-être de Buchez et Roux ; je doute qu'il utilise le procès-verbal, qui seul fait foi. Son exposé est assez complet, quoique pas toujours clair, et quelquefois mêlé de jugements généraux sans grand rapport avec le sujet ; en somme, cette première partie est utilisable et rendra des services.

La deuxième partie manque de base. Il y a déjà un assez grand nombre de travaux, bons ou mauvais, sur les ventes nationales dans les départements. Surtout il y a aux archives nationales des relevés faits sous le Directoire, sur l'ordre du Ministre de l'Intérieur, par les administrations locales. M. V. néglige à peu près ces deux sources. Il utilise surtout ses propres recherches, limitées aux deux départements de la Seine et de la Côte-d'Or. Ses conclusions sont très déduites, et valables pour ces deux cas particuliers, mais nullement pour l'ensemble du territoire. M. V. dit lui-même que pour « l'examen complet des opérations faites sur tous les points du territoire » les moyens manquent, et que seul l'Etat peut entreprendre le travail de récolement et de publications indispensables tout d'abord. Il l'a entrepris en effet, et il faut attendre la fin de cette enquête pour conclure valablement. M. V. estime qu'on peut dès maintenant suppléer au nombre par la sincérité et la précision des renseignements : « Quelques rameaux détachés d'un arbre ne peuvent-ils suffire pour en faire connaître la nature et les fruits? » Pure métaphore ; il ne s'agit pas d'un arbre, mais d'une forêt.

Le livre de M. V. ne répond donc guère, et ne peut répondre, à la question posée trop tôt par le Concours Rossi. L'auteur fait preuve de qualités, sinon de méthode, au moins d'investigation. Il voit bien l'intérêt de son sujet et les points intéressants à élucider. Il pourra reprendre ce travail dans quelques années sans doute, beaucoup plus utilement cette fois, et sans doute avec succès.

R. G.

---

122. — Un état neutre sous la Révolution. La Chute de la République de Venise (1789-1797), par André BONNEFONS. Paris. Perrin, 1908, in-8°. xx-336 p. Prix : 5 fr.

Après Daru, Dandolo, Romanni, Bonnal, Kovalevski, d'autres encore, M. B. a entrepris de raconter la chute de la République Vénitienne. Il avait certainement du nouveau à dire et l'apparition du livre était justifiée. Après l'avoir lu, sans déplaisir, car le style de M. B. est facile, malgré quelques faiblesses ou incorrections échappées à l'auteur, on ne saurait dire que le volume soit propre à remplacer avantageusement ceux qui ont déjà paru sur ce sujet ; l'enquête consciencieusement conduite par M. B. n'a pas été assez étendue et sa méthode n'est pas toujours excellente.

Les Archives des affaires étrangères à Paris et les « Archives de l'ancienne République de Venise » sont les deux seules sources manuscrites où M. B. ait puisé. A Paris, il n'a consulté que les volumes de la *Correspondance politique*, sans voir à ce qu'il semble, ni les *Suppléments* de cette correspondance, ni les volumes de *Mémoires et Documents*. Il n'a pas fait de recherches aux archives nationales, où il y a de nombreuses pièces intéressantes sur la mission de Guerini. La façon dont il cite les dépêches de cet agent et de ses prédécesseurs à Paris n'est pas assez précise pour qu'on sache si les textes cités sont pris sur les originaux à Venise ou sur les excellentes copies de la Bibliothèque nationale. Aucun autre document diplomatique, allemand, anglais ou italien, par exemple, n'est utilisé. M. B. paraît ignorer les recueils de Bailleu, Zeissberg, Hüffer, Polovtsof, la Correspondance de Greuville, celles d'Auckland, de Drake, etc. Les travaux d'historiens lui sont aussi peu connus. Il cite dans une courte bibliographie, deux études de Vivenot, dont il ne s'est guère servi dans le cours de l'ouvrage, et il n'utilise pas Sybel, Herrmann, Sciout, Hüffer, Perini, Tivaroni ; il ignore le *Landrieux* de M. Grosilier, et même le principal ouvrage de Kovalevsky, *La fin d'une aristocratie*, paru en 1902 ; à plus forte raison l'instructive brochure de Perl, *Napoléon in Venetien*.

Malgré ces graves lacunes, une analyse attentive et complète des documents diplomatiques français pouvait servir. Celle de M. B. paraît faite un peu rapidement, autant qu'on en peut juger par ses références, pas toujours assez précises. La question la plus délicate, celle de l'affaire Barras-Wiscowich-Querini n'a pas été élucidée. Après avoir (p. 221) raconté sommairement l'offre de lettres de change faite à Barros par Querini, M. B. déclare (p. 273) que *le Directoire* exigea le paiement de la première de ces lettres. On aimerait à savoir sur quel texte s'appuie cette affirmation. M. B. aurait trouvé facilement, aux archives nationales et dans les *Mémoires de Larevellière-Lépeaux* les éléments de discussion et de jugement qui lui manquent sur ce point important. Les insuffisances de ce genre sont malheureusement trop fréquentes dans son ouvrage.

R. GUYOT.

---

123. — **Mémoires sur Lazare Carnot (1753-1823)**. Nouvelle édition par H. CARNOT (1801-1888). Paris, Hachette, 1907, 2 vol., in-8°, 607 et 647 p. Prix : 15 fr.

Cette nouvelle édition, annoncée comme la seconde par un avertissement anonyme placé en tête du t. I*er*, est en réalité la troisième. L'ouvrage, paru en 1861 sous le titre: *Mémoires sur Carnot publiés par son fils*, a été réédité tel quel en 1893 par la Librairie d'Education de la Jeunesse. La présente réimpression est accompagnée de 23 héliogravures tirées des collections de la famille, et qui ont été exécutées avec un soin tout particulier. Si quelques-unes de ces illustrations sont d'un intérêt contestable, d'autres, au double point de vue de l'art et de l'histoire, sont de première importance : tels les portraits de Lazare Carnot, de sa femme et de ses fils par Boilly. C'est ce qui fait le principal mérite et à peu près la seule nouveauté de ce dernier tirage. Car bien que les deux volumes s'annoncent comme « revus sur les manuscrits de l'auteur », cette révision est vraiment trop peu de chose. La « main respectueuse » à qui on l'a confiée aurait pu, sans faire tort à son respect, montrer plus de diligence. Hippolyte Carnot manquait de méthode ; il cite indistinctement comme textes émanés de Carnot, sans aucune référence, des notes manuscrites, des correspondances, des récits verbaux, des documents imprimés, par exemple la *Réponse à Bailleul*, Carnot-Feulint, dans l'*Histoire du Directoire Constitutionnel*, conteste l'authenticité de ce dernier ouvrage. Pourtant, il figure, p. 638 du t. II, parmi les ouvrages de Carnot, mais on nous dit que toutes les éditions sont incorrectes. Il y a donc un manuscrit ? Pourquoi ne pas le réimprimer, ou du moins indiquer les corrections. De même, la Correspondance saisie chez Carnot au 18 fructidor contenait, l'inventaire déposé aux archives nationales en témoigne, des lettres très intéressantes qui ne figurent ni dans les recueils comme la *Correspondance Panckoucke* ni dans les présents *Mémoires*. Ces lettres sont-elles perdues ? Les réserve-t-on pour la publication confiée à M. Charavay par le Ministère de l'Instruction publique ? Il y aurait intérêt à l'indiquer. Enfin, depuis 1861 et même depuis 1893, les documents mis au jour sur l'histoire du Directoire ont été extrêmement nombreux. Les mémoires de Larevellière, ceux de Barras ont paru. Ne pouvait-on indiquer, au moins sommairement, les concordances et les différences, et lorsque celles-ci sont graves, emprunter, si possible, aux souvenirs ou papiers de famille quelques éclaircissements ? A tout le moins il semble qu'on pouvait corriger les fautes de copie, comme celle (t. II, p. 124) qui en substituant le mot *ennemis* au mot *amis*, rend inintelligible une phrase à la fin de la lettre du 14 messidor an V. La maison Hachette a soigné comme de coutume cette publication, et l'on n'y trouve peut-être pas une faute d'impression proprement dite. C'est presque une raison de plus pour regretter, dans l'intérêt du travail historique, que cette nouvelle édition, gravures mises à part, ne soit nouvelle que de nom. R. G.

124. — **Correspondance du duc d'Enghien (1801-1804)** et documents sur son enlèvement et sa mort, publiés par le Comte Boulay (de la Meurthe). Tome II. Paris, Picard, 1908, in-8°, 470 p. (portrait). Prix : 8 fr.

Ce deuxième volume complète l'important recueil de M. B. de la M. On y trouvera reproduites, non seulement des pièces qui figurent déjà dans Nongarède, et dans d'autres publications analogues, sur l'affaire d'Ettenheim et le drame de Vincennes, mais un assez grand nombre de lettres et de relations inédites. Beaucoup sont empruntées aux dépôts d'archives français ou étrangers (Vienne, Naples, Stockholm, Berne, Saint-Pétersbourg, etc.) Quelques documents viennent aussi de collections particulières. Le choix de ces pièces nouvelles a en général été bien fait, et il y a beaucoup de choses intéressantes notamment dans la « Partie VI » sur le complot de Pichegru et la découverte qui en fut faite par la police.

La première moitié de la Partie VII paraît un peu trop diplomatique pour le sujet. Le choix des documents réimprimés, et la manière dont ils sont reproduits surprend davantage. On voit mal par exemple pourquoi ce témoignage d'Hulin n'est que cité brièvement en note (p. 333), tandis que celui de Pasquier, qui est de seconde main, figure tout au long dans le texte (p. 342-4), et que des deux récits de Savary, un seul, le plus éloigné des événements, est reproduit. D'une façon générale, le recueil ne paraît pas fait très méthodiquement, pour les pièces imprimées du moins, et la critique des témoignages, reléguée naturellement dans les notes, est parfois hésitante. Il semble bien résulter du travail de M. B. de la M. que la participation du duc d'Enghien au « complot de l'an 12 » n'est aucunement prouvée. Il faut probablement, du reste, renoncer à être jamais tout à fait fixé là-dessus, puisque les papiers saisis à Ettenheim ne furent pas soumis à la commission militaire et qu'ils ont disparu en 1814. M. B. de la M. n'explique pas non plus, sinon « par des circonstances fortuites » qu'il ne précise pas, la négligence singulière de Réal, chargé par Bonaparte d'aller lui-même à Vincennes, pour diriger l'interrogatoire, et qui n'y alla que le lendemain matin, après l'exécution.

En somme, l'illégalité du jugement ne fait pas de doute — il y a longtemps; — la question de culpabilité reste assez douteuse.

L'édition est faite avec le soin qui caractérise les publications de la société d'histoire contemporaine. Les références aux archives sont toutefois beaucoup trop vagues, et il y a un singulier parti-pris d'écrire toujours : *Freiburg, Salzburg, Augsburg, Württemberg, Schaffhausen,* et même *Weissenburg.* Pourquoi dès lors écrire : Brisgau, Strasbourg, Bavière, Berne, Francfort, et non *Breisgau, Strassburg, Bayern, Bern, Frankfurt,* etc. ? Lire : p. 228, n., Sassbach; p. 367, Araujo. R. GUYOT.

---

125. — L'Eglise de France sous la troisième République (1870-1898, par M. E. LECANUET. — Paris, 1907. Libr. Vve Ch. Poussielgue, 15, rue Cassette. — 1 vol. in-8°, VII-567 pages.

« En écrivant la *Vie de Montalembert* — dit l'auteur dans les
» premières lignes de son Avant-propos —, c'est l'histoire de l'E-
» glise de France au XIX° siècle que nous avons racontée, avec ses
» combats et ses victoires, sa renaissance et ses déchirements. Ce
» sentiment était si profond en nous, qu'après avoir décrit les
» derniers jours et la mort de notre héros, il nous sembla que
» l'œuvre restait inachevée et qu'il convenait de suivre, au moins
» jusqu'à la fin de ce siècle agité, les destinées de cette Eglise
» que Montalembert avait si bien servie et qu'il aimait à appeler
» sa mère ».

M. l'abbé Lecanuet ne se montre pas moins serviteur ardent et fils aimant de cette Mère Sublime, et le nouveau monument qu'il a entrepris d'élever à la gloire de l'Eglise de France est digne en tous point de ses œuvres précédentes : BERRYER et MONTALEMBERT.

Allumée par une secte infernale, poursuivie par un gouvernement aveugle, qui semble prendre à tâche de ruiner tout ce qui conserve les intérêts les plus sacrés et la vie même de la France, — la guerre religieuse sévit chez nous avec la fureur des plus mauvais jours. Les événements d'aujourd'hui ne sont, du reste, que l'évolution logique des idées et des faits dont notre savant auteur a entrepris la douloureuse histoire.

Son livre y prendra donc un intérêt de saisissante actualité et le récit des premières luttes ne pourra que nous servir d'utile leçon pour les luttes de l'heure présente.

.⁎.

1870-1878 : quelle période de notre histoire fut jamais remplie d'événements plus mémorables! Guerre contre l'Allemagne, débuts de la troisième République et Commune de Paris, question romaine, tentatives de restauration monarchique, liberté de l'enseignement supérieur, lutte suprême de la politique conservatrice contre la libre pensée et l'anarchie déjà menaçante, — le cycle s'achève par l'échec du seize mai, tandis qu'à nos portes Victor Emmanuel s'éteint, précédant d'un mois à peine dans la tombe le grand Pape Pie IX.

Nous ne pouvons suivre dans le détail les chapitres de la période parcourue par M. l'abbé Lecanuet ; ce simple compte-rendu doit être limité aux questions d'*Education et d'Enseignement*, qui sont l'objet et le but principal de ce BULLETIN.

.⁎.

Il nous est cependant impossible de ne pas insister sur le premier chapitre du livre: *Le parti républicain et l'Eglise avant 1870*, qui peut être considéré comme l'introduction de l'ouvrage tout entier. « C'est, nous dit l'auteur, le tableau très restreint des rap-
» ports qui, depuis la Révolution Française jusqu'à l'avènement
» de la troisième République, ont existé entre l'Eglise Catholique
» et ce que j'appellerai l'opinion républicaine ». Nous y voyons démontrée, par des faits matériels indéniables, la permanence à l'égard de l'église, de l'état d'esprit hostile et défiant du parti républicain qui, « n'a point cessé de se recruter presque exclusive-
» ment parmi les ennemis les plus irréconciliables de l'Eglise ».

Les fameux *ancêtres* ont débuté par les échafauds de 1792, leurs petits-fils fusilleront les otages en 1871. Suivons-les rapidement entre ces deux dates sinistres.

Pendant le Consulat et l'Empire et sous la rude main de Bonaparte, ils se taisent. Mais, dès la Restauration, « il va de soi qu'un

» libéral en politique était voltairien en religion. L'on réédite les œuvres de Rousseau et de Voltaire ; et, dans le court intervalle de 1817 à 1824, treize éditions du premier et douze éditions du second sont publiées. Sous Louis-Philippe — la meilleure des Républiques —, l'idéal des *jeunes* du parti républicain, dont Godefroy Cavaignac est le chef, est la terreur : « l'apologie du régime révo-
» lutionnaire constitue toute leur doctrine ». Ils font réimprimer
» les discours de Saint-Just, de Marat et de Robespierre, moins
» toutefois le discours de ce dernier sur l'Etre Suprême ».

Les « jeunes » de 1830 sont devenus les modérés de 1848, mais derrière « les bourgeois du gouvernement provisoire », les violents et les exaltés du parti républicain brûlent d'arriver au pouvoir, et trépignent d'impatience et de haine. Ce sont eux qui affoleront le pays et seront, en fin de compte, la cause et les véritables auteurs du coup d'Etat du 2 décembre. Ce sont eux dont Victor Hugo se fait, par une subite évolution, le porte-parole, au sujet de la loi Falloux : « La loi sur l'enseignement, dit-il, est l'œuvre
» du parti clérical. Or, je dis à ce parti : Je me méfie de vous :
» instruire, c'est construire : Je me méfie de ce que vous construi-
» sez... Je ne veux, hommes du parti clérical, ni de votre main,
» ni de votre souffle sur les générations modernes... etc... » Barthélemy Saint-Hilaire, Jules Favre, Pascal Duprat, Edgar Quinet, combattent avec le même acharnement la loi de liberté. « Sé-
» paration de l'Ecole et de l'Eglise, de l'instituteur et du prêtre, de
» l'enseignement et du dogme... » s'écrie le dernier : — n'est-ce pas le programme aujourd'hui réalisé et dont nous comptons, par les ruines accumulées de la morale aussi bien que de la prospérité matérielle de la France, les résultats acquis !

Par le livre et par la presse, parfois ouvertement mais surtout par l'action des sociétés secrètes et par la première d'entre elles, la franc-maçonnerie, — le parti républicain poursuit ses attaques.

La fin du Second Empire voit éclore une nouvelle génération pire encore que les précédentes. « Ils (Les jeunes républicains) ne
» croient à rien ; ils traitent leurs anciens de *vieilles barbes* ou de
» *ganaches* ; ils sont positivistes, matérialistes ou sceptiques » A côté des bons libéraux qui réclament les « libertés nécessaires », Jules Ferry au nom de son parti demande, dans son programme

électoral de 1869, les « destructions nécessaires », la « séparation absolue de l'Eglise et de l'Etat ».

Hélas ! l'ennemi est déjà à nos portes et, à peine une année plus tard, les armées allemandes accompliront, elles aussi, les *destructions nécessaires* à l'ambition germanique. L'Empire s'effondrera, et la France n'achètera la paix qu'au prix de la *séparation brutale* de ses deux chères provinces de l'Est et d'une rançon de cinq milliards.

.˙.

Ce que fut l'Eglise de France pendant la guerre et pendant la Commune, tous le savent. L'hommage a été unanime rendu à son dévouement et à ses sacrifices : la mort ne compte même pas pour elle. Pourquoi aux victimes tombées sous les balles étrangères, égarées au moins, faut-il ajouter les hécatombes fratricides de la Commune !

1870 et 1871, plaies encore saignantes ! Ces deux années tiennent, dans le livre de M. l'abbé Lecanuet, la place à laquelle elles ont droit.

Nous ne pouvons tenter de résumer les deux chapitres II et III qui leur sont consacrés. Il faudrait tout citer de l'œuvre, où l'âme si délicatement française de l'auteur se répand toute entière. C'est la gloire de notre terre de France d'inspirer des pages semblables.

.˙.

Le chapitre IV est consacré à la question romaine et le chapitre V aux tentatives de restauration monarchique.

Pour maintenir la France au degré d'affaiblissement où l'avait un instant réduit la guerre de 1870-71, Bismarck devait continuer la lutte contre deux adversaires, chez lesquels il sentait les principales forces susceptibles de s'opposer à ses desseins : la Papauté et la Monarchie. Contre la Papauté il eut un allié tout trouvé, Victor Emmanuel ; aux spoliations de celui-ci, il ajouta la menace répétée d'une nouvelle invasion contre nous : la Papauté fut vaincue dans l'ordre des choses temporelles, mais son prestige moral grandit au-delà même de ce qu'elle perdait matériellement. Contre la monarchie, le chancelier de fer n'eut pas de peine à exciter les tenants du parti républicain ; un concours indirect lui vint malheureusement de la division même des monarchistes et des idées plus absolues que justes et pratiques de leur chef.

Tirons un voile sur ces tristes débats, d'où seul le radicalisme sortit vainqueur avec l'insolente devise de son chef « Le cléricalisme, voilà l'ennemi », qui endormit nos revendications patriotiques et fut le mot d'ordre d'une guerre religieuse qui n'a pas cessé depuis.

.'.

Au moins, un peu de consolation nous vint de l'œuvre nettement religieuse de l'Assemblée nationale. Elle s'affirma dans le vote des deux lois relatives : l'une à l'érection de la Basilique du Sacré-Cœur à Montmartre, l'autre à la liberté de l'enseignement supérieur.

Les efforts du « parti républicain » ont échoué contre la volonté de l'âme française réclamant énergiquement les « réparations » aussi bien que les « garanties nécessaires » à sa foi et à ses traditions de vraie liberté. C'est également dans cet esprit que le Conseil supérieur de l'instruction publique est réorganisé par la loi du 19 mars 1873 : les évêques sont admis à en faire partie.

Le budget des cultes est augmenté progressivement de 1870 à 1876 ; les prêtres font partie des conseils de bienfaisance, l'aumônerie militaire est rétablie, enfin la loi du 12 juillet 1875 consacre la liberté de l'enseignement supérieur et les Universités Catholiques se fondent aussitôt, à Paris, Lille, Angers, Lyon et Toulouse.

Avant de se séparer, l'Assemblée Nationale vote des prières publiques.

Toute la vie de notre pays ne tient-elle pas dans cette courte énumération, et ne semble-t-il pas que l'abrogation de chacune de ces lois ne pourra qu'enlever un élément vital au pays lui-même?

Aussi quel intérêt passionné dans les pages qui y sont consacrées, et comme elles reposent des désarrois et des « incohérences » officielles d'aujourd'hui !

.'.

Après le VI⁰ chapitre tout entier rempli par l'œuvre religieuse que nous venons de résumer, viennent dans les chapitres VII, VIII, IX, X et XI l'histoire proprement dite de l'œuvre catholique en France. L'épiscopat et le recrutement du clergé, les comités catholiques, les œuvres spéciales de l'apologétique, de la prédication et de la presse, celles des écoles, de la charité et des dévotions chrétiennes, les cercles catholiques d'ouvriers, les missions catholiques françaises, — tous les sujets sont abordés et étudiés aux sources les plus sûres et les mieux documentées.

On sent comme un souffle de renouveau et de résurrection passer après nos désastres sur la France toute entière, qui se ressaisit et reprend sa place à la tête des nations.

Mais l'ennemi veille, implacable et jamais désarmé, l'ennemi intérieur après l'ennemi du dehors. « La libre pensée attaque l'E-
» glise sur tous les terrains à la fois, et chacune des victoires mar-
» quera, après l'arrêt dans l'essor reconquis par la France, la di-
» minution de son rôle et de son influence graduée systématiquement par ses ennemis, en attendant l'abandon définitif de son rang séculaire de première nation catholique.

Libre pensée et franc-maçonnerie, question romaine et seize-mai, sous ces titres suggestifs se partagent les deux derniers chapitres de ce premier livre, qu'on lit avec la même avidité que ceux du début. On sent, en effet, que chaque coup porté contre l'Eglise atteint la France elle-même dans les éléments essentiels de son existence.

.*.

Aujourd'hui, nous ne comptons plus les coups répétés des anti-catholiques, — anti-français plus ou moins inconscients ; — mais, il semble que le réveil sonne des revendications tardives peut-être, mais qui n'en seront que plus énergiques.

Les discussions du « Syllabus » sont passées ; passées également les inutiles querelles des libéraux et des ultramontains. L'épiscopat français groupé autour du Pape dans une union absolue, donne au monde entier le spectacle d'une incomparable grandeur : il nous fournit à nous-mêmes, l'exemple le plus réconfortant et des guides infaillibles.

Aussi, redisons-nous avec confiance ces paroles qui terminent l'avant-propos du livre dont nous venons de présenter une trop imparfaite esquisse : « Malgré qu'à l'heure actuelle l'avenir soit » bien sombre, nous croyons d'une foi inébranlable qu'une ère » nouvelle se lèvera pour l'Eglise de France, et que le jour revien- » dra pour elle de la justice et de la liberté ».

Léon ADAM.

---

126. — L'Origine des Aquitains, par l'abbé ESPAGNOLLE. Bureaux du « *Mémorial* ». Pau, 1908.

A quelle race appartiennent les populations de l'ancienne Aquitaine, c'est-à-dire de la région comprise entre la Garonne et les Pyrénées? Question singulièrement obscure et depuis longtemps débattue. On a vu tour à tour dans les Aquitains des Aborigènes, des Grecs, des Ibères, des Phéniciens, des Gaulois et même des Carthaginois. Mais ces diverses opinions ont le défaut commun de s'appuyer sur des données vagues et confuses et d'être plus ou moins le produit de l'imagination.

M. E. apporte aujourd'hui une solution qui, croyons-nous, mérite d'être examinée de près : d'après lui, les Aquitains sont d'origine grecque.

Au reste, la thèse, qui au premier regard surprend au point de sembler paradoxale, intéresse les linguistes autant que les historiens proprement dit : elle se fonde, en effet, moins sur des faits et de longs raisonnements, que sur l'explication de quelques centaines de mots et de tournures qui révèlent la grécité des patois pyrénéens. Or trouver l'idiome, dit M. Espagnolle, c'est découvrir la nationalité. Si la langue aquitanique est grecque, la population l'est aussi.

L'opinion de M. E., sur le dialecte de l'Aquitaine n'est pas nouvelle. Plus d'un helléniste y avait déjà découvert avec étonnement nombre de mots grecs, bien conservés, mots populaires et se rapportant aux choses de la vie commune. Bien plus, on avait distingué depuis longtemps, dans ces patois, non seulement des mots grecs isolés, mais des tournures grecques et jusqu'à des phrases entières.

Comment ces mots, ces hellénismes étaient-ils là? Certains savants avaient simplement constaté le fait, sans chercher à l'expliquer; d'autres, surtout dans ces derniers temps, avaient déjà soutenu que le fonds des patois pyrénéens était grec. Malheureusement leur argumentation était plus spécieuse que solide.

A nos yeux, M. E. est allé plus loin que ses devanciers par la voie qu'ils lui avaient ouverte.

Il n'a pas embrassé d'ailleurs dans son étude tous les dialectes de l'Aquitaine; il a borné ses recherches au *béarnais*, faisant observer avec juste raison que tous les parlers de la Garonne aux Pyrénées, sont de même souche et que les preuves tirées de l'un pourraient être également tirées des autres.

Quelles sont ces preuves? Tout d'abord, la toponymie en fournit de très précieuses. Il y a dans le Béarn une foule de noms de lieux qui par leur physionomie et leur sonorité sont absolument grecs. Qu'on en juge par les suivants : Abos, Abidos, Arros, Athos, Baliros, Bardos, Cabidos, Caubios, Escos, Gelos, Lagos, Lobos, Mialos, Payros, Puzos, Urdos, Uzos. En outre les trois mots : Béarn, Aquitaine, Pyrénées paraissent bien venir de Πιάρ, terre grasse, de Ακκιταν, rivage de la mer, de Πυρηνίαν, montagne de feu.

De la même source sortent, selon toute apparence, divers noms de famille très répandus dans le pays : Barthe, Puzo, Puzoulet, Laborde, Pouëy, Lamotte, Tuco, etc., etc. Leur signification autorise une telle conjecture.

C'est encore au grec, principalement au dialecte dorien, qu'il faut demander l'étymologie d'un grand nombre de mots usuels; noms désignant les divers membres d'une famille; — noms de différentes parties du corps humain; — noms de principaux animaux du pays; — noms d'un grand nombre d'oiseaux; — noms des vêtements et des chaussures; — noms de plusieurs ustensiles et de plusieurs instruments.

Une foule d'autres termes — substantifs, adjectifs, pronoms, verbes, adverbes, prépositions, conjonctions, — qui, par leur forme pittoresque ou leur saveur de terroir, sont très caractéristiques du patois béarnais, portent incontestablement le cachet de la langue grecque. Sans doute ils ne sont pas entièrement semblables à leurs étymologies; en traversant les âges, la plupart, on le conçoit, se sont plus ou moins altérés et défigurés. Mais la marque de leur origine n'est pas effacée, il y a même une centaine de vocables qui n'ont subi aucune déformation, aucune usure appréciable.

Les nombreux exemples dont s'illustre la thèse de M. E. — nous regrettons de ne pouvoir en citer quelques-uns — deviennent autant d'arguments décisifs.

Reste un point délicat sur lequel il s'agit de porter la lumière. Quel a été le rôle du latin dans la formation des patois pyrénéens? N'a-t-on pas, dans le livre qui nous occupe, sinon méconnu, du moins diminué ce rôle? Un certain nombre de mots béarnais sont de source latine, cela est de toute évidence. Il y en a beaucoup d'autres qui paraissent relever du latin aussi bien que du grec. Pourquoi, dans ce cas, trancher la question en faveur du grec. — On peut résumer de la façon suivante la réponse de M. E. : Il y a très peu de latin dans le Béarnais, et ce peu y a été introduit par l'Eglise, non par les légions de César. — Le latin ayant une ressemblance frappante avec le dorien, il est naturel qu'une foule de mots patois paraissent avoir une double origine. Le béarnais a tiré du grec la plupart des termes usuels et notamment ses verbes les plus importants; on ne saurait les rattacher au latin, puisqu'ils n'ont aucune affinité avec les vocables de cette langue. N'est-il pas logique de dériver aussi du grec, où ils ont leurs étymologies, quelques centaines de mots qui pourraient absolument venir du latin.

Ajoutons que ces termes gréco-béarnais sont très anciens : il y en a une grande quantité que l'on chercherait vainement dans les œuvres d'Homère ou d'Hésiode. Tous ne sont pas non plus mentionnés dans le Thésaurus de Henri Estienne; c'est dans le lexique d'Hésychius qu'on les rencontre. Or ce savant, qui vivait vers la fin du second siècle de notre ère, a recueilli les débris — plus de 50.000 mots — de la langue primitive de la Grèce. — On doit conclure de ce qui précède que le béarnais remonte au grec archaïque, qu'il n'est autre chose que le dialecte dorien.

Première conclusion qui, suivant l'opinion de M. E., en implique une seconde : s'il est vrai que deux peuples qui parlent la même langue sont de même race, de même sang, on doit affirmer sans hésitation que les Béarnais, ainsi que les autres populations de l'Aquitaine descendent des Grecs.

Cette affirmation s'accorde d'ailleurs avec une des plus antiques traditions des Aquitains. Ceux-ci, en effet, si nous en croyons Timagène et Ammien Marcellin, prétendaient être de race grecque. Et le témoignage de ces historiens est corroboré par saint Jérôme, qui écrit en parlant des Gaulois : « Si l'on voit aujourd'hui tant d'orateurs parmi eux, il faut moins en chercher la raison dans l'étude assidue qu'ils font de l'art de bien dire que dans leur goût naturel pour la réthorique, surtout les *Aquitains* qui *se vantent de descendre des Grecs* : *maxime quum Aquitaina Græca se jactet origine.*

La thèse que nous venons de résumer est-elle aussi sérieuse que séduisante? En ce qui concerne les dialectes aquitains, nous ne doutons pas que le grec n'en constitue l'élément primitif et caractérisque. Peut-on ajouter : l'élément encore dominant? Oui, pourvu toutefois que l'on admette l'identité du dorien et du latin. Cette réserve faite, nous pensons que M. E., grâce aux ressources d'une rare érudition et d'une critique clairvoyante a résolu un important problème de linguistique.

Sa démonstration est-elle aussi convaincante en ce qui a trait à la race des Aquitains? Peut-on affirmer que les populations pyrénéennes descendent des Grecs? A notre avis, la preuve philologique, même renforcée par la preuve tirée de la tradition, n'autorise pas une conclusion aussi hardie, aussi absolue. L'exemple des Etats-Unis d'Amérique n'infirme-t-elle pas cette sorte d'axiome : trouver l'idiome, c'est découvrir la nationalité? Que des Grecs se soient fixés, à une époque préhistorique, dans le Sud-Ouest de la France, cela est très probable. Mais si l'on songe que cette région a été tour à tour envahie et occupée par les Vandales, par les Wisigoths, par les Vascons, par les Sarrasins, par les Normands et par les Anglais, on peut se demander si l'antique colonie dorienne n'a pas été en grande partie submergée sous le flot de ces invasions. Selon nous, la population aquitanique représente un agrégat de races diverses; la race grecque y est-elle plus marquée que les autres? Cela est vraisemblable, mais difficile à prouver. Quoi qu'il en soit, nous devons féliciter M. E., dont l'ouvrage, outre son indiscutable valeur au point de vue linguistique, est une originale et précieuse contribution à l'histoire.   Emile SOULAGNET.

127. — **Andegaviana,** par P. Uzureau, directeur de l'*Anjou historique*, 7° série. Paris, Alphonse Picard, in-8°, 548 **pages,** Prix : **4** fr.

Voici la septième série (et non la dernière, j'espère) de documents relatifs à l'Anjou. L'on a voulu faire une chicane à M. Uzureau du pêle-mêle dans lequel il présente ses documents. Cet inconvénient, si c'en est un, dans l'espèce, est bien atténué par la table des matières, où l'ordre chronologique est rétabli. Comme il s'agit de pièces le plus souvent indépendantes les unes des autres, peu importe l'ordre où elles se présentent. Si j'avais un vœu à formuler, ou plutôt à exprimer de nouveau, car je crois l'avoir déjà fait, ce serait de voir l'infatigable érudit qu'est M. l'abbé Uzureau, nous donner enfin une table onomastique qui permît d'utiliser aisément la masse de matériaux mis à la disposition des travailleurs. Je crois qu'il eût mieux valu en donner une à chaque série, mais si l'auteur se réserve de dresser une table générale, nous n'aurons perdu que le temps qu'il nous la fait attendre. Comme les séries précédentes, celle-ci se compose de documents d'importance forcément inégale, mais aucun ne se trouve complètement dépourvu d'intérêt, et le plus grand nombre complète heureusement les informations données précédemment.

C'est toujours l'époque révolutionnaire qui a, sinon la meilleure part, du moins la plus large. Le plus considérable et l'un des plus curieux de ces documents est le récit de sa captivité et des autres péripéties qu'il eut à subir, fait par l'ancien juge du tribunal du district de S. Florent-la-Vieil, Joseph Clémenceau, sous le titre : *Le prisonnier de la Vendée, anecdote historique* 352 sqq. Il le rédigea du 20 au 30 mars 1825. Le manuscrit, communiqué à M. Uzureau, était resté inédit, comme du reste les autres œuvres de Clémenceau qui mourut en 1833, âgé de 74 ans. Composé plus de trente ans après les événements, cet écrit ne reflète plus sans doute qu'imparfaitement les sentiments éprouvés par l'auteur, au moment même où ils se déroulaient. Tel qu'il est, ce journal est très curieux, et l'on ne peut que remercier M. Uzureau de l'avoir publié. Outre qu'il a dû faire tressaillir de joie l'âme républicaine de l'auteur, il nous permet de nous rendre compte de la façon dont Clémenceau appréciait les hommes et les choses qu'il avait vus de près. Il va sans dire que les Patriotes sont le plus souvent autant de petits saints, pétris de qualités et de vertus, tandis que leurs adversaires ont en partage tous les vices et tous les crimes. Malheureusement pour ces bons patriotes, ils sont connus autrement que par leurs panégyristes. Leurs faits et gestes authentiques déposent terriblement contre eux. Des pièces fort intéressantes aussi sont celles qui concernent l'instruction publique. Relisez plutôt les lignes extraites du « compte décadaire », adressé le 18 janvier 1798, au commissaire du directoire exécutif, près l'administration centrale du département de Maine-et-Loire, par le citoyen Guillier de la bouche, commissaire du même directoire, près l'administration municipale d'Angers. Voici ce que dit Guillier des écoles primaires : « Nous avons visité quelques-unes de ces écoles, les plus nombreuses et les plus en vogue. Nous y avons trouvé des instituteurs habiles. L'instruction y est bonne pour la lecture, l'écriture, le calcul, la géographie, et même pour la langue française, mais les anciennes pratiques superstitieuses y tiennent lieu de toute éducation. Dans quelques-unes, les instituteurs lâchement dévoués aux ennemis du gouvernement n'allaitent leurs élèves que des poisons mélangés du fanatisme intolérant et du royalisme. » Guillier était la créature de La Revellière-Lépeaux dont il eût sans doute voulu substituer la religion à celle du Christ. Il mourut quelques mois plus tard (avril 1798), et eut pour successeur un ancien chanoine de Saint-Martin-de-Tours, Morainville, qui avait jeté le froc aux orties et pris femme dès 1792. Lui aussi fit un rapport sur l'état de l'instruction publique à Angers : il est daté du 11 février 1799. Il distinguait trois sortes d'instituteurs : les *errants*, les *particuliers* et les *primaires*. Les errants et les particuliers étaient fort dangereux, car la plupart n'enseignaient que « des absurdités monacales et dégoûtantes. » Quant aux primaires, ils étaient en général « dignes d'éloges et d'encouragement ». Par malheur, les familles angevines ne savaient pas apprécier les trésors qu'elles avaient en eux. Voyez plutôt : « Les écoles des instituteurs les plus zélés et les plus instruits sont désertes, et des écoles d'institutrices insoumises et ignares paraissent les plus fréquentées, et encore des instituteurs errants semblent-ils glaner les enfants qui prennent la route des écoles primaires. Les instituteurs primaires ont fait disparaître les livres à maximes superstitieuses et antirépublicaines ; presque tous ont *orné* les mains de leurs élèves des *Droits de l'homme* et de la *Constitution*. Mais veulent-ils enseigner la géographie, ce n'est qu'avec répugnance qu'ils mettent sous les yeux des enfants une France encore royalisée, divisée en provinces et qui ne leur parle que de princes, ducs et barons. Si nous enlevons des mains des instituteurs les livres de l'ancien régime, remplissons-en le vide par des livres élémentaires, *moraux, gaiement caractéristiques et suffisamment républicains.* »

Ces échantillons, pris un peu au hasard, suffisent, je pense, pour donner au lecteur une idée de l'intérêt que présente cette septième série.
A. ROUSSEL.

---

128. — Baron Honoré DUVEYRIER. **Anecdotes historiques**, publiées pour la *Société d'histoire contemporaine*, par Maurice TOURNEUX. Paris, Picard, 1907, in-8, XXVII-358 p. — Prix : 4 fr.

Né en 1753, fils d'un officier d'invalides, d'abord destiné à la carrière militaire, puis avocat presque célèbre et pamphlétaire à succès, Honoré Duveyrier fut du nombre des habiles qui traversèrent la Révolution avec plus de profit que de dommage, membre de la municipalité de Paris, chargé de différentes missions, directeur du Sceau au ministère de la justice sous Duport-Dutertre, il jugea bon de s'éloigner sous la Terreur, au moyen d'une commission d'achats de grains qu'il se fît donner pour le Danemark et la Suède ; il y fit ses affaires et revint en 1796 seulement. On le retrouve en Italie l'année suivante, intéressé dans une compagnie de fournisseurs, et prenant sa part, largement, des pilleries tolérées par Bonaparte, puis par Masséna en Lombardie et à Rome. En 1799, il devient tribun, en 1807 président et en 1811 premier président de la cour de Montpellier. Destitué en 1815, retraité en 1833, il est mort en 1839.

Il avait rédigé pour ses amis et publié à cent exemplaires, en 1837, des *Anecdotes historiques,* signées D. V. et devenues introuvables. La *Société d'histoire contemporaine* a été très bien inspirée en les faisant réimprimer, et en choisissant comme annotateur M. Maurice Tourneux. Les anecdotes de Duveyrier sont très amusantes, très caractéristiques, et autant qu'on peut les vérifier, elles paraissent exactes, Duveyrier n'a, comme il dit, « ni l'orgueil des confessions, ni la prétention des souvenirs ». Son livre n'est pas une autobiographie complète et suivie. Le récit ne se rapporte, sauf deux ou trois fragments très courts, qu'à trois périodes de la vie de Duveyrier. Il raconte d'abord son enfance et son éducation, bien singulière, dans le collège du Plessis; c'est le *Préambule*, alerte et intéressant au possible, dont M. Tourneux a raison de penser qu'il sera, pour les délicats, un véritable régal. Puis vient, après deux fragments sur Dumouriez et Fouché, un assez long exposé des rapports de Duveyrier avec le duc d'Orléans et du rôle de ce prince dans les journées des 5 et 6 octobre. Enfin, le chapitre intitulé *Biens nationaux romains*, qui est sans doute, pour l'histoire proprement dite, le plus important. A côté d'une jolie et amusante description du quartier général de Milan à la fin de l'an V, on y trouvera des portraits vivants et parlants des plus notoires « vampires » des administrations militaires. On y verra en particulier comment l'ami de Duveyrier, le fameux Haller, l'homme d'argent de Bonaparte, celui que Cambon avait qualifié « l'affameur du Midi », faisait tourner à son profit et à celui de ses acolytes l'administration des pays conquis. Ce récit est à joindre à ceux de Stendhal, dont il rappelle par moments le style, et surtout au dossier accusateur que La Revellière-Lépeaux a rassemblé à la fin de ses *Mémoires*. Duveyrier fut plus tard dépouillé de ses « profits » par de plus gros mangeurs, et il fit à ce sujet au prince Eugène et à ses héritiers un procès qu'il perdit.

M. Tourneux a édité ce texte avec le plus grand soin, et selon la méthode rigoureuse dont il a si souvent donné l'exemple. Peut-être aurait-il pu étendre davantage son commentaire dans la partie des *Anecdotes* relatives aux biens nationaux romains. Si la littérature imprimée ne donne pas grand'chose, les archives sont riches sur ce sujet. M. Tourneux aurait trouvé par exemple aux archives nationales, A FIII 554, (18 brumaire an VII) un curieux dossier sur Duveyrier, avec une longue lettre de lui sur les affaires des Camées de la bibliothèque du Vatican. L'impression est très correcte, comme d'habitude. Lire, p. 169 : *6 octobre* et non *6 juin* ; p. 231, n. 3 : *Giulietta*, et p. 235 : *Ci vederemo*.   R. G.

129. — **La religion des peuples non civilisés,** par A. Bros, 1 vol. in-8°, xvi-363 p. *Lethielleux*, 1907. Prix : 4 francs.

S. S. Pie X, en conseillant l'étude de l'histoire des religions, a voulu montrer, comme Léon XIII, que l'Eglise n'avait rien à craindre de la comparaison avec n'importe quelle secte ou quelle philosophie religieuses. Tous deux ont donné ainsi un démenti formel aux nombreux ennemis du catholicisme qui prétendent encore que l'Eglise vit d'ignorance et doit périr par la science. Depuis longtemps une critique impartiale a fait justice de ces assertions. Mais voulant toutefois confirmer ce mouvement, S. S. Pie X institua une chaire à l'Institut Catholique de Paris, où Mgr Le Roy traite l'un des sujets les plus épineux et les plus difficiles de la philosophie-théologique : *la religion de peuples non civilisés*.

Toute une littérature existait déjà sur cette matière : elle contenait de grands noms, illustres surtout par leur malveillance à l'égard du catholicisme, comme celui de Réville, par exemple, qui ne citait presque jamais « les Annales de la Propagation de la Foi » et les ouvrages du même genre. Cela était plus habile et insuffisant. Aussi se créa-t-il presque spontanément une « bibliothèque d'histoire des religions », (dont M. Bros vient de nous offrir la primeur), qui présente des garanties d'impartialité très sérieuses. Je dirai plus tard pourquoi.

Si l'on ne peut affirmer que *la religion des peuples non civilisés* de M. Bros est unique dans son genre, et que cet ouvrage manquait jusqu'à présent à l'humanité, je ne craindrai pas en revanche de crier bien haut que, vu le but poursuivi, ce petit volume de 550 pages est un vrai chef-d'œuvre et un manuel de premier ordre. Certainement ce n'est point l'avis de tout le monde, et en particulier des philosophes obscurs, comme on en trouve beaucoup aujourd'hui. Il en est ainsi, parce que M. Bros reste partout d'une clarté parfaite : ses définitions, comme l'exposition de ses théories, peuvent être saisies par le premier venu. Il distingue à merveille, en les caractérisant nettement, la religion de la Magie ; la simple interdiction du tabou ; et cela sans embarras, avec une simplicité charmante sans faire appel à de longs mots aussi pédants que compliqués.

De plus la méthode suivie me paraît excellente ; je dirai mieux c'est la vraie. M. Bros délimite son sujet dès les premières pages. Il ne s'occupera point de sonder le problème religieux ; il se bornera à constater que, dans l'état actuel de nos connaissances, partout où nous rencontrons des hommes, nous trouvons un culte rendu à une divinité. Ce sont les manifestations de ce culte qu'il étudiera chez les sauvages, en elles-mêmes, sans essayer de les rattacher entre elles, comme par exemple, par l'hypothèse, d'une révélation primitive, dont les débris se seraient conservés un peu partout [1]. M. Bros n'aime que les faits : il constate d'abord, et s'il laisse percer son opinion quelque part, ce n'est qu'à la fin de l'ouvrage.

Veut-on la connaître cette opinion ? Elle est très raisonnable et fort bien raisonnée. Le sentiment religieux, encore à l'état embryonnaire chez le sauvage, n'en demeure pas moins, pour lui, une nécessité ; les causes de cette nécessité ne nous occupent pas ici : bornons-nous à la constater. Chez le civilisé, elle se développera davantage : la science n'ayant pu supprimer cette arrière pensée.

« Qui fait frissonner l'homme voyant l'infini. »

J'estime en effet, comme Max Müller et Pasteur, que le sentiment de l'infini est une des causes les plus humaines et les plus surnaturelles à la fois de la religion. Cette conception existant au plus profond de notre être, est devenue un véritable besoin. Il faut l'assouvir. Certes les religions ne manquent pas. Mais où est la vraie : l'éternelle, l'immuable ? — Beaucoup d'entre elles passent et se fanent ; beaucoup d'autres ne subsistent que grâce à l'amour des traditions natales. Une seule pourtant donne l'explication rationnelle de l'homme ; une seule date de l'origine du monde et en a subi les transformations [2] ; une seule est attaquée et demeure toujours

---

1. Ici M. Bros va un peu loin. Cette hypothèse, qu'il rejette sous prétexte que les traditions sont vite altérées, n'est peut-être pas la vraie, mais mérite néanmoins d'être traitée avec plus de respect. Quoi en effet de plus troublant que de rencontrer chez les Aztèques et chez les Chaldéens des récits peu différents du déluge... etc. — Je m'abstiens de conclure. A mon tour, je constate.

2. Il y a eu en réalité trois religions révélées, ou plutôt trois phases de la même religion. (Plusieurs théologiens admettent cette théorie), 1° la reli-

debout, quelle est-elle, si ce n'est le christianisme catholique?

Voilà en résumé le côté apologétique du livre de M. Bros. Je l'approuve entièrement. Sans doute la théologie et l'histoire ont d'autres arguments pour montrer « à ceux qui veulent voir » la Vérité indiscutable de Jésus-Messie, fils de Dieu et fondateur de l'Eglise. Mais il n'y a point lieu de les discuter ici.

Enfin, comme nous l'avons dit au début même de cet article, les garanties d'impartialité que nous offre l'ouvrage de M. Bros sont de premier ordre, et la raison en est simple. Pour mener à bien une œuvre semblable à la sienne, il faut d'abord être un savant, c'est-à-dire posséder une méthode critique prudente et sûre ; il faut encore ne pas être un ennemi féroce des missionnaires catholiques, et se résigner à les citer, à étudier même les « Annales de la Propagation de la foi », car souvent ce sont là les seules sources de renseignements. — Or, M. Bros est un savant et un prêtre, de là sa supériorité pour toucher au sujet qu'il traite ; et surtout, nous ne nous lasserons pas de le répéter, qu'il n'a aucune préoccupation apologétique en exposant les cultes sauvages ou autres.

Puissent les successeurs de M. Bros, dans la collection qu'il inaugure si brillamment, nous offrir comme lui, des travaux à la fois clairs, scientifiques, et enfin, ainsi qu'on le disait jadis, « pleins d'honnêteté ».

X...

---

130. — Les Martyrologes Historiques du Moyen-Age. *Etude sur la formation du martyrologeromain.* Par Dom Henri QUENTIN, Bénédictin de Solesmes. (Etudes d'histoire des dogmes et d'ancienne littérature ecclésiastique), Paris, Gabalda, 1908, XIV-745 pages in-8°. Prix : 12 fr.

Petit volume, grand travail! Travail de bénédictin, peut-on dire! Et ce n'est là qu'un extrait des matériaux réunis en vue d'une édition critique des martyrologes historiques du moyen-âge.

gion ante-mosaïque — celle des patriarches — 2° la religion mosaïque — 3° la religion chrétienne. — Ces faits nous permettent de parler de l'évolution de la Religion divine.

On sait qu'il y a deux sortes de martyrologes : les martyrologes *pseudo-hieronymiens*, composés de simples listes de noms, sans aucun détail et les martyrologes *historiques* dans lesquels chaque nom est accompagné d'une brève notice ou extrait de passion. Notre martyrologe romain actuel est un type complet de cette seconde famille.

M. de Rossi, en publiant en 1894, le martyrologe hiéronymien avec la collaboration de Mgr Duchesne, regrettait de ne pouvoir utiliser les martyrologes historiques, tant que n'en serait pas établie une sérieuse critique. Cette déplorable lacune est aujourd'hui comblée, grâce à Dom Quentin. C'est assez dire l'importance de son ouvrage et quels précieux services il est appelé à rendre aux études d'histoire et de liturgie, en attendant que paraisse l'édition critique annoncée et à laquelle il servira de savante et nécessaire introduction. De suite, j'ajoute que personne mieux que Dom Quentin n'est à même de mener à bonne fin cette gigantesque entreprise.

Après quelques pages de préface et un premier chapitre où se trouve exposé l'état actuel de nos connaissances sur ce sujet, l'auteur arrive à l'étude critique des martyrologes historiques antérieurs à celui d'Usuard, de ceux du moins qui ont le plus d'importance : de Bède, de D'Achery, du Lyonnais anonyme, de Florus de Lyon, du *Vetus Romanum* et d'Adon. Chacun de ces martyrologes fait l'objet d'un examen approfondi, description et classement des manuscrits, analyse de textes, recherches des différentes sources hagiographiques, littéraires ou emprunts au martyrologe hiéronymien, enfin détermination des dates et de l'auteur.

Les notices historiques des martyrologes ne pouvant avoir évidemment d'autre valeur que celle de leurs sources, on ne saurait les rapprocher avec trop de soin. C'est avec une conscience vraiment scrupuleuse que l'a fait l'auteur, reproduisant *in extenso*, en regard des extraits des martyrologes, les passages correspondants des sources et signalant en caractères *italiques* les expressions communes.

Deux chapitres surtout doivent retenir l'attention : le quatrième et le sixième. Dans le quatrième se trouve publié et étudié pour la première fois le martyrologe lyonnais (B. N. lat. 3879, IXe siècle) qui représente une étape nouvelle entre Bède et Florus. Ce document qui paraît dater des toute premières années du ix⁰ siècle, probablement avant 806, et avoir une origine lyonnaise, reproduit mais en l'enrichissant de cent trente nouvelles mentions, le martyrologe de Bède. Au point de vue des dates, sa rédaction est bonne, quoique moins soignée que celle de Bède. En mettant au jour ce manuscrit Dom Quentin ajoute un anneau important à la série des martyrologes historiques et c'est, on le conçoit, la source d'identifications précieuses.

Mais, sous certains rapports du moins, le plus curieux chapitre est le sixième, entièrement consacré à l'examen du *parvum romanum*. On n'était pas très fixé sur l'âge de ce martyrologe. Les uns le faisaient remonter au début du vii⁰ siècle et les autres seulement à la fin du viii⁰.

La fortune de ce *parvum romanum* fut immense. Dom Quentin étant parvenu à reconnaître trois états successifs dans le martyrologe attribué à Florus de Lyon, il lui fut facile ensuite de critiquer avec sûreté le *parvum romanum*. Sa conclusion, pour inattendue et sévère qu'elle soit, repose sur de telles preuves qu'elle force l'assentiment. Cette conclusion, la voici : Le *Vetus* ou *parvum romanum* n'est ni plus ni moins que l'œuvre d'un faussaire et ce faussaire, au sentiment de l'auteur, ne serait autre qu'Adon lui-même par lequel seul ce document nous est parvenu. Décidément, et nous en avons ici un nouveau témoignage, le moyen âge professait d'autres idées que les nôtres aussi bien sur la propriété que sur la probité artistique et littéraire.

Si on songe que c'est surtout ce *parvum romanum* qui a embrouillé de si singulière façon la littérature biographique en introduisant dans les martyrologes historiques tant de données imaginaires ou inexactes, l'importance du bon travail de Dom Quentin apparaîtra lumineuse et capitale. « On le voit, écrivait Jean Deligny dans la *Revue Augustinienne* du 15 novembre 1907, soit dans l'utilisation du manuscrit latin 3879, soit dans la critique du *Petit Romani*, Dom Henri Quentin apporte des conclusions neuves, sérieuses, solidement étayées. Et n'est-ce pas un mérite de premier ordre que d'avoir, au milieu d'une littérature si abondante, tracé une voie droite, lumineuse, agréable à parcourir? »

Quoi ajouter à cela? Que Dom Quentin lui aussi, à l'exemple de ses frères de Solesmes, sait faire revivre les meilleures traditions des Mabillon, des Ruinart, des Martène et de tant d'autres. Comme eux, il a parcouru les grandes bibliothèques de l'Europe. Qui voudra se rendre compte du labeur effrayant qu'il a dû fournir n'a qu'à jeter les yeux, à la fin du volume, sur la liste des manuscrits compulsés.

Et la conclusion finale de Dom Quentin nous doit-elle attrister outre mesure ? Il reste donc bien des erreurs dans le martyrologe romain. Avant et après Benoît XIV, personne ne l'ignorait, et ce pape l'a formellement reconnu. Mais ce fut le fait de rédacteurs privés, plus ou moins trompés par des sources et des récits sans valeur. Il serait donc souverainement téméraire de rejeter sur l'autorité ecclésiastique la responsabilité de ces erreurs, comme d'ailleurs il serait imprudent, pour affirmer la réalité du culte de tel ou tel saint, de s'appuyer aveuglément sur le martyrologe romain, héritier direct des martyrologes historiques du moyen âge.

Par là même qu'il va permettre l'établissement d'un texte critique des martyrologes historiques, le travail si remarquable de Dom Quentin est un acheminement à une édition nouvelle, sinon définitive, du martyrologe romain. A de tels travaux, le culte des saints ne perdra rien. Ils ne feront au contraire que le rendre plus éclairé et plus profond et c'est, pourquoi ne le point signaler, la plume française d'un religieux en exil qui aura donné cette nouvelle gloire à l'érudition et à la France.

L'abbé H. Villetard.

---

131. — **Saint-Pierre Damien (1007-1072)**, par Dom Reginald Biron (Collection *Les Saints*). Lecoffre, 90, rue Bonaparte. Paris. Prix : **2 fr.**

Souvent écrite, la vie de Saint-Pierre Damien ne l'avait pas encore été en français. Il faut savoir gré à Dom Biron d'avoir eu cette pensée, comme aussi d'avoir fait précéder son volume d'une solide et complète bibliographie.

En une langue simple, alerte, Dom B. fait revivre la grande figure de Pierre Damien, une des plus grandes assurément du xiᵉ siècle. D'origine très modeste et après une enfance passée dans la souffrance, Damien se livre avec ardeur à l'étude. Devenu moine et bientôt prieur à Fonte-Avellana, en Ombrie, il attire l'attention par ses effrayantes austérités, tout en se révélant paternel et vigilant pour la santé de ses frères.

Plus tard, évêque-cardinal d'Ostie, il n'a qu'un but : combattre la simonie et l'incontinence des Clercs, ce terrible fléau de l'Eglise. C'est, de sa part, une guerre sans merci en faveur de la discipline, et contre les vices et l'ignorance. Rien ne le peut arrêter et c'est jusque chez les chefs eux-mêmes qu'il va l'attaquer, tant le mal était profond et général.

Ami et Conseiller des papes, des empereurs et des rois, Damien reste moine quand même et épris de solitude. Aussi y revient-il, dans son cher désert, et c'est pour y mourir à l'âge de 65 ans.

Une étude soignée sur l'écrivain et sur l'homme termine le livre de Dom B. Théologien, hagiographe, Damien fut encore canoniste et poëte agréable. On lira surtout avec intérêt et plaisir ses lettres toutes remplies de fortes expressions tirées de l'écriture sainte, lesquelles rachètent amplement quelques termes d'un goût douteux.

Dom B. a puisé aux bonnes sources. Les écrits eux-mêmes du saint ont été mis à contribution, ce qui fait de cette étude un livre complet et vivant. C'est plus qu'une belle page d'histoire que nous a donnée Dom B. mais, pour mettre en relief la physionomie de son héros, il a dû nous offrir, et c'est de main de maître qu'il l'a brossé, un tableau fidèle de la vie monastique, en cette période si triste du xiᵉ siècle.

L'Abbé A. Giboudeau.

132. — **Les divins jongleurs.** (*Episodes de l'épopée franciscaine*), par A. Bailly. Paris, Plon-Nourrit, 1908. in-12 de 271 p. (Prix : 3 fr. 50).

Présenter dans un cadre poétique, intermédiaire entre la fiction et la réalité, les principaux épisodes de l'histoire de Saint-François d'Assise et de ses compagnons, sur la plus extraordinaire aventure qui ait entraîné l'Italie mystique du xiiiᵉ siècle, appor ter des pages neuves d'une émotion discrète et d'une belle intelligence artistique, telle est la tâche difficile qu'a entreprise M. A. Bailly et où il a pleinement réussi. Son livre se lira avec intérêt, sans réserves d'aucune sorte, quel que soit l'état d'esprit avec lequel on en aborde la lecture.

Les pénétrantes descriptions, d'une touche sobre et généreuse à la fois, qui encadrent le récit, nous font comprendre l'âme même de ce paysage d'Assise, qui est resté à travers les siècles, tout imprégné d'une piété surnaturelle. Et cela n'est pas indifférent si, comme on l'a montré bien des fois, il y a accord entre le décor et le héros de ce divin mystère, et si le charme pénétrant qui s'exhale encore aujourd'hui de toute cette région est surtout fait du souvenir des temps évangéliques rendus à la terre par l'âme naïve et poétique de Saint-François. M. A. Bailly a particulièrement réussi à exprimer, parmi la fuite des années, la grâce infinie des saisons diverses glissant aux pentes du Subasio, l'automne aride et roux, le printemps allègre, l'été dominateur et éblouissant.

En ce qui concerne les faits qui font la matière même du récit, M. A. Bailly est resté fidèle à l'histoire, aujourd'hui mieux connue, du Poverello et de ses frères! Les épisodes qu'il a choisis pour les retracer en une trame continue sont conformes à la *Vie* officielle écrite par Saint Bonaventure et au livre exquis des *Fioretti* qui nous donne un Saint François plus réel, reflété à travers la conscience populaire.

Enfin, pour donner à son récit l'unité qui pouvait lui manquer, M. A. Bailly a imaginé le délicieux roman d'Orlando et de Simonetta, deux pauvres créatures arrachées au crime et rendues à l'amour par la sollicitude fraternelle de François et de Claire. On lui pardonnera aisément cette légère fantaisie qui reste absolument conforme au caractère traditionnel du saint ; nous lui devons les pages les plus humaines et les plus délicatement écrites de ce beau livre.

Edouard MAYNIAL.

---

133. — **Histoire des commandements de l'Eglise**, par A. VILLIEN, professeur à l'Institut catholique de Paris. Un vol. in-12 de XII-357 p.

Le premier mérite de l'ouvrage de M. Villien c'est qu'il comble une lacune trop évidente de notre littérature ecclésiastique. Jusqu'ici, catéchistes désireux de donner à leur catéchisés des notions précises sur les commandements de l'Eglise, canonistes ou historiens curieux de fixer l'évolution de l'une ou de l'autre de ces prescriptions étaient condamnés à de longues et néanmoins assez souvent infructueuses recherches. M. Villien leur a évité ce labeur et ces déceptions en leur donnant sur ce sujet un manuel clair, méthodique et documenté avec une conscience scrupuleuse, qui sous des apparences modestes représente un labeur considérable. La sanctification du dimanche et des fêtes, la communion, la confession, l'abstinence, le jeûne, les dîmes touchent en effet à tant de parties diverses du droit canon et de la morale que pour en traiter toute l'histoire, même au seul point de vue des prescriptions positives, il faut parcourir un peu dans tous les sens : patrologie, collections de conciles, œuvres des casuistes et des canonistes de chaque siècle, etc. Pour une telle œuvre il ne fallait rien moins qu'un historien qui connût déjà tous les détours de ce labyrinthe.

Mais c'est plus encore qu'une série de renseignements exacts que nous donne M. Villien, c'est bien une histoire où nous voyons les institutions ecclésiastiques vivre depuis leurs plus lointaines et plus incertaines origines jusqu'à leur apogée et parfois leur déclin : les faits sortent ainsi de leur isolement réciproque, se relient et s'organisent. De cette histoire voici quelle semble être la conclusion générale. Au début, c'est-à-dire jusqu'au vi^e siècle assez avancé et parfois au-delà, la pratique du culte est assez fervente et assez spontanée pour qu'une législation reste inutile. Puis le christianisme cessant d'être pratiqué par une élite, et les foules l'envahissant, l'ère des simples conseils se clôt, car des abus de plus en plus nombreux réclament des prescriptions de plus en plus précises, souvent accompagnées de sanctions d'ordre spirituel et même temporel. Cette réaction contre l'oubli ou la paresse des chrétiens tièdes est en somme le fait le plus saillant de l'histoire des commandements de l'Eglise, si bien que dans la très intéressante préface où il en dégage en quelque sorte la philosophie M. Boudinhon a pu dire qu'« elle se résume, en définitive dans les innombrables appels de la législation canonique, dans la lutte toujours renaissante contre les négligences d'un trop grand nombre » (p. viii). Enfin se mêlant à cette réation même il faut signaler un certain « fléchissement » (cette expression est encore de M. Boudinhon) de la discipline. Non pas que l'Eglise sacrifie l'essentiel, mais elle se résigne à un minimum afin d'être plus sûrement obéie. Les prescriptions sur le jeûne et l'abstinence offrent un exemple particulièrement significative de cette accommodation à la faiblesse humaine.

Pour en venir aux détails nous signalerons le rapprochement très suggestif fait entre le droit du curé relativement à l'assistance à la messe, à la confession et à la communion et les coutumes féodales (« le paroissien était... attaché à sa paroisse comme le serf ou le vassal à son seigneur », p. 43) ; l'étude du chapitre III sur les variations des théologiens quant à la définition des œuvres serviles ; le soin qu'on à de faire remarquer que l'Eglise s'est toujours montrée particulièrement accommodante pour les travailleurs dans ses prescriptions relatives aux fêtes et aux dimanches (par exemple si le nombre des fêtes a diminué depuis le xviie siècle c'est surtout parce que les papes et les évêques ont voulu éviter aux artisans de trop fréquents chômages) ; et enfin l'historique des origines de certaines pratiques cultuelles, comme les Quatre Temps, les Vigiles, (cfr. particulièrement p. 133 : de la veillée à la Vigile).

D'ailleurs une table des matières très complète, des divisions bien nettes, des résumés à la fin de presque tous les chapitres permettront à quiconque de trouver une foule d'autres données intéressantes et précises que renferme cette excellente Histoire.

Etienne MAGNIN.

---

134. — **Histoire des livres du Nouveau Testament**, par E. JACQUIER. Tome troisième. (Actes des apôtres — Epîtres catholiques) et tome quatrième. (Ecrits Johanniques). 2 volumes in-12 de 346 et 422 pp. Paris, Lecoffre Gabalda, 1908. Prix : 3 fr. 50 chaque.

M. Jacquier vient de terminer son *Histoire des livres du Nou-*

veau Testament dont un volume sur saint Paul et un autre sur les Evangiles synoptiques avaient déjà paru. Je ne crois pas qu'il y ait actuellement en langue française tant parmi les protestants que parmi les catholiques un résumé plus consciencieux, plus méthodique et plus complet des études et controverses récentes sur le Nouveau Testament. Alors même qu'ici et là on croirait ne pas devoir accepter les conclusions de l'auteur, force est de reconnaître que l'exactitude et l'impartialité de ses informations fournissent à ses contradicteurs eux-mêmes tous les éléments nécessaires pour se faire une conviction personnelle. Dans ce temps de controverses ardentes c'est rendre au public un signalé service que de lui donner un loyal exposé des questions, c'est aussi par le fait même préparer les solutions durables car un problème bien posé se trouve à moitié résolu.

Voici, très en résumé, quel est le contenu de ces deux volumes si pleins de choses.

1º L'auteur du livre des actes est saint Luc : sa connaissance de la doctrine de saint Paul le révèle comme un compagnon de l'apôtre, son style le désigne comme le rédacteur du troisième Evangile, le journal d'un disciple de Paul qu'on a depuis longtemps signalé dans la dernière partie des actes est de la même main que l'ensemble du livre. Le but de cet ouvrage est de décrire la première expansion de l'Eglise que nous voyons s'établir à Jérusalem (chap. 1 à VIII, 3), puis en Samarie à Damas et à Antioche (VIII à XII, 25) et enfin dans les parties les plus civilisées du monde païen (XIII à XXVIII. Quant aux sources du récit tout ce qu'on peut conclure c'est que « orales ou écrites [elles] existent [au moins pour certaines parties], mais qu'il est impossible de les cataloguer et de les ranger en documents de même origine ». (p. 76). Les actes ont été composés de 62 à 67 entre les deux captivités de saint Paul ; ils furent peu utilisés dans l'antiquité chrétienne bien qu'on y retrouve « tous les articles du symbole » (p. 88). Leur caractère historique est longuement et minutieusement établi d'abord pour les récits (leur accord avec le Nouveau Testament et surtout saint Paul, leur confirmation par les documents et les institutions profanes, réponse aux objections principalement celles relatives au concile de Jérusalem et au conflit entre saint Pierre et saint Paul que l'auteur n'a pas tendancieusement atténué), puis pour les discours qui tout en étant des résumés sont authentiques « en substance » et conformes à la doctrine des personnages auxquels on les attribue. Enfin on étudie le texte même de notre livre, texte mieux « représenté par la forme orientale » bien que « la forme occidentale présente de bonnes leçons » (p. 184.)

L'épître de saint Jacques a été écrite par Jacques, frère du Seigneur, évêque de Jérusalem qu'il faut identifier avec Jacques l'apôtre fils d'Alphée. C'est une exhortation morale, adressée à des chrétiens issus du judaïsme en un temps d'épreuve. Ses affinités avec les synoptiques sont nombreuses, ce n'est donc pas un écrit juif interpôlé par une main chrétienne comme l'ont prétendu Spitta et Massebieau. Sur la question de la foi et des œuvres saint Paul et saint Jacques sont si indépendants l'un de l'autre que peut-être ils s'ignorent réciproquement, mais ils ne se contredisent pas. La date de l'épître est 40-50 ou 60-61 suivant qu'on la fait dépendre ou qu'on ne la fait pas dépendre de l'épître aux Romains. Le grec en est particulièrement pur. Sans doute elle fut écrite de Jerusalem.

La Ire épître de saint Pierre est plutôt un traité qu'une véritable lettre. Elle s'adresse à des païens convertis et persécutés et affermit leur foi dans le Christ Rédempteur. Les objections contre l'attribution au prince des apôtres sont écartés, on n'admet même pas qu'il soit nécessaire d'attribuer à la collaboration d'un secrétaire, Silvain, le caractère paulinien de l'épître qui fut envoyée de Rome, entre 62 et 64 et est écrite « dans la langue de la bonne conversation ». Les témoignages de la tradition en faveur de son existence sont « très nombreux… dès la fin du Ier siècle et ils l'attribuent nettement à Pierre dès la fin du IIe « (p. 283).

On sait les graves objections faites à l'authenticité de la II^a Petri. M. Jacquier ne les croit pas décisives. De ses rapports avec l'épître de saint Jude rien à conclure (293) ; du silence de la tradition il ne résulte rien de fâcheux car si « nous ne relevons dans les écrits chrétiens du IIe siècle, aucune citation explicite de la IIe épître de saint Pierre,… nous pouvons indiquer des rapprochements littéraires qui permettent de croire que cette épître était connue au IIe siècle » (p. 294) et de plus la manière de composer, sinon la langue, est la même que dans la Ire épître (p. 300). En conséquence la lettre est datée de 64-67.

« Rien ne s'oppose » à ce que l'épître de saint Jude ait été en effet écrite par l'apôtre saint Jude, frère de saint Jacques. Elle est d'un écrivain très familier avec l'Ancien Testament : Peut-être faut-il la placer à une date un peu tardive plus près de 80 que de 70.

Dans un appendice au volume troisième, M. Jacquier conclue des études récentes basées sur les inscriptions et les papyri que « la langue du Nouveau Testament n'est pas une langue spéciale, mais la langue de la conversation telle qu'elle était parlée dans le peuple » (p. 333), puis il signale le manuscrit oncial des Evangiles acquis en Égypte par M. Freer en 1907. Ce manuscrit qu'on date du IVe, V^e ou VIe siècle poserait des problèmes nouveaux de critique actuelle, mais on n'en saurait rien conjecturer de précis car il n'a en été publié que des fragments.

II° Le quatrième volume de l'histoire des livres du Nouveau Testament est consacré exclusivement aux écrits johanniques. Division parfaitement légitime car on s'entend généralement à reconnaître de nombreuses et étroites affinités entre les divers livres du Nouveau Testament attribués à saint Jean.

De ces affinités qu'il note dans les moindres détails M. Jacquier, qui en même temps signale loyalement toutes les différences, conclut dans un premier chapitre à l'unité d'auteur.

L'étude de l'Evangile selon saint Jean tient ensuite la majeure partie du volume. L'histoire de la critique de cet Evangile depuis les Alages jusqu'à Loisy et Sanday est retracée avec un grand luxe de détails où on insiste sur les divergences des hypothèses négatives, le grand nombre des défenseurs de l'authenticité Johannique et le caractère mitigé de certaines solutions conservatrices.

La question d'auteur est résolue par l'étude de la tradition et l'examen intime de l'Evangile. Sur le témoignage traditionnel la conclusion de M. Jacquier est des plus affirmatives : « En résumé, l'évidence externe est en faveur de l'origine Johannique du quatième Evangile. En supposant même, ce que nous n'admettons pas, que le témoignage d'Irénée ne soit pas absolument catégorique, il est corroboré par un ensemble d'autres témoignages qui l'appuient de leur autorité. Il est bien difficile de croire que, tout d'un coup, vers la fin du IIe siècle, tous les écrivains s'accordent pour attribuer cet évangile à l'apôtre Jean, sans qu'il y ait eu antérieurement une croyance générale à ce sujet ». (p. 82). Au témoignage de la tradition sur le livre il faut ajouter ses affirmations sur l'auteur lui-même : de ces affirmations il résulte pour M. Jacquier que la supposition d'une confusion entre Jean le presbyte et Jean l'apôtre au IIe siècle est « entièrement gratuite et presque incompréhensible », que le disciple bien-aimé n'est autre que saint Jean, et que ce dernier fut exilé à Pathmos et vécut à Ephèse, où il mourut vers la fin du Ier siècle (p. 102).

Quant à la critique intime les données en sont présentées sous la forme d'une argumentation classique. I° L'auteur du quatrième Evangile était un juif palestinien : sa connaissance de la langue juive, des coutumes et des croyances juives du temps, de la topographie de la Palestine le prouve abondamment ; sa façon de parler des juifs qui n'est pas constamment péjorative, sa théorie du Logos qu'il ne tient pas de Philon mais de l'Ancien Testament et des rabbins ne s'y opposent pas.

II° L'auteur du quatrième Evangile a été témoin oculaire des faits qu'il raconte. Ses affirmations très nettes sur ce point ne sont pas contredites par le caractère de son livre qui prouve simplement qu'il a eu une connaissance particulièrement intime du Sauveur. Conclusion : Jean l'apôtre réalisant parfaitement cette double condition qui résulte de l'étude du IV° Evangile et étant par ailleurs désigné par la tradition est bien l'auteur de ce livre.

L'apôtre, puisque c'est bien de lui qu'il s'agit, écrivit à Ephèse entre 98 et 117 pour prouver aux Grecs convertis au christianisme que Jésus est le Messie, le Verbe, Fils de Dieu. Son œuvre est très nettement le récit d'une révélation, d'une théophanie, voici comment elle se divise : Ire partie, révélation de Jésus-Christ, en public (jusqu'au chap. XII), puis dans l'intimité à ses apôtres (chap. XII à XVII, 26) ; IIe partie, triomphe apparent du monde sur Jésus pendant la passion (chap. XVIII, XIX). IIIe partie : triomphe de Jésus (chap. XX et XXI).

Les détails de la composition du IV° Evangile étant précisés, il reste à se demander quel est la valeur de son contenu. M. Jacquier se montre très réservé sur l'allégorisme Johannique. Se bornant à reconnaître avec le P. Calmes que « certains épisodes et des conversations » ont été « choisis par l'évangéliste pour leur valeur symbolique ». Une telle réserve tient à une croyance très ferme à l'historicité de l'Evangile de saint Jean qui résulte de l'étude des récits et des discours. Pour les récits l'enquête se résume en ces termes : « nous avons montré que l'on peut expliquer toutes les divergences qui ont été relevées entre le IV⁰ Evangile et les Synoptiques ; nous avons constaté de nombreux points d'accord entre celui-là et ceux-ci et établi que les faits du IV⁰ Evangile se présentaient sous une forme nettement historique ». Quant aux discours, bien que saint Jean reproduisant en grec et après de longues années des enseignements donnés en araméen ait pu faire porter ses efforts « plutôt sur le sens général... que sur la littéralité même » (p. 257) ils émanent, « au moins en substance » de la même source que les Synoptiques, la prédication même du Sauveur.

La langue du IV⁰ Evangile est très spéciale, « très travaillée dans sa simplicité apparente ». A propos du texte on remarque que la péricope de la femme adultère est d'origine évangélique sinon johannique et on attribue à l'auteur principal tout le chap. XXI.

La I⁰ Joannis est manifestement du même auteur que l'Evangile et tend à prouver la même thèse. Au sujet du verset des trois témoins les diverses opinions sont exposées et on fait remarquer que l'Eglise n'a pas engagé définitivement son autorité sur ce point (p. 303).

La II⁰ et III⁰ épître de Jean sont étudiées rapidement : elles auraient été écrites vers la fin de la vie de l'apôtre à Ephèse.

L'Apocalypse a dû être composée sous Domitien de 96 à 98. On expose cependant les raisons de la dater du règne de Néron. Si Denys de Corinthe en a refusé la paternité à saint Jean il ne l'a fait que dans un but polémique (pour combattre le millénarisme et le montanisme qui se réclamaient du voyant de Pathmos) et en s'écartant de la tradition antérieure. Cette œuvre a son milieu tout naturel dans l'Eglise primitive où le prophétisme et la croyance à l'antéchrist étaient très répandus (p. 331 et suiv., étude très intéressante sur le milieu religieux et politique).

La question des sources de l'Apocalypse est exposée avec une grande précision : des tables de références permettent de se reconnaître parmi les hypothèses assez compliquées des critiques. Toujours très modéré dans ses conclusions M. Jacquier résume le débat en ces termes: « l'Apocalypse est une œuvre une, exécutée d'après un plan que nous allons étudier. [Lettres aux sept Eglises. Les sept sceaux. Les sept trompettes. Lutte finale et triomphe de Dieu]. Nous reconnaissons que l'auteur a pu s'inspirer d'éléments préexistants, mais il ne les a pas insérés littéralement dans son livre ; il les a fondus en un tout, suffisamment cohérent ». (p. 376.)

Tous les autres points de vue d'où l'on peut étudier l'Apocalypse semblent passés en revue dans les derniers paragraphes. (Plan. Analyse. Histoire littéraire. Histoire de l'interprétation. Caractères doctrinaux. Caractères linguistiques).

Cette rapide analyse ne donnera qu'une idée très imparfaite de la richesse d'information de l'ouvrage de M. Jacquier. Pour se rendre suffisamment compte de la somme de travail et de renseignements qu'il représente il faudrait l'étudier page par page, parfois ligne par ligne. On ne saurait donc trop recommander aux travailleurs d'aller puiser à une mine aussi précieuse.

Etienne MAGNIN.

VARIÉTÉ

Gœthe éducateur.

« Voilà un homme ! » — C'est avec ces mots que jadis le grand conquérant Napoléon saluait à Erfurt, au cours de sa marche triomphale à travers l'Allemagne cet autre grand dominateur : Gœthe. Depuis lors, l'humanité a pu définir Gœthe aussi diversement qu'elle a voulu, et la critique gœthéenne, divisée qu'elle est sur nombre de points essentiels, n'est pas encore à la veille de donner *la* définition de Gœthe. Néanmoins la formule lapidaire de Napoléon paraît encore être dans toute sa concision, la meilleure caractéristique que l'on puisse donner de l'illustre génie ; c'est que Napoléon, semblable en cela à son grand prédécesseur Louis XIV, se connaissait en hommes : son regard judicieux et critique savait admirablement discerner la valeur de chacun, son esprit vif et pénétrant savait trouver immédiatement l'expression adéquate à son jugement. Gœthe, il est vrai, n'était point un inconnu pour lui ; depuis qu'il avait lu *Werther* — et il l'avait lu sept fois — il avait conçu de l'auteur la meilleure opinion ; néanmoins la personne même de l'Olympien dut singulièrement l'impressionner, pour que, après l'avoir longuement contemplé en silence, il ait résumé son impression dans ces mots : « Vous êtes un homme ! » Et Gœthe en effet, est un génie essentiellement humain — esprit universel comme seuls peut-être le furent Leibnitz ou Platon — dont toutes les facultés : sensibilité, raison, intelligence, volonté se complètent dans la plus parfaite harmonie, dont l'activité s'est merveilleusement développée en tous sens, dans tous les domaines : poétique, politique, économique, juridique, scientifique, etc., et le rendait apte à jouer tous les rôles ; c'est par là, par cette universalité, qu'il est un génie, un représentant de l'humanité. Sans doute, il a pu exister des hommes doués d'une raison plus pénétrante, d'une énergie plus grande, d'une sensibilité plus profonde, d'une imagination plus vive, mais Gœthe est le seul qui ait réuni en lui toutes les qualités intellectuelles, je ne dirai pas au suprême degré, mais à un degré si éminemment supérieur, le seul en qui le physique et le moral nous apparaissent dans un équilibre aussi parfait.

Mais une personnalité aussi parfaite ne doit pas seulement être un objet de vénération par ouï-dire ; — malheureusement, il en est de l'homme comme de ses œuvres : on admire par principe, mais on ne les connaît pas ; — elle a une signification morale, car elle s'est affirmée dans une lutte perpétuelle, incessante, contre soi-même, contre cet autre moi intime et passionné qui ne lui laissa jamais de repos, et aussi contre les influences corruptrices du monde extérieur. Et c'est d'être sorti victorieux de cette lutte, de cette épuration de son moi que Gœthe se réjouissait le plus au soir de sa vie ; dans ces sentiments de l'octogénaire nous trouvons une indication précieuse de ce qu'il considérait lui-même comme la tâche de sa vie : ce n'était point l'ensemble de ses travaux poétiques, scientifiques ou politiques ; non, mais l'unification et l'épuration de son moi. Ses contemporains, ceux du moins qui l'approchèrent, comme Schiller et W. V. Humboldt, ne s'y trompèrent point. Mais la postérité, n'ayant plus à sa disposition pour juger Gœthe, que l'immence masse de ses œuvres, fut portée à négliger l'*homme* pour ne voir en lui que le penseur et le poète. Il n'y a pas là de quoi nous étonner : car pour comprendre Gœthe, l'homme, il faut avoir soi-même une nature gœthéenne, une nature congéniale à la sienne ; à l'initié seul il se découvre dans toute sa richesse, mais combien peu sont appelés à un pareil bonheur ! Il faut donc pour faciliter son intelligence à un plus grand nombre, un intermédiaire, un interprète.

Certes, il a été beaucoup écrit sur Gœthe, du vivant même du poète, mais il a encore été beaucoup plus écrit sur lui depuis sa mort; une quantité de travaux de tout genre, de tout ordre, philosophique, philologique, critique, etc., — et d'excellents — ont paru et ne cessent de paraître, mais ce ne sont que travaux de détail, innombrables matériaux qui serviront plus tard à faire revivre dans son ensemble la personnalité de Gœthe. Ce n'est pas que les biographies manquent, certes non, et il en est dans tous les genres, à commencer par l'infâme précis chronologique qui, dès les bancs de l'école vous inspire une sainte horreur pour tout ouvrage biographique, défiance irraisonnée, soit, mais qui croît en raison directe de l'épaisseur du volume; il y en a de bonnes, de très bonnes même; c'est ainsi que, dans la masse confuse de ces travaux émergent quelques livres, écrits avec amour par des auteurs désireux de faire connaître, de faire revivre Gœthe, comme l'Anglais Lewes, Hermann Grimm, R. M. Meyer. Mais tandis que Lewes s'en tenait trop au jeune Gœthe, au « Stürmer und Dränger », sans nous faire comprendre pourquoi Gœthe ne cessera d'être pour le peuple allemand un éducateur, Hermann Grimm donnait un livre charmant, agréable à lire, s'attachant surtout au Gœthe majestueux, à l'Olympien, et R. Meyer écrivait un livre très scientifique, très intéressant, très beau, mais point vivant; il va sans dire qu'aucun de ces ouvrages ne pouvait prétendre à être un livre définitif, car aucun d'eux ne rétablit l'unité dans la vie de Gœthe; d'ailleurs c'est seulement le jour où les matériaux biographiques innombrables et qui ne cessent de s'accumuler seront tous réunis, ce jour-là seulement, et s'il se trouve un esprit congénial à l'esprit de Gœthe, nature de savant et d'artiste tout à la fois, pour les mettre en valeur, on pourra espérer avoir une biographie de Gœthe scientifique, complète et définitive. Est-ce à dire qu'il faille attendre l'aurore de ce jour encore éloigné, pour profiter des enseignements de la vie de Gœthe, dont un prince allemand disait : « Gœthe, par le grand exemple de son auto-éducation, doit exercer une influence magique sur les âmes qui s'efforcent de sortir victorieuses de la lutte de tous les jours, et d'accomplir ainsi leur fin... C'est un éducateur, et il le demeurera pour tout homme qui veut vraiment vivre, c'est-à-dire travailler, combattre et se perfectionner. Je comprends que l'on s'enthousiasme pour Schiller, mais la vie, je ne la comprends qu'à l'école de Gœthe... Quiconque veut vraiment faire son éducation a besoin de Gœthe...? » Grâce à Dieu, non. Car il s'est trouvé un homme, à la fois savant, penseur et artiste, qui a provisoirement comblé la lacune, et donné de l'homme et de son œuvre une si heureuse caractéristique[1], que sa biographie de Gœthe peut être à bon droit considérée, non seulement comme la meilleure, mais bien comme le livre classique pour de longues années, comme le seul digne de Gœthe.

C'est qu'en effet, il est le premier qui ressuscite le *vrai* Gœthe dans la totalité de son être, et le rapproche de nous, qui donne une image d'ensemble, unitaire et vivante, de cette personnalité si riche, inépuisable en quelque sorte, et en même temps si fertile en contradictions, qui fasse de *l'homme* dans Gœthe le centre de ses considérations. Comme bien l'on pense, cette biographie est le fruit de longs et pénibles labeurs; la mort a même surpris l'auteur au milieu de son travail et l'on put craindre un moment que le second volume, aux neuf-dixièmes achevé, ne demeurât à l'état fragmentaire; heureusement, des amis pieux veillaient, qui terminèrent l'ouvrage et rendirent possible son apparition sous une forme achevée. Il n'en reste pas moins que c'est là l'œuvre de presque toute une vie passée dans un commerce intime et constant avec une personnalité chère; Bielschowsky, on le sent, s'est plongé avec amour dans l'œuvre de Gœthe; il l'a repensée entièrement à nouveau, il a revécu la vie de son héros; et l'on peut affirmer hardiment qu'aucun des biographes de Gœthe avant lui n'avait compris le caractère, pénétré la vie intime de cet homme que Bielschowsky analyse avec maëstria, sans toutefois se laisser influencer dans ses jugements par le respect et l'amour qu'il lui porte; jamais il ne ferme un œil complaisant sur ses faiblesses,

---

1. Dr Albert Bielschowsky. Gœthe. Sa vie et ses œuvres; tome Ier, 3e édition; Munich 1902, 522 p., gr. in-8°, avec photogravure. Tome II, 1re et 3e édition, Munich 1904, 727 p., gr. in-8°, avec photogravure, C. H. Beck (Oskar Beck) éditeur (Reliés : 6 et 8 marks).

jamais il ne cherche à pallier ses fautes. Avec un art exquis, il replace Gœthe dans son milieu, et rien de ce qui a pu influencer ou favoriser le développement intellectuel et moral de l'homme n'est passé sous silence. C'est ce point de vue qui seul existe pour le biographe; aussi ne s'est-il pas perdu dans la multitude des détails que lui fournissaient les résultats de la Gœthe-Forschung, qu'il connaissait fort bien cependant, car aurait-il pu sans cela faire un choix si judicieux? Bielschowsky a construit son œuvre sur la base solide des résultats scientifiques; si donc il y a des lacunes dans son livre — et les philologues de profession ne manqueront pas d'en signaler — c'est qu'il les a voulues; c'est que, aussi savant que n'importe quel spécialiste de Gœthe, qu'il dépasse d'ailleurs par son sens philosophique et psychologique, il a voulu faire avant tout œuvre d'artiste. Et une œuvre d'art doit être toute biographie de Gœthe qui veut atteindre son but, c'est-à-dire faire connaître au grand public cette grande et unique personnalité qui a exercé sur son temps et sur la postérité intellectuelle une telle influence, lui en faciliter l'intelligence; car seul un artiste peut peindre cette lutte gigantesque que seules des natures prédestinées ont à soutenir aussi violente pour parvenir à l'épuration complète. C'est ainsi que le livre devient un tout harmonique où se mêlent agréablement les aperçus nouveaux, les jugements mesurés et subjectifs de l'auteur, et l'étude des différentes manifestations de la merveilleuse humanité de Gœthe; aussi les analyses détaillées et critiques des œuvres du poète, qui sont de vrais chefs-d'œuvre, comme celles, entre autres, de Wilhelm Meister, de Hermann et Dorothée ou du lyrisme de Gœthe — les considérations sur leur histoire et leur caractère, apparaissent comme le résultat d'une nécessité, non pas chronologique, mais psychologique, et sont la meilleure introduction et le meilleur commentaire à ces œuvres. Se souvenant de la parole de Gœthe : « Il faut être quelqu'un pour faire quelque chose », Bielschowsky s'efforce de comprendre et peindre l'homme avant de s'occuper de l'œuvre. Aussi chaque page de son livre est-elle à la fois un enseignement et un régal pour le lecteur; le style en est, en effet, facile, plastique, vibrant, en un mot vraiment gœthéen; et nous ne croyons pas pouvoir mieux résumer notre jugement qu'en disant de ce livre scientifique qu'il se lit avec le même intérêt qu'un roman psychologique. Peut-être se trouvera-t-il un traducteur de bonne volonté qui le mette à la portée de tous les Français, persuadé qu'elle est vraie de tous, cette parole que le grand-duc Alexandre de Saxe disait de lui-même : « Gœthe est un esprit, dont j'ai constamment et nécessairement besoin, pour progresser dans le développement de ma personnalité et tirer de la vie le meilleur parti possible ».

Dr. phil. J. Prost.

SOCIÉTÉ NATIONALE DES ANTIQUAIRES DE FRANCE

Séance du 29 avril. — M. F. Pasquier, a. c. n., communique des renseignements tirés des minutes de notaires de Toulouse concernant l'exécution des retables de bois sculpté du XVIIe siècle. — M. le comte de Loisne, membre résidant, décrit un tombeau de Saint-Vaast d'Arras signé et daté de 1213. — M. L. Mirot, a. c. n., présente un épi en grès vernissé de l'église de Saint-Verain (Nièvre). — M. le baron J. de Baye, m. r., étudie les fibules barbares trouvées dans l'Ukraine. — M. H. Clouzot, a. c. n., identifie la devise et les armoiries de l'amiral Guillaume Gouffier à Diron.

Séance du 6 mai. — M. P. Monceaux, m. r., étudie des fragments d'une inscription disposée en croix grecque, découverte par le R. P. Delattre dans la basilique de Meidfa à Carthage. — M. J. Martha, m. r., communique au nom de M. R. Cagnat, m. r., une épitaphe de petite fille trouvée à Cherchel.

Séance du 13 mai. — M. H. Martin, trésorier, donne lecture de son rapport sur la situation financière de la Société pour 1907. — M. H. Omont, m. r., écrit pour annoncer l'entrée à la Bibliothèque nationale, grâce à de généreux concours, de 272 manuscrits français ayant fait partie de la bibliothèque de Cheltenham. — M. J. Maurice, m. r., étudie la fabrication des ateliers monétaires de Cyzique et de Carthage. — M. Ch. Ravaisson-Mollien, m. r., signale un dessin de Léonard de Vinci représentant une passerelle à bascule.

L'Éditeur-Propriétaire-Gérant : Albert Fontemoing.

Imprimerie Générale de Châtillon-sur-Seine. — A. Pichat.

BULLETIN CRITIQUE

---

135. — **Sepher-Ha-Zohar** (Le livre de la Splendeur), traduit pour la première fois sur le texte chaldaïque par Jean de Pauly. Œuvre posthume, entièrement revue, corrigée et complétée, publiée par les soins de Emile Lafuma-Giraud, tome II, Paris Leroux, 1907, in-8° de 743 pages. (Prix : 20 fr.)

M. E. Lafuma continue avec courage la publication de la première traduction française Ha-Zohar. Avec ce II⁰ volume, se termine la première partie, c'est-à-dire, le commentaire sur la Genèse, Il comprend neuf sections, depuis la section *Vayerà* jusqu'à la section *Vayhi*, et trois appendices : omissions, adjonctions et compléments.

Il est difficile de résumer un commentaire, surtout un commentaire conçu dans l'esprit des auteurs du Zohar, je préfère en citer quelques échantillons.

Pourquoi Abraham appelle-t-il Sara sa sœur, lors de son séjour en Egypte ? — « Il avait vu la Schekhina (la Sagesse) demeurer constamment dans la tente de Sara, dont elle ne se sépara jamais... et c'est pourquoi il a dit : « C'est ma sœur », mots par lesquels il désignait la Schekhina appelée « sœur », ainsi qu'il est écrit : « Dis à la Sagesse : « Tu es ma sœur ». C'est pour cette raison qu'Abraham a dit : « C'est ma sœur ». (p. 50.)

Isaac donna également le titre de sœur à sa femme Rébecca pour une raison analogue : « Isaac était étroitement attaché à la Schekhina (la Sagesse) ; et, ayant constaté que sa femme l'était aussi, il a dit : « C'est ma sœur », c'est-à-dire : en ce pays nous sommes les seuls attachés à la Schekhina ». (p. 149.)

« Comment expliquer, demande Rabbi Eléazar (p. 74), la mort des hommes entre l'âge de quinze et de vingt ans, alors qu'après treize ans l'enfant ne meurt plus par suite des péchés de ses parents et qu'il n'est pas encore passible d'une punition du ciel avant l'âge de vingt ans ? Rabbi Siméon lui répondit : « La mort avant l'âge de vingt ans est une grâce que le Saint, béni soit-il, accorde à certains hommes prédestinés à mener une mauvaise vie; il les enlève de ce monde à l'état de grâce et avant qu'ils ne se soient rendus coupables, afin de pouvoir les récompenser dans le monde futur. » S'ils ont déjà péché, poursuit Rabbi Siméon, l'ange exterminateur les frappe, parce que la Providence ne veut pas les préserver, sans que leur mort soit pour cela une punition céleste (?).

Fort heureusement tout n'est pas dans ce style, il y a quelques passages d'une réelle élévation morale, (p. 155-156) : « Il ne convient pas à l'homme de dire : ou bien le Saint, béni soit-il, m'accordera telle et telle choses, ou bien il m'abandonnera et ne m'accordera pas ce que je lui demande. L'homme doit, au contraire, être pénétré de foi et avoir la certitude que Dieu écoute sa prière ; et, soit que sa prière soit exaucée, soit qu'elle ne le soit pas, il doit être convaincu que Dieu l'assiste. Car le secours de Dieu n'est pas toujours celui dont l'homme croit avoir besoin. »

Il y a surtout des légendes et des doctrines très intéressantes pour l'histoire de la théologie juive. Ainsi Sammaïl, bien connu dans la démonologie des Apocryphes, dans l'*Ascension d'Isaü*, par exemple, apparaît ici, (p. 165 et suivantes) comme l'ange tutélaire d'Esaü, qui lutte avec Jacob. Il semble par moments qu'il participe aux offices des bons anges, car il demande à Jacob de le laisser sortir pour aller « entonner le cantique du matin ». Par contre, dans un des appendices (p. 636-637), il est clairement identifié à l'esprit du mal.

Il est vrai que Satan lui-même, n'est pas pour les Rabbis du Zohar un être absolument mauvais. Il convient de l'apaiser au jour du grand pardon « par l'offrande du bouc ; grâce à cette offrande, Satan lui-même se transforme en défenseur d'Israël. » (p. 60).

Nous retrouvons aussi, (p. 33 et 266), le démon Silith qui inspire les châtiments et demande au Saint « la rigueur contre les hommes. »

Très curieuses encore sont les données relatives à l'angélologie,

(p. 122 et 728) ; à la métempsycose, (p. 341-342) ; au sort des âmes après la mort, (p. 461-463).

Il faut savoir gré à M. E. Lafuma d'avoir mis à notre portée dans leur source même ces renseignements réservés jusqu'ici à un petit nombre d'initiés. Nous espérons qu'il ne tardera pas à parfaire son œuvre et à la compléter par les tables et l'introduction dont je lui ai déjà signalé la nécessité. François MARTIN.

136. — **Office de Pierre de Corbeil** (Office de la Circoncision), improprement appelé « *Office des Fous* ». Texte et chants publiés d'après le Manuscrit de Sens (XIIIe siècle) avec introduction et notes, par l'abbé Henri VILLETARD. 1 vol. gr. in-8° (XII-244 pages.) 6 planches hors texte, musique, notée, tableaux. (Prix : 12 fr.)

La bibliothèque musicologique vient de s'enrichir d'un quatrième volume dû à la plume de M. l'abbé Villetard. Avec une rare compétence, il y donne une monographie complète et définitive du fameux office de Pierre de Corbeil connu sous le nom trop fameux et très impropre d'office des fous. Il fixe désormais les idées sur ce sujet qui trop longtemps prêta seulement à des lieux communs sans fondement scientifique. Le manuscrit étudié se trouve à l'heure actuelle au musée de Sens, bien que faisant partie de la bibliothèque de la ville. Jusqu'à la Révolution, il se trouvait au trésor de la cathédrale. Ce volume est célèbre tant par sa couverture que par son contenu. La reliure qui l'enserre se compose de deux plaques d'ivoire d'un travail assez grossier et maladroit et que les archéologues datent, les uns du deuxième ou troisième siècle, les autres du sixième siècle. Le manuscrit date sans hésitation du XIIIe siècle ; il se compose de 33 feuillets et contient l'office du jour de la Circoncision.

L'auteur ou bien plutôt le compilateur semble en être, sans conteste ce Pierre de Corbeil, ancien chanoine de Paris, qui monta sur le siège archiépiscopal de Sens en 1199. Du reste, rien de plus vraisemblable. A Paris donc, où Pierre de Corbeil était chanoine, l'évêque Eudes de Sully dut prendre des mesures pour faire cesser les scandales auxquels le bas peuple se livrait le jour de la Circoncision non seulement hors de l'église mais même à l'intérieur. Rien de plus naturel qu'une fois sur le siège de Sens, Pierre de Corbeil ayant retrouvé les mêmes excès n'ait cherché à les arrêter et à rédiger un office qui par ses chants et ses pompes attire et intéresse le peuple.

Donc rien de fou dans cet office. Il se compose des chants liturgiques de la fête, accompagnés, il est vrai, de nombreux fragments intercalés, qu'on appelle *tropes*, *centons* et *farcitures*. Aux textes sacrés chantés habituellement, Pierre de Corbeil a ajouté et intercalé des textes la plupart courts, plusieurs assez longs qu'il a extrait d'autres textes liturgiques. Une des parties les plus neuves et les plus curieuses de l'étude de l'abbé Villetard est celle où il recherche l'origine, où il catalogue pour ainsi dire, tous les centons, dont, pas un peut-être n'était original. C'est donc un véritable travail de superposition, de marquetterie auquel s'est livré Pierre de Corbeil et l'appendice où l'abbé Villetard étudie ce procédé de composition et les sources dont les centons ont été extraits est peut-être le chapitre le plus curieux de l'ouvrage entier.

Le volume est luxueusement édité. Après un avant-propos où l'auteur rappelle la grandeur de la Métropole de Sens, nous trouvons cinq planches reproduisant les plaques d'ivoire de la reliure, et le fac-similé de trois d'entre les feuillets. Dans la première partie, M. l'abbé V. étudie le manuscrit, sa provenance, sa forme matérielle, et donne une ample et complète bibliographie de la question. Dans la deuxième partie, c'est l'office qui, à son tour, est étudié. D'abord sa nature, sa composition, puis son auteur. Plus loin, M. V. passe au rôle et à l'histoire de l'office et nous donne un très intéressant chapitre sur les rubriques relatives à la fête. A la suite de cette partie historique et descriptive, M. V. établit le texte littéraire et le texte musical qu'il donne l'un et l'autre dans leur entier. Des deux appendices, l'un contient la liste des centons dont nous avons parlé ; l'autre contient le dépouillement d'un office analogue usité à Beauvais et qui offre de grands rapports avec celui de Sens.

En terminant, nous devons reconnaître qu'après un tel ouvrage la question semble épuisée. Ce n'est pas seulement une monographie que cette remarquable étude, c'est dans plusieurs de ses parties, un chapitre nouveau de l'histoire du chant extraliturgique. Tous ceux qui étudieront ces questions ne pourront l'ignorer et devront s'en inspirer.

Il faut féliciter M. l'abbé Villetard, non seulement de l'œuvre obtenue, mais du travail gigantesque qu'elle suppose.

B. Faulquier.

---

137. — **Etudes d'histoire et de psychologie du mysticisme**, par Henri Delacroix, professeur de philosophie à la faculté des lettres de Caen. Paris, Alcan, 1908, in-8° de xix-471 pages, prix : 10 francs.

La méthode de M. Delacroix est à la fois synthétique et particulière. Suivant le conseil que donnait Taine d'étudier « chaque généralité dans un ou plusieurs spécimens bien choisis et aussi significatifs que possible », il borne son investigation au mysticisme chrétien qu'il distingue soigneusement des mysticismes de l'Inde ou de l'Islam, et dans ce mysticisme chrétien lui-même il s'arrête à quelques types particulièrement représentatifs et pris dans des milieux différents. Il observe ainsi en Sainte Thérèse le mysticisme espagnol du xvi° siècle, dans Mme Guyon le quiétisme français du xvii° siècle, et avec Suso l'école allemande du xiv° siècle. Mais en même temps qu'il limite ses recherches dans certains cas, M. Delacroix les étend à la vie tout entière et à l'ensemble du développement spirituel des grands mystiques dont il se fait le psychologue. A ce dernier point de vue, son choix a été particulièrement heureux, car les « grands mystiques » dont il nous entretient sont précisément de ceux qui nous ont laissé tout à la fois l'histoire et la doctrine de leur vie intérieure.

De ces monographies se dégagent deux conclusions principales sur la nature spéciale du mysticisme chrétien, au moins chez ses sujets d'élite :

1° Il est progressif et « ne consiste pas dans un état unique, éternel et statique, au contraire, il est essentiellement une suite, un enchaînement d'états, une succession de formes qui s'appellent, se commandent et se transforment ; un développement véritable dont le sens peut-être dégagé ; l'extase, c'est-à-dire l'anéantissement de la conscience personnelle par la suspension de l'activité sensorielle et motrice, en même temps qu'apparaît un état positif, difficile à définir, la conscience de la présence divine, n'est pas la fin dernière, le sommet de cette vie mystique ; Sainte Thérèse travaille à reconstruire ce que l'extase détruit, à réaliser une synthèse plus ample, qui contient dans une unité plus puissante un plus grand nombre d'éléments. » (p. 61.)

2° La valeur de cette synthèse supérieure consiste avant tout en ce qu'elle concilie la contemplation et l'action. M. Delacroix revient à maintes reprises et avec insistance sur ce caractère essentiel du grand mysticisme chrétien. « Les mystiques indous, dit-il, entraînés par une doctrine qui affirme le néant de toutes choses, par la négation sociale de l'individualité, et par une négation intérieure qui s'exprime en amour de l'inaction et de l'inconscience, poussent l'extase jusqu'à une sorte de suicide psychologique... Le mystique chrétien... qui... ne veut point subir comme Dieu intérieur un néant inactif, substitue à l'extase un état plus large, où la conscience du divin ne suspend pas l'activité pratique. » (p. XI).

Ces caractères généraux du mysticisme chrétien font que M. Delacroix lui témoigne une préférence marquée et une sympathie non équivoque, rompant de façon décisive avec la tradition aussi étroite qu'invétérée des explications purement pathologiques, reprenant et précisant même les idées déjà émises à ce sujet par William James (1er chapitre des « Varieties of religious experience »). Si, en effet, il affirme avec raison que « parmi les mystiques d'ordre inférieur, dont une hagiographie intrépide et une littérature d'édification prodigieusement ignorante ont recueilli les prouesses, beaucoup ne sont guère que des malades » (p. 341), il reconnaît hautement qu'il en va tout autrement des grands mystiques dont le génie — il ne craint pas de prononcer le mot — est au-dessus de ces tares. Dans cette élite on cherche « une extase continue et vraiment spirituelle, dans la pleine liberté d'esprit (« sans les ravissements ni les agitations du corps, sans l'obscurité ni l'abstraction des sens ». Nuit obscure, II, eII) « ... les grands conquérants d'âmes se conquièrent d'abord eux-mêmes ; ils disciplinent ce que Maine de Biran appelait le machinal et l'organique ; ils domptent les égarements ou les excès de leur constitution névropathique, ils éliminent ou exploitent la surabondance et l'irrationnalité de l'agitation émotionnelle... » (p. 344). Dans ces derniers chapitres où il groupe quelques-unes des remarques générales que lui ont suggérées ses monographies, l'auteur multiplie les affirmations de ce genre et ce qui est encore mieux, les justifie par une documentation abondante et précise.

Est-ce à dire que les croyants tomberont pleinement d'accord avec M. Delacroix dans le jugement qu'on doit porter sur le grand mysticisme chrétien ? Lui-même ne se fait pas illusion sur ce point, et avec raison, car il semble bien ramener le divin purement et simplement au subconscient et à un subconscient de signification uniquement subjective et psychologique (cfr. p. xix, p. 405). Mais ces conclusions et cette théorie hostiles au surnaturel, ne tiennent en somme dans l'ouvrage qu'une très faible place et peuvent se détacher facilement d'un ensemble d'analyses et d'observations qui sont de très bon aloi. Se souvenant donc qu'au dire même de M. Delacroix, « la question d'origine première des états mystiques est un problème de critique de la connaissance et de métaphysique » et non de psychologie (p. 62), les croyants pourront être de ces esprits qui « tendent à faire droit aux exigences de la psychologie, en expliquant psychologiquement la passivité religieuse, et à celles de la théologie, en maintenant que ce jeu de lois psychologiques représente le plan de l'action divine sur les âmes » (p. 407); dans l'effort de conciliation qu'ils tenteront ainsi les « Etudes d'histoire et de psychologie du mysticisme » pourront leur être d'un grand secours.

Etienne MAGNIN.

138. — **Philosophes contemporains**, par HARALD HÖFFDING, professeur à l'Université de Copenhague, traduit de l'allemand par A. TREMESAYGUES, 1 vol. in-8°, de 208 p. Alcan, 1907. Prix : 3,75.

Philosophes contemporains : voilà un titre plein de réserve et de modestie. M. Höffding n'a pas pensé qu'il fût actuellement possible de composer un tableau d'ensemble de la pensée philosophique depuis 1880. Aussi s'est-il borné à nous donner, sur les philosophes de ces vingt-cinq dernières années qu'il estime les plus marquants, quelques études volontairement fragmentaires et provisoires. Il ne se cache même pas d'avoir suivi dans le choix des auteurs ses préférences personnelles.

D'ailleurs, ce n'est pas seulement le manque de recul et de perspective qui interdit un exposé synthétique, mais encore le caractère même de la pensée contemporaine où les courants les plus divers se croisent et se mêlent et qui plus que tout autre est rebelle aux classifications systématiques et aux qualifications en isme. La doctrine de Wundt par exemple est-elle un empirisme ou idéalisme? La psychologie positiviste le réclame comme sien sans doute, mais n'a-t-il pas donné plus d'un gage à la métaphysique? Dans quelle catégorie se rangerait la pensée si souple d'un Guyau ou d'un William James?

Les traditions nationales elles-mêmes sont bouleversées. C'est en Allemagne, la terre classique de la spéculation pure, que Wundt fonde le premier laboratoire de psycho-physique, tandis que les milieux Anglo-Saxons sont, par l'ontologie de Bradley et la psychologie de la continuité et du subsconcient de W. James déshabitués de l'empirisme associationiste qui semblait y être devenu une habitude de la race. Et voilà que les italiens, jadis si enthousiastes de l'idéalisme romantique de Gioberti et de Rosmini se résignent aujourd'hui au positivisme de Ardigo.

Aussi bien Höffding ne divise-t-il pas les philosophes contemporains en écoles bien distinctes, mais se contente-t-il d'un groupement très large qui les classe plutôt d'après les sujets qu'ils traitent que selon la signification d'ensemble de leurs doctrines.

Ces réserves faites voici les trois grands courants qu'il discerne dans la pensée contemporaine.

« Le courant systématique est représenté par un groupe de penseurs qui visent surtout à donner une explication du problème de l'existence et qui par conséquent travaillent au développement d'un système bien cohérent de l'Univers. Tels sont Wundt, Ardigo, Bradley et Fouillée. — Dans le courant biologique, celui qui se fait jour dans la théorie de la connaissance, le problème de la connaissance se place au premier rang et tout l'effort vise à trouver les plus simples moyens de satisfaire aux exigences de la vie intellectuelle, cette vie elle-même étant considérée comme un mode de vie particulier qui obéit aux lois générales de la vie. A ce courant appartiennent des hommes comme les physiciens ; Maxvell, Hertz et Ernst Mach ; cette tendance est réalisée de la façon la plus caractéristique dans l'essai qu'a fait Avenarius pour donner une histoire naturelle des problèmes. — Un troisième courant s'occupe essentiellement du problème des valeurs. Cette philosophie des valeurs s'attache aux problèmes fondamentaux éthiques et religieux et cherche à les éclaircir ou à les résoudre en se plaçant à de nouveaux points de vue. Chez Guyau et chez Nietzsche, le facteur subjectif est prédominant. Chez Rudolph Eucken cet intérêt s'allie à une spéculation qui cherche à prouver la nécessité de pouvoirs objectifs pour que la subjectivité ne flotte pas complètement en l'air. William James traite le problème des valeurs dans une étude de psychologie religieuse, qui cherche à donner par la description des différents types religieux une orientation complète sur la nature de la vie religieuse ». (Introduction, p. 4).

Les études les plus intéressantes de ce volume nous paraissent être celles sur les savants philosophes, sur Nietzche et sur William James.

C'est un signe des temps de voir des penseurs qui sont avant tout des savants comme Maxvell, Mach et Hertz insister sur le rôle de l'analogie dans la science et le caractère symbolique et utilitaire des conceptions scientifiques.

Les paradoxes de Nietzche sur le droit des puissants à l'amoralisme et le mépris que mérite la masse qui n'existe que pour l'élite ne seraient pas le fond de sa pensée, mais une foi intense en la Bonté de la vie que son prophète Zarathustra prêche à l'humanité tout entière et non seulement à quelques privilégiés. Quoiqu'il en soit d'une telle interprétation Höffding conclut avec raison que ce penseur n'a pas place dans l'histoire de la philosophie « en raison de sa façon scientifique de traiter les problèmes » mais parce qu'il « sentait énergiquement et profondément les tendances de son époque et de la vie » (p. 168).

Quant à William James, si Höffding hésite à admettre avec lui que les « commencements nouveaux », les apports d'énergie que produisent en l'homme les états où il se sent uni à l'être le plus élevé qu'il connaisse ont une origine surnaturelle et divine, il semble bien près de partager ce jugement du psychologue américain sur « les milieux académiques » : « La paralysie de la faculté native de croire et une craintive aboulie dans le domaine religieux sont leur forme spéciale de faiblesse intellectuelle ». (note 51, p. 205).

La précision, une conscience scrupuleuse dans l'exposé des doctrines constituent le principal mérite de cet ouvrage et en font la digne continuation de l'histoire de la philosophie moderne du même auteur. La critique des systèmes est très sobre et se borne à quelques remarques où l'on sent un effort persévérant pour se placer au point de vue même des théories discutées.

E. Magnin.

---

139. — **La Pensée moderne** (de Luther à Leibniz), par Joseph Fabre. 1 vol. in 8°, de 564 p. Paris, Alcan, 1908. Prix : 8 fr.

M. Joseph Fabre a entrepris l'histoire de la pensée humaine. Il a déjà consacré deux volumes à « la Pensée antique, de Moïse à Marc-Aurèle » et à « la Pensée chrétienne, des Evangiles à l'Imitation de Jésus-Christ ». Il vient de se faire l'interprète de « la Pensée moderne »; bientôt il nous présentera « Les Pères de la Révolution de Bayle à Condorcet », pour nous initier enfin à « la Pensée nouvelle de Kant à Tolstoï ». C'est un vaste dessein.

M. Fabre a beaucoup lu et beaucoup retenu. Il a parcouru les ouvrages mêmes des penseurs dont il nous entretient, au moins ceux des principaux. Son exposé se borne souvent à les analyser en suivant pas à pas l'ordre que les auteurs ont adopté. Cette fidélité est peut-être le mérite principal et l'utilité la plus indiscutable de son ouvrage. Comme par ailleurs le style en est aisé et la lecture facile. « La Pensée moderne » constitue un répertoire assez commode de la philosophie des xvi° et xvii° siècles.

La division en huit livres correspond bien aux différents aspects de cette philosophie. Cependant le premier livre déborde, et de beaucoup, le cadre que l'auteur s'est fixé, puisqu'il y est question de controverses récentes, voire même du modernisme. Voici les titres des huit livres : *La rénovation religieuse* (ici on oublie qu'il y a eu une Réforme catholique). — *La rénovation philosophique et scientifique.* — *Descartes* (à remarquer l'exposé très complet de la morale de ce philosophe). — *Pascal.* — *Les penseurs français, de Gassendi à Malebranche.* — *Spinoza.* — *Les penseurs anglais, de Hobbes à Newton.* — *Leibniz.*

Malheureusement les qualités d'érudition et d'exposition de la Pensée moderne sont gâtées par un vice radical de méthode. Ayant voulu parcourir plusieurs millénaires de pensée et d'histoire M. Fabre s'est condamné à passer devant les doctrines et les philosophies à toute vitesse. Sa vision en est restée un peu brouillée et indécise ; cette logique immanente qui fait l'unité des grands systèmes philosophiques semble trop souvent lui échapper. Si par exemple au début de son étude sur Descartes il avait dégagé l'idéalisme latent du *cogito ergo sum* nous comprendrions comment un philosophe qui ne veut se donner au point de départ que le phénomène de conscience doit se borner aux diverses modalités de la preuve ontologique de l'existence de Dieu et démontrer l'existence du monde extérieur par la véracité divine ; tandis que dans l'exposé qui nous est fait du système cartésien ces particularités essentielles paraissent arbitraires parce qu'elles ne sont pas expliquées. De même si le rôle de l'intuition dans la théorie de la connaissance de Pascal était mieux mis en lumière, l'esprit géométrique et le mysticisme de ce penseur auraient un point d'attache commun et ne sembleraient pas se contredire.

Le lecteur peut difficilement corriger cette imprécision en se reportant aux sources, car ce gros ouvrage de plus de 500 pages ne contient pas un seul renvoi. Or un lecteur même supposé profane est toujours flatté quand on l'estime capable de se faire une opinion personnelle sur tel ou tel point et qu'on lui en fournit les moyens.

C'est peut-être pour corser son exposé trop peu synthétique que notre auteur y a introduit quelques idées générales. Malheureusement ces vues d'ensemble se réduisent — ou à peu près — à une philosophie anticléricale de l'histoire dont le simplisme déconcerte. L'humanité se divise en deux camps : d'une part la libre-pensée qui s'oriente toujours vers plus de lumière et de tolérance et de l'autre l'Eglise romaine qui suivrait une marche diamétralement opposée. Sans doute on reconnaît que « la corporation sacerdotale » a possédé en tous temps des membres grands par le génie, les vertus et les œuvres » (p. 36) mais dans l'ensemble on la juge irrémédiablement condamnée à l'intolérance.

Nous croyons parfaitement inutile de discuter une telle philosophie de l'histoire. Elle peut alimenter la polémique des feuilles irréligieuses — et de fait certaines pages, telle la charge à fond contre la « théocratie sacerdotale » (p. 35-40) en ont le ton déclamatoire et les antithèses violentes, — elle ne devrait pas avoir place dans un ouvrage sérieux.

Cependant M. Fabre n'est pas un esprit antireligieux : il proteste contre le fanatisme à rebours d'une libre-pensée athée (p. 140) ; il appelle de ses vœux « le futur avènement d'une religion philosophique » (p. 139), sans d'ailleurs se rendre compte de la naïveté qu'il y a à présenter comme un rêve d'avenir cette fameuse religion naturelle qui depuis le vicaire Savoyard a quelque peu vieilli.

En définitive à qui conseiller la lecture de la *Pensée moderne* ? Aux gens pressés qui voudraient avoir une vue rapide de la philosophie des XVI° et XVII° siècles. Encore devraient-ils se mettre en garde contre la partialité et le caractère trop peu synthétique de cet exposé. Il est regrettable qu'on ait à faire de telles réserves sur le compte d'un auteur dont l'érudition et la facilité de style pourraient trouver un bien meilleur emploi.

E. Magnin.

---

140. — **La Synthèse mentale**, par G. Dwelshauvers, professeur à l'Université de Bruxelles. 1 vol. in-8° de la *Bibliothèque de philosophie contemporaine*, Paris, Alcan, 1908 : Prix 5 fr.

Dans cet ouvrage, M. D. s'est proposé de mettre en lumière les caractères originaux de la vie consciente. Il montre d'abord l'irréductibilité de de l'activité mentale à l'activité cérébrale, le rôle du système nerveux consistant à transmettre des mouvements, nullement à créer des images. (Chap. I). L'auteur insiste ensuite sur le rôle de l'inconscient dans la vie mentale (chap. II) et arrive à cette conclusion que la vie psychologique doit être conçue comme un « courant », non comme une juxtaposition d'états. Même conclusion si, au lieu d'observer directement la vie mentale, nous nous demandons s'il est possible de la faire rentrer dans les catégories qui nous servent à penser les objets. Les plus générales d'entre elles sont la quantité, la qualité, la durée, la causalité et la finalité. Quelle est leur signification dans les sciences et en psychologie ?

La quantité s'est introduite en psychologie sous la forme de l'*intensité* mesurable. Mais cette notion n'y a pas d'emploi, et nous assistons aujourd'hui à l'échec de la tentative psycho-physique. — La science vise à éliminer de plus en plus la *qualité* au profit de la quantité. Il est permis de croire qu'elle n'y réussira jamais complètement. Ce qui est sûr, c'est qu'en psychologie cette élimination serait la négation de la connaissance de l'esprit. — La *durée* psychologique a une tout autre signification que le temps scientifique : comme Bergson l'a montré, le temps du physicien n'est que de l'espace : c'est un temps-longueur. La durée véritable est continuité et interpénétration; c'est un temps-invention. — Dans les sciences, la *liaison causale* est une succession nécessaire et irréversible de phénomènes; elle s'exprime par une loi. Il est clair que cette conception de la causalité est inapplicable à un être qui dure réellement, c'est-à-dire qui change continuellement. — Les sciences tendent à substituer l'explication causale à l'explication finaliste. Or, la psychologie ne peut se passer de la notion de *finalité*, même si on l'entend de la façon la plus étroite, c'est-à-dire comme la poursuite consciente d'une fin. (Chap. III).

Interpénétration et retentissement intérieur; finalité consciente de son but; création et renouvellement; durée concrète; qualité, tels sont quelques-uns des aspects de la vie consciente. Deux caractères les englobent et les expliquent : ce sont la synthèse mentale, dont la forme la plus haute est la *personnalité*, et la *liberté*. La synthèse mentale, dont M. D. esquisse l'histoire chez quelques philosophes modernes (Leibniz, Kant, Wundt, Höffding, Pierre Janet, Bergson et Lagneau) consiste dans l'équilibre complexe qui se maintient parmi des tendances diverses. Elle se révèle dans les formes les plus rudimentaires de la vie mentale, dans la perception sensible, par exemple, qui est l'unification d'un nombre considérable de facteurs. Sous sa forme la plus riche, elle constitue la personnalité. Le principe d'unité, la force unifiante, c'est l'esprit ; et parce qu'il est « acte et mouvement en soi, sans aucune dépendance par rapport aux lois de la matière située dans l'espace et obéissant à la causalité mécanique, l'esprit est essentiellement liberté ». (P. 234). Nous sommes donc d'autant plus libres que nous sommes plus unifiés. (Chap. IV).

Un appendice sur *les méthodes psychologiques* termine le volume.

Comme on le voit, M. D. reprend la thèse de l'originalité de la vie psychique, à laquelle Bergson a attaché son nom. Il la développe avec talent, mais ne laisse pas d'être parfois obscur (par ex. p. 37 et suiv., l'intuition). C'est, évidemment, la faute du sujet, puisque l'être vrai serait ineffable (p. 40). Il faudra donc tâcher d'en prendre son parti.   H. VILLASSÈRE.

---

141. — **L'Année Philosophique**, (18ᵉ année 1907), publiée sous la direction de F. PILLON, 1 vol. in-8 de la *Bibliothèque de philosophie contemporaine.* (Félix Alcan, éditeur). Prix : 5 fr.

Ce volume contient, outre la bibliographie philosophique de l'année 1907, les cinq mémoires suivants :

1° *La théorie platonicienne de la participation, d'après le « Parménide » et le « Sophiste »*, par Victor Brochard. — L'éminent historien s'est proposé de « montrer comment le *Parménide* prépare l'établissement définitif de la théorie de la participation et comment il se complète par le *Sophiste*, où se trouve la solution de toutes les difficultés qu'il soulève ».

2° *Les preuves de l'immortalité d'après le « Phédon »*, par G. Rodier. — Ces preuves, d'après la plupart des interprètes, sont au nombre de quatre. La première s'appuie sur la nature du devenir, la seconde sur la réminiscence, la troisième sur ce principe que le semblable est connu par le semblable, la quatrième sur l'essence de l'âme. Contrairement à l'opinion généralement admise, M. R. estime que ce n'est pas le dernier de ces arguments, mais le troisième, qui constitue pour Platon la preuve capitale, et sert de fondement commun aux trois autres.

3° *Coup d'œil sur les géométries non métriques*, par G. Lechalas. — L'objet de ce travail de philosophie mathématique est de mettre en lumière l'intérêt que présentent les géométries non métriques. Elles montrent, notamment, que bien des choses qu'on serait porté à attribuer à une forme d'extériorité (ou de sensibilité) ont un caractère purement abstrait.

4° *Les lois de la nature, selon M. E. Boutroux*, par F. Pillon. — M. P. examine d'abord la thèse de doctorat de M. Boutroux : *De la contingence des lois de la nature* et montre que sa théorie sur la hiérarchie des lois, sur l'origine empirique des principes géométriques et du principe de causalité l'apparente à Comte, Littré et Stuart Mill. Mais de cette négation de toute nécessité métaphysique, il tire des conclusions que ces philosophes étaient loin d'admettre. Pour lui, la contingence des choses ne s'explique que par la liberté, liberté du Créateur et liberté des créatures. Il arrive ainsi, mais par une autre voie, à des conclusions théistes et libertistes, fort voisines de celles où sera conduit l'idéalisme néocriticiste. — Dans son livre sur *l'Idée de la loi naturelle...*, M. Boutrouse n'admet plus que les principes mathématiques et mécaniques dérivent de l'expérience et de l'induction ; mais il ne reconnaît pas, pour cela, qu'ils proviennent de jugements synthétiques *a priori*. Selon lui, « le concept de loi est le produit de l'effort que nous faisons pour adapter les choses à notre esprit ». M. P. estime que cette position, intermédiaire entre l'apriorisme de Kant et l'empirisme de Stuart Mill, est difficile à garder.

5° *L'Essai sur les Éléments principaux de la Représentation, et la philosophie de O. Hamelin*, par L. Dauriac. — Analyse lucide de la thèse remarquable du regretté philosophe.

La bibliographie philosophique contient les comptes rendus de quatre-vingt-quinze ouvrages parus en France dans le cours de l'année 1907.

Le volume se termine par des notices nécrologiques consacrées à O. Hamelin et à V. Brochard. H. V.

142. — **L'évolution créatrice**, par H. Bergson, de l'Institut, professeur au Collège de France. 1 vol. in-8 de la *Bibliothèque de philosophie contemporaine*, (Félix Alcan, éditeur). Prix : 7 fr. 50

M. B. avait montré, dans un premier ouvrage dont il rappelle brièvement les conclusions, que la durée est l'étoffe de la *vie psychique* : « pour un être conscient, exister consiste à changer, changer à se mûrir, se mûrir à se créer indéfiniment soi-même » (p. 8). N'en pourrait-on dire autant de l'existence en général ? sans doute, les *corps inorganisés* ne paraissent pas durer. Mais les corps que nous percevons et sur lesquels le savant travaille, ne sont que des fragments artificiellement détachés du tout : réintégrez-les dans le tout, et ils dureront comme nous, car l'Univers dure. — Il existe, il est vrai, des êtres qui constituent des systèmes naturellement clos : ce sont les *corps vivants*. Or, s'il est souvent difficile de dire ce qui, dans l'être vivant, vieillit, il n'en est pas moins incontestable que la vie est chose qui dure : le vivant a une histoire, il se mûrit peu à peu de l'enfance à la vieillesse. « Partout où quelque chose vit, il y a, ouvert quelque part, un registre où le temps s'inscrit ». La vie est donc, comme la conscience, durée vraie. Est-elle aussi création incessante ? Plaçons-nous dans l'hypothèse transformiste qui, suggérée par l'anatomie comparée, et confirmée par l'embryogénie, la paléontologie et l'expérimentation (expériences de H. de Vries) peut être considérée comme une traduction suffisamment exacte des faits connus. *La vie* nous apparaît alors comme un « courant qui va d'un germe à un germe par l'intermédiaire d'un organisme développé » (p. 29), et crée à tout instant, le long de sa route, des formes nouvelles, absolument imprévisibles : espèces et individus sont de véritables créations. — Mais notre intelligence est réfractaire à une telle conception. Et il est aisé de le comprendre. Originellement, nous ne pensons que pour agir. Or, l'action procède par *intention* et par *calcul* : elle coordonne des mécanismes en vue de réaliser un plan. De là, deux grands cadres : *mécanisme* et *finalité*, dans lesquels l'homme, platonicien inconscient, va s'efforcer d'enfermer toute la réalité. Qu'une telle méthode soit insuffisante, c'est ce que l'on peut prévoir *à priori*. L'intelligence est un résidu de l'opération vitale, un effet particulier de la vie : comment nous introduirait-elle au cœur même de la vie? Comme elle ne lui est pas coextensive, elle n'arrivera jamais, par ses seuls moyens, à la comprendre. Le finalisme classique est à la fois trop large et trop étroit : trop étroit, lorsqu'il explique la vie par l'intelligence, car la vie renferme bien d'autres puissances, complémentaires de celle-là ; trop large, lorsqu'il suppose une préexistence de l'avenir, dans le présent, car la vie n'a pas de but. La vie progresse et dure, elle se dépasse sans cesse elle-même. Il y a sans doute de l'harmonie dans le monde, seulement, cette harmonie « tient à une identité d'impulsion et non pas à une aspiration commune » (p. 55). — Mais comment s'y prendre pour démontrer l'existence de cette impulsion originelle et réfuter le mécanisme? Si notre théorie est vraie, si la vie est la continuation d'un seul et même élan, des indices de cette communauté d'origine devront se retrouver jusque sur les lignes d'évolution les plus divergentes. Si le mécanisme est vrai, si la vie s'est constituée par une série d'accidents, on n'observera rien de semblable. « Le pur mécanisme serait donc réfutable, et la finalité... démontrable par un certain côté. Si l'on pouvait établir que la vie fabrique certains appareils identiques, par des moyens dissemblables, sur des lignes d'évolution divergentes » (p. 59). Reprenons l'exemple classique auquel mécanisme et finalisme en reviennent toujours : l'œil. Mais, au lieu d'envisager le rapport de l'organe à la fonction, considérons deux organes identiques, cueillis sur deux lignes d'évolution divergentes : l'œil d'un vertèbre et l'œil d'un mollusque tel que le Peigne. D'où vient l'analogie de structure? Le mécanisme l'expliquera soit par des variations accidentelles, soit par l'action du milieu. Considérons la première théorie. Elle peut prendre deux formes, selon que l'on tient la variation pour insensible ou brusque. Si la variation est insensible, on ne comprend pas qu'elle se conserve par sélection. « Bon gré mal gré, on raisonnera comme si la petite variation était une pierre d'attente posée par l'organisme, et réservée pour une construction ultérieure », (p. 70). Cette hypothèse est déjà difficile à éviter si l'on considère un organe qui s'est développé sur une seule ligne d'évolution ; elle s'impose absolument, si l'on compare deux organes identiques qui évoluèrent sur des lignes différentes. Si l'on recourt à la variation brusque, ce sont d'autres difficultés : comment comprendre que toutes les parties de l'œil, en se modifiant soudainement, restent si heureusement coordonnées entre elles que la vision continue à se produire ? Que, sur une ligne d'évolution, des « accidents heureux » se succèdent pour produire un organe de plus en plus parfait, cela est déjà prodigieux. Mais que là-bas, sur une autre ligne d'évolution, les mêmes combinaisons compliquées se répètent, et toujours par accident, voilà qui confond la raison. Bref, soit qu'il s'agisse d'expliquer la *continuité de développement* des variations insensibles, soit qu'il s'agisse d'expliquer la *convergence* des variations brusques, il faut dépasser la théorie des accidents heureux. La théorie du milieu plastique est-elle plus satisfaisante ? La lumière, agissant sur la matière organisée, est-elle capable de l'adapter en quelque sorte à sa propre forme, d'y construire un appareil visuel ? L'adaptation peut s'entendre en deux sens bien différents. Il y a une adaptation passive qui consiste à recevoir une empreinte ; en ce sens, on peut dire que l'appareil visuel des organismes inférieurs est le résultat d'une adaptation : la tâche pigmentaire est une sorte de photographie. Mais il y a une adaptation active qui consiste à tirer le meilleur parti d'une situation donnée ; adaptation signifie alors solution d'un problème. Or, c'est ainsi qu'il faut entendre l'adaptation quand on veut expliquer l'œil compliqué d'un vertèbre : c'est qu'en effet nous nous trouvons en présence, non plus d'une photographie, mais d'un appareil photographique. D'autre part, la composition chimique de l'œuf n'est pas identique chez les mollusques et chez les vertébrés ; de plus, l'appareil visuel est ici d'origine encéphalique, là d'origine ectodermique. Des processus évolutifs différents aboutissent donc, chez l'homme et chez le peigne, à la formation d'une même rétine ; le même effet est obtenu par des causes différentes. Comment une philosophie mécanistique pourra-t-elle s'accommoder d'une semblable constatation ? — Pour expliquer cette convergence d'effets, il faut sortir du mécanisme et faire appel à un principe interne de direction. L' « effort » de certains néo-lamarckiens est un principe de ce genre. Mais nous n'avons jamais vu que l'effort produisît un changement de forme dans un organe ; puis, peut-on encore parler d'effort quand il s'agit des plantes ? En second lieu, le néo-lamarckisme suppose que les caractères acquis se transmettent régulièrement par voie d'hérédité. Or, c'est seulement dans des cas très rares qu'il y aurait hérédité de l'acquis, et même alors, il faudrait encore distinguer l'hérédité de l'*écart* et l'hérédité du *caractère*, la première étant de beaucoup la plus fréquente ; ainsi voyons-nous la tare alcoolique prendre des formes différentes selon qu'elle passe du père aux enfants. Le néo-lamarckisme est donc insuffisant : il faut creuser sous l'effort pour trouver une cause plus efficace, et capable d'assurer la transmission régulière des variations.

Faisant converger les vérités partielles aperçues par les théories précédentes, nous dirons que la cause des variations est une impulsion de nature psychologique (néo-lamarckisme) qui, passant de germe à germe à travers les individus (darwinisme) et évoluant selon une direction définie (Eimer et l'orthogenèse) produirait des modifications identiques chez tous les représentants d'une espèce ou du moins chez quelques-uns d'entre eux (néo-darwinisme). Nous arrivons ainsi à la notion d'un *élan originel de la vie* qui, se conservant sur les lignes d'évolution entre lesquelles il se partage, serait à la fois la cause profonde des variations spécifiques et la raison des analogies étranges entre espèces foncièrement dissemblables comme, par exemple, l'œil chez les mollusques et chez les vertébrés. — Ce qui déconcerte lorsqu'on considère l'œil, c'est le contraste entre la complexité de la structure et la simplicité du fonctionnement. Or, lorsqu'un objet nous apparaît ainsi, simple d'un côté, infini de l'autre, ses deux aspects sont loin d'avoir le même degré de réalité. La simplicité est dans l'objet lui-même, l'infini de complication dans les instruments de connaissance que nous braquons sur lui. Soit un mouvement du bras. Senti du dedans, c'est un acte simple ; vu du dehors, c'est un infini de positions. « Le mécanisme consisterait ici à ne voir que les positions. Le finalisme tiendrait compte de leur ordre. Mais mécanisme et finalisme passeraient, l'un et l'autre, à côté du mouvement, qui est la réalité même » (p. 99). Car le mouvement est à la fois plus et moins que ses positions avec leur ordre. Plus, puisqu'elles en procèdent ; moins, car il ne résulte pas de leur assemblage, mécanique ou intelligent. « De même pour le rapport de l'œil à la vision ». Il y a, dans la vision, plus et moins que les cellules composantes de l'œil et que leur coordination réciproque. Plus, car elles procèdent de l'acte simple de la vision ; moins, car la vision ne résulte pas de leur assemblage. Cet assemblage constituerait « le plus formidable des travaux d'Hercule... alors que la nature n'a pas eu plus de peine à faire un œil que je n'en ai à lever la main » (p. 100). Mais c'est ce que nous comprenons difficilement, parce que nous assimilons le travail de la nature au travail de l'homme. *Organisation* et *fabrication* sont cependant des procédés bien différents. L'organisation procède par expansion : elle va du centre à la périphérie ; la fabrication procède par concentration : elle va de la périphérie au centre. Surtout, on retrouve dans l'œuvre fabriquée et les parties et leur assemblage : à chaque phase du travail correspond une partie de l'objet. Au contraire, dans une machine vivante, les parties différentes ne correspondent pas aux différentes phases du travail d'organisation. Pourquoi ? C'est que « la matérialité de cette machine ne représente plus un ensemble de moyens employés, mais un ensemble d'obstacles tournés » (p. 102). Supposons que j'enfonce le bras dans de la limaille. Quelque soit le point où le bras s'arrête, instantanément les grains s'équilibrent. C'est cet équilibre que mécanistes et finalistes veulent expliquer. Tous deux supposent donc que cet équilibre est une synthèse d'actions élémentaires : en réalité, il n'est que « la forme globale d'une résistance » (p. 103). « Ainsi pour la vision et pour son organe. Selon que l'acte indivisé qui constitue la vision s'avance plus ou moins loin, la matérialité de l'organe est faite d'un nombre plus ou moins considérable d'éléments coordonnés entre eux, mais l'ordre et nécessairement complet et parfait. Il ne saurait être partiel, parce que, encore une fois, le processus réel qui lui donne naissance n'a pas de parties » (pp. 103-104). Aussi des espèces très éloignées l'une de l'autre pourront-elles présenter le même organe visuel. Il suffira, pour cela, que l'élan vers la vision ait été aussi intense dans un cas que dans l'autre « car la forme de l'organe ne fait qu'exprimer la mesure dans laquelle a été obtenu l'exercice de la fonction » (p. 104). (Chap. I. *De l'évolution de la vie.* — *Mécanisme et finalité*).

Les êtres vivants sont donc des modalités de l'élan vital, réalité qui transcende le mécanisme et la finalité. Essayons d'en pénétrer la nature. La vie s'est fragmentée en individus et en espèces, sous la pression de la matière, probablement, mais surtout parce que telle était sa nature. La vie, en effet, est tendance, « et l'essence d'une tendance est de se développer en forme de gerbe, créant, par le seul fait de sa croissance, des directions divergentes entre lesquelles se partagera son élan » (p. 108). De là, les séries divergentes d'espèces. La réflexion sur ces tendances divergentes et complémentaires nous éclairera sur la nature du principe d'où elles procèdent. Montrons tout de suite l'insuffisance du mécanisme et du finalisme. L'adaptation mécanique aux circonstances explique les *sinuosités* du mouvement évolutif, non ses *grandes directions* et bien moins encore le *mouvement* lui-même. L'évolution de la vie n'est pas davantage la réalisation d'un plan, car un plan est formulable en termes actuellement donnés, et l'évolution est une création incessante : elle crée, non seulement les formes de la vie, mais les idées qui permettraient de la comprendre. De plus, si le finalisme était vrai, le plan devrait dessiner avec une netteté de plus en plus grande, à mesure que la vie avance plus loin. Or, c'est le contraire qui a lieu : l'harmonie est en arrière, non en avant. — « L'interprétation complète du mouvement évolutif dans le passé... ne serait possible que si l'histoire du monde organisé était faite » (p. 114). Nous devrons donc nous contenter d'en suivre les grandes lignes, et nous essaierons de déterminer la place de l'homme dans l'ensemble du règne animal, la place du règne animal dans l'ensemble du monde organisé. — L'animal se distingue de la plante. Moins par la possession exclusive de certains caractères, que par sa tendance à accentuer des caractères communs. Or, tandis que la plante s'orientait vers l'alimentation minérale, la sédentarité et l'inconscience, l'animal optait pour l'alimentation organique, la locomotion et la conscience. Ces tendances divergentes coexistaient chez les premiers êtres vivants : elles se sont dissociées du moment où ils se sont portés vers un genre d'alimentation différent, en sorte que « le même élan qui a porté l'animal à se donner des nerfs et des centres nerveux a dû aboutir, dans la plante, à la fonction chlorophyllienne » (p. 124). Ce premier coup d'œil jeté sur les deux règnes va nous permettre d'en déterminer les rapports d'une façon plus précise. Supposons que la vie soit un effort pour greffer, sur la matière, la plus grande somme possible d'indétermination. Pour réaliser ce programme, il fallait concentrer d'abord une partie de l'énergie répandue à la surface de notre planète, le dépenser ensuite. La plante, qui accumule des quantités considérables d'énergie potentielle dans les subtances alimentaires qu'elle élabore, remplit la première partie du programme ; mais c'est l'animal qui dépense cette énergie en mouvements libres dans l'espace. La plante fabrique des explosifs, et c'est l'animal qui les fait exploser. C'est donc l'évolution de l'animal, bien plus que celle du végétal, qui nous éclairera sur la direction fondamentale de la vie. Or, « chez l'animal, tout converge à l'action, c'est-à-dire à l'utilisation de l'énergie pour des mouvements de translation » (p. 131). Qu'il en soit bien ainsi, que le système sensori-moteur soit le centre vers lequel converge tout l'organisme, c'est ce que prouvent des faits éminemment instructifs, tels que l'inégale distribution du glycogène, et, surtout, que les conditions remarquables dans lesquelles il se reconstitue : sa quantité est énorme dans le système musculaire, comparativement aux autres tissus, et, surtout, la production en est réglée par la consommation qu'en fait le système sensori-moteur. Celui-ci est donc bien dominateur. Le système sensori-moteur concilie deux qualités opposées : grâce à lui, les mouvements sont de mieux en mieux adoptés aux excitations, de plus en plus imprévisibles et libres. Il semble bien que l'essentiel de la poussée vitale ait passé à la création d'appareils de ce genre, qui constituent de véritables « réservoirs d'indétermination ». Mais le prodigieux effort de la vie n'aboutit jamais qu'à des demi-succès. Il est constamment entravé par la matérialité qu'il a dû se donner, car si la vie en général est mobilité, les formes particulières de la vie sont relativement stables. « Comme des tourbillons de poussière soulevés par le vent qui passe, les vivants tournent sur eux-mêmes, suspendus au grand souffle de vie » (p. 139). La vie animale, avons-nous dit, est une marche à la mobilité et à la conscience. Or, des quatre directions où elle s'est engagée, deux ont abouti à des impasses ; dans les deux autres, l'effort fut généralement disproportionné au résultat. Un danger guettait les premiers vivants : l'emprisonnement dans une carapace plus ou moins dure. Les échinodermes et les mollusques y succombèrent ; enfermés dans leurs armures, ils sont condamnés à une torpeur végétative. Seuls, les arthropodes et les vertébrés finirent par échapper à cette immobilité relative et à cet assoupissement. De quelles puissances immanentes à la vie sont-ils la manifestation? Pour le savoir, il n'est que de considérer, dans chaque groupe, les espèces les plus caractéristiques. Or, le point culminant de ces deux lignes d'évolution est marqué, ici par l'apparition de l'homme, là par l'apparition des insectes, et, en particulier, de certains hyménoptères, c'est dire que la vie animale évoluait vers l'intelligence et vers l'instinct. « Torpeur végétative, instinct et intelligence, voilà donc enfin les éléments qui coïncidaient dans l'impulsion vitale commune aux plantes et aux animaux, et qui... se dissocièrent par le seul fait de leur croissance » (p. 147). — Entre ces trois tendances, il y a une différence, non de degré, mais de nature. Nous l'avons montré en ce qui concerne la vie végétative et la vie animale. Nous allons retrouver une opposition analogue entre l'instinct et l'intelligence. On est porté à les confondre, parce qu'on les rencontre toujours ensemble. Isolons-les, et surtout considérons-les dans leur état de pureté originelle, alors qu'ils viennent de jaillir de la poussée vitale : ils nous apparaîtront comme deux tendances différentes ; « ce qu'il y a d'instinctif dans l'instinct étant de sens opposé à ce qu'il y a d'intelligent dans l'intelligence » (p. 148). L'intelligence est essentiellement la faculté de fabriquer des outils, en particulier des outils à faire des outils. *Homo faber*, telle pourrait être la définition de l'homme. L'instinct est essentiellement la faculté d'utiliser et même de construire des instruments organisés : ici la machine fait partie du corps qui s'en sert. Instinct et intelligence constituent donc deux moyens différents d'agir sur la matière brute ; ce sont « deux solutions divergentes, également élégantes, d'un seul et même problème » (p. 155). De là, des différences profondes dans le mode de connaissance. Instinct et intelligence connaissent certaines choses sans les avoir apprises, mais ces choses sont d'ordre très différent. Ce qui est inné, dans l'instinct, c'est la connaissance de certains *objets* ; dans l'intelligence, celle des *rapports*. Dans le premier cas, la connaissance est intense et pleine, mais limitée ; dans le second cas, elle est illimitée, mais vide. De là, une différence capitale que l'on pourrait formuler ainsi : « Il y a des choses que l'intelligence seule est capable de chercher, mais que, par elle-même, elle ne trouvera jamais. Ces choses, l'instinct seul les trouverait ; mais il ne les cherchera jamais » (p. 164). Notre intelligence, en effet, telle qu'elle sort des mains de la nature, vise d'abord à fabriquer. Elle a donc pour objet principal le *solide inorganisé*; dès lors, elle ne se représentera clairement que le *discontinu*, l'*immobile*, et tiendra toute matière pour arbitrairement décomposable et recomposable. Or, un jour vient où l'intelligence, portée sur l'aile des mots, se détache de la matière, et se met à réfléchir sur ses propres opérations, sur la vie et la pensée. Mais elle va porter, dans ce domaine nouveau, les habitudes qu'elle tient de sa longue familiarité avec la matière. Ne nous étonnons pas que la continuité vraie, la mobilité réelle, l'évolution créatrice, lui échappent entièrement. Or, la vie est cela même. L'intelligence est donc « caractérisée par une incompréhension naturelle de la vie » (p. 179). Elle est caractérisée également par une incompréhension naturelle de l'instinct, car les plus essentiels d'entre les instincts primaires sont vraiment des processus vitaux. Les différentes théories évolutionnistes : néo-darwinisme et néo-lamarckisme n'expliquent pas plus l'apparition d'un instinct que la formation d'un organe tel que l'œil. Qu'on voie dans l'instinct une démarche intelligente, ou qu'on le ramène à un pur mécanisme, dans tous les cas c'est à l'intelligence qu'on en demande l'explication. Cette méthode serait acceptable si les êtres vivants formaient une série unique, si l'intelligence était sur le prolongement de l'instinct. Aristote le croyait. Mais nous savons maintenant que les êtres vivants ont évolué sur des lignes indépendantes : à l'extrémité des deux principales d'entre elles se trouvent l'instinct et l'intelligence. Dès lors, quelle vraisemblance y a-t-il que l'instinct puisse se résoudre en éléments intelligibles? Faut-il donc s'arrêter devant lui comme devant un mystère? Nullement, car pour être en dehors de l'intelligence, il n'est pas en dehors de l'esprit. En nous subsistent, à l'état rudimentaire, des éléments qui se compénétraient à l'origine, et qui se sont ensuite inégalement développés. Des phénomènes de sympathie et d'antipathie irréfléchies, que nous expérimentons sur nous-mêmes, pourraient éclairer la nature de l'instinct. Concevoir tel hyménoptère, le sphex, par exemple, à notre image, en faire un entomologiste, puis se demander où il a puisé sa « science », c'est se poser un problème insoluble. Mais il n'est insoluble que parce qu'il est mal posé. Ce qui existe chez le sphex, c'est, très probablement, un sentiment qui le renseigne, du dedans, sur les points faibles de sa victime. Ce sentiment, analogue à la sympathie divinatrice, serait antérieur à toute connaissance et résulterait de la mise en présence du sphex et de la chenille. « L'instinct est sympathie » (p. 191). Si cette sympathie pouvait réfléchir sur elle-même et s'étendre, si l'instinct pouvait devenir *intuition*, il nous livrerait le secret de la vie, comme l'intillegence nous livre celui de la matière. Cet idéal est, sans doute, irréalisable. Du moins, le rôle de l'intuition peut-il être nettement défini : elle nous montrera ce que les données de l'intelligence ont ici d'insuffisant et nous suggérera le sentiment vague de ce qui pourrait les compléter. (Chap. II). *Les directions divergentes de l'évolution de la vie. Torpeur, intelligence, instinct.*

L'opposition entre l'inerte et le vivant, entre l'intelligence et l'instinct, est-elle irréductible ? Ne pourrait-on tenter simultanément une genèse de l'intelligence et des corps ? Psychologues et philosophes s'y sont essayés ; les études de psychologie génétique, les cosmogonies à la Spencer, une métaphysique comme celle de Fichte, sont des tentatives de ce genre. Ce n'est là cependant qu'une apparence. Psychologues et métaphysiciens commencent par se donner l'intelligence, ébauchée, condensée ou agissante, ils ne l'engendrent pas. Dira-t-on que ces insuccès montrent qu'une tentative de ce genre est chimérique, attendu qu'on ne saurait faire la genèse de l'intelligence qu'avec l'intelligence elle-même ? Mais on prouverait aussi bien qu'il est impossible d'apprendre à nager, attendu que, pour apprendre, il faudrait pouvoir se tenir sur l'eau, et, par conséquent, savoir déjà nager. D'ailleurs, autour de l'intelligence, subsiste une frange indistincte qui en rappelle l'origine. C'est dans ce fluide que nous nous replacerons ; peut-être alors verrons-nous s'y former, par voie de condensation, l'intelligence. Encore faut-il, pour y réussir, « brusquer les choses, et, par un acte de volonté, pousser l'intelligence hors de chez elle » (p. 211). Le cercle vicieux n'est donc qu'apparent. Il est réel, au contraire, dans la méthode opposée. Le philosophe accepterait, des mains du savant, les faits et les lois, comme des vérités intangibles ; à cette connaissance, il superposerait une critique de la faculté de connaître, et peut-être une métaphysique : telle est la conception ordinaire des rapports entre la science et la métaphysique. Mais la science est pénétrée d'une métaphysique inconsciente, qui n'est autre que le mécanisme. Dès lors, le métaphysicien se bornera à enregistrer une conception mécanistique de la nature, que l'on avait posée *à priori* par le fait qu'on abandonnait toute l'expérience à la science. Distinguons, au contraire, la matière et la vie. Nous verrons alors que la science est accordée sur la première, nullement sur la seconde, et que pour comprendre la vie il faut l'envisager avec des yeux de philosophe. « La philosophie envahit ainsi le domaine de l'expérience ». Dès lors, toute notre connaissance se relève. La science touche à l'absolu quand elle s'occupe de la matière brute, et la philosophie entre en contact avec le réel, quand elle aborde l'étude de la vie après s'être dégagée des habitudes proprement intellectuelles. Peut-être aussi pourrons-nous assister à la genèse de l'intelligence et de la matière.

La spiritualité, d'une part, l'intellectualité et la matérialité, d'autre part, nous apparaissent comme deux processus de direction opposée. Plaçons-nous au point de vue de la durée et de la conscience : notre moi tend vers la durée pure, dont chaque moment est indivisible et nouveau ; la matière tend vers un instantané qui se répéterait indéfiniment. Ne pourrait-on passer du premier processus au second par voie d'inversion, vu même par simple interruption ? Remarquons que, dans ses moments de détente, dans le rêve, par exemple, dans la sensation aussi, notre personnalité redescend vers l'espace. La matière, d'autre part, *s'étend* dans l'espace sans y être absolument *étendue*. Elle prolonge simplement le mouvement que notre conscience esquissait ; mais l'intelligence passe à la limite et l'identifie avec l'espace géométrique. Le problème qui se pose au philosophe serait donc de saisir le passage de l'extra-spatial au spatial ; sa tâche est de constituer une cosmologie qui serait une psychologie retournée, le monde du physicien et du géomètre n'étant qu'une inversion ou même, comme nous allons voir, qu'une interruption de la réalité vraie qu'il faudrait définir en termes de conscience. L'ordre géométrique serait « un système de négations, l'absence plutôt que la présence d'une réalité vraie ». Que je relâche mon attention, et, par exemple, l'état simple et indivisé qui constitue l'âme d'un poème s'éparpillera en phrases, puis en syllabes, puis en mots, enfin en lettres ; cette complication et cette extension n'exprimeraient donc qu'une « déficience du vouloir ». Tel serait l'ordre géométrique. Mais comme il est dans la même direction que notre intelligence, il lui fait l'effet d'une réalité positive. La géométrie, en effet, une géométrie latente, immanente à notre représentation de l'espace, est le grand ressort de notre intelligence, de la faculté d'induire comme de celle de déduire. Il y a deux sortes de déductions, celles qui ont pour objet des grandeurs et celles qui portent sur des qualités. Or, celles-ci se forment sur le modèle des premières : leur vigueur vient de ce que, sous la qualité, nous voyons confusément la grandeur transparaître. L'induction repose sur la croyance qu'il y a des causes et des effets, et que les mêmes effets suivent les mêmes causes. La première croyance implique que la réalité est décomposable en groupes pratiquement indépendants, alors qu'en réalité tout se tient. La seconde repose aussi sur une intuition spatiale : si j'attends les mêmes effets des mêmes causes, c'est que je transporte idéalement le système actuel sur celui d'hier, et comme ils coïncident en toutes leurs parties, sauf une, encore inobservée, qui est l'effet, je conclus qu'ils coïncideront aussi en cette partie. Cette croyance, à son tour, implique que le temps s'est arrêté et que les qualités peuvent se superposer comme des grandeurs. La géométrie est donc la « limite idéale de nos inductions aussi bien que celle de nos déductions » ; l'intellectualité tout entière résulte donc d'un mouvement de détente de l'esprit, dont l'espace constitue le terme ultime. Rien d'étonnant, dès lors, à ce que l'« ordre » de la nature, qui procède du même mouvement, nous paraisse positif ; en réalité, il doit surgir automatiquement dès que se produit une interruption de l'acte créateur. Si l'on admet cette vue, il s'ensuit que le caractère mathématique de nos lois est artificiel. De fait, la mesure, la superposition, est une opération humaine : il serait puéril de la prêter à la nature ; d'ailleurs, « s'il y avait, immanentes à la matière, des lois comparables à celles de nos codes, le succès de notre science tiendrait du miracle. » (p. 238) Cependant, notre physique réussit ; son succès serait également inexplicable si la matière n'avait pas tout ce qu'il faut pour entrer dans nos cadres. Puisque l'ordre mathématique n'a rien de positif, une seule hypothèse reste donc plausible : c'est « qu'il soit la forme où tend, d'elle-même, une certaine *interruption*, et que la matérialité consiste précisément dans une interruption de ce genre. » (p. 239) La mathématique représente simplement le **sens dans lequel la matière retombe.**

Mais peut-être acceptera-t-on difficilement cette idée que l'ordre mathématique n'est que l'interruption de l'ordre inverse : *il pourrait*, dira-t-on, *ne pas y avoir d'ordre du tout* ; l'ordre mathématique, étant une conquête sur le désordre, a donc une réalité positive. Pour résoudre cette difficulté, il est nécessaire d'analyser l'idée négative de désordre. C'est ce que fait M. B. en quelques pages extrêmement originales et brillantes. Nous ne pouvons qu'indiquer sa démonstration. Il y a, dit-il, deux ordres irréductibles l'un à l'autre : l'ordre *vital* et l'ordre *géométrique*. Par contre, le désordre, conçu comme une absence d'ordre, n'existe pas ; l'idée en surgit toutes les fois que, nous attendant à l'un des deux ordres, nous rencontrons l'autre. Le désordre, c'est, en réalité, les deux ordres, avec une oscillation de l'esprit de l'un à l'autre. C'est une idée exclusivement pratique ; elle exprime la déception d'un esprit qui se trouve en face d'un ordre, alors qu'il escomptait l'autre.

Il est donc possible de passer de la tension à l'extension, de la liberté à la nécessité mécanique, par voie d'inversion. Cette vue, suggérée tout à la fois par la conscience et par l'expérience sensible, est confirmée par ce fait que l'ordre géométrique n'a pas besoin d'explication, puisqu'il est la suppression de l'ordre inverse et que la suppression est nécessairement une substitution.

« Quel est donc le principe qui n'a qu'à se détendre pour s'étendre, l'interruption de la cause équivalant ici à un renversement de l'effet ? » (p. 258) On peut l'appeler conscience, à condition d'entendre par là l'activité libre, le *pur vouloir*, le vouloir originel aussi, et non pas ce vouloir fragmentaire qui fonctionne en chacun de nous. Nous ne saisissons en nous, il est vrai, que des créations de forme, jamais des créations de matière. Mais si la matière résultait d'un simple arrêt de l'action génératrice de la forme, une création de matière ne serait ni incompréhensible ni inadmissible, car notre vouloir est une incessante création de forme. L'idée de création devient ainsi plus claire, car elle se confond avec celle d'accroissement. Mais ce n'est plus alors de l'univers dans sa totalité que nous devrons parler. Considérons donc les deux lois les plus générales de notre système solaire. La première, la loi de conservation de l'énergie, exprime moins la permanence objective de quelque chose que la nécessité, pour un changement, d'être contre-balancé par un changement de sens contraire ; elle ne nous éclaire pas sur la nature du tout. Tout autre est la portée de la loi de dégradation de l'énergie ; elle nous montre que le monde s'achemine vers un état d'homogénéité et épuise, « à tout instant, quelque chose de la mutabilité qu'il contient ». D'où vient cette énergie dont le niveau baisse sans cesse ? Elle ne dérive pas d'une cause physique, et toutes les hypothèses faites en ce sens sont condamnées à un échec. C'est dans un processus extra-spatial qu'il en faut chercher l'origine. Considère-t-on l'étendue en général, l'*extension* ? C'est une *tension* qui s'interrompt. S'attache-t-on à la réalité qui remplit cette étendue ? L'ordre qui y règne résulte, nous l'avons vu, de la suppression de l'ordre inverse : une détente du vouloir produirait précisément cette suppression. Enfin, voici que nous apprenons que la matérialité est une chose *qui se défait.* « Que conclure de là, sinon que le processus par lequel cette chose *se fait* est dirigé en sens contraire des processus physiques et qu'il est dès lors, par définition même, immatériel ? » (p. 266) Notre vision du monde matériel est celle d'un poids qui tombe. Mais cette conclusion s'imposera avec plus de force encore si nous considérons les corps vivants et non plus la matière en général. La vie est un effort pour remonter la pente que la matière descend : incapable d'*arrêter* sa chute, tout au moins elle la retarde par la fabrication de ces explosifs, les aliments, qui emmagasinent provisoirement l'énergie solaire ; elle est « comme un effort pour relever le poids qui tombe ». Si l'on voulait s'exprimer par images, on pourrait dire que la matière est un « *geste créateur qui se défait* », et la vie « *une réalité qui se fait à travers celle qui se défait* ». Vie et matérialité sont des mouvements simples et inverses, car il n'y a pas de *choses*, il n'y a que des *actions*. L'organisation résulte de leur rencontre.

De ce point de vue, on voit nettement ce qu'il y a d'essentiel et ce qu'il y a d'accidentel dans l'évolution de la vie. La vie consiste : 1° à capter de l'énergie, 2° à la dépenser d'une manière imprévue. Ce double résultat a été obtenu par certains procédés sur notre planète, mais il eût pu l'être par de tout autres moyens, et c'est probablement le cas pour les planètes différentes de la nôtre, pour les autres systèmes solaires aussi. Les formes de la vie sont donc contingentes. Mais pourquoi la vie au lieu d'évoluer en un corps unique, s'est-elle disséminée en une multitude d'êtres vivants ? L'individuation était nécessaire, car il est de l'essence du psychique d'envelopper une pluralité de termes qui s'entrepénètrent ; d'autre part, dans son contact avec la matière, cette multiplicité virtuelle est contrainte de se diviser effectivement. Mais entre *les vivants*, *la*]*vie* circule toujours : si elle n'est pas unité pure, elle n'est pas davantage pure multiplicité. De là, cette tendance à s'associer qui, tout le long de la série animale, vient combattre les effets de la tendance contraire. « L'évolution de la vie dans la double direction de l'individualité et de l'association n'a donc rien d'accidentel. » (p. 283) — Essentielle aussi est la marche à la réflexion, puisque c'est la conscience ou supraconscience qui est à l'origine de la vie. « Mais cette conscience, qui est une *exigence de création*, ne se manifeste à elle-même que là où la création est possible ». Or, chez l'homme seul, le cerveau est capable de monter un nombre illimité de mécanismes ; chez lui seul, la conscience est enfin libérée de la matière. L'homme seul continue donc indéfiniment le mouvement vital, et en ce sens on peut dire qu'il est le terme de l'évolution vitale. Mais il ne la résume pas, car il a dû laisser s'atrophier bien des tendances que la vie portait en elle. En particulier, il a dû renoncer à peu près complètement à l'intuition. Elle se ranime, cependant, là où un intérêt vital est en jeu. Sur la liberté, sur la personnalité, sur notre origine, peut-être aussi sur notre destinée, sur tous ces problèmes dont l'intelligence ne peut percer le mystère, elle projette des lueurs. Le rôle de la philosophie est de recueillir ces intuitions, de les raccorder entre elles, enfin de montrer que la vie spirituelle ne se superpose pas, par on ne sait quel miracle, à la vie du corps, mais qu'elle en est le prolongement. (Chap. III. *De la signification de la vie. L'ordre de la nature et la forme de l'intelligence.*)

Mais peut-être les considérations présentées jusqu'ici se feront-elles difficilement admettre. Elles contrarient la démarche naturelle de l'intelligence qui voit : 1° dans l'immobile l'explication du mobile ; 2° dans le vide, le néant, quelque chose d'antérieur au plein, à l'être. Ce sont là deux illusions qu'il importe de démasquer.

Commençons par la seconde. On croit généralement que l'existence est une conquête sur le néant, et que la représentation de « rien » est moins compréhensive que celle de « quelque chose ». De là, le dédain de la métaphysique pour une réalité qui dure, incapable qu'elle est, semble-t-il, de se poser par elle-même ; de là, sa tendance à doter l'absolu d'une existence logique qui seule paraît capable de vaincre l'inexistence. Qu'est-ce donc que l'idée du néant ? Se représenter le néant consiste, soit à l'imaginer, soit à le concevoir. Or, imaginer le néant, c'est se représenter soit un néant de perception interne, soit un néant de perception externe, jamais les deux à la fois ; il y a donc toujours quelque chose de représenté, soit un objet extérieur, soit le moi réel, soit un moi imaginaire. Qu'est-ce que concevoir le néant ? Des différentes théories examinées par M. B. ne retenons que la plus simple, la plus plausible : concevoir l'inexistant consisterait simplement à accoler un « non » à la représentation d'un objet. Cette théorie postule que la négation est exactement symétrique de l'affirmation et qu'elle a, comme celle-ci le pouvoir de créer des idées. Elle suppose que la négation est : 1° un acte d'intelligence pure ; 2° un acte complet de l'esprit, comme l'affirmation. Or, la négation renferme un élément extra-intellectuel qui est essentiel. Nier consiste, en effet, à écarter une affirmation ; la négation a pour matière un jugement, non un objet ; elle vise quelqu'un, non quelque chose. Elle n'est donc pas le fait d'un pur esprit qui n'aurait affaire qu'à des objets ; elle est d'essence pédagogique et sociale. D'autre part, la négation est un acte incomplet de l'esprit : elle indique la nécessité de substituer un jugement à un jugement, mais sans dire lequel. L'acte de nier implique donc : 1° l'intérêt à une affirmation actuelle ou possible ; 2° la nécessité de substituer, à cette affirmation, une autre affirmation qu'on laisse indéterminée n'ayant d'autre contenu que celui du jugement affirmatif qu'elle juge, la négation est donc incapable de créer des idées *sui generis*. L'idée de Rien est donc une pseudo-idée qui suscite ce pseudo-problème : pourquoi quelque chose résiste-t-il ? Si sa croyance au néant est si vivace, c'est qu'elle procède d'une habitude puissante, d'origine pratique. Agir, c'est combler un désir ; l'acte va donc du vide au plein, de rien à quelque chose. Nous transportons cette notion dans sa spéculation sans remarquer que le vide. au sens pratique, c'est l'absence, non d'une chose, mais d'une utilité. La notion intellectuelle, c'est à dire absolue, de vide, est donc doublement fausse : elle l'est par son origine et par ses caractères. S'il en est ainsi, si l'on n'est pas obligé de passer par l'idée de néant pour arriver à l'idée d'être, il s'ensuit qu'une « réalité qui se suffit à elle-même n'est pas nécessairement une réalité étrangère à la durée », une essence logique ou mathématique.

Mais pensons-nous jamais la vraie durée ? Nour rencontrons ici la seconde illusion fondamentale de l'intelligence, qui consiste à expliquer le mouvant par l'immobile. Elle est, comme la première, d'origine pratique. Ce qui, dans l'action, nous intéresse, c'est le but visé, c'est-à-dire le mouvement supposé accompli ; les moyens, c'est-à-dire le mouvement s'accomplissant, nous importent peu. D'autre part, notre action s'insère dans le monde matériel ; pour que nous puissions nous en représenter le terme comme immobile, il est donc nécessaire que la matière ne soit pas conçue comme un perpétuel écoulement. « Pour que notre activité saute d'un *acte* à un *acte*, il faut que la matière passe d'un état à un état... » (p. 324). Or, c'est bien ainsi que les choses s'offrent à notre perception. Ce que nous percevons, ce sont des *qualités*, des *corps*, des *actes*, jamais des mouvements qualificatifs, évolutifs, extensifs. Le devenir existe cependant, et nous croyons y penser. En quoi consiste cette idée ? L'artifice de notre intelligence consiste à extraire, de ces trois espèces de mouvements, l'idée abstraite de mouvement ou de devenir, puis à lui adjoindre, selon les cas, une ou plusieurs images d'*états* qui nous servent à distinguer les différents devenirs. Ainsi fait le cinématographe qui, avec des instantanés et du mouvement, donne l'illusion de la mobilité particulière de chaque chose. « *Le mécanisme de notre connaissance usuelle est de nature cinématographique.* » (p. 331).

Il est utile pour agir ; l'est-il aussi pour penser ? Nous permet-il de comprendre le devenir dont nous n'avons jusqu'à présent qu'une connaissance verbale ? Mais, en suivant cette méthode, j'intercalerai des instantanés entre des instantanés, je juxtaposerai des vues à des vues, jamais je n'atteindrai le mouvement qui relie ces vues et ces instantanés. Je serai ainsi conduit à nier le mouvement, la transition, le devenir, qui est pourtant la réalité même. C'est ce que fit Zénon, dont l'argumentation contre le mouvement extensif pourrait, d'ailleurs, être étendue au devenir qualificatif et au devenir évolutif. De cette méthode encore procède cette tendance qui consiste, non pas à nier le devenir, mais à l'expliquer par une réalité immuable : qualité, forme ou essence, fin. Tel fut le principe de la philosophie antique des Formes et des Idées. De cette philosophie sont sorties une physique, une cosmogonie et une théologie qui, dans leurs lignes générales, n'ont rien d'accidentel ; elles marquent le terme où la pensée aboutit fatalement quand elle suit son instinct cinématographique (p. 341-356). C'est le même esprit qui anime la science moderne. Par ses procédés, qui consistent à employer des signes, c'est-à-dire des formes fixes où s'immobilise la réalité, par son but, qui est l'action, elle est nécessairement acculée à la méthode cinématographique. Comme la science antique, elle isolera donc des moments, et négligera le devenir. Mais voici où est la différence. Alors que la science antique ne considérait, de son objet, que certains moments privilégiés, comme la tendance vers le *bas* du mouvement extensif, la science moderne le considère à n'importe quel moment : elle est caractérisée par la décomposition indéfinie qu'elle opère du temps. Mais de quel temps s'agit-il ? Du devenir véritable qui est création continue ? Nullement ; le temps, pour la science, c'est le mouvement uniforme d'un mobile le long d'une trajectoire, c'est-à-dire, une série de positions ou d'arrêts virtuels. Ce qu'elle note, ce sont des correspondances entre les arrêts virtuels du mobile choisi comme unité et ceux des autres mobiles ; ce qu'elle considère, ce sont des points pris sur le flux, jamais le *flux* lui-même. Et la preuve, c'est que ce flux pourrait-être accéléré ou ralenti sans qu'il y eût rien à changer à nos équations. La science ne tient « compte ni de la *succession* dans ce qu'elle a de spécifique, ni du *temps* dans ce qu'il a de fluent. » (p. 366). Pourtant, la succession existe, et ce fait ne peut se comprendre que si le temps est invention. Dans les œuvre de la nature comme dans les créations de l'artiste, le temps doit être conçu comme une espèce de force qui produit de l'imprévisible et du nouveau. La science moderne n'est pas entrée dans cette voie : « *elle repose tout entière sur une substitution du temps-longueur au temps-invention.* » (p. 379). Ce procédé est utile, mais inexact : « il symbollse le réel et le transpose en humain plutôt qu'il ne l'exprime. » Il y a un autre mode de connaissance, pratiquement inutile, celui-là, qui consisterait à se transporter à l'intérieur du devenir par un effort de sympathie. En adjoignant ainsi l'intuition à l'intelligence, on complèterait la connaissance de la matière et l'on s'ouvrirait, en même temps, une perspective sur l'autre moitié du réel. « Car, dès qu'on se retrouve en présence de la durée vraie, on voit qu'elle signifie création, et que, si ce qui se défait dure, ce ne peut être que par sa solidarité avec ce qui se fait. » (p. 37.)

Science et métaphysique seraient donc deux modes de connaissance opposées, mais complémentaires. Mais la philosophie moderne ne s'est pas orientée vers la pure durée. Après quelques hésitations, très visibles chez Descartes, elle s'est ralliée, avec Spinoza et Leibniz, à la conception antique de la métaphysique : sa fonction serait d'unifier complètement la connaissance scientifique de la nature. Elle est donc nécessairement astreinte à la méthode cinématographique, et, par conséquent, dominée par ce principe inhérent à la méthode : « *Tout est donné.* » La métaphysique moderne répugne, comme l'ancienne, à l'idée d'une réalité qui se créerait sans cesse. « Pour l'une et pour l'autre, la réalité, comme la vérité, serait intégralement donnée dans l'éternité. » (p. 382). Par sa distinction de la matière et de la forme, Kant rouvrait la voie à une philosophie nouvelle : l'intuition ne pouvait-elle nous porter au sein de cette matière extra-intellectuelle ? Ne pourrait-on, par deux efforts de direction inverse, remonter jusqu'à l'esprit, puis descendre vers les corps et, du même coup, engendrer l'intelligence ? Mais Kant ne s'engagea pas dans cette direction. Convaincu qu'il n'y a qu'*une* science, qu'*une* expérience, il croyait la matière ou coextensive à l'intelligence ou plus étroite qu'elle; il ne pouvait admettre qu'on la saisît par une intuition supra-intellectuelle. Trouverons-nous enfin, chez Spencer, une véritable philosophie de la durée ? Pas davantage. Il crut suivre le cours de l'universel devenir ; en réalité, il se bornait à « reconstituer l'évolution avec des fragments de l'évolué. » (p. 393). Il compose — la matière avec des particules solides ; mais cette représentation est entièrement relative aux besoins de notre action ; — l'esprit avec des réflexes ; mais le réflexe spécialisé est déjà le terme d'une évolution ; il ne saurait donc l'expliquer ; — les lois de la pensée avec les relations entre phénomènes, dont elles seraient le décalque ; mais il n'y a de phénomènes, c'est-à-dire de faits découpés dans la continuité du devenir, que pour notre intelligence. Avec Spencer, nous sommes toujours dans l'évolué, jamais dans l'évolution. Mais quand une fois on a saisi la vie et la conscience « dans leur essence en adoptant leur mouvement, on comprend comment le reste de la réalité dérive d'elles. L'évolution apparaît, et, au sein de cette évolution, la détermination progressive de la matérialité et de la spiritualité par la consolidation graduelle de l'une et de l'autre, » (p. 399).

Le lecteur aura sans doute entrevu, à travers la sécheresse de cette analyse, la richesse, l'originalité, la profondeur et la hardiesse des idées que renferme *l'Evolution créatrice*. Livre grandiose et troublant, où l'étude minutieuse des êtres vivants conduit à la métaphysique la plus audacieuse, où les grandes lignes d'une philosophie du devenir ont leur point de départ dans les modestes conclusions de la science. Sur cette métaphysique même, sur la genèse simultanée de l'intelligence ou de la matière, on pourra faire bien des réserves, et M. Bergson serait certainement le dernier à s'en étonner. On n'en fera aucune sur la nouveauté et la puissance de cet effort.

H. VILLASSÈRE.

143. — **Précis d'histoire de la littérature espagnole**, par M. Ernest MÉRIMÉE. — Paris, Garnier, 1908, in-18 de 535 p.

Les études hispaniques, qui n'ont jamais laissé le public français indifférent, ont pris chez nous plus d'extension encore pendant ces dernières années ; on en peut suivre le progrès aux transformations rendues nécessaires dans notre enseignement secondaire ou supérieur par la faveur toujours croissante qui s'attache aux langues méridionales. Aujourd'hui l'espagnol, comme l'italien, est bien près d'avoir pris la place qui lui revient dans nos sympathies intellectuelles, non au détriment de l'anglais ou de l'allemand, mais en concurrence avec eux ; et n'est-ce pas toute justice chez un peuple de race latine ? Aussi doit-on réserver le meilleur accueil au *Précis* dans lequel M. Ernest Mérimée a retracé tout le développement de la littérature espagnole ; ce tableau méthodique et clair échappe à l'habituelle sécheresse d'un manuel scolaire par la variété de la documentation, par l'ingénieuse exactitude des idées directrices et par l'élégance aisée de la forme. Les étudiants trouveront dans ce livre un guide sûr, mis au courant des plus récents travaux d'érudition, et dont l'usage leur est encore rendu plus pratique par une disposition typographique très nette, par une table détaillée et un index abondant. Pour un public plus désintéressé, cette *Histoire de la littérature espagnole*, dégagée de l'appareil critique qui a servi à l'établir, offre une lecture facile et agréable.

Il ne peut entrer dans le cadre de cette étude de résumer un pareil livre. Nous nous bornerons à signaler l'excellente introduction générale, historique et philologique à la fois, où l'auteur a condensé tout ce qu'il est nécessaire de savoir sur l'Espagne, sur la formation du peuple espagnol, sur son caractère et sur la langue, pour en comprendre la littérature ; l'exposé des dialectes, en particulier, est d'une netteté parfaite. Au cours des différents chapitres, M. M. ne sépare jamais l'histoire générale de l'histoire littéraire, qui n'est au demeurant qu'un aspect de la première. Comment suivre le mouvement des idées, l'évolution des génies et des œuvres, si l'on ignore les grands faits historiques qui les ont précédés et qui souvent les expliquent, les variations politiques, les conditions économiques, tous ces facteurs essentiels de la vie d'une nation ? De plus, on oublie trop souvent que la littérature ne peut pas s'isoler des arts plastiques et qu'elle leur est étroitement associée dans le progrès d'une civilisation ; on trouvera dans le *Précis* de M. M. des notions sommaires et suffisantes sur l'histoire des beaux-arts. Enfin l'influence littéraire ou artistique des peuples étrangers sur l'évolution des lettres espagnoles n'est pas négligée : l'auteur dresse, pour chaque période, un tableau méthodique des littératures contemporaines qui présentent le plus d'affinité avec celle de l'Espagne ; en retrouvant mentionnées, au seuil de chaque chapitre, les grandes dates et les œuvres importantes de la littérature italienne et française, on établit avec plus d'équité le bilan de l'originalité espagnole. — Ajoutons qu'en dépit d'une tendance fâcheuse, trop souvent exagérée dans les manuels scolaires, l'époque contemporaine n'est nullement sacrifiée dans ce *Précis,* puisqu'elle occupe à elle seule près de 60 pages, et que non seulement l'œuvre de Campramor, de Harcou ou de Pereda, mais celle de madame Pardo Bazán ou de Blasco Ibáñez y est étudiée et caractérisée avec autant de soin que celle des écrivains classiques.

E. MAYNIAL.

SOCIÉTÉ NATIONALE DES ANTIQUAIRES DE FRANCE

Séance du 20 mai. — M. C. EULART, m. r., communique trois bijoux à inscription des XIVe et XVe siècle. — M. le Comte A. DE LOISUE, m. r., fait connaître un monument funéraire du XVe siècle, conservé au Musée d'Arras, représentant les défunts devant le Christ juge. — M. le baron J. DE BAYE, m. r., présente la photograhie de deux bas-reliefs de l'église Saint-Michel de Kiev. — M. HÉRON DE VILLE-FOSSE, membre honoraire, signale une statue de magistrat romain découverte à Montagnac (Hérault). — M. P. MONCEAUX, m. r., communique des plombs de bulles découverts à Carthage par le R. P. Delattre.

Séance du 27 mai. — M. L. DUMUŸS, a. c. n., signale une tête en marbre de style antique conservée aux environs d'Orléans, et communique divers renseignements nouveaux sur l'iconographie de Jeanne d'Arc. — M. H. STEIN, m. r., fait une communication sur un portrait de Clouet récemment entré au Louvre. — M. M. PRINET, a. c. n., étudie un manuscrit à peintures d'Octavius de Saint-Gelais. — M. P. MONCEAUX, m. r., communique une bulle de plomb trouvée par le R. P. Delattre à Carthage. — M. J. J. MARQUET DE VASSELOT, m. r., présente une statuette de Saint-Pierre debout, en bronze doré, de la première moitié du XIVe siècle. — M. F. DE VILLENOISY, a. c. n., signale un vase de bronze antique découvert près de Saint-Marcelin (Isère).

Séance du 3 juin. — M. J. ROMAN, a. c. n., est élu membre résidant en remplacement de M. A. DE BOISLISLE. — M. Ch. BRUSTON, a. c. n., commente une inscription araméenne publiée par M. Pognon. — M. HÉRON DE VILLEFOSSE, m. h., lit une note de M. le Dr ROUQUETTE, a. c. n., sur les lanternes antiques.

Séance du 10 juin. — M. F. de Mély, m. r., soumet la photographie d'un retable peint en 1533 par Jean Bellegambe pour l'abbaye du Cellier près Clairvaux. — M. M. Prou, m. r., étudie la chute de l'S final dans les légendes des monnaies mérovingiennes. — M. L. Dimier, a. c. n., signale une note manuscrite de Guillaume Budé mentionnant un portrait de lui par Jean Clouet. — M. Marguerite de la Charlonie, a. c. n., communique la photographie d'une statuette de terre cuite récemment trouvée à Monembasia et où l'on a voulu voir une réplique de la Vénus de Milo. — M. Ph. Lauer, m. r., lit une notice sur l'icone byzantine de la Vierge de Sainte-Marie au Transtevere à Rome. — M. le baron J. de Baye, m. r., présente un ornement de coiffure provenant des environs de Kiev.

Séance du 17 juin. — M. P. Monceaux, m. r., signale divers plombs découverts à Carthage par le R. P. Delattre. — M. V. de Goloubew, associé correspondant étranger, présente un recueil de dessins ayant appartenu à Horace Walpole. — M. E. Michon, m. r., identifie un aigle antique figuré dans ce recueil et qui est aujourd'hui chez lord Wemyss. — M. Ch. Ravaisson-Mollien, m. r., insiste sur les différences qui séparent la statuette de Monembasia de la Vénus de Milo. — M. F. Martroye, a. c. n., étudie les origines de la législation du Bas-Empire sur les successions des personnes vouées à la vie religieuse.

Séance du 24 juin. — M. F. de Mély, m. r., présente les photographies de la tête du Laocoon, appartenant à S. A. S. le duc d'Arenberg. — M. Ph. Lauer, m. r., entretient la Société des fouilles de Saint-Sylvestre in Capite à Rome. — M. F. Martroye, a. c. n., fixe la date de la prise de Carthage par Bélisaire. — M. E. Chénon, a. c. n., signale un texte de 1487 relatif aux arènes de Bourges. — M. E. Couzot, a. c. n., signale l'emploi, dès le XVe siècle, de roseaux pour fixer les dunes de Noirmoutiers.

Séance du 1er juillet. — M. Marguerite de la Charloine, présente des statuettes antiques de terre cuite. M. P. Gauckler, a. c. n., revient sur les fouilles de Saint-Sylvestre in Capite. — M. le Comte Lefebvre des Noettes, signale le réalisme de certaines figures d'animaux dans des monuments romans. — M. P. Monceaux, m. r., commente une inscription grecque chrétienne trouvée par le R. P. Delattre à Carthage. — M. E. A. Durand-Gréville, a. c. n., présente les reproductions de deux portraits d'Inghirami par Raphaël.

Séance du 8 juillet. — M. Pallu de Lessert, m. r., signale une inscription récemment découverte à Timgad. — M. l'abbé J. A. Corbierre, a. c. n., étudie l'origine de la médaille de Saint-Benoît d'après la correspondance de Mabillon. — M. Ch. Ravaisson-Mollien, m. r., entretient la Société de la statue dite Vénus Euploia. — M. P. Monceaux, m. r., communique deux coupes d'argent découvertes à Carthage par le R. P. Delattre.

Séance du 15 juillet. — M. E. Michon, m. r., présente divers fragments de rebords de tables sculptés en usage dans l'église byzantine. — M. le Dr L. Carton a. c. n. fait connaître une inscription trouvée à Sidi-bou-Arkoub. — M. M. Prinet, a. c. n., établit la provenance d'une miniature faite pour Etienne Petit, représentant le grand reliquaire de la Sainte-Chapelle. — M. P. Gauckler, a. c. n., signale les fouilles de la villa Patrizi à Rome.

Séance du 22 juillet. — M. Pallu de Lessert, m. r., restitue une inscription relative au proconsul Ti. Julius Primus. — M. P. Monceaux, m. r., communique une note du R. P. Delattre, a. c. n., sur un sceau byzantin de Carthage. — M. O. Vauvillé, a. c. n., présente deux coins monétaires trouvés à Soissons. — M. Ch. Ravaisson-Mollien, m. r., étudie le sarcophage de Diane et Actéon conservé au Louvre.

Séance du 29 juillet. — M. R. Fage, a. c. n., signale un petit clocher limousin sculpté au porche de l'église de Lagraulière (Corrèze.) — M. P. Monceaux. m. r., communique une inscription chrétienne de Miliana. — M. Héron de Villefosse, m. h., communique une bague avec inscription trouvée à Duran (Gers). — M. E. Chénon, a. c. n., identifie le seigneur de Déols, dont une monnaie, du temps des Croisades, a été retrouvée à Carthage. — M. H. de la Tour, m. r., signale des camées antiques imités à la Renaissance. — M. Ch. Ravaisson-Mollien, m. r., complète sa communication sur le sarcophage d'Actéon.

L'Éditeur-Propriétaire-Gérant : Albert Fontemoing.

Imprimerie Générale de Châtillon-sur-Seine. — A. Pichat.

BULLETIN CRITIQUE

144. — **Cicéron. Choix de lettres**. Texte latin publié avec une introduction, des notices, un commentaire explicatif et des notes critiques, par Georges ROMAIN, Agrégé des lettres, Docteur ès-lettres, Maître de conférence à l'Université de Lyon. Paris, Hachette, 1908, in-16, xl-342 p. (Prix : 2 fr. 50.)

Ce nouveau volume d'une collection bien connue sera certainement accueilli avec faveur dans les lycées et les collèges : il répond en effet à son but, « faire connaître dans la mesure du possible, « d'une part le caractère de Cicéron, sa vie privée et sa conduite « politique, d'autre part la situation de Rome, l'esprit et les mœurs « des contemporains » (p. I). Les lettres choisies sont vraiment les plus intéressantes à ce point de vue ; l'introduction et les notes qui les accompagnent en rendent la lecture aussi facile qu'agréable.

L'introduction (p. I-XXV) se divise en trois parties : I° publication de la correspondance de Cicéron. Manuscrits. Editions. II° Intérêt moral des lettres de Cicéron. Intérêt historique. Le style et la langue. III° Matériel et transmission de la correspondance dans l'antiquité. Suscription, formules, dates. — Suit un tableau chronologique des principaux faits de la vie de Cicéron (p. XXVI-XXXIII), puis quelques notes critiques (p. XXXV-XXXVII).

Les « arguments » placés en tête de chaque lettre complètent l'introduction et donnent les notions historiques nécessaires. L'appréciation des caractères de Cicéron et de ses correspondants me paraît fort juste. M. Romain a fréquemment cité M. Boissier, comme il le devait ; cependant il a su garder son indépendance et croit devoir se montrer bien plus sévère que lui dans le jugement porté sur Brutus (p. 319).

Dans le commentaire, on trouve l'explication de presque toutes les difficultés ; les locutions rares ou obscures sont traduites, et souvent avec un réel bonheur d'expression. Les mots grecs ont été aussi rendus en français afin que le recueil pût servir à toutes les sections de la classe de première. Une ou deux fois seulement M. R. semble avoir oublié que plusieurs de ses lecteurs ne savent pas le grec : p. 166 : ἀκοινόν τον devrait être traduit ; il ne suffit pas de renvoyer à l'adverbe correspondant ; p. 270 : σπουδαῖον οὐδέν : « pas de politique » : explication très juste mais non traduction. L'ancien éditeur de Plaute et de Térence se reconnaît au soin avec lequel sont expliquées les citations de vers archaïques ; un signe de quantité vient quelquefois en faciliter la scansion (suām rem, p. 85.) Est-ce aussi à l'habitude d'étudier les comiques qu'il faut attribuer la liberté que prend M. R. dans l'établissement du texte ? Je dois avouer que plusieurs des conjectures qu'il a admises me paraissent peu conformes à l'usage de Cicéron, par exemple, p. 236 : *generare rem publicam* (fam. 9. 2. 5.).

P. 12 : l'addition de *orationibus* avant *omnibus litteris* rend difficile à expliquer un texte clair, de même p. 253 : (fam. 4. 11. 1) *te cupidissimum ⟨ te ⟩ mei*.

P. 94 : la suppression des mots *in disputatione et dialogo* (fam. 1. 9. 23) contrairement à l'avis de C. F. W. Müller, Müller [1], Mendelssohn, etc., est tout à fait arbitraire.

P. 158 : *creberrimus* pour creberrimis ne l'est pas moins.

P. 144 : l'addition de *non* que M. R. présente comme une conjecture nouvelle remonte au moins à Ernesti ; elle n'est d'ailleurs pas nécessaire ; et c'est avec raison que C. F. W. Müller a rejeté toutes les corrections de ce passage.

Cependant, p. 74, la conjecture de M. R. *studia mea* (fam. 1. 9. 23) s'accorde bien avec le contexte. De même, p. 136 : *nunc* (att. 5. 21. 1).

Les notes critiques indiquent les passages dans lesquels M. R. s'écarte du texte de C. F. W. Müller ; j'aurais préféré l'indication des passages où le texte adopté n'est pas celui des manuscrits. M.

---

1. Dans Nägelsbach, *Stylistik* (1905) p. 217-218.

R. a plus d'une fois donné en note cet utile avertissement : « texte conjectural »; mais quelquefois aussi il introduit sans en avertir une correction qui a grande chance d'être étrangère à l'usage cicéronien ; v. g. p. 5 : *ut rhetorum pueri loquuntur*.

L'impression est fort correcte; à peine quelques fautes ont échappé çà et là : p. 5 : *ceter (ros)*; p. 57 : *volupate*; p. 110; *adsis u*; p. 242 : *sanniorum*; p. 266 : *vezter*; p. 322: *scio cui scribebam*.

Voici encore quelques légères inexactitudes d'un autre genre :

P. II : M. R. est en avance quand il cite la troisième édition du tome II de Tyrrell : seul le tome I a une troisième édition; c'est la deuxième édition du tome II qui est de 1906.

P. XVI : « on y chercherait en vain (dans la correspondance de Cicéron) l'ampleur, les figures et le nombre oratoires » La lettre au Sénat (fam. 15. 1) citée p. 117, dément cette affirmation trop absolue.

P. XIX : « le pronom *iste* est *toujours* relatif à la deuxième personne ». Ici encore exceptions, v. g. p. 194 (att. 8. 3. 8) : *istum* désigne César ; la lettre est adressée à Atticus.

P. 12 : « *moveri* : ce verbe est construit à l'infinitif comme les verbes qui expriment un sentiment ». Il faut : « avec l'infinitif » : l'explication porte sur *inire* qui dépend de *moveri*.

P. 72: *corpus* ne signifie pas « un corps d'ouvrage », mais simplement un volume, comme ailleurs σῶμα.

P. 89 : La forme *mensum* devrait, ce semble, être expliquée.

P. 106 : « *complectetur* » : « il faut s'attacher à lui ». Je ne vois pas comment on peut justifier cette traduction.

P. 112 : *Turpe tibi erit Patiscum Curioni decem pantheras misisse, te non multis partibus plures* (fam. 8. 9. 3.) « *multis partibus*. Sur l'étendue du « gouvernement de Cicéron, cf. xxvi. 1, note 4. » *Multis partibus* ne désigne pas ici le gouvernement de Cicéron; c'est un ablatif de différence comme dans *fam.* 1. 2. 2. : *perspiciebant enim in Hortensi sententiam multis partibus plures ituros*, cf. Cic. 2. 36, 116; 2, 26, 82, etc., et Drager I, p. 562. *Multis partibus plures* signifie beaucoup plus nombreux.

P. 233, note 3 : la doctrine exposée ici n'est pas uniquement stoïcienne.

P. 292 : *rusticus Romanus factus es* (fam. 16. 21. 7). M. R. traduit : « *Romanus* : de Romain que tu étais ». Je crois au contraire que la phrase signifie : « un Romain de la campagne. » D'ailleurs Tyrrel l'a compris ainsi : « you are turned into a Roman country gentleman. »

P. 302 : « Cicéron vient de prononcer la *deuxième* Philippique ». Lapsus évident, puisque le deuxième Philippique n'a jamais été prononcée.

Toutes ces critiques, sont, comme on le voit, de peu d'importance. J'en ajouterai une dernière qui montrera toute l'estime que j'ai pour cette édition. Un livre qui renferme tant de renseignements précieux devrait contenir un index alphabétique : on voudrait pouvoir retrouver facilement les notices dispersées dans les « arguments » ou même dans les notes (v. g. la biographie d'Antoine, p. 215, note 10) ; les détails de langue et de grammaire seraient aussi relevés utilement dans l'index. Celui-ci complètera nous l'espérons, le second tirage qui ne saurait se faire attendre longtemps.
L. LAURAND.

---

145. — **Guillaume Budé**, par Louis DELARUELLE. Paris, Champion, 1907, p. XL-290.

Jusqu'à ces dernières années, la période littéraire qui s'étend de la fin de la Guerre de Cent Ans à la fondation du Collège de France avait été peu étudiée. Depuis vingt ans environ. Cette lacune commence à se combler.

En 1894, M. l'abbé Clerval a fait une thèse latine sur Josse Clichtoue, (mort en 1543).

En 1903, M. Thuasne a édité les *Episotæ et Orationes* de Robert Gaguin, (mort en 1502).

En 1904, M. Bourrilly a publié une étude sur Guillaume du Bellay (1491-1543).

MM. Amont, de Nolhac, Lefranc, ont donné des études sur la même époque.

Nous-mêmes, nous avons étudié le rôle de Jérôme Aléandre à l'Université de Paris de 1508 à 1513 (Jérôme Aléandre, 1900).

Enfin, depuis quelques années, M. Delaruelle a donné quelques travaux du même genre, et il nous en promet d'autres de plus d'envergure pour l'avenir.

La présente étude sur Guillaume Budé est le prélude d'un ouvrage sur l'humanisme dans la première moitié du xvi⁰ siècle. Dans ce travail M. Delaruelle établit d'abord la bibliographie de son sujet (p. XVII-XL) ; puis il parle des précurseurs de Guillaume Budé (p. 1-57) ; de la jeunesse de Budé, et de ses débuts d'humaniste (p. 58-92) ; ensuite il analyse trois de ses œuvres : les *Annotations aux Pandectes*, le *De Asse*, et le *recueil d'Apophtegmes* offert à François Ier. (p. 93-220). Dans ces œuvres, Budé se montre à la fois un humanisme admirateur de l'antiquité, un Français très patriote et un chrétien fort pieux.

Trois appendices terminent le volume : le premier sur la Bibliothèque de Budé, le second sur le manuscrit original et les éditions du recueil des apophtegmes, le troisième sur les cahiers de notes de Budé.

Nous craignons que l'ouvrage de M. Delaruelle n'ait vu le jour avant l'heure.

L'auteur ne semble pas avoir en bibliographie des notions très précises. Aux pages XVIII-XIX, il indique deux éditions de l'opuscule de Budé, intitulé : *Plutarchi Cheronei de Placitis Philosophorum libri à Guilielmo Budeo latini facti* ; puis il parle d'un troisième volume, et il ajoute : « On ne peut affirmer que nous possédions dans les trois volumes décrits *toutes les éditions princeps* de ces opuscules de Budé ; d'autres éditions ont dû exister, dont aucun exemplaire ne serait venu jusqu'à nous... » Or, je remarque d'abord que M. D. n'a pas *décrit* les trois volumes dont il parle : il n'a fait qu'en donner le titre. Ensuite et surtout, comment deux éditions du même opuscule peuvent-elles être deux éditions *princeps* ? Enfin le troisième volume dont il parle à cet endroit aurait peine, lui aussi, à être une édition *princeps* : car dans le même passage, M. Delaruelle nous dit que deux des opuscules qui s'y trouvent avaient dû être imprimés déjà deux ans auparavant.

Dans la suite, parmi les recueils bibliographiques qu'il a consultés, l'auteur cite Panzer. A vrai dire, il était à peine utile de donner cette indication : pour un bibliographe, le recueil de Panzer est à peu près l'équivalent du dictionnaire de Littré pour qui veut écrire correctement en français. Mais, surtout, si l'on fait mention du recueil de Panzer, pourquoi en omettre d'autres comme ceux de Mattaire, de Græsse, qui sont nécessaires aussi pour qui veut étudier la bibliographie au xvi siècle ?

Pour ce qui est en général de la méthode de l'auteur voici une série de passages que nous avons notés au cours de l'ouvrage :

P. XXI : « Je n'ai pas eu le temps de collationner l'exemplaire de Gaud avec l'édition *princeps.* »

P. XXI : « Je n'ai pas vu celle (l'édition) de 1521, dont un seul exemplaire à Orléans, m'a été signalé par M. Ph. Renouard. »

Je ne doute pas que si l'on eût demandé cet exemplaire à la bibliothèque d'Orléans, il n'eût été, pour un mois ou deux, envoyé à Toulouse, où se trouve M. Delaruelle.

P. XXV : « Je n'ai pas eu le temps de comparer cette édition avec celles qui l'ont précédée. »

Ces expressions, et autres semblables, montrent assurément la loyauté de l'auteur. Mais, à mon avis (et cette opinion, je crois, n'a rien de bien singulier), à mon avis, dis-je, une étude sur Budé n'est pas un travail de dillettante, une œuvre artistique où la part d'impression personnelle aurait à occuper la première place. Il n'y a pas de grandes émotions artistiques à retirer de ce que M. Delaruelle appelle avec raison « le fatras » de Budé (p. 203). Une étude de ce genre doit donc avant tout et presque uniquement être un travail scientifique : par conséquent, elle doit viser à ne rien laisser d'inexploré et à être définitive. L'ambition de M. Delaruelle a été beaucoup plus modeste : il n'a voulu nous donner qu'une série de notes que d'autres recherches viendront compléter et peut-être contredire. Dès lors, son ouvrage ressemble plutôt à un fugitif article de Revue; on ne peut le consulter qu'avec circonspection.

La lecture du premier appendice corrobore singulièrement cette impression. Dans cet appendice, M. Delaruelle étudie la composition de *la Bibliothèque de Guillaume Budé.* Ici reparaissent des expressions du genre de celles que nous avons notées plus haut :

P. 227 : « L'enquête sommaire que j'ai faite ne m'a pas permis d'arriver sur ce point à un résultat. »

Et plus bas :

« C'est à Leyde, parmi les *Vossiani*, que M. Amont a retrouvé plusieurs des manuscrits grecs de Guillaume Budé. C'est dans la même bibliothèque que nous-mêmes avons retrouvé l'un de ses volumes imprimés. Il se pourrait qu'il s'y cachât encore tel ou tel de ses manuscrits. Nous nous contentons de signaler cette hypothèse [1], laissant à d'autres le soin de la vérifier. »

Ici, M. Delaruelle avait un exemple à suivre ; c'est celui qu'à donné M. de Nolhac dans sa thèse sur *Pétrarque et l'Humanisme*. Dans la préface, M. de Nolhac nous dit quel travail il s'est imposé pour parcourir des milliers de manuscrits afin de voir, par des signes sur la couverture, dans les marges, je ne sais où, s'ils étaient passés par les mains de Pétrarque [2]. Evidemment, le travail est pénible et le lecteur distrait n'en soupçonne guère que la dixième partie. Mais c'est à cette condition seulement que l'on peut fixer la somme d'activité et la part d'influence d'hommes tel que Pétrarque et Budé. Pour le développement de l'humanisme en France, Budé eut un rôle analogue à celui de Pétrarque en Italie : en outre, M. Delaruelle se réclame souvent de M. de Nolhac à qui il a dédié son livre : l'on ne peut donc que regretter et s'étonner qu'il n'ait pas tenu à imiter son modèle.

La composition et le style de l'ouvrage témoignent également que l'auteur n'a pas pris le loisir d'y mettre la dernière main. Leur premier chapitre est intitulé : *Les Précurseurs*. M. Delaruelle dit en note qu'il nous a emprunté ce titre, et nous sommes vraiment confus de l'honneur qu'il nous a fait. Mais son chapitre a 57 pages. N'est-ce pas un peu trop pour une étude de 220 pages ? Sans doute, MM. Buisson et Doumergue, l'un dans son *Sébastien Castellion*, l'autre dans son *Calvin* nous ont habitués à des digressions autrement importantes. Mais ces exemples sont-ils bien à suivre? et à propos de n'importe quel personnage, aura-t-on le droit d'écouler son stock de notes et d'écrire l'histoire d'un siècle ou deux? De plus, nous avons vu que M. Delaruelle a manqué de temps pour étudier quantité de points touchant directement à son personnage principal, celui qui donne le titre à son ouvrage. Nous croyons

---

1. On *signale* une hypothèse faite par un autre ; quand on en fait soi-même, on en *émet*.

2. Plus récemment, M. Léopold Delisle nous a donné un autre magistral exemple de ce genre dans ses *Recherches sur la librairie de Charles V* (Paris, Champion, 1907).

qu'il eût mieux fait de concentrer davantage son attention sur lui.

En outre, j'avoue que je n'ai jamais pu goûter des pages où il y a cinq ou six lignes de texte et quarante lignes d'annotation. Or ces sortes de pages sont nombreuses dans le livre de M. Delaruelle. Malgré l'exemple de nos voisins d'Outre-Rhin, je crois que les notes doivent contenir les références aux ouvrages consultés et presque rien autre chose.

Ce qui nous a surpris aussi, ce sont les négligences de style.

P. 5 : Jean de Montreuil est un simple laïque : « M. G. Lanson le premier a insisté sur cette *circonstance*, si importante à l'époque où nous sommes. » Etre laïque, ce n'est pas une *circonstance* dans la vie d'un homme.

P. 36 : « Le grand ouvrage de Claudin... n'est pas *malheureusement* très répandu. » Ce « pas malheureusement » produit un effet curieux. Puis, pour dire encore un mot de la bibliographie, l'ouvrage de Claudin est tout nouveau : s'il n'est pas très répandu, ce n'est donc pas parce qu'il est épuisé, parce qu'on ne peut pas se le procurer : ce serait simplement parce qu'on ne le voudrait pas. Sans doute, le grand public pourrait avoir quelque peine à l'acheter. Mais évidemment, pour ceux qui fréquentent les bibliothèques, il n'est pas difficile à se procurer.

P. 73 : « Les déboires dont il [Hermonyme] fut la cause pour Budé avaient encore redoublé *l'ardeur au travail du jeune homme.* »

P. 145 : « Il resterait maintenant à répéter pour les monnaies grecques, le calcul qui vient d'être fait pour les monnaies romaines. Budé s'en occupera dans la suite de ce livre II ; *pour le moment, il ne saurait.* »

Nous avouons ne pas connaître cette locution. Elle est peut-être de Budé ; s'il en est ainsi, il eût été bon de la mettre entre guillemets.

Malgré ces défectuosités et autres semblables, il n'en reste pas moins que l'ouvrage de M. Delaruelle a de grandes qualités. L'auteur est tout désigné pour nous donner l'étude qui nous manque sur les commencements de l'humanisme dans notre pays.

J. Paquier

146. — Muses et Bourgeoises de Jadis, par Edmond Pilon : Société du Mercure de France, 1908)

Il y a dans les livres édités par la société du *Mercure de France* beaucoup d'ouvrages intéressants et bien écrits : ce n'est pas à cette catégorie qu'appartiennent les *Muses et Bourgoises de Jadis* de M. E. Pilon. Le style frappe par sa bizarrerie plutôt que par son originalité ; on peut en juger par ce simple extrait du chapitre sur Mesdames Cornuel et Pilon : « l'une laide, l'autre jolie, l'une vieille barbe, l'autre un charmant museau, l'une mordante et l'autre espiègle, « pas bégueules, fortes en gueules », des poissardes du bel air et, placées au milieu des deux petites d'Angennes, entre madame des Brosses, Ninon et la Seudéry, comme la mère et la fille Angot de ces Halles poudrées qu'étaient les Alcôves... » Par moments on croit retrouver dans ce livre les procédés de l'ancienne écriture artiste : « Tous de, languissamment, redemander encore massepains et pets de nonne à la fois que de petits impromptus galants comme en savait Conrart, tels qu'en disait Voiture et de qui madame Saintôt ou mademoiselle Boquet rougissaient jusqu'aux exquis pétales de leurs oreilles. » Dans des citations, c'est plutôt amusant, mais à la longue cela devient agaçant ; lorsque pour reprendre une expression de l'auteur, tout un livre est rempli de phrases « s'agitant comme des marionnettes trépidantes », on se sent devenir soi-même un peu nerveux.

Quant au fond même, il n'est pas pour plaire à tout le monde. L'essai consacré à la nièce de Voltaire ne manque pas de verve, mais pêche un peu du côté de la réserve. De même pour le portrait de madame Greuze : il ne rappelle guère la manière de Greuze lui-même, mais plutôt celle de Fragonard, quand celui-ci travaille pour la petite maison, pour la « folie » d'un fermier général. Pauvre Greuze ! Voilà des pages qui pèseraient sur sa mémoire, si l'on était plus sûr que ce n'est pas l'imagination de l'auteur qui s'est donnée carrière et qu'il a travaillé uniquement sur ses documents d'archives. Mais l'information de M. Pilon n'est pas impeccable. Croirait-on que, dans son long article sur madame d'Aulnoy, l'auteur ne semble pas se douter que le plus intéressant dans l'histoire de cette dame, c'est que V. Hugo a puisé abondamment dans ses mémoires pour écrire *Ruy Blas* ?

Maurice Souriau.

---

147. — **Jours passés**, par Henri Amic et l'auteur d'*Amitié amoureuse*. Paris, Ollendorff, 1908, in-12 de 295 p. (Prix : 3 fr. 50).

Il ne suffit pas toujours d'avoir beaucoup vu pour avoir beaucoup retenu ; il y faut encore le don et la volonté d'observer, une vision originale, le sens aigu des réalités, l'intelligence lucide des personnes et des choses. A ces qualités, M. Henri Amic et l'auteur d'*Amitié amoureuse*, à qui nous devions déjà un beau livre de souvenirs et d'impressions littéraires (*En regardant passer la vie*), joignent le talent de conter avec charme. Par là, s'explique l'intérêt très grand de l'œuvre nouvelle qu'ils ont donnée pour suite à leur premier livre sous ce titre : *Jours passés...* Jeanne Samary, le peintre Edelfelt, Guy de Maupassant, George Sand, tels sont les fantômes déjà lointains, figures également aimables, nobles et mélancoliques, également grandes par la grâce de l'esprit, de l'intelligence et du cœur, qui revivent dans ces pages de souvenirs intimes et de précieuses confidences.

Quand on écrira, ou quand on récrira l'histoire de la Comédie Française, il faudra faire une place à part à celle qui fut pendant les brèves années de sa trop rapide carrière toute la grâce et tout l'esprit, le sourire même de la comédie classique. C'est tout un chapitre de cette histoire que M. Henri Amic a écrit, dans la première partie de son livre ; à propos de Jeanne Samary et autour d'elle reparaissent d'autres ombres glorieuses, trop vite oubliées, et quelques célébrités bien vivantes. De fines observations sur les choses et les gens de théâtre, des anecdotes inédites, des mots d'esprit, un charmant monologue de M. Vallery-Radot écrit spécialement pour Jeanne Samary, composent cette première partie, d'un rare intérêt documentaire, que complètent de curieuses lettres de Madeleine Brohan et de Jeanne Samary. L'impression qui se dégage de cette lecture est celle d'un être infiniment tendre et fin, unissant par une rencontre exceptionnelle la bonté à l'esprit. — De belles lettres du peintre finlandais Edelfelt révèlent l'âme noble d'un grand artiste pour qui l'art n'était pas une jouissance égoïste et qui s'interdisait de s'abstraire dans la solitude hautaine du rêve pour échapper aux tristesses personnelles de sa vie et aux misères communes de sa patrie.

La gloire de Maupassant grandit chaque jour, s'il est légitime de mesurer la gloire d'un artiste à l'influence durable de son œuvre et à la curiosité qu'inspire sa personnalité. A propos de plusieurs publications récentes, M. Henri Amic, qui avait déjà écrit dans son premier livre des pages d'un haut intérêt sur l'illustre écrivain qu'il a si bien connu et tant aimé, revient sur un sujet qui est toujours d'actualité. Rien de ce qui touche Maupassant ne peut être indifférent au public : aussi lira-t-on avec curiosité toute une série de lettres où Mme de Maupassant nous apporte, avec toute la franche tendresse d'une mère, et la haute intelligence d'une femme d'élite, de nouveaux et précieux documents sur l'intimité psychologique de son fils et l'évolution du mal terrible qui devait le lui ravir. Ces belles lettres sont à joindre à celles que vient de publier l'éditeur Conard, dans une réédition du volume *Des Vers,* et qui sont adressées à Gustave Flaubert. Les unes et les autres, qui ont été une révélation pour beaucoup, montrent quelle mère admirable, quelle vraie mère d'écrivain de race, fut Laure de Maupassant.

Enfin, reprenant un sujet tant de fois et si diversement traité, M. Henri Amic consacre la dernière partie de son livre à la question Sand-Musset. Nous ne rappellerons ni les données de cet angoissant problème, ni les solutions variées qu'il comporte. Aussi bien n'y a-t-il plus de problème aujourd'hui, après la publication de la double correspondance, ce document irréfutable ; et seule la mauvaise foi peut refuser de se rendre à la douloureuse et simple vérité. A propos d'une récente brochure, nous avons eu déjà l'occasion de nous expliquer ici sur ce sujet. Mais M. Amic a raison de répéter aux sourds volontaires cette noble vérité qu'il connait mieux que personne. Honoré dans sa jeunesse de l'amitié de George Sand, il a voué un véritable culte d'esprit et de cœur au grand écrivain, sur lequel il a écrit naguère un livre exquis de *Souvenirs,* aujourd'hui introuvable. La dernière partie de *Jours passés* est un chapitre à ajouter à ce livre, un chapitre tout vibrant d'émotion et de sincérité.

Il faut remercier M. Henri Amic de nous avoir une fois de plus, par ce beau livre noblement pensé et élégamment écrit, fait profiter des rares amitiés qui ont embelli sa vie et dont il était absolument digne.

Edouard MAYNIAL.

---

148. — **L'éducation économique du peuple Allemand**, par Georges BLONDEL, 1 vol. in-12, xxiv-136 p. Paris, Larose et Tenin, 1908.

L'ouvrage de M. Blondel contient deux parties d'inégale longueur; une préface qui, renforcée par la conclusion, signale les inconvénients de l'enseignement classique, une partie documentaire qui est un monument solide élevé à la gloire des écoles industrielles et commerciales.

Nous ne nous associerons pas aux critiques un peu sévères dirigées contre l'enseignement secondaire. Nous ne croyons pas que les lettres anciennes et les études grammaticales surchargent et alanguissent l'esprit des enfants à un âge où les préoccupations pratiques de l'existence n'excitent nullement leur intérêt. Nous croyons par contre, avec l'auteur, que la vie d'internat ou la vie de famille en France, n'est pas assez orientée dans le sens de la responsabilité, de l'initiative. Nul doute que l'esprit d'entreprise ne soit indispensable aux commerçants. Nous souhaitons avec M. Blondel que les parents français ne poussent pas la vieille et légendaire prévoyance de notre race jusqu'à la peur de l'avenir. Puissent les meilleurs d'entre eux cesser de croire que leurs enfants auront le droit de leur adresser des reproches s'ils rencontrent plus tard dans leur vie des épreuves qu'une fortune acquise pourrait leur épargner ! Puissent surtout les ouvriers, les cultivateurs, ne plus redouter autant pour leur postérité l'effort musculaire et ne pas céder à l'ambition démocratique de placer leurs fils dans des bureaux officiels !

Ces restrictions faites, nous avouons notre désir retardataire de voir les fils d'industriels et de commerçants suivre jusqu'à leur quinzième année les cours de grammaire de l'enseignement *classique*. La grammaire est, dit-on, la philosophie de l'enfance et la grammaire latine en particulier, semble bien être la logique de cette philosophie-là. A l'âge de quinze ans, que les élèves des lycées mêlés à ceux des écoles primaires supérieures abordent en commun des études industrielles ou commerciales, rien de mieux, pourvu qu'une large place soit faite en même temps à l'apprentissage proprement dit. Ne trouverait-on pas en France des praticiens du Commerce s'accordant avec les vieux Hanséates de Hambourg dans un commun sentiment de défiance à l'égard des écoles commerciales au caractère trop théorique ?

Mais c'est trop nous appesantir sur des divergences de vues théoriques aussi. L'ouvrage de M. Blondel est avant tout documentaire. La haute valeur de ce petit volume est due à la somme considérable de renseignements précis choisis et utilisés avec une expérience approfondie des Questions Allemandes, après tant de missions et de voyages consacrés par M. Blondel à des enquêtes sociales sur le grand Empire voisin. L'auteur grâce à son talent bien connu d'écrivain séduisant et persuasif a su relever son intéressant exposé des documents par des jugements d'une portée considérable, sans encourir bien entendu le reproche d'une généralisation excessive qui ne convenait pas au sujet.

S'agit-il par exemple de justifier l'existence des écoles industrielles, par combien de raisons excellentes l'auteur explique-t-il leur prospérité. Difficulté de trouver où faire un bon apprentissage ; « par suite du développement du machinisme et de la division du travail, l'apprentissage est très défectueux ». Depuis que l'industrie est devenue scientifique, il faut la traiter avec méthode « et c'est maintenant une vérité unanimement reconnue que pour les maisons où la fabrication est mécanique, la méthode de travail à l'atelier a plus d'influence sur les bénéfices que les questions d'achat de matières premières ». Aussi, frappés des avantages que leur procurent les employés sortis des écoles, « les patrons sont-ils en Allemagne plus accessibles qu'en France au progrès ». Les patrons Allemands se sont intéressés à l'organisation, à la direction des écoles ; les corporations se sont associées pour cela à l'Etat, elles n'ont pas négligé d'inviter les professeurs « à enseigner en tenant compte de toutes les nécessités pratiques du métier ». Enfin l'éducation professionnelle « peut aider un certain nombre d'ouvriers intelligents à s'élever au prix d'efforts méritoires à une position meilleure ». Le succès des écoles industrielles est donc considérable. L'Allemagne a plus de *quarante Gewerbe Schulen* qui sont analogues à nos *cinq écoles d'Arts et métiers*.

En matière d'écoles commerciales, l'effort de nos voisins est plus décousu : « On fait encore des expériences, l'édifice se construit peu à peu, sans qu'on aperçoive un plan d'ensemble définitif ». L'expérience la plus intéressante certainement est celle de la puissance de l'initiative privée. La corporation des marchands de Berlin à elle seule a doté en 1906 la capitale de l'Empire d'une somptueuse école Commerciale et il y a bon nombre d'écoles privées ou académies de Commerce.

M. Blondel n'attribue pas à toutes ces institutions des mérites exceptionnels. Elles valent ce que vaut le peuple allemand lui-même, puissant parce que nombreux.

L'auteur n'a garde d'omettre les écoles qui forment les femmes au commerce; il approuve leurs progrès, leur extension pour une raison qui ne suffit pas à nous satisfaire : « On observe que certaines inventions modernes ne rendent plus la présence continuelle de la femme au foyer aussi indispensable que jadis ». Les cours complémentaires pour adolescents ou adultes n'ont pas été exceptés non plus de l'enquête de M. Blondel. Beaucoup de villes, de corporations ont autant que possible concilié les exigences de l'école technique et de l'apprentissage. On reconnaît l'habileté des patrons allemands à « tirer de leurs employés le maximum d'utilité, non pas en exigeant d'eux une plus grande somme de travail, mais en les perfectionnant, en améliorant leur culture générale, en suscitant chez eux le désir de s'élever ».

Le désir de s'élever n'est-il pas à présent la grande force qui donne à tout le peuple Allemand la supériorité sur des concurrents peu ambitieux tels que les Français? Et suffira-t-il de changer l'éducation de notre jeunesse pour modifier cet idéal du petit rentier que tous nos concitoyens apportent pour ainsi dire en naissant? Telle est la question à laquelle ramène la conclusion de M. Blondel. Sans consentir, nous le répétons, à sacrifier la vieille culture, nous ne pouvons méconnaître combien l'éducation commerciale Allemande est pratiquement adaptée aux besoins de notre époque.

Des appendices qui sont de véritables articles sur les programmes des écoles Allemandes, sur le progrès de l'enseignement commercial en Autriche, en Angleterre, aux Etats-Unis, au Japon même, élargissent la portée de l'œuvre tout en précisant le but. C'est un nouvel appel à l'activité économique des Français que M. Blondel nous adresse en nous faisant contempler le spectacle de l'activité méthodique, incessante, qui s'exerce dans notre voisinage et au loin. H. GAILLARD.

149. — **Pour l'expansion française.** Conseils pratiques aux producteurs agricoles ou industriels et aux commerçants ; aux pères de famille, aux professeurs et aux jeunes gens, par M. GRIGAUT. Paris. Henry Paulin et Cie. 21, rue Hautefeuille. In-12. broché 155 p. 1 fr. 50.

Ce petit livre est sous sa forme modeste et son format réduit, un véritable guide de l'exportateur, et, bien qu'il ait été écrit pour des Français, il ne sera pas moins utile à consulter ailleurs qu'en France. La seule énumération des six chapitres qui constituent en tout et pour tout ce petit volume de 150 pages dit assez à quel point de vue exclusivement pratique, pour être utile à des commerçants, ou à de futurs commerçants, ou aux professeurs de géographie qui les forment, s'est placé l'auteur, professeur à l'Ecole Nationale des Arts et Métiers : chap. I. Notre exportation, son importance et la nécessité de la développer ; — II. De l'entrée en relations avec les clients éventuels ; — III. Les relations ; — IV. Le rôle possible de l'association ; — V. Nos exportations de produits agricoles ; — VI. Pour les jeunes gens. L'auteur a souvent reproduit, en les coordonnant, des passages de rapports consulaires ; pour qui lira les extraits groupés ainsi, il apparaîtra que nos consuls, ainsi que les récents attachés commerciaux créés auprès de deux et bientôt cinq ambassades, — on connaît l'activité déployée par M. Jean Périer à Londres, — donnent de précieuses indications qui ne devraient pas rester enfouies dans les Annales du commerce extérieur, d'où ce sont bien souvent nos rivaux qui vont les tirer. Pour citer ici un exemple de la conscience qu'ils apportent dans leurs Rapports, nous avons été consultés par l'un d'eux sur la question de savoir si la Suisse produit de l'ambre.

Combien cette éducation du public français et du commerçant français est nécessaire, même à l'heure actuelle où le Français se met à son tour à voyager et envoie plus volontiers ses enfants à l'étranger, c'est ce que fait comprendre cet extrait d'un article de M. Pierre Baudin : « Une vaste enquête entreprise par la chambre de commerce française de Constantinople est tristement instructive. Tous nos consuls qui ont été interrogés, à Brousse comme à Damas, à Smyrne comme à Salonique, font entendre les mêmes doléances. Ils s'élèvent contre l'indifférence des industriels et commerçants français, qui tardent à livrer les commandes, ne consentent pas des facilités de paiement, refusent d'exécuter les petits ordres, veulent imposer leurs goûts propres, emploient de mauvais intermédiaires.

Un consul en Turquie écrivait, dans un de ces rapports, que le ministère du commerce public et que les commerçants français ne lisent pas assez : « Nous avons des articles bon marché qui conviendraient très bien aux exigences du pays. Il faudrait que nous les fassions connaître par le seul intermédiaire capable d'une pareille mission : J'ai nommé le commis-voyageur ».

L'ouvrage, pour répondre à la question « quelle est la part de nos ventes à l'étranger dans la vie économique de la France », commence par un tableau détaillé, en 4 pages, de nos exportations. C'est la même préoccupation utilitaire qui fait donner par l'auteur, aux jeunes gens, des conseils de ce genre pour finir : où faut-il aller ? Dans quelles conditions faut-il partir ? Une fois arrivés ; — Dans la suite !... Solidarité.

Souhaitons que tous les jeunes gens lisent le livre et en profitent.
P. G.

---

150. — **Manuel de droit Constitutionnel.** — *Théorie générale de l'Etat.* — *Organisation politique*, par L. Duguit.

Monsieur Duguit qui s'est classé à la tête des théoriciens du droit public par ses deux beaux livres sur l'Etat, nous donne maintenant sous forme de manuel destiné aux étudiants, un traité général de droit constitutionnel.

Ce titre de manuel ne doit pas d'ailleurs nous abuser; ce livre est un gros volume de plus de 1100 pages, et si dans un livre destiné en partie à des étudiants de première année, monsieur Duguit n'a pas osé introduire toutes les conceptions originales, mais aussi quelque peu audacieuses, qui se trouvent dans ses livres sur l'Etat (négation de la personnalité juridique, négation de la souveraineté nationale), ce nouveau livre est cependant comme ses devanciers un livre plein d'idées qui devra être consulté non seulement par les étudiants, mais par tous ceux qui s'occupent de droit public.

Le volume est divisé en deux parties. La première, intitulée droit public organique, est consacrée à une théorie générale de l'Etat, la seconde au droit constitutionnel français. La partie consacrée à la théorie générale de l'Etat est naturellement la plus intéressante. Monsieur Duguit y étudie tous les problèmes importants du droit public général.

Dans cette étude de l'Etat, l'auteur prouve par voie d'analyse; partant de l'état moderne tel qu'il existe aujourd'hui, il a recherché tout d'abord les éléments qui le composent, collectiviste, unitaire, souveraineté, ensuite dans deux autres chapitres, il étudie les fonctions que cet Etat doit remplir et les organes appelés à les remplir.

Or, jusqu'ici, les auteurs français de droit constitutionnel prouvaient, il me semble d'autre façon dans l'étude générale de l'Etat. Au lieu d'en faire l'analyse, ils en faisaient bien plutôt la synthèse, n'arrivant à l'Etat que par l'étude de ses différents éléments, suivant pas à pas les différents stades qu'a suivis leur évolution d'abord dans l'histoire constitutionnelle de l'Angleterre, puis de la France.

Assurément il est indispensable pour bien comprendre notre état moderne d'en bien connaître l'évolution historique; mais il n'est pas moins vrai qu'il est intéressant de rechercher, même au prix d'un peu d'abstraction, ce qu'il y a sous ce mot Etat. Ce qu'il y a encore de particulier dans ce livre, c'est comme on pouvait s'y attendre chez monsieur Duguit, la grande part qu'il y donne aux théories allemandes du droit public. L'auteur ne se restreint pas d'ailleurs comme on le fait souvent en France, à l'étude des seuls pays à régime parlementaire; les Etats qui ne possèdent que le régime représentatif comme l'Empire allemand trouvent aussi place dans son livre.

Nous y trouvons toute la théorie allemande de droit public que monsieur Duguit nous expose admirablement; et qui sait la valeur des auteurs allemands comme Gierke, Jellinck et Laband, ne peut que le remercier, surtout que, comme on l'a dit, l'auteur clarifie véritablement ces théories, qui, il le faut dire sont quelquefois dans leur grande abstraction un peu obscure.

Il note pourtant des pages, notamment celles sur la théorie allemande de l'organe juridique, que je ne recommande pas à celui qui aurait une légère migraine.

La seconde partie, qui est l'étude du droit français actuel, est naturellement en majeure partie le commentaire des lois constitutionnelles en 1875; on peut remarquer la part plus grande que de coutume qui y est faite au droit constitutionnel et au droit parlementaire.

La première partie contient en outre un quatrième chapitre intulé le Droit et l'Etat, ou l'auteur étudie non pas les droits individuels de l'homme, — car pour monsieur Duguit l'homme n'a pas de droits, mais que des devoirs, — mais les principes de droit que l'Etat doit respecter, et ou il ne craint pas d'étudier les problèmes les plus brûlants comme ceux de la liberté religieuse, et de la séparation de l'Eglise et de l'Etat, d'ailleurs, on peut le dire avec beaucoup d'impartialité.

Mais ce qu'il y a d'intéressant, c'est le fondement que monsieur Duguit, qui repousse la théorie des droits naturels et imprescriptible de l'homme, va nous donner pour ces obligations de l'Etat.

L'auteur, qui se rapproche beaucoup de la théorie de l'auto-limitation de l'Etat du professeur Jellinek, voit ce fondement dans la déclaration des droits de 1789, qui pour lui, si elle n'a pas gardé la force constitutionnelle qu'elle a perdu avec la constitution de 1794, a du moins gardé la force législative, et s'impose encore à l'heure actuelle à nos législateurs.

J'avoue que je ne partage pas l'opinion de monsieur Duguit. La déclaration de droits de 1789 n'est pas isolée dans notre histoire. Elle a été suivie en 1793 d'une déclaration des droits et en l'an III d'une autre déclaration des droits et des devoirs, celles-là.

Pourquoi ces deux autres déclarations des droits qui sont pourtant postérieures à celle de 1789 n'auraient-elles pas gardé elles aussi force obligations pour nos législateurs, monsieur Duguit ne nous l'indique pas ; bien plus il me semble que chacune de ces déclarations est venue annuler la précédente, et qu'alors ce serait la déclaration de l'an III et non celle de 1789 qui aurait gardé la force législative.

Mais il vaut bien mieux dire avec monsieur Erneni que la déclaration des droits n'est qu'une déclaration de principes qui n'avait peut-être et qui n'a certainement gardé qu'une simple valeur dogmatique.

Sans doute, et nous sommes d'accord avec monsieur Duguit, il serait souhaitable que le législateur s'impose la stricte observation de la déclaration de 1789, le meilleur des droits que nous avons cités ; mais à notre avis, ce ne peut-être qu'un vœu bien platonique et non pas comme le voudrait l'auteur une prescription légale.

---

151. — **Le service des Renseignements militaires en temps de paix et en temps de guerre,** par le Lieutenant-Colonel ROLLIN. Nouvelle Librairie Nationale.

Le public qui s'intéresse de plus en plus aux choses de l'armée et les juge souvent superficiellement, a surtout connu le service des Renseignements par tout ce que la presse en a dit, à tort ou à raison, à l'occasion de l'*affaire*. Pour beaucoup, ce fut une révélation faite, pour plaire aux tendances romanesques qui devaient s'affirmer dans le succès des aventures policières mises depuis à la mode par Sherlock Holmès. Pour beaucoup aussi, il est resté de ces articles l'impression fâcheuse d'une officine louche, où des officiers affublés de fausses barbes et de lunettes bleues se livrent aux besognes les plus incroyables, crochetant des serrures, cambriolant des correspondances, confectionnant des faux ou recollant des petits bleus ramassés dans les boîtes aux ordures des ambassades. C'est cette impression que M. le lieutenant-colonel Rollin rectifie dans sa brochure en expliquant la nécessité du service des renseignements en temps de paix comme en temps de guerre, en faisant comprendre son importance capitale et en affirmant le dévouement et l'honorabilité des officiers qui s'y consacrent.

L'auteur était mieux à même que tout autre de connaître les détails de ce service, puisqu'il en a été le chef à une époque tourmentée; mais aussi, était-il tenu plus qu'aucun autre à une plus grande discrétion et sa brochure s'en ressent. Les indications qu'elle renferme ne sortent pas d'une banalité voulue, et l'on sent que la plume de l'auteur s'est arrêtée devant un nom ou n'a pas fini un chapitre.

La première partie : était bien la plus délicate à traiter d'une façon intéressante. Le service des renseignements en temps de paix, malgré son indiscutable utilité, repose sur des organisations cachées et paraît à beaucoup de bons esprits devoir être enlevé aux officiers pour être remis en entier à la police. L'auteur, tout en affirmant la nécessité d'y maintenir des officiers pour en assurer la direction, reconnaît qu'il est nécessaire d'employer certains procédés peu discrets, tels que « l'audace tactile » d'un des collaborateurs du général André, celui qu'il honore dans ses *Mémoires* pour « avoir fouillé sans vergogne et sans observer les rites, les ti- » roirs les mieux clos et les plus hiérarchiques ». Il serait désirable » de ne pas demander à des officiers des besognes de cette nature qui mettent leur honneur à des épreuves qui le salissent souvent.

En temps de guerre, l'organisation du service des renseignements est, au contraire, une des attributions les plus importantes et on peut dire des plus passionnantes des officiers d'Etat-major ; c'est une partie du service ayant son personnel bien défini et son rôle bien déterminé : Il faut pour la mener à bien les qualités les plus éminentes d'activité, d'intelligence, d'à-propos et les connaissances les plus étendues. Choisir dans des renseignements diffus et contradictoires la parcelle de vérité, orienter à temps le commandement sur les mouvements de l'ennemi, ne pas se laisser influencer par des nouvelles suspectes, se rendre un compte exact de l'état moral des troupes, de la situation du pays, en un mot prévoir l'avenir avec certitude : quelle tâche pour nos officiers d'état-major et quelle responsabilité ! Cette mission d'un ordre si élevé n'a rien à voir avec l'espionnage qui n'en est qu'un agent infime d'exécution. Les moyens d'action dont dispose le service de renseignements en temps de guerre se compliquent, mais aussi se complètent étrangement chaque jour avec la rapidité plus grande de moyens d'information ; pigeons, cyclistes, automobiles, télégraphe, téléphone... Bientôt peut-être la pratique assurée des ballons dirigeables sera un facteur important du succès. On s'est souvent demandé si Napoléon à la tête d'une armée moderne dotée de tout cet outillage perfectionné écrirait encore les pages glorieuses de son épopée. Nous n'en doutons pas, parce que son génie surhumain planait assez haut pour dominer les éléments matériels de la guerre — mais aurait-il eu besoin d'écrire aussi souvent à ses maréchaux «, faites des prisonniers », ou bien aurait-il pu écrire des Tuileries, avant de rejoindre sa grande armée « Le voile est déchiré »? En tout cas, avec les moyens si lents dont il disposait, il a toujours été *renseigné* et n'a jamais été surpris, sauf, peut-être à Waterloo, par l'arrivée de Blücher sur le champ de bataille. Une dépêche à Grouchy aurait-elle sauvé l'Empire ?

M^r le lieutenant-colonel Rollin a donc réussi à appeler l'attention sur une question d'ordre tout militaire que beaucoup ignorent ; il a fait plus. Profitant de la liberté que sa situation militaire lui donne, il a voulu adresser un témoignage de reconnaissance à son ancien chef, le Colonel Sandherr, qui a créé le service des renseignements et dont l'œuvre a été méconnue ou dénaturée aux yeux du public.

Ceci dit, il faut souhaiter que le service des renseignements rentre dans le silence dont il n'aurait jamais dû sortir ; le secret est la seule garantie de sa vitalité. N.

---

152. — Κανέλλου Σπανοῦ Γραμματικὴ τῆς κοινῆς τῶν Ἑλλήνων γλώσσης. — Παχωμίου Ῥουσανοῦ κατὰ χαδαϊζόντων καὶ αἱρετικῶν καὶ ἄλλα τοῦ αὐτοῦ. etc. (KANELLOS SPANOS, *Grammaire de la langue grecque commune*. — PACHOME ROUSSANOS, *contre les vulgarisants et les hérétiques*. Edité pour la première fois d'après les manuscrits de la Marciana par l'archimandrite JEAN BASILIKOS. Trieste, Lloyd, 1908; 1 vol. in-8° de 161 pages.

La discussion entre les partisans de la langue grecque vulgaire et ceux de son retour à la forme classique est toujours à l'ordre du jour ; la question est toujours brûlante ; mais maintenant que les arguments sont épuisés de part et d'autres, voilà qu'on recherche les documents anciens. Or la Bibliothèque Saint-Marc à Venise contient en manuscrit une grammaire qui était restée inédite. L'éditeur nous apprend, dans sa préface, qu'au XVIe siècle un hiéromoine de Corfou, Joannikios Kartanos fut dénoncé comme hérétique et anathématisé pour avoir voulu traiter la question de la langue grecque vulgaire appliquée au culte. Peu de temps après, Nicolas Sophianos composa une grammaire du grec vulgaire, dédiée au cardinal de Lorraine. Au XVIIe siècle, un luthérien, Maximos de Gallipoli reprit la question, qui n'a jamais sommeillé depuis et qui, récemment encore, a suscité en Grèce une violente polémique, lors de la traduction en langue moderne des Evangiles par M. A. Pallis. La grammaire de Kanellos Spanos est souvent un tableau comparé des règles et des désinences dans la langue moderne et dans celle des anciens. C'est principalement en cela qu'elle est instructive et intéressante. Elle montre aussi les modifications qu'a subies la grammaire du grec populaire depuis 140 ans.

La seconde partie du volume est consacrée à la publication de quelques écrits de Pachome Roussanos, grammairien et théologien, mort en 1553. A côté de plusieurs textes théologiques, qui ont pour objet en majeure partie de réfuter les hérésies de Cartanos, on y trouve sa Προθεωρία εἰς τὴν γραμματικήν, véritable rudiment de grec ancien, et un petit traité du musique byzantine. Un des manuscrits consultés, renfermant *ad calcem* des textes modernes, date du XIe siècle. Une de ses pages est reproduite ici en un bon fac-similé. Signalons aussi une savante et intéressante lettre de M. Sathas, à qui l'ouvrage est dédiée, et dont M. Basilicos aime à se dire le disciple.

C. E. R.

---

153. — Ὁ Κρητικὸς πόλεμος... *La guerre crétoise* (1645-1669), ou *Recueil de poèmes grecs* D'ANTHIME DIAKROUSIS et de MARINOS

Zané, réunis et publiés par l'archimandrite Agathangelos Xeroudaki. Trieste, 1908; 1 vol. in-8° de 638 p.

Dans une tratroduction historique d'une soixantaine de pages, l'auteur, après avoir présenté la lutte de vingt-cinq ans entre Venise et les Turcs comme « le fait le plus important de l'histoire générale au xvii° siècle », expose en détail les principaux événements et d'abord les origines de cette guerre avec documents historiques et textes poétiques à l'appui; puis le rôle joué et les épreuves subies par les Crétois. On sait peu de chose, paraît-il, sur les deux poètes Diakrousis et Zané. L'épopée du premier (p. 67-120) fut publiée à Venise en 1667; mais cette nouvelle édition est enrichie de quelques corrections à chaque page. L'édition première de Zané (p. 133-589) date de Venise, 1681 et a donné lieu à des corrections beaucoup plus nombreuses. Cette belle publication est dédiée par l'éditeur à M. Constantin Sathas « son très honoré maître ». Il est regrettable que l'on ait numéroté les vers en répétant 5, 10, 15 plutôt que d'adopter un numérotage continu, comme dans la plupart des poèmes épiques; mais c'est là une chicane sans importance et il vaut mieux terminer en notant l'opportunité de cette double réédition, à laquelle des événements tout récents donnent un regain d'intérêt. C. E. R.

154. — **Histoire de la littérature grecque**, par Max Egger. Nouvelle édition revue, augmentée et entièrement recomposée. Paris, P. Delaplane, s. d. (1908), 1 vol. in-12 de 465 p.

La première édition de cet ouvrage, suivie de quinze autres, parut en 1892. L'auteur, auquel une consciencieuse et impartiale étude sur Denys d'Halicarnasse valut le titre de docteur ès lettres, nous apporte aujourd'hui le fruit des loisirs que lui a fait une santé délicate. Il a profité des importantes découvertes accomplies en Egypte, il a mentionné les éditions critiques publiées depuis la date précitée, en un mot il a mis à jour un livre que la critique avait déjà salué comme le meilleur précis de ce genre [1]. Il a trouvé

---

1. *Revue de l'Enseignement secondaire et supérieur*, n° du 23 juin 1892.

de précieux éléments dans l'ouvrage monumental de MM. A. et M. Croiset. On lira ses citations en français des plus beaux morceaux classiques, toujours avec charme et quelquefois avec émotion. Nous voudrions voir ce livre entre les mains de toute la jeunesse studieuse. On remarquera les pages consacrées à la formation de l'*Iliade* et à celle de l'*Odyssée*, ainsi que l'analyse des deux poèmes. Chaque chapitre est suivi d'un résumé succinct fort commode. Peut-être voudrait-on voir l'auteur s'étendre un peu plus sur Bacchylide auquel deux courtes pages seulement ont été accordées. Peut-être aussi aurait-il dû nommer et caractériser dans Simplicus et Damascius les deux derniers philosophes de l'Ecole païenne d'Athènes, surtout Damascius, dont Emile Egger a fait hautement ressortir la valeur et favorisé la publication. Mais le cadre adopté par M. Max Egger était sans doute trop étroit et l'on sera plutôt étonné, à la lecture de ce livre, de la multitude innombrable des notions et des jugements qu'il renferme. Il est fait pour ramener en France le goût de la belle littérature héllénique non seulement profane, mais chrétienne. Ajoutons que celle-ci par les appréciations et par les citations, est présentée ici sous la forme la plus intéressante.

C. E. R.

155. — **Catalogue du fonds scandinave de la Bibliothèque Sainte-Geneviève.** Chalon-sur-Saône, Em. Bertrand, imprimeur-éditeur, 1908, 1 volume in-8°, x p., 894 colonnes et p. 894-927.

L'ouvrage est présenté au public par M. Ch. Kohler, administrateur de la Bibliothèque Sainte-Geneviève, comme étant l'œuvre consciencieuse et patiente de M. Eugène Capet, bibliothécaire au même établissement, assisté d'abord par M. Erik Lie, puis par M. Fritiof Palmer. Suit une introduction dans laquelle M. Capet relate l'histoire de cette collection, que M. Kohler qualifie à juste titre la plus importante qui existe en dehors des trois royaumes de l'Europe septentrionale et du grand duché de Finlande. En 1873, elle comprenait environ 2000 volumes. Aujourd'hui son catalogue se compose de 15000 numéros, représentant un nombre de volumes beaucoup plus considérable. M. Capet, avec une précision mathématique, nous fait connaître point par point les sources d'accroissement de ce fonds depuis le don de M. Dezos de la Roquette jusqu'aux concessions officielles et ininterrompues provenant des Etats scandinaves et de la Finlande. Ce catalogue dont la préparation se fit en grande partie sous nos yeux, sera de la plus grande utilité pour tous ceux qu'intéresse une littérature trop peu connue en France, et contribuera puissamment à en faciliter l'étude. La table des divisions met en relief l'esprit méthodique qui a présidé à l'exécution de ce monument bibliographique. Un détail qui n'est pas indifférent : tous ces titres en langue étrangère sont suivis de leur traduction française.

C. E. RUELLE.
Administrateur honoraire de la Bibliothèque Ste-Geneviève.

---

156. — **Institut papyrologique de l'Université de Lille.** Papyrus grecs publiés sous la direction de PIERRE JOUGUET avec la collaboration de P. COLLART, J. LESQUIER, M. XONAL. T. I, fasc. 2. Paris, E. Leroux, 1908, in-4°, p. 69-132.

Nous avons annoncé le 1ᵉʳ fascicule de cette intéressante publication (*B. crit.* 1907, p. 443). Le 2ᵉ contient 29 textes administratifs et commerciaux qui tous contribueront à l'histoire de l'Egypte hellénisée. Ce fascicule est l'œuvre de MM. Collart et Lesquier. Les papyrus publiés ici appartiennent au IIIᵉ siècle; quelques-uns d'entre eux portent la date de 250, 244 et 221. Que les savants papyrologues nous permettent une critique de principe, ou plutôt un conseil. Il nous semble qu'une série unique des « Papyrus de Lille » aurait mieux valu qu'un numérotage qui recommence avec chaque section, d'où résulte une complication lorsqu'on veut établir une référence. Il est temps encore d'établir ce système. L'exemple est bon à suivre de l'Académie de Berlin qui, abandonnant la tomaison spéciale pour chaque section de... « Corpus inscr. gr. » l'a remplacée par la tomaison unique de « Inscriptiones Graecae ». Ici comme dans le 1ᵉʳ fascicule, chaque texte est accompagné d'un lumineux commentaire qui en définit la nature, l'ana-

lyse et en fait ressortir la portée. On se réjouit, au nom de la philologie française et de la décentralisation intellectuelle, à la pensée que l'égyptologie n'est plus confinée dans nos salles d'études parisiennes.
C. E. R.

157. — **Lexicographie archéologique. Le sens ancien du mot abside,** par Victor Mortet, Paris, A. Picard, 1908. (Extrait du *Bulletin monumental*, année 1908.)

Le mot abside, d'après M. Lefèvre-Pontalis, Président de la Société française d'archéologie, s'appliquerait à l'extérieur d'un chœur. Pour M. Paul Monceaux, son acception est inséparable de l'idée de courbe et d'hémicycle *entier*. M. Victor Mortet n'admet pas cette dernière opinion. Il cite plusieurs textes grecs ou l'abside (ἀψίς) est la figure d'une courbe « moindre que l'hémicycle ». Deux auteurs latins dont M. Mortet a fait une étude approfondie, Epaphroditus et Vitruvius Rufus, confirment cette interprétation, d'où s'ensuit que le *Thesaurus linguae latinae* en cours de publication, art. *apsis* ne devait pas considérer ce mot comme synonyme de *Semicirculus*. Nouvelle preuve, apportée par M. Mortet, de cette vérité — mal connue — que l'étude et la connaissance des textes techniques est absolument nécessaire aux philologues et aux lexicographes.
C. E. R.

158. — **Poeti Latini Minori,** par Gaetano Curcio, vol. II, fasc. 2, Appendix Vergiliana (Dirae, Lydia, Ciris). — Catane, 1908, chez Franc. Battiato, grand in-8°, xv-200 p.

Il n'est pas douteux que ce nouveau travail de M. Curcio, en ce qui concerne l'interprétation du texte, ne rende un véritable service aux humanistes et aux philologues et soit en général bien accueilli. Jusqu'ici, il fallait se contenter des éditions de Sillig et de Forbiger pour la Ciris, de celles de Wernsdorf et de Näke pour les *Dirae* et la *Lydia*, c'est-à-dire de commentaires vieillis d'une valeur fort inégale. Au point de vue de l'exégèse, M. Curcio a donc fait œuvre utile et, dans une assez large mesure, œuvre personnelle. Les Prolégomènes (quarante-trois pages pour les *Dirae* et la *Lydia*, soixante et une pour la Ciris) offrent des vues intéressantes et un exposé impartial et sensé des opinions et des travaux antérieurs : histoire littéraire, langue et style, métrique, attribution à tel ou tel auteur, rapprochements avec les autres poètes. M. C. y fait un peu trop de place à la rhétorique et aux statistiques, et l'on désirerait plus de fermeté et de concentration, comme en ce qu'écrivait Bährens qui faisait tenir tant de choses en si peu de mots ; mais on ne peut méconnaître qu'on ne trouve ici, comme dans les autres livres de M. C., des preuves d'un esprit élégant et renseigné.

Je crains que la partie critique mérite moins d'éloges, qu'en croyant apporter des nouveautés, l'éditeur italien se soit donné une peine stérile, et que son apparat, au lieu de réaliser un progrès, ne demeure un instrument de connaissance et de travail inférieur à celui de Bährens. Pour s'en rendre compte, il faut distinguer entre les *Dirae* et la *Lydia* d'une part, la *Ciris* de l'autre.

Pour constituer le texte des *Dirae* et de la *Lydia*, M. C. ne retient des manuscrits de Bährens qu'un seul, B, le Bembinus (Vaticanus 3252, du IXe siècle) ; aux autres sources il substitue cinq mss. nouveaux, et, si l'on regarde avec attention ce qu'il leur doit, on pensera qu'il eût aussi bien fait de les laisser dans l'ombre et de ne pas répudier les mss. de Helmstadt, de Paris 7927, le Thuaneus et les trois mss. de Munich.

Les cinq mss. nouveaux de M. Curcio sont : les Vaticani 3269 et 1586, A et C, du XVe siècle, le Vaticanus Urbinas 350, D ; les Laurentiani 33, 31 (XIVe siècle) et 39, 18 (XVe), L et L¹. Or je ne vois pas que M. C. leur doive autre chose que le *Tu demum* du vers 28 des *Dirae* donné par A et par D, et, si l'on y tient, la confirmation de *tuus* (D. L¹) au v. 41 de la *Lydia*; cela est peu pour justifier la mise en mouvement d'un tel appareil philologique et pour se donner des airs de novateur. Examinons en effet les passages que M. C. signale lui-même pour faire valoir A C D L L¹.

Dirae, vers 5 : *nymbos* A D L¹ ; ce que dit M. C. de l'intérêt de cette leçon p. XI de ses Prolégomènes (cf. note de la p. 50) ne lui a point paru à lui-même assez convaincant pour qu'il introduise *nimbos* dans son texte.

15, *sulcis condatis*, que M. C. reconnaît être la bonne leçon, est donné par le Bembinus, tandis que A C D L L¹ ont *condamus*.

21, *pingunt* n'est dans L qu'une correction de seconde main; on peut, il est vrai, le tirer aussi de *lingunt* donné par D; mais Heinsius l'avait déjà proposé en conjecture, et, en tout cas, il reste à savoir si la vraie leçon n'est pas *pingit* (voy., dans l'apparat critique de Bährens, ce qui est dit en faveur de *pingit*).

52, *ardet*, qui se lit dans L (et que Scaliger avait déjà conjecturé), est facile à retrouver dans *arcet*, texte des mss. de Bährens.

55, *dicunt*; tous les mss. de Curcio, sauf D, à tort donnent *dicent*; et, comme les mss. de Munich donnent bien *dicunt*, D n'apporte ici qu'un secours tout à fait superflu.

74, *Occupet* A D; il était déjà transmis par la vulgate, et Bährens l'avait adopté.

78, *Qui dominis* A D L¹; leçon d'ailleurs très douteuse (Bährens : *Quin dominis*), déjà donnée par le Mediceus, un des mss. de Näke (cf. édit. de Ribbeck), et signalée dans l'apparat critique de Bährens comme appartenant aux *codd. infer*.

Au vers 70, tous les mss., ceux de Curcio comme les autres, ont *erroribus*; Curcio l'accepte et rejette (à tort, je crois bien) la conjecture de Bembo *erronibus*, reçue par Ribbeck et par Bährens. Il se demande (note de la p. 59) si *erro erronis* peut être considéré comme un mot de la langue classique : oui, certainement! On le trouve, non seulement dans la 15ᵉ Héroïde au vers 53, mais chez Tibulle II, 6, 6.

Lydia, vers 13 : *stipantia* A D L¹, connu de Bährens (*codd. deter.*) et facile à retrouver sous le *stipendia* du Bembinus, du ms. de Helmstadt, du Parisinus 7927 et du Thuaneus.

18, *sistite* A D L¹; Curcio l'introduit dans son texte; *currere* (Aldine 2) paraît plus probable; d'ailleurs, trois des mss. de Curcio, B C L, donnent *currite* comme les mss. de Bährens.

22, *male* A D L¹; mais c'est aussi la leçon des mss. de Bährens !

24, *ulla* C D L L¹; mais le ms. de Helmstadt le donne également!

41, *tuus* D L¹; déjà conjecturé par Schryver et Näke, adopté par Ribbeck et Bährens.

49, *Minoidos* A L L¹ (et D, en correction); mais Curcio reconnaît, p. xiv de ses Prolégomènes, que nous l'avions déjà par les mss. de Munich!

78, *Quo* les mss. de Curcio; mais, de même, tous ceux de Bährens!

Après cela, il me paraît difficile de ne pas conclure à la valeur à peu près nulle des nouveaux mss. collationnés par M. Curcio.

Passons à la Ciris. Ici M. C. retient les mss. de Bährens : le Bruxellensis 10615 du xiie siècle, B (pour les vers 454-541); l'Arundelianus 133, A, le Rehdigeranus R, le Helmstadiensis 332, tous trois du xve siècle, et L le Vaticanus 3255 de Pomponio Leto; il y a joint seulement un Vaticanus Urbinas 353, qu'il désigne par la lettre U. Mais cette adjonction, si discrète qu'elle soit par comparaison avec l'apport de cinq nouveaux mss. pour les *Dirae* et le *Lydia*, est-elle utile? En étudiant l'apparat critique, je me demande à quoi peut bien servir ce ms. U, presque continuellement d'accord avec L. Au vers 14, alors que les autres mss. donnent *artes*, U offre *arte* favorable à *arce* qui semble être le vrai texte (Némethy l'adopte dans sa toute récente édition de la *Ciris*); au v. 148, U aurait seul *exornarat*, si l'on en croit l'apparat de Curcio; mais d'après celui de Bährens, *exornarat*, qui est bon, serait la leçon de tous ses mss., sauf du Rehdigeranus; au v. 386, *capitis* de U était déjà connu par le vulgate. C'est à peu près tout à l'actif de ce nouveau ms. sans intérêt par conséquent et où il serait facile de relever nombre d'erreurs (par exemple aux vers 128, 221, 226) et de signaler des vers omis (61 ; 410-14; 444) ou transposés (394 suiv.).

En voilà assez pour expliquer comment, au début de cet article, j'ai pu dire que l'exégèse valait mieux que la critique dans le livre de M. Curcio. Les notes explicatives sont intelligentes et claires : au v. 57 des *Dirae*, pour *emergere* transitif, M. C. aurait dû citer Catulle 64, 14 et Manilius V, 198; au v. 45; pour *metari*, sens passif, Horace Odes II, 15, 5, déponent Virgile, Géorg. II, 274, Ovide Fastes I, 309.

Dans les prolégomènes de la Ciris, M. C. combat avec raison (p. 131 suiv.) les attributions à Gallus (Skutsch), ou à Catulle (Egli); p. 135, avec raison encore, il place la date probable de la composition aux environs de 19 av. J.-C. — Le livre est imprimé avec soin; voy. cependant quelques fautes d'impression : p. xiii, *Lidya* pour *Lydia*; p. 55, dans l'apparat critique, *audivit*, attribué à Bährens; c'est *audibit* que donne Bährens dans son texte et dans ses notes ; p. x, le Vaticanus Urbinas est désigné par V, alors que partout ailleurs il l'est par U (cf. p. 142).

FRÉDÉRIC PLESSIS.

---

159. — **The Bookdivision of Propertius, reprinted from Classical Philology**, vol. IV, n. 1, janvier 1909, par B. L. ULLMAN. — Imprimerie de l'Université de Chicago, 7 pages.

M. Ullman apporte une contribution intéressante à l'idée de Th. Birt que le premier livre de Properce aurait été publié à part en *Monobiblos*, comme le premier de Martial (le livre des Spectacles). Les trois livres II à IV de la Vulgate représenteraient bien quatre livres, selon l'idée de Lachman, un *Tetrabiblos* comme dit Birt. M. Ullman ne voit d'objection sérieuse à la division de Lachmann [1] que dans la citation connue qui se trouve chez Nonius Marcellus, 169 M. Celui-ci en effet cite un vers qu'il attribue bien au IIIe livre de Properce, alors que, avec la division de Lachmann en cinq livres ce vers appartiendrait au IVe. M. U. commence par montrer, sinon que Nonius a bien écrit *lib. III* et non IIII, du moins que l'archétype de ses mss. avait bien III. Mais le système de Birt, publication à part du Ier livre de la Vulgate, et par conséquent désignation des quatre autres par I-IV, non comme chez Lachmann par II-V, le met à l'aise vis-à-vis du passage de Nonius. Jusqu'ici, M. U. ne fait guère que reproduire Th. Birt ; où son travail devient intéressant et apporte quelque chose de nouveau, c'est quand il s'applique à montrer que le Ier livre de la Vulgate, le *Monobiblos* aurait été moins connu de l'antiquité que l'ensemble des quatre autres, et que pour les Anciens le Ier livre de Elégies de Properce était bien le livre I du *Tetrabiblos*, soit le IIe de la Vulgate. Birt en avait fait déjà la remarque (*Das ant. Buchw.*, p. 425), mais sans la justifier suffisamment. M. U. relève dix-sept citations de Properce faites par des grammairiens, dont pas une seule ne provient du *Monobiblos*, et c'est surtout celle de Cæsius Bassus

---

1. Je ne suis pas tout à fait de son avis ; voyez dans ma *Poésie latine*, p. 393 suiv.

dont il tire une conclusion curieuse. Cæsius, qui, comme on le sait, était un partisan de la doctrine des vers formés par *adjectio* ou *detractio*, note dans ce passage que l'adjonction de deux syllabes longues transforme le pentamètre dactylique en un vers chorïambique; puis, il cite deux exemples. Or, de ces exemples, l'un est pris dans la première élégie du livre de Tibulle; pourquoi va-t-il chercher l'autre dans la première élégie du livre II (selon la Vulgate) de Properce? M. U. observe que la première du livre I lui offrait, dès le v. 4, un exemple facile :

Et caput impositis pressit Amor pedibus)
(*Et caput hoc impositis pressit Amor tum pedibus*).

D'où la conclusion que le IIe livre de la Vulgate était bien le premier pour les Anciens, que peut-être même Cæsius n'avait pas entre les mains le *Monobiblos*, que celui-ci était donc peu répandu et bien à part des autres. Il n'y a pas lieu d'exagérer l'importance de la question; toutefois le travail de M. Ullman n'est pas sans mérite, et se laisse lire avec intérêt.   Frédéric PLESSIS.

---

160. — **Ciceros Brutus erklärt,** von Otto JAHN, fünfte Auflage, bearbeitet von Wilhelm Kroll. Berlin, Weidmann, 1908, iv-236 pages. Prix : 3 marcs.

M. Kroll nous avertit dans la préface qu'il s'était d'abord proposé de publier une nouvelle édition de l'*Orator* de Jahn ; la librairie Weidmann l'a prié de revoir auparavant le *Brutus* du même auteur. Il s'est contenté, pour cette fois, dit-il, d'une révision sommaire.

L'introduction n'a pas subi de modification importante. La principale addition concerne la critique du texte. On sait que tous les manuscrits du *Brutus* dérivent du *Laudensis* aujourd'hui perdu. Quelle était sa valeur? Pour s'en rendre compte, il est utile de comparer les leçons du *De Oratore* et de l'*Orator* qu'on y trouvait, avec celles des autres manuscrits qui nous ont conservé ces ouvrages. D'après M. Kroll, le résultat serait que le *Laudensis* est en général exact, contient relativement peu de fautes de copistes et seulement quelques transpositions de mots ou brèves interpolations. « De là résulte pour la critique, la nécessité d'une méthode discrète et conservatrice » (p. 18).

Conformément à ce principe, M. Kroll a écarté un bon nombre de conjectures introduites par Eberhard dans la 4ᵉ édition. Par exemple, au § 46, *disputationes quae nunc communes appellantur loci*, Eberhard corrigeait *quae* en *qui*; M Kroll revient au texte du *Laudensis*. — § 140, M. K. écarte la mauvaise correction de *sed* en *scilicet*. — Au § 207, *his enim scriptis interfui*, le mot *scriptis* paraissait suspect à Eberhard qui ne saisissait pas le sens de la phrase ; maintenant qu'on la compris, il n'y a plus aucune raison d'admettre une faute de texte, mais il eût été utile d'ajouter dans le commentaire une note explicative.

M. Kroll aurait bien pu supprimer aussi la correction de *tamen* en *nam* (§ 75) et ne pas changer *et* en *at* (§ 151). Mais surtout comment a-t-il continué d'écrire au § 323 *superior esse viderer*? Le nouvel éditeur a semé çà et là dans le commentaire des remarques très justes au sujet des clausules et de leur influence sur la langue et la grammaire ; comment n'a-t-il pas vu que la détestable correction de Jahn *superior esse viderer*, donnait une fin d'hexamètre? La leçon du *Laudensis*, attestée par tous les manuscrits actuellement conservés, était *superiores videremur*. Au point de vue métrique, elle présente une des finales les plus souvent usitées par Cicéron (crétique-trochée). Le pluriel de modestie employé ici n'a plus rien qui surprenne si l'on connaît l'étude détaillée que M. Conway a publiée au sujet de cette construction (*Cambridge philological Society*, V, 1899, p. 1-80) ; un emploi semblable du pluriel se trouve dans la même phrase : les mots *fares essemus* s'appliquent à Cicéron seul, non à Cicéron et Hortensius, comme l'ont cru quelques éditeurs.

§ 197 *Hoc in illo initio consecutus*, multis ejusdem *generis sententiis delectant*. Avec Ellendt, M. K. corrige en : *Hoc ille initio, consecutis multis eiusdem generis sententiis delectavit*. En changeant ainsi la coupe de la phrase, on la rend boiteuse ; la correction est d'ailleurs parfaitement inutile : *Hoc consecutus*, signifie : « ayant poursuivi cette comparaison, comme l'ont reconnu plusieurs interprètes.

Dans le commentaire, la plupart des notes subsistent sans changement : quelques-unes disparaissent ; celles qui sont ajoutées concernent surtout la rhétorique et la grammaire. Pour les principaux termes techniques de la critique littéraire, M. K. indique les mots grecs correspondants ; il a utilisé, comme il nous en avertit, la thèse de Causeret. D'autres additions consistent dans quelques références à des ouvrages parus pendant les dernières années, et dans un certain nombre de rapprochements avec des textes de Cicéron et des comiques. Les abréviations sont rendues un peu moins énigmatiques. Les dates de la fondation de Rome sont supprimées ; celles d'avant l'ère chrétienne seules maintenues.

P. 132. M. Kroll cite des exemples de Plaute pour expliquer l'emploi du subjonctif présent : *si a corona relictus sim non queam dicere*, répondant à : *quid tu, Brute, possesne si te, ut Curionem quondam, contio reliquisset* (§ 191). En réalité, il n'est pas besoin de citer Plaute, et la nuance de pensée est facile à saisir : Cicéron emploie l'irréel par politesse, supposant que jamais l'assemblée n'a pu songer à s'en aller pendant un discours de Brutus ; celui-ci au contraire, par modestie, emploie le potentiel, comme si la chose était possible.

P. 178. On est étonné de lire en note : « Cicéron n'y voit (dans » les Commentaires de César) que des matériaux bruts à utiliser » par le véritable historien ». Le texte commenté (§ 262) dit précisément le contraire : *ineptis gratum fortasse fecit qui volent illa calamistris inurere, sanos quidem homines a scribendo deterruit*.

P. 197 : *Orationes autem quas interposuit...eas ego laudare soleo* (§ 297) est considéré à tort ce semble, comme une locution familière et rapproché de Plaute *Poen.* 1069 : *Pater tuus is erat frater patruelis meus*. Le cas est très différent : dans la première phrase on a un démonstratif en corrélation avec une proposition relative, ce qui est très fréquent même dans le style élevé ; dans la seconde, un démonstratif en apposition à un simple substantif, pléonasme familier étranger à l'usage de Cicéron.

Aux remarques concernant l'influence des clausules sur la grammaire, il eût été bon d'ajouter l'emploi de l'actif *pervertere* correspondant au passif *neglegi* (§ 191) et l'irréel *esse potuisset* au § 151 alors que l'on attend plutôt *potuerit*.

Crebo (p. 29), *logo* (p. 122), *Octavioar* et *Octuim* (p. 150), *pctori*

(p. 209), sont des fautes d'impression; *Etude sur Tite-Live* pour *Etudes...*, une inadvertance plusieurs fois répétée.

Matériellement, la nouvelle édition est supérieure à la précédente pour la netteté du caractère et la qualité du papier ; mais on a eu le tort de lui donner une couverture moins forte.

L. LAURAND.

---

161. — **Saint Jean l'Evangéliste, sa vie et ses écrits**, par L. C. FILLON. Paris, Beauchesne, 1907.

Les livres de M. Fillon ont un charme spécial. S'ils n'apportent pas en général de solutions bien nouvelles aux questions exégétiques, ils sont écrits avec une piété, une onction qui rassérènent l'esprit. Ils nourrissent l'âme, peut-être plus que l'intelligence. Comme de saint Pierre qui parut en 1906, le saint Jean de M. Fillon est une étude solide, bien conduite et intéressante sur la vie, l'apostolat et l'œuvre de l' « apôtre aimé ». N'y cherchez point, sauf à l'appendice sur des fonctions d'ordre très secondaire, de discussions critiques et scientifiques. M. Fillon a simplement voulu retracer suivant les données les plus rigoureusement traditionnelles un portrait de saint Jean et de son activité religieuse. Tout en se servant des travaux récents pour préciser certains détails, c'est surtout à saint Jean lui-même et aux Ecrits évangéliques qu'il s'adresse pour y puiser le meilleur de ses renseignements. De larges citations sont intercalées dans le récit, qui pourrait faire goûter au lecteur peu familier avec le Nouveau Testament les plus belles pages de saint Jean ; de charmants tableaux lui feront comprendre le milieu dans lequel naquit et vécut l'apôtre. C'est dire que ce livre n'est point destiné à remplacer les travaux purement scientifiques sur le quatrième Evangile, sur les Epîtres et l'Apocalypse. Il ne dispensera point de lire M. l'abbé Lepin. Mais tel qu'il est et tel qu'il veut être, il sera certainement très bien reçu des âmes pieuses qui pourront faire avec ces pages d'excellentes méditations dont le bénéfice sera double car il ne faut pas douter que le livre de M. Fillon n'édifie et n'instruise tout à la fois.

A. LE PRÉVOST.

162. — **Les témoins de Jésus et leurs témoins**, par Bahin, (Paris, Berche et Tralin, 1907).

L'auteur de ce livre assez étrange, mais qui peut être utile par le grand nombre de renseignements qu'il apporte, nous explique dans sa préface ce qu'il a voulu faire. « Pour montrer que les témoins de Jésus et leurs témoins sont francs et irréprochables, voici la marche que j'ai suivie. D'abord je consacre à chacun d'eux une notice, puis je dis ce qu'il savait du Nouveau Testament, ensuite ce qu'il pensait de Jésus et de sa mission, enfin ce qu'il raconte des persécutions auxquelles ses coréligionnaires et lui furent en butte à cause de Jésus. « Sur ces trois points je compte les témoignages de chaque témoin. » C'est, on le voit, une sorte de statistique que M. B. a essayé de dresser depuis saint Mathieu, au début du ve siècle (412). Encore l'auteur a-t-il voulu ajouter un appendice qui va de 412 à 1466. En vérité, une telle méthode laisse rêveur. J'ai fait en l'occurence le nombre des témoignages? Ce n'est pas de nombre qu'il doit s'agir, mais de qualité. Or, à vouloir trop compter, on risque de ne pas prouver tout ce que l'on veut et l'on risque, chose plus grave, d'apporter une gerbe d'épis mêlée de beaucoup d'ivraie. J'ai peur que ce soit le cas de M. B. Ceci dit et vérification faite de-ci de-là, je dois convenir que l'auteur s'est donné grand'peine pour atteindre l'exactitude et ne laisser passer aucun texte important. C'est dire que le clergé trouvera dans ce livre maints renseignements qui pourront lui être utiles, beaucoup de belles citations patristiques qui lui feront goûter l'étude des Pères et seront de nature à étoffer sermons et instructions. Du reste, il ne faut rien exagérer. Certainement, tout compte fait, il ressort de la lecture de ces 592 pages, un peu lourdes peut-être, une impression très forte et très bienfaisante, qui met en grande lumière la foi de l'Eglise des premiers siècles en la Divinité de J.-C. Si chaque monographie est sans doute trop succinte et trop sèche, elle donne une idée cependant de l'écrivain, de sa foi, de ses connaissances exégétiques, elle montre quel cas les auteurs ecclésiastiques faisaient du Nouveau Testament et comment ils l'interprétaient. Sans entrer dans les questions débattues et trop exclusivement scientifiques, M. B. montre pourtant qu'il ne les ignore pas et qu'il est au courant des études récentes les plus importantes sur la Patrologie.　　　　　　　　　　　　A. V.

---

163. — **Genséric. La conquête Vandale en Afrique et la destruction de l'Empire d'Occident,** par Mardroye. F. (Paris, Hachette, 1907, vii-392 p. Prix : 7 fr. 50.

M. Mardroye dans un précédent volume avait raconté l'histoire de « l'Occident à l'époque byzantine » en s'occupant surtout des Goths et des Vandales. Mais la matière n'était pas épuisée. Le royaume Vandale sous son chef Genséric devait encore marquer de sa terrible empreinte l'histoire assez triste de ce ve siècle, et par de redoutables conquêtes porter un coup de mort à l'Empire romain. C'est cet épisode que M. Mardroye retrace en ce second volume de beaucoup supérieur à son devancier. La littérature historique est assez pauvre en France sur cette époque. Le grand public vit encore des travaux très contestables d'Amédée Thierry. Il était donc utile de reprendre la question et de la traiter avec ampleur. La conquête vandale de l'Afrique, les nombreuses campagnes que Genséric entreprit contre Rome sont des faits assez importants dans l'histoire générale et dans celle de la civilisation pour être étudiés par eux-mêmes et attirer l'attention de tous les lecteurs cultivés L'Afrique Vandale forme donc le centre de l'ouvrage de M. M.; c'est à étudier la conquête de cette grande et riche province romaine par Genséric que l'auteur s'applique, forgeant ainsi par son travail l'anneau qui relie les études de M. Monceaux à celle de M. Diehl. En vérité tout n'est pas très neuf dans les recherches de M. M. Les faits militaires nous étaient bien connus comme les causes qui les préparèrent. Les rapports de Boniface et d'Artius, le siège d'Hippone, les progrès de l'invasion vandale et la guerre contre l'Empire, les traités et les alliances qui marquèrent les étapes de la domination barbare se retrouvent en leurs grandes lignes dans tous les manuels d'histoire. Ce qui l'est moins et ce qui est plus particulièrement intéressant dans le volume de M. M., c'est l'organisation de la conquête vandale en terre africaine et le gouvernement de Genséric en son nouvel Empire. L'auteur a essayé de nous faire connaître les institutions africaines comme la civilisation qui suivirent l'invasion barbare en des pages souvent très neuves et très instructives. Finances, travaux publics, droit, vie privée, publique et militaire, langue même des nouveaux possesseurs de l'Afrique, rapports existants entre Barbares et Romains, politique civile et religieuse de Genséric, état économique enfin du nouvel Empire, forment autant de paragraphes qui méritent d'être lus et étudiés. Peut-être, en vérité, ne serait-il pas difficile de faire à l'auteur d'assez nombreuses critiques. Malgré un effort on sent trop encore qu'il lui manque une méthode sûre et une formation première toujours difficile à acquérir quand on n'est pas « du métier ». Néanmoins ce volume marque un tel progrès sur son aîné qu'on peut espérer qu'avec encore un peu d'habitude M. M. nous donnera de nouveaux et excellents travaux sur l'époque qu'il étudie et commence à bien connaître.

A. P.

164. — **Les Bourgeois de Paris**, par César Chabrun, chargé de Conférences à la Faculté de Droit de l'Université de Paris. 1 vol. in-8°, ii-196, Paris, Arthur Rousseau, 1908.

Avec beaucoup de bonne foi, d'érudition critique et de savoir juridique, M. Chabrun a entrepris une enquête sur un abus prétendu de la Royauté Capétienne et l'enquête terminée, le pouvoir royal s'est trouvé pleinement justifié de toute manœuvre déloyale ou tyrannique. M. Chabrun établit avec beaucoup de science une distinction entre les bourgeois résidant dans les villes du roi et les bourgeois forains. Par bourgeois *forains* on entendrait, suivant nombre d'auteurs, des hommes qui se seraient recommandés au roi et se seraient réclamés de sa juridiction tout en habitant uniquement les domaines des Seigneurs. Par là, prétendaient les anciens jurisconsultes, le roi amoindrissait la juridiction et les revenus des seigneurs dans leurs fiefs, la bourgeoisie foraine étant attachée seulement aux personnes.

Or, si l'on met à part un usage local, consacré en Champagne par les coutumes de Troyes et de Sens, et quelques excès de zèle d'officiers royaux empressés à accroître leurs gains avec leur compétence, il apparaît bien que la bourgeoisie foraine a été défigurée par une légende que contredit pourtant l'ordonnance de Philippe le Bel en 1287. M. Chabrun explique avec une clarté parfaite le sens véritable et la portée de tous les articles de cette ordonnance. Avec la même netteté et la même claivoyance, il réduit aux proportions d'une simple chicane prolongée par la complicité des agents locaux de Philippe le Bel le cas de bourgeoisie foraine personnelle que l'on croyait établi pour la province d'Auvergne par le procès de Bernard Manant. Les actes de ce procès forment une partie considérable des pièces justificatives très soigneusement transcrites et cotées à la fin du livre. Ces documents achèvent de porter chez le lecteur la conviction de cette vérité historique à savoir que tous les bourgeois du roi ont réellement appartenu à la population des villes royales au Moyen Age. « La bourgeoisie personnelle n'a pas existé... on ne peut pas dire que la bourgeoisie foraine ait été entre les mains des rois un instrument de lutte contre les justices féodales. » Telle est la conclusion très solide de ce petit ouvrage.

H. Gaillard

---

165. — **Lettres de Louis XI, roi de France**, publiées d'après les originaux pour la *Société de l'Histoire de France*, tome X, par J. Vaesen et B. de Mandrot. Paris, Renouard, 1908, in-8°, 501 pages.

La belle publication de Joseph Vaesen et d'Etienne Charavay touche à sa fin ; aucun des deux vaillants érudits qui ont tant contribué à faire connaître la vérité sur le règne de Louis XI ne verra l'achèvement de son œuvre. Avec un soin pieux et savant, M. B. de Mandrot apporte le couronnement attendu à l'œuvre qui lui a été léguée d'ailleurs dans un état fort avancé. Dans le tome X des Lettres de Louis XI, actuellement le dernier paru, 140 pages suffisent à imprimer ce qui restait des documents royaux datant des années 1482 et 1483, 326 pages sont consacrées au *Supplément*. Celui-ci remonte très haut ; il s'ouvre même par une lettre latine de 1445, écrite par Louis au cours de la chevauchée des écorcheurs, et dans laquelle le dauphin, bourreau de l'Alsace, refuse de soulager les habitants d'Ensisheim en faveur de qui s'entremettait l'archiduc Albert d'Autriche. Une autre lettre de 1452 a trait aux démêlés de Louis XI avec son *très redouté Seigneur* et père au sujet d'échanges de territoires. Plusieurs des documents ainsi glanés sont empruntés à des publications françaises ou étrangères et surtout provinciales, telles que « *Louis XI, Jean II et la révolution Catalane* » *de Calmette*, ou le catalogue des actes du dauphin Louis... relatifs à l'administration du Dauphiné par M. Pilot de Thorey.

Quelques pièces justificatives intéressantes précèdent la table des lettres, mais c'est une autre table qu'attendront les érudits pour utiliser la vaste publication. Et cette table attendue, au prix de quel labeur faudra-t-il la réaliser ! Cette part de collaboration de M. B. de Mandrot au recueil des lettres de Louis XI ne sera pas la moins lourde ni la moins méritoire. H. G.

166. — **Martin et Guillaume du Bellay.** *Mémoires*, édités pour la *Société de l'Histoire de France*, par V. L. Bourilly et F. Vindry. Tome Ier de 1513 à 1525. Paris, Renouard, 1908, in-8°, 362 pages

Préparée par l'importante thèse de M. V. L. Bourilly sur Guillaume du Bellay [1], l'édition actuelle des *Mémoires des frères du Bellay* présente toutes les garanties, toutes celles bien entendu, que leur laisse encore la collaboration pieuse plus qu'érudite d'une glorieuse famille du xvie siècle. Découverte comme par hasard par René du Bellay en visitant la librairie de défunt son beau-père », la chronique de la famille avait deux auteurs : Guillaume du Bellay, homme d'épée, ambassadeur aux soucis littéraires avait prétendu léguer l'histoire de son temps à la postérité en des *ogdoades* issues d'une noble émulation avec Tite-Live. Presque tout en était perdu quand Martin sauva ce qui restait de l'œuvre de son frère, pour compléter par ses souvenirs personnels l'exposé d'une histoire à laquelle il avait lui aussi participé.

1. *Guillaume du Bellay, seigneur de Langey (1491-1543)*, par V. L. Bourilly Paris, 1905, gr. in-8°.

De tout ce travail collectif est sortie une œuvre inégale qui ne fait pas honneur à la critique de Martin le diascévaste. Le début a tout juste l'intérêt des faits divers de nos journaux les moins bien informés. Où commence l'auteur? A quelle date ? A quel fait? Il est difficile de le déterminer car, après avoir très confusément rappelé les exploits et la mort de Gaston de Foix, la mort d'Anne de Bretagne et les mariages qui s'en sont suivis : noces de François Ier et de Claude de France, hymen de Louis XII avec la sœur de Henry VIII, l'origine des Tudors paraît plaisante à raconter et les mémoires déroulent la trame historique de la guerre des deux Roses, brochée de prophéties de Merlin. A peine si le compte-rendu de la *Journée des Eperons* à Guinegate tranche un peu sur ces récits fantaisistes, en faisant ressortir la constante indiscipline des Français et les immanquables résultats qu'elle engendre.

A la fin du volume l'allure des Mémoires est tout autre et à relire le long récit de la bataille de Pavie avec ses diverses péripéties préparatoires, on sent tout le mérite inhérent aux dépositions des témoins oculaires compétents. Comme le dit l'héritier des deux frères, « il siet bien à chacun de traiter de l'affaire auquel il est versé. » Mais après avoir étudié soigneusement ces textes bien informés, quels scrupules n'éprouve-t-on pas à entreprendre oralement ou par écrit un récit d'histoire ! Il semble bien que les responsabilités telles que les établit la commune renommée à la charge de François Ier dans l'affaire de Pavie, par exemple, soient exagérées, et que les raisons pour lesquelles la fortune s'est décidée dans tel ou tel sens apparaissent de moins en moins distinctement : trop insister sur cette pensée décourageante, serait mal remercier la *Société de l'Histoire de France* du surcroît d'informations qu'elle apporte sans se lasser.

H. G.

---

167. — **Luther et le luthérianisme,** par Cristiani L. Paris, Bloud, 1908.

Jusqu'au moment, proche nous l'espérons où la traduction du grand ouvrage du P. Denifle sur Luther sera donnée au public, le livre de M. C. restera comme une très intéressante mise en valeur du livre du savant Dominicain. Et cela était nécessaire. La forte et prestigieuse personnalité de Luther devait être étudiée avec plus de soins qu'elle ne l'avait été jusqu'alors ; sa pensée si souvent flottante et imprécise devait être examinée avec la rigueur qu'elle méritait. M. Cristiani, en mettant à la portée du grand nombre le résultat des recherches du P. Denifle, a donc eu une excellente pensée. Peut-être aurait-il pu, tout en faisant voir ce qu'il y avait de vide et de misère derrière la façade protestante que Luther avait construite, tout en rabaissant le Réformateur à un juste niveau, tout en analysant sa pensée pour en montrer les étonnantes faiblesses et les prodigieuses contradictions, ne pas se laisser aller aux violences germaniques du P. Denifle. La force probante de son livre n'y eût rien perdu et notre goût eût été moins choqué. Je n'ignore pas que M. Cristiani a fait sur ce chapitre un effort et qu'il n'atteint pas le langage coloré de son modèle ; mais il y a cependant encore beaucoup de choses vraiment peintes avec des couleurs trop crues pour nous. L'impression excellente qui se dégage de ces pages peut risquer par là d'être affaiblie. On craint trop le manque d'objectivité et de sereine impartialité qu'exige le sujet même. Mais ceci dit, que de bonnes choses en ce livre, si l'on en pouvait signaler beaucoup dans l'étude sur Luther. Tel, par exemple, le chapitre sur l'état d'âme de Luther après 1517, et celui que M. C. consacre au « mariage et à la virginité dans l'enseignement de Luther »; — il me semble toutefois que le plus neuf et le mieux venu est assurément le dernier sur l'Expérience religieuse dans le Luthéranisme. » A défaut d'autres témoignages, il suffirait pour juger de la doctrine protestante de voir les fruits qu'elle produisit dès le xvi° siècle, les résultats qu'elle engendra et les désordres intellectuels et moraux qui en furent la suite.

En somme nous avons dans cet ouvrage une excellente étude sur Luther et sa doctrine. Cette étude, consciencieuse, sera lue avec profit par tous ceux qui s'intéressent aux questions religieuses, en dehors, naturellement, des érudits qui ne peuvent se contenter, eux, d'un travail de troisième main. Destinée au grand public, nous souhaitons que le grand public la lise et en tire profit. Il ne sera pas difficile au lecteur intelligent de faire des rapprochements singulièrement instructifs entre l'état d'âme des masses au xvi° siècle et le nôtre au début du xx°.

Albert Le Prévost.

168. — **Massillon, sa prédication sous Louis XIV et sous Louis XV.** *Les Maîtres de la chaire en France*, par l'abbé L. Panthe. Paris, Lecoffre-Gabrida, 1908, in-8.

M. l'abbé Panthe termine la série de ses études sur les *Maîtres de la chaire en France* par ce volume sur le grand prédicateur oratorien.

Il semble que Massillon l'a mieux inspiré que Bossuet, Fénelon et Bourdaloue. Serait-ce, comme on l'a dit, que Massillon moins connu que ses aînés, donne l'illusion du nouveau dont on est toujours si friand? Ne serait-ce pas plutôt que l'auteur du *Petit Carême*, par sa sensibilité et sa douceur, se rapproche davantage de nous et nous est plus facilement accessible? Ou enfin que l'art et le talent de l'auteur, après des études si longues et si diverses, se seraient développés et rendus plus maîtres d'eux-mêmes? Toujours est-il que l'ouvrage nous paraît bien composé, rempli d'aperçus nouveaux, d'ingénieuses discussions littéraires, avec çà et là d'excellents morceaux de très bonne prose. Ainsi par exemple la comparaison, de l'introduction, entre les quatre grands orateurs français; ainsi la détermination de la vraie date de certains sermons, — ce que M. Blanpignon si compétent cependant en la question, n'avait su faire; ainsi cette exquise description de la ville d'Hyères.

Louons aussi l'art parfait avec lequel l'auteur nous présente les citations des divers ouvrages de son héros. Malgré la difficulté, déjà notée par Sainte-Beuve, de donner des coupures des sermons de Massillon, M. Panthe nous convie souvent « à ce régal », comme il dit, et personne ne s'en plaindra. Espérons même que la lecture de ces remarquables morceaux décideront nos jeunes prêtres à revenir à ce Massillon, trop oublié, dont Brunetière écrivait naguère ce jugement si exact : « D'autres comme Bossuet ont vu plus parfaitement dans l'homme, et d'autres, comme Bourdaloue, plus complètement; Massillon a vu plus finement, et nul, pas même Fénelon, n'a plus délicatement anatomisé les moindres fibres du cœur humain. »

S'il n'y a que des éloges à adresser à M. Panthe écrivain, psychologue, critique littéraire, il semble que dans ce volume nouveau l'historien n'ait pas été à la hauteur de sa tâche. Non point qu'il y ait dans l'ouvrage de grosses erreurs [1], mais la quantité d'inexactitudes de détail que renferment ces 450 pages est invraisemblable.[2] Relevons aussi ce jugement sur le sermon du *Petit nombre des élus* : « D'une sévérité excessive et qui sent le jansénisme, l'Eglise n'a pas admis ses exagérations. » Je voudrais bien savoir où l'Eglise a condamné cette opinion. Ce n'est toujours pas en introduisant la cause du Vénérable P. de la Plombière, lequel a écrit « que de cent mille à peine y en aura-t-il un de sauvé ». Quoiqu'en dise M. Panthe, la question est libre, mais il y a bien plus d'autorités en faveur de la thèse de Massillon.

A. INGOLD.

CHRONIQUE

11. — Les amis de l'histoire de la médecine apprendront avec plaisir que M. Amédée Boinet, archiviste-paléographe, bibliothécaire de la Bibliothèque Sainte-Geneviève, vient de publier, chez Plon et Nourrit le *Catalogue* des Manuscrits de la Bibliothèque de la Faculté de

---

[1]. Sauf peut-être son hésitation à attribuer (p. 75), à l'Oratoire l'initiation de la fondation des Séminaires, question résolue aujourd'hui par ceux que n'aveugle pas un parti-pris comme M. Schoenher dans sa récente *Histoire de Saint-Nicolas-du-Chardonnet*. Puisque je parle de ce volume, qui n'est qu'un bon livre d'images, mais pour le fond un tissu d'erreurs, je serais fâché que quelqu'un, à Saint-Sulpice ou à l'Oratoire, prît la peine de le réfuter ; il n'y a pas à en tenir compte.

[2]. Ainsi fautes dans l'orthographe des noms : Matezcons pour Matezeons. Lallement pour Lallemant, Villard pour Vuillard, Cérylly pour Cérilly, Singlier pour Singlin, *de* Mal*l*branche pour Malbranche... etc... Fautes dans les titres des ouvrages : Les *documents* catholiques de Thomassin ! — Erreurs plus graves : Soanen à Seez pour Senez (plus de 50 fois !) ; Leboux à Perpignan pour Périgueux, Adry, qui a vécu cent ans après, est dit avoir dessiné *de visu* la physionomie de Massillon ; l'ouvrage du cardinal Perraud, antérieur de 20 ans à celui de Houssaye, vient après ; p. 167, l'auteur nous dit que Massillon « s'était fait un devoir de connaître les plus célèbres prédications de son temps » et il renvoie au P. Cloyseault qui ne parle nulle part de Massillon pour la bonne raison qu'il mourut avant lui. P. 328, il y a encore un renvoi au P. Cloysault qui ne parle pas davantage de ce qu'on lui fait dire. En général les références sont incomplètes et fautives, et la liste de la fin des *Auteurs et ouvrages cités* est sous ce rapport typique : on imaginerait difficilement un aussi curieux assemblage de... (pour être charitable forgeons un mot) : d'*imprécisions*.

Médecine de Paris et de l'Académie de médecine. Pour ne parler que de ce dernier Catalogue, il nous fait enfin connaître en détail le formidable matériel paléographique que Ch. Daremberg avait réuni sur l'histoire de l'art médical dans l'antiquité grecque et au moyen âge.

C. E. R.

12. — La composition épique irlandaise intitulée *Tain bé Cuailngi* est une œuvre payenne, conservée de mémoire par la corporation savante des *Filid* « voyants » irlandais, et mise par écrit au septième siècle de notre ère grâce à l'initiative d'un chef élu par cette corporation. Elle a été publiée et traduite en allemand par M. E. Windisch, professeur à l'université de Leipzig ; son édition forme un volume in-8° de xcii-1120 pages qui a paru en 1905 chez Hirzel, libraire à Leipzig. M. d'Arbois de Jubainville a entrepris de cette épopée une traduction dont la première livraison, 85 pages et 3 planches in-8°, 1907, a été éditée par le libraire Honoré Champion, 5, quai Malaquais, à Paris. M. Windisch avait pris comme base de son édition le texte le plus complet, conservé par le manuscrit connu sous le nom de livre de Leinster qui date de 1150. Mais c'est un texte expurgé par un copiste chrétien qui en a enlevé les passages à ses yeux trop payens. Ces passages sont conservés par le *Lebor vra hltidrc* qui date d'environ 1100. M. d'Arbois de Jubainville les a rétabli dans sa traduction ; de là le principal intérêt de sa publication : *Enlèvement [du taureau divin et] des vaches de Cooley*, dont le but est de faire connaître en France un document très important pour l'étude de la mythologie celtique. Le héros Cûchutainn est comme l'Héraclès grec le fils du dieu suprême et d'une femme.

L'Editeur-Propriétaire-Gérant : Albert Fontemoing.

Imprimerie Générale de Châtillon-sur-Seine. — A. Pichat.

BULLETIN CRITIQUE

---

169. — **En marge du temps**, par Henri Roujon. Paris, Hachette, 1908; in-16, 268 pages.

C'est une excellente idée d'avoir réuni en volume ces Chroniques du Temps, que M. Roujon présente avec modestie dans sa dédicace à M. Paul Hervieu. Elles contiennent en effet, sur des sujets très divers d'actualité ou d'histoire littéraire, maintes choses dites avec infiniment de grâce et d'esprit, et qui sont dignes d'êtres lues et relues. Esprit alerte et fin, M. Roujon, qui écrit dans un style excellent, est à la fois un érudit et un artiste; il a présentes à sa mémoire des notions de toute sorte, qu'il place sans pédantisme au bon endroit, et qui donnent une armature solide à ses fantaisies de chroniqueur, un charme bien français à ses observations de Moraliste. F. P.

---

170. — **Primi Visconti.** — **Mémoires sur la Cour de Louis XIV**; traduits de l'Italien et publiés avec une introduction, des appendices et des notes par Jean Lemoine, Paris, Calmann-Lévy, 1 vol. in-8. Prix : 7 fr. 50.

M. Lemoine ne nous en voudra pas si nous disons de lui qu'il est un excellent vulgarisateur. Non certes que son érudition apparaisse comme hâtive, ou superficielle; mais il possède à haut degré l'art de rendre vivant le sujet qu'il traite, et la précision même de ses notes, leur utilité en même temps que leur discrétion, aident à la lecture en donnant au texte commenté toute son ampleur.

Les Mémoires de Primi Visconti sont précédés d'une Introduction abondante, de I-XLVIII pages, fort nécessaire à vrai dire pour présenter au public un personnage en somme jusqu'ici peu connu et fixer par là même le degré de créance qu'il convient d'ajouter aux innombrables anecdotes qui font l'attrait principal du récit. Jean-Baptiste Primi Visconti, comte de Saint-Mayol, n'est-il, comme le note Saint-Simon, qu'un « Italien subalterne, théatin renié, homme à tout faire, avec de l'esprit « et de l'argent »?... Au contraire, mérite-t-il, par son origine et son existence l'estime où semblèrent le tenir la comtesse de Soissons, Dangeau, Vendôme, Louis XIV lui-même ?

Il naquit, nous dit M. Lemoine, le 22 septembre 1648 en Haute-Italie, dans la vallée de la Sésia. Sa famille, les Fassola de Rassa, était ancienne et très considérée ; trois siècles durant, les Fassola furent connétables des milices de la Valsésia, et, placés au pied du Mont-Rose, entre la vallée d'Aoste et le Simplon, ils servirent presque constamment l'Espagne dans la longue rivalité des Maisons de France et d'Autriche. Mais la guerre ne les enrichit pas ; et le père de Primi dut entreprendre, avec succès d'ailleurs, le commerce des grains. C'était là, pour un noble, déchoir, déchéance qui profita peu, hélas ! à la famille, puisque la mort prématurée de son chef laissa trois enfants en bas-âge devant nombre de procès qui engloutirent leur avoir. Deux d'entre eux vécurent et moururent fort obscurément ; le troisième, notre héros, après de brillantes études était déjà, à vingt ans, chanoine à Varallo.

Mais son humeur concordait peu avec l'état ecclésiastique. Il publie d'abord un roman, *la Razzolina*, puis, en 1671, une histoire complète du Sanctuaire de Varallo ; mais dès la fin de 1672, il abandonne la vallée natale, est à Genève le 3 janvier 1673, à Lyon le 6. Il y prend la diligence pour Paris, et c'est de là que partent ses *Mémoires*.

Nous ne voyons pas clairement, avouons-le, ce qu'il vient faire en France ; lui non plus, sans doute ? En somme, il vient chercher fortune, et pour y atteindre il sort des chemins battus : c'est à la graphologie qu'il doit ses premiers succès. Il est non moins versé dans les sciences occultes, qu'en général d'ailleurs il est le premier à railler ; son physique extrêmement agréable n'est pas non plus sans le servir ; enfin, il vise surtout à devenir l'historiographe des exploits de Louis-le-Grand. Deux premières relations son fort bien accueillies du roi, mais la troisième rappelant imprudemment « que le véritable objet du voyage « de Madame à Douvres en 1670 avait été de préparer une alliance entre la France et l'Angleterre contre la Hollande, » Louis fait jeter sans vergogne l'auteur à la Bastille.

Il y reste six mois; après quoi, et malgré la faveur dont l'honore à nouveau le Souverain, il éprouve le besoin de respirer l'air natal. Très populaire dans son pays, où au cours d'un premier passage il avait multiplié les fêtes et les spectacles, il est nommé Régent général des vallées de la Sesia, se montre excellent administrateur, s'attire la colère des prévaricateurs qui cabalent contre lui, finit par voir sa tête mise à prix par le gouverneur espagnol du Milanais : il n'a décidément pas de chance !... Accusé d'être un agent secret de la France, il n'a plus qu'une ressource : se faire naturaliser Français. Cette fois, il a trouvé son chemin de Damas. Ostensiblement protégé par Louis XIV, il fait la conquête de Marguerite Léonard, fille d'un des plus gros libraires parisiens ; et après une lutte épique avec son futur beau-père, il rencontre dans cette union « une existence paisible et une large aisance. » Désormais, insinuant, il se glisse partout, assiste au lever et au coucher du roi, est le confident dévoué et l'agent des Vendôme, marie Mademoiselle d'Elbeuf au duc de Mantoue, rédige de fastidieux plaidoyers pour ses droits en Valsesia, arrive à obtenir une pension de l'Espagne et meurt, quelques mois seulement après sa femme, le 4 décembre 1713.

Ses *Mémoires*, rédigés à l'intention d'un de ses compatriotes du diocèse de Novare, sont écrits avec trop de soin — les Manuscrits, de la Bibliothèque Méjanes, d'Aix-en-Provence, abondent en ratures et en corrections — pour ne prétendre pas à l'œuvre historique autant que littéraire. Ils suivent l'ordre chronologique, et vont, inclusivement, de 1673 à 1681. En vérité, on y souhaiterait trouver moins d'aventures d'amour, piquantes parfois, souvent grossières, et qui donneraient, à n'en croire que Primi, une fâcheuse idée des mœurs de ce temps. Si quelques-unes peuvent être vraiment précieuses à l'historien, la plupart ne sont que turlupinades dont volontiers nous nous serions passés. M. Lemoine d'ailleurs est le premier à reconnaître que l'intérêt du texte n'est point là; mais

« dans les anecdotes, dans les portraits du roi, de ses ministres et
» de ses maîtresses, dans les tableaux de la Cour et des courtisans ».
C'est en effet une galerie fort intéressante à parcourir, un récit
parfois un peu diffus, ou brisé, en général au contraire alerte, simple, clair et vivant. Un tel livre ne se résume pas. Le mieux à
faire pour en donner une idée générale est d'en citer quelques passages caractéristiques, d'en indiquer quelques opinions, ou quelques traits.

A tout seigneur, tout honneur ; Louis XIV d'abord : « Le Roi a
» un bon jugement naturel ; il a des connaissances universelles
» sur toutes choses, ce qui est supérieur à toutes les sciences ; il
» parle de tout, aussi bien d'affaires que de guerre, de bâtiments,
» de dessins et de musique, mieux encore qu'un ministre, un ar-
» chitecte, un mathématicien et que Lulli lui-même... *Lorsqu'il était*
» *enfant, les Français le regardaient comme un idiot*, et comme ils n'ont
» bonne opinion que des enfants qui ont de la vivacité, ils croyaient
» que Monsieur réussirait mieux ; mais le Cardinal (Mazarin) di-
» sait aux courtisans : Vous ne connaissez pas le Roi, laissez
» faire le temps, et il arrivera un jour qu'il vous étonnera tous... »

Voici maintenant le Souverain en pied : ... « Le roi n'est pas beau,
» mais il a des traits réguliers, le visage marqué de la petite vé-
» role ; les yeux sont comme vous voudrez : majestueux, vifs, es-
» piègles, voluptueux, tendres et grands ; enfin il a de la prestance
» et comme on dit, un air vraiment royal ; s'il n'était que courti-
» san, il se distinguerait parmi les autres... » — Et que penser de
ce crayon : « Le roi vivait avec ses favorites, chacune de son
» côté, comme dans une famille légitime : la reine recevait leurs
» visites ainsi que celles des enfants naturels, comme si c'était pour
» elle un devoir à remplir, car tout doit marcher suivant la qua-
» lité de chacune et la volonté du Roi. Lorsqu'elles assistaient à la
» messe à Saint-Germain, elles se plaçaient devant les yeux du Roi,
» madame de Montespan avec ses enfants dans la tribune à gauche,
» vis-à-vis de tout le monde, et l'autre à droite, tandis qu'à Versail-
» les madame de Montespan était du côté de l'Evangile et made-
» moiselle de Fontanges sur des gradins élevés du côté de l'Epî-
» tre... La Cour est la plus belle comédie du monde... »

Pauvre et excellente Reine ! Une fort plaisante anecdote la peint
en quelques lignes : ... « Pour ce qui est de l'esprit de la Dauphine,

» comme on en parlait beaucoup chez la Reine, il échappa au Duc
» de Montausier de dire assez ingénument à celle-ci : Quel es-
» prit ! Il faut avoir du temps pour la connaître. On disait bien
» dans les commencements, même de Votre Majesté, qu'elle avait
» de l'esprit. » S'apercevant de sa bévue, il s'arrêta ; les courtisans
» se mirent à rire, *mais la Reine ne comprit pas...* »

Pour madame de Montespan, Primi n'est pas tendre ; quant à madame de Maintenon, voici ce qu'il en pense : ... « Toute la Cour
» était étonnée que la préférence fût pour la Maintenon, personne
» inconnue, veuve du poète Scarron, née en Amérique, et pour
» qui la charge de gouvernante des enfants naturels du Roi sem-
» ble être le comble de la fortune... Elle était âgée ; les uns la re-
» gardaient comme la confidente du Roi, les autres comme une
» entremetteuse, d'autres comme une personne habile dont le Roi
» se servait pour rédiger les Mémoires de son règne. Il est certain
» qu'aux habits, à l'ajustement et aux manières on ne savait pas
» à qui l'on avait affaire... »

On le voit, notre auteur ne pèche pas par excès de charité. Souvent caustique, assez partial, il est toujours intéressant dans ses jugements. Quelques-uns sont inattendus : « Colbert, dit-il, trouva
» les finances obérées, elles ne rendaient que soixante millions
» par an tout au plus ; il a su leur faire rendre cent dix millions.
» Il a fait instituer une Chambre de justice au moyen de laquelle
» des milliers de familles, qui avaient été dans les affaires et n'ont
» pu justifier de l'augmentation de leur fortune, ont été mises en
» jugement et réduites à la misère. Ainsi, soit en espèces ou par
» extinction des dettes de la Couronne, il est revenu au Roi une
» somme de trois cents millions. Par ce moyen le Roi possède tout
» l'argent du royaume, et ses sujets sont obligés de gagner pour
» vivre, soit par leur sang à la guerre, soit à la sueur de leur front
» dans les emplois... »

Pour finir, ce croquis, si déconcertant, de celui que nous appelons aujourd'hui le noble Racine ». Racine « était l'auteur de plu-
» sieurs comédies, meilleur poète que Pellisson, mais comme dans
» ses vers il faisait parler Alexandre avec des sentiments de plé-
» béien, le maréchal d'Estrades me dit qu'il craignait qu'il n'en fît
» autant dans l'histoire de Louis, étant donné que l'auteur était un
» homme du peuple. Je lui dis qu'il fallait l'excuser s'il ne con-

» naissait pas les sentiments du Roi... L'intérêt que madame de
» Maintenon porte à ces messieurs (Racine et Boileau)... vient de
» madame de Thianges, laquelle prisait beaucoup Racine parce
» qu'il avait une belle carrure et ressemblait à M. de Marsillac
» qu'elle avait aimé autrefois... »

Bien d'autres pages seraient à signaler : le jugement sur « ces
» nombreux sophistes attachés à la doctrine de Jansénius, » sur le
» Parlement « rempli d'ignorants et même de fils de bouchers » ;
» la silhouette d'Eusèbe Renaudot, fils du célèbre fondateur de la
» *Gazette de France*; celle de La Reynie, présenté comme « l'inten-
» dant général des latrines de Paris »... enfin et surtout les détails
assez intéressants sur la fameuse Affaire des Poisons.

Des appendices et un Index Alphabétique complètent très heureusement le volume. Nous avouons cependant n'avoir pas pour
Primi l'indulgence quasi paternelle de M. Lemoine, et nous nous
demandons si la connaissance réelle et complète de sa vie politique
n'ajouterait pas un chapitre intéressant à notre diplomatie secrète
du XVIIe siècle ; cette réserve faite, nous reconnaissons volontiers
que ces *Mémoires* méritaient grandement d'être publiés, et qu'ils
font valoir la souplesse sprirituelle de leur auteur en même temps
que le solide talent de leur éditeur. Noël AYMÈS.

---

171. — 1° **La compagnie des Indes Orientales et François Martin.** — Les origines de l'Inde Française, par Paul KÆPPELIN, docteur ès lettres, 1 vol. in-8, XII-673 pages, plan et carte. Paris, Aug. Challamel, 1908. — 2° **Les escales Françaises sur la route de l'Inde, 1638-1731**, plaquette petit in-8, 114 pages, Paris, Aug. Challamel, 1908.

Pour mener à bien l'œuvre que M. Kæppelin offre aujourd'hui
au public, après l'avoir soumise au Jury de Doctorat qui l'a pleinement approuvée, un labeur acharné n'était pas seulement nécessaire, il fallait beaucoup de clairvoyance, et le goût du pittoresque,
de la clairvoyance pour juger sainement la portée d'entreprises
plus brillantes que solides et le goût du pittoresque pour dépeindre l'activité plus aventureuse que pratique des Français dans les

Indes. Or M. Kæppelin a traité avec une égale habileté les questions d'affaires et les scènes exotiques. Il a montré une compétence financière réelle, par exemple dans l'exposé des comptes de liquidation qui reviennent souvent au cours de la carrière de la Cie des Indes, et il a peint d'une manière vivante, soit le siège glorieux que François Martin a subi en 1693 dans Pondichéry, soit la navigation, alors pleine d'imprévu et de péril, des vaisseaux de Louis XIV à travers l'Océan Indien.

En dépit de l'extrême variété du sujet choisi, l'étude de M. K. est toujours approfondie et complète sur les points principaux. Mais l'auteur ne peut dissimuler la diversité d'aspects d'une histoire qui a pour théâtre tantôt la France, ses ministères ou ses ports, tantôt les Océans et tantôt les rivages de l'Asie depuis Surate jusqu'au Siam. Cette diversité même fait valoir le mérite de la large investigation à laquelle s'est livré l'auteur. Sous le couvert d'une modeste biographie M. K. poursuit en réalité une œuvre triple. En même temps qu'il restitue la physionomie si attachante de François Martin, il écrit un des chapitres les plus importants de l'histoire du Commerce sous Louis XIV, il enrichit d'épisodes très intéressants l'histoire de notre marine.

Le récit toutefois ne peut se dispenser d'une certaine complication : il faut changer fréquemment le lecteur de pays et de points de vue, en le ramenant à certaines catégories de faits, il faut lui rappeler les événements antérieurs; aussi l'auteur s'excuse-t-il de se répéter parfois. Peut-être pourrait-on lui demander, pour rendre la lecture plus facile, de reconstituer certains groupes de faits dont il a dispersé les éléments — tels les détails relatifs à l'expédition de la Haye épars en trois chapitres. On comprend d'ailleurs que l'auteur n'ait pas sacrifié aux exigences tyranniques de l'unité de sujet le fruit d'une partie de ses recherches. N'était-il pas séduisant de présenter sans rien omettre le tableau de l'activité des Français appliquée au Commerce de l'Inde? N'y a-t-il pas en outre un contraste instructif entre la compagnie exploitante, création des ministres, artificielle dépourvue de vie et le négociant hardi, expérimenté, conquérant, qu'est François Martin. L'initiative du précieux agent ressort d'autant mieux qu'il y a plus d'inertie dans la Société qui l'emploie.

A cet égard, bien qu'il n'ait pas connu tous les faits qui prouvent à quel point la compagnie des Indes recrutait des actionnaires récalcitrants dans les provinces, — cela vient d'être prouvé notamment par une savante enquête de M. Boissonnade sur le Poitou et régions circonvoisines — l'auteur a montré d'une façon indiscutable que la Cie des Indes a été non la chose des marchands, mais la chose du roi et surtout de son ministre Colbert. Que les successeurs de Colbert n'aient pas négligé plus que lui d'exercer leur tutelle sur la Compagnie, c'est ce que prouvent et l'intervention de Seignelay, pour reconstituer cette malheureuse entreprise, pour lui rendre son capital, et le dévouement déployé par les Phélypeaux dans l'accomplissement de la même tâche qui était toujours à recommencer. Dans la très pénétrante étude que M. K. consacre au rôle de ces divers ministres, des modifications intéressantes sont apportées au caractère traditionnel de chacun d'eux. Colbert se dégage, quand l'intérêt des transactions aux Indes le lui conseille, du protectionnisme outrancier qu'on lui attribue et sur lequel un des historiens du commerce, M. Pigeonneau, avait déjà fait des réserves. Jérôme Pontchartrain dans sa façon de diriger les entreprises lointaines ne se montre pas le ministre incapable qu'a voulu discréditer Saint Simon. Puis on se demande en lisant la très large monographie dont François Martin est le centre, si les grandes erreurs économiques du temps passé doivent être attribuées au ministre plutôt qu'à la population. Peut-on concevoir une bonne opinion des aptitudes économiques de notre caractère national quand on constate, outre la déplorable timidité de nos commerçants de l'ancien régime à risquer leurs fonds, la révolte des fabricants contre l'importation des cotonnades de l'Inde accusée de ruiner en France l'industrie des toiles? Or, prohiber les cotonnades orientales, comme les ministres l'ont fait plusieurs fois sous la pression de l'opinion publique, cela équivalait à rompre tout commerce avec l'Inde.

Ne voit-on pas d'ailleurs une autre preuve de cette faiblesse économique du tempérament national dans le défaut d'hommes de négoce capables d'aller au loin? Faute de colonisateurs français, Colbert confie au Hollandais Caron le soin d'amorcer le commerce Franco-Indien. Or c'est contre les Hollandais que, durant sa carrière longue et souvent belliqueuse, François Martin devra lutter et tenir ferme — à Surate d'abord, puis à Pondichéry qu'il a tant agrandie, fortifiée, qu'on peut dire que cette [métropole des Indes françaises est son œuvre. M. K. a publié à cet égard des documents et des plans très intéressants.

Il est encore question des Hollandais dans l'opuscule que M. K. a consacré comme « petite thèse » aux *Escales françaises sur la route de l'Inde*. L'auteur ne s'arrête pas longtemps sur Madagascar dont il ne saurait écrire l'histoire en quelques pages. Cette histoire d'ailleurs de jour en jour est mise au point plus exactement par quelques savants qui ont abordé les premiers la critique des documents concernant l'Orient et déterminé la méthode à suivre dans les recherches érudites ayant les colonies pour objet. Entre tous ces savants initiateurs d'un nouveau genre d'érudition, le souvenir de Madagascar évoque le nom de M. Froidevaux, dont M. Kæppelin, avec tous ceux qui se vouent à l'étude de l'Inde, a subi la bienfaisante influence. Donc c'est aux escales Hollandaises convoitées par les Français, c'est au cap, à l'île Maurice que s'est attaché de préférence M. K. et des projets élaborés pour conquérir ces postes si utiles, il a tiré des renseignements curieux sur les conditions de la navigation dans la mer des Indes puis sur la faiblesse réelle de la colonisation Néerlandaise. Le secret de cette faiblesse doit être connu d'autres peuples afin que ceux-ci jugent plus exacment la valeur de l'œuvre colonisatrice. Les Hollandais étaient trop peu nombreux pour garder les postes innombrables qu'ils avaient accaparés.

L'œuvre de M. Kæppelin n'est point suivie de pièces justificatives : elle s'en passe, semble-t-il, aisément, grâce aux très nombreux et importants extraits des documents d'archives coloniales qui nourrissent les notes placées au bas des pages. Les appendices justificatifs sont remplacés dans la biographie de François Martin par une soigneuse énumération des sources qui donne justement les plus intéressantes références touchant les Archives coloniales ou certains fonds de la Bibliothèque Nationale, avec la liste assez courte des auteurs qui se sont risqués sur le terrain historique presque inexploré où M. K. s'aventure avec tant de vaillance et de bonheur.

Les lecteurs qu'intéresse plus spécialement le côté maritime des entreprises françaises aux Indes trouveront une liste des navires partis de nos ports et de ceux qui sont rentrés, année par année.

D'autres qu'attirent plus spécialement les opérations du négoce, profiteront volontiers d'une sorte de vocabulaire commercial disposé à la fin du livre pour faciliter l'intelligence des termes qui désignent les produits des Indes. Bien d'autres services encore pourront être demandés à cette œuvre où sont consignés les résultats de vastes et savantes enquêtes sur la marine, sur le commerce sur les doctrines économiques et sur les connaissances géographiques du xvii° siècle.

H. Gaillard.

---

172. — **Pierre le Grand et le premier traité Franco-Russe, 1682 à 1717**, par le Vicomte de Guichen, ancien premier secrétaire d'ambassade, et avec une préface du baron de Courcel, ambassadeur de France, membre de l'Institut. Paris, Perrin, 1909, 1 vol. gr. in-12, viii-229 pages, orné de cinq portraits

M. le vicomte de Guichen a publié un élégant petit volume sur les premiers efforts faits par la Russie pour se rapprocher de la France. Les débuts de cette histoire sont coupés de grandes lacunes. Il valait la peine d'indiquer le mariage d'Anne de Russie avec le roi de France Philippe Ier, surtout pour permettre de mesurer l'immense étendue des époques où il n'y eut aucune relation entre les deux nations placées aux deux extrémités de l'Europe.

La publication du traité conclu en 1717 à Amsterdam entre les représentants du tzar, du roi de Prusse et du Régent de France est le point culminant et comme la conclusion du présent ouvrage. Pour la bien préparer, l'auteur a exposé dans deux premiers chapitres, l'état de l'Europe pendant et après les guerres du Nord. Nous y trouvons sur les relations du tzar avec Charles XII, sur l'estime que Pierre le Grand professe pour la France, des détails caractéristiques.

Au chap. III, la visite faite par le tzar à la France est détaillée d'une manière fort intéressante. Les références sur lesquelles le récit se fonde ne sont pas absolument nouvelles, mais les citations disposées avec art, opposées avec beaucoup de critique, accusent mieux le caractère et la portée de certains détails. Il faut voir notamment comment le vicomte de Guichen raconte la visite du tzar à Madame de Maintenon. Il importe aussi de consulter les curieuses listes d'ouvriers autorisés à quitter la France, à se mettre au service du tzar, pour bien juger de toutes les industries pratiques ou artistiques qui manquaient alors à la Russie. Il serait très intéressant de connaître le sort qui attendait chacun de nos artisans émigrés. Souhaitons que le vicomte de Guichen ait le désir et l'occasion de prendre les péripéties de nos ouvriers devenus Moscovites pour sujet d'un second récit, aussi agréable que le présent ouvrage dont Pierre le Grand est le héros.

H. Gaillard.

---

173. — **Paris sous Louis XV**, *rapports des inspecteurs de police au Roi*, (2e série), publiés et annotés par Camille Piton, Paris, Mercure de France, 1908, in-12, 256 p.

Cette seconde série est, comme la première, un recueil des rapports de police rédigés pour satisfaire la curiosité spéciale de Louis XV. C'est le type des almanachs de la galanterie, avec listes, adresses, tarifs, etc., si fréquents à la fin du xviiie siècle. Une publication de cette nature ne s'imposait pas ; il semble qu'un spécimen de quelques pages aurait suffi. Si quelques détails de ce genre ont, comme l'affirme M. P., un intérêt historique général, c'est justement le rôle de l'éditeur de les tirer de ce fatras mal odorant. On jugera du travail accompli par lui d'après cet aveu : « on nous a reproché de ne pas avoir suivi l'ordre chronologique. Nous avouons que nous aurions pu apporter de l'ordre dans ces notes, mais qu'il était trop tard quand nous nous en sommes aperçu. » Il s'agit là du premier volume. Le second s'arrête à 1766. En aurons-nous un troisième ? M. P. ne le dit pas, mais c'est bien possible, car, tout en se défendant d'être « un concierge », il soutient que ses recueils sont « indispensables à tous les curieux ». Singulière curiosité, et pour tout dire, pas très saine.   R. G.

174. — **Récits des temps révolutionnaires d'après des documents inédits,** par Ernest DAUDET, Paris, Hachette, 1908; in-16, 291 p.

M. Ernest Daudet, qui est un historien et un romancier, ne mêle pas les genres, et ne fait pas du roman lorsqu'il écrit l'histoire ; mais il y apporte, au bénéfice de l'histoire, des qualités qui sont plus naturellement celles d'un romancier, l'imagination, le sentiment, et aussi le don dramatique ; il les applique très heureusement à donner au passé une vie, une couleur que ne suffirait pas à lui communiquer le simple talent de composer et d'écrire. Rien n'est plus attachant que les études sur le Complot Coigny, Hyde de Neuville et la Mort de Pichegru. Celles que M. Daudet a consacrées à Louis XVIII et Madame de Balbi, aux Emigrés et Généraux de Napoléon contiennent en outre d'utiles leçons. Si, dans la première, on voit comment un prince, soucieux de sa mission, fait passer son devoir avant ses passions, dans la seconde l'estime réciproque, les relations courtoises entre les généraux de l'Empire et des Emigrés, sont de nature à nous faire réfléchir sur tant d'excuses qu'avaient ces derniers et à nous faire comprendre que le point de vue où ils se plaçaient ne supposait pas la trahison envers la patrie. La conversation entre Davout et un maréchal de camp émigré, p. 255 suiv., est fort belle. — Je signalerai, p. 22, dans les trois dernières lignes du chapitre I, une erreur : le nom de *Coigny* doit y avoir été mis par distraction pour celui de Hyde de Neuville. (*Coigny veut qu'on agisse*, etc.)

Frédéric PLESSIS.

---

175. — **Les Emigrés à Cocarde noire, en Angleterre, dans les provinces belges, en Hollande et à Quiberon,** par R. BITTARD DES PORTES, Paris, Emile-Paul, 1908, 1 vol. in-8°, VI-638 p. Prix : 7 fr. 50.

Le titre de ce livre n'est pas très clair, et l'auteur ne l'explique que dans une note, avec une netteté insuffisante. Ces émigrés à cocarde noire sont ceux « qui avaient fait la guerre sur le continent, et dont la *capitulation* (contrat d'organisation) était différente de celle des corps à cocarde blanche, qui avaient été levés uniquement pour le service du roi de France ». Soit, mais alors il y a d'autres émigrés à Cocarde noire que ceux dont parle M. B. des P.; en Espagne, par exemple, il y en avait encore en 1796, et, si je ne me trompe, aussi en 1795 en Piémont. Ce livre ne s'applique donc qu'à une partie de ces émigrés.

La formation et l'emploi de ces régiments ont subi des vicissitudes nombreuses. Les plus anciens sont les corps de La Chârte, de Béon et de Damos. Puis viennent ceux de Rohan, d'Hector, de Périgord, d'Hervilly, de Salm, du Dresnay, Royal-Artillerie. Les premiers surtout ont été employés dans la campagne de Hollande et des Flandres en 1793-94. Ils ont figuré aussi en partie, avec les seconds, à l'affaire de Quiberon. C'est dans ce dernier épisode seulement que les régiments d'émigrés ont formé un corps d'armée à part commandé par Puisaye et d'Hervilly; jusque-là, ils avaient été associés à d'autres troupes, hollandaises et hanovriennes surtout. L'auteur a donc dû diviser son ouvrage en deux parties. La première raconte les exploits des émigrés en Belgique et Hollande ; le récit est limité à ce qui les concerne directement ; c'est une sorte de suite d'historiques de régiments, naturellement assez fragmentaire et difficile à suivre. Dans la seconde partie, le sujet a de l'unité, le récit également. Toutefois, l'exposition manque de méthode. La formation, l'organisation, le commandement des troupes ne sont pas étudiés à part. Les tableaux d'effectifs ne sont pas groupés au début ou à la fin de la partie proprement narrative. La préoccupation de nommer tous les officiers au cours du récit (on trouve jusqu'à 40 noms propres à la file), le tour un peu romanesque du style, l'emploi de titres de chapitres qui par moments rappellent Alexandre Dumas, dispersent et égarent parfois l'attention. Mais le travail de recherche et de préparation a été tout à fait sérieux et le fond de l'ouvrage est solide. M. B. des P. a consulté les archives de la guerre, les Archives nationales et départementales, le *Record office*. Dans ce dernier dépôt, il n'a pas vu, semble-t-il, les volumes de *foreign state papers*, où le fonds *France* contient deux ou trois volumes remplis de pièces relatives aux émigrés. Mais ses recherches dans les papiers du *War office*, et aux manuscrits du British Museum ont été étendues et fructueuses. Sa documentation imprimée est abondante, bien qu'il semble ignorer les *Dropmore manuscrits* et le *Recueil des Actes du Comité de Salut public*. Son travail apporte donc beaucoup de nouveau sur la question qu'il traite, et comme tel, rendra des services très appréciables. L'affaire de Quiberon en particulier a été étudié avec beaucoup de soin. Ce livre ne peut cependant pas être considéré comme une œuvre de critique définitive, donnant sur ce sujet encore brûlant les résultats d'une enquête vraiment scientifique. M. B. des P. apporte évidemment à ce qui regarde les émigrés une prédilection qui peut faire tort à la sérénité de son jugement. Il est résolument favorable à leur cause, hostile à la République de 1795 ou de 1793, hostile peut-être plus encore à l'Angleterre. Son exposé est inspiré d'un bout à l'autre par ces sentiments. Personne, je pense, ne lui contestera le droit de les éprouver, ni d'essayer d'en donner une justification, personne non plus parmi les historiens dignes de ce nom, ne prétendra justifier la trahison ou la cruauté, lorsqu'elles ont été employées contre les émigrés, ni contester leur bravoure et leur loyauté, lorsqu'ils en ont fait preuve. Mais n'est-il pas excessif de dire que l'émigration en armes est le produit d'une « fatalité inéluctable » ou encore que les officiers émigrés ont gagné la frontière « presque inconsciemment » ? Les émigrés eux-mêmes n'allaient pas jusque-là. En apprenant la mort de Louis XVI, Bouillé, qui n'est pas suspect, disait à Lally-Tolendal : « Il n'y a qu'une classe d'hommes que je hais autant que les Jacobins de Paris ; ce sont les Jacobins de Coblentz ». Il est permis de conclure, avec Lally : « M. de Bouillé avait trop raison ».

R. G.

---

176. — **Menandri quatuor fabularum, Heroïs, Disceptantium, Circumtunsæ, Samiæ, fragmenta nuper reperta**, post Gustavum Lefeburium cum prolegomenis et commentariis iterum edidit J. van Leeuwen J. F. — Lugduni Batavorum, Sijthoff, 1908, viii-178 p., 3 fl.

L'édition de J. van Leeuwen date du mois de juin 1908 : il n'est point trop tard cependant pour la signaler. Sans doute, depuis son apparition, un certain nombre de travaux — notamment une précieuse collation du manuscrit de Lefebvre et la publication de deux fragments, en grande partie nouveaux, de la *Périkeiroméné*, dues toutes les deux à A. Körte (Berichte der phil. hist. cl. der Kön. Sächsischen Gesellschaft der Wiss. zu Leipzig, LX Band) — ont contribué à fixer le texte sur un grand nombre de points, à préciser l'ordre des feuillets de notre *codex*, et, par là, à pénétrer plus avant dans l'intelligence des intrigues ; c'est encore à van Leeuwen que doivent recourir ceux qui veulent aujourd'hui connaître, dans l'ensemble, ce qui reste de Ménandre. Avec cette merveilleuse aisance dont il avait donné la preuve dans sa brillante édition d'Aristophane, M. van Leeuwen a su dégager, de la masse des conjectures faites dès l'apparition du volume de Lefebvre, un texte considérablement amélioré, et, dans l'ensemble, solide; à l'apport de ses devanciers il a joint un lot très appréciable de restitutions nouvelles, dont beaucoup se sont trouvées vérifiées par Körte (p. ex. : *Arbitrage* 261, 333, 340, 360; *Périkeiroméné* 35, 72; *Samienne* 53, 118, 229); enfin il a accompagné son texte d'un excellent commentaire, sobre, élégant, toujours utile et soutenu de copieuses références. S'il n'a pas cherché à reconstituer complètement les intrigues et s'il s'est tenu, en général, aux indications de Lefebvre et surtout aux fines et pénétrantes analyses de Fr. Leo (Hermes XLIII) de Ph. E. Legrand (*Rev. des Etudes Anciennes*, 1907) et de Sudhaus (Rhein. Mus. LXIII), il faut lui en être reconnaissant. En pareille matière, il est souvent dangereux, pour un éditeur, de vouloir en savoir trop long ; l'idée qu'il s'est faite de la pièce l'entraîne à modifier le texte ou à en combler arbitrairement les lacunes. En se montrant prudent, M. van Leeuwen s'est montré avisé. Ce n'est pas d'ailleurs qu'il n'ait, là aussi, fourni sa part. C'est lui, sauf erreur, qui a reconnu le premier dans le Chaerestratos de l'*Arbitrage* le père de Charisios ; c'est lui également qui a attribué à cette comédie le fragment dit de Jernstedt (Kretschmar, *De Menandri reliquiis*... etc., Leipzig, 1906), tout en le plaçant, à tort je crois, au premier acte et son analyse de la *Périkeiroméné* doit beaucoup à d'heureux rapprochements avec Lucien.

Cette édition serait tout à fait pratique si elle permettait de se reporter plus aisément à celle de Lefebvre. Celle-ci reste la base nécessaire de tout le travail de restitution : il aurait fallu en conserver, au moins entre parenthèses, la numérotation des vers et lui emprunter la désignation des feuillets du *codex*. Cela était d'autant plus utile que M. van Leeuwen ne se conforme pas toujours à la tradition en ce qui concerne la répartition des rôles (par ex. *Arb.* 181, 244 et, de façon assez surprenante, 254-255 où ὅπερ λέγω ne peut porter que sur τὴν μητέρ' οὐδεὶς οἶδεν et se réfère à 238-40) ni n'observe non plus très exactement la largeur des lacunes. Il en avertit dans ses notes critiques; mais on saisit mieux la difficulté quand on peut recourir au texte original. Espérons que dans la troisième édition, qu'il nous promet, M. van Leeuwen tiendra compte de ce regret et souhaitons que cette édition ne se fasse pas trop attendre. Sans avoir à renier son aînée, elle pourra profiter des publications qui l'ont suivie. Ajoutons que l'auteur se devrait à lui-même d'y joindre les fragments du Κόλαξ et du Γεωργός : on aurait ainsi, solidement présenté et facilement accessible, l'essentiel de l'œuvre de Ménandre.   L. BODIN.

177. — **Szenen aus Menanders Komoedien**, deutsch von Carl ROBERT. — Berlin, Weidmann 1908, 130 p.

178. — **Der neue Menander**, Bemerkungen zur Rekonstruktion der Stücke nebst dem Text in der Seitenverteilung der Handschrift von Carl ROBERT. — Berlin, Weidmann, 1908, 145 p.

179. — **Menandri sex fabularum, Herois, Samiae, Disceptantium, Circumtunsae, Agricolae, Adulatoris, reliquiae**. In usum scholarum suarum recensuit Carolus ROBERT. — Halis Saxonum, 1908, VI-99 p.

En moins d'un an M. Carl Robert nous a donné une traduction et deux éditions de Ménandre. De ces deux éditions la seconde est avant tout un instrument de travail, mais un instrument excellent. En plus des pièces mises au jour par G. Lefebvre, elle contient les morceaux déjà connus du *Laboureur* et du *Flatteur* et, en appendice, les deux fragments dits de Iernstedt et de Tischendorf qui paraissent appartenir à l'*Arbitrage*. Une bibliographie, soigneusement dressée, donne la liste des publications relatives aux différentes pièces. L'auteur semble ne pas connaître la reconstitution, avec traduction, du *Laboureur*, publiée par M. Préchac dans les *Mélanges de l'Ecole Française de Rome* (xxxvii, pp. 277-310) : il y aurait trouvé une lecture intéressante des vers 40-41 (ΜΥΡ. ταῦτα πάντ'... γάμους ; ΔΑΟΣ Ὦ χαῖρε...). Le texte des fragments de Lefebvre a profité de la collation de Körte : il est établi avec une prudente réserve et ne contient que des restitutions à peu près certaines. Un appareil critique très clair et très complet réunit au bas des pages celles qui ont été hasardées de divers côtés et par l'auteur lui-même pour combler les lacunes. Un système commode de références permet de se reporter à l'édition princeps. Enfin, pour conserver à cette publication son caractère objectif, M. C. Robert n'y a introduit aucune analyse ni reconstitution des pièces. C'est un simple recueil de textes, méthodique et pratique, qui peut être donné comme un modèle et qu'on regrettera que l'éditeur n'ait pas destiné au commerce. Tant qu'on n'aura pas l'édition que A. Körte prépare pour la *Collection Teubner*, il aurait rendu de grands services.

Mais M. C. Robert attache évidemment beaucoup plus d'importance à ses deux premières publications. L'une est la traduction des fragments de Lefebvre, accompagnée d'un essai — donné d'ailleurs comme très hypothétique — de reconstitution des trois pièces pour lesquelles ce travail était possible : l'*Arbitrage*, la *Samienne*, la *Périkeiroméné*; l'autre n'était, dans le principe, que la justification, pour les spécialistes, de la première. En fait elle est devenue une édition très personnelle, et, par là même, extrêmement intéressante, de tout le texte. Les mérites propres d'une traduction échappent en grande partie à un lecteur étranger : c'est aux reconstitutions, et par conséquent, à l'édition qu'il convient surtout de s'attacher ici.

Il faut louer sans réserves la disposition adoptée par M. C. Robert pour la publication du texte. Chaque page du volume correspond à une page du papyrus : là où le papyrus fait défaut la page ne contient que l'indication des scènes supposées par l'éditeur. On se trouve ainsi en présence du véritable état de mutilation dans lequel nous est parvenu notre *codex* et on est guidé, dans la restitution de l'intrigue, par le sentiment exact et toujours présent des lacunes. Cette reconstitution ne va pas malheureusement sans difficultés. L'ordre des feuillets est loin d'être toujours garanti et c'est ainsi que dans la *Périkeiroméné*, par exemple, M. C. Robert, au contraire des autres éditeurs, se refuse à insérer le double feuillet J — qui est un feuillet de milieu — dans le quaternion auquel appartient le feuillet E. Pour avoir une idée de l'importance de cette divergence et des conséquences qu'elle entraîne, il suffit de remarquer que, dans la reconstitution de Körte [1], la page I^1 se trouve à deux pages de E^2 (soit à 70 vers environ d'intervalle) et que dans la reconstitution de Robert (2ᵉ éd.) elle en est séparée par dix-huit pages (soit, au moins, 630 vers).

Quand les indices matériels font défaut, comme c'est ici le cas, l'ordre des feuillets ne peut être donné que par l'idée qu'on se fait du développement de chaque intrigue. Or, M. Robert a une façon à lui, très libre et très brillante, de reconstituer les pièces. Il ne veut pas qu'il y ait de trous et il tient à ce que chaque fragment trouve sa place. Il procède comme les archéologues, qui, avec quelques torses mutilés, des morceaux de bras, des restes de jambes, vous refont une statue ou un groupe et qui triomphent lorsqu'ils croient retrouver dans quelque monument déjà connu une réplique de leur reconstitution. On s'expose à dépenser ainsi beaucoup de talent pour une œuvre assez vaine et qui, en philologie, peut être dangereuse. Ici le talent n'est pas en question et la réputation de M. C. Robert est depuis longtemps établie. Ses analyses sont des modèles de clarté et de sobriété : des hypothèses ingénieuses, des déductions hardies et bien conduites, des rapprochements curieux avec des monuments archéologiques donnent à ses reconstitutions une belle apparence de solidité et comme l'air du vraisemblable. Rien cependant n'est plus fragile, et cela, il faut bien le dire, par la faute de l'auteur. Il ne se défie pas assez de son imagination et, trop souvent, pour la satisfaire, il fait violence au texte ou s'écarte arbitrairement de la seule donnée certaine, la tradition du manuscrit [2]. Les philologues liront avec curiosité l'édition de M. Robert :

---

1. Körte n'avait fait que marcher dans la voie tracée par Legrand et Leo. Leur reconstitution semble bien définitivement confirmée par la publication, due également à Körte, de deux fragments nouveaux de la *Périkeiroméné*. — Depuis que ces lignes ont été écrites, M. C. Robert a, dans un article récent, repris la question et modifié son interprétation première.

2. A titre d'exemple, je citerai, dans la *Périkeiroméné*, la façon dont M. Robert coupe le monologue de Moschion (E^4 117-141 L.) et *suppose* l'omission par le copiste de ce mot χοροῦ, qui, en vedette au milieu de la page, indi-

ils y trouveront, à profusion, des idées, des suggestions intéressantes ; mais ils seront sceptiques sur les conclusions. Il résulte de là que la traduction, qui est destinée à donner au grand public une idée de Ménandre, risque fort de le lui faire connaître sous un jour assez inexact. Elle lui prête des intrigues compliquées. Or Ménandre, autant qu'on en peut juger, paraît s'être contenté de moyens très simples. Dans l'*Arbitrage*, deux scènes, pourtant voisines, sont conçues sur le même plan (Reconnaissance par Onésimos de l'anneau de Charisios 197 sqq. et, par Habrotonon, de la scène dont elle a été témoin aux Tauropolies 264 sqq.) De très menus incidents ont pu ainsi constituer la trame de ces pièces et les péripéties par suite échappent à toute prévision. Cela seul suffit à condamner d'avance toute tentative de reconstruction intégrale. Tâchons de bien lire et de bien comprendre ce que nous possédons : c'est encore le moyen le plus sûr de ne pas trahir le poète en prétendant le faire revivre. L. BODIN.

---

180. — **Ménandre. L'Arbitrage**, édition critique, accompagnée de notes explicatives et d'une traduction par Maurice CROISET, 93 pages. — Paris, Leroux, 1908.

Des quatre comédies de Ménandre, retrouvées en partie par G. Lefebvre, il a paru, non sans raison, à M. Croiset que l'*Arbitrage* était la mieux faite pour « donner aux lecteurs modernes une idée juste des mérites de son auteur ». De là est née l'édition qu'il en publie aujourd'hui, accompagnée d'un commentaire critique et exégétique, avec une traduction en regard.

Fidèle à sa méthode d'enseignement et à l'esprit qui domine tous ses livres, M. Croiset ne considère pas en effet que la tâche d'un éditeur se borne à établir sérieusement le texte et à le justifier dans les passages difficiles ou douteux par des exemples ou

---

quait la fin des actes — l'interprétation qu'il donne des premiers vers de ce monologue, si simplement expliqués dans Van Leeuwen par un rapprochement avec Plaute — l'idée qu'il se fait du passage I¹ 450 sqq., où un personnage, que tout indique comme étant Polémon (y compris en marge les lettres ΠΟ.) se précipite violemment sur la scène.

des rapprochements. Il aime à guider son lecteur, à lui indiquer la portée d'une expression, la valeur qu'elle prend dans un passage donné, les intentions qu'elle révèle chez l'écrivain. Il ne se contente pas d'expliquer le sens d'un mot et l'enchaînement des idées : il va un peu au delà. Il nous associe à ses propres impressions, s'intéressant ici au charme particulier de la forme, ailleurs à des nuances de sentiment, finement notées, qu'il lui paraît intéressant de relever. Son commentaire prend à chaque instant, la valeur d'une leçon discrète de critique littéraire et d'analyse morale. C'est à ce point de vue qu'il faut se placer pour en apprécier l'intérêt et le mérite original. Telle note, qui, prise à part, peut paraître superflue, se rattache à l'idée que l'éditeur s'est faite d'un caractère ou du mouvement d'une scène et sert à mettre cette idée en lumière; telle autre qui surprend et contre laquelle on serait tenté de protester (par ex. au v. 330) invite à réfléchir et à mieux pénétrer le sens d'une réplique qui risquait de passer inaperçue.

Il va de soi qu'avant de le commenter, M. Croiset avait tenu à établir soigneusement son texte et à reconstituer, autant qu'on le peut faire dans l'état de mutilation du manuscrit, les grandes lignes de l'intrigue. Malgré les efforts dirigés depuis plus d'un an sur ce point, toutes les obscurités sont loin d'être dissipées. Où se déroule l'action? la maison de Smicrinès est-elle sur la scène? Ou bien doit-on supposer que le vieux grincheux habite loin de ses enfants, à la ville? Quel est ce Chaerestratos, dont on trouve le nom à la fin de l'acte de l'arbitrage? est-il le père de Charisios, ou seulement un de ses amis? Sophroné est-elle la mère ou bien la nourrice de Pamphilè? La jeune femme a-t-elle quitté la maison de son mari? la quitte-t-elle pendant un temps au cours de la pièce? paraît-elle même sur la scène? Autant de questions qui restent controversées et auxquelles M. Croiset apporte des solutions personnelles, quelquefois très spécieuses, sans prétendre toutefois s'en porter toujours garant. Sur un point tout au moins il paraît difficile de lui donner gain de cause. Pour rattacher à notre comédie le fragment 566 de Kock, il admet que Pamphilè intervenait dans l'action. Or rien, par ailleurs, dans les morceaux conservés, ne force à le supposer et la façon bizarre dont Habrotonon la reconnaît (en l'apercevant par l'embrasure d'une porte ou d'une fenêtre) semble plutôt prouver que l'auteur avait ses raisons pour ne lui donner aucun rôle. Il en est d'ailleurs de ces restitutions de l'intrigue comme de celles des fragments tout à fait mutilés. Elles n'ont jamais que la valeur d'hypothèses provisoires : les unes servent à faire entrer dans le corps de la pièce des citations déjà connues par ailleurs ; les autres, à assembler de façon plus ou moins probable des mots ou des débris de vers conservés par le papyrus. Limité à la restitution de quelques lettres dans des passages bien établis ou à la réfection de vers altérés par la tradition, le travail de constitution du texte, quoique encore très délicat, a cependant des chances de donner des résultats certains et est d'autant plus intéressant. M. Croiset a pu profiter de la collation de Körte et des nombreuses conjectures de ses devanciers. Il en a joint lui-même d'excellentes ou de très plausibles (par ex. 301, 304, 387, 390, etc...); sans compter que souvent, par d'heureuses modifications dans la façon de ponctuer (109-110; 131-32) il a réussi à rendre claires et lisibles des phrases assez embrouillées.

A vrai dire, avec un style tel que celui de Ménandre, on n'est jamais sûr de tenir l'exacte restitution. Comme il vaut par sa simplicité, par son naturel absolu, par cette grâce qui est tout entière dans l'exact emploi des termes les plus ordinaires, comme il est essentiellement libre, spontané, plein d'imprévu, il se joue de la sagacité des critiques les plus expérimentés. Et par là aussi il se joue des traducteurs. On risque, en voulant lui conserver sa physionomie, de n'éviter la platitude que pour se heurter à une élégance un peu convenue. M. Croiset n'a pas reculé devant la difficulté. Traduire était encore pour lui une façon de commenter. Il l'a fait très habilement. Entre les deux écueils auxquels elle était exposée sa traduction alerte, simple, vivante, se meurt avec aisance. Ceux qui ne voudraient ou ne pourraient aborder le texte lui devront de pouvoir apprécier et goûter Ménandre — autant qu'on peut se flatter d'apprécier un tel auteur quand on ne le lit pas dans sa langue [1].

L. BODIN.

---

[1]. Quelques observations de détail sur le texte ou sur le commentaire : Vers 1-5, la distribution des répliques est peu satisfaisante. Le mouvement naturel de la phrase rattache οὐ δεῖ σ' ἔχειν... à συκοφαντεῖς [δυστυχής et βούλομαι à κρινώμεθα. Le rapprochement avec le v. 149 sur lequel C. s'appuie

181. — **The plot of Menander's Épitrepontes**, par Edward Capps. Tirage à part de l'*American Journal of Philology*, vol. XXIX, p. 410-431.

La partie la plus importante et la plus solide de cette très remarquable dissertation est la reconstitution de la fin du troisième acte de la pièce (pages 15 et 16 du second quaternion). Van Leeuwen avait déjà rattaché à l'*Arbitrage* le fragment dit de Iernstedt. Par une argumentation très serrée, à la fois hardie et méthodique, M. Capps démontre qu'il faut joindre au fragment de Iernstedt le fragment dit de Tischendorf (Kock III, p. 421, *adesp.* n° 105), lequel d'ailleurs est écrit au revers du premier. Ces deux fragments semblent en outre s'accorder avec les scènes auxquelles appartient le débris R de Lefebvre, et on obtient un ensemble satisfaisant en établissant ainsi la suite : R² + fr. Tisch. (= p. 15) ; R¹ + fr. Iernst. (= p. 16). R² et les seize premiers vers du fr. Tisch. contiendraient un monologue de Smicrinès ; la fin du fr. Tisch., R¹ et le fr. Iernst. une scène entre Smicrinès, Chaerestratos (père de Charisios) et Onésimos. Cette scène, que suit le mot χοροῦ, terminerait le troisième acte. Pourquoi M. Capps n'a-t-il pas donné en appendice le texte[1] des deux pages ainsi restituées ? Cela lui aurait coûté peu de peine et en aurait épargné beaucoup à son lecteur.

pour donner à Daos ἐπιτρεπτέον τινί n'est pas fondé : au v. 149, ce n'est pas d'avoir proposé l'arbitrage que Daos se repent, mais d'avoir accepté Smicrinès comme arbitre, τί γὰρ ἐπέτρεψα τούτῳ ; et, en revanche, au v. 198, Syriscos est prêt à *se confier* à tel arbitre qu'on voudra, ὅτῳ βούλεσθ' ἐπιτρέπειν... κ. τ. λ. C'est déjà lui qui a dû faire la proposition la première fois. On notera en outre que οὐ δεῖ σ' ἔχειν est une formule de Daos (v. 75). — Au v. 44, on voudrait une note justifiant la ponctuation qui fait de ἐγώ l'équivalent de ἔφην — v. 84. Ἐπί ne signifie-t-il pas plus naturellement « *en vue de cet objet* », comme à 465 ? — V. 210, Μὲν οὖν dans la première partie de la restitution s'accorde difficilement avec la tournure négative οὐκέτ' ἂν ἔχοι. — V. 229. Ni van Leeuwen, ni Croiset n'expliquent ἡμέραν τρίτην. Il semble que ceci aussi se rattache à une prescription religieuse. Dans la Bible (*Ex.* 18, 14 ; I *Sam.* 21, 4, cett.) ce délai de trois jours est rituel ; peut-être y avait-il quelque chose d'analogue chez les Grecs. — Dans le fragment Iernst. il est difficile qu'Onésimos dise τὴν ἐμήν en parlant de la maison de Charisios. — V. 378, ναίχι ne peut être qu'une réponse : le vers précédent doit être restitué sous la forme d'une question.

1. Ce reproche n'est plus fondé. L'auteur a justifié toutes ses lectures dans un second article, qui complète très heureusement le premier.

Tous ces fragments sont épars; chacun les a lus à sa manière et sur quelques points M. Capps a lui-même modifié les restitutions qu'il en avait d'abord données dans la *Berliner philol. Woch.* (1908, n°ˢ 38-39). Faute d'en avoir sous les yeux un texte un peu consistant, il devient souvent difficile de suivre les analyses de l'auteur.

Elles aboutissent cependant à des conclusions originales et qui donnent de la pièce une idée assez différente de celles qu'on s'en faisait jusqu'à présent. Deux maisons seulement sont nécessaires à l'action : d'un côté celle de Charisios, où demeure toujours Pamphilé, abandonnée par son mari; de l'autre, celle de Chaerestratos dont serait locataire le *leno* auquel appartient Habrotonon. C'est dans cette dernière que vivrait Charisios depuis sa rupture avec sa femme (cf. οἰκ[ίας] ἀπόκοιτός ἐστι fr. Tisch. 9). Son but ne serait point, comme l'ont admis tous les interprètes, de s'étourdir en menant une vie de plaisir. Il obéirait à des motifs plus compliqués et plus délicats. N'ayant pu déterminer Pamphilé à quitter le domicile conjugal, après la découverte de sa faute, il voudrait, par le scandale de sa propre conduite, inquiéter Smicrinès sur le sort de la dot et l'amener à reprendre sa fille de force, sans que le public pût soupçonner les véritables motifs de leur divorce. De telles hypothèses sont nécessairement toujours contestables [1], mais la reconstitution sur laquelle elles reposent ici a pour elle le mérite d'une grande vraisemblance.

Il n'en est peut-être pas de même de la restitution que M. Capps propose du fragment M, en y incorporant, moyennant correction, le fragment 600 de Kock : οὐχ ὁ τρόφιμός σου... κ. τ. λ. et la façon dont il interprète le fragment Q¹ (Onésimos plaidant auprès de Chaerestratos pour l'affranchissement d'Habrotonon) pour le placer après Q², ne laisse pas que d'être assez fragile. Cela n'enlève rien au solide mérite de son étude. Les vingt pages dont elle se compose complètent ou rectifient très heureusement les essais anté-

---

1. M. Capps aurait bien dû indiquer où se trouve Charisios quand il surprend la scène faite par Smicrinès à sa fille. — A propos de cette scène on admettra difficilement la reconstitution proposée du v. 426 (Lef.) : [πάντως ἄρ' οὐ δεῖν τἀτύχημ' αὐτὴν φυγεῖν et l'interprétation qu'elle nécessite de τὸ ἀτ']ύχημα. — Le v. 7 du fr. Tisch. doit vraisemblablement être ponctué τί δ' ἐμοὶ τοῦτο πάλιν; Οἰμώξεται.

rieurs de reconstruction de la pièce : quiconque s'occupera désormais de l'*Arbitrage* devra les méditer avec soin.

L. BODIN.

---

182. — **District de Dol.** *Documents inédits*, recueillis, mis en ordre et publiés par P. DELARUE, membre de plusieurs sociétés savantes. Cinquième partie. Communes des Cantons de Combourg et de Dingé. Rennes, Plihon et Hommay. 1908, in-8, 225 pages. Prix : 4 francs.

M. Delarue poursuit infatigablement ses recherches historiques, en fouillant les archives des municipalités, préparant ainsi pour les historiens futurs de la Révolution en Bretagne des matériaux de premier choix. Voici la liste des communes qui font l'objet de cette nouvelle série, la cinquième. Elles comprenaient deux cantons, Dingé et Combourg. 1. Saint-Méloist-des-Bois qui n'eut qu'une durée éphémère et fut réunie à la commune de Hédé. 2. Laurigan. 3. Québriac. Une note curieuse, au sujet de cette paroisse. Bien des gens refusaient de recourir au prêtre assermenté pour faire baptiser leurs enfants, mais ils voulaient que l'intrus enregistrât leur naissance sur les registres paroissiaux qui constituaient l'état civil. Trois jugements rendus le même jour, 22 juin 1792, leur donnèrent gain de cause. 4. Dingé.
5. Gugnon. En septembre 1792, la municipalité se voyait *obligée* de confier à *douze* hommes la garde du mobilier et autres effets du recteur Perras, émigré pour refus de serment. Tout fut vendu en avril 1793 pour la somme de 1.666 livres, 7 sous, 7 deniers. Comme les douze gardiens des biens séquestrés avaient vécus aux dépens du séquestre, ce qui resta ne dut pas enrichir beaucoup la nation. 6. Trémcheur-s-Saint-Légers. Denoual, vicaire assermenté de Meillac, ayant été nommé à la cure de cette paroisse, hésitait à accepter, par crainte des avanies qui l'attendaient et des menaces qui lui étaient adressées par lettres anonymes. Pour lui donner du cœur, le Directoire de Dol lui écrivait à la date du 19 mai 1792 : ... Ne croyez pas aux menaces de ces hommes qui n'osent nous croire, ni avouer leur ouvrage, ils |sont lâches quand ils n'osent se faire connaître

et l'aspect d'un homme libre tel que vous êtes digne de l'être, est capable de terrasser ces êtres chancelants qui ne trouvent plus où s'accrocher qu'à quelques lambeaux de l'esclavage et de despotisme qu'on laisse en proie au temps et à la raison... » 8. Lourmais-s.-Chapelle-aux-Filsméen. Joseph Sué, père du recteur insermenté de cette paroisse, exilé à Jersey, et son procurateur, réclamait le 22 février 1795 auprès du directoire de Dol, des objets indûment saisis par trois officiers municipaux, savoir un *broc*, une *fourche*, un *baston* et une *broche à cuire la viande*, arguant que « ces objets appartenant au fils de l'exposant n'étaient pas au nombre des *armes* que la loi relativement aux visites domiciliaires permettait de saisir... »

10. Combourg. Le 30 décembre 1790, le procureur de la commune Ramard exposait la demande faite au nom « de la dame veuve de M. de Châteaubriand qui réclamait le maintien des droits de la famille sur « quatre bancs dans l'Eglise » dont le « ci-devant seigneur de Combourg » était fondateur. « Le procureur de la commune requiert que nonobstant cette signification aristocrate, les bancs des ci-devant privilégiés dans l'église de cette paroisse soient enlevés sans fracture et les armoiries existantes soient biffées. » C'est ce qui eut lieu. Il s'agit du père de l'illustre écrivain. Lorsque l'évêque intrus Le Coz vint en 1791, à Combourg « faire sa visite suivant les saints canons, il ne trouva au presbytère que la servante qui déclara ne savoir où « ces Messieurs maîtres » le curé et les trois vicaires étaient allés. Le pauvre prélat jureur, avala cet affront, comme il en avait et devait avaler bien d'autres. Cependant le curé divin et ces trois auxiliaires qui d'ailleurs avaient refusé le serment durent s'éloigner. 1. Bonnemain.

Dans le premier moment de surprise et d'effroi un certain nombre de prêtres de ces cantons prêtèrent le serment ou plus exactement les serments que l'on exigea d'eux, sous peine de bannissement et de mort, mais la plupart les rétractèrent publiquement plus tard, en demandant pardon à Dieu et aux hommes d'un moment de faiblesse. Voici comment débutait la lettre de rétractation de l'un d'eux. « Citoyens, rendu à moi-même et revenu de la frayeur dont j'ai été frappé en voyant la mort planer sur ma tête, depuis l'instant où j'ai été saisi jusqu'à celui où je me suis vu libre, mon premier soin, après avoir remercié Dieu de m'avoir conservé la vie, a été de me replier sur moi-même et de me demander, que viens-tu de faire ? Hélas ! le trouble où j'étais m'en a presque fait perdre le souvenir, qu'ai-je donc signé ? etc. Il signait : « du lieu de ma retraite, le 22 décembre 1797... Denoual, prêtre. » Le même que précédemment.

Je disais au début de ce compte-rendu que c'est avec des documents de ce genre qu'on fait l'histoire, je crois qu'il serait aussi exact de dire de tels documents, c'est de l'histoire. Aussi faut-il remercier M. Delarue de les exhumer ainsi des archives municipales et de les retirer de l'oubli.   ROUSSEL.

---

183. — **Un document inédit sur la guerre de Vendée (1795).** Publié par M. UZUREAU. Extrait des *Mémoires de la Société nationale d'Agriculture, Sciences et Arts d'Angers*, (année 1908). In-8, 42 pages.

Ce document, publié par M. l'abbé Uzureau et demeuré inédit jusqu'à ce jour, date de 1795. Il a pour auteur un Vendéen patriote de Saint-Florent-le-Vieil, Joseph Clémenceau, dont M. Uzureau retrace en quelques lignes la vie passablement tourmentée, sans pouvoir assigner le lieu ni la date de sa mort postérieure en tout cas à 1829, puisque cette année-là il achevait d'écrire l'*Histoire de Napoléon Bonaparte*, demeurée manuscrite comme ses autres ouvrages, moins celui qui fait l'objet de la présente publication et qui est une réponse au manifeste publié en 1795 par l'abbé Bernier, le très fameux curé de Saint-Laud d'Angers, alors commissaire général des armées catholiques et royales, au nom de Stofflet et des autres chefs royalistes qu'il lançait ainsi dans une aventure sans issue, après la double et éphémère pacification comme tous les noms de traités de la Jaunaie (17 février 1795) et de la Mabilais (20 avril 1795) :

Clémenceau donne d'abord le *Manifeste* des chefs royalistes puis sa *Réponse* qu'il relisait trente ans plus tard en 1827 et dont il ne trouvait pas une ligne à changer. A quoi bon, surtout à cette époque, puisqu'elle était restée dans ses cartons ? Ces pages sont d'ailleurs assez animées et dénotent l'état d'esprit de la Vendée républicaine opposée à la Vendée royaliste.   R.

184. — **Le denier du culte dans un grand diocèse, il y a cent ans,** par Uzureau, Editions des questions ecclésiastiques, n° 25, nov. 1908. Lille, 3, rue d'Isly. In-8. 26 pages.

Jamais publication ne fut plus opportune que celle-ci, bien qu'elle ne soit pas appelée à modifier en quoi que ce soit l'état de choses actuel. On y voit à quelles difficultés inextricables se heurta l'organisation de ce que l'on appelle aujourd'hui le denier du culte, il y a un siècle, dans le diocèse d'Angers, parmi une population essentiellement catholique et malgré le bon vouloir de l'administration civile. Il fallut en venir à une dotation officielle du clergé, demeuré sans ressource par suite de l'aliénation de ses biens, au profit non de la nation, mais de certains aigrefins peu scrupuleux dont le civisme se mesurait à la hauteur d'une cupidité insatiable. L'histoire toujours se recommence, mais pas toujours dans les mêmes conditions, puisqu'aujourd'hui il s'agit de reconstituer ce même denier au soin de populations le plus souvent indifférentes, et en dépit d'une administration plutôt hostile. R.

185. — **Les divisions judiciaires de la province d'Anjou et du département de Maine-et-Loire,** par Uzureau, in-8. 19 pages.

Cette étude a été publiée par M. Uzureau dans les Mémoires précités (1908). C'est l'énumération des localités angevines qui firent d'abord partie des sénéchaussées de la province d'Anjou, jusqu'en novembre 1789 où l'Assemblée constituante décida que dorénavant la France serait divisée en départements et non plus en provinces, et que les sénéchaussées, à leur tour, feraient place aux districts, subdivisés eux-mêmes en cantons. L'auteur étudie cette nouvelle organisation avec les modifications qu'elle subit jusqu'en 1859. R.

186. — **L'archichancelier Cambacérès (1753-1824)**, par Pierre Vialles. Paris, Perrin, 1908, in-8°, 441 p. Prix : 5 francs.

M. Vialles qualifie lui-même Cambacérès de « première *utilité* du régime Napoléonien ». Ce n'est pas en effet un homme de premier rang, ni par l'intelligence, ni par les services rendus, ni par le caractère. On peut dire avec vérité que ses défauts, sa médiocrité surtout, l'ont plus servi que ses qualités, et qu'il doit sa fortune à ce qu'il était. Comme second conseil et comme archichancelier, il fut l'idéal de ce qu'au théâtre on appelle une « doublure ». Il n'a jamais inquiété ni gêné la gloire ou les volontés de Napoléon. Né en 1753, d'une famille noble, il exerce avant 1789 les fonctions de conseiller à la cour des aides de Montpellier. Député suppléant aux Etats Généraux, président du tribunal criminel de l'Hérault, il représente ce département à la Convention et plus tard aux Cinq Cents.

C'est un juriste et un législateur plutôt qu'un homme d'action ; il est prudent et silencieux, rend des services importants dans le comité de législation, mais évite les postes dangereux, échappe aux missions dans l'intérieur ou aux armées, entre au comité de Salut public, mais s'y enferme dans le rôle neutre de rapporteur des lois civiles, tremble devant Robespierre et profite largement de sa chute. Sous le consulat et l'Empire, avec les honneurs, titres et dignités que l'on sait, il est l'homme à tout faire du Maître, fidèle et exact pour les choses d'administration, souple et discret pour les besognes délicates, comme le divorce avec Joséphine, expert à étouffer les scandales.

L'homme privé est peu sympathique : étroit, sec, avare presque, avide d'argent, laissant dans une noire misère un père il est vrai lamentable et déchu, dont il règle la succession en homme d'affaires retors, aimant la bonne chère jusqu'à la passion et la représentation jusqu'au ridicule. Avec cela de mœurs contre nature ; M. V., le prouve par une amusante collection de caricatures, du reste avec la discrétion qui convient à un pareil sujet. Ce n'est pas à dire que le personnage soit sans intérêt, ni qu'on regrette d'avoir lu ce livre ; il est curieux, instructif, amusant parfois, aisément écrit, solidement documenté. M. V. a puisé aux meilleures sources, archives départementales et nationales, bibliothèques publiques et privées, collections particulières. Peut-être aurait-il pu trouver davantage sur les relations de Cambacérès avec les agents royalistes en l'an III, sur son ministère en l'an VII. Je ne sais s'il faut regretter qu'il n'ait pas eu communication des fameux *Mémoires* de l'archichancelier, utilisés déjà plusieurs fois, mais non publiés, et où il n'y a peut-être pas grand'chose. Somme toute, un livre utile et agréable, qui a le mérite, non pour les biographies, d'être modéré et équitable[1]. M. V. ne s'enthousiasme ni ne se fâche, et c'est ce qu'il y a de mieux à faire pour parler d'un homme qui fut, comme il dit « voltairien sous l'ancien régime, déiste avec Robespierre », catholique correct après le Concordat, fervent après la Restauration, et qui rédige son testament « au nom de la Sainte-Trinité » bien qu'il soit grand maître de la Franc-Maçonnerie. Cambacérès fut enterré le 12 mars 1824, en grande pompe, à Saint-Thomas-d'Aquin. Talleyrand suivait le cortège.

R. G.

---

187. — **Portraits de financiers**, par André Liesse. Paris, Alcan, 1908, in-12, xvii-348 p. Prix : 3 fr. 50.

Ce volume, qui semble un recueil d'articles ou de conférences, se compose de sept études sur Ouvrard, Mollien, Gaudin, Le Baron Louis, Corvetto, Laffitte, Villèle. Ces hommes ont été à peu près contemporains et mêlés en partie aux mêmes événements, d'où quelques redites et un certain manque de netteté dans la composition. L'information, assez abondante, est limitée à l'imprimé, et aux ouvrages français. De là, dans les biographies surtout, des lacunes sensibles (surtout pour Louis et Corvetto). Enfin, il y a des taches de style et des inexactitudes par endroits qui dénotent une rédaction assez hâtive. Ce n'est pas parce qu'il « descendait dans les détails de l'administration d'une escouade » que Napoléon fut appelé « le petit caporal » ; l'adresse des 221 n'est pas, et pour

---

[1] Bonnier est mort à Rastatt, non à Darmstadt (p. 48). Est-ce par *lapsus* que Cambacérès est appelé le « prototype » du célibataire ? (p. 171). Lire : Revellière-Lépeaux, d'Antraigues, Reubell, Le Tourneur.

cause, une protestation contre les ordonnances de juillet 1830 (p. 185); Gênes ne fut pas « occupée » en 1796, et ce n'est pas le 28 ventôse 1797 (*sic*) que la république ligurienne fut proclamée (p. 205).

Le mot *psychologie* est constamment employé dans le sens de *état d'esprit* ; il est parlé (p. 214 de « l'âme émotive » de Corvetto, etc.

A l'exception du portrait de Laffitte, qui est assez poussé, le travail de M. L. n'offre donc pas ce qu'on pouvait attendre de lui et de son sujet. C'est un recueil d'une lecture intéressante, malgré sa composition un peu lâche ; il contient des indications assez complètes et utiles sur les financiers de l'Empire et de la Restauration, mais il ne dispense pas de consulter les ouvrages qui y sont utilisés, ni surtout les documents. Un index des noms propres serait fort utile.

R. G.

---

188. — **Ketteler**, par Georges GOYAU. Paris, Bloud, 1908, XLVIII-290 pages. Prix : 3 fr. 50.

Ce livre qui fait partie de la collection « *La Pensée chrétienne* » est certes un livre bien composé. Les fragments de l'œuvre immense du grand Évêque de Mayence sont traduits et groupés de façon à donner une idée exacte et sûre des idées et des théories de Ketteler sur la question sociale, spécialement dans ses rapports avec le christianisme. Mais là est moins peut-être le grand mérite de ce livre que dans le service même qu'il rendra et dans la manifestation qu'il sera pour le lecteur français de la profonde vérité de ce fait qu'en somme la rupture religieuse, sociale et politique du XVIe siècle a été un malheur peut-être irréparable pour l'Humanité. Ceci semblera à beaucoup un paradoxe. Et cependant, simplement à lire l'introduction de M. Goyau comme les pages de Ketteler une réflexion s'impose : c'est que la plupart des solutions si sages de Ketteler il les a trouvées dans l'enseignement et les institutions du Moyen Age. C'est là qu'il a rencontré sa façon de concevoir la propriété, là qu'il a trouvé les origines du mal qui ronge notre société moderne, là qu'il a trouvé les remèdes qu'il propose aux conflits de classes et aux luttes économiques qui marquent notre xix⁰ siècle. Et quand on songe, d'autre part, que par certains côtés le mouvement ouvrier actuel s'oriente sur une organisation qui n'est pas sans analogie avec celui qui régit dans le passé la société chrétienne, on se demande si l'un des premiers devoirs des catholiques sociaux n'est pas d'apprendre à mieux connaître ce Moyen Age encore si décrié. Et enfin le travail de M. Goyau obtiendra certainement un double résultat auprès des lecteurs qui l'étudieront. Il montrera aux uns combien la doctrine de l'Eglise est en avance sur les conceptions bourgeoises et libérales de notre temps ; aux autres quel magnifique champ d'apostolat religieux et social ils peuvent défricher, s'ils veulent faire œuvre utile et ne pas éternellement compter pour être sauvés sur une intervention providentielle qui pourrait tarder encore à se manifester. Nul doute que le jour où la classe ouvrière verra clairement que ses véritables amis ne sont pas où elle croit, que dans l'autre camp aussi elle a de sûrs amis qui ne chercheront pas à exploiter contre elle et au profit de leurs préférences politiques sa force et son organisation présentes, comme aux temps de Ketteler beaucoup reviennent à l'Eglise pour y reprendre la place qu'ils n'auraient jamais dû quitter pour le plus grand malheur et de la société chrétienne et de la société civile. Albert Vogt.

---

189. — **Jean-Jacques Rousseau. De Genève à l'Hermitage. (1712-1757)**, par Louis Ducros, Fontemoing, 1908.

Le gros livre de M. Ducros sur Rousseau jusqu'en 1567, est sans doute intéressant dans l'ensemble ; il serait du reste difficile d'ennuyer à propos de Jean-Jacques. Les détails sont souvent heureux ; je citerai, à la page 154, un document curieux de Lessing sur le *Discours* ; un morceau très juste sur le mal que l'auteur des *Confessions* a fait à madame de Warens (p. 91-92) ; deux pages excellentes sur le travail de Jean-Jacques aux Charmettes (p. 94-95) ; quelques pages à peu près neuves sur le caractère genevois et son influence sur Rousseau (p. 7-16) ; une explication d'une psychologie très fine sur le cynisme calculé des *Confessions* (p. 43-45) ; enfin, en général, un effort d'impartialité chez l'auteur qui essaye de tenir la balance égale entre les différentes religions en présence, et de ne pas verser de parti pris dans le puritanisme de Calvin. (p. 88-89.)

Je remarquerai encore que tout le chapitre sur l'Hermitage (et il comprend une centaine de pages) se laisse lire avec plaisir, l'attention y étant souvent réveillée par de jolis détails, notamment p. 355. Cependant même dans ce bon chapitre, le meilleur de l'ouvrage, M. Ducros n'emporte pas toujours notre assentiment; on est parfois tenté de reprendre la cause de Jean-Jacques mal plaidée par son avocat. Par exemple, à la page 391, M. Ducros prend parti pour madame d'Epinay contre Rousseau ; il ponctue la lettre du 19 octobre 1757, adressée par Jean-Jacques à Grimm, de parenthèses sévères : «... je me laissai entraîner à l'Hermitage. (C'est madame d'Epinay qui est son obligée). Dès ce moment, j'ai toujours senti que j'étais chez autrui. Madame d'Epinay, souvent seule à la campagne, souhaitait que je lui tinsse compagnie, c'est pour cela qu'elle m'avait retenu. Or cherchez combien d'argent vaut une heure de la vie et du temps d'un homme (il n'ose pas dire, mais il pense : d'un grand homme). » Mais nous le pensons aussi ; dans cet échange où madame d'Epinay a donné son argent, et Jean-Jacques son temps, nous estimons que c'est Rousseau qui a été le plus généreux des deux.

Si nous n'avions que de semblables objections à faire à M. Ducros ce serait une façon comme une autre de dire que son livre est curieux, car on ne discute que les critiques qui ont des idées originales. Malheureusement nous avons d'autres reproches plus graves à adresser à ce livre. La bibliographie n'en est pas très complète. Alors que, dans ces vingt dernières années, toutes les questions relatives à Rousseau ont été reprises à fond, et qu'il y a une vraie bibliothèque composée à son sujet en France, en Suisse, etc., M. Ducros ne met, en tête de chacun de ses chapitres, qu'une courte liste qui comprend à peu près les ouvrages essentiels, et encore ! Au chapitre II, sur la famille de Rousseau, je cherche en vain *les ascendants de Jean-Jacques Rousseau*, publiés par M. Dufour, chez Georg, à Genève, en 1890.

Sans doute la documentation n'est pas tout. Il faut plus et mieux, surtout quand on prétend discuter avec un dialecticien de la force de Jean-Jacques. Nous devons examiner les raisonnements dans ce livre, et nous avons le droit de le faire avec une certaine rigueur, car M. Ducors nous donne l'exemple de la sévérité par la façon dont il couronne de fleurs le regretté Texte, pour le jeter ensuite délibérément par dessus bord. (p. 4).

Il est difficile de ne pas signaler d'abord quelques contradictions dans la suite même des idées. Page 165, en note, M. Ducros nous fait remarquer à quel point il s'éloigne des théories de M. Jules Lemaître qui écrit à propos du Discours de Dijon : il s'agit de savoir... à combien peu il a tenu qu'il ne l'écrivît pas ou qu'il l'écrivît autrement. » Tournons la page : M. Ducros nous fournit justement une preuve à l'appui de la thèse de M. Jules Lemaître : « Ce n'est pas une place quelconque, mais la première qu'il voudrait conquérir dans la république des lettres : Je me disais : quiconque prime en quelque chose est toujours sûr d'être recherché ; *primons donc* n'importe en quoi ; peut-être ajoutait-il même dans son for intérieur : « et n'importe comment ». Deux pages plus loin, nouvel argument contraire en somme à la thèse de M. Ducros et favorable à celle de M. Lemaître : « Voici ce qui a fait, selon moi, le programme de Dijon. La question posée prête à deux solutions contraires, et Rousseau a dû les comparer et comme les essayer tour à tour. L'affirmative ? s'il la choisit, il va faire encore œuvre banale et médiocre de bel esprit ; c'est encore l'homme de lettres qui parlera, et jusqu'ici il n'a pas su parler. Mais la négative ! c'est-à-dire, exalter la vertu aux dépens de la science, rien que d'y songer, Rousseau frissonne. » Si Jean-Jacques préfère pour de semblables raisons la négative à l'affirmative, M. Lemaître n'a pas tort de suspecter ses convictions.

On désirerait que M. Ducros surveillât plus attentivement lui-même le détail de sa pensée. Cela lui éviterait de dire, à la page 187, toujours à propos du *Discours* : « C'est le cri de Figaro et comme la revanche du pauvre diable contre ceux qui, pour tant de biens dont ils regorgent, comme ces fermiers généraux, se sont donné la peine de naître... » Mais on n'était pas fermier général de père en fils et par ordre de primogéniture ! Il est rare que les manieurs d'argent et les brasseurs d'affaires, pour s'enrichir se donnent simplement la peine de naître : Figaro vise plus juste, lui : il s'en prend aux grands seigneurs.

J'ai l'air de reprocher à M. Ducros de ne pas penser assez, et ce n'est point là mon intention. Je trouve au contraire son livre plein de réflexions, mais beaucoup trop subjectif. J'y vois à chaque page ce que M. Ducros pense personnellement de Jean-Jacques, de ses œuvres, de ses actes ; mais je désirerais autre chose. A la page 251, l'auteur nous révèle qu'il croit que, aux premiers temps du monde, « l'homme n'était qu'un animal comme un autre » ; ce que je désirerais plutôt connaître, c'est l'opinion de Rousseau sur ce problème. Nous apprenons, page 135, que, suivant M. Ducros, « pour le véritable orateur... le ridicule ne doit pas exister ; un homme n'est éloquent, c'est-à-dire forcément un peu emphatique et outré qu'à la condition de ne pas se préoccuper des rieurs » ; malgré l'imprévu de cette théorie, j'aimerais autant savoir ce que Rousseau pense de l'éloquence. Entre l'auteur du *Contrat* et moi, ce nouveau critique s'interpose plutôt qu'il ne s'entremet ; peu à peu des distractions me viennent : j'oublie Rousseau pour ne plus songer qu'à son biographe, quand je vois réfuter ainsi, page 252, l'idée que Jean-Jacques emprunte à Montaigne à propos de la supériorité de l'animal sur l'homme : « pour ne prendre qu'un exemple, il est clair que l'homme ne court pas aussi vite que le lièvre ; mais il est un certain nombre de choses que le lièvre ne fait pas et ne fera jamais : ne serait-ce qu'un civet de lièvre ». M. Ducros aime à plaisanter : il ne se refuse même pas, en passant, une pointe contre les belles-mères. (p. 23) Ce n'est peut-être pas là ce qu'on désirerait trouver dans un livre sur le très sérieux Jean-Jacques.

Maurice Souriau.

---

190. — **La famille maternelle de Victor Hugo d'après les documents inédits,** par Pierre Dubois. (A. Colin, 1908).

Cette étude, qui a paru dans la *Revue d'Histoire Littéraire de la France*, est une utile contribution à ce travail de mise au point que la critique a entrepris depuis longtemps sur les parents et « ancêtres » de V. Hugo. Au Tome I du *Victor Hugo raconté*, p. 10 et 11 de l'édition *ne varietur*, nous trouvons quelques lignes sur le grand-père maternel du poète, Trébuchet : M. Dubois, faisant là plus qu'une simple « mise au point », rectifie les erreurs étranges accumulées dans ces quelques lignes : ce Trébuchet aurait été armateur à Nantes, il aurait été « un de ces honnêtes bourgeois qui ne sortent jamais de leur ville ni de leur opinion », etc. A l'aide de documents de famille qui lui ont été confiés par des alliés des Trébuchet ou des Hugo, M. Dubois rétablit la vérité, beaucoup plus intéressante que la fiction : la future générale Hugo, Sophie Françoise, naît le 19 juin 1772, pendant un des nombreux voyages de son père : Jean-François Trébuchet, d'abord matelot, puis pilotin, lieutenant en 1765, est reçu capitaine à l'Amirauté de Nantes, le 3 janvier 1767, et continue à naviguer, pour gagner péniblement la vie des siens; en 1781, il est obligé de vendre son mobilier étant presque dans la misère. Ses lettres, publiées par M. Dubois, montrent pourtant que c'était un vaillant marin, un mari fidèle et tendre, un excellent père; mais il était malchanceux. Commandant le navire *Comte de Grasse*, il tombe malade à l'Ile-de-France et y meurt le 1er septembre 1783.

Après avoir raconté ces détails, intéressants en eux-mêmes, M. Dubois se demande qu'elle action Trébuchet a pu exercer sur son petit-fils. Faut-il croire que les récits de sa vie de marin transmis par Madame Hugo à son fils ont pu avoir quelque influence sur le développement du génie du poète ? C'est possible, mais vague. M. Dubois établit un rapprochement précis entre le combat de Gilliatt avec la pieuvre, et une mésaventure curieuse arrivée au capitaine : un narval gigantesque assaille son navire au large de Saint-Domingue, effraye l'équipage et les passagers, en perçant avec sa corne la coque, et en déterminant une voie d'eau assez inquiétante. — Je ne vois guère de rapport entre ces deux épisodes. La seule conclusion générale à tirer, c'est que le capitaine Trébuchet ne nous intéresse qu'à cause du plus célèbre de ses petits-fils : il a pu avoir sur Victor Hugo l'influence que tous les grands-pères ont sur leurs petits-enfants. Mais l'étude de M. Dubois a un intérêt plus précis : elle nous donne la biographie exacte de ce capitaine que le *Victor Hugo raconté* transforme en armateur sédentaire, et ressucite pour le faire assister au mariage de sa fille avec le major Hugo : elle nous permet de constater, une fois de plus, quel crédit nous devons accorder à ce récit romancé.

Maurice Souriau.

191. — **Lamennais, sa vie et ses doctrines.** — II. *Le Catholicisme libéral (1828-1834)*, par l'abbé Boutard, Perrin, 1908, vi-408 pages.

Une parfaite connaissance de son sujet, une ordonnance excellente de l'œuvre, un style agréable, cette mesure même de sympathie qui, sans blesser en rien l'orthodoxie la plus scrupuleuse, est cependant nécessaire en somme pour comprendre un homme et par conséquent pour écrire sa vie ; tout se réunit pour faire de M. l'abbé Boutard un digne historien de Lamennais.

Un premier volume a conduit l'histoire de L. jusqu'en 1827. En 1828, nous trouvons l'illustre écrivain à La Chesnaie. Nous assistons à la fondation de la *Congrégation de Saint-Pierre*. Il s'agit d'abord « d'une association semi-ecclésiastique, semi-laïque dont le but spécial serait de travailler par des écrits de tout genre au relèvement religieux de la France ». Je trouve là quelque chose comme cet *atelier d'apologétique* dont rêva plus tard le P. Gratry. Sous l'influence cependant de l'abbé Jean-Marie, frère du Fondateur, ce qui était plutôt une Ecole devint un véritable Ordre Religieux. On lit avec plaisir la peinture de cette nouvelle communauté, quelqu'éphémère qu'ait été son existence ; et quelle quait été sa fin, lamentable.

Avertissons le lecteur, M. B. ayant négligé de le faire, que l'hymne de la Toussaint qu'on chantait à la chapelle sur une mélodie de Choron, choisie sans doute par le supérieur, lui-même très bon musicien, ne peut évidemment pas être celle que nous avons aujourd'hui. Il s'agit, sans hésitation possible, des hymnes en usage alors dans la plupart des diocèses de France. Quelqu'un a proposé l'hymne des vêpres. C'est dans l'hymne des vêpres que se trouvait la célèbre strophe :

Jam vos pascit amor...

A moins d'un texte précis, je donnerais la préférence à l'hymne des Laudes. D'ailleurs l'une et l'autre ont la même métrique à très peu de choses près.

Le même volume raconte l'histoire du journal « *L'Avenir* » le second séjour de Rome, enfin « La *Rupture* » que, bien entendu, l'auteur condamne sans réserve.

Je n'oserais pas dire qu'il n'admette quelques circonstances atténuantes, comme « la mesquine défiance « des adversaires », p. 186; et leur « joie mauvaise » p. 544, lors des premières difficultés avec Rome. Si les Pères jésuites s'en tirent à peu près, on montre toutes les gazettes carlistes multipliant contre l'*Avenir*, tantôt les attaques de front les plus violentes, tantôt les plus perfides insinuations » p. 245. — « Venimeux... L'*Ami de la Religion* se distingue dans ce concert de rancunes et de colères » p. 257.

Grégoire XVI, de tendances si pacifiques, et d'Astros, un confesseur de la foi, au sens propre, sont traités sans sympathie. On trouve des « passions acrimonieuses » p. 403 chez le pauvre abbé Boyer, coupable d'avoir défendu des positions qu'il estimait légitimes.

En résumé, la Rupture est imputable à la logique du système; et l'on répète le mot : *Logica ma perdidit*.

Moins heureux que quelques autres j'avoue n'avoir pas été convaincu.

Comment! on sacrifie toutes les libertés, et je dirai, toutes les autorités, à une juridiction supérieure dont le verdict est inspiré par le Très-Haut lui-même, comme autrefois. Il se révélait en Silo au peuple juif (p. 256); et, *post eventum*, quand le verdict n'a pas été celui que l'on attendait, on récuse le juge et le tribunal! De même, je ne m'explique pas que dans le second voyage, Lamennais ait tout à coup découvert en Italie « une misère physique et morale » (p. 327) qu'il n'avait pas aperçue quelques années auparavant.

A mon humble point de vue, c'est Lacordaire qui est logique.

Quoiqu'il en soit, l'auteur s'étant proposé, comme il le dit, de convaincre même les plus défiants que rien au monde n'est cher à un écrivain catholique plus que la vérité, j'estime qu'il aura atteint son but.

Un troisième volume nous est promis, qui racontera les dernières années de Lamennais. Paul FAVÉ.

---

192. — **The Works of Charles and Mary Lamb** — *Oxford University Presse.* — H. Frowde. 2 volumes. Prix : **4 fr. 50.**

Charles Lamb n'est guère qu'un nom pour le public français et cela est fâcheux. Sans doute il ne représente aucune de ces innovations frappantes dans le domaine de l'imagination et de l'art qui donnent de droit à un auteur sa place dans la littérature européenne. Et cependant les *Essais d'Elia*, cette délicieuse causerie à propos de tout et de rien, a un intérêt vraiment humain. Ecrivant à l'aube du xix° siècle, juste assez effleuré par les premiers rayons du romantisme pour apercevoir dans toute leur splendeur les merveilles de l'âge d'Elisabeth, on peut dire qu'en un sens il continue la tradition littéraire d'Addison. Ce n'est pas dans les salons, comme chez nous, que le goût et les manières de la société se sont formés en Angleterre, mais par le journal. L'essayiste, ce « spectateur » aimable qui bavarde avec tant d'humour sur les travers contemporains, a pris ce rôle d'éducateur que la femme ne savait pas jouer. Ainsi Lamb avec son goût pour moraliser, son absence d'imagination, son sens exquis de la mesure et de la forme, serait un vrai classique, si sa sensibilité délicate et débordante ne faisait de sa propre physionomie l'élément d'intérêt principal de son œuvre. Il est de ces écrivains dont le charme est d'autant plus irrésistible qu'il est insaisissable. Or dans son cas il n'est si insaisissable que parce qu'il appartient à sa personne même. Ses essais ne font qu'exprimer une des personnalités les plus attachantes et les plus accessibles à tous qui se soient jamais exprimées en littérature.

L'édition que publie l'*Oxford University Press* mérite d'être chaudement recommandée. Elle est définitive et complète, et les deux volumes qu'elle comprend sont élégants, bien imprimés et commodes.   M. L.

---

192. — **Marie Jenna intime**, par Mademoiselle Marie Pesnel. Librairie des Saints-Pères, 1908.

Si l'étude de mademoiselle Pesnel sur *Marie Jenna intime* était un livre d'édification, je n'aurais rien à en dire, si ce n'est que ce livre est édifiant, car on nous raconte, en termes émus, l'existence discrète de la chrétienne qui n'avait voulu livrer au public que son talent, et qui avait caché sa vie. — Si encore ce livre n'était qu'un memento destiné aux personnes qui ont connu intimement mademoiselle C. Renard, il serait malséant de le juger comme une œuvre d'érudition. Mais il me semble que cette étude est surtout destinée à magnifier le talent de Marie Jenna, et alors la critique reprend ses droits.

D'abord la méthode suivie par l'auteur de ce panégyrique ne me semble pas très prudente. Il est toujours dangereux, quand on s'apprête à faire une citation, de commencer par nous prévenir que nous allons ouïr une merveille. Entre le talent de Marie Jenna et le lecteur s'élève comme une brume de compliments, d'éloges, de formules admiratives qui produisent à peu près juste le contraire de l'effet cherché. Réagissons pourtant contre cette impression première, et, rien qu'avec les citations de mademoiselle Pesnel, essayons de nous faire une idée du talent de Marie Jenna. Sans doute elle a écrit quelques jolis vers d'une mélancolie tendre ; elle a même rencontré quelques beaux passages. Mais cette poésie doit surtout son charme, ou sa grandeur, à la doctrine qu'elle renferme ; et donc le mérite n'en est pas au poète, mais à sa religion : on s'en rendra compte en lisant les deux pièces les plus caractéristiques, celles qui sont citées aux pages 120 et 121.

Marie Jenna semble pourtant avoir valu également par son fonds propre ; comme moraliste en prose, elle est fort intéressante. C'est une âme, c'est un caractère ; on comprend qu'elle ait été entourée de vives tendresses. On aurait souhaité voir un peu plus précisées les silhouettes de certains de ses amis, qui restent indécises, dans une sorte de pénombre, par exemple le camarade d'enfance de Barbey d'Aurevilly, Trébutien.

En terminant ce compte-rendu, je sens comme un remords, un tout petit remords : convient-il de juger, avec la sévérité que l'on doit à une œuvre d'art, une image de sainteté que l'on trouve entre les feuillets d'un livre de prières ? — Maurice SOURIAU.

---

194. — **Essais sur le régime des Castes**, par G. BOUGLÉ. Paris, Alcan, 1908, in-8 de 278 pages. Prix : 5 francs.

L'étude de M. Bouglé n'est pas une œuvre de spécialiste : il s'en excuse dans sa préface très modestement, trop modestement même car s'il n'est pas lui-même « de la partie », il sait fort bien interroger les gens du métier. C'est surtout la discussion de quelques théories générales (matérialisme historique, philosophie des races, théories plus précises sur les phases du droit) sur un fait précis.

Le régime des castes résulte de trois influences : celle d'une spécialisation héréditaire (surtout dans les métiers), celle d'une hiérarchie de privilèges, celle enfin de répulsions, de sortes de tabous réciproques. Ces 3 influences ont dû se rencontrer dans plus d'une société primitive et y constituer des castes, mais en Inde seulement ces dernières se sont prolongées au delà de l'âge préhistorique, car ni au moyen âge, ni dans l'antiquité classique, ni même en Egypte, malgré les affirmations contraires des historiens anciens — ne se trouvent de castes proprement dites.

La partie la plus intéressante et peut-être la plus neuve de l'ouvrage est la discussion sur les hypothèses relatives à l'origine des castes dans l'Inde. Ni le régime économique (théorie de Dahlmann qui s'inspire du matérialisme historique), ni l'organisation de la famille (théorie de Sénart) ne sont des explications suffisantes. « Il faut tenir compte surtout de la religion dont on a trop limité l'action. » C'est l'habitude du culte fermé des premiers groupes familiaux qui empêche les castes de se mêler ; c'est le respect des effets mystérieux du sacrifice qui finalement les subordonne à la caste des prêtres. L'examen sociologique de l'Inde, bien loin d'apporter une confirmation aux thèses de la philosophie de l'histoire « matérialiste », tendrait donc plutôt à confirmer ce que les plus récentes recherches sociologiques démontrent de toutes façons : le rôle prépondérant que joue la religion dans l'organisation première des sociétés (p. 82).

Tel est pour l'essentiel le contenu de la première partie ; la seconde démontre la vitalité du régime que ni la révolution bouddhique, ni l'influence anglaise n'ont sérieusement atteint. De nos jours encore il se montre impénétrable. « L'Inde nous rappelle ainsi à sa manière, ce dont le Japon nous avait brutalement avertis. De tout l'appareil de la civilisation européenne, les vieilles civilisations orientales apprennent à se servir, mais pour se défendre ; elles ne changent de corps que pour mieux sauvegarder leur âme » (p. 127).

Quant aux effets du régime, ils sont tout négatifs : par les castes, droit, vie économique, littérature ont été immobilisés.

En tête du volume, M. Emile Durkheim nous prévient d'une transformation de l'Année sociologique : les mémoires seront publiés à part et la bibliographie ne paraîtra plus annuellement. Ce dernier point nous paraît regrettable.   Etienne MAGNIN.

---

195. — **Hermeneutica biblica** auctore V. ZAPLETAL O. P. Editio altera, emendata. Friburgi Helvetiorum, sumptibus bibliopolæ universitatis, 1908, 197 pages.

L'intérêt de ce petit manuel c'est que sous des formes scolastiques il recèle une science bien moderne. La division en est classique (propédeutique ou notion des sens divers de la Bible, littéral et spirituel; heuristique où découverte du sens, en trois parties, heuristique rationnelle, chrétienne et catholique, prophoristique ou exposition du sens; enfin un appendice sur l'histoire de l'exégèse.) Mais l'érudition en est très avertie.

Signalons tout particulièrement la riche bibliographie de l'herméneutique catholique (p. 7-11,) les données philologiques précises de l'heuristique (p. 74 à 81) et enfin l'histoire succincte mais bien documentée de l'exégèse catholique.

Deux légères critiques. Il se trouve en certains chapitres un luxe de définitions un peu encombrant : qu'est-il besoin d'employer, deux pages à nous apprendre ce qu'est le sens d'un mot en général et philosophiquement parlant ? Certaines notions sont tellement claires qu'elles se trouvent en deçà de toute définition. Nous aurions souhaité également quelques précisions de plus sur l'histoire de l'exégèse protestante : dans la désagrégation actuelle du protestantisme doctrinal toutes les écoles se rencontrent depuis le conservatisme le plus étroit jusqu'au libéralisme le plus extravagant : il aurait fallu peut-être nuancer davantage.

Etienne MAGNIN.

196. — **Poitiers, ses monuments, son histoire,** par Jehan Pictave. Poitiers, 1909, 1 vol. in-12, 298 pages.

Le pseudonyme de *Jehan Pictave* cache un érudit, antiquaire qui a fait de la ville de Poitiers l'objet d'une longue et savante étude. Les pages qu'il vient de publier disséminées d'abord dans des feuilles quotidiennes, forment, aujourd'hui qu'elles sont réunies, un agréable petit guide où les indications pittoresques, les gracieuses légendes se mêlent sans l'altérer à l'austère histoire. Les données archéologiques les plus précises éclairent chaque description de monument, et les souvenirs historiques qui se rattachent aux vieux édifices sont si bien présentés qu'ils leur servent en quelque sorte d'ornements. Sans risquer de fatiguer le lecteur par une documentation trop éruditée, l'auteur donne très succinctement et très à propos le renseignement bibliographique le plus utile sur chaque partie de son sujet.

Le même choix judicieux préside à la sélection des compléments que J. P. donne à sa description en sortant de la ville même de Poitiers. Il y a, en effet, au point de vue monumental et historique, une banlieue Poitevine du plus haut intérêt. Sauxay, Lusignan, Nouaillé avec le champ de bataille où fut pris le roi Jean, beaucoup d'autres localités attirent à juste titre l'attention de l'aimable guide. Nous ne saurions trop encourager le plus grand nombre possible de touristes, d'amateurs d'antiquités, à suivre en tout point l'excellente conduite qui s'offre à eux et à visiter Poitiers, le livre de G. P. à la main. Peu de villes présentées par un plus savant et délicat connaisseur leur réservent d'aussi artistiques satisfactions.

H. GAILLARD.

SOCIÉTÉ NATIONALE DES ANTIQUAIRES DE FRANCE

Séance du 16 septembre. — M. E. Eudes, associé correspondant national, lit un mémoire sur l'architecture des Visigoths d'Espagne. — M. C. Enlart, membre résidant, communique une note du P. Delattre, a. c. n., sur des bulles de plomb trouvées à Carthage. —

M. Ph. Lauer, m. r., étudie un coffret d'ivoire du Musée de Kensington à Londres.

Séance du 4 novembre. — M. Ch. Bruston, a. c. n., commente une inscription grecque trouvée au Janicule dans les fouilles de M. Gauckler. — M. M. Besnier. a. c. n. expose l'histoire des fouilles de Vieux (Calvados).

Séance du 11 novembre. — M. P. Bordeaux, a. c. n., lit un mémoire sur des tabatières de cuivre hollandaises. — M. O. Vauvillé, a. c. n., étudie l'enceinte gauloise de Saint-Pierre-en-Chastre (Oise). — M. P. Monceaux, m. r., communique au nom du P. Delattre, a. c. n., des plombs byzantins de Carthage. — M. J. Toutain, m. r., revient sur l'inscription grecque découverte par M. Gauckler. — M. Héron de Villefosse, membre honoraire, entretient la Société du buste d'empereur récemment trouvé à Vienne (Isère).

Séance du 18 novembre. — M. Pallu de Lessert, m. r., lit un mémoire sur l'œuvre géographique d'Agrippa. — M. R. Cagnat, m. r., communique une note de M. J. Zeiller, a. c. n., sur une basilique chrétienne de Salone. — M. Héron de Villefosse, m. h., donne lecture d'un mémoire de M. R. Mowat, m. h., sur le pied de Charlemagne. — M. Héron de Villefosse, étudie une inscription de Vendeuvre-en-Braisme (Indre). — M. F. de Villenoisy communique une plaque de cercueil en cuivre trouvée au Temple à Paris.

Séance du 25 novembre. — M. R. Poupardin, a. c. n., signale un recueil de formules de l'époque franque dont une copie est conservée à la Bibliothèque nationale. — M. P. Monceaux, m. r., au nom de M. A. Merlin, a. c. n., communique une inscription relative à un martyr du nom de Iannarius.

A NOS ABONNÉS

La rédaction du *Bulletin* désireuse de clôturer avec le fascicule de décembre 1908 une période, pour en ouvrir une nouvelle avec l'année 1909, demande à ses abonnés, pour l'apparition des numéros 23-24, quelques semaines de répit. Elle les invite par la même occasion à renouveler au plutôt leur abonnement, les numéros de janvier et février 1909 étant prêts à paraître, et à faire connaître le *Bulletin* autour d'eux, qui va s'efforcer de devenir de plus en plus un *Bulletin critique* de toutes les nouveautés sérieuses en librairie.

La Rédaction.

L'Editeur-Propriétaire-Gérant : Albert Fontemoing.

Imprimerie Générale de Châtillon-sur-Seine. — A. Pichat

BULLETIN CRITIQUE

197. — **Les Apollons archaïques,** par W. Deonna. — Genève, librairie Georg et Cie, 1909, 1 vol. in-4° de xii-407 pages.

M. W. Deonna, ancien membre étranger de l'Ecole française d'Athènes, vient, par ses *Apollons archaïques*, de rendre un nouveau service aux études archéologiques dont il a bien mérité déjà par ses travaux sur les statues de terre cuite dans les diverses régions du monde ancien.

Il a tenu à ce qu'une courte préface de M. H. Lechat présentât le volume au lecteur et nul à coup sûr, mieux que le savant professeur de l'Université de Lyon, n'était désigné pour caractériser ce qui fait le prix de pareils recueils en apparence monotones : la notation exacte des nuances qui distinguent, jusque dans les attitudes et les gestes semblables imposés, ces « jeunes gars » nés de pères différents, et cette notation même aboutissant à dégager de l'ensemble des exemplaires, travaillés chacun avec un sens très vif de l'individuel, en même temps qu'une observation naïve de la nature, une confuse aspiration à l'idéal qu'était le type général de l'homme selon l'esprit et les mœurs helléniques.

Le centre même du travail de M. D., mais aussi la partie la moins analysable, est la description des monuments. Elle se divise elle-même en deux sections de très inégale importance. D'abord viennent les « Apollons » de pierre, au nombre de 161. M. D. y groupe sans exception toutes les statues connues de lui, consacrant volontiers plus d'attention à celles qui ont été le moins soigneusement décrites. Il en donne le plus grand nombre possible d'illustrations utiles, beaucoup entièrement inédites, d'autres montrant sous des aspects nouveaux des monuments trop souvent reproduits de la même manière. Le classement est fait par ordre alphabétique de provenance, Grèce continentale, Cyclades et îles du Nord, Grèce d'Asie, Chypre, Egyptes, Italie ; du premier coup apparaît ainsi la fréquence du type en Attique et en Béotie d'une part, et d'autre part dans les îles. Je ne voudrais point être de ces recenseurs que cingle avec raison M. Lechat, qui se donnent la « satisfaction de pouvoir relever d'un ton sec deux ou trois choses omises » et sans doute ne noterais-je point que je cherchais les raisons de l'absence du beau torse rapporté de Milet par MM. Rayet et Thomas et offert au Louvre par MM. Edmond et Gustave de Rodhschild avec les autres antiquités provenant des mêmes fouilles, si ce ne m'était une occasion de signaler que M. D. lui a donné place aux « additions et corrections », où il pourrait passer inaperçu. Il me semble plus dans le rôle de critique d'émettre quelques réserves sur la série des bronzes, terres cuites et ivoires. Ici M. D. ne vise plus à être complet. Il se borne à grouper les exemplaires publiés ou mentionnés dans les catalogues des musées et des collections, et dont la liste sera fatalement augmentée. Le métal, en outre, permet aisément à l'artiste, même encore malhabile, une liberté de gestes beaucoup plus grande. Aussi trouve-t-on dans les figurines de bronze une très grande variété d'attitudes. Mais, rappelant aussitôt qu'il étudie spécialement les « Apollons » caractérisés par leurs bras collés au corps ou, s'ils sont détachés, symétriques et reproduisant chacun le même geste, l'auteur écarte et telle série et telle autre. Il reconnaît aussi que, quoique ce soit dans les petits bronzes que l'on peut le mieux étudier les modifications successives du type masculin nu, la disjonction des jambes, la liberté toujours plus grande des bras, quoi qu'il distingue deux groupes, les « Apollons » à bras pendant contre le corps et ceux dont les bras sont indépendants, le fait que les bras sont encore collés ou que les jambes sont jointes n'est pas un signe indéniable d'ancienneté et que parfois les figurines les plus anciennes sont celles qui présentent une attitude déjà très libre. Impossible par suite d'établir une classification chronologique de ces petits objets que le travail, la plupart du temps négligé, empêche aussi d'attribuer à une école artistique déterminée. Ne reprochons pas à M. D. cette franchise. Mais, en face de ces aveux et malgré le proverbe que trop de richesse ne peut nuire, peut-être est-on en droit de se demander s'il n'aurait pas autant valu limiter le recueil à la statuaire proprement dite.

J'ai parlé d'abord de la description des monuments, mais elle ne commence qu'avec la 120e page. Toute une première partie forme une étude générale dont les divers chapitres sont particulièrement dignes d'attention. C'est en premier lieu la définition du type étudié qui, s'il ne comprend pas toutes les figures viriles au vie siècle, grâce, néanmoins, à la rareté dans la série masculine du type vêtu, aussi rare qu'est le contraire dans la série féminine, s'étend à tout l'ensemble, qui est de beaucoup la plus nombreuse des représentations de l'homme pris dans sa pleine jeunesse, imberbe, debout dans sa nudité robuste, brillant du seul éclat de sa beauté et de sa force corporelle. Ce type, M. D., le prend depuis les origines jusqu'à la rupture de ce principe particulier à l'art de toute civilisation primitive que l'on a dénommé la loi de frontalité, soit jusqu'au commencement du ve siècle. Il montre comment la dénomination d' « Apollon », qui lui a été attribué, ne saurait être exacte puisque si certains exemplaires représentent peut-être le dieu, d'autres sont à n'en pas douter des statues funéraires, d'autres encore pouvaient être des athlètes ou de simples ex-votos. A ces statues impersonnelles, de même qu'on désigne les statues féminines du nom générique de « corès » les jeunes filles, on pourra donner le nom correspondant de « Kouroi », les jeunes hommes. Première création, toute naturelle, de la statuaire, qui s'est développée à la fois dans la Grèce orientale et occidentale, on a, selon M. D., notablement exagéré l'influence qu'a pu y avoir l'imitation de l'Egypte comme aussi la technique du bois.

Quatre autres chapitres sont contraire à la sphère d'expansion du « Kouroi » à la matière employée et aux pièces de rapport, à la polychromie, au vêtement — étant donné que certains « Kouroi » portent une ceinture ou même un vêtement qui, toutefois ne les empêche pas d'être en réalité des figures nues, toutes les formes du corps restant apparentes et détaillées comme si aucun voile ne les couvrait, à la différence des statues réellement vêtues, — enfin aux bases et piédestaux.

Mais nulle part n'apparaissent mieux les qualités de minutieuse analyse et de rigoureuse précision de M. D. que dans les deux chapitres où il suit dans les divers « Kouroi », avec graphiques à appui, d'abord l'attitude des jambes et des bras, puis toute la représentation du corps viril, proportions, vue de profil, vue de face ou de dos, membres supérieurs et inférieurs, tête, partie par partie, point par point et dans le plus extrême détail.

L'aboutissement naturel d'un travail aussi considérable que celui de M. D. devait être un essai de groupements. M. Lechat s'y est livré, on sait avec quel succès, pour les « corès ». Le groupement était peut-être plus difficile encore pour les « Kouroi » où n'intervient pas le secours que fournit la disposition du vêtement, où la provenance et la qualité du marbre ne doivent pas servir d'indices certains, statues ou blocs de marbre ayant parfois voyagé, où l'anatomie même peut être trompeuse, le rendu des formes humaines, surtout au début de l'art, alors que les conventions ne sont pas encore bien fixées, variant dans des œuvres contemporaines. M. D. a voulu néanmoins le tenter, en se fondant d'abord sur les caractères de la tête quand elle subsiste, puis sur les détails anatomiques du corps, estimant avec raison que, quelle que soit la large part que l'on laisse à l'individualité des artistes, on ne peut faire bon marché du rôle des traditions, des écoles, des ateliers. Les « Kouroi » sont donc répartis par lui en groupements ioniens, comprenant les groupes samio-milésien, rhodien et chypriote, groupements insulaires, comprenant les groupes naxien-chiote et parien, et groupements continentaux comprenant les groupes béotien, attique et péloponésien. Il est clair que, ces groupements, nous ne pouvons dans un compte-rendu les discuter, et que, jusqu'à un certain point, ils ne sont que provisoires. M. D. indique lui-même que les groupements déjà présentés sont aussi contradictoires, qu'ils sont nombreux. Il ajoute qu'il sera souvent d'un avis différent de celui de ses prédécesseurs. N'est-ce pas, par là-même, admettre à son tour la contradiction et prévoir les redressements probables ? Mais grand n'en est pas moins le mérite, et loyalement, ceux qui corrigeront M. D. devront reconnaître qu'ils lui doivent les armes dont ils se seront servis contre lui.

Il me reste, pour terminer, à mentionner les quelques pages de conclusion, qui redisent, sous une autre forme, mais comme la préface, le progrès poursuivi et pour partie au moins réalisé par les humbles artisans du vi[e] siècle, auteurs des « Kouroi » qui seuls ont rendu possibles les grands maîtres du vᵉ siècle, et aussi à signaler les tables nombreuses et détaillées, tableau chronologique, provenances, muséographie, table analytique, table des illustrations, table des matières, qui achèvent de faire du livre de M. D. un précieux instrument de travail.

Etienne MICHON.

---

198. — **L'Angleterre chrétienne avant les Normands**, par Dom F. CABROL. — *Bibliothèque de l'enseignement de l'Histoire ecclésiastique.* Paris, Gabalda, 1909, in-12 de v-341 pp.

Les qualités habituelles de D. C. se retrouvent dans ce petit volume : clarté de l'exposé, netteté des divisions, abondance des renseignements bibliographiques mis à la disposition du lecteur. L'allure générale du récit est en outre alerte, sobre; sans digressions, ni dissertations. C'est bien, somme toute, la note correspondante au but et au programme qui demeurent ceux de la Collection à laquelle appartient l'« Angleterre chrétienne ».

En douze chapitres D. C. résume la période historique dont il a entrepris de narrer les faits. Cela nous mène des débuts de l'ère chrétienne à la fin du xiᵉ siècle. Dans cette masse d'événements, une chose frappe avant tout : la fréquence des invasions sur le sol anglais. César y a conduit les Romains. Au vᵉ siècle sont venus les Saxons, puis les Angles; au ixᵉ voici les Danois. Enfin, moins de trois cents ans après, les Normands surviendront à leur tour. De bonne heure le christianisme a pénétré, lui aussi, en cette île lointaine ; mais qui dira par quelles voies, au moyen de quels intermédiaires ?

Aux débuts du viiᵉ siècle arrive une poignée d'envahisseurs d'allures rien moins que guerrières : ce sont les moines romains envoyés par saint Grégoire. Ceux-là vont moins vite en besogne que les pillards partis de la Saxe et du Jutland. Le succès leur sourit d'abord, suivi de revers qui se renouvellent. Un moment même on peut craindre que, sous des poussées successives de barbarie renaissante, leur œuvre ne sombre tout à fait. L'entreprise, semble-t-il, est à deux doigts de sa perte. Par bonheur, les moines bretons et celtes reconquièrent le terrain perdu et étendent la conquête autour d'eux. L'idée chrétienne, noble et désintéressée, a triomphé à la fois du paganisme et des antipathies de race.

Sur ce sol fécondé par tant de labeurs, germe une riche moisson — et, tandis que l'Eglise bretonne, en la personne de ses derniers tenants, retranche son séparatisme intransigeant derrière des questions de rites, la jeune Eglise saxonne produit des hommes d'action, des ascètes, des missionnaires, des écrivains. Il suffit de nommer Wilfrid, Benoît, Biscop, Bède, saint Boniface et Aldhelm. Le monachisme anglais est arrivé à son âge d'or. Sans doute il suffira d'un retour offensif des « wikings » Danois pour anéantir quasi complètement toute cette belle civilisation ; mais les moines sont restés. Ils tiennent tête à la démoralisation qui gagne autour d'eux, et mettent au front de leur Eglise près de disparaître un dernier reflet de grandeur.

Les aperçus ne manquent pas dans le livre de D. C. Aux travailleurs de les approfondir, d'en tirer les conclusions qu'il leur plaira. Pour ma part, je crois pouvoir affirmer en terminant ce court exposé, que la présente publication sera pour plusieurs un guide excellent. A défaut d'autres résultats, n'est-il pas vrai que celui-là en est déjà un de quelque importance ?

D. L. GUILLOREAU

199. — **Le Siècle de la Renaissance**, par L. BATIFFOL. — Paris, Hachette, 1909, in-8 écu de 419 pages. Prix : 5 fr.

Le nom de M. Funck-Brentano est trop connu pour qu'une série de volumes publiée sous sa direction n'appelle immédiatement l'attention du public lettré ; la vérité étant notre seul guide, nous avouerons que la collection « *l'Histoire de France racontée à tous* » nous a paru être une occasion de placer sous l'égide d'une si sympathique autorité une suite de livres — dix en tout dont *deux* de M. Louis Madelin — qui doublait, en les amplifiant certaines parties de l'*Histoire de France* de Lavisse lancée par la même maison.

Mais quand le sujet est le xvi⁰ siècle entier, et quand l'auteur chargé de nous l'exposer est M. L. Batiffol, nous aurions mauvaise grâce à nous plaindre. Chacun sait qu'entre toutes les périodes de notre passé, c'est la plus complexe, sinon la plus confuse ; hormis les spécialistes, chacun, s'il est de bonne foi, sait aussi qu'il n'en connaît à peu près rien de précis. Celui qui traitait pareille matière devait réunir des qualités multiples et rarement assemblées: érudition et simplicité, opinions précises sans aucun parti pris, art de grouper les faits, art plus secret encore de les présenter : ce qui précisément nous a séduit ici c'est que l'auteur sait *faire un livre*...

Nous voudrions pénétrer dans la « manière » de M. Batiffol, et montrer comment, pourquoi, son « Siècle de la Renaissance » est à notre sens l'une des meilleures œuvres de haute vulgarisation qui aient paru dans ces dernières années. Commençons par ce qui nous choque, et qui peut-être d'ailleurs était exigé par l'intention des éditeurs de pénétrer jusqu'aux couches profondes du public : les titres de certains chapitres sont des formules pour « magazines » et auprès des lecteurs un peu avertis risqueraient fort de compromettre le caractère à la fois si sincère et si mesuré du texte. Le chapitre I s'appelle « Gloires et fumées d'Italie »; — le II, facile antithèse, « le Roi et l'Empereur »; le V narre « le Drame protestant »; le VI est « l'Anarchie sanglante »...

N'insistons pas : le texte même a tôt fait de nous rasséréner. La forme d'abord — puisque ces malheureux titres sont une question de forme — est infiniment séduisante, par une bonhomie qui n'exclut ni l'ironie fine, ni la stricte véracité. « François Ier a eu
» la réputation d'avoir été un des princes les plus gais et les plus
» volages qui aient régné en France. On a exagéré. Jeune, peut-
» être a-t-il fait preuve de vivacité de sentiments très changeants.
» Il n'a eu en réalité que trois affections principales qui, il est
» vrai, l'ont tenu toute sa vie, ce qui est beaucoup. La première...
» fut celle que provoqua Anne de Graville... blonde et fine jeune
» fille, intelligente, gracieuse, attrayante avec ses yeux noirs, son
» grand front, sa petite bouche et son teint rose. L'histoire ne dura
» guère, Anne se sauva un jour en compagnie de son cousin,
» Pierre de Balzac d'Entraigues, et on les maria ensemble avec
» une petite dot pour la peine; ils eurent beaucoup d'enfants.... »

A dessein, nous citons au hasard ; voici Charles VIII : « L'en-
» fant avait péniblement grandi avec une grosse tête et un corps

» débile ; on l'avait ménagé, ne lui faisant rien apprendre... Petit,
» affreusement maigre, doué d'une tête énorme où l'on remarquait...
» de gros yeux à fleur de tête, un nez saillant, très gros, une bou-
» che commune, de grosses lèvres, dont l'inférieure pendait, le
» menton court orné d'une barbe rare et rousse, il était laid... Il
» y a des raisons de croire que ce n'était qu'un très pauvre sire... «
Et voici sa femme : « Pas très jolie, elle aussi, de taille menue,
» plate et maigre, boitant même d'un pied... Anne avait le visage
» un peu long et sans couleur, le nez court, la bouche trop grande ;
» mais elle était « fine Bretonne », comme dit Brantôme, vive,
» intelligente en diable, avisée, et surtout volontaire jusqu'à en
» être têtue : ce qu'elle voulait, elle le voulait bien... »

C'est, dira-t-on, de l'Histoire concrète ? Ne le regrettons point. Les personnages de M. Batiffol ne sont pas des abstractions pures; ils vivent, pensent, espèrent et souffrent sous nos yeux : de même, le milieu où ils évoluent, leur entourage et leur demeure, et la Cour, et le peuple, et l'armée, sont évoqués avec la même rigueur de documentation, la même facilité de couleur et de verbe. Les citations de l'auteur s'inspirent des mêmes principes. Il peint l'armée de Charles VIII en Italie : « gent, comme disait Sanuto, très
» orgueilleuse, très courageuse et gaillarde, qui portait de gran-
» des pantoufles aux pieds et fort larges, des étriers très longs,
» des bottes par-dessus les grèves, de grands chapeaux sur la
» tête et des habits courts à longues manches... » Ailleurs, il parle de Marie Stuart, « cette petite reinette écossaise, qui n'avait
» qu'à sourire, pour tourner toutes les têtes françaises » ainsi qu'écrivait « Catherine de Médicis... »

M. Batiffol nous en voudrait si nous ne signalions de son livre que ce côté pittoresque, que cette *forme* singulièrement souple qui, appuyée sur une science constante, n'en est pas moins de l'art. Mais nous nous y sommes attaché parce qu'elle a ici une importance capitale. Elle n'est en somme qu'un aspect de la méthode de persuasion. Esprit subversif, ou paradoxal, M. Batiffol serait singulièrement dangereux. C'est qu'en effet la vivacité du récit est en quelque sorte la pudeur de l'érudit qui n'insiste jamais sur la quantité considérable de ses lectures, celle aussi de l'Historien qui s'est créé une opinion mais la présente avec la crainte de dogmatiser. Le chapitre V, sur le Protestantisme, le début du chapitre VIII, sur les débuts du règne de Henri IV sont à cet égard caractéristiques. En 1525, le grand commandeur de Viennois fait brûler un moine suspect d'hérésie. « La mesure fut très discutée. » On tomba néanmoins d'accord pour trouver qu'elle était juste » sous le prétexte que les magistrats doivent venger Dieu outragé » par l'hérésie, puis protéger la société ; or, l'hérésie troublait la » société « et tendait du tout à la subversion de la monarchie hu- » maine. Le premier pas était fait... »

Il est difficile de poser plus nettement, plus discrètement aussi, et par une citation plus heureuse, le problème du protestantisme français dans sa dualité religieuse et politique, — surtout politique ; François Ier n'interviendra qu'animé d'abord par des considérations de cet ordre. « Homme tout de même de gouvernement, » il jugea, d'accord avec ses conseillers les cardinaux de Tournon » et de Lorraine, que favoriser la diffusion de l'hérésie, c'était » compromettre l'unité de l'État, ébranler les fondements du » royaume, s'exposer à des troubles, car le populaire resterait » fermement attaché à la religion catholique. Il se décida... »

On voit le procédé, modeste certes, mais d'autant plus habile. Est-il volontaire ? Et dans quelle mesure ? Nous l'ignorons. Mais il aboutit indubitablement à un équilibre historique remarquable, à une étude d'époque où les influences réciproques des idées, des courants, sur les personnages dirigeants et vice-versa sont parfaitement établies. Qu'il s'agisse de Henri II, de Catherine de Médicis — portraits tout à fait remarquables — ou de Mayenne, ou de Henri IV, ou de Sully, on sent que jamais le jugement n'était *a priori* ni préconçu, et l'on voit aussi que si les événements souvent dépendirent du maître, bien souvent aussi les maîtres furent façonnés ou inspirés par les circonstances et les sentiments du temps. Déterminisme ??... Ne prononçons pas de grands mots, que nous reprocherait le dogmatisme si réservé, de si bonne compagnie, de l'auteur. Disons seulement que le « Siècle de la Renaissance » est un volume qui se lit deux fois : la première fois, on le *goûte* ; la seconde, on le *pense*.   Noël AYMÈS.

200. — **La Compagnie du Très-Saint-Sacrement de l'autel à Marseille,** par Raoul ALLIER. — Honoré Champion, 1909.

M. Raoul Allier, dont on n'a pas oublié la thèse sur *la cabale des dévots*, vient de faire paraître un volume de documents sur la Compagnie de Marseille. Ainsi qu'il le dit, page XIII, son livre complète la publication déjà faite par M. Rébelliau des lettres du groupe parisien au groupe marseillais. M. Allier nous donne de plus une bibliographie des travaux parus depuis sa thèse de doctorat sur cette Compagnie.

Cette liste n'est pas complète : je n'y trouve pas une curieuse monographie, « l'intrigue romaine », publiée par M. Jules Croulbois dans la *Revue d'Histoire et de Littérature religieuse* (année 1904, Tome X, p. 401, sqq), étude qui contient sans doute des erreurs d'interprétation, mais aussi des documents intéressants.

Il y aurait encore à signaler des fautes d'impression assez fâcheuses qui n'apparaissent pas à une lecture superficielle, mais qui sont bien gênantes quand on veut lire ce livre avec la sérieuse attention qu'il mérite. Ainsi, à la page 3, note 1, on nous envoie à la page 102, à propos d'un fait important, la radiation d'un confrère, Pescioni : « voir plus loin, p. 102, une lettre du chevalier de la Coste à ce sujet ». Je vais à la page 102 : elle est toute blanche. Je cherche à l'index des membres de la Compagnie : on me renvoie à la page 133 : il n'y est pas non plus question de Pescioni ! Enfin, en dépouillant le livre en son entier, je trouve la lettre de la Coste aux pages 134-136. Pour les historiens pressés qui se contentent de dépouiller les index, il y a là un léger ennui.

J'ai du reste fini mes critiques, et la liste, on le voit, n'en est pas longue. En effet la publication de M. Raoul Allier est une œuvre de bonne foi. C'est un de ces livres qui permettent au lecteur de travailler librement une question, sans que les opinions personnelles de l'auteur viennent nous dérouter ou nous influencer. C'est ainsi que M. Allier nous permet de réviser un peu le procès que l'on a fait aux membres de la Compagnie ; ils n'ont pas toujours eu une bonne presse, parce que en France on se défie instinctivement des sociétés secrètes, d'après ce raisonnement simpliste qu'on se cache rarement pour faire le bien. En effet, nous voyons,

p. 224, la Compagnie de Paris refuser d'être l'exécutrice d'un testament contenant pourtant cinquante mille écus de legs pieux : « nous avons résolu dans l'Assemblée la plus solennelle de toute l'année qu'on n'accepterait point la dite exécution testamentaire comme étant du tout contraire à nos statuts : nos Compagnies ne doivent point être nommées, ni connues. Le secret leur est essentiel et substantiel, et comme l'âme. » Mais en revanche nous voyons que, quoi qu'on en ait dit, la Confrérie ne cherchait pas à dissimuler son existence aux ordinaires : à propos de la fondation de la Compagnie de Toulon, la Coste rappelle le principe de la société-mère : « MM. de la dite Compagnie de Paris désirent que les évêques des lieux où se font ces établissements en soient toujours informés... [1] » Que leur reproche-t-on encore ? des excès de zèle ; et, c'est très vrai qu'ils en ont commis ; par exemple était-il bien nécessaire de tâcher de faire supprimer à Marseille la cérémonie du bœuf gras qui avait lieu le jour de la Fête-Dieu ? Qui pouvait s'en formaliser, puisque les bouchers avaient le tact de choisir un bœuf noir quand la ville était en deuil, (p. 332). Excès de zèle, donc, à l'occasion, mais aussi quel admirable zèle ! On est confondu de voir qu'ils avaient découvert, et réalisé fort longtemps avant nous, les maisons de santé, (p. 333), et les justices de paix, (p. 127), et l'assistance judiciaire, (p. 309), et les asiles de nuit, (p. 58), et jusqu'à la « société des droits de l'homme et du citoyen » puisqu'ils s'occupaient de faire rendre justice aux malheureux lésés dans leurs droits [2] ; seulement les confrères ne se préoccupaient pas de savoir si ces pauvres diables étaient « bien pensants » ou non. Que d'œuvre de « solidarité sociale », ou, tout simplement, que d'immenses charités ! Pendant les misères de la Fronde, à Caen, outre les visites faites aux malades, les confrères distribuent du pain à trois ou quatre cents pauvres... L'on a pris de l'argent à rente pour ce sujet, quelques-uns sont résolus de se ruiner si la misère continue... ». A Paris, dans la seule paroisse de Saint-Nicolas-des-Champs, ils secourent « trois mille pauvres artisans », (p. 241).

On le voit, les confrères pratiquent la fraternité très largement,

---

1. P. 144 ; Cf. p. 203.
2. Cf. *l'Histoire du galérien Sauvage,* dans Rébelliau, *la Compagnie secrète du Saint-Sacrement,* pages 21-22, 27-28, 56.

et, chose remarquable, ils ne puisent que dans leur propre bourse. Chose plus inattendue, ils observent entre eux l'égalité ; la Coste, qui est allé à Paris, décrit ainsi à ses confrères de Marseille une séance de la société-mère : « Hier, M. de Liancour, chevalier de l'Ordre, entrant dans l'assemblée, se mit tout le dernier, et ne parlait point à M. le Supérieur..., qu'il ne fût nu-tête et debout, quoiqu'on ne permette pas que ceux qui parlent ordinairement soient en cette posture. Je vous assure que j'étais bien édifié de cela ; ce seigneur était derrière moi, qui ne mériterais pas d'être le torchon de sa cuisine. » (p. 211.) Cette égalité là, de son vrai nom s'appelle l'humilité chrétienne ; sous sa forme un peu naïve, elle ne manque pas de noblesse.

On voit combien la publication de M. Raoul Allier est intéressante. De pareilles contributions font honneur à ceux qui les entreprennent dans cet esprit d'impartialité scientifique.

Maurice Souriau.

---

201. — **Trois familiers du Grand Condé : l'Abbé Bourdelot, le Père Talon, le Père Tixier,** par Jean Lemoine et André Lichtenberger. — Paris, Champion, 1909, in-12 écu, Prix : 5 fr.

Le grand nom de Condé, nous disent les auteurs, donne à ces « esquisses sans prétention » leur unité. C'est en effet autour du vainqueur de Rocroy qu'évoluent les trois personnages du volume. MM. Lemoine et Lichtenberger font preuve d'un enjouement constant, et, il faut le dire, toute leur habileté nous a semblé nécessaire pour donner un réel intérêt à leurs héros : les deux premiers au moins, Bourdelot et Talon avaient besoin pour ne pas paraître insipides, de l'esprit et du charme de leurs commentateurs.

Bourdelot, de son premier nom Pierre Michon, naît à Sens, en 1610, d'une famille de médecins. Il fait ses études à Paris, prend le nom de ses oncles, accompagne à Rome notre ambassadeur, François de Noailles, dont il est le médecin. Il est encore naturaliste, et prétend aux belles-lettres ; actif, insinuant, il se fait bien venir de quiconque le peut servir, correspond avec l'érudit Peiresc, aime l'argent « qui est le premier moteur de toutes choses », et la santé au point de montrer devant une épidémie maligne une prudence qui touche à la couardise. De retour en France, il est attaché à la personne du prince de Condé, père du Grand Condé, et accompagne son patient au siège de Fontarabie, qui est un échec pour nos troupes. En 1641, « à force de tisanes laxatives et autres remèdes propres à débrouiller la rate », il guérit le duc d'Enghien d'une fièvre bizarre, et pour distraire le père, « collectionne les nouvelles », bavarde de vive voix ou par écrit, a surtout la lumineuse idée de « réunir périodiquement, dans l'hôtel de Condé, des savants de tout ordre » : ce sera l'*Académie* de M. Bourdelot.

Mais le prince meurt. Son fils, le Grand Condé, « homme fort caché » n'a pas l'air facile à capter : pour « pousser sa fortune » notre médecin recourt à la muse, et célèbre en un sonnet la victoire de Lens :

« ... Son bras était un foudre, et sa voix un tonnerre... »

Appelé à soigner le fils du héros, il écarte les drogues et pratique la purge. Au vrai, ce sera en toute occasion son principal remède. La Fronde le jette dans de cruelles angoisses, il ne se croit pas payé selon ses mérites, et le 19 octobre 1651 part pour la Suède, comme premier médecin de la reine Christine.

On trouvera dans cette partie du livre une vision fort intéressante de cette Cour du Nord, et un portrait vivant de la Souveraine, intelligente, fantasque, digne à tous les points de vue de fixer l'attention. Notre homme devient le grand favori, étale sa splendeur, finit par revenir en France où Mazarin lui accorde péniblement une abbaye de 5 à 6.000 livres de rente. « L'abbé » fait le bourgeois gentilhomme, se ruine, et rentre avec bonheur dans la maison de Condé. Dès lors, il soigne la goutte du Prince, le met au lait, veille avec sollicitude sur les petits-enfants de son auguste client. Sur 9, 4 meurent, 5 sont sauvés. Bourdelot tient fidèle état des entrailles de la maisonnée. Il soigne en même temps nombre de grands personnages, est violemment attaqué par ses confrères, ne paraît cependant pas dénué de bon sens ni de valeur, fonde le premier essai d'une revue médicale... et a le grand tort de faire des vers. Il meurt au sein d'une honnête aisance, à

75 ans. Les auteurs, supposant une estampe dans le goût du temps, concluent excellemment : « On y verra M. Bourdelot vêtu de la » robe fourrée et le front ceint des lauriers d'Apollon et d'Uranie. » Il tient sous son bras les dernières lettres de madame de Sévi-» gné et de la reine Christine, de l'autre dissimule derrière son » dos l'instrument de Pourceaugnac ; et au son du violon de son » laquais, il regarde danser les petits-enfants de Condé, qui lui » montrent le poing d'avoir été tant purgés, mais lui rient pour-» tant, parce qu'avec tant de tendresse. »

Passons sur le Père Talon, prolixe écrivain hagiographe, aumônier des prisons, et surtout apologiste convaincu du collège de Clermont, où le Duc de Bourbon, petit-fils du Grand Condé, fait ses études.

La figure du P. Tixier est autrement intéressante, et c'est elle qui, à notre sens, donne tout son relief au volume. Le personnage est un caractère. Dénué d'ambition, il sacrifie sa vie entière aux intérêts de son ordre : il est bénédictin, et très sincèrement tolérant, il en poursuit activement la réforme. Il ne s'est pas soucié d'arriver aux grandes dignités que facilement sans doute il aurait pu atteindre ; il fait son devoir modestement, énergiquement, avec toute la souplesse utile aux intérêts parfois très délicats qui lui sont confiés.

Les pages où sont relatées les vicissitudes de l'Abbaye de Saint-Denis, prise tour à tour pendant la Fronde, par le parti des Princes et les gens du Roi, sont véritablement captivantes ; si la cérémonie du sacre de Louis XIV à Reims, pittoresque d'ailleurs, n'a rien de dramatique, en revanche les renseignements sur la femme même du Grand Condé, épouse coupable mais d'esprit dérangé, sont tout à fait intéressants ; et non moins curieux est le portrait du pauvre idiot, comte de Dunois, fils de madame de Longueville. Talon en fut le gouverneur adroit et éclairé ; et son attitude dévouée autant que désintéressée mérite l'estime avec la sympathie. Notons enfin les excellents aperçus sur la Révocation de l'Edit de Nantes en Normandie, et concluons en disant que si Bourdelot tient *un peu beaucoup* de place, si Talon n'est qu'un comparse, le P. Tixier à lui seul valait la peine d'être connu, et justifie amplement la publication du présent livre.

Noël Aymès.

202. — La religion au temps du Duc de Saint-Simon, *d'après ses écrits rapprochés de documents anciens ou récents*, par E. Pilastre. — 1 vol. in-8°, 427 pages. Paris, Alcan, 1909.

Ouvrage difficile à définir, qui tient du dictionnaire biographique et du recueil d'extraits, le nouveau livre de M. Pilastre ne réussit pas complètement, croyons-nous, à dévoiler l'état religieux des esprits au temps de Saint-Simon, ni les sentiments religieux de Saint-Simon lui-même. Trop de questions successives et distinctes sont abordées à tour de rôle : le clergé, les confesseurs royaux, les Jésuites, le quiétisme, le Jansénisme et la constitution Unigenitus, les protestants et la révocation de l'Edit de Nantes, les personnes ecclésiastiques et les matières religieuses pendant la Régence et tout cela est présenté au point de vue trop personnel et trop subjectif de Saint-Simon.

Dans l'œuvre de M. P. les passages intéressants, les portraits saillants ou divertissants ne manquent pas, mais c'est la façon dont ces morceaux de choix sont introduits qui alanguit l'allure du livre ou qui en rompt l'intérêt. Il faudrait vraiment accomplir un tour de force littéraire, pour intercaler sans dérouter le lecteur, entre un portrait de Fénelon qui clôt le chapitre du quiétisme et l'histoire de la destruction de Port-Royal, toute une monographie du jansénisme depuis son origine. Et cette monographie trop réduite n'évite la banalité qu'en aboutissant comme conclusion philosophique à des jugements un peu heurtés de Bersot, de Renan, de Dupin, de Voltaire — nous respectons l'ordre des citations.

Il nous semble que le volume manque d'unité, à moins que l'on n'y reconnaisse pour idée directrice la peur haineuse des Jésuites qui anime Saint-Simon, ou l'estime médiocre que professe le commentateur à l'égard du catholicisme. En dépit de la promesse d'impartialité formulée à la p. 5, M. P. dès la p. 9, dénie aux catholiques actuels la liberté de jugement dont jouissait Saint-Simon.

Il n'était pas inopportun de rassembler dans un même volume assez court, les appréciations et boutades de Saint-Simon sur le clergé de son temps. Le portrait démesurément défiguré du Confesseur de Louis XIV, la silhouette finement tracée de Fénelon, la carrière scandaleuse du cardinal de Tencin et les étranges mondanités de l'abbé d'Entragues, émule posthume de l'abbé de Choisy, autant d'épisodes qui méritaient d'être détachés des longues et tumultueuses annales écrites par le courtisan génial et borné que fut Saint-Simon. Mais à cela une anthologie suffisait. Elle eût été fort bien composée par M. P. qui ne possède pas seulement une connaissance approfondie de son auteur pour bien choisir dans l'œuvre de Saint-Simon, mais qui dispose d'assez d'érudition — nous ne dirons pas comme son titre : de documents — pour ajouter aux fragments du texte un utile commentaire.

H. Gaillard.

---

203. — **Madame de Tencin (1682-1749)**, par P. M. Masson. — Paris, Hachette, 1909, in-18, 315 p. (Prix : 3 fr. 50.)

Accompagnée de notes précises et détaillées, suivie de documents auxquels leur rareté donne presque le mérite de l'inédit, complétée par un copieux essai de bibliographie, cette *Vie de femme au xviii° siècle* a, avec toutes les qualités d'une excellente étude critique, l'intérêt d'une alerte et spirituelle biographie.

Dans la riche galerie des portraits du xviii° siècle, où les vies excessives abondent, ce n'est pas une physionomie banale que celle d'Alexandrine Guérin de Tencin, religieuse et marquise de contrebande, qui fut la maîtresse du cardinal Dubois et de quelques autres, l'âme damnée d'un frère médiocre, le chaperon de la Pompadour, et, par surcroît, par accident aussi, la mère de d'Alembert. M. Masson divise en trois périodes cette orageuse existence de soixante-sept années ; et il a su en conter avec une élégante netteté, sans se perdre dans le détail des vaines curiosités, les étapes essentielles : jusqu'en 1726, ce sont les années de couvent, suivies d'une évasion, puis l'installation à Paris, les premiers succès de salon et d'alcôve, les relations avec Bolingbroke, le chevalier Destouches, Dubois, tout un jeu savant de calculs et d'intrigues pour pousser en cour le frère abbé qu'elle élève enfin, malgré la mort trop prompte de Dubois, à l'archevêché d'Embrun. A cette époque, Madame de Tencin est dans tout l'éclat d'une beauté dont elle use complaisamment ; M. M. a tracé joliment un rapide portrait de la ausse marquise : « le cou, flexible et long, avait des grâces insinuantes; la bouche, assez grande, était mobile, expressive et fraîche, les yeux, légèrement troubles, traduisaient avec vivacité l'impression du moment, et sur cette physionomie, sans cesse renouvelée, on sentait passer, dit Marivaux, l'âme la plus agile qui fût jamais. » (P. 17).

De 1726 à 1736, l'agilité de cette âme ambitieuse se donne libre cours ; ce sont dix années d'intrigues où l'argent, l'amour et l'Eglise se trouvent singulièrement mêlés. M. M. essaie de dénombrer les amants qui ont passé chez Madame de Tencin, à la semaine ou au mois : on y rencontre illustre compagnie, puisque l'on y coudoie le comte d'Argenson, et Fontenelle le comte d'Argental. Un drame — le suicide du conseiller la Fresnais, — assombrit cette galante période, dont l'emprisonnement de Madame de Tencin, suite de ce suicide, son acquittement, son rôle au concile d'Embrum et son exil à Ablon sont les évènements les plus saillants.

La troisième (1736-1749) marque plus de tenue et d'apparente dignité, mais autant de cupidité et d'ambition : l'avénement de l'abbé de Tencin au cardinalat consacre le génie de la famille qui se pousse de plus en plus à la cour, accrochant sa propre fortune aux destinées incertaines des favoris ou des favorites Successivement Richelieu, la duchesse de Châteauroux et la Pompadour auront dans leur clientèle la marquise vieillie mais infatigable. Epuisée pourtant, impotente, elle meurt le 4 décembre 1749, pleurée de quelques amis fidèles, et même de son frère qui perdait avec elle la seule raison d'agir et de se croire quelque chose qu'il ait jamais eue.

Cette vie, si pleine d'étranges rencontres et d'audacieuses entreprises, suffirait à la notoriété de Madame de Tencin, même si elle n'y avait joint, comme elle le devait à son époque, à sa qualité et à son génie, le bagage d'une œuvre littéraire au-dessus du médiocre. La seconde partie du livre de M. M. est consacrée à étudier cette œuvre, romans et lettres. Des premiers, dont le *Comte de Comminge* est le plus lisible, on ne peut s'expliquer aujourd'hui le succès qu'ils ont rencontré et le nombre considérable d'éditions qu'ils ont eu, que si l'on songe au temps qui les a vu naître : l'influence de Marivaux y est visible, plus encore que celle de Madame de la Fayette, dans les infinies subtilités de l'analyse psychologique que ne soutiennent pas, il est vrai, les ressources d'un style original et vivant. M. M. écrit avec raison que ce qui intéresse Madame de Tencin c'est « la casuistique de l'âme et non sa vie ; » — et il lui applique le mot qu'elle-même décocha à Fontenelle : « Ce n'est pas un cœur que vous avez là ; c'est de la cervelle, comme dans la tête. »

Les quatre-vingts lettres conservées dans un recueil rarissime publié en 1790, par la spontanéitée de la forme et l'intérêt du sujet qui est la vie même de l'épistolière, avec ses intrigues amoureuses ou politiques apparaissent très supérieures aux romans. M. M. a eu l'heureuse idée d'en réimprimer une vingtaine, choisies parmi les plus curieuses, et qui achèvent de rendre vivante l'inquiétante physionomie de cette femme que son dernier biographe appelle fort justement « une amazone manquée. »   E. Maynial.

---

204. — **Claude Fauchet, évêque constitutionnel du Calvados, député à l'Assemblée législative et à la Convention (1744-1793)**, par G. Charrier, prêtre du diocèse de Nevers. — 2 vol. in-8. x-396 et 370. Paris, Honoré Champion, 1909. Prix : 7 fr. 50 le vol.

Cet ouvrage magnifiquement édité renferme la biographie très complète de Fauchet. Certains mêmes la pourront trouver trop complète et se demanderont : A quoi bon citer tant de discours de circonstance, aujourd'hui sans intérêt, ou d'un intérêt très restreint, et encombrer la narration de nombreux documents reproduits in-extenso, tandis qu'une brève analyse suffisait ? Je ne suis pas, je crois pouvoir me rendre ce témoignage, de ces critiques grincheux qui ne trouvent jamais rien à leur goût et se plaignent que *la Mariée soit trop belle*. Grâce précisément à ces pièces multiples, insérées dans le corps de l'ouvrage et non pas rejetées à la fin où personne ne les irait chercher, le lecteur peut se faire une idée exacte de Fauchet et de son temps. Le personnage revit sous ses yeux avec ses contemporains ; c'est une puissante évocation.

Une très succinte analyse des matières contenues dans ces deux volumes suffira pour en indiquer l'importance.

Fauchet naquit vers le milieu du xviiie siècle (22 sept 1744), et fut élevé par les Jésuites au collège de Moulins-en-Bourbonnais d'où il alla au grand séminaire de Nevers. Il se sentait du talent et Paris seul lui parut un théâtre digne de lui. Bientôt il se fit une certaine réputation comme prédicateur. Un panégyrique de Saint Louis et l'éloge des croisades attirèrent sur lui l'attention et les bienfaits de Louis XVI, l'un de ces rois contre lesquels il devait plus tard lancer tant d'anathèmes. Déjà il laissait percer ses tentances démagogiques. Il accommodait aussi au goût du jour ses exposés du dogme et de la morale, ce qui lui valut de la part du *Journal des Amis* ce singulier compliment que si Voltaire avait pu l'entendre « il se serait écrié en l'embrassant : Je suis Chrétien ! »

L'auteur nous détaille les succès du prédicateur en attendant de nous dire ceux qu'obtiendra le législateur, sans parler du Conventionnel.

Le 14 juillet 1789, l'abbé démocrate, lors de la prise de la Bastille, joua un rôle qui lui valut un costume de garde national que lui apporta en témoignage d'admiration, une délégation de la Ville de Paris.

Il était définitivement *lancé*. Ce fut là le premier de ses triomphes populaires qui bientôt ne se comptèrent plus. En nous les décrivant, l'auteur évoque ces temps agités, cette période d'incubation d'où un monde nouveau devait sortir, a-t-on souvent répété.

Elu membre de la commune de Paris, Fauchet continua de se montrer orateur intrépide autant que solennel. Toute la phraséologie sentimentale du temps passa dans ses sermons et ses discours, plus patriotiques les uns que les autres. On louait « son éloquence mâle, son rôle infatigable, l'emploi le plus heureux des vertus civiques. » Durement pris à parti pour avoir dit dans une harangue : *Les tyrans sont mûrs*, laissant entendre que le moment était venu de les moissonner, Fauchet protesta contre une pareille interprétation : *Je ne suis ni tyrannicide, ni tyrannophage*, affirmat-il. Il avait simplement voulu comparer les tyrans, c'est-à-dire les rois, aux fruits qui, quand ils sont mûrs, tombent d'eux-mêmes.

Au fond c'était un naïf qui se grisait des mots de liberté, égalité, fraternité, avec tant d'autres du reste, et qui considérait la révolution naissante comme une sorte de panacée infaillible. Dévoré d'une activité fébrile, Fauchet créa la société des *Amis de la*

Vérité et fonda le journal *la Bouche de Fer*, destinés l'un et l'autre à signaler les abus et à y porter remède, tous deux voués, comme leur auteur, à une destinée éphémère.

Il va sans dire que le premier jour il avait juré fidélité à la Constitution civile du Clergé. Son biographe, en nous parlant de ses principes sociaux, nous le donne comme un précurseur de la démocratie chrétienne et un partisan de ce socialisme, plus ou moins évangélique, rêvé alors et depuis par tant d'utopistes, à la suite de Rousseau que Fauchet d'ailleurs ne se lassait pas d'admirer. Il s'écriait : « Sublime Rousseau, âme sensible et vraie, tu as entendu des premiers, l'ordre éternel de la justice ! » On l'accusa de communisme et d'être partisan de la loi agraire. Il s'en défendit : « Nous ne fondons pas l'ordre social sur le désordre universel, disait-il un jour publiquement, et la paix du monde sur la guerre du genre humain ; nous ne sommes pas des écervelés, des incendiaires. » Ce qu'il voulait, c'est que chacun pût se faire sa place au soleil. Il prêchait d'exemple, et ce farouche partisan de l'égalité briguait en ce moment même l'épiscopat. On n'est plus à apprendre aujourd'hui les appétits insatiables des démocraties, ni que les démocrates les plus déterminés sont assoiffés de distinctions et d'honneurs, tout en déclamant contre ces *hochets de la vanité*, comme ils les appellent.

Fauchet posa sa candidature au siège épiscopal de Nevers, demeuré vacant pour refus de serment de son titulaire, comme le devaient être tous ceux de France, à peu d'exceptions près. Ses compatriotes ne voulurent pas de lui. Les Normands le ramassèrent : il fut élu évêque du Calvados et sacré à Notre-Dame de Paris par Gobel. Son entrée dans *sa bonne ville* de Caen fut un triomphe.

Il eût trouvé mauvais qu'un autre, qu'un prince surtout, en eût été l'objet, mais dès lors que ces acclamations, que ces honneurs s'adressaient à lui, tout était pour le mieux. Il écrivit une *lettre de communion* au pape et se crut en règle avec l'Église et sa conscience. Il ne demandait rien à Rome, car il prétendait n'avoir besoin de rien, il se bornait à déclarer qu'il entendait rester uni au Saint-Siège. Grâce à cette formalité sans importance, notre jureur se crut évêque légitime et agit en conséquence, regardant comme non avenus les anathèmes de Pie VI lancés contre lui et ses pareils.

L'auteur s'attarde à nous décrire les fêtes organisées en l'honneur du nouveau prélat. Il nous parle de sa première tournée épiscopale où les avanies ne lui manquèrent pas, en dépit des ovations officielles. Il nous dit aussitôt au long ses démêlés avec l'administration de Bayeux.

Ces pages qui pourraient paraître un peu longues, si elles n'intéressaient que Fauchet, sont au fond très instructives, parce que l'histoire d'un évêque assermenté est un peu celle de tous les autres, comme j'ai pu le constater au sujet d'un collègue de l'évêque du Calvados, celui d'Ille-et-Vilaine, Le Coz, qui fit partie comme lui de l'Assemblée Législative où tous deux jouèrent un rôle assez important. Plus que jamais le langage de Fauchet, à la tribune fut un mélange de déclamations démagogiques et de tirades sentimentales qui nous font paraître aujourd'hui ses discours si ridicules. De tels discours passaient alors facilement pour sublimes. Son biographe nous en donne de plantureux échantillons. Fauchet se montra impitoyable à l'égard des insermentés ; s'il ne les envoyait pas à l'échafaud, il les condamnait du moins à mourir de faim, comme le lui reprochait Torué, lui-même, l'évêque du Cher qui avec Le Coz protesta contre les violences de son langage. Une gravure de l'époque, reproduite par l'auteur, représente Fauchet avec des pieds de bouc, armé d'une faux, ou d'un *fauchet*, comme on disait, et fauchant les vertus, symbolisée par des fleurs. On aimait, comme on le voit, à jouer sur son nom. Cependant, malgré les gages qu'il avait donnés et ne cessait de donner à la Révolution, Fauchet fut banni du club des Jacobins, où il s'était fait inscrire, et cela sous prétexte qu'il restait encore trop prêtre. On lui savait entre autres mauvais gré de conserver le costume ecclésiastique, en dépit des prohibitions dont il était l'objet. Cela ne l'empêche pas d'être réélu et de faire partie de la Convention, ce qui devait être la dernière étape de sa vie. L'expérience l'assagissant peu à peu, il perdait ses illusions les unes après les autres et revenait à des sentiments plus modérés qui le rapprochaient de plus en plus des Girondins. Ses anciens amis, furieux de ce qu'ils regardaient comme une trahison, décidèrent sa perte. Ils l'impliquèrent dans l'affaire de Charlotte Corday dont ils affectèrent de la donner comme complice, en dépit de ses dénégations et de celles de sa jeune diocésaine elle-même qui déclara n'avoir jamais eu avec lui de relations d'aucune sorte et ne déguisa pas le mépris que lui inspirait le jureur.

L'auteur, suivant son habitude, entre dans les plus grands détails et son récit est du plus grand intérêt, suivant moi, en ce sens qu'il nous permet d'approcher de près tous ces personnages de la Révolution : ils ne sont vraiment pas beau. Chez eux le ridicule le dispute à l'odieux et l'on ne saurait décider lequel l'emporte.

Décrété d'accusation, Fauchet fut enfermé à l'Abbaye où il rencontra M. Emery qui le fit rentrer en lui-même et fut le confident de son repentir et de ses regrets. Transféré à la Conciergerie, qui était alors le vestibule de l'échafaud, il y reçut la visite de l'abbé Lothringer qui le réconcilia avec Dieu et avec lui-même. Fauchet, à son tour, aida l'un des Girondins condamnés avec lui, le marquis de Sillery, à mourir chrétiennement. Ce fut le 31 octobre 1793 que Fauchet fut guillotiné avec vingt Girondins, Valazé, le vingt et unième s'étant suicidé la veille, en plein tribunal.

L'auteur avant de déposer la plume plaide les circonstances atténuantes en faveur de son héros dont il ne voit du reste ni les fautes, ni les erreurs. Fauchet fut sincère et de bonne foi, et son amour du peuple fut ardent. On pourrait ajouter qu'il vécut à une époque où souvent il était moins aisé de connaître son devoir que de l'accomplir. Il eut, de plus, le courage, le plus rare peut-être, celui de ses convictions.

Le travail de l'abbé Charrier, je tiens à le redire en finissant ce trop long compte-rendu, forme une contribution importante à l'histoire de la Révolution, qui est loin encore d'avoir livré tous ses écrits, malgré la légion d'écrivains qui s'en occupent et qui fouillent archives et documents avec tant d'intrépidité.

A. Roussel.

205. — **Lettres de François-Joseph Bouchette (1735-1810), avocat à Bergues, membre de l'Assemblée Nationale Constituante,** publiées avec une introduction et des notes par le chanoine Camille Looten, professeur à la Faculté libre des Lettres de Lille, président du comité flamand de France, docteur ès lettres. — Honoré Champion, 1909, in-8, xii-680 p.

Cet ouvrage se compose de trois parties : la biographie de Bouchette, une *vue synthétique* de ses lettres et ses lettres elles-mêmes.

Vu l'importance relative du personnage je crois que les deux premières parties étaient plus que suffisantes. Bouchette, en effet, appartient à cette pléiade de talents secondaires, de célébrités locales qui durent à la Révolution leur notoriété d'un jour. L'analyse de la correspondance de cet obscur Constituant suffit même à elle seule au but que se propose l'auteur de cette publication, savoir : de montrer « sous quel angle, événements et institutions se réfléchissaient dans l'esprit » de Bouchette et de ses pareils, et, dans une certaine mesure, de « faire mieux connaître l'histoire de la province flamande pendant la première période de la Révolution. »

Bouchette ne sut pas s'élever au-dessus des préjugés de son époque, ce n'était pas d'ailleurs chose facile, peut-être. Imbu des doctrines antireligieuses et par là même antisociales des encyclopédistes, il s'en alla grossir le nombre des satellites minuscules qui gravitaient autour de l'astre Voltaire. L'auteur nous conduit dans sa bibliothèque, nous en indique les principaux volumes, leurs éditions, détails qui rend cette biographie plus que complète.

Il nous raconte, dans une série de chapitres, les origines de son personnage, depuis 1735, époque de sa naissance jusqu'en 1760 où il devient avocat à Bergues, sa ville natale; les cinq années durant lesquelles il se confine dans les devoirs de sa profession, sa préparation à la vie politique (1765-1789), longues années qu'il consacre, entre autres, à l'étude des Mably et des Raynal, sans parler des Voltaire, des Rousseau, des Volney; puis il nous dit son état d'âme à la veille des États-Généraux, son élection à la Constituante; enfin ce qu'il pensa, dit, écrivit et fit depuis la fin de la Constituante qui fut celle de son mandat jusqu'à sa mort arrivée en 1810.

Durant surtout son séjour à Paris, le théâtre des principaux événements de la Révolution, Bouchette vit bien des choses se passer sous ses yeux. Il les écrivait au fur et à mesure à son ami Moutton, ainsi qu'à d'autres correspondants. Les nouvelles les plus invraisemblables trouvaient accueil près de cet incrédule dont la crédulité, sous ce rapport semblait n'avoir pas de limites. Voici un échantillon. Il mandait le 9 avril 1791 : « On nous a appris, dans la séance, que le cardinal de Rohan tient une armée de

3.119 hommes vêtus en noir, paremens jaunes, portant sur la manche du bras droit une tête de mort en blanc, et sur le gauche ces mots *vaincre et mourir* (sic); la paie de chaque soldat est de 30 sols par jour, et ce sont, dit-on, presque tous déserteurs français. » On n'est pas plus précis ni plus... naïf.

Cet échantillon permet de juger la pièce.

Bouchette faisait de l'esprit à ses heures ; c'est ainsi que les aristocrates n'étaient plus que des aristo*cruches* et qu'il parlait de substituer au dominus vobiscum le *Diabolus* vobiscum. (Lettres des 24 juillet et 8 août 1799).

Une table onomastique soigneusement dressée, termine cette publication qui, encore une fois, à défaut d'intérêt général, peut avoir une importance locale suffisante pour la justifier.

Le volume est fort bien édité. A. ROUSSEL

206. — F. UZUREAU, Directeur de l'**Anjou historique**. Andegaviana. 8ᵉ série. — Paris, Alph. Picard, 1909, in-8 de 535 p.

Cette nouvelle série, comme les précédentes, est une mine précieuse qui renferme des documents d'importance inégale, c'est vrai, mais toujours intéressants. Il faut savoir gré au savant Directeur de l'*Anjou historique* de son zèle inlassable. Les pièces relatives à la Révolution, comme toujours, sont les plus nombreuses et contribuent à mieux faire connaître cette période troublée, durant laquelle, à côté d'utiles réformes qui auraient pu s'opérer pacifiquement, se commirent tant d'excès en tout genre et qui en firent trop souvent une époque de boue et de sang. A côté de ces pièces révolutionnaires s'en trouvent d'autres qui reposent de tant d'horreurs et concernent un peu tous les siècles depuis l'établissement du christianisme en Anjou, jusqu'à nos jours, puisqu'on y voit décrits les usages locaux de Maine-et-Loire à partir de 1856 jusqu'à 1908. Les recueils de ce genre ne sauraient s'analyser ; du moins peut-on les signaler à l'attention du public et les recommander à l'étude des érudits qui cherchent à connaître l'histoire dans ses détails. C'est une tâche dont pour ma part je m'acquitte bien volontiers, surtout quand il s'agit de dossiers aussi riches que ceux qui constituent les *Andegaviana*. A. ROUSSEL.

---

207. — **Etudes critiques sur la tradition littéraire en France**, par Maurice WILMOTTE. — Paris, Champion, 1909.

M. Wilmotte a une place très originale dans la critique européenne : professeur à l'Université de Liège, après avoir travaillé en France et en Allemagne, il réunit dans ses œuvres la culture française et l'érudition germanique. On trouve l'application de ces deux méthodes de développement intellectuel dans son dernier ouvrage. Ce livre, qui est le premier d'une série à venir, nous fait attendre et espérer une longue suite. On y voit que M. Wilmotte se tient fort au courant des travaux allemands ; mais il ne se contente pas d'une compilation : il ajoute à l'érudition des autres le résultat de ses recherches personnelles, et c'est justement ce dernier élément qui fait la principale valeur de différents chapitres sur les origines de la chanson populaire, l'élément comique dans le théâtre religieux, etc. [1].

Je signalerai à l'auteur, à propos de son article sur la naissance du drame liturgique, déjà fort intéressant, un renseignement qui compléterait l'information de M. Wilmotte. Le côté dramatique de l'Evangile de la Passion n'a pas encore disparu : il est resté toujours sensible lorsqu'on le chante, j'oserais presque dire quand on le « joue » comme dans telle église normande, que je connais bien : là le *Presbyter*, le *Clericus* et le *Subdiaconus* continuent, comme dans le bréviaire d'Arles, à se partager les différents « rôles » de cet Evangile, tandis que les passions haineuses de la foule Juive sont rendues par le chœur des chantres. M. Wilmotte voudra bien m'en croire sur parole : ainsi rendu, le plus grand drame du monde continue à serrer le cœur.

Je signalerai encore le chapitre sur le sentiment de la nature au moyen âge, plein de textes curieux, de rapprochements ingénieux.

---

1. Certaines traces des anciennes représentations liturgiques subsistent encore au XVIIe siècles au moins en province; cf. Raoul ALLIER, *La compagnie du très-saint-sacrement de l'autel à Marseille*, (Honoré Champion, 1909), p. 316

J'en indiquerai un à M. Wilmotte qui est fort bien placé en Belgique pour étudier la question : ne serait-il pas intéressant de voir s'il n'y a pas un certain parallélisme entre le sentiment de la nature chez les écrivains antérieurs au xvie siècle, et la place constamment grandissante que la nature occupe dans les tableaux des primitifs ?

Ceci sans doute nous sort de la philologie proprement dite, mais ce n'est pas pour effrayer M. Wilmotte : très judicieusement il a l'air de ne considérer la philologie que comme le substratum de la critique littéraire, infiniment plus intéressante puisqu'elle s'occupe surtout des idées, des sentiments, des passions, des croyances, qui nous animent encore. La partie littéraire de son livre prête naturellement à la controverse, puisqu'il y est question de problèmes qui resteront longtemps encore insolubles. Devons-nous prendre au sérieux, comme le fait M. Wilmotte, le mouvement symboliste qui, après avoir suscité en France beaucoup d'admirations, d'indignations, ou de rires, n'intéresse plus grand monde ? Devons-nous considérer Rousseau, ancêtre du romantisme, comme l'ascendant responsable d'une simple névrose littéraire, ou comme le chef d'une grande école ? Tout cela est matière à discussion.

Mais ce qui me semble indiscutable, c'est le fait que M. Wilmotte est un philologue très littéraire, ou encore un littérateur qui a fait de fortes études philologiques ; qu'il défend vigoureusement une des meilleures « marches » de la culture française contre le Germanisme envahissant [2] ; enfin que même ceux qui ne partagent pas les opinions philosophiques de M. Wilmotte doivent pratiquer envers lui au moins l'entente cordiale avec les amis du dehors

Maurice SOURIAU.

---

208. — **Molière**, par Georges LAFENESTRE, de l'Institut, 1 vol. in-12, 204 p. Hachette, 1909 (Collection : *Les grands écrivains français*). Prix : 2 francs.

M. Lafenestre a écrit sur Molière un excellent petit livre, som-

2. Cf. le *Bulletin de l'Alliance Française*, 15 avril 1909, p. 149-150.

maire, comme le voulaient les exigences de la collection dont il fait partie, mais aussi complet qu'il est possible en deux cents pages et, — qui plus est — personnel et vivant.

La biographie est retracée avec une parfaite aisance, une couleur juste et sobre. Sur l'originalité du poète (p. 101 sqq), sur les passions et les caractères qu'il a mis au théâtre (p. 117 sqq), sur les conceptions religieuses et morales que révèlent ses pièces, (p. 165 sqq), il y a des pages remarquables. Le *Molière* de M. Lafenestre est digne de son *La Fontaine* et il aura sans doute le même succès.

La biographie de Molière est encore si obscure, encombrée de tant d'erreurs et de fables, que nul ne peut se flatter d'atteindre à la vérité certaine. On me permettra donc de noter ici un certain nombre d'objections ; il est juste d'ajouter d'ailleurs qu'elles ne portent en général que sur des points secondaires.

P. 8. Une étude minutieuse des documents qu'a utilisés Larroumet pour tracer son intéressant portrait du « papa Poquelin » m'a démontré qu'il a singulièrement noirci le caractère du brave tapissier ; rien ne semble justifier l'accusation d'avarice sous laquelle il l'accable et c'est bien gratuitement qu'il le rapproche d'Harpagon.

P. 8. Jean-Baptiste fréquenta-t-il l'école paroissiale de Notre-Dame ? L'hypothèse n'a rien d'invraisemblable, mais il faut noter que c'est une hypothèse.

P. 9. Les parents de Molière raffolaient-ils du théâtre ? Nous n'avons à ce sujet que l'affirmation de Grimarest ; ce n'est pas assez et j'ai moins de confiance en lui que ne fait M. Lafenestre. D'ailleurs Grimarest ne parle pas des parents, mais d'*un* grand-père.

P. 10. Molière suivait-il les *cours* de Gassendi ? et les suivit-il avec Chapelle, *Hesnault*, Cyrano de Bergerac, Bernier, *etc.* ? — La réalité de ces *cours* n'est pas démontrée. Grimarest, sur la foi de qui on les admet, ne nomme point Hesnault ; il ne laisse pas entendre que d'autres encore y aient été admis.

P. 11. Sur le voyage de Molière dans le midi en 1642 à la suite de Louis XIII, nous n'avons encore que le témoignage de Grimarest et des erreurs certaines le rendent suspect. Tant qu'on n'aura pas démontré qu'en 1642 le « *quartier* » d'exercice du père Poquelin était bien le trimestre d'avril à juin, on ne pourra pas affirmer la réalité de ce voyage.

P. 11. « Le 3 janvier 1643... le jeune homme avertit par écrit son père qu'il renonçait à la charge de tapissier royal. » — Une quittance notariée atteste en effet que le 6 janvier 1643 Molière recevait une somme de 630 livres et renonçait à cette charge. Mais je ne sais où il est dit que trois jours avant il ait notifié *par écrit* cette décision à son père, et une telle démarche présente un caractère assez grave pour qu'on ne l'admette que sur des preuves.

P. 15. « Par l'entremise du traître Pinel, le vieux Poquelin fit une nouvelle avance de 160 livres. » — Pinel joua-t-il le rôle de Scapin que l'on suppose? L'histoire ressemble un peu trop à une scène de farce pour être bien vraisemblable. Le vieux Poquelin fit-il une « avance »? C'est l'hypothèse de Vitu; elle a chance, selon moi, d'être vraie; mais c'est une hypothèse.

P. 22. Est-ce comme « athée », n'est-ce pas plutôt à cause de ses trop fameuses « pages » que d'Assoucy fut emprisonné?

P. 30. Est-il sûr que la farce des *Précieuses* fût « déjà connue dans le Midi » avant d'être jouée à Paris le 18 novembre 1659? — On l'a soutenu, mais ce n'est pas établi.

P. 32. Le vieux bourgeois qui crie : « Courage, courage Molière, voilà de la bonne comédie », a tout l'air d'appartenir à la légende.

P. 35. On peut douter que Molière ait été si contraint qu'il veut bien le dire à imprimer ses *Précieuses*.

P. 39. Au moment de l'*Ecole des maris* « chez les comédiens et les lettrés, on n'ignorait point que Molière, à quarante ans, se proposait d'épouser Armande Béjart, âgée de dix-neuf. »

— Voilà une affirmation tendancieuse et ce serait ici le lieu de discuter le « subjectivisme de Molière », si la question n'exigeait pas un volume. Pour en rester à cette affirmation même, comment « les comédiens et les lettrés » savaient-ils cela? Si la troupe, au mois d'avril 1661, a accordé à Molière, « *pour lui et pour sa femme s'il se mariait* » les deux parts qu'il demandait, il n'est pas prouvé que ce ne soit pas là une clause de style; il n'est pas prouvé qu'il ait dès lors annoncé l'intention de se marier et de se marier avec Armande. De plus l'*Ecole des maris* (24 juin 1661) a précédé de bien des mois son mariage (20 février 1662). Enfin quel contemporain nous atteste qu'au moment de cette représentation le futur mariage de Molière était connu de qui que ce soit?

P. 40. C'est, semble-t-il, exagérer l'importance des *Fâcheux* que d'y voir « une opération de sondage dans l'esprit du roi. » Les ridicules qui y sont raillés sont bien inoffensifs et de ce que le roi « a offert lui-même aux coups du satirique son grand veneur », faut-il en conclure qu'il donne à Molière « le champ libre » contre les marquis ?

P. 44. C'est un problème incertain si Armande a joué avant son mariage et s'il faut l'identifier avec mademoiselle Menou. Pourquoi cette « enfant de la balle » aurait-elle jugé bon de prendre un nom de théâtre quand tous les autres Béjart gardaient le leur sur les planches ?

P. 72. Molière « avait fait discrètement avancer (à son père) 10.000 livres, par l'entremise et sous le nom de Rohault. Lors du règlement de la succession, le 3 août, il se chargea avec la même générosité reconnaissante d'acquitter le passif. » L'entremise de Rohault a tout l'air d'être une simple précaution prise par Molière contre ses cohéritiers. Il prévoyait sans doute les difficultés qu'ils lui firent en effet tant pour la survivance de la charge de tapissier que pour les règlements de compte entre son père et lui. — D'autre part, si le 9 août, il paie 1.062 livres, 5 sols, ce n'est pas en son nom seul, c'est « tant en son acquit qu'en celui de ses cohéritiers en la succession de feu Jean Poquelin son père. »

P. 80. Je doute que le roi ait fait preuve « d'une liberté d'esprit presque révolutionnaire » en fournissant le sujet des *Amants magnifiques* où un soldat de fortune épouse une princesse. C'est de la littérature et cela ne tire pas à conséquence.

P. 82. J'ai des raisons assez fortes — et j'espère les développer bientôt — pour douter que le « délicieux portrait » tracé par « le tendre Cléante » du *Bourgeois* soit vraiment le portrait d'Armande — du moins dans ce qu'il a tout justement de « délicieux ».

P. 87. Il ne me semble pas que les documents publiés par Campredon disent ou simplement laissent entrevoir que Molière ait été blessé par le « gros bout d'une pipe à fumer » jeté sur le théâtre.

Voilà bien des objections, mais je ne les fais que par scrupule d'exactitude [1] et, — à l'exception de celles qui ont trait au subjecti-

---

1. Il n'est pas juste de reprocher à Scherer d'avoir écrit « un fond qui domine tout » (p. 173) il a écrit « des *qualités* de fond qui dominent tout »,

visme de Molière — on pourrait les admettre toutes sans avoir rien à changer aux conclusions générales de M. Lafenestre.

G. Michaut.

---

209. — **Etudes d'histoire romantique : le Cénacle de la Muse française (1823-1827)**, par Léon Séché. — Paris, Mercure de France, 1909, in-18, xv-409 p. (Prix : 3 fr. 50).

Ce livre est le premier essai d'une histoire de la *Muse Française*. M. Léon Séché, dont nous avons déjà analysé ici les intéressants travaux d'histoire littéraire était très qualifié pour donner cette étude d'ensemble sur le premier groupement romantique. Infatigable chercheur et intrépide metteur en œuvre de documents, il a utilisé, pour ressusciter ces temps héroïques, la correspondance inédite de Soumet avec Guiraud, Emile Deschamps, V. Hugo, Sophie Gay, le baron Taylor, Pichald, et les mémoires inédits de Guttinguer.

C'est dans la découverte et la publication de ces inédits, plus, il nous semble, que dans le parti qu'en a tiré M. S. que réside le mérite de son livre. Il y a quelque chose d'un peu précipité et de trop touffu, de trop disparate aussi, dans ces neuf chapitres, mal rattachés les uns aux autres, pleins de détails neufs, intéressants, mais noyés dans la masse des documents et difficiles à saisir ; si quelques physionomies des romantiques de la première heure doivent à ces pages d'être mieux et plus sympathiquement connues, il ne paraît point que l'histoire du Cénacle proprement dit, des théories et des œuvres s'en éclaire d'un jour plus lumineux. Certes, la petite histoire, et même l'histoire *à côté* n'est pas à dédaigner, et ce n'est pas nous qui ferons jamais à M. S. le reproche de négliger les vastes et faciles synthèses au profit des analyses documentées et minutieuses ; mais on voudrait pourtant une vue plus nette de ce grand effort collectif, de ce combat d'avant-garde qui a précédé et rendu possible la victoire d'une école. L'abondance même de ces documents juxtaposés, à peine reliés par une

---

ce qui est certainement moins mauvais. — Si Molière improvisa toute sa vie p. 174) il faut en rabattre un peu de la remarque de Grimarest citée p. 41.

analyse rapide, expose l'auteur tour à tour à des redites fatigantes, à des hors-d'œuvre ou à de regrettables omissions.

Le livre commence par un chapitre consacré à la jeunesse de Soumet et de Guiraud, les deux Alexandre ; et c'est justice, puisque ces deux poètes, dont l'un au moins paraissait bien en 1823 en route pour l'immortalité, furent avec Emile Deschamps les vrais fondateurs actif de cette *Muse Française* qui, nouvelle pléiade, comptait sept étoiles. Parmi elles, d'autres ne devaient pas tarder à briller d'un plus vif éclat jusqu'à éclipser les compagnons de la première heure, et il est certain qu'auprès d'un Desjardins ou d'un Saint-Valry que défend mal contre l'oubli le souvenir d'une amitié illustre, le gloire de Vigny ou de Hugo se trouve dès l'abord en assez piètre compagnie. Mais il est utile et juste, pour comprendre l'essor du génie, de connaître ses origines les plus modestes et après tout, il y a peut-être moins de distance entre les *Vierges de Verdun*, *Moïse sur le Nil*, ou *Héléna*, d'une part et la *Pauvre fille* de Soumet, les *Chants Elégiaques* de Guiraud ou l'*Isolement* de Belmonet, d'autre part, qu'entre les *Odes et Ballades* et les *Contemplations* ou qu'entre le *Livre antique* et les *Destinées*. La poésie lyrique occupe dans la *Muse Française* une place prépondérante ; mais ce lyrisme s'apparente fort, en dépit de quelques formes nouvelles et de quelques audaces d'expression, à celui du siècle précédent ; à lire les Elégies de Guiraud ou d'Emile Deschamps, l'Ode de Desjardins à Camoëns, l'*Attente* de Brifaut, c'est à Dehille, à Lebrun, à Ducis, que l'on songe invinciblement. Le programme que rédige Guiraud, le théoricien du cénacle, sous le titre de *Vos doctrines*, apparaît bien vague encore et bien timide : il n'y est question ni de métrique ni de genres nouveaux ; le mot *romantique* est à peine prononcé ; au point de vue de l'inspiration, une défense du sentiment religieux, comme source de lyrisme, au point de vue de la forme, une critique vigoureuse de la périphrase et du style figuré, tels sont les traits les plus marqués de ce manifeste.

Dans la seconde partie du livre de M. S., on trouvera des chapitres d'intérêt inégal, qui semblent ne se rattacher que d'assez loin au cénacle de la *Muse française*, sans s'éloigner pourtant du berceau du romantisme. C'est d'abord une étude sur Delphine Gay, la *Muse de la patrie* ; puis un essai ingénieux sur le petit jeu des *épigraphes*, sur l'origine, le choix et la valeur de ces citations plus ou moins prétentieuses et plus ou moins sincères que les romantiques plaçaient au seuil de leurs odes et de leurs élégies ; le sujet est curieux et mériterait d'être repris et traité plus longuement. Enfin avec un exposé des débuts du romantisme au Théâtre Français, où est narrée l'odyssée du *Léonidas* de Michel Pichat, et une vue rapide des premières manifestations de la peinture romantique de 1819 à 1824, il faut signaler particulièrement le chapitre sur le *Salon de l'Arsenal*, intéressant à lire même après l'excellente étude de M. Michel Salomon sur *Charles Nodier et le groupe romantique*.

Par l'abondance et la minutie des documents, le nouveau livre de M. S. se recommande surtout à la curiosité des chercheurs ; leur tâche sera rendue plus fructueuse et plus aisée par les notes détaillées qui accompagnent le volume et par l'index alphabétique qui le termine.
E. MAYNIAL.

---

240. — **Victor Hugo à vingt ans**, par Pierre DUFAY. — 2ᵉ édition. Mercure de France, 1909.

Nous savions depuis longtemps quelle confiance on pouvait avoir dans le *Victor Hugo raconté*, mais nous espérions qu'on pouvait au moins puiser dans la correspondance du poète comme dans une source biographique sûre. M. Dufay vient de nous enlever cette illusion. Il a donné à son *Victor Hugo à vingt ans* un sous titre beaucoup trop modeste : « glanes romantiques ». C'est une véritable moisson que M. Dufay a faite à la Bibliothèque de Blois : il y a trouvé une quarantaine de lettres autographes de V. Hugo à son père, sans compter une admirable lettre sur Blois, datée d'Hauteville-House, 17 avril 1864, et que l'édition officielle de la Correspondance a, je ne sais pourquoi, dédaignée ; sans compter la lettre si curieuse de Louis Hugo, l'oncle qui raconte dans la Légende des Siècles, l'affaire du cimetière d'Eylau ; sans compter toutes ces jolies lettres de madame V. Hugo à son beau-père et même à la seconde femme du général ; pendant que le petit Léopold est en nourrice à Blois près de son grand-père, madame V. Hugo évite à son mari l'ennui d'écrire à sa pseudo belle-mère, et, gentiment, la jeune maman se permet des conseils à distance : « croyez-vous... qu'il ne lui serait pas bon de le mettre dans son berceau les jambes un peu à l'air, ce qui lui donnerait des forces et lui ferait plaisir ; car j'ai remarqué qu'il ne disait jamais rien démailloté et criait très fort lorsqu'il sentait ses petites jambes en prison : cela n'empêcherait pas de le couvrir lorsqu'il ferait froid. Je ne me permets de vous dire tout cela que parce que je sais que vous en agirez suivant votre volonté et pour le bien-être de notre fils.

« Je suis retenue à la chambre par une écorchure au pied qui me fait souffrir. Mais toutes mes souffrances sont des bonheurs pour moi, puisque tous les soins qui me sont prodigués viennent de mon Victor, qui est toujours un ange et fait toujours de belles odes. »

Quant au poète, il est parfaitement heureux ; son bonheur trouve des expressions parfois bizarres : toujours ami des plaisanteries énormes, Hugo ajoute un post-scriptum à la lettre que sa femme vient d'écrire peu de temps avant d'accoucher : « mon cher papa, je crois que c'est pour te donner une image de son ventre toujours croissant que mon Adèle a fait si fortement saillir les rondeurs de sa signature » !

Le livre de M. Dufay est fort intéressant. Qui voudra connaître exactement les rapports du fils et du père, la vie intime de V. Hugo vers 1822, ne pourra plus se passer de cette publication. — Mais, dira-t-on, la famille avait déjà fait publier ces lettres dans l'édition officielle de la correspondance, tome, I p. 166-215 ? — C'est justement le principal intérêt du travail de M. Dufay, de nous montrer le peu de confiance que nous devons avoir dans cette publication. On savait de reste que l'édition *ne varietur* était déplorable. Mais qui aurait pu s'imaginer que la correspondance même du poète avait été publiée avec un incroyable sans gêne, et aussi bien « tripatouillée » que l'a été l'œuvre de B. de Saint-Pierre par Aimé-Martin ? Sur les trente-deux lettres reproduites dans l'édition officielle, trois seulement sont exactes, celle du 24 mai, celle du 1er juillet, celle du 29 juillet 1823. Toutes les autres sont plus ou moins gravement altérées ! Il y a surtout des suppressions, et rien ne nous en prévient. Toutes les lettres de madame Hugo, qui complètent si heureusement celles de son mari, ont été dédaigneusement écartées. Les lettres mêmes de V. Hugo ont été sabrées, sans qu'on ait daigné nous avertir. Par exemple, la lettre du 4 juillet 1822, qui comprend vingt-deux lignes dans l'édition officielle, en compte soixante-trois dans le livre de M. Dufay! Et ce ne sont pas des suppressions portant sur des détails oiseux, sur des circonstances banales. Dans la lettre du 18 septembre 1822, au tome I, p. 174, après cette phrase, « ces renseignements te seront nécessaires pour la publication des bans », on cherche vainement le passage, pourtant intéressant, donné par M. Dufay : « nous avons tous bien vivement regretté ici, mon cher et excellent papa, que cet accident arrivé à ton élève (?) nous privât du bonheur de te voir prendre part et ajouter par ta présence à tant de félicité. Il est inutile de te dire combien ton absence me sera pénible : mais je me dédommagerai quelque jour, j'espère, d'avoir été si longtemps sevré de la joie de t'embrasser.

« Il est malheureux encore, cher papa, que cet accident te prive de contribuer aux sacrifices que vont faire M. et madame Foucher. Je ne doute pas qu'il n'y a que l'absolue nécessité qui puisse t'imposer cette économie, et je suis sûr que ton cœur en sera le plus affligé. »

Même pour les passages reproduits avec fidélité, la lecture a été faite bien légèrement : page 201, au milieu d'une lettre, on trouve ceci : « *au revoir* : M. de Féraudy s'est chargé de la commission avec une grâce toute parfaite, etc. » Cet « au revoir » n'a pas de sens : dans le manuscrit publié par M. Dufay, on trouve ceci, qui est compréhensible : « *au reste* M. de Féraudy s'est chargé, etc. »

J'ai gardé pour la fin le plus beau de la chose. Quelqu'un (et cela n'a pas dû être Paul Meurice, si consciencieux, si probe), quelqu'un s'est permis de corriger le style de V. Hugo, par sept fois au moins. Page 180, M. Dufay reproduit le texte de l'autographe du 18 juillet 1825 : « cet excellent homme m'exposa alors que sa position, que son âge et celui de sa femme rendaient plus gênée chaque jour *l'obligeaient* de me rappeler une dette sur laquelle il s'était tu jusqu'à présent... »

Il y a là un lapsus, « l'obligeaient », alors que le sujet du verbe est « sa position ». On voit comment l'erreur s'est produite sous la plume de Victor Hugo, par attraction. Il suffisait de le marquer en note. Au lieu de cela l'éditeur officiel n'a pas craint de corriger la copie de l'élève Hugo, et de refaire ainsi la phrase, qui devient un véritable charabias : « cet excellent homme m'exposa alors que sa position, *que son âge et celui de sa femme rendaient plus grande chaque jour l'obligation* de me rappeler une dette sur laquelle il s'était tu jusqu'à présent... » [1].

Si l'on a agi avec un pareil sans gêne pour les lettres du fils au père, ne sommes-nous pas en droit de craindre qu'on n'ait pas été plus scrupuleux pour le reste ? Quand l'édition Ollendorff se décidera-t-elle à nous donner la correspondance de Hugo, complète et authentique ? En attendant, quelle reconnaissance devons-nous avoir à M. Dufay qui nous permet dès maintenant de signaler les défectuosités du texte actuel ? Maurice SOURIAU.

---

211. — **Les Images dans les œuvres de Victor Hugo**, par le Professeur LUIGI LUCCHETTI. — 2ᵉ édition, Veroli, 1909.

M. Lucchetti a écrit en français un livre très sérieusement fait sur les métaphores de Hugo, et ce livre a trouvé en Italie un si large accueil qu'il en est déjà à sa seconde édition. Voilà qui fait honneur à l'Italie et au critique. Soutenu par le succès, l'auteur a fort amélioré son œuvre, en la mettant au courant des derniers travaux de l'érudition française. Il n'a pas changé grand chose à son admiration pour les idées de V. Hugo en exil. Hugo a du reste tellement varié que les esprits les plus opposés peuvent tous se dire disciples de la pensée du poète au moins à une époque quelconque de son évolution. Quant à ceux qui aiment en Hugo l'artiste, d'un bout à l'autre du développement de son prestigieux talent, ils goûteront fort le livre de M. Lucchetti ; il n'est pas étonnant du reste qu'un Italien ait si bien compris la poésie du plus latin des poètes. Maurice SOURIAU.

---

[1]. Cf. dans la même lettre quatre autres corrections, une autre dans la lettre du 8 août 1822, une autre encore dans la lettre du 18 septembre 1822.

212. — **La Jeunesse de Benjamin Constant**, par G. Rudler. — A. Colin, 1909.

Le livre de M. Rudler est d'un grand mérite littéraire et critique ; l'éloge en a été fait déjà par plusieurs, très justement, et je m'associe volontiers à tout le bien qu'on en a dit : conscience scrupuleuse dans la préparation, heureuses trouvailles d'inédit, vivacité et profondeur de réflexions. Il y a dans cette thèse non seulement de bonnes pages, mais encore des chapitres entiers qui sont fort estimables, par exemple l'étude sur la vie de B. Constant à l'Université, (p. 156-173), etc.

Mais si la partie d'histoire littéraire est de tout premier ordre, il y a là aussi des théories philosophiques qui me paraissent appeler une discussion très sérieuse : M. Rudler ne la craint pas ; il aime à dire franchement ce qu'il pense : par exemple il refuse toute espèce d'estime aux gens de valeur moyenne en tout, même en morale, et les appelle, sans affection, « ces natures placides, stagnantes, à demi-mortes, qui n'ont qu'à rester elles-mêmes pour s'établir dans la régularité bourgeoise que tant de gens prennent pour la vertu. » (p. 17) M. Rudler ne trouvera donc pas mauvais, j'en suis sûr, qu'avec une pareille franchise j'indique les points où je suis en dissentiment avec lui.

Voici d'abord une théorie générale de B. Constant qui lui paraît d'une « haute portée philosophique » : c'est l'idée qu'il vaut mieux mourir en pleine adolescence, à l'âge de la gaîté, de la fraîcheur, etc. (p. 410-411.) Mais B. Constant me semble au contraire avoir dit là une simple pauvreté. On ne vaut que par l'épreuve, par la souffrance ; quelle chose simple, et médiocre, et de courte expérience, que l'être ignorant du malheur !

Les théories morales de M. Rudler ne me paraissent pas valoir ses idées littéraires ; elles frappent sans doute, mais aussi elles étonnent un peu. Je n'aime pas son indulgence pour cette Belle de Zuylen, qui me paraît, à moi, tout uniment la patronne des demi-vierges. M. Rudler nous en fait le portrait suivant : « elle ne regardait pas à entretenir, en toute innocence, deux ou trois correspondances secrètes à la fois avec les hommes qui lui plaisaient. Elle réclamait en tout le droit d'être elle-même. Soulevée par une puissante et radieuse poussée intérieure de vie et d'esprit, elle voulait vivre, aimer, par la libre et claire effusion de sa riche nature. » (p. 193) Si nous ne savions pas qu'il s'agit là de la future madame de Charrière, nous serions tentés de croire que c'est la description de Manon Lescaut dans l'exercice de ses fonctions, dans l'épanchement « de sa riche nature ». Et ce fut là le premier professeur de B. Constant !

Après avoir montré madame de Charrière inculquant à son élève sa philosophie personnelle, sa désespérance égoïste, M. Rudler se demande si, en fin de compte, elle l'a démoralisé, et il ne se décide pas à répondre nettement : oui. S'il est pourtant une matière où il vaille mieux ne pas tenir la balance en suspens, c'est bien la morale, où il convient d'être net, de prendre parti. M. Rudler est plus décisif quand, à la page 190, il déclare *admirable* une lettre où Belle de Zuylen demande quelques conseils à son directeur laïque, d'Hermenches; on y trouve les passages suivants : « ...Si je n'avais ni Père ni Mère je serois Ninon peut-être, mais plus délicate et plus constante ; je n'aurois pas tant d'amants... Quand je me demande si, n'aimant guere mon mari, je n'en aimerois pas un autre, si l'idée seule du devoir, le souvenir de mes serments me défendroit contre l'amour, contre l'occasion, une nuit d'Eté !... Je rougis de ma réponse. » Je suis loin d'admirer cette mademoiselle Belle, quoique M. Rudler la juge digne d'être la collaboratrice « du profond Laclos » : et, pareillement, je ne puis souscrire à cet autre jugement sur une lettre de Benjamin : « il n'y a guère de pages, même chez de plus grands écrivains et de plus grands génies, qui dépassent celle-ci en pathétique, en émotion, en valeur humaine. » (p. 383) Qu'est-ce donc alors que la « valeur humaine » d'une lettre, si nous sommes tenus de nous extasier devant ceci : philosophant avec « Isabelle » sur le néant de la vie, sur le néant de son propre individu, Constant ajoute, avec une discrétion rare : « ce rien, malheureux jouet de toutes sortes d'événements, n'oubliera jamais quel heureux rien il était lorsque près d'Isabelle il se guérissait de la v. »

Pour ceux que la philosophie spéculatrice n'intéresse guère, et qui n'attachent d'importance qu'à ses applications, par exemple à la pédagogie, il y a, dans la thèse de M. Rudler, matière à plus d'une réflexion. On y peut faire certains profits : je signalerai notamment son histoire pénétrante de l'incompréhension, de l'incompatibilité qui séparèrent toujours Juste Constant et son fils Benjamin (p. 63, et passim). Tout lecteur, pourvu qu'il soit père lui-même, sera amené, par la lecture de ces pages pleines de moëlle, à faire sur soi-même d'utiles retours, à réfléchir sur son propre cas, à se demander s'il n'aurait pas besoin d'amender sa méthode d'éducation, surtout à faire effort avant tout pour comprendre son enfant. Mais, en revanche, que de fois le lecteur éprouve le besoin de réagir contre les théories de l'auteur. A la page 41, M. Rudler cite, sur la grand'mère de Benjamin, un passage des *Cahiers verts* de Rosalie de Constant : « elle eut cinq enfants qui furent élevés par leur père avec beaucoup de sévérité dans un temps où toute l'éducation se bornait à se faire obéir. » Quelle impression cela cause-t-il au biographe de Constant? « Sous air de douceur, dit-il, quelles paroles effroyables, et quel écrasement elles évoquent de la mère et des enfants ! » Sera-ce là l'opinion de tous les lecteurs ? Est-ce que beaucoup ne se diront pas qu'il y avait là sans doute un excès, mais que de très fortes générations, que des esprits indépendants et originaux, ont été élevés ainsi et ne s'en sont pas mal trouvés, tandis que nous nous demandons aujourd'hui avec angoisse ce qui pourra bien sortir de l'anarchie moderne, de cette éducation qui se borne trop souvent à se résigner, à laisser faire, à répéter aux enfants la devise de l'abbaye de Thélème : fais ce que tu voudras? Je vois bien ce qui manque à l'éducation de B. Constant : c'est, à côté de son ironiste de père, la présence de la mère, morte malheureusement en lui donnant le jour. Mis M. Rudler n'est pas de cet avis. Les autres biographes de Constant avaient déploré jusqu'ici que, au lieu de ressentir l'angélique influence de sa mère, Benjamin n'eût été soumis qu'à de déplorables précepteurs, à des gens tarés : « oui, répond M. Rudler, les biographes ont raison, humainement. Mais esthétiquement, ils ont tort. Qui sait si la mère n'aurait pas amolli et éteint son fils, si elle ne l'aurait pas rangé à la banalité courante? Prenons les choses comme elles sont, sans vain regret, sans hypothèse plus vaine encore, et bornons-nous à noter, dans la disparition de sa mère, l'une des conditions les plus favorables à la mise en valeur parfaite de Benjamin. » (p. 35). Mais l'homme de lettres, pour être artiste, a-t-il besoin d'être un cas de tératologie? Quel intérêt pouvait-il y avoir à ce que B. Constant ne connût pas sa mère? Pourquoi y aurait-il gagné, quand nous savons tout ce que Hugo, Lamartine, Vigny, etc., auraient perdu à ne pas subir fortement l'influence maternelle? En quoi le fait d'être un enfant moralement abandonné a-t-il pu « favoriser merveilleusement le développement de son individualisme »? (p. 70).

J'ai discuté, sans indulgence, la partie morale de cette thèse. Il serait souverainement injuste de finir sur cette impression péjorative; tous ceux qui liront l'étude de M. Rudler avec l'attention qu'elle mérite verront par eux-mêmes ce qu'il y a à retenir d'une pareille lecture : c'est une œuvre critique, solidement bâtie suivant toutes les règles de la science moderne; elle est en même temps d'une lecture facile, d'un intérêt soutenu; on lit d'un bout à l'autre ces cinq cents pages sans un moment de distraction ni d'ennui. On y apprend que B. Constant valait mieux que sa réputation. Quand à l'auteur de cette thèse on sent qu'il vaut encore mieux que son livre.   Maurice SOURIAU.

---

243. — **Barbey d'Aurevilly**, par Fernand CLERGET. — 1 vol. in-12, chez Falque, 86, rue Bonaparte.

Si, depuis quelques mois surtout, les articles de journaux, ou plutôt les articalets sur Barbey d'Aurevilly surabondent, si le premier gazetier venu se montre prêt aujourd'hui à trousser sur le fameux et hautain solitaire de la rue Rousselet quelque chronique plus ou moins niaise, on peut encore compter, en revanche, et même très aisément, — car il faut s'arrêter à trois, — les ouvrages de quelque étendue consacrés au grand critique et au grand romancier.

En 1891, deux ans après sa mort, Charles Buet donna sur lui un volume d'*Impressions et souvenirs*. C'était décousu, superficiel, anecdotique, prolixe et incomplet. Mais l'*homme* était présenté d'une manière assez vivante, au milieu de ses amis, et par un ami. La sympathie passionnée de Charles Buet semblait même touchante, sinon courageuse pour l'époque. Enfin, il y avait dans cette œuvre d'un familier l'agrément des souvenirs exacts et une première source de renseignements nombreux.

Vinrent ensuite (1902 et 1904) les deux gros volumes de M. Grelé, massifs et universitaires : 1° *la vie*, 2° *l'œuvre*. La partie biographique contenait des détails surabondants sur l'origine, l'enfance, la jeunesse, beaucoup moins sur l'époque la plus féconde de la vie de Barbey, rien ou presque rien sur sa vie passionnelle. Quant au second tome, on y voyait classiquement sectionner d'Aurevilly. En de longs chapitres bien bâtis défilaient l'aristocrate, le catholique, le romantique, le normand, et tout ce qu'on voulait, et plus qu'on n'en voulait. Bien entendu, l'aristocrate, le catholique, etc., étaient à tour de rôle étudiés depuis A jusqu'à Z, des débuts à la mort, sans compter l'influence. Et cela faisait une cinquantaine de portraits juxtaposés, où se laissait admirer la désolante et inaltérable patience du peintre. Les innombrables textes, alors inédits, de Barbey, que contenait cet ouvrage le rendaient, du moins, attrayant en 1904... Comme aujourd'hui, non seulement les moindres *Memoranda*, mais quatre volumes de lettres, dont deux à Trebutien, sont publiés, la thèse de M. Grelé, dont les qualités consciencieuses et la documentation faisaient passer la lourdeur, tend à devenir moins utile. Il serait injuste toutefois de nier qu'elle ait beaucoup servi à la mémoire de Barbey d'Aurevilly. Il est non moins certain que les journalistes ont puisé là-dedans à pleines mains. Les vols même ont été si copieux que les chroniqueurs n'auront plus besoin désormais de recourir à cette source : ils n'ont plus qu'à se piller entre eux.

L'étude récente de M. Fernand Clerget, qui constitue la troisième et dernière œuvre d'ensemble sur Barbey d'Aurevilly, est tout aussi consciencieuse que celle de M. Grelé, et elle est infiniment moins pesante. On ne peut pas lui décerner le titre d'œuvre définitive. L'auteur lui-même n'y prétend certainement pas. Mais j'y vois de grandes qualités.

Et d'abord, il faut savoir à M. Clerget un gré immense d'avoir complètement renoncé au pain quotidien des reporters, à ces peintures extérieures et faciles qui, lors même qu'elles sont exactes, n'aboutissent qu'à perpétuer des légendes par l'importance qu'on leur donne. Il doit être impossible, aujourd'hui encore, de faire sur Barbey d'Aurevilly un article ou une conférence sans parler de son pantalon ou de sa cravache, ou sans lui donner du « connétable » au moins une fois : les lecteurs et les auditeurs ne comprendraient plus. Mais, dans un livre, on est plus libre que dans une revue ou dans un journal, et il importe désormais que l'*œuvre* y soit considérée, et non plus seulement ni surtout le dandy prétendu. Or, c'est bien la pensée de Barbey que M. Clerget étudie, ce ne sont pas des anecdotes inauthentiques qu'il colporte, ni des inventaires de tailleur. Dans son ouvrage d'un intellectualisme un peu sec, on n'a pas une seule fois cette impression de faux pittoresque et de superficialité que l'on ressent, neuf fois sur dix, à la lecture d'une étude, longue ou brève, sur son héros.

Voici maintenant un autre mérite : c'est la simplicité extrême du ton et de la méthode. M. Clerget ne se donne pas de grands airs. J'imagine qu'il a dû, en lecteur très sagace qu'il est, observer qu'à l'heure actuelle un tout petit nombre de personnes ont lu intégralement Barbey d'Aurevilly et que d'ordinaire on ne parle de lui que par ouï-dire. Il s'est donc donné mission de renseigner, non d'éblouir. Et sans diviser Barbey en *homme* et en *auteur*, sans isoler l'écrivain de l'œuvre ni l'œuvre de l'écrivain, il note, au fur et à mesure qu'ils se présentent chronologiquement, les actes, les influences, les productions. Quand un ouvrage est nommé, il l'analyse aussitôt, et chemin faisant, il le juge, approuve ceci, conteste cela. Ou bien encore, il dit tout simplement ce qu'on a dit de cette œuvre, en quoi on a vu juste et dans quelle mesure on a pu se tromper. Tout cela est uni, pondéré, méticuleux, sans ambition. Quelquefois, le lecteur souhaiterait une passion un peu plus exubérante et jusqu'à un style moins froidement exact, moins savamment mesuré. Mais M. Clerget, qui égratigne à toute occasion la Sorbonne, la *Revue des Deux-Mondes*, etc., ne tombe jamais, pour sa part, dans les défauts de leur art et ignore pleinement la dissertation universitaire.

Par un procédé assez ingénieux et dont la simplicité est méritoire, ces analyses et critiques partielles se continuent, selon les exigences de la chronologie, après que, dans l'ouvrage, la mort de Barbey d'Aurevilly est venue. C'est que, pour M. Fernand Clerget, dont la naïveté est vraiment charmante, une production posthume aussi prodigieuse fait douter que l'auteur soit mort. Après le récit, — bref et précis comme toujours, — des funérailles, le chapitre continue, et de nouveaux ouvrages défilent comme si rien n'était. Nous sommes ainsi menés jusqu'en 1909, jusqu'aux deux dernières publications, qui sont : *Voyageurs et romanciers* et les *Lettres* à Trebutien. Ainsi, tout a été noté, annoté, analysé, jugé. Quelques pages encore de jugements généraux, et le volume s'arrêtera comme il a commencé, tout simplement.

Il y a donc là œuvre de patience, de modestie et de mesure. Exactitude, finesse, horreur de l'emphase, des constructions ambitieuses, du rabâchage, de l'anecdote fausse et de l'aspect doctrinaire : telles sont les qualités de M. Clerget.

On comprendra qu'il soit vraiment impossible de le reprendre ligne par ligne et de formuler des observations sur toutes ses observations à lui. Ce que je puis dire, c'est que, sans partager toutes ses idées et sans souscrire à tous ses jugements, l'admiration générale qu'il professe pour les qualités imaginatives et critiques de Barbey me semble pleinement justifiée. Il a bien dégagé, à côté du catholique sincère et dont la sincérité ne peut faire doute, l'artiste séduit, malgré ses doctrines touchantes, par toute beauté poétique, le traditionaliste et le novateur, l'idéaliste et le réaliste ou le peintre d'histoire. Il a maintes fois insisté sur le caractère moral de toute son œuvre, applaudissant lui-même avec noblesse aux satires violentes de Barbey d'Aurevilly contre la littérature de bas étage et le naturalisme abject. Il a eu raison enfin de ne pas le réduire aux proportions étroites d'un écrivain purement normand.

Ce qu'on eût désiré pourtant dans le volume, c'est un jugement plus net à la fin. Excellent dans le détail, M. Clerget semble moins à l'aise dans les revues d'ensemble. Je regrette surtout les passages sur l'action que Barbey d'Aurevilly pourra exercer encore en matière religieuse. Invoquant un fragment où Barbey annonce la ruine de la société chrétienne, il en abuse. Et comme, sans être lui-même catholique, il se montre idéaliste et même religieux à sa façon, il voit l'auteur des *Prophètes du passé* collaborant à je ne sais quelle renaissance qu'il déclare, lui, M. Clerget, « sublime », et « qui jaillit enfin de la cendre des vieux cultes écroulés ». Ce qu'il dit alors, et en quelques autres endroits, n'est pas clair. Et le rôle, même « inconscient », qu'il fait jouer à Barbey d'Aurevilly n'aurait guère plu à ce dernier. Sa doctrine catholique était assez ferme pour qu'il pût se croire à l'abri de ces « utilisations », — d'ailleurs assez énigmatiques.

Mais, sauf ces quelques jugements contestables, l'ouvrage de M. Clerget sera d'un grand secours à ceux qui veulent en conscience étudier d'Aurevilly.   François LAURENTIE.

---

214. — **Le mariage de Mademoiselle Gimel, dactylographe,** par René BAZIN, Calmann-Lévy, 1909.

Pourquoi ne parlerait-on pas, dans une revue critique, d'un roman, quand il a la double valeur requise, doctrinale et esthétique, quand il appartient à cette catégorie, encore fort peu nombreuse, des œuvres sociales qui sont à la fois un tableau exact, artistique, de la vie réelle, et un réconfort, un appel à la vie meilleure ? Puisque, en philologie classique, tant d'études ont été consacrées à ces romans grecs ou latins, sans lesquels nous ne connaîtrions pas tout un côté de la vie antique, pourquoi ne considérerions-nous pas, dès maintenant, comme matière de science, ces livres où, plus tard, les érudits pourront chercher des documents sur notre vie à nous ? En attendant cette utilisation lointaine de l'œuvre de M. René Bazin, n'avons-nous pas un intérêt immédiat à répéter aux étrangers que, malgré ou plutôt à cause de son honnêteté, cette œuvre est infiniment plus représentative de notre vie actuelle que la littérature à scandale et à couvertures illustrées, où nos ennemis du dehors veulent trouver notre fidèle image ?

Je prendrai à dessein ce nouveau livre, *le mariage de mademoiselle Gimel*, parce que ce n'est pas un des grands romans de M. Bazin; c'est un recueil de nouvelles, dont quelques-unes avaient déjà paru en librairie, dans un livre intitulé « Humble amour ». Pour apprécier le scrupule artistique de M. Bazin, je constate tout d'abord qu'il ne s'est pas contenté de reproduire les récits déjà imprimés, il leur a fait subir un léger travail de correction, de mise au point discrète. Prenons comme terme de comparaison « aux petites sœurs », une nouvelle exquise du reste, dans son mélange de rêve poétique et de réalité très simple : c'est comme ces iris que le vent a semés sur le toit des chaumières normandes, et qui font briller l'azur de leur fleur sur le chaume noirci et décomposé. Voici la liste complète de ces corrections :

Humble amour.		*Le mariage de mademoiselle Gimel.*	
mais *lui* commençait à vieillir.	p. 87	mais *il* commençait à vieillir.	p. 253
ses cheveux qui *ondaient*.	p. 90	ses cheveux qui *ondulaient*.	p. 256
sa *casaque* d'indienne.	p. 90	son *corsage* d'indienne.	p. 256
une main retombante.	p. 96	une main retombant.	p. 262
Et quand le Bolloche.	p. 97	Quand le Bolloche.	p. 262
Et où t'en *irais*-tu ?	p. 99	Et où t'en *iras*-tu ?	p. 264
Et ce fut tout.	p. 100	Ce fut tout.	p. 266
d'un signe de ses doigts *de nacre*.	p. 111	d'un signe de ses doigts.	p. 277
Votre sœur m'a appelé « petit *bonhomme* ».	p. 112	Votre sœur m'a appelé « petit homme ».	p. 278
reposée et *comme* renouvelée.	p. 136	reposée et renouvelée.	p. 301
Cela se voit *bien* sans que vous le disiez.	p. 142	Cela se voit sans que vous le disiez.	p. 307
Ne me *fixez* pas ainsi toutes ensemble, avec vos yeux d'or. Je suis une pauvre fille que vous ne *regardiez* pas d'ordinaire.	p. 153	Ne me *regardez* pas ainsi toutes ensemble, avec vos yeux d'or. Je suis une pauvre fille *dont* vous ne *vous souciez* pas d'ordinaire.	p. 318

En comparant la pièce écrite en janvier 1891 et la réédition de 1909, on voit combien l'artiste a eu peu de retouches à faire : une douzaine seulement [1], parce que, dès la première fois, la nouvelle avait été composée avec cette rigoureuse probité d'artiste que rend plus sensible la lecture à haute voix nécessaire pour la collation des deux textes. La minutie même de mon travail de comparaison a attiré plus nettement cette fois mon attention sur le souci d'exactitude et de vérité chez l'artiste, dans les plus petits détails ; quand le Bolloche amputé d'une jambe descend de sa voiture, il le fait en blessé, en infirme : « il se laissa glisser le long du marchepied. » C'est avec cette poussière de vérités de détail que se fait peu à peu la vérité de l'ensemble. Voyez les Memling de l'Hôpital Saint-Jean, à Bruges, *le mariage mystique de Sainte-Catherine* ou *l'adoration des Mages* : à distance l'ensemble est imposant ; approchez-vous, prenez la loupe que vous tend le cice-

---

[1]. Je n'ai pas tenu compte des variantes qui ne sont que des fautes d'impression.

rone : vous pourrez distinguer chaque cheveu sur la tête de l'Enfant-Jésus. L'art de M. René Bazin a cette exactitude du détail, et cette largeur de l'ensemble, parce qu'une vie intense anime ses tableaux. Dans cette nouvelle œuvre, comme dans les autres, je trouve *la vie*; Brunetière prétendait que l'œuvre de Balzac est vivante parce que Balzac « a vraiment vécu ». Pour moi la vie existe aussi dans les romans de M. René Bazin, parce qu'il est juriste, et qu'ainsi il applique aux réalités le coup d'œil pénétrant et perçant de l'homme de loi ; parce qu'il est chrétien, et qu'ainsi il analyse plus profondément qu'un autre son propre moi, partant celui du prochain ; parce qu'il connaît les misères de la vie réelle par la charité, par les œuvres. Vie, vérité, espoir, voilà la formule essentielle de cette œuvre que j'admire très profondément, pour un certain nombre de raisons, et pour celle-ci en particulier : M. René Bazin sait extraire de la réalité une joie tendre et un peu triste ; il aime et fait aimer les pauvres gens de France, ceux qui achètent leur pain quotidien avec cette menue monnaie d'honnêteté, de vaillance, qui n'est pas encore rare chez nous.

Maurice SOURIAU.

---

215. — **L'Esthétique positiviste. Exposé d'ensemble d'après les textes**, par Christian CHERFILS. — Paris, Léon Vanier, A. Messein successeur, 1909. 1 vol. in-12 de 246 pages.

L'on a, dit M. Cherfils, accusé le positivisme d'être antiesthétique. Son livre est une réponse à cette accusation, réponse motivée, catégorique, la première, sauf erreur qui y soit faite. Le plan suivi par l'auteur ne peut être mieux expliqué que par une reproduction succincte de la table des matières. Première partie : action esthétique du positivisme. L'évolution esthétique au moyen âge et devant la Renaissance par rapport aux temps modernes. — Deuxième partie. Théorie esthétique. L'art et le positivisme. Mission de l'artiste. Influence politique des littératures. Théorie générale de l'art. Rôle supérieur de la poésie. L'art, créateur d'harmonie. Processus esthétique (imitation, idéalisation, expression). Classification des beaux-arts. L'art dans le passé ; — dans les temps modernes. Avenir de l'art. L'art et l'éducation. L'art et les fêtes publiques. Evocation des grandes époques et des grands hommes. Bienfaits de la nouvelle éducation au point de vue esthétique. Les artistes seront annexés au Pouvoir spirituel. Du génie esthétique ; du génie philosophique et scientifique. L'art, la femme et le prolétaire. L'art et le mouvement dégénérateur. Nulle doctrine n'est aussi favorable à l'art que le positivisme. Conclusion. La religion de l'Humanité est plus favorable à l'art que la science même. — Troisième partie intitulée : Du culte positiviste sous le rapport esthétique. Préambule. Principes généraux de la religion positiviste. Théorie de la religion. Théorie de l'Humanité. Du culte positiviste sous le rapport esthétique ; culte des morts ; culte de l'Humanité. Des consécrations sociales. Bibliothèque du prolétaire. Mission des différents arts au point de vue religieux. — Quatrième partie : Unité sociologique de la doctrine. Textes justificatifs.

M. Ch. s'est appliqué dans ce précis plutôt historique que critique, à mettre en relief les idées maîtresses d'Auguste Comte en matière artistique. Il a cherché aussi à dégager les premiers éléments de la doctrine, qu'il présente comme « d'essence sociologique », et il a fait en parsemant son analyse d'observations générales évidemment personnelles. Il constate qu'un des moyens esthétiques proposés par Aug. Comte pour la régénération de la Société, c'est une tendance à rehausser la dignité de la femme « le plus esthétique des éléments sociaux. » La mission de l'art c'est de charmer la vie, non de la diriger. Au XVIIIe siècle les docteurs cèdent le pas aux littérateurs « plus poètes que philosophes ». Plus d'un lecteur jugera cette assertion au moins paradoxale. On goûtera mieux ce principe : « L'état normal en fait d'art, c'est la subordination de l'imagination à la raison et de la raison au sentiment ». Reste à savoir si une nature artistique donnée peut toujours appliquer cette hiérarchie à son œuvre. L'art, pour le positiviste comporte, chronologiquement, l'imitation, l'idéalisation, l'expression. Quant à l'ordre d'importance des arts, Aug. Comte les classe ainsi : La poésie, destinée à embellir les croyances, la musique, la peinture, la sculpture et l'architecture. La danse est écartée, comme ayant continuellement dégénéré depuis l'époque — assez lointaine — où l'homme ne parlait pas encore jusqu'à nos jours, « au point de ne plus mériter le nom d'art. » M. Ch., à qui l'on doit *Mimes et ballets grecs,* un petit volume savant et de bon goût, aurait dû, en passant plaider la cause d'un art si durement traité. Passant condamnation, sur bien des conclusions inadmissibles, mais qui ne pourront après tout manquer de les intéresser au double point de vue historique et sociologique, nos lecteurs seront assurément avec le philosophe lorsque M. Ch. rappelle son admiration pour le moyen-âge, la chevalerie, le catholicisme même, qu'il a pourtant la prétention de remplacer. Après avoir fait le procès de l'éducation artistique de son temps, Aug. Comte trace le plan de celle qu'il propose. Malgré son principe, d'après lequel il ne faut pas supprimer à moins qu'on ne remplace, nous le voyons abolir « les classes uniquement vouées à l'étude des beaux-arts » et les remplacer par un enseignement combiné de leurs spécialités, confié à des artistes d'élite qui les posséderaient toutes ; mais où et quand retrouvera-t-on les succédanés d'un Léonard de Vinci ou d'un Michel-Ange ? Réponse : dans les représentants du « Pouvoir spirituel », le grand facteur de la régénération universel... D'aucuns demanderont à Aug. Comte quels hommes *réels* exerceront ce pouvoir.

Parmi les chapitres les plus intéressants, nous citerons ceux qui concernent la religion positiviste. Il semble, au premier abord que ces deux mots ne peuvent s'accomplir. Aussi leur alliance n'est-elle obtenue qu'au prix de concessions importantes faites à la tradition et aux mœurs, après avoir éliminé tout ce qui touche au surnaturel et au principe essentiel de l'immortalité de l'âme. On voit d'ici le caractère scabreux et subtil du système. L'immortalité de l'âme y trouve place, mais transformée en une commémoration édifiante des êtres disparus... « Le positivisme religieux forme son propre domaine, du fonds commun auquel toutes les religions se rapportent instinctivement. » Il écarte toute recherche des causes premières ou finales. Ajoutons que la bibliothèque positiviste comprend la Bible complète (à côté du Coran) la *Cité de Dieu* et les *Confessions* de saint Augustin, plusieurs ouvrages de Bossuet, *Imitation* de *J.-C.* La religion nouvelle a ses rites, son culte, où les beaux-arts jouent un grand rôle. « Le culte de la Vierge peut être transformé de manière à préparer les populations à l'adoration universelle de l'Humanité ». Aug. Comte repousse l'athéisme tout autant que les religions établies et le déisme. Il pose en principe qu'il faut adorer quelque chose, et il prescrit d'adorer l'Humanité, destinée, paraît-il à remplacer la Raison divinisée par Robespierre. La divinité positiviste, c'est le Grand-Être, défini « l'ensemble continu des êtres divergents ». Si M. Ch. n'avait pas pris le parti absolu de s'effacer devant le réformateur, il nous devait d'expliquer cet amphigouri. La Religion d'Aug. Comte a ses « sacrements sociaux » ; ils sont au nombre de neuf : Présentation, Imitation, Admission, Destination, Mariage, Maturité, Retraite, Transformation, Incorporations. Un mot d'explication sur chacun de ces termes eût été le bienvenu, ne fût-ce que pour en dévoiler le côté esthétique. Même observation sur le caractère des rites et des fêtes religieuses. Les temples de l'Humanité « ne commenceront à surgir qu'avec la génération appelée à appliquer la rénovation mentale et morale à une complète régénération politique. En attendant ce moment qui pourra tarder, le Panthéon et les monuments religieux désaffectés devront y suppléer ».

La bonne foi de M. Ch. a rencontré et signalé plus d'une contradiction dans le système d'Aug. Comte. Il les explique fort ingénieusement par ce fait que le philosophe possède au plus haut degré « l'esprit de nuance ». Le « Pouvoir spirituel » est appelé à gouverner le monde futur, à le moraliser, à faire son bonheur, avec le concours de l'esthétique appliquée, celui des beaux-arts ; mais quel sera le chef suprême de ce Pouvoir ? Sera-t-il élu ? et par qui ? Faudra-t-il chercher la réponse et la solution dans les œuvres de Joseph de Maistre, admis, imprudemment, ce nous semble, dans la Bibliothèque positiviste formée par Comte lui-même ?

M. Ch. ne donne, comme étant son œuvre personnelle, que la dernière partie de son livre : Plan d'un enseignement supérieur (populaire) de l'art selon la doctrine et les méthodes positivistes. C'est à la fois une récapitulation des principales données esthétiques du système et leur application pratique : réforme de l'enseignement artistique, fondation de musée — bibliothèques, mission de l'art sociologique, variété inépuisable des applications. Quadruple principe de la Renaissance positiviste : 1. Prépondérance du sentiment (sociabilité) ; 2. Unité essentielle des arts ; 3. Communion avec toutes les manifestations ethniques passées, présentes et *futures*. Glorification de l'Humanité. Le plan, qui mériterait un exposé détaillé, sujet tout indiqué d'un nouvel ouvrage, pendant de celui-ci, est suivi d'une bibliographie des œuvres d'Aug. Comte (éditions originales, dressée par Littré dans *Auguste Comte et la philosophie positivisme*.

L'analyse qui précède donne une faible idée du grand travail de condamnation accomplie par M. Cherfils. Tous les esprits curieux trouveront dans son livre un aliment substantiel et savoureux.

C. E. R.

CHRONIQUE

13. — **Descartes, la princesse Elisabeth et la reine Christine**, d'après des lettres inédites, par le Comte FOUCHER DE CAREIL. — Nouvelle édition. 1 vol. in-8°, 4 francs. (Félix Alcan, éditeur.) 220 p.

On n'a pas à présenter au public le comte Foucher de Careil. On sait quelle fut l'œuvre de cet obstiné chercheur enlevé trop tôt à la science, et quelles savantes contributions ont apporté à l'histoire de la philosophie ses nombreux travaux, ceux notamment qui se rapportent à Leibniz et à Descartes.

Elisabeth de Bohême, princesse palatine, fut un esprit supérieur, une âme ardente et tourmentée. Adepte passionnée, dans sa jeunesse, de la philosophie cartésienne, elle entretient avec Descartes un commerce épistolaire très suivi. Celui-ci, qui professait pour son élève la plus haute estime intellectuelle (une estime où se mêla peut-être un sentiment tendre), lui a écrit quelques-unes de ses lettres les plus substantielles. Les lettres de la princesse ne le cèdent en rien à celles du philosophe, et M. Foucher de Careil en a fait ressortir avec beaucoup de bonheur l'extrême originalité. Elisabeth est une romantique avant l'heure. Elle fut atteinte, dès 1640, de ce qu'on devait appeler, deux cents ans plus tard, le « mal du siècle ».

Le volume se termine par quelques lettres échangées entre Elisabeth et l'Electeur palatin, son frère, ce prince intelligent et libéral qui gardera, devant l'histoire, l'honneur d'avoir offert à Spinoza une chaire de philosophie à Heidelberg.

14. — **Les livres de Saint Patrice, Apôtre de l'Irlande.** *Introduction, Traduction et Notes* par G. DOTTIN, Professeur à l'Université de Ren-

nes. — 1 vol. in-16 (Collection *Science et Religion*, série des *Chefs-d'œuvre de la littérature hagiographique*. n° 505.) BLOUD et Cie, éditeurs 7, place Saint-Sulpice, Paris (VIe). En vente chez tous les libraires.

Traduire et annoter les vieilles chroniques et les textes hagiographiques de premier ordre, rééditer en leur français naïf ou grandiloquent, ces anciennes Vies que les bibliophiles se disputent, raconter d'humbles existences qui n'ont pas encore trouvé de biographes, grouper, autour d'un même saint populaire, quelques discours ou quelques poèmes de choix, tel est le but que s'efforcent de réaliser les collaborateurs de cette excellente collection de Vies des Saints. Il faut reconnaître que la Vie de Saint Patrice, telle que nous la présente M. G. Dottin, répond parfaitement à ce programme. On trouvera dans ce charmant et érudit volume : la *Confession*, l'*Epître*, les *Dits* et la *Prière* de saint Patrice, enfin l'*hymne* où se trouve résumée la tradition touchant l'Apôtre de l'Irlande.

15. — **Les Croisades**. par A. FORTIN. — 1 vol. in-16 de la Collection *Science et Religion* (série des *Questions historiques*, n° 506.) Prix : 0 fr. 60. BLOUD et Cie, édit., 7, place Saint-Sulpice, Paris (VIe). En vente chez tous les libraires.

L'histoire des Croisades est de celles qu'on se plaît à relire. Ne constituent-elles pas l'effort le plus généreux, le plus puissant qui se soit produit dans le monde, au cours de l'ère chrétienne ? Et puis, que de variétés dans cette magnifique épopée qui mit en jeu tant d'énergies, en contact tant de races, de caractères différents ! Il faut savoir gré à M. Fortin de nous en avoir donné un aperçu si élégant, si érudit. On méditera surtout le chapitre final où l'auteur étudie les résultats des croisades, résultats politiques dont le plus palpable a été l'établissement du protectorat français en Orient ; résultats sociaux, résultats religieux : ceux-ci, à la vérité, infiniment moins brillants qu'on eût pu l'espérer. Histoire consolante, cependant, dans son ensemble, et qu'il ne faut pas se lasser de narrer aux jeunes générations, parce qu'aucune autre ne leur inspirera au même degré le culte de l'idéal, de l'héroïsme et le goût de l'action.

16. — **Le Travail sociologique. La méthode**, par P. MÉLINE. — 1 vol. in-16 de 128 pages (Collection *Science et Religion*, n°^{s} 508-509, série des *Questions de Sociologie*) Prix : 1 fr. 20 BLOUD et Cie, éditeurs, 7, place Saint-Sulpice, Paris (VIe). En vente chez tous les libraires.

Cet excellent opuscule constitue pour les sciences sociales, le pendant à celui que MM. Brehier et Desdevizes du Dézert ont consacré dans la même Collection au « Travail historique ». A mesure que la sociologie s'élève au rang de science positive, il devient de plus en plus nécessaire de n'aborder l'étude des problèmes sociaux qu'à l'aide d'une méthode « éprouvée et capable de conduire à des résultats utilisables et certains ». M. Méline donne d'abord un « aperçu historique » du sujet : il montre comment est née peu à peu une « science sociale » autonome, comment la sociologie s'est, au cours des âges, différenciée de la science historique et des sciences sociales purement abstraites. Son principal effort porte ensuite à faire connaître les principes de la « méthode objective », telle que la réalisent, d'une part, l'Ecole sociologique dont le principal représentant est M. Durkheim, d'autre part, l'Ecole de la science sociale, fondée par Le Play, et brillamment continuée par Tourville et Demolins. Il étudie ensuite avec un remarquable esprit de finesse l' « attitude psychologique » qui caractérise principalement l'œuvre de Tarde et celle des sociologues allemands. Enfin, dans un chapitre final, il s'efforce d'esquisser une synthèse des résultats acquis sur cette importante question de la « méthode ». C'est là, on le voit, dans un cadre restreint, et mise à la portée de tous une véritable *Introduction à l'étude de la Sociologie*.

17. — **I Fioretti ; les Petites Fleurs de la Vie du Petit Pauvre de Jésus-Christ, saint François d'Assise**. Traduction, Introduction et Notes d'Arnold Coffin. — 1 vol. in-16 (Collection *Science et Religion*, n°s 516-517). Prix : 1 fr. 20. Bloud et Cie, éditeurs, place Saint-Sulpice, Paris (VIe). En vente chez tous les libraires.

La critique hagiograghique n'accorde en général aux « Fioretti » qu'une médiocre importance, et certains des historiens franciscains les ont traités avec un profond dédain. Evidemment, il ne faut pas chercher dans ces pages l'authenticité littérale des faits. L'inexactitude est dans le détail, la vérité dans l'ensemble. L'extase, le ravissement y sont coutumiers ; le miracle, naturel et normal. Les héros de ces histoires charmantes sont, non point des hommes, mais des âmes, ailées, légères impondérables, à moitié affranchies des lois de la terre qu'elles ont cessé de regarder pour se tourner vers l'au-delà où déjà elles vivent presque et respirent. Ainsi s'explique la popularité des « Fioretti ». On aimera à relire ce texte incomparable dans la traduction élégante de M. Goffin. Cette édition, fort joliment présentée, contribuera à répandre un des textes les plus précieux de la littérature hagiographique.

18. — Emile Horn. **Une nièce de Sainte Elisabeth** : *La Bienheureuse Marguerite de Hongrie* (XIII⁰ siècle). — Paris, *Librairie des Saints-Pères*, 83, rue des Saints-Pères. 1 vol. in-8°. Prix : 1 fr. 50. (*franco* 1 fr. 70).

En quelques pages, l'auteur de *Sainte Elisabeth de Hongrie* [1] retrace le vie de la Bienheureuse Marguerite, nièce de la grande Sainte du moyen-âge.

Il ne se borne pas à nous faire connaître ce que fut la fille du roi de Hongrie, offerte en victime propitiatoire pour le salut de la patrie, il retrace aussi la vie des moniales magyares à cette époque, et poursuit l'histoire du monastère dominicain, où vécut la Bienheureuse Marguerite, jusqu'au moment où le Joséphisme dispersa les Ordres religieux.

Une chapelle vient d'être érigée dans l'Ile Sainte-Marguerite, près Budapest, pour rappeler le souvenir de la fille de Béla IV : c'est à cette occasion que M. Emile Horn vient de publier **Une nièce de Sainte-Elisabeth**, travail dont la précision historique n'enlève rien à la valeur littéraire ni au charme du récit.

---

[1]. Ouvrage couronné par l'Académie Française.

L'Editeur-Propriétaire-Gérant : Albert Fontemoing.

Imprimerie Générale de Châtillon-sur-Seine. — A. Pichat.

ANCIENNE LIBRAIRIE THORIN ET FILS
ALBERT FONTEMOING, Éditeur
RUE LE GOFF, 4, A PARIS

Vient de paraître :

DES MARCHÉS DE VINS

ET DES

CONTRATS ACCESSOIRES DE CES MARCHÉS

PAR

Gaston MERCIER
Docteur en droit
Avocat à la Cour d'Appel de Montpellier

Un volume grand in-8 . . . . 4 fr.

Vient de paraître :

Maurice **BESNIER**, Professeur à l'Université de Caen
LA VÉNUS DE MILO ET DUMONT D'URVILLE

Grand in-8 . . . . 2 fr.

Henri **PASCAUD**, Président de chambre honoraire
Le Régime matrimonial légal
et ses variations chez les principaux peuples du monde

In-8 . . . . 2 fr.

Jules **VALÉRY**, Professeur à la Faculté de Montpellier
LES ACTIONS DE JOUISSANCE

Deuxième article. — Grand in-8 . . . . 2 fr. 50

W. **DEONNA**, Docteur ès lettres
LES STATUES DE TERRE CUITE DANS L'ANTIQUITÉ
Sicile, Grande Grèce, Étrurie et Rome
23 figures dans le texte

Un fort volume grand in-8 . . . . 7 fr. 50

ANCIENNE LIBRAIRIE THORIN ET FILS
ALBERT FONTEMOING, Éditeur
RUE LE GOFF, 4, A PARIS

Collection " MINERVA "

EN VENTE :
La trente-sixième édition

Henry BORDEAUX

La Peur de Vivre

ROMAN
(*Couronné par l'Académie française*)
AVEC UNE PRÉFACE INÉDITE

In-16 écu. . . . . 3 fr. 50

Du même auteur :	**ROMANS**	
Le Lac noir. . . . . 3 fr. 50	La Voie sans retour. . . 3 fr. 50
L'Amour en fuite. (*Une honnête femme — Le Paon blanc*). . . . . 3 fr. 50	Le Pays natal. . . . . . 3 fr. 50
	La Petite Mademoiselle . 3 fr. 50

ESSAIS DE CRITIQUE

Pèlerinages littéraires. . 3 fr. 50 | Vies intimes . . . . . . 3 fr. 50

Vient de paraître :   Collection " MINERVA "

Paul MARROT

Le Charme
LAZARE

(POÉSIES POSTHUMES)

OEuvres Choisies

Un beau volume in-16 écu. . . . . 3 fr. 50

IMPRIMERIE GÉNÉRALE DE CHATILLON-SUR-SEINE. — A. PICHAT.

29ᵉ ANNÉE — Nᵒˢ 23-24 — 10-25 DÉCEMBRE 1908

BULLETIN CRITIQUE

Paraissant les 10 et 25 de chaque mois

SOUS LA DIRECTION DE MM.

A. BAUDRILLART, Recteur de l'Institut catholique de Paris,
L. DUCHESNE, Membre de l'Institut, **L. LESCŒUR, F. PLESSIS,**
V. SCHEIL, Membre de l'Institut, **H. THÉDENAT**, Membre de l'Institut

Secrétaire de la rédaction : M. Jean PROST

TROISIÈME SÉRIE. — TOME II

Les abonnements sont d'un an et partent du 1ᵉʳ janvier

FRANCE, ALGÉRIE ET TUNISIE............ **10 fr.** || ÉTRANGER ET COLONIES................. **12 fr.**

Un Numéro : Soixante-quinze centimes

ADRESSER LES COMMUNICATIONS CONCERNANT LA RÉDACTION
au secrétaire, 5, rue Victor-Considérant, Paris, (XIVᵉ)
et les livres à la Librairie Fontemoing

SOMMAIRE

197. W. DEONNA. Les Apollons archaïques. *E. Michon.* — 198. F. CABROL. L'Angleterre chrétienne avant les Normands. *D. L. Guilloreau.* — 199. L. BATIFFOL. Le Siècle de la Renaissance. *N. Aymès.* — 200. R. ALLIER. La Compagnie du Très-Saint Sacrement de l'autel à Marseille. *M. Souriau.* — 201. J. LEMOINE et A. LICHTENBERGER. Trois familiers du Grand Condé : l'abbé Bourdelot, le Père Talon, le Père Tixier. *N. Aymès.* — 202. E. PILASTRE. La religion au temps du Duc de Saint-Simon. *H. Gaillard.* — 203. P. M. MASSON. Madame de Tencin (1682-1749). *E. Maynial.* — 204. G. CHARRIER. Claude Fauchet, évêque constitutionnel du Calvados, député à l'Assemblée législative et à la Convention (1744-1793). *A. Roussel.* — 205. C. LOOTIN. Lettres de François-Joseph Bouchette (1735-1810), avocat à Bergues, membre de l'Assemblée Nationale Constituante. *A. Roussel.* — 206. F. UZUREAU. L'Anjou historique. *A. Roussel.* — 207. M. WILMOTTE. Etudes critiques sur la tradition littéraire en France. *M. Souriau.* — 208. G. LAFENESTRE. Molière. *G. Michaut.* — 209. L. SÉCHÉ. Etudes d'histoire romantique : le Cénacle de la Muse française (1823-1827). *E. Maynial.* — 210. P. DUFAY. Victor Hugo à vingt ans. *M. Souriau.* — 211. LUIGI LUCCHETTI. Les Images dans les œuvres de Victor Hugo. *M. Souriau.* — 212. G. RUDLER. La Jeunesse de Benjamin Constant. *M. Souriau.* — 213. F. CLERGET. Barbey d'Aurevilly. *F. Laurentie.* — 214. R. BAZIN. Le Mariage de Mademoiselle Gimel, dactylographe. *M. Souriau.* — 215. C. CHERFILS. L'Esthétique positive. Exposé d'ensemble d'après les textes. *C. E. R.* — CHRONIQUE.

PARIS
ANCIENNE LIBRAIRIE THORIN ET FILS
FONTEMOING ET Cⁱᵉ, ÉDITEURS
LIBRAIRES DES ÉCOLES FRANÇAISES D'ATHÈNES ET DE ROME,
DE L'INSTITUT FRANÇAIS D'ARCHÉOLOGIE ORIENTALE DU CAIRE,
DU COLLÈGE DE FRANCE ET DE L'ÉCOLE NORMALE SUPÉRIEURE
4, RUE LE GOFF, 4

La Librairie A. FONTEMOING se charge de fournir aux meilleures conditions tous les ouvrages français et étrangers que pourraient désirer les abonnés du Bulletin Critique

ANCIENNE LIBRAIRIE THORIN ET FILS
FONTEMOING ET CIE, Éditeurs
RUE LE GOFF, 4, A PARIS

AVIS A NOS ABONNÉS

Nous avons l'honneur d'annoncer à nos lecteurs que par suite d'une décision du Comité du *BULLETIN CRITIQUE*, **nous venons de fusionner avec le *POLYBIBLION*, publication similaire, mais plus importante, comprenant la revue de** *tous les livres* **qui paraissent, et du prix de fr. 20, l'année.**

Nous avons l'avantage d'annoncer aux abonnés de 1909 du *BULLETIN CRITIQUE* qu'il leur **sera servi** *gratuitement*, **à titre de compensation,** *l'année entière de 1910 du POLYBIBLION*.

FONTEMOING et Cie, Editeurs.

Vient de paraître :   La quatrième édition revue

HISTOIRE ANCIENNE DE L'ÉGLISE

Par **Monseigneur L. DUCHESNE**
Membre de l'Institut, Directeur de l'École Française de Rome
(*Nouvelle édition des Origines chrétiennes*)

TOME DEUXIÈME

QUATRIÈME ÉDITION REVUE

Un fort volume in-8 . . . . **10 fr.**

Paru antérieurement : **TOME PREMIER,** 4e **ÉDITION, 8 fr.**

Pour paraître fin février : **Le troisième volume.** Cet ouvrage sera complet en 4 volumes.

ANCIENNE LIBRAIRIE THORIN ET FILS
FONTEMOING ET CIE, Éditeurs
RUE LE GOFF, 4, A PARIS

Vient de paraître :   LA 3ᵉ ÉDITION
revue et augmentée

HISTOIRE
DE LA
LITTÉRATURE GRECQUE
PAR

ALFRED CROISET
Membre de l'Institut
Doyen de la Faculté des lettres de Paris

MAURICE CROISET
Membre de l'Institut
Professeur au Collège de France

TOME PREMIER

HOMÈRE — LA POÉSIE CYCLIQUE — HÉSIODE
PAR
Maurice CROISET

Un fort volume in-8°............................. 8 fr.

D'importantes études ont paru sur la plupart des grandes questions qui sont traitées dans ce volume.

Une série de découvertes retentissantes ont, en outre modifié assez profondément, les idées qui avaient eu cours pendant longtemps sur l'histoire primitive de la Grèce.

Il était impossible de ne pas tenir compte des unes et des autres. *Des retouches de détail ont donc porté sur toutes les parties de cet ouvrage.*

Il est impossible d'en rendre compte ici sommairement. Contentons nous de dire qu'elles se rapportent surtout, comme il est naturel, à la bibliographie, mais qu'elles ont visé aussi à mettre au point les chapitres les plus importants, en particulier le chapitre IX **sur la poésie cyclique et poèmes similaires, qui a dû être entièrement refait.**

Sous presse :   LA 7ᵉ ÉDITION
revue et augmentée

MANUEL D'HISTOIRE
DE
LA LITTÉRATURE GRECQUE
PAR LES MÊMES AUTEURS

Un beau volume in-16, cartonné.................. 6 fr.

ANCIENNE LIBRAIRIE THORIN ET FILS

FONTEMOING ET CIE, Éditeurs

RUE LE GOFF, 4, A PARIS

Vient de paraître :

LEXIQUE
DES
ANTIQUITÉS GRECQUES

PAR **Pierre PARIS**,
Professeur à l'Université de Bordeaux

AVEC LA COLLABORATION DE **G. ROQUES**,
Agrégé de l'Université, Inspecteur d'Académie

OUVRAGE ILLUSTRÉ

DE PLANCHES ET DE NOMBREUX DESSINS INÉDITS

Un beau volume in-8° raisin sur vélin.............. **10 fr.**

Ce lexique voudrait rendre aux élèves de l'enseignement secondaire, et peut-être aux étudiants des Facultés des lettres, les mêmes services que le lexique des antiquités romaines publié sous la direction de M. R. Cagnat.

Il est inutile de dire que nous avons apporté un très grand soin à être bien informés et très précis. Nous avons fait effort pour éviter autant qu'il est possible les obscurités, les erreurs et les omissions inhérentes à un pareil livre, et cela en consultant et utilisant les meilleures autorités.

Nous avons tenu, et c'est là, croyons-nous, une innovation dont on nous saura gré, à faire une très large place aux mots relatifs au droit, aux métiers et à l'industrie aussi bien qu'aux institutions civiles, militaires et sociales. Mais nous avons dû laisser de côté, sauf de très rares exemplaires, tout ce qui concerne la mythologie et les rites spéciaux de chaque culte. Ce serait la matière d'un Lexique aussi volumineux au moins que celui-ci, et qui manque à nos élèves. Nous avons aussi exclu, toutes les fois que nous n'avons pas jugé absolument nécessaire d'en admettre un, les mots qui ne se trouvent que dans les lexicographes anciens.

L'illustration a été l'objet de soins particuliers. Nous avons emprunté toutes les figures à des monuments grecs, en particulier aux vases peints, et nous avons tenu, sauf dans quelques cas, à ne pas donner d'images fragmentaires, dans l'espoir que nos figures resteraient ainsi mêmes gravées dans l'esprit du lecteur qui en garderait un souvenir moins aride.

Ces vignettes ont un rare mérite de précision et de finesse. Les jeunes élèves de l'Ecole des Beaux-Arts de Bordeaux qui les ont dessinées sous notre direction ont apporté à ce labeur archéologique autant de souplesse et d'élégance que de bonne volonté.
                                                                    P. P.

Rappel :

LEXIQUE DES ANTIQUITÉS ROMAINES

Rédigé sous la direction de **R. CAGNAT**, Membre de l'Institut, Professeur au Collège de France, par **G. GOYAU**, Ancien Membre de l'Ecole Française de Rome, avec la collaboration de plusieurs élèves de l'Ecole Normale Supérieure

Ouvrage illustré de planches et de nombreux dessins inédits

DEUXIÈME TIRAGE

Un fort volume in-8° raisin.................. **7 fr.**
Les deux **Lexiques** pris ensemble.............. **15 fr.**

IMPRIMERIE GÉNÉRALE DE CHATILLON-SUR-SEINE. — A. PICHAT.

www.ingramcontent.com/pod-product-compliance
Lightning Source LLC
Chambersburg PA
CBHW062123160426
43191CB00013B/2177